China Commodity Market Yearbook 2015-2016

中国大宗商品市场年鉴

2015-2016

赵 远◎主编

中华工商联合出版社

图书在版编目（CIP）数据

中国大宗商品市场年鉴.2015–2016 / 赵远主编；－－
北京：中华工商联合出版社，2017.1
ISBN 978-7-5158-1882-5

Ⅰ.①中… Ⅱ.①赵… Ⅲ.①国内市场－商品市场－
中国－2015－2016－年鉴 Ⅳ.①F723.8-54

中国版本图书馆CIP数据核字（2016）第 311724 号

中国大宗商品市场年鉴 （2015–2016）

主　　编：赵　远
出 品 人：徐　潜
策划编辑：胡小英
责任编辑：邵桃炜　李　健
封面设计：周　源
营销推广：王　静　闫丽丽
责任审读：李　征
责任印制：迈致红
出版发行：中华工商联合出版社有限责任公司
印　　刷：北京毅峰迅捷印刷有限公司
版　　次：2017年3月第1版
印　　次：2017年3月第1次印刷
开　　本：787mm×1092mm　1/16
字　　数：400千字
印　　张：28.5
书　　号：ISBN 978–7–5158–1882–5
定　　价：598.00元

服务热线：010-58301130
销售热线：010-58302813
地址邮编：北京市西城区西环广场A座
　　　　　19–20层，100044
http://www.chgslcbs.cn
E-mail: cicap1202@sina.com（营销中心）
E-mail: gslzbs@sina.com（总编室）

目 录

第一部分

年度市场预测

一、中国科学院预测中心：2016年中国进出口总额同比增长约2.7%

2016年，中国外贸发展仍将处于中低速增长的转型阶段。出口方面，发达国家经济复苏缓慢，新兴市场国家经济活力减弱，全球贸易结构调整下的发达国家制造业回流和低端制造业向低成本国家转移，进一步削弱了我国出口的增长动力，2016年我国出口将以低速平稳增长为主；进口方面，2016年国内经济和国际市场大宗商品价格均面临下行压力，增长动力不足，但受2015年进口低基数影响，2016年进口增速有望转正。

对主要贸易伙伴的测算与分析表明，2016年我国对美进出口保持稳定增长，增速高于全国总进出口增速。对美进出口总额约为6 045亿美元，同比增长6.8%；其中，出口额约为4 470亿美元，同比增长7.5%；进口额约为1 575亿美元，同比增长5.0%；贸易差额约为2 895亿美元。预计2016年对欧盟进出口总额约为5 780亿美元，同比增长3.0%；其中，出口额约为3 560亿美元，同比增长1.7%；进口额约为2 220亿美元，同比增长5.2%；贸易差额约为1 340亿美元。机电和高新技术产品出口与总出口增速基本持平，机电产品和高新技术产品全年出口增速分别约为3.3%和3.9%；劳动密集型产品表现略逊，纺织品、服装、鞋类出口增速分别约为1.4%、1.7%和3.1%。

2016年中国进出口总额约为40 550亿美元，同比增长约2.7%；其中，出口额约为23 900亿美元，同比增长3.9%；进口额约为16 650亿美元，同比增长0.9%；顺差约为7 250亿美元。

（资料来源：中国经济网2016年1月5日，原标题为《中科院预测：2016年我国进出口总额同比增长约2.7%》）

二、联合国报告：2016年全球经济预计增长2.9%

联合国经济与社会事务部于2015年12月10日在纽约总部发布《2016年世界经济形势与展望》报告，指出全球经济2016年和2017年将分别增长2.9%和3.2%。

报告说，2015年全球经济增长率估计仅为2.4%，比此前的预期低0.4个百分点。报告指出，受到大宗商品价格疲软、大规模资本外流以及金融市场波动性加剧的影响，发展中国家和转型经济体的经济增速将在2016年和2017年分别增长4.3%和4.8%，降至2008年全球金融危机以来最低水平。联合国经济和社会事务部助理秘书长芒第尔在发布会上称，未来全球经济增长的部分重心将转向发达经济体。据预测，发达经济体的增长在2016年将达到2.2%，自2010年以来首次超过两个百分点。

报告分析了全球经济依然面临五大不利因素，分别是宏观经济的不确定性、大宗商品价格走低和贸易流动减少、汇率波动性和资本流动性上升、投资和生产率增长停滞、金融市场和实体经济活动之间脱节。

不过报告也认为，受益于更加协调的财政和货币政策，2016年、2017年两年世界经济将回暖。

报告显示，2015年国际大宗商品价格比2014年下降了超过20%，油价下跌接近60%，全球通胀率为2009年以来最低。在2014年，与能源相关的碳排放量出现了除2009年以外20年来的首次零增长。大宗商品价格下跌趋势减缓将对经济回暖有所贡献。

（资料来源：新华网2015年12月11日，原标题为《联合国报告预测2016年全球经济将增长2.9%》）

三、德意志银行：全面下调2016年大宗商品价格预估

德意志银行2015年12月16日发布报告称，全面下调2016年贵金属、基本金属及原油等大宗商品的价格预估，其中镍、锌、铂金价格的下调幅度较大。

德意志银行将2016年黄金价格预期下调6.1%，至1 033美元/盎司；将白银价格预估下调13.1%，至14.3美元/盎司；将铂金价格预估下调21.3%，至933美元/盎司。

基本金属方面，该行将2016年镍价格预估下调30.97%，至9 750美元/吨；将锡价格预估下调9.09%，至15 000美元/吨；将锌价格预估下调26.15%，至1 680美元/吨。

同时，德意志银行还将2016年铝价格预估下调6.12%，至1 514美元/吨；将铜均价预估下调1.61%，至4 575美元/吨；将铅价格预估下调4.2%，至1 713美元/吨。

能源方面，德意志银行将2016年美原油（WTI）价格预估下调6.25%，至48.75美元/桶，将布伦特油价预估下调至53.50美元/桶。

（资料来源：中国经济网2015年12月17日，原标题为《德意志银行全面下调2016年大宗商品价格预估》）

四、世界银行：2016年37种大宗商品价格预测

世界银行于2016年1月发布的《大宗商品市场前景》报告中，对2016年初的原油价格预测从2015年10月的每桶51美元调低至每桶37美元。

调低油价预测反映出诸多供需因素的影响，其中包括伊朗出口恢复速度超过预期、降低成本和提高效率使美国原油生产的韧性增大，北半球出现暖冬，以及主要新兴市场经济体增长前景疲弱。

世界银行《大宗商品市场前景》报告中说，2015年油价下跌47%，预计2016年年平均还会再度下跌27%。然而，从目前的低点预计油价会在年内逐渐复苏，原因有几个：首先，从石油供需基本驱动力的角度来看2016年初油价骤降显然是没有充分理由的，且有可能出现部分逆转；其次，

高成本石油生产国预计将会遭受长期亏损并将不断削减产量，其减产幅度很可能超过进入市场的新增产能；第三，需求预计会随着全球增长的温和回升而有所增强。不过预期中的油价复苏幅度将会小于2008年、1998年和1986年油价暴跌后的回弹幅度，价格前景仍受制于相当严重的下行风险。

"石油和大宗商品的价格低迷可能会持续一段时间，"世界银行高级经济学家、《大宗商品市场前景》报告主要作者约翰·巴菲斯说，"虽然我们看到大宗商品价格有望在未来两年小幅上升，但仍存在严重的下行风险"。

所有主要大宗商品价格指数预计在2016年都会出现下降，原因是持续的供应充裕，新兴市场经济体对工业类大宗商品的需求放缓。总之，世界银行调低了对所监测46种大宗商品中37种大宗商品的价格预测。

新兴市场经济体是自2000年以来大宗商品需求的主要来源，因此，这些经济体的增长前景趋弱会对大宗商品价格造成拖累。主要新兴市场经济体的持续增长放缓会削弱贸易伙伴的增长和全球大宗商品需求。

除石油市场外，报告预计非能源价格2016年下滑3.7%，预计金属继2015下跌21%之后再度下跌10%，预计在所有金属中铁矿石价格在2016年跌幅可能最大，原因是低成本的供应持续大于需求。

（资料来源：新华网2016年1月28日，原标题为《世行调降37种大宗商品价格预测预计今年油价再跌27%》）

五、高盛：2016年中期大宗商品将迎来牛市

高盛集团根据预测模型认为，2016年大宗商品生产商将会削减产能，供应和需求将达到均衡水平。这有助于促进商品市场的国际化以及流动性的提高。

Jeffrey Currie为首的高盛集团分析师在2016年1月15日的报告中指出，2016年的市场主题将是真正的基本面调整，从而迎来新一轮牛市的诞生。

高盛表示，模型显示当前原油价格及贵金属价格再次破位，最终将使得大宗商品生产商削减产能以平衡市场。高盛分析师表示，当远期价格曲线趋平时将表明市场准备上涨。目前远期价格曲线显示现货大宗商品价格有大幅折让。

（资料来源：2016年1月19日新华网，原标题为《大宗商品市场回暖，高盛称2016年底迎来牛市》）

第二部分

2014—2015年中国经济发展与市场回顾

一、2014年度中国经济发展与市场回顾

综合

2014年末中国大陆总人口为136 782万人（不包括香港特别行政区、澳门特别行政区和台湾地区的人口数），比上年末增加710万人，其中城镇常住人口为74 916万人，占总人口比重为54.77%。全年出生人口1 687万人，出生率为12.37‰；死亡人口977万人，死亡率为7.16‰；自然增长率为5.21‰。全国人户分离的人口为2.98亿人，其中流动人口为2.53亿人。

国民经济稳定增长。初步核算，全年国内生产总值为636 463亿元，比2013年增长7.4%（见图1）。其中，第一产业增加值58 332亿元，增长4.1%；第二产业增加值271 392亿元，增长7.3%；第三产业增加值306 739亿元，增长8.1%。第一产业增加值占国内生产总值的比重为9.2%，第二产业增加值比重为42.6%，第三产业增加值比重为48.2%。

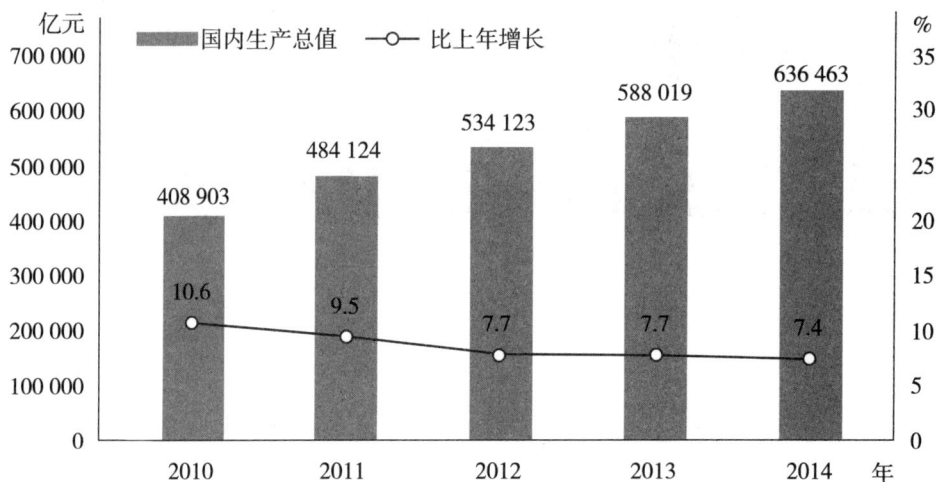

图1 2010～2014年中国国内生产总值及增长速度

外汇

外汇储备略有增加。2014年末国家外汇储备38 430亿美元，比2013年末增加217

亿美元（见图2）。全年人民币平均汇率为1美元兑6.1428元人民币，比上年升值0.8%。

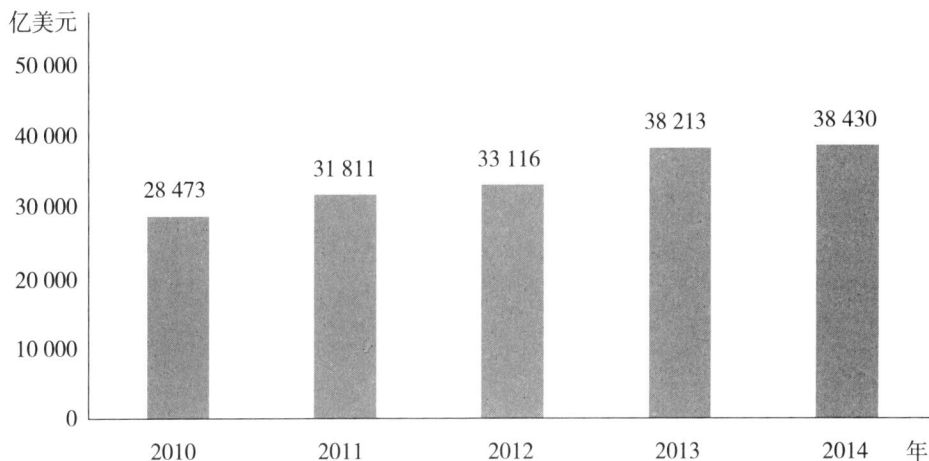

图2　2010～2014年年末国家外汇储备

农业

2014年全年我国粮食种植面积为11 274万公顷，比上年增加78万公顷。棉花种植面积为422万公顷，减少13万公顷。油料种植面积为1 408万公顷，增加6万公顷。糖料种植面积为191万公顷，减少9万公顷。

粮食再获丰收。全年粮食产量为60 710万吨，比上年增加516万吨，增产0.9%（见图3）。其中，夏粮产量13 660万吨，增产3.6%；早稻产量3 401万吨，减产0.4%；秋粮产量43 649万吨，增产0.1%。全年谷物产量55 727万吨，比上年增产0.8%。其中，稻谷产量20 643万吨，增产1.4%；小麦产量12 617万吨，增产3.5%；玉米产量21 567万吨，减产1.3%。

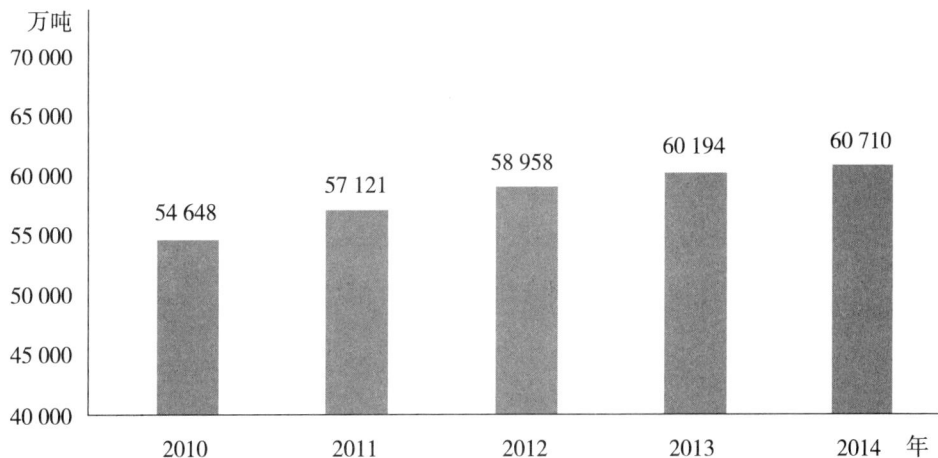

图3　2010～2014年中国粮食产量

全年棉花产量616万吨，比上年减产2.2%。油料产量3 517万吨，与上年持平。糖料产量13 403万吨，减产2.5%。茶叶产量209万吨，增产8.7%。

全年肉类总产量8 707万吨，比上年增长2.0%。其中，猪肉产量5 671万吨，增长3.2%；牛肉产量689万吨，增长2.4%；羊肉产量428万吨，增长4.9%；禽肉产量1 751万吨，下降2.7%。禽蛋产量2 894万吨，增长0.6%。牛奶产量3 725万吨，增长5.5%。年末生猪存栏46 583万头，下降1.7%；生猪出栏73 510万头，增长2.7%。

全年水产品产量6 450万吨，比上年增长4.5%。其中，养殖水产品产量4 762万吨，增长4.9%；捕捞水产品产量1 688万吨，增长3.5%。

全年木材产量8 178万立方米，比上年下降3.1%。

全年新增耕地灌溉面积132万公顷，新增节水灌溉面积223万公顷。

工业和建筑业

工业生产增长平稳。2014年全年全部工业增加值为227 991亿元，比上年增长7.0%（见图4）。规模以上工业增加值增长8.3%。规模以上工业分经济类型看，国有及国有控股企业增长4.9%；集体企业增长1.7%，股份制企业增长9.7%，外商及港澳台商投资企业增长6.3%；私营企业增长10.2%。分门类看，采矿业增长4.5%，制造业增长9.4%，电力、热力、燃气及水生产和供应业增长3.2%。

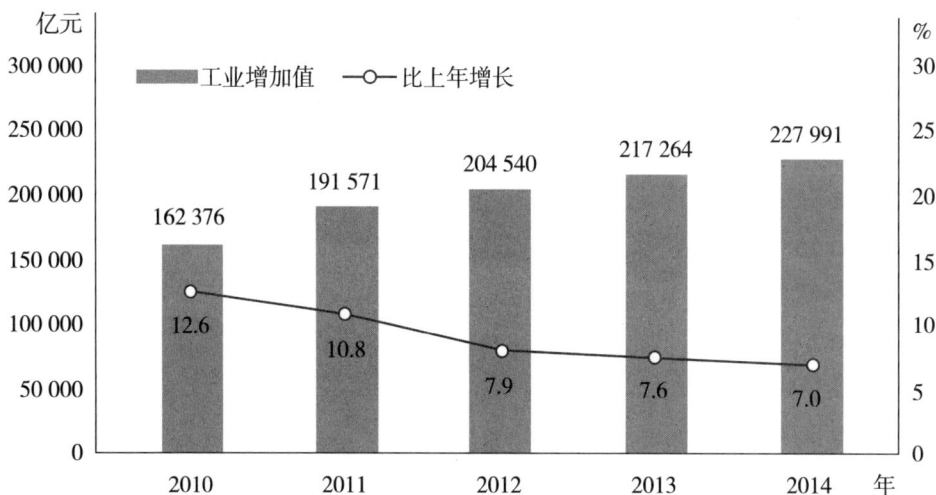

图4 2010～2014年全部工业增加值及增长速度

全年规模以上工业按类别分，农副食品加工业增加值比上年增长7.7%，纺织业增长6.7%，通用设备制造业增长9.1%，专用设备制造业增长6.9%，汽车制造业增长11.8%，计算机、通信和其他电子设备制造业增长12.2%，电气机械和器材制造业增长9.4%。六大高耗能行业增加值比上年增长7.5%。其中，非金属矿物制品业增长9.3%，化学原料和化学制品制造业增长10.3%，有色金属冶炼和压延加工业增长12.4%，黑色金属冶炼和压延加工业增长6.2%，电力、热力生产和供应业增长2.2%，石油加工、炼焦和核燃料加工业增

长5.4%。高技术制造业增加值比上年增长12.3%，占规模以上工业增加值的比重为10.6%。装备制造业增加值增长10.5%，占规模以上工业增加值的比重为30.4%。2014年中国主要工业产品产量及增长速度见表1。

表1 2014年中国主要工业产品产量及增长速度

产品名称	单位	产量	比上年增长（%）
纱	万吨	3 379.2	5.6
布	亿米	893.7	−0.4
化学纤维	万吨	4 389.8	5.5
成品糖	万吨	1 642.7	3.1
卷烟	亿支	26 098.5	1.9
彩色电视机	万台	14 128.9	10.9
其中：液晶电视机	万台	13 865.9	13.3
家用电冰箱	万台	8 796.1	−5.0
房间空气调节器	万台	14 463.3	10.7
一次能源生产总量	亿吨标准煤	36.0	0.5
原煤	亿吨	38.7	−2.5
原油	万吨	21 142.9	0.7
天然气	亿立方米	1 301.6	7.7
发电量	亿千瓦小时	56 495.8	4.0
其中：火电	亿千瓦小时	42 337.3	−0.3
水电	亿千瓦小时	10 643.4	15.7
核电	亿千瓦小时	1 325.4	18.8
粗钢	万吨	82 269.8	1.2
钢材	万吨	112 557.2	4.0
十种有色金属	万吨	4 380.1	7.4
其中：精炼铜（电解铜）	万吨	764.4	15.0
原铝（电解铝）	万吨	2 435.8	10.3
氧化铝	万吨	4 777.3	7.3
水泥	亿吨	24.8	2.3
硫酸（折100%）	万吨	8 846.3	8.5
纯碱	万吨	2 514.2	3.4
烧碱（折100%）	万吨	3 059.0	4.5
乙烯	万吨	1 696.7	6.1

产品名称	单位	产量	比上年增长（%）
化肥（折100%）	万吨	6 887.2	−2.0
发电机组（发电设备）	万千瓦	15 053.0	6.0
汽车	万辆	2 372.5	7.3
其中：基本型乘用车（轿车）	万辆	1 248.3	3.1
大中型拖拉机	万台	64.4	−3.3
集成电路	亿块	1 015.5	12.4
程控交换机	万线	3 123.1	15.7
移动通信手持机	万台	162 719.8	6.8
微型计算机设备	万台	35 079.6	−0.8

截至2014年末全国发电装机容量136 019万千瓦，比上年末增长8.7%。其中，火电装机容量91 569万千瓦，增长5.9%；水电装机容量30 183万千瓦，增长7.9%；核电装机容量1 988万千瓦，增长36.1%；并网风电装机容量9 581万千瓦，增长25.6%；并网太阳能发电装机容量2 652万千瓦，增长67.0%。

全年规模以上工业企业实现利润64 715亿元，比上年增长3.3%，其中国有及国有控股企业14 007亿元，下降5.7%；集体企业538亿元，增长0.4%，股份制企业42 963亿元，增长1.6%，外商及港澳台商投资企业15 972亿元，增长9.5%；私营企业22 323亿元，增长4.9%。

2014年全年全社会建筑业增加值44 725亿元，比上年增长8.9%（见图5）。全国具有资质等级的总承包和专业承包建筑业企业实现利润6 913亿元，增长13.7%，其中国有及国有控股企业实现利润1 639亿元，增长11.7%。

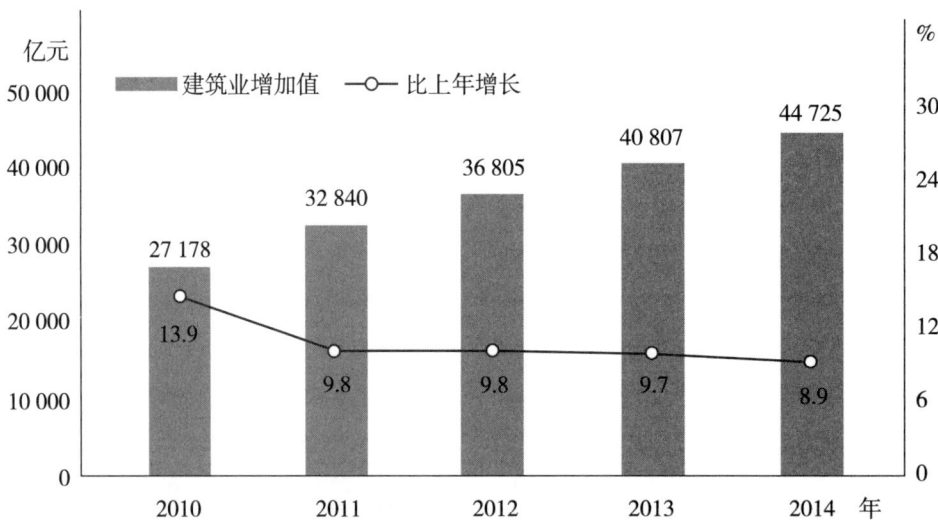

图5　2010～2014年建筑业增加值及增长速度

固定资产投资

固定资产投资增速放缓。2014年全年全社会固定资产投资512 761亿元，比上年增长15.3%（见图6），扣除价格因素，实际增长14.7%。其中，固定资产投资（不含农户）502 005亿元，增长15.7%，农户投资10 756亿元，增长2.0%。东部地区投资206 454亿元，比上年增长15.4%；中部地区投资124 112亿元，增长17.6%；西部地区投资129 171亿元，增长17.2%；东北地区投资46 096亿元，增长2.7%。

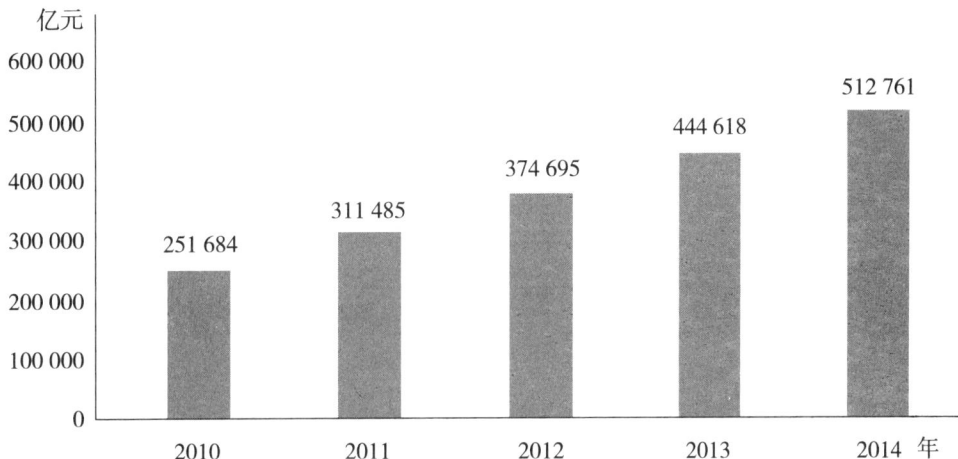

图6　2010~2014年全社会固定资产投资

在固定资产投资（不含农户）中，第一产业投资11 983亿元，比上年增长33.9%；第二产业投资208 107亿元，增长13.2%；第三产业投资281 915亿元，增长16.8%。民间固定资产投资321 576亿元，增长18.1%，占固定资产投资（不含农户）的比重为64.1%。2014年分行业固定资产投资及增长速度见表2，2014年固定资产投资新增主要生产与运营能力见表3。

表2　2014年分行业固定资产投资（不含农户）及增长速度

行业	投资额（亿元）	比上年增长（%）
总计	502 005	15.7
农、林、牧、渔业	14 697	31.3
采矿业	14 681	0.7
制造业	166 918	13.5
电力、热力、燃气及水生产和供应业	22 916	17.1
建筑业	4 450	27.2
批发和零售业	15 669	25.7
交通运输、仓储和邮政业	42 984	18.6
住宿和餐饮业	6 237	4.2
信息传输、软件和信息技术服务业	4 187	38.6
金融业	1 360	10.5

续表

行业	投资额（亿元）	比上年增长（%）
房地产业	123 690	11.1
租赁和商务服务业	7 970	36.2
科学研究和技术服务业	4 205	34.7
水利、环境和公共设施管理业	46 274	23.6
居民服务、修理和其他服务业	2 262	14.2
教育	6 678	24.0
卫生和社会工作	3 983	27.6
文化、体育和娱乐业	6 192	18.9
公共管理、社会保障和社会组织	6 652	13.6

表3　2014年固定资产投资新增主要生产与运营能力

指标	单位	绝对数
新增220千伏及以上变电设备	万千伏安	22 394
新建铁路投产里程	公里	8 427
其中：高速铁路	公里	5 491
增、新建铁路复线投产里程	公里	7 892
电气化铁路投产里程	公里	8 653
新建公路里程	公里	65 260
其中：高速公路	公里	7 394
港口万吨级码头泊位新增吞吐能力	万吨	43 553
新增民用运输机场	个	9
新增光缆线路长度	万公里	301

全年房地产开发投资95 036亿元，比上年增长10.5%。其中，住宅投资64 352亿元，增长9.2%；办公楼投资5 641亿元，增长21.3%；商业营业用房投资14 346亿元，增长20.1%（见表4）。

全年全国城镇保障性安居工程基本建成住房511万套，新开工740万套。

表4　2014年房地产开发和商品房销售主要指标完成情况及增长速度

指标	单位	绝对数	比上年增长（%）
投资额	亿元	95 036	10.5
其中：住宅	亿元	64 352	9.2
其中：90平方米及以下	亿元	20 335	4.6
房屋施工面积	万平方米	726 482	9.2

续表

指　标	单位	绝对数	比上年增长（%）
其中：住宅	万平方米	515 096	5.9
房屋新开工面积	万平方米	179 592	−10.7
其中：住宅	万平方米	124 877	−14.4
房屋竣工面积	万平方米	107 459	5.9
其中：住宅	万平方米	80 868	2.7
商品房销售面积	万平方米	120 649	−7.6
其中：住宅	万平方米	105 182	−9.1
本年到位资金	亿元	121 991	−0.1
其中：国内贷款	亿元	21 243	8.0
其中：个人按揭贷款	亿元	13 665	−2.6

国内贸易

市场销售稳定增长。2014年全年社会消费品零售总额262 394亿元，比上年增长12.0%（见图7），扣除价格因素，实际增长10.9%。按经营地统计，2014年城镇消费品零售额226 368亿元，增长11.8%；乡村消费品零售额36 027亿元，增长12.9%。按消费类型统计，商品零售额234 534亿元，增长12.2%；餐饮收入额27 860亿元，增长9.7%。

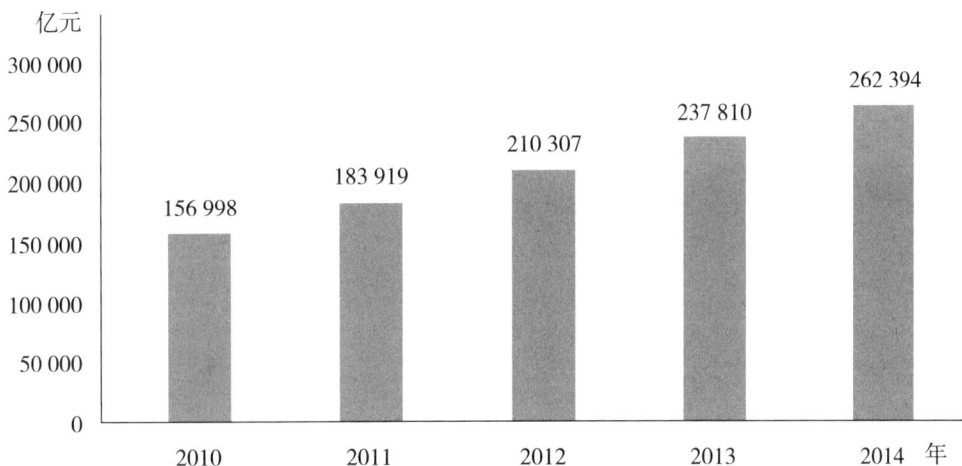

图7　2010～2014年社会消费品零售总额变化

在限额以上企业商品零售额中，粮油、食品、饮料、烟酒类零售额比上年增长11.1%，服装、鞋帽、针纺织品类增长10.9%，化妆品类增长10.0%，金银珠宝类与上年持平，日用品类增长11.6%，家用电器和音像器材类增长9.1%，中西药品类增长

15.0%，文化办公用品类增长11.6%，家具类增长13.9%，通信器材类增长32.7%，石油及制品类增长6.6%，建筑及装潢材料类增长13.9%，汽车类增长7.7%。

2014年全年中国网上零售额27 898亿元，比上年增长49.7%，其中限额以上单位网上零售额4 400亿元，增长56.2%。

对外经济

2014年全年中国货物进出口总额264 334亿元，比上年增长2.3%。其中，出口143 912亿元，增长4.9%；进口120 423亿元，下降0.6%。进出口差额（出口减进口）23 489亿元，比上年增加7 395亿元（见图8和表5）。2014年中国主要商品出口和进口数量、金额及增速情况分别见表6和表7，2014年中国对主要国家和地区货物进出口额及增速情况见表8。

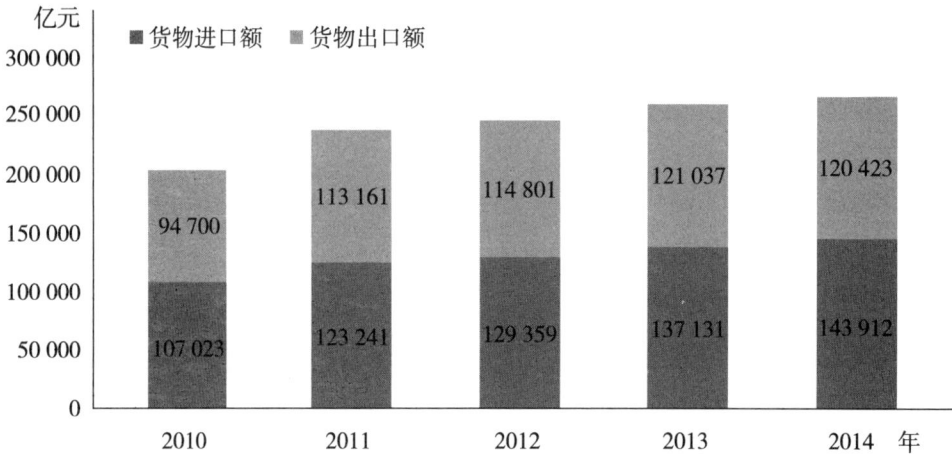

图8　2010～2014年中国货物进出口总额

表5　2014年中国货物进出口总额及增速

指标	金额（亿元）	比上年增长（%）
货物进出口总额	264 334	2.3
货物出口额	143 912	4.9
其中：一般贸易	73 944	9.6
加工贸易	54 320	1.8
其中：机电产品	80 527	2.6
高新技术产品	40 570	−1.0
货物进口额	120 423	−0.6
其中：一般贸易	68 162	−1.0
加工贸易	32 211	4.5
其中：机电产品	52 509	0.7
高新技术产品	33 876	−2.2
进出口差额（出口减进口）	23 489	—

表6　2014年中国主要商品出口数量、金额及增速

商品名称	单位	数量	比上年增长（%）	金额（亿元）	比上年增长（%）
煤（包括褐煤）	万吨	574	−23.5	43	−35.5
钢材	万吨	9 378	50.5	4 350	31.6
纺织纱线、织物及制品	−	−	−	6 888	3.8
服装及衣着附件	−	−	−	11 445	4.2
鞋类	−	−	−	3 455	9.7
家具及零件	−	−	−	3 195	−0.7
自动数据处理设备及部件	万台	191 836	2.6	11 159	−1.3
手持或车载无线电话	万台	131 199	10.6	7 085	20.2
集装箱	万个	302	12.1	553	13.0
液晶显示板	万个	245 080	−25.0	1 952	−12.4
汽车	万辆	90	−2.8	770	3.5

表7　2014年中国主要商品进口数量、金额及增速

商品名称	数量（万吨）	比上年增长（%）	金额（亿元）	比上年增长（%）
谷物及谷物粉	1 951	33.8	382	20.7
大豆	7 140	12.7	2 474	5.0
食用植物油	650	−19.7	364	−27.3
铁矿砂及其精矿	93 251	13.8	5 748	−12.8
氧化铝	528	37.7	118	35.5
煤（包括褐煤）	29 122	−10.9	1 366	−24.4
原油	30 838	9.5	14 017	2.8
成品油	3 000	−24.2	1 439	−27.7
初级形状的塑料	2 535	3.0	3 167	4.0
纸浆	1 796	6.6	741	4.9
钢材	1 443	2.5	1 101	4.0
未锻轧铜及铜材	483	7.4	2 188	0.8

表8　2014年中国对主要国家和地区货物进出口额及增速

国家和地区	出口额（亿元）	比上年增长（%）	进口额（亿元）	比上年增长（%）
欧盟	22 787	8.3	15 031	9.7
美国	24 328	6.4	9 764	3.1
东盟	16 712	10.3	12 794	3.3
中国香港	22 307	−6.6	792	−21.5

续表

国家和地区	出口额（亿元）	比上年增长（%）	进口额（亿元）	比上年增长（%）
日本	9 187	−1.4	10 027	−0.5
韩国	6 162	8.9	11 677	2.8
中国台湾	2 843	12.7	9 337	−3.9
俄罗斯	3 297	7.2	2 555	3.7
印度	3 331	10.7	1 005	−4.6

2014年中国全年服务进出口总额6 043亿美元，比上年增长12.6%。其中，服务出口2 222亿美元，增长7.6%；服务进口3 821亿美元，增长15.8%。服务进出口逆差1 599亿美元。

2014年中国全年非金融领域新设立外商直接投资企业23 778家，比上年增长4.4%（见表9）。实际使用外商直接投资金额7 364亿元，按美元计价为1 196亿美元，增长1.7%。

表9 2014年中国非金融领域外商直接投资情况及增速

行业	企业数（家）	比上年增长（%）	实际使用金额（亿美元）	比上年增长（%）
总　计	23 778	4.4	1 195.6	1.7
其中：农、林、牧、渔业	719	−5.0	15.2	−15.4
制造业	5 178	−20.4	399.4	−12.3
电力、燃气及水生产和供应业	208	4.0	22.0	−9.3
交通运输、仓储和邮政业	376	−6.2	44.6	5.7
信息传输、计算机服务和软件业	981	23.2	27.6	−4.4
批发和零售业	7 978	8.6	94.6	−17.8
房地产业	446	−15.9	346.3	20.2
租赁和商务服务业	3 963	18.0	124.9	20.5
居民服务和其他服务业	181	9.0	7.2	9.3

2014年中国全年非金融领域对外直接投资额6 321亿元，按美元计价为1 029亿美元，比上年增长14.1%（见表10）。

表10 2014年中国非金融领域对外直接投资额及增速

行业	对外直接投资金额（亿美元）	比上年增长（%）
总计	1028.9	14.1
其中：农、林、牧、渔业	17.4	19.2
采矿业	193.3	−4.1
制造业	69.6	−19.8

续表

行业	对外直接投资金额 （亿美元）	比上年增长 （%）
电力、热力、燃气及水生产和供应业	18.4	36.3
建筑业	70.2	7.5
批发和零售业	172.7	26.3
交通运输、仓储和邮政业	29.3	17.2
信息传输、软件和信息技术服务业	17.0	100.0
房地产业	30.9	45.8
租赁和商务服务业	372.5	26.5

2014年中国全年对外承包工程业务完成营业额8 748亿元，按美元计价为1 424亿美元，比上年增长3.8%。对外劳务合作派出各类劳务人员56.2万人，增长6.6%。

交通、邮电和旅游

交通运输平稳增长。2014年全年中国货物运输总量达439亿吨，比上年增长7.1%。货物运输周转量为184 619亿吨公里，增长9.9%。全年规模以上港口完成货物吞吐量111.6亿吨，比上年增长4.8%，其中外贸货物吞吐量35.2亿吨，增长5.9%。规模以上港口集装箱吞吐量20 093万标准箱，增长6.1%（见表11）。

表11　2014年中国分运输方式完成货物运输量及增速

指标	单位	绝对数	比上年增长（%）
货物运输总量	亿吨	439.1	7.1
铁路	亿吨	38.1	−3.9
公路	亿吨	334.3	8.7
水运	亿吨	59.6	6.4
民航	万吨	593.3	5.7
管道	亿吨	6.9	5.2
货物运输周转量	亿吨公里	184 619.2	9.9
铁路	亿吨公里	27 530.2	−5.6
公路	亿吨公里	61 139.1	9.7
水运	亿吨公里	91 881.1	15.7
民航	亿吨公里	186.1	9.3
管道	亿吨公里	3 882.7	10.9

2014年中国全年旅客运输总量220.7亿人次，比上年增长3.9%。旅客运输周转量29 994.2亿人公里，比上年增长8.8%（见表12）。

表12 2014年各种运输方式完成旅客运输量及增速

指标	单位	绝对数	比上年增长（％）
旅客运输总量	亿人次	220.7	3.9
铁路	亿人次	23.6	11.9
公路	亿人次	190.5	2.8
水运	亿人次	2.6	12.3
民航	亿人次	3.9	10.6
旅客运输周转量	亿人公里	29 994.2	8.8
铁路	亿人公里	11 604.8	9.5
公路	亿人公里	11 981.7	6.5
水运	亿人公里	74.4	8.9
民航	亿人公里	6 333.3	12.0

2014年末全国民用汽车保有量达到15 447万辆（包括三轮汽车和低速货车972万辆），比上年末增长12.4%，其中私人汽车保有量12 584万辆，增长15.5%。民用轿车保有量8 307万辆，增长16.6%，其中私人轿车7 590万辆，增长18.4%。

金融

金融市场运行总体平稳。2014年年末广义货币供应量（M2）余额为122.8万亿元，比上年末增长12.2%；狭义货币供应量（M1）余额为34.8万亿元，增长3.2%；流通中货币（M0）余额为6.0万亿元，增长2.9%。

2014年全年社会融资规模为16.5万亿元，按可比口径计算，比上年少8 598亿元。2014年年末全部金融机构本外币各项存款余额117.3735万亿元，比年初增加10.2万亿元，其中人民币各项存款余额113.9万亿元，增加9.5万亿元。全部金融机构本外币各项贷款余额86.7868万亿元，增加10.2万亿元，其中人民币各项贷款余额81.7万亿元，增加9.8万亿元（见表13）。

表13 2014年年末全部金融机构本外币存贷款余额及增速

指标	年末数（亿元）	比上年末增长（％）
各项存款余额	1 173 735	9.6
其中：住户存款	506 890	8.9
其中：人民币	502 504	8.9
非金融企业存款	400 420	5.4
各项贷款余额	867 868	13.3
其中：境内短期贷款	336 371	7.9
境内中长期贷款	471 818	15.0

2014年年末主要农村金融机构（农村信用社、农村合作银行、农村商业银行）人民币贷款余额为105 742亿元，比年初增加14 105亿元。全部金融机构人民币消费贷款余额为153 660亿元，增加23 938亿元。其中，个人短期消费贷款余额32 491亿元，增加5 902亿元；个人中长期消费贷款余额121 169亿元，增加18 037亿元。

2014年全年上市公司通过境内市场累计筹资8 397亿元，比上年增加1 512亿元。其中，首次公开发行A股125只，筹资669亿元；A股再筹资（包括配股、公开增发、非公开增发、认股权证）4 165亿元，增加1 362亿元；上市公司通过发行可转债、可分离债、公司债、中小企业私募债筹资3 563亿元，减少519亿元。全年公开发行创业板股票51只，筹资159亿元。

2014年全年发行公司信用类债券5.15万亿元，比上年增加1.48万亿元。

2014年全年保险公司原保险保费收入20 235亿元，比上年增长17.5%。其中，寿险业务原保险保费收入10 902亿元，健康险和意外伤害险业务原保险保费收入2 130亿元，财产险业务原保险保费收入7 203亿元。支付各类赔款及给付7 216亿元。其中，寿险业务给付2 728亿元，健康险和意外伤害险赔款及给付700亿元，财产险业务赔款3 788亿元。

人民生活和社会保障

城乡居民收入继续增加。2014年全年全国居民人均可支配收入20 167元，比上年增长10.1%，扣除价格因素，实际增长8.0%。按收入来源分的全国居民人均可支配收入及占比情况见图9。按常住地分，城镇居民人均可支配收入28 844元，比上年增长9.0%，扣除价格因素，实际增长6.8%；城镇居民人均可支配收入中位数为26 635元，增长10.3%。农村居民人均可支配收入10 489元，比上年增长11.2%，扣除价格因素，实际增长9.2%；农村居民人均可支配收入中位数为9 497元，增长12.7%。全年农村居民人均纯收入为9 892元。全国居民人均消费支出14 491元，比上年增长9.6%，扣除价格因素，实际增长7.5%。按常住地分，城镇居民人均消费支出19 968元，增长8.0%，扣除价格因素，实际增长5.8%；农村居民人均消费支出8 383元，增长12.0%，扣除价格因素，实际增长10.0%。

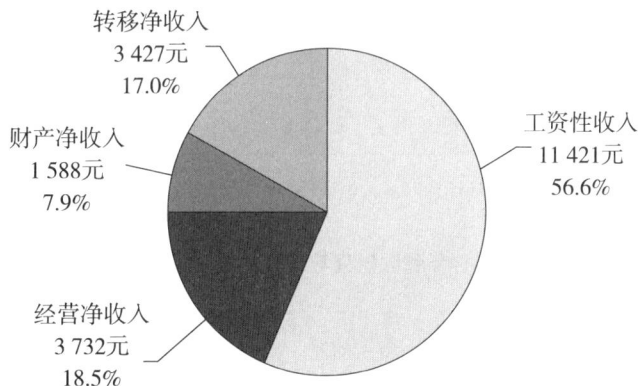

图9　2014年按收入来源分的全国居民人均可支配收入及占比

2015—2016 中国大宗商品市场年鉴
China Commodity Market Yearbook

社会保障建设取得新进展。2014年年末全国参加城镇职工基本养老保险人数34 115万人，比上年末增加1 897万人。参加城乡居民基本养老保险人数50 107万人，增加357万人。参加基本医疗保险人数59 774万人，增加2 702万人。其中，参加职工基本医疗保险人数28 325万人，增加882万人；参加居民基本医疗保险人数31 449万人，增加1 820万人。参加失业保险人数17 043万人，增加626万人。年末全国领取失业保险金人数207万人。参加工伤保险人数20 621万人，增加703万人，其中参加工伤保险的农民工7 362万人，增加98万人。参加生育保险人数17 035万人，增加643万人。按照年人均收入2 300元（2010年不变价）的农村扶贫标准计算，2014年农村贫困人口为7 017万人，比上年减少1 232万人。

教育技术科学

2014年全年我国研究与试验发展（R&D）经费支出13312亿元，比上年增长12.4%（见图10），与国内生产总值之比为2.09%，其中基础研究经费626亿元。全年国家安排了3 997项科技支撑计划课题，2129项"863"计划课题。截至年底，累计建设国家工程研究中心132个，国家工程实验室154个，国家认定企业技术中心1 098家。全年国家新兴产业创投计划累计支持设立213家创业投资企业，资金总规模574亿元，投资创业企业739家。全年受理境内外专利申请236.1万件，授予专利权130.3万件，专利申请受理、授权和有效专利情况见表14。截至2014年年底，有效专利数为464.3万件。2014年全年签订技术合同29.7万项，技术合同成交金额8 577亿元，比上年增长14.8%。

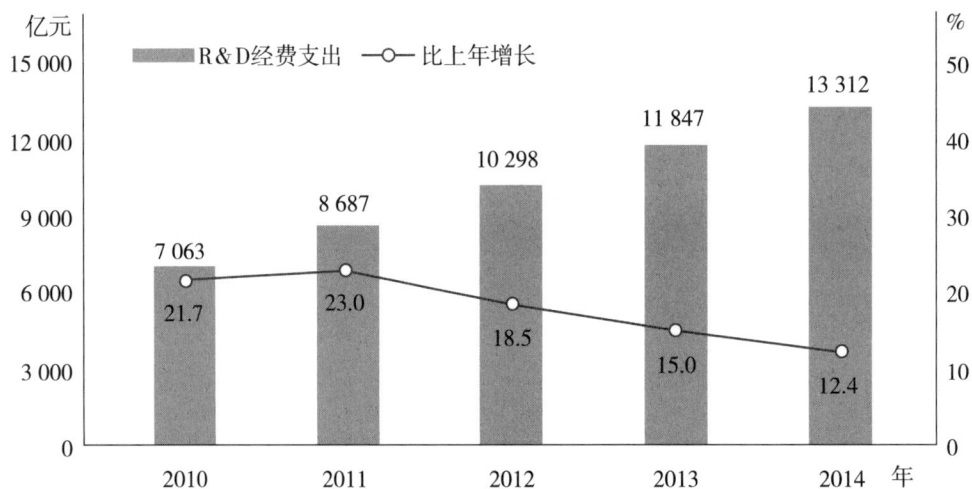

图10　2010~2014年我国研究与试验发展（R&D）经费支出

表14 2014年我国专利申请受理、授权和有效专利情况

指标	专利数（万件）	比上年增长（%）
专利申请受理数	236.1	-0.7
其中：境内专利申请受理数	218.6	-1.0
其中：发明专利申请受理数	92.8	12.5
其中：境内发明专利	79.0	13.9
专利申请授权数	130.3	-0.8
其中：境内专利授权	119.2	-1.5
其中：发明专利授权	23.3	12.3
其中：境内发明专利	15.8	14.1
年末有效专利数	464.3	10.7
其中：境内有效专利	391.8	11.1
其中：有效发明专利	119.6	15.7
其中：境内有效发明专利	66.3	21.7

资源、环境和安全生产

2014年全年全国国有建设用地供应总量61万公顷，比上年下降16.5%。其中，工矿仓储用地15万公顷，下降29.9%；房地产用地15万公顷，下降25.5%；基础设施等其他用地31万公顷，下降1.9%。

全年水资源总量28 370亿立方米。全年平均降水量648毫米。年末全国监测的609座大型水库蓄水总量3 663亿立方米，比上年末蓄水量增加7.0%。全年总用水量6 220亿立方米，比上年增长0.6%。其中，生活用水增长2.7%，工业用水增长1.0%，农业用水增长0.1%，生态补水增长0.6%。万元国内生产总值用水量112立方米，比上年下降6.3%。万元工业增加值用水量64立方米，下降5.6%。人均用水量456立方米，比上年增长0.1%。

全年完成造林面积603万公顷，其中人工造林427万公顷。林业重点工程完成造林面积200万公顷，占全部造林面积的33.2%。

截至年底，自然保护区达到2 729个，其中国家级自然保护区428个。新增水土流失治理面积5.4万平方公里，新增实施水土流失地区封育保护面积2.0万平方公里。

2014年全年平均气温为10.1℃，共有5个台风登陆。

初步核算，全年能源消费总量42.6亿吨标准煤，比上年增长2.2%。煤炭消费量下降2.9%，原油消费量增长5.9%，天然气消费量增长8.6%，电力消费量增长3.8%。煤炭消费量占能源消费总量的66.0%，水电、风电、核电、天然气等清洁能源消费量占能源消费总量的16.9%。全国万元国内生产总值能耗下降4.8%。工业企业吨粗铜综合能耗同比下降3.76%，吨钢综合能耗下降1.65%，单位烧碱综合能耗下降2.33%，吨水泥综合能耗下降1.12%，每千瓦时火力发电标准煤耗下降0.67%。

十大流域的702个水质监测断面中，一至三类水质断面比例占71.2%，劣四类水质

断面比例占9.0%。十大流域水质总体为轻度污染，水质保持稳定。

近岸海域301个海水水质监测点中，达到国家一、二类海水水质标准的监测点占66.8%，三类海水占7.0%，四类、劣四类海水占26.2%。

在按照《环境空气质量标准》（GB3095～2012）监测的161个城市中，城市空气质量达标的城市占9.9%，未达标的城市占90.1%。

在监测的319个城市中，城市区域声环境质量好的城市占1.3%，较好的占70.8%，一般的占27.3%，较差的占0.6%。

2014年年末城市污水处理厂日处理能力达到12 896万立方米，比上年末增长3.5%，城市污水处理率达到90.2%，提高0.8个百分点。城市集中供热面积59.1亿平方米，增长3.3%。城市建成区绿地率达到35.9%，提高0.2个百分点。

2014年全年农作物受灾面积2 489万公顷，其中绝收309万公顷。全年因洪涝和地质灾害造成直接经济损失1 030亿元，因旱灾造成直接经济损失836亿元，因低温冷冻和雪灾造成直接经济损失129亿元，因海洋灾害造成直接经济损失136亿元。全年大陆地区共发生5级以上地震30次，成灾10次，造成直接经济损失356亿元。全年共发生森林火灾3 703起，森林火灾受害森林面积1.9万公顷。

2014年全年各类生产安全事故共死亡68 061人。亿元国内生产总值生产安全事故死亡人数为0.107人，比上年下降13.7%；工矿商贸企业就业人员10万人生产安全事故死亡人数为1.328人，下降12.9%；道路交通事故万车死亡人数为2.22人，下降5.1%；煤矿百万吨死亡人数为0.255人，下降11.5%。

（资料来源：国家统计局2014年国民经济和社会发展统计公报摘要）

二、2015年度中国经济发展与市场回顾

综合

初步核算，2015年全年国内生产总值676 708亿元，比上年增长6.9%（见图11）。其中，第一产业增加值60 863亿元，增长3.9%；第二产业增加值274 278亿元，增长6.0%；第三产业增加值341 567亿元，增长8.3%。第一产业增加值占国内生产总值的比重为9.0%，第二产业增加值比重为40.5%，第三产业增加值比重为50.5%，首次突破50%（见图12）。全年人均国内生产总值49 351元，比上年增长6.3%。全年国民总收入673 021亿元。

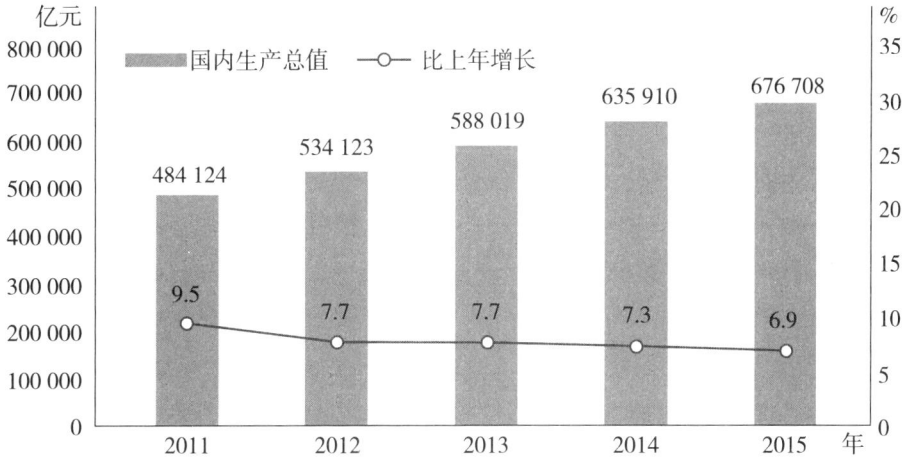

图11 2011～2015年我国国内生产总值及其增长速度

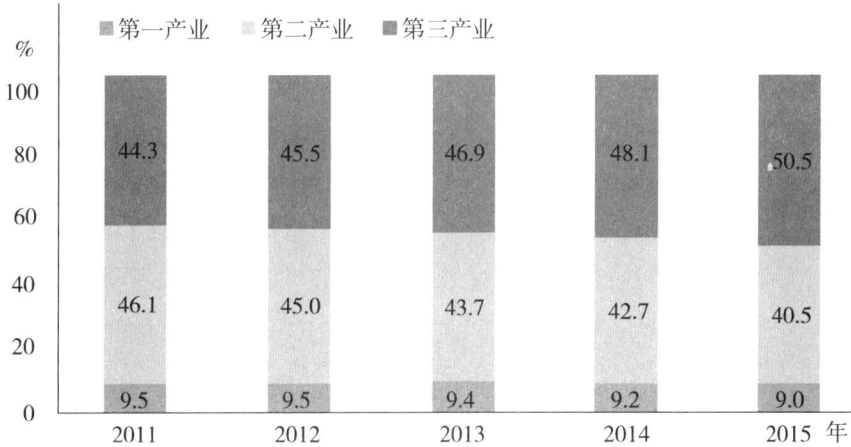

图12 2011～2015年三次产业增加值占国内生产总值比重

2015年年末全国内地总人口137 462万人，比上年末增加680万人，其中城镇常住人口77 116万人，占总人口比重（常住人口城镇化率）为56.10%，比上年末提高1.33个百分点（见表15）。全年出生人口1 655万

人，出生率为12.07‰；死亡人口975万人，死亡率为7.11‰；自然增长率为4.96‰。全国人户分离的人口2.94亿人，其中流动人口2.47亿人。人均预期寿命76.34岁。

表15　2015年年末全国人口数及其构成

指标	年末数（万人）	比重（%）
全国总人口	137 462	100.0
其中：城镇	77 116	56.10
乡村	60 346	439.0
其中：男性	70 414	51.2
女性	67 048	48.8
其中：0~15岁（含不满16周岁）	24 166	17.6
16~59岁（含不满60周岁）	91 096	66.3
60周岁及以上	22 200	16.1
其中：65周岁及以上	14 386	10.5

2015年年末全国就业人员77 451万人，其中城镇就业人员40 410万人。全年城镇新增就业1 312万人。年末城镇登记失业率为4.05%。全国农民工总量27 747万人，比上年增长1.3%。其中，外出农民工16 884万人，增长0.4%；本地农民工10 863万人，增长2.7%。

2015年全年居民消费价格比上年上涨1.4%，月度消费价格涨跌情况如图13所示，其中食品价格上涨2.3%，烟酒及用品、衣着等分类消费价格与上年相比涨跌情况见表16。固定资产投资价格下降1.8%。工业生产者出厂价格下降5.2%。工业生产者购进价格下降6.1%。农产品生产者价格上涨1.7%。

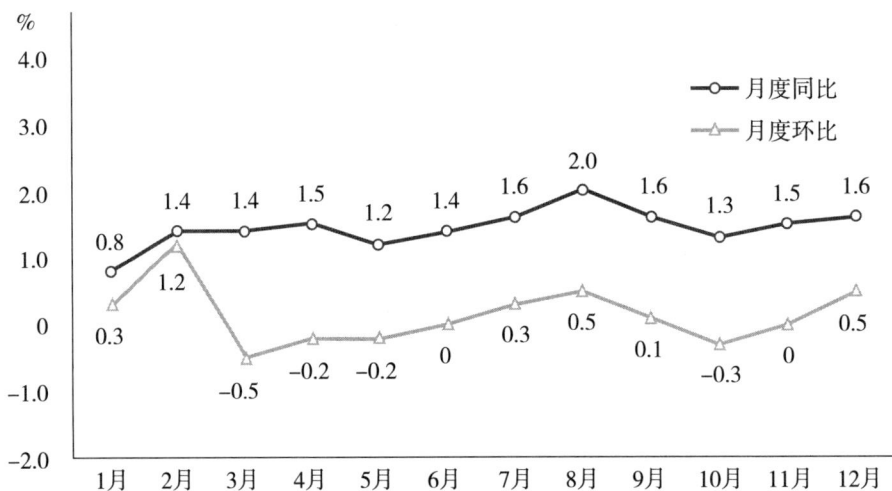

图13　2015年全国居民消费价格月度涨跌情况

表16　2015年居民消费价格分类别涨跌情况

单位：%

指标	全国	城市	农村
居民消费价格	1.4	1.5	1.3
其中：食品	2.3	2.3	2.4
烟酒及用品	2.1	2.0	2.3
衣着	2.7	2.8	2.3
家庭设备用品及维修服务	1.0	1.0	0.9
医疗保健和个人用品	2.0	1.9	2.3
交通和通信	−1.7	−1.6	−1.9
娱乐教育文化用品及服务	1.4	1.4	1.4
居住	0.7	1.0	−0.3

2015年年末70个大中城市新建商品住宅销售价格月同比上涨的城市个数为21个，比年初增加20个；下降的为49个，减少20个。

农业

2015年全年粮食种植面积11 334万公顷，比上年增加62万公顷。棉花种植面积380万公顷，减少42万公顷。油料种植面积1 406万公顷，增加1万公顷。糖料种植面积174万公顷，减少16万公顷。

2015年全年粮食产量62 144万吨，比上年增加1 441万吨，增产2.4%（见图14）。其中，夏粮产量14 112万吨，增产3.3%；早稻产量3369万吨，减产0.9%；秋粮产量44 662万吨，增产2.3%。全年谷物产量57 225万吨，比上年增产2.7%。其中，稻谷产量20 825万吨，增产0.8%；小麦产量13 019万吨，增产3.2%；玉米产量22 458万吨，增产4.1%。

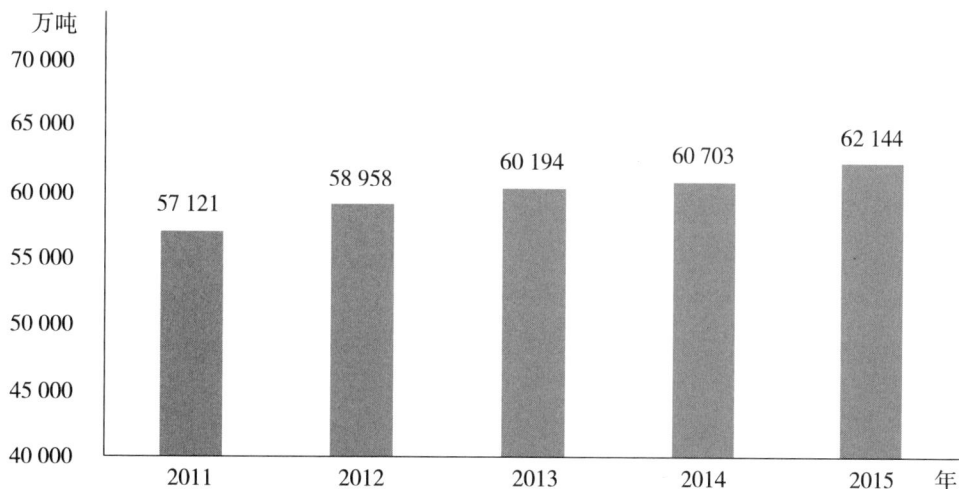

图14　2011～2015年粮食产量

2015年全年棉花产量561万吨,比上年减产9.3%。油料产量3 547万吨,增产1.1%。糖料产量12 529万吨,减产6.2%。茶叶产量224万吨,增产6.9%。

2015年全年肉类总产量8 625万吨,比上年下降1.0%。其中,猪肉产量5 487万吨,下降3.3%;牛肉产量700万吨,增长1.6%;羊肉产量441万吨,增长2.9%;禽肉产量1 826万吨,增长4.3%。禽蛋产量2 999万吨,增长3.6%。牛奶产量3 755万吨,增长0.8%。年末生猪存栏45 113万头,下降3.2%;生猪出栏70 825万头,下降3.7%。

2015年全年水产品产量6 690万吨,比上年增长3.5%。其中,养殖水产品产量4 942万吨,增长4.1%;捕捞水产品产量1 748万吨,增长0.5%。

2015年全年木材产量6 832万立方米,比上年下降17.0%。

2015年全年新增耕地灌溉面积158万公顷,新增节水灌溉面积254万公顷。

工业和建筑业

2015年全年全部工业增加值228 974亿元,比上年增长5.9%(见图15)。规模以上工业增加值增长6.1%。在规模以上工业中,分经济类型看,国有控股企业增长1.4%;集体企业增长1.2%,股份制企业增长7.3%,外商及港澳台商投资企业增长3.7%;私营企业增长8.6%。分门类看,采矿业增长2.7%,制造业增长7.0%,电力、热力、燃气及水生产和供应业增长1.4%。

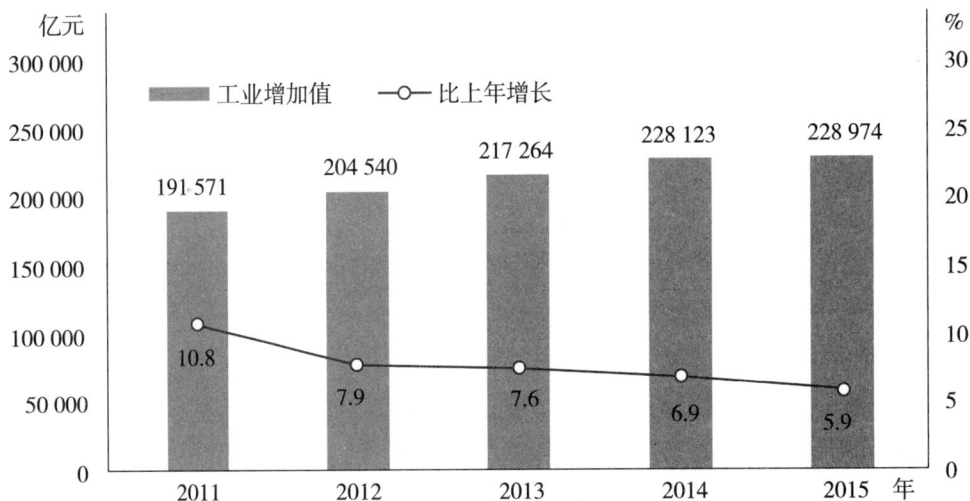

图15 2011～2015年全部工业增加值及增速

2015年全年规模以上工业中,农副食品加工业增加值比上年增长5.5%,纺织业增长7.0%,化学原料和化学制品制造业增长9.5%,非金属矿物制品业增长6.5%,黑色金属冶炼和压延加工业增长5.4%,通用设备制造业增长2.9%,专用设备制造业增长3.4%,汽车制造业增长6.7%,电气机械和器材制造业增长7.3%,计算机、通信和其他电子设备制造业增长10.5%,电力、热力生产和供应业增长0.5%。2015年我国主要工业产品产量及增速情况见表17。六大高耗能行业增加值比上年增长6.3%,占规模以上工业增加值的比重为27.8%。高技术制造业增加值增长10.2%，占规模以上工业增加值的比重为11.8%。装备制造业增加值增长6.8%，占规模以上工业增加值的比重为31.8%。

表17　2015年我国主要工业产品产量及增速情况

产品名称	单位	产量	比上年增长（%）
纱	万吨	3 538.0	4.7
布	亿米	892.6	−0.1
化学纤维	万吨	4 831.7	10.1
成品糖	万吨	1 474.1	−10.3
卷烟	亿支	25 890.7	−0.8
彩色电视机	万台	14 475.7	2.5
其中：液晶电视机	万台	14 391.9	3.8
其中：智能电视	万台	8 383.5	14.9
家用电冰箱	万台	7 992.8	−9.1
房间空气调节器	万台	14 200.4	−1.8
一次能源生产总量	亿吨标准煤	36.2	0.0
原煤	亿吨	37.5	−3.3
原油	万吨	21 455.6	1.5
天然气	亿立方米	1 346.1	3.4
发电量	亿千瓦小时	58 105.8	0.3
其中：火电	亿千瓦小时	42 420.4	−2.7
水电	亿千瓦小时	11 264.2	5.0
核电	亿千瓦小时	1 707.9	28.9
粗钢	万吨	80 382.5	−2.2
钢材	万吨	112 349.6	−0.1
十种有色金属	万吨	5 155.8	6.8
其中：精炼铜（电解铜）	万吨	796.2	4.2
原铝（电解铝）	万吨	3 141.0	8.8
水泥	亿吨	23.6	−5.3
硫酸（折100%）	万吨	8 975.7	0.8
烧碱（折100%）	万吨	3 020.7	−1.4
乙烯	万吨	1 714.6	1.1
化肥（折100%）	万吨	7 432.0	8.1
发电机组（发电设备）	万千瓦	12 431.4	−17.4
汽车	万辆	2 450.4	3.3
其中：基本型乘用车（轿车）	万辆	1 163.0	−6.8
运动型多用途乘用车（SUV）	万辆	602.4	48.0

续表

产品名称	单位	产量	比上年增长（%）
其中：新能源汽车	万辆	32.8	161.2
大中型拖拉机	万台	68.8	6.9
集成电路	亿块	1 087.2	7.1
程控交换机	万线	1 880.3	−12.5
移动通信手持机	万台	181 261.4	7.8
其中：智能手机	万台	139 943.1	11.3
微型计算机设备	万台	314 18.7	−10.4
工业机器人	台套	32 996.0	21.7

2015年年末全国发电装机容量150 828万千瓦，比上年末增长10.5%。其中火电装机容量99 021万千瓦，增长7.8%；水电装机容量31 937万千瓦，增长4.9%；核电装机容量2 608万千瓦，增长29.9%；并网风电装机容量12 934万千瓦，增长33.5%；并网太阳能发电装机容量4 318万千瓦，增长73.7%。

2015年全年规模以上工业企业实现利润63 554亿元，比上年下降2.3%。分经济类型看，国有控股企业实现利润10 944亿元，比上年下降21.9%；集体企业508亿元，下降2.7%，股份制企业42 981亿元，下降1.7%，外商及港澳台商投资企业15 726亿元，下降1.5%；私营企业23 222亿元，增长3.7%。分门类看，采矿业实现利润2 604亿元，比上年下降58.2%；制造业55 609亿元，增长2.8%；电力、热力、燃气及水生产和供应业5 341亿元，增长13.5%。

2015年全年全社会建筑业增加值46 456亿元，比上年增长6.8%（见图16）。全国具有资质等级的总承包和专业承包建筑业企业实现利润6 508亿元，增长1.6%，其中国有控股企业1 676亿元，增长6.0%。

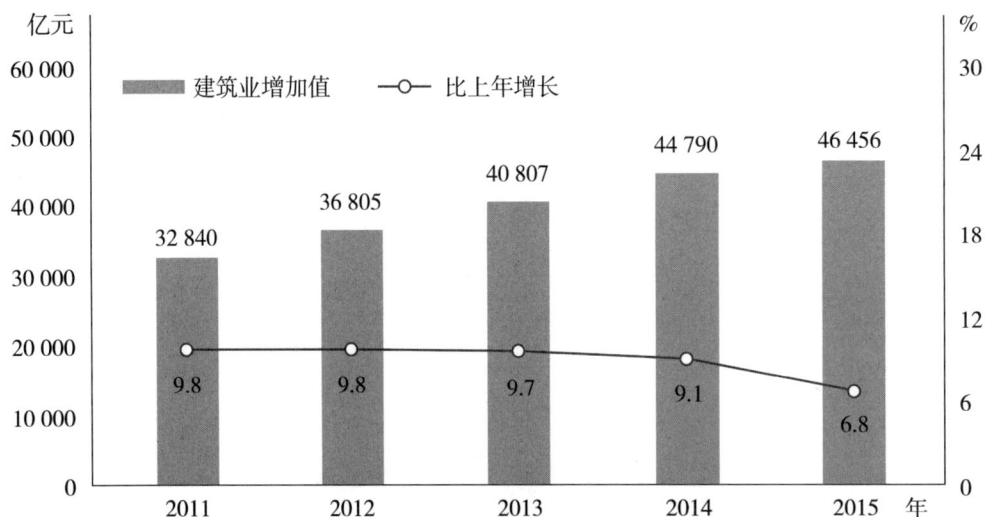

图16　2011～2015年我国建筑业增加值及增速

固定资产投资

2015年全年全社会固定资产投资562 000亿元，比上年增长9.8%（见图17），扣除价格因素，实际增长11.8%。其中，固定资产投资（不含农户）551 590亿元，增长

10.0%。分区域看，东部地区投资232 107亿元，比上年增长12.4%；中部地区投资143 118亿元，增长15.2%；西部地区投资140 416亿元，增长8.7%；东北地区投资40 806亿元，下降11.1%。

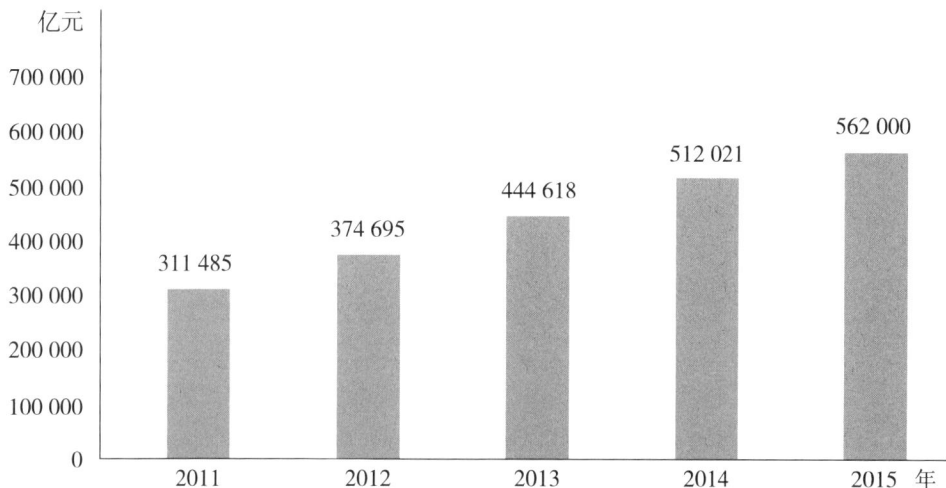

图17　2011～2015年我国全社会固定资金投资

在固定资产投资（不含农户）中，第一产业投资15 561亿元，比上年增长31.8%；第二产业投资224 090亿元，增长8.0%；第三产业投资311 939亿元，增长10.6%。基础设施投资101 271亿元，增长17.2%，占固定资产投资（不含农户）的

比重为18.4%（见图18）。高技术产业投资32 598亿元，增长17.0%，占固定资产投资（不含农户）的比重为5.9%。分行业固定资产投资（不含农户）及增速情况见表18。2015年固定资产投资新增主要生产与运营能力情况见表19。

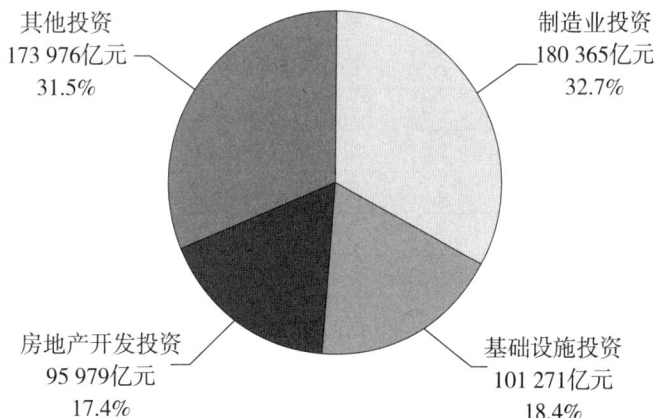

图18　2015年按领域分固定资产投资（不含农户）及其占比

表18 2015年分行业固定资产投资（不含农户）及增速情况

行业	投资额（亿元）	比上年增长（%）
总计	551 590	10.0
农、林、牧、渔业	19 061	30.8
采矿业	12 971	−8.8
制造业	180 365	8.1
电力、热力、燃气及水生产和供应业	26 621	16.6
建筑业	4 895	10.2
批发和零售业	18 682	20.1
交通运输、仓储和邮政业	48 972	14.3
住宿和餐饮业	6 504	5.1
信息运输、软件和信息技术服务业	5 517	34.5
金融业	1 367	0.3
房地产业	126 674	2.5
租赁和商务服务业	9 436	18.6
科学研究和技术服务业	4 752	12.6
水利、环境和公共设施管理业	55 673	20.4
居民服务、修理和其他服务业	2 628	15.5
教育	7 723	15.2
卫生和社会工作	5 175	29.7
文化、体育和娱乐业	6 724	8.9
公共管理、社会保障和社会组织	7 851	9.1

表19 2015年全国固定资产投资新增主要生产与运营能力

指标	单位	绝对数
新增220千伏及以上变电设备	万千伏安	21 785
新建铁路投产里程	公里	9 531
其中：高速铁路	公里	3 306
增、新建铁路复线投产里程	公里	7 647
电气化铁路投产里程	公里	8 694
新建公路里程	公里	71 401
其中：高速公路	公里	11 265
港口万吨级码头泊位新增吞吐能力	万吨	38 487
新增民用运输机场	个	8
新增光缆线路长度	万公里	441

2015年全年房地产开发投资95 979亿元，比上年增长1.0%。其中，住宅投资64 595亿元，增长0.4%；办公楼投资6 210亿元，增长10.1%；商业营业用房投资14 607亿元，增长1.8%。

2015年全年全国城镇保障性安居工程

基本建成住房772万套，新开工783万套， │ 其中棚户区改造开工601万套。

表20 2015年全国房地产开发和销售主要指标及增速

指标	单位	绝对数	比上年增长（%）
投资额	亿元	95 979	1.0
其中：住宅	亿元	64 595	0.4
其中：90平方米及以下	亿元	24 646	21.2
房屋施工面积	万平方米	735 693	1.3
其中：住宅	万平方米	511 570	−0.7
房屋新开工面积	万平方米	154 454	−14.0
其中：住宅	万平方米	106 651	−14.6
房屋竣工面积	万平方米	100 039	−6.9
其中：住宅	万平方米	73 777	−8.8
商品房销售面积	万平方米	128 495	6.5
其中：住宅	万平方米	112 406	6.9
本年到位资金	亿元	125 203	2.6
其中：国内债款	亿元	20 214	−4.8
其中：个人按揭贷款	亿元	16 662	21.9

国内贸易

2015年全年社会消费品零售总额300 931亿元，比上年增长10.7%（见图19），扣除价格因素，实际增长10.6%。按经营地统计，城镇消费品零售额258 999亿元，增长10.5%；乡村消费品零售额41 932亿元，增长11.8%。按消费类型统计，商品零售额268 621亿元，增长10.6%；餐饮收入额32 310亿元，增长11.7%。

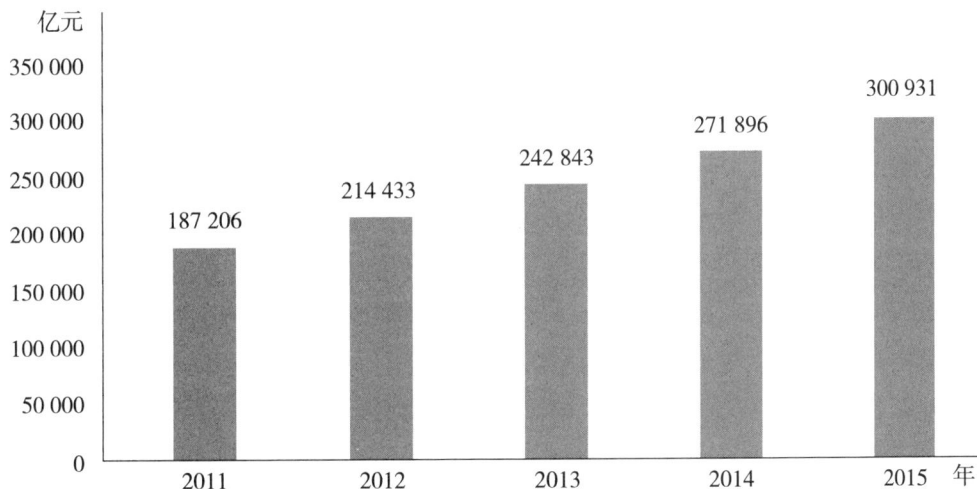

图19 2011～2015年我国社会消费品零售总额变化情况

注：图中2011年至2014年数据根据第三次经济普查结果进行修订。

在限额以上企业商品零售额中，粮油、食品、饮料、烟酒类零售额比上年增长14.6%，服装、鞋帽、针纺织品类增长9.8%，化妆品类增长8.8%，金银珠宝类增长7.3%，日用品类增长12.3%，家用电器和音像器材类增长11.4%，中西药品类增长14.2%，文化办公用品类增长15.2%，家具类增长16.1%，通信器材类增长29.3%，建筑及装潢材料类增长18.7%，汽车类增长5.3%，石油及制品类下降6.6%。

2015年全年网上零售额达38 773亿元，比上年增长33.3%，其中网上商品零售额为32 424亿元，增长31.6%。在网上商品零售额中，"吃"类商品增长40.8%，"穿"类

商品增长21.4%，"用"类商品增长36%。

对外经济

2015年全年货物进出口总额为245 741亿元，比上年下降7.0%（见表21）。其中，出口141 255亿元，下降1.8%；进口104 485亿元，下降13.2%（见图20）。货物进出口差额（出口减进口）36 770亿元，比上年增加13 244亿元。2015年中国主要商品出口和进口数量、金额及增速情况见表22和表23。2015年中国对主要国家和地区货物进出口额及增速见表24。

表21　2015年货物进出口总额及增速

指标	金额（亿元）	比上年增长（%）
货物进出口总额	245 741	−7.0
货物出口额	141 255	−1.8
其中：一般贸易	75 456	2.1
加工贸易	49 553	−8.8
其中：机电产品	81 421	1.1
高新技术产品	40 737	0.4
货物进口额	104 485	−13.2
其中：一般贸易	57 323	−15.9
加工贸易	27 772	−13.7
其中：机电产品	50 111	−4.5
高新技术产品	34 073	0.6
货物进出口差额（出口减进口）	36 770	—

亿元

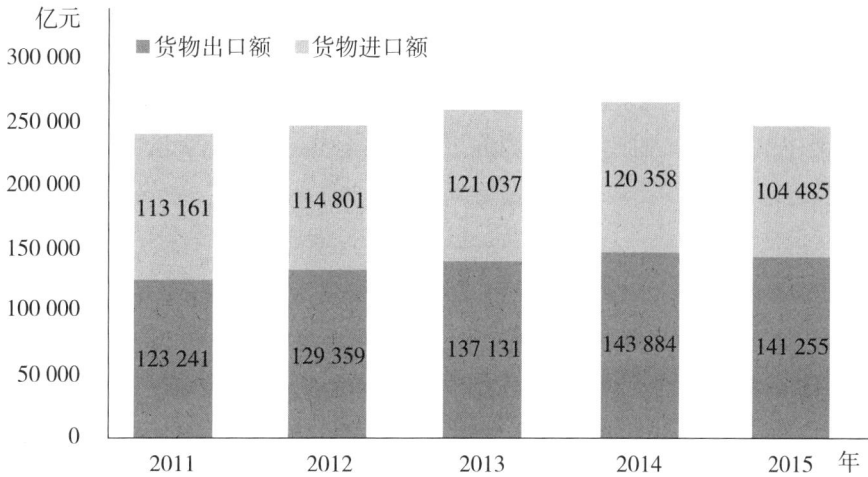

图20 2011～2015年中国货物进出口总额变化情况

表22 2015年中国主要商品出口数量、金额及增速

商品名称	单位	数量	比上年增长（%）	金额（亿元）	比上年增长（%）
煤（包括褐煤）	万吨	533	−7.1	31	−27
钢材	万吨	11 240	19.9	3 890	−10
纺织纱线、织物及制品	−	−	−	6 796	−1
服装及衣着附件	−	−	−	10 819	−5
鞋类	万吨	447	−8.4	3 319	−3
家具及其零件	−	−	−	3 277	2
自动数据处理设备及其部件	万台	171 508	−10.6	9 461	−15
手持或车载无线电话	万台	134 342	2.4	7 711	8
集装箱	万个	272	−10.1	475	−14
液晶显示板	万个	229 344	−6.4	1 923	−1
汽车	万辆	72	−19.4	696	−9

表23 2015年中国主要商品进口数量、金额及增速

商品名称	数量（万吨）	比上年增长（%）	金额（亿元）	比上年增长（%）
谷物及谷物粉	3 270	67.6	585	52
大豆	8 169	14.4	2 157	−12
食用植物油	676	4.1	311	−14
铁矿砂及其精矿	95 272	2.2	3 574	−37
氧化铝	465	−11.8	101	−14
煤（包括褐煤）	20 406	−29.9	749	−45
原油	33 550	8.8	8 333	−40
成品油	2 990	−0.3	886	−38
初级形状的塑料	2 610	2.9	2 793	−11
纸浆	1 984	10.4	792	6
钢材	1 278	−11.4	889	−19
未锻轧铜及铜材	481	−0.3	1 804	−17

表24　2015年中国对主要国家和地区货物进出口额及增速

国家和地区	出口额（亿元）	比上年增长（%）	进口额（亿元）	比上年增长（%）
欧盟	22 096	−3.0	12 985	−13.6
美国	25 425	4.5	9 238	−5.4
东盟	17 221	3.1	12 097	−5.4
中国香港	20 589	−7.7	797	2.8
日本	8 424	−8.3	8 881	−11.4
韩国	6 291	2.1	10 847	−7.1
中国台湾	2 785	−2.0	8 904	−4.6
印度	3 612	8.5	831	−17.2
俄罗斯	2 161	−34.5	2 066	−19.1

2015年全年我国服务进出口总额7 130亿美元，比上年增长14.6%。其中，服务出口2 882亿美元，增长9.2%；服务进口4 248亿美元，增长18.6%。服务进出口逆差1 366亿美元。

2015年全年我国吸收外商直接投资（不含银行、证券、保险）新设立企业26 575家，比上年增长11.8%（见表25）。实际使用外商直接投资金额7 814亿元（合1 263亿美元），增长6.4%。其中"一带一路"沿线国家吸收外商直接投资新设立企业2 164家，增长18.3%；实际使用外商直接投资金额526亿元（合85亿美元），增长25.3%。

表25　2015年我国外商直接投资（不含银行、证券、保险）及增速

行业	企业数（家）	比上年增长（%）	实际使用金融（亿元）	比上年增长（%）
总计	26 575	11.8	7 813.5	6.4
其中：农、林、牧、渔业	609	−15.3	94.8	1.3
制造业	4 507	−13.0	2 452.3	0.0
电力、燃气及水生产和供应业	264	26.9	139.4	3.1
交通运输、仓储和邮政业	449	19.4	259.7	−5.0
信息传输、计算机服务和软件业	1 311	33.6	237.1	40.1
批发和零售业	9 156	14.8	744.0	28.0
房地产业	387	−13.2	1 789.8	−15.9
租赁和商务服务业	4 465	12.7	623.3	−18.8
居民服务和其他服务业	217	19.9	44.4	0.8

2015年全年我国对外直接投资额（不含银行、证券、保险）7 351亿元，按美元计价为1 180.2亿美元，比上年增长14.7%（见表26）。其中，我国对"一带一路"沿线国家对外直接投资额达148亿美元，增长18.2%。

表26 2015年我国对外直接投资额（不含银行、证券、保险）及增速

行业	对外直接投资金额（亿美元）	比上年增长（%）
总计	1 180.2	14.7
其中：农、林、牧、渔业	20.5	17.8
采矿业	108.5	−43.9
制造业	143.3	105.9
电力、热力、燃气及水生产和供应业	27.9	51.6
建筑业	45.0	−35.9
批发和零售业	160.2	−7.2
交通运输、仓储和邮政业	30.9	5.5
信息传输、软件和信息技术服务业	57.8	240.0
房地产业	90.6	193.2
租赁和商务服务业	416.7	11.9

2015年全年我国对外承包工程业务完成营业额9 596亿元，按美元计价为1 541亿美元，比上年增长8.2%。对外劳务合作派出各类劳务人员53万人，下降5.7%。

交通、邮电和旅游

2015年全年货物运输总量417.1亿吨，比上年增长0.2%。货物运输周转量177 400.7亿吨公里，下降1.9%（见表27）。全年规模以上港口完成货物吞吐量114.3亿吨，比上年增长1.6%，其中外贸货物吞吐量35.9亿吨，增长1.1%。规模以上港口集装箱吞吐量20 959万标准箱，增长4.1%。

表27 2015年各种运输方式完成货物运输量及增速

指标	单位	绝对数	比上年增长（%）
货物运输总量	亿吨	417.1	0.2
铁路	亿吨	33.6	−11.9
公路	亿吨	315.0	1.2
水运	亿吨	61.4	2.5
民航	万吨	625.3	5.2
管道	亿吨	7.1	1.7
货物运输周转量	亿吨公里	177 400.7	−1.9
铁路	亿吨公里	23 754.3	−13.7
公路	亿吨公里	57 955.7	2.0
水运	亿吨公里	91 344.6	−1.2
民航	亿吨公里	207.3	10.4
管道	亿吨公里	4 138.8	6.6

2015年全年我国旅客运输总量194亿人次，比上年下降4.4%。旅客运输周转量30 047亿人公里，增长4.9%。

2015年年末全国民用汽车保有量达到17 228万辆（包括三轮汽车和低速货车955万辆），比上年末增长11.5%，其中私人汽

车保有量14 399万辆，增长14.4%。民用轿车保有量9 508万辆，增长14.6%，其中私人轿车8 793万辆，增长15.8%。

2015年全年全国完成邮电业务总量为28 220亿元，比上年增长29.2%。其中，邮政行业业务总量5 079亿元，增长37.4%；电信业务总量23 142亿元，增长27.5%。邮政业全年完成邮政函件业务45.8亿件，包裹业务0.4亿件，快递业务量206.7亿件（见图21）；快递业务收入2 770亿元。电信业全年新增移动电话交换机容量6 529万户，达到211 066万户。2015年末全国电话用户总数达到153 673万户，其中移动电话用户130 574万户。移动电话普及率上升至95.5部/百人。固定互联网宽带接入用户21 337万户，比上年增加1 289万户；移动宽带用户78 533万户，增加20 279万户（见图22）。移动互联网接入流量41.9亿G，比上年增长103%。互联网上网人数6.88亿人，增加3 951万人，其中手机上网人数6.20亿人，增加6 303万人。互联网普及率达到50.3%。软件和信息技术服务业完成软件业务收入43 249亿元，比上年增长16.6%。

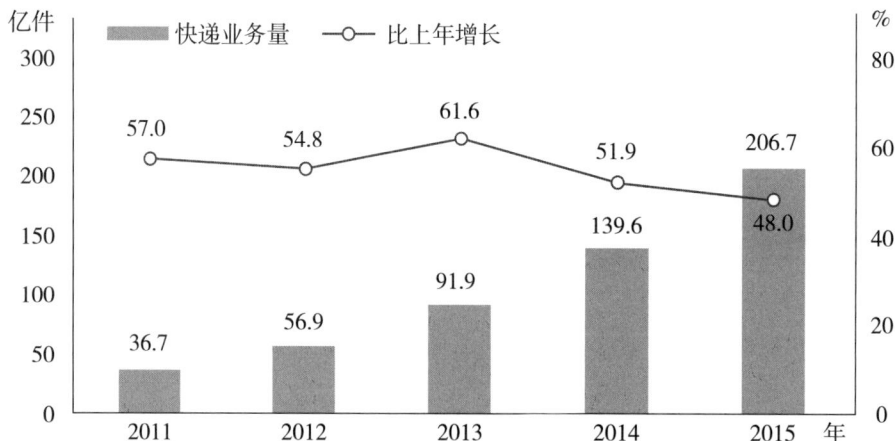

图21　2011～2015年我国快递业务量变化及增速情况

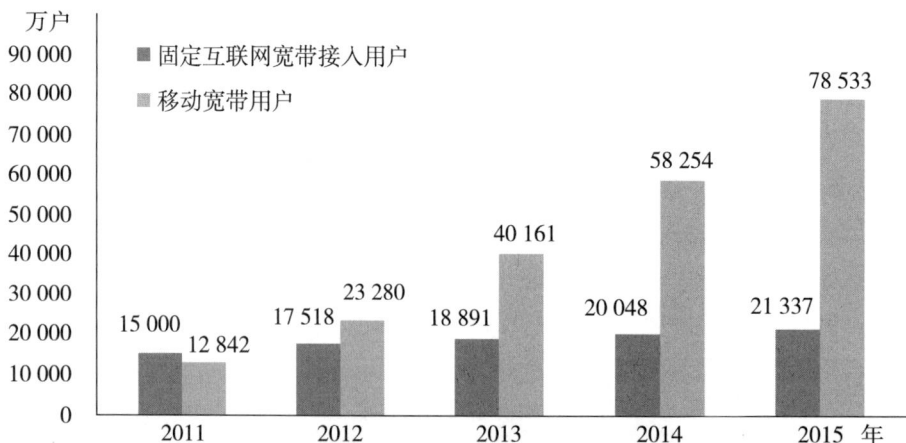

图22　2011～2015年年末我国固定互联网宽带接入用户和移动宽带用户数

2015年全年国内接待游客40亿人次，比上年增长10.5%，国内旅游收入34 195亿元，增长13.1%。入境游客13 382万人次，增长4.1%。其中，外国游客达2 599万人次，下降1.4%；接待香港、澳门和台湾同胞10 783万人次，增长5.6%。在入境游客中，过夜游客达5 689万人次，增长2.3%。国际旅游收入达1 137亿美元，增长7.8%。国内居民出境12 786万人次，增长9.7%。其中因私出境12 172万人次，增长10.6%；赴港澳台8 588万人次，增长4.4%。

金融

2015年年末广义货币供应量（M2）余额139.8万亿元，比上年末增长12.4%（见表28）；狭义货币供应量（M1）余额40.1万亿元，增长15.2%；流通中货币（M0）余额6.3万亿元，增长4.9%。

2015年全年社会融资规模增量15.4万亿元，按可比口径计算，比上年少4 675亿元。2015年年末全部金融机构本外币各项存款余额139.8万亿元，比年初增加15.3万亿元，其中人民币各项存款余额135.7万亿元，增加15.0万亿元。全部金融机构本外币各项贷款余额99.3万亿元，增加11.7万亿元，其中人民币各项贷款余额94.0万亿元，增加11.7万亿元（见表28）。

表28　2015年年末我国全部金融机构本外币存贷款余额及增速

指标	年末数（亿元）	比上年末增长（%）
各项存款余额	1 397 752	12.4
其中：住户存款	551 929	8.9
非金融企业存款	455 209	13.7
各项货款余额	993 460	13.4
其中：境内短期货款	366 684	7.3
境内中长期货款	538 924	14.2

2015年年末主要农村金融机构（农村信用社、农村合作银行、农村商业银行）人民币贷款余额120 321亿元，比年初增加13 433亿元。全部金融机构人民币消费贷款余额189 520亿元，增加35 869亿元。其中，个人短期消费贷款余额41 008亿元，增加8 497亿元；个人中长期消费贷款余额148 512亿元，增加27 373亿元。

全年上市公司通过境内市场累计筹资29 814亿元，比上年增加21 417亿元。其中，首次公开发行A股220只，筹资1 579亿元；A股再筹资（包括配股、公开增发、非公开增发、认股权证）6 711亿元，增加2 546亿元；上市公司通过发行可转债、可分离债、公司债、中小企业私募债筹资21 524亿元，增加17 961亿元。全年首次公开发行创业板股票86只，筹资309亿元。

全年发行公司信用类债券6.72万亿元，比上年增加1.57万亿元。

全年保险公司原保险保费收入24 283亿

元，比上年增长20.0%。其中，寿险业务原保险保费收入13 242亿元，健康险和意外伤害险业务原保险保费收入3 046亿元，财产险业务原保险保费收入7 995亿元。支付各类赔款及给付8 674亿元。其中，寿险业务给付3 565亿元，健康险和意外伤害险赔款及给付915亿元，财产险业务赔款4 194亿元。

人民生活和社会保障

2015年全年全国居民人均可支配收入21 966元，比上年增长8.9%（见图23），扣除价格因素，实际增长7.4%；全国居民人均可支配收入中位数19 281元，增长9.7%。按常住地分，城镇居民人均可支配收入31 195元，比上年增长8.2%，扣除价格因素，实

际增长6.6%；城镇居民人均可支配收入中位数为29 129元，增长9.4%。农村居民人均可支配收入11 422元，比上年增长8.9%，扣除价格因素，实际增长7.5%；农村居民人均可支配收入中位数为10 291元，增长8.4%。全年农村居民人均纯收入为10 772元。全国农民工人均月收入3 072元，比上年增长7.2%。全国居民人均消费支出15 712元，比上年增长8.4%，扣除价格因素，实际增长6.9%。按常住地分，城镇居民人均消费支出21 392元，增长7.1%，扣除价格因素，实际增长5.5%；农村居民人均消费支出9 223元，增长10.0%，扣除价格因素，实际增长8.6%。2015年全国居民人均消费支出及构成见图24。

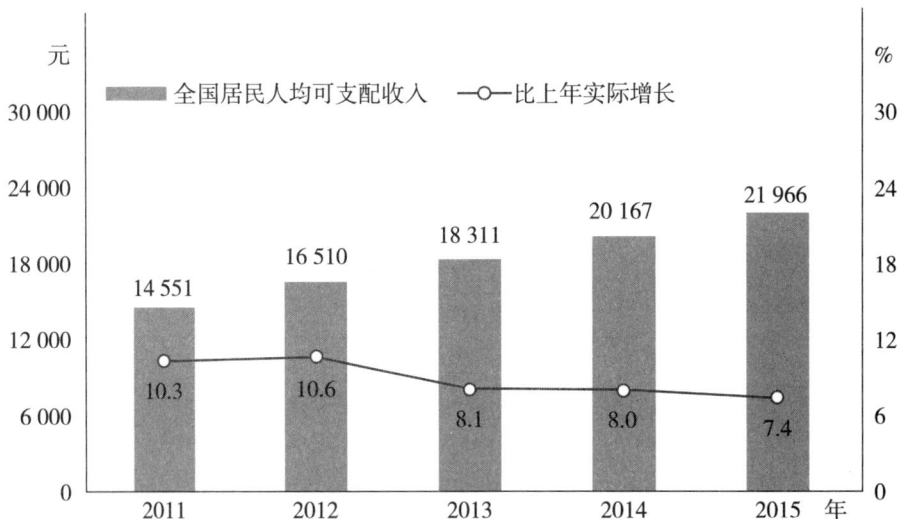

图23　2011～2015年全国居民人均可支配收入及增速

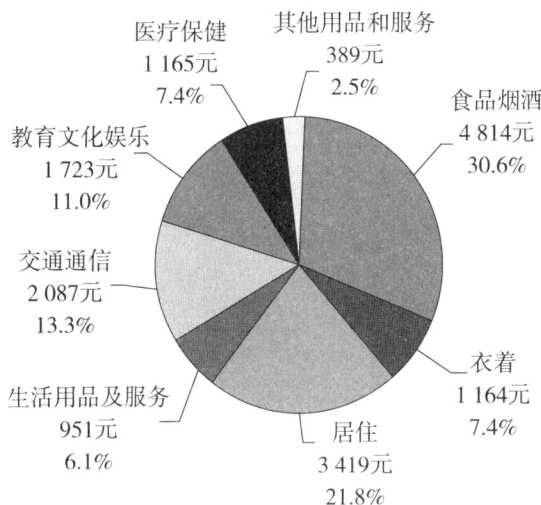

图24　2015年全国居民人均消费支出及构成

2015年年末全国参加城镇职工基本养老保险人数35 361万人，比上年末增加1 236万人。参加城乡居民基本养老保险人数50 472万人，增加365万人。参加城镇基本医疗保险人数66 570万人，增加6 823万人。其中，参加职工基本医疗保险人数28 894万人，增加598万人；参加城镇居民基本医疗保险人数37 675万人，增加6 225万人。参加失业保险人数17 326万人，增加283万人。年末全国领取失业保险金人数227万人。参加工伤保险人数21 404万人，增加765万人，其中参加工伤保险的农民工7 489万人，增加127万人。参加生育保险人数17 769万人，增加730万人。年末全国共有1 708.0万人享受城市居民最低生活保障，4 903.2万人享受农村居民最低生活保障，农村五保供养517.5万人。全年资助5 910.3万城乡困难群众参加基本医疗保险。按照每人每年2 300元（2010年不变价）的农村扶贫标准计算，2015年农村贫困人口5 575人，比上年减少1 442万人。

教育、科学技术

全年研究生教育招生64.5万人，在学研究生191.1万人，毕业生55.2万人。普通本专科招生737.8万人，在校生2 625.3万人，毕业生680.9万人。中等职业教育招生601.2万人，在校生1 656.7万人，毕业生567.9万人。普通高中招生796.6万人，在校生2 374.4万人，毕业生797.6万人（见图25）。初中招生1 411.0万人，在校生4 312.0万人，毕业生1 417.6万人。普通小学招生1 729.0万人，在校生9 692.2万人，毕业生1 437.2万人。特殊教育招生8.3万人，在校生44.2万人，毕业生5.3万人。学前教育在园幼儿4 264.8万人。九年义务教育巩固率为93.0%，高中阶段毛入学率为87.0%。

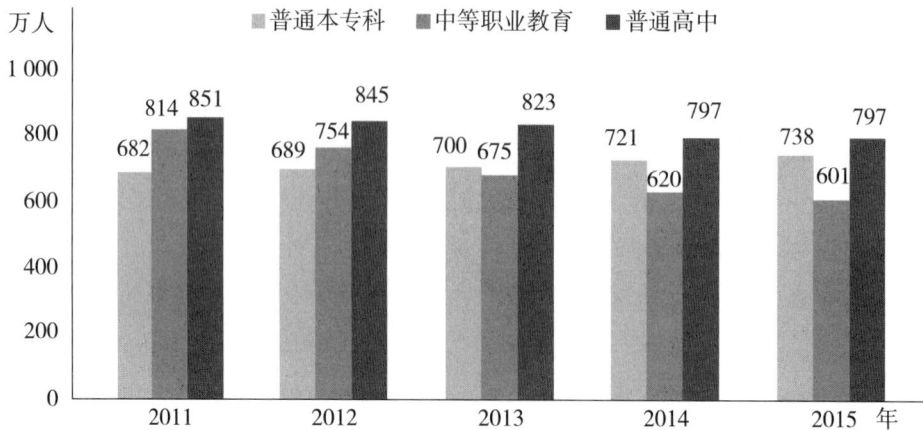

图25　2011～2015年全国普通本专科、中等职业教育及普通高中招生人数情况（约数）

　　2015年全年全国研究与试验发展（R&D）经费支出14 220亿元，比上年增长9.2%（见图26），其中基础研究经费为671亿元。2015年全年国家安排了3 574项科技支撑计划课题，2 561项"863"计划课题。截至年底，累计建设国家工程研究中心132个，国家工程实验室158个，国家认定企业技术中心1 187家。国家新兴产业创投计划累计支持设立206家创业投资企业，

资金总规模557亿元，投资创业企业1 233家。全年受理境内外专利申请279.9万件（见表29），授予专利权171.8万件。截至2015年年底，有效专利547.8万件，其中境内有效发明专利87.2万件，每万人口发明专利拥有量6.3件。全年共签订技术合同30.7万项，技术合同成交金额9 835亿元，比上年增长14.7%。

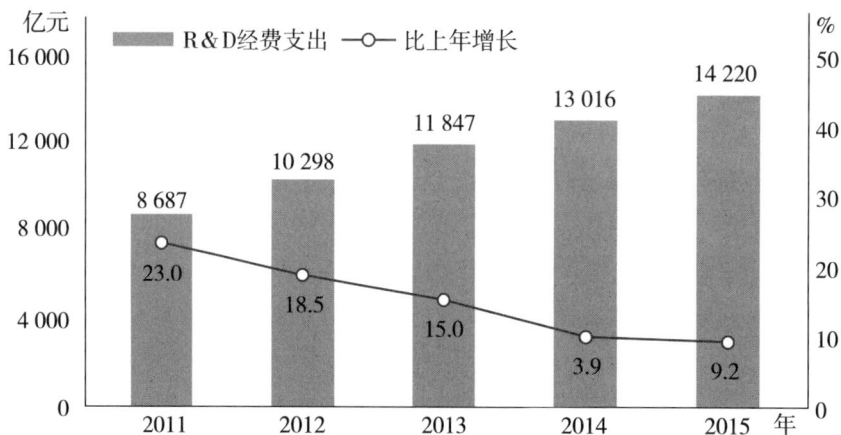

图26　2011～2015年全国研究与试验发展（R&D）经费支出

表29 2015年全国专利申请受理、授权和有效专利情况

指标	专利数（万件）	比上年增长（%）
专利申请受理数	279.9	18.5
其中：境内专利申请受理	261.7	19.7
其中：发明专利申请受理	110.2	18.7
其中：境内发明专利	95.7	21.2
专利申请授权数	171.8	31.9
其中：境内专利授权	157.8	32.4
其中：发明专利授权	35.9	54.1
其中：境内发明专利	25.6	62.5
年末有效专利数	547.8	18.0
其中：境内有效授权	467.4	19.3
其中：有效发明专利	147.2	23.1
其中：境内有效发明专利	87.2	31.4

资源、环境和安全生产

2015年全年全国国有建设用地供应总量53万公顷，比上年下降12.5%。其中，工矿仓储用地12万公顷，下降15.2%；房地产用地12万公顷，下降20.9%；基础设施等其他用地29万公顷，下降7.1%。

全年水资源总量28 306亿立方米。全年平均降水量644毫米。年末全国监测的614座大型水库蓄水总量3 645亿立方米，与上年末蓄水量基本持平。全年总用水量6 180亿立方米，比上年增长1.4%。其中，生活用水增长3.1%，工业用水增长1.8%，农业用水增长0.9%，生态补水增长1.7%。万元国内生产总值用水量104立方米，比上年下降5.1%。万元工业增加值用水量58立方米，下降3.9%。人均用水量450立方米，比上年增长0.9%。

全年完成造林面积632万公顷，其中林业重点生态工程完成造林面积242万公顷，占全部造林面积的38.2%。截至年底，自然保护区达到2 740个，其中国家级自然保护区428个。新增水土流失治理面积5.4万平方公里，新增实施水土流失地区封育保护面积2.0万平方公里。

全年平均气温为10.5℃，共有6个台风登陆。

初步核算，全年能源消费总量43.0亿吨标准煤，比上年增长0.9%。煤炭消费量下降3.7%，原油消费量增长5.6%，天然气消费量增长3.3%，电力消费量增长0.5%。煤炭消费量占能源消费总量的64.0%，水电、风电、核电、天然气等清洁能源消费量占能源消费总量的17.9%（见图27）。全国万元国内生产总值能耗下降5.6%（见图28）。工业企业吨粗铜综合能耗下降0.79%，吨钢综合能耗下降0.56%，单位烧碱综合能耗下降1.41%，吨水泥综合能耗下降0.49%，每千瓦时火力发电标准煤耗下降0.95%。

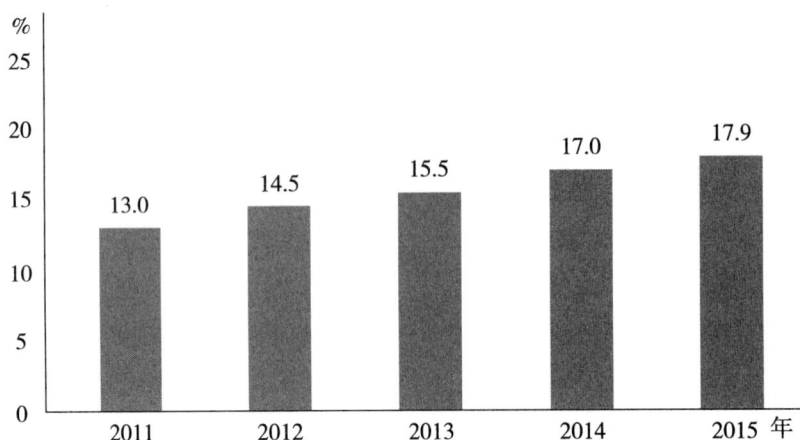

图27　2011～2015年清洁能源消费量占能源消费总量的比重

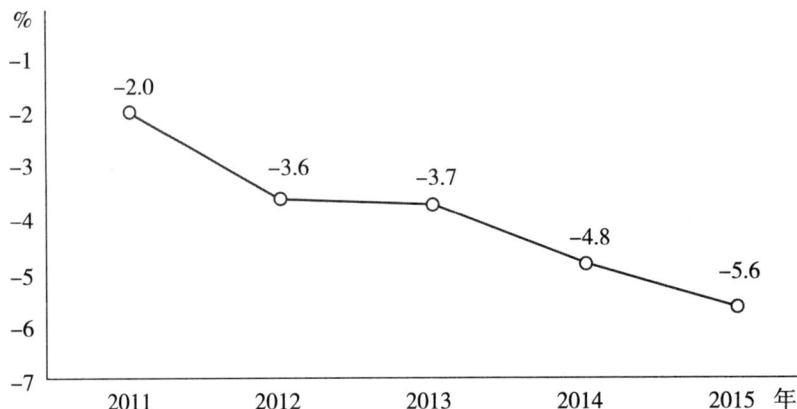

图28　2011～2015年我国万元国内生产总值能耗降低率变化情况

十大流域的700个水质监测断面中，一至三类水质断面比例占72.1%，劣四类水质断面比例占8.9%。十大流域水质总体为轻度污染，水质保持稳定。

近岸海域301个海水水质监测点中，达到国家一、二类海水水质标准的监测点占70.4%，三类海水占7.6%，四类、劣四类海水占21.9%。

在监测的338个城市中，城市空气质量达标的城市占21.6%，未达标的城市占78.4%。

在监测的321个城市中，城市区域声环境质量好的城市占4.0%，较好的占68.5%，一般的占26.2%，较差的占0.9%，差的占0.3%。

2015年年末城市污水处理厂日处理能力达到13 784万立方米，比上年末增长5.3%；城市污水处理率达到91.0%，提高0.8个百分点。城市生活垃圾无害化处理率达到92.5%，提高0.7个百分点。城市集中供热面积64.2亿平方米，增长5.1%。城市建成区绿地面积189万公顷，增长3.7%；建成区绿地率达到36.3%，提高0.05个百分点；人均公园绿地面积13.16平方米，增加0.08平方米。

2015年全年农作物受灾面积2 177万公顷，其中绝收223万公顷。全年因洪涝和地质灾害造成直接经济损失920亿元，因旱灾造成直接经济损失486亿元，因低温冷冻和雪灾造成直接经济损失89亿元，因海洋灾害造成直接经济损失72亿元。全年大陆地区共发生5级以上地震14次，成灾12次，造成直接经济损失180亿元。全年共发生森林火灾2 936起，森林火灾受害森林面积1.3万公顷。

全年各类生产安全事故共死亡66 182人。亿元国内生产总值生产安全事故死亡人数0.098人，比上年下降8.4%；工矿商贸企业就业人员10万人生产安全事故死亡人数1.071人，下降19.4%；道路交通事故万车死亡人数2.1人，下降4.5%；煤矿百万吨死亡人数0.162人，下降36.5%。

（资料来源：国家统计局2015年国民经济和社会发展统计公报摘要）

三、2014年我国原材料工业行业总体分析

2014年我国原材料行业生产运行总体平稳，但增速放缓。2014年原材料工业增加值增速为8.3%，较2013年下降2个百分点，其中石化、钢铁、有色、建材行业分别增长7.2%、7.2%、11.4%和9.6%。从产量来看，大部分产品增速回落，2014年全年粗钢、乙烯、水泥、十种有色金属产量分别为8.23亿吨、1 704万吨、24.9亿吨和4 417万吨，同比分别增长0.9%、7.6%、1.8%、7.2%，比2013年分别回落6.6、0.9、7.8、2.7个百分点。

原材料工业经济效益略有改善，但整体盈利水平仍然较低。受益于铁矿石、煤炭价格大幅下降，2014年重点统计钢铁企业实现利润304亿元，增长40%，但销售利润率只有0.9%，仍处于工业行业最低水平。有色金属行业全年实现利润2 053亿元，同比下降1.5%。石化化工行业实现利润7 652亿元，同比下降8.5%，其中炼油下降幅度较大，同比减少69%。建材行业实现利润4 770亿元，同比增长4.8%。从利润构成来看，下游深加工环节占比加大，有色金属采选、冶炼同比分别下降12.4%和13.7%，但压延加工同比增长11.6%，建材行业中水泥制品、轻质建材、玻璃纤维、隔热材料、卫生陶瓷等利润增速均高于12%。

主要产品价格呈现下跌或低位震荡态势。钢材价格持续低迷，2014年底钢材价格指数跌至83.1点，比上年同期低16.1点。有色金属价格总体震荡调整，铝价格有所反弹，但仍低于2013年的价格水平。建材产品价格总体稳定，全年平均价格与上年基本持平，水泥价格持续下降，12月跌至316元/吨，比年初低39元。2014年1～12月石化化工产品出厂价同比下降2.6%，石化联合会监测的188种产品价格中同比下降的占77%。

固定资产投资增速放缓，行业结构调

整加快。2014年化工和有色金属行业分别完成固定资产投资1.56万亿和6 910亿元，同比分别增长10.5%和4.6%，增幅分别回落4.1和15.2个百分点。建材行业完成固定资产投资1.46万亿元，同比增长14%，增幅与上年基本持平。钢铁、电解铝、水泥行业固定资产投资呈负增长，同比分别下降3.8%、17.8%、18.7%，产能过快增长势头得到遏制，行业发展正从规模式增长向内涵式增长转变。

行业技术创新步伐加快，节能环保再上新台阶。2014年，钢铁行业成功产业化一批新产品，宝钢600℃超超临界火电机组钢管、鞍钢三大系列核电用钢、武钢无取向硅钢、太钢0.02毫米精密带钢等在下游关键领域实现应用，建材行业精细陶瓷、闪烁晶体、耐高压复合材料气瓶等产业化技术实现突破。节能环保方面，原材料工业主要污染物排放和能源消耗指标均有所下降，重点大中型钢铁企业吨钢综合能耗、二氧化硫和烟尘排放同比分别下降1.2%、16%和9.1%，乙烯、烧碱、电石综合能耗分别下降2.2%、3.2%和5.5%，铝锭综合交流电耗同比下降144千瓦时/吨，建材行业除尘、脱硝、脱硫技术加速应用，水泥窑协同处置发展势头良好。

出口贸易大幅增长，产品档次有所提高。2014年我国出口钢材9 378万吨，同比大幅增长51%，进口钢材1 443万吨，增长2.5%。化工行业出口和进口额分别为1 621亿和1 865亿美元，分别增长11%和0.6%。有色金属出口额772亿美元，同比增长41%，进口额1 000亿美元，同比下降3.2%，受印尼等限制原矿出口政策影响，铝土矿、红土镍矿进口同比分别下降49%和33%。建材

行业出口361亿美元，同比增长5.3%，进口额受钻石等贵重非金属矿大量进口影响，大幅增长111%，达到463亿美元。产品出口档次有所提高，电工钢板带、冷轧薄宽钢带等高附加值产品占比增加。受各方面因素影响，2014年原材料领域贸易摩擦大幅增加，钢铁行业达到40起，范围从欧美扩展到亚非地区，化工行业美国对我轮胎发起双反调查，涉案金额达到33亿美元，有色行业也发生多起针对铝材的反倾销诉讼。

产能过剩和需求不足共存，市场供求矛盾突出。2014年我国原材料工业通过严控新增、淘汰落后、扩大需求等措施，产能利用率有所提高。但从产能总体水平来看，仍处于高位，钢铁行业2014年底粗钢产能达到11.6亿吨，全年新开工项目2 000多个，电解铝现有3 500万吨产能中落后产能已不多，水泥行业2014年建成投产熟料生产线54条，总产能7 000多万吨，化工行业2014年新开工项目1万多个。从市场需求看，国内对大宗原材料消费将进入峰值弧顶区，国内粗钢近3年表观消费量分别为6.7亿、7.7亿、7.4亿吨，已呈现缓中趋降趋势。预计在经济新常态下，原材料工业产能过剩问题将长期存在，倒逼钢铁、石化、有色、建材等行业加快转型调整。

环境和安全约束增强，市场竞争环境亟待规范。2015年开始实施新的环保法和排放标准，相当一部分钢铁和水泥企业不能满足要求，钢铁企业达标排放吨钢环保投资需增加13%，运营费用约增加200元。尤其是京津冀、长三角等特别排放限值地区，企业环保监管将更加严格。同时，原材料工业企业投入大、资金占用多，普遍面临融资难、融资慢、融资贵的问题，

2014年钢铁、化工、有色行业财务费用同比分别增长21%、21%、20%，钢铁行业财务费用是利润的3倍多。市场竞争环境方面，一些地方还存在执法不严、企业不运行环保设施、生产销售伪劣产品等情况。

部分关键材料保障能力不足，新材料仍是战略性新兴产业制约的突出问题。2014年我国新材料产业加快发展，一批高端金属结构材料、特种功能材料获得新突破，一些地方如湖南、江苏、广东等省份相继出台了专项资金、首批次应用补贴等政策措施，但与发达国家和战略需求相比，国内新材料产业还有较大差距，大量关键材料依赖进口局面没有根本改变。8代、8.5代液晶面板生产线已顺利投产，但偏光片、超薄玻璃基板、液晶材料等关键材料自给率均不超过10%，海洋勘探和采油平台用高强特厚钢板等基本依赖国外，2014年我国进口额最大的商品集成电路芯片的相当大部分的价值都是由材料构成的。

附表1 1978～2014年中国能源生产总量和构成情况表

年	能源生产总量总量（万吨标准煤）	构成（能源生产总量=100）			
		原煤	原油	天然气	一次电力及其他能源
1978	62 770	70.3	23.7	2.9	3.1
1980	63 735	69.4	23.8	3.0	3.8
1985	85 546	72.8	20.9	2.0	4.3
1990	103 922	74.2	19.0	2.0	4.8
1995	129 034	75.3	16.6	1.9	6.2
1996	133 032	75.0	16.9	2.0	6.1
1997	133 460	74.2	17.2	2.1	6.5
1998	129 834	73.3	17.7	2.2	6.8
1999	131 935	73.9	17.3	2.5	6.3
2000	138 570	72.9	16.8	2.6	7.7
2001	147 425	72.6	15.9	2.7	8.8
2002	156 277	73.1	15.3	2.8	8.8
2003	178 299	75.7	13.6	2.6	8.1
2004	206 108	76.7	12.2	2.7	8.4
2005	229 037	77.4	11.3	2.9	8.4
2006	244 763	77.5	10.8	3.2	8.5
2007	264 173	77.8	10.1	3.5	8.6
2008	277 419	76.8	9.8	3.9	9.5
2009	286 092	76.8	9.4	4.0	9.8
2010	312 125	76.2	9.3	4.1	10.4
2011	340 178	77.8	8.5	4.1	9.6
2012	351 041	76.2	8.5	4.1	11.2
2013	358 784	75.4	8.4	4.4	11.8
2014	360 000	73.2	8.4	4.8	13.7

附表2　1978～2014年我国能源消费总量和构成情况

年	能源消费总量（万吨标准煤）	构成（能源消费总量=100）			
		煤炭	石油	天然气	一次电力及其他能源
1978	57 144	70.7	22.7	3.2	3.4
1980	60 275	72.2	20.7	3.1	4.0
1985	76 682	75.8	17.1	2.2	4.9
1990	98 703	76.2	16.6	2.1	5.1
1995	131 176	74.6	1.5	1.8	6.1
1996	135 192	73.5	18.7	1.8	6.0
1997	135 909	71.4	20.4	1.8	6.4
1998	136 184	70.9	20.8	1.8	6.5
1999	140 569	70.6	21.5	2.0	5.9
2000	146 964	68.5	22.0	2.2	7.3
2001	155 547	68.0	21.2	2.4	8.4
2002	169 577	68.5	21.0	2.3	8.2
2003	197 083	70.2	20.1	2.3	7.4
2004	230 281	70.2	19.9	2.3	7.6
2005	261 369	72.4	17.8	2.4	7.4
2006	286 467	72.4	17.5	2.7	7.4
2007	311 442	72.5	17.0	3.0	7.5
2008	320 611	71.5	16.7	3.4	8.4
2009	336 126	71.6	16.4	3.5	8.5
2010	360 648	69.2	17.4	4.0	9.4
2011	387 043	70.2	16.8	4.6	8.4
2012	402 138	68.5	17.0	4.8	9.7
2013	416 913	67.4	17.1	5.3	10.2
2014	426 000	66.0	17.1	5.7	11.2

附表3 2013~2014年按行业分固定资产投资情况表（一）

行业	投资额（亿元）		2014年比上年增长（%）	2014年比重（%）
	2013年	2014年		
全国总计	435 747.4	502 004.9	15.7	100.0
农、林、牧，渔业	11 401.2	14 697.0	31.3	2.9
农业	4 027.9	5 515.6	40.6	1.1
林业	1 356.6	1 605.3	18.5	0.3
畜牧业	3 066.0	4 095.2	35.7	0.8
渔业	658.6	767.1	17.2	0.2
农、林、牧、渔服务业	2 292.2	2 713.8	21.0	0.5
采矿业	14 648.8	14 680.7	0.7	2.9
#煤炭开采和洗选业	5 212.6	4 682.1	~9.5	0.9
石油和天然气开采业	3 820.6	4 023.0	6.1	0.8
黑色金属矿采选业	1 648.4	1 690.2	2.6	0.3
有色金属矿采选业	1 593.5	1 636.4	2.9	0.3
非金属矿采选业	1 800.4	2 046.5	13.9	0.4
制造业	147 584.4	166 918.3	13.5	33.3
农副食品加工业	8 580.1	10 026.6	18.7	2.0
食品制造业	3 685.9	4 463.1	22.0	0.9
酒、饮料和精制茶制造业	3 386.6	3 925.0	16.9	0.8
烟草制品业	303.0	284.2	−5.3	0.1
纺织业	4 726.0	5 306.4	12.4	1.1
纺织服装、服饰业	3 114.4	3 704.2	19.2	0.7
皮革、毛皮、羽毛及其制品和制鞋业	1 715.4	1 967.9	15.6	0.4
木材加工及木、竹、藤、棕、草制品业	2 920.5	3 442.7	18.5	0.7
家具制造业	1 933.1	2 444.1	27.1	0.5
造纸及纸制品业	2 635.8	2 796.8	6.4	0.6
印刷和记录媒介复制业	1 283.2	1 613.4	26.8	0.3
文教、工美、体育和娱乐用品制造业	1 412.8	1 791.4	26.9	0.4
石油加工、炼焦和核燃料加工业	3 039.1	3 239.8	7.1	0.6
化学原料和化学制品制造业	13 210.4	14 584.1	10.5	2.9
医药制造业	4 529.3	5 205.4	15.1	1.0
化学纤维制造业	1 049.4	1 081.2	3.1	0.2
橡胶和塑料制品业	5 246.8	5 914.4	13.2	1.2
非金属矿物制品业	13 756.6	15 867.1	15.6	3.2
黑色金属冶炼和压延加工业	5 098.7	4 789.4	−5.9	1.0
有色金属冶炼和压延加工业	5 550.3	5 769.9	4.1	1.1
金属制品业	7 136.8	8 619.7	21.4	1.7
通用设备制造业	10 490.8	12 131.6	16.4	2.4
专用设备制造业	10 017.4	11 387.8	14.1	2.3
汽车制造业	9 338.5	10 098.6	8.3	2.0
铁路、船舶、航空航天和其他运输设备制造业	2 714.7	3 146.8	16.1	0.6

附表4　2013～2014年按行业分固定资产投资情况表（二）

行业	投资额（亿元）		2014年比上年增长（%）	2014年比重（%）
	2013年	2014年		
电气机械和器材制造业	9 210.6	10 363.9	12.9	2.1
通信设备、计算机及其他电子设备制造业	7 187.2	7 951.6	10.7	1.6
仪器仪表制造业	1 411.3	1 478.9	4.9	0.3
其他制造业	1 607.2	1 987.0	23.7	0.4
废弃资源综合利用业	963.9	1 202.3	24.9	0.2
金属制品、机械和设备修理业	328.3	333.1	1.5	0.1
电力、热力、燃气及水生产和供应业	19 628.9	22 916.4	17.1	4.6
电力、热力生产和供应业	14 726.4	17 538.2	19.4	3.5
燃气生产和供应业	2 210.2	2 241.8	1.9	0.4
水的生产和供应业	2 692.3	3 136.4	16.8	0.6
建筑业	3 532.3	4 449.9	27.2	0.9
批发和零售	12 601.1	15 669.5	25.7	3.1
交通运输、仓储和邮政业	36 329.4	42 984.5	18.6	8.6
铁路运输业	6 690.7	7 801.3	16.6	1.6
道路运输业	20 502.9	24 565.8	20.3	4.9
水上运输业	2 123.3	2 390.1	12.3	0.5
航空运输业	1 314.1	1 434.6	9.3	0.3
管道运输业	374.0	321.1	−14.0	0.1
仓储业	4 235.7	5 158.7	22.4	1.0
住宿和餐饮业	6 012.4	6 236.8	4.2	1.2
信息传输、软件和信息技术服务业	3 084.9	4 187.0	38.6	0.8
电信、广播电视和卫星传输服务	1 696.1	2 059.2	25.6	0.4
金融业	1242	1 360.4	10.5	0.3
房地产业	111 379.6	123 689.8	11.1	24.6
租赁和商务服务业	5 874.6	7 969.6	36.2	1.6
科学研究和技术服务业	3 133.2	4 205.3	34.7	0.8
水利、环境和公共设施管理业	37 662.7	46 273.6	23.6	9.2
水利管理业	5 118.8	6 289.5	26.5	1.3
生态保护和环境治理业	1 425.7	1 800.7	26.0	0.4
公共设施管理业	31 118.2	38 183.4	23.1	7.6
居民服务、修理和其他服务业	1 994.4	2 262.0	14.2	0.5
教育	5 399.9	6 677.9	24.0	1.3
卫生和社会工作	3 138.3	3 982.8	27.6	0.8
卫生	2 591.5	3 187.3	23.8	0.6
文化、体育和娱乐业	5 225.5	6 191.7	18.9	1.2
文化艺术业	2 381.7	2 703.4	13.6	0.5
公共管理、社会保障和社会组织国际组织	5 873.7	6 651.9	13.6	1.3

附表5 1978～2014年我国铁路机车、客货车拥有量情况

年	铁路机车总计（台）	类别			铁路客车（辆）	铁路货车（辆）
		国家铁路	地方铁路	合资铁路		
1978	10 179	9 854	325	–	15 029	253 636
1980	10 665	10 278	387	–	16 367	270 253
1985	12 156	11 770	386	–	21 130	304 899
1990	13 981	13 592	389	–	27 538	368 636
1995	15 554	15 146	408	–	32 663	436 414
1996	16 082	15 403	389	290	34 516	448 280
1997	16 084	15 335	412	337	35 171	442 501
1998	15 982	15 176	386	420	35 204	443 546
1999	15 196	14 480	355	361	35 317	440 211
2000	15 253	14 472	327	454	37 249	443 902
2001	15 756	14 955	348	453	38 780	453 620
2002	16 026	15 159	357	510	39 438	459 017
2003	16 320	15 456	359	505	40 487	510 327
2004	17 022	16 066	352	604	41 353	526 894
2005	17 473	16 547	348	578	41 974	548 368
2006	17 799	16 904	314	581	42 659	561 899
2007	18 306	17 311	335	660	44 243	577 521
2008	18 437	17 336	346	755	45 076	591 793
2009	18922	17 825	271	826	49 354	601 412
2010	19431	18 349	279	803	52 275	628 887
2011	20721	19 590	295	836	54 731	651175
2012	20797	19 625	297	875	57 721	670 801
2013	20835	19 686	284	865	58 965	721 850
2014	21096	19 990	293	813	60613	710 127

附表6 1978～2014年我国货运量情况

年	货运量 （吨）	类别					
		铁路	公路	水运	远洋	民航	管道
1978	319 431	110 119	151 602	47 357	3 659	6.4	10 347
1980	310 841	111 279	142 159	46 833	4 292	8.9	10 525
1985	745 763	130 709	538 062	63 322	6 627	19.5	3 650
1990	970 602	150 681	724 040	80 094	9 408	37.0	15 750
1995	1 234 938	165 982	940 387	113 194	15 251	101.1	15 274
1996	1 298 421	171 024	983 860	127 430	14 213	115.0	15 992
1997	1 278 218	172 149	976 536	113 406	20 287	124.7	16 002
1998	1 267 427	164 309	976 004	109 555	18 892	140.1	17 419
1999	1 293 008	167 554	990 444	114 608	22 621	170.4	20 232
2000	1 358 682	178 581	1 038 813	122 391	22 949	196.7	18 700
2001	1 401 786	193 189	1 056 312	132 675	27 573	171.0	19 439
2002	1 483 447	204 956	1 116 324	141 832	29 896	202.1	20 133
2003	1 564 492	224 248	1 159 957	158 070	24 003	2.9.0	21 998
2004	1 706 412	249 017	1 244 990	187 394	39 469	276.7	24 734
2005	1 862 066	269 296	1 341 778	219 648	48 549	306.7	31 037
2006	2 037 060	288 224	1 466 347	248 703	54 413	349.4	33 436
2007	2 275 822	314 237	1 639 432	281 199	58 903	401.8	40 552
2008	2 585 937	330 354	1 916 759	294 510	42 352	407.6	43 906
2009	2 825 222	333 348	2 127 834	318 996	51 733	445.5	44 598
2010	3 241 807	364 271	2 448 052	378 949	58 054	563.0	49 972
2011	3 696 961	393 263	2 820 100	425 968	63 542	557.5	57 073
2012	4 100 436	390 438	3 188 475	458 705	65 815	545.0	62 274
2013	4 098 900	396 697	3 076 648	559 785	71 156	561.3	65 209
2014	4 381 089	381 334	3 332 838	598 283	74 733	593.3	68 040

附表7 1978～2014年我国货物周转量情况

年	货物周转量（吨公里）	铁路	公路	水运	远洋（吨海里）	民航	管道
1978	9 928	5 345	350	3 902	2 487	1.0	430
1980	11 629	5 718	343	5 077	3 532	1.4	491
1985	18 365	8 126	1 903	7 729	5 329	4.2	603
1990	26 208	10 622	3 358	11 592	8 141	8.2	627
1995	35 909	13 049	4 695	17 552	11 938	22.3	590
1996	36 590	13 106	5 011	17 863	11 254	24.9	585
1997	38 385	13 270	5 272	19 235	14 875	29.1	579
1998	38 089	12 560	5 483	19 406	14 920	33.5	606
1999	40 568	12 910	5 724	21 263	17 014	42.3	628
2000	44 321	13 770	6 129	23 734	17 073	50.3	636
2001	47 710	14 694	6 330	25 989	20 873	43.7	653
2002	50 686	15 658	6 783	27 511	21 733	51.6	683
2003	53 859	17 247	7 099	28 716	22 305	57.9	739
2004	69 445	19 289	7 841	41 429	32 255	71.8	815
2005	80 258	20 726	8 693	49 672	38 552	78.9	1 088
2006	88 840	21 954	9 754	55 486	42 577	94.3	1 551
2007	101 419	23 797	11 355	64 285	48 686	116.4	1 866
2008	110 300	25 106	32 868	50 263	32 851	119.6	1 944
2009	122 133	25 239	37 189	57 557	39 524	126.3	2 022
2010	141 837	27 644	43 390	68 428	45 999	178.9	2 197
2011	159 324	29 466	51 375	75 424	49 355	173.9	2 885
2012	173 804	29 187	59 535	81 708	53 412	163.9	3 211
2013	168 014	29 174	55 738	79 436	48 705	170.3	3 496
2014	185 398	27 530	61 017	92 775	55 935	186.1	3 889

附表8　1990～2014年我国沿海规模以上主要港口货物吞吐量情况

单位：万吨

港口	1990年	2000年	2010年	2013年	2014年
总计	48 321	125 603	548 358	728 098	769 557
大连	4 952	9 084	31 399	40 746	42 337
营口	237	2 268	22 579	32 013	33 073
秦皇岛	6 945	9 743	26 297	27 260	27 403
天津	2 063	9 566	41 325	50 063	54 002
烟台	668	1 774	15 033	22 157	23 767
青岛	3 034	8 636	35 012	45 003	46 802
日照	925	2 674	22 597	30 937	33 502
上海	13 959	20 440	56 320	68 273	66 954
连云港	1 137	2 708	12 739	18 898	19 638
宁波-舟山	2 554	11 547	63 300	80 978	87 346
福州	561	2 426	7 125	12 759	14 391
厦门	529	1 965	12 728	19 088	20 504
深圳	1 258	5 697	22 098	23 398	22 324
广州	4 163	11 128	41 095	45 517	48 217
湛江	1 557	2 038	13 638	18 006	20 238
海口	288	808	5 700	8 293	8 915
八所	431	378	893	1 293	1 400
其他港口	3 060	22 723	118 480	183 416	198 745

第三部分

有色金属与
贵金属市场

一、有色金属市场

有色金属

2014年中国有色金属市场状况

2014年，我国有色金属工业市场总体在正常区间平稳运行。有色金属行业总体运行的主要特点是：生产稳中趋缓，投资缓中向好，价格走势分化，企业经营困难。2014年我国规模以上有色金属企业工业增加值增长11.2%；十种有色金属产量为4 417万吨，增长7.2%；有色金属工业完成固定资产投资额6 912.5亿元，增长4.6%；国内市场年均铜价下降7.8%，铝价下降6.9%；铅价下降2.7%；锌价上涨6.2%。2014年前11个月，我国主要有色金属进出口贸易总额1 175.5亿美元，下降0.8%。其中，进口额906.5亿美元，下降3.0%；出口额为269.1亿美元，增长7.4%。规模以上有色金属工业企业实现主营业务收入47 219.3亿元，增长9.1%；实现利润总额1 421.1亿元，增长3.9%。下面对有色金属行业运行情况进行简要分析。

1. 生产增幅放缓，但持续平稳运行

2014年，我国规模以上有色金属企业工业增加值增长11.2%，比2013年增幅回落2.1个百分点，但比全国的增幅高2.9个百分点。2014年我国十种有色金属产量为4 417万吨，同比增长7.2%，增幅比上年下降了2.7个百分点。其中，精炼铜产量795.9万

吨，增长13.7%，增幅比上年扩大了0.1个百分点；原铝产量2 438.2万吨，增长7.7%，增幅比上年下降了2个百分点；铅产量422.1万吨，下降5.5%；锌产量582.7万吨，增长6.9%，增幅比上年下降了4.3个百分点。氧化铝产量4 777万吨，增长7.1%，增幅比上年下降了7.5个百分点。6种精矿金属含量1 064.0万吨，下降0.8%。其中，铜精矿金属含量192.3万吨，增长5.7%，增幅比上年回落了0.6个百分点；铅精矿金属含量297.6万吨，下降6.1%；锌精矿金属含量540.9万吨，下降0.4%。铜材产量为1 783.6万吨，增长13.3%，增幅比上年下降了11.9个百分点；铝材产量为4 845.5万吨，增长18.6%，增幅比上年下降了5.5个百分点。

2. 投资增幅回落，投资结构优化

2014年我国有色金属工业（不包括独立黄金企业）完成固定资产投资额6 912.5亿元，增长4.6%，增幅比上年回落了15.2个百分点；比全国固定资产投资增幅低11.1个百分点。其中，有色金属矿采选完成固定资产投资1 187.2亿元，下降4.3%；有色金属冶炼完成固定资产投资1 914.7亿元，下降7.3%；有色金属压延加工完成固定资产投资3 810.7亿元，增长15.4%，增幅比上年同期回落了25.4百分点。其中，民间投资5 836.9亿元，增长10.8%，所占比重达84.4%。2014年我国铝冶炼完成固定资产投

资618.6亿元，下降17.8%，电解铝投资热有所缓解，但投资规模依然较大；铜冶炼项目投资231.8亿元，比上年下降3.6%；铅锌冶炼项目投资为170.6亿元，比上年下降8.8%；铝压延加工项目投资1 965.1亿元，比上年增长25.1%；铜压延加工项目投资463.3亿元，比上年下降11.9%。自2000年以来，我国有色金属固定资产投资增幅首次低于全国增幅，也首次低于5%。

3. 进口额小幅下降，出口额有所增加

2014年1~11月，我国有色金属进出口贸易总额1 601.2亿美元，增长11.8%。其中：进口额912.1亿美元，下降2.7%；出口额689.1亿美元，增长39.2%。值得注意的是扣除黄金首饰及零件贸易额后，2014年1~11月我国主要有色金属进出口贸易总额1 175.5亿美元，下降0.8%。其中：进口额906.5亿美元，下降3.0%；出口额为269.1亿美元，增长7.4%。1~11月黄金首饰及零件出口额为420.1亿美元，增长71.7%。

4. 国内外市场有色金属价格走势分化

2014年国内外市场有色金属价格走势分化，LME（伦敦金属交易所）的六种基本金属价格三降三升，镍、锌、铝价格上升，铜、铅、锡价格下降；国内市场四种基本金属价格三降一升，铜、铝、铅价格下降，锌价格上升。可见各金属品种之间和国内外市场之间的有色金属价格走势均出现分化，特别是铝价的国际市场走势明显上升，国内市场下降。

国际市场六种基本金属价格三降三升。2014年末，LME三月期铜收盘价格6 300美元/吨，比上年末收盘价7 360美元/吨下降14.4%；三月期铝收盘价格1 853美元/吨，比上年末收盘价1 800美元/吨上涨

2.9%；三月期铅收盘价格1 858美元/吨，比上年末收盘价2 219美元/吨下降16.3%；三月期锌收盘价格2 178美元/吨，比上年末收盘价2 055美元/吨上涨6.0%；三月镍收盘价格15 150美元/吨，比上年末收盘价13 900美元/吨上涨9.0%；三月期锡收盘价格19 400美元/吨，比上年末收盘价格22 350美元/吨下降13.2%。

2014年，LME三月期铜平均价为6 825美元/吨，下降7.2%；三月期铝平均价为1 893美元/吨，上升0.3%；三月期铅平均价为2 112美元/吨，下降2.1%；三月期锌平均价为2 164美元/吨，上涨11.6%；三月镍平均价为17 013美元/吨，上涨12.6%；三月期锡平均价为21 898美元/吨，下降1.8%。

国内市场四种基本金属价格三降一升。2014年末，上海有色金属交易所三月期铜收盘价格45 800元/吨，比上年末价52 280元/吨下降了12.4%；三月期铝收盘价格13 060元/吨，比上年末收盘价14 305元/吨下降8.7%；三月期铅收盘价格12 420元/吨，比上年末收盘价14 315元/吨下降13.2%；三月期锌收盘价格16 780元/吨，比上年末收盘价15 195元/吨上涨9.3%。

2014年，国内市场铜现货平均价为49 207元/吨，下降7.8%；铝现货平均价为13 546元/吨，下降6.9%；铅现货平均价为13 860元/吨，下降2.7%；锌现货平均价为16 855元/吨，上涨6.2%。

5. 企业经营困难，国有企业困难尤甚

（1）利润总额增加，但主营业务利润下降

2014年1~11月，8 647家规模以上有色金属工业企业（不包括独立黄金企业，下同）实现主营业务收入47 219.3亿元，增

长9.1%；主营业务成本43 841.6亿元，增长9.8%，比主营业务收入增幅仍高0.7个百分点；实现利税2 479.2亿元，增长5.9%；实现利润总额1 421.1亿元，增长3.9%；主营活动实现利润1 332.4亿元，下降11.6%。

（2）财务费用偏高

2014年1～11月，规模以上有色金属工业企业财务费用为640.9亿元，增长21.5%；其中利息支出547.1亿元，增长15.3%。有色金属工业企业的利息保障倍数为3.6倍。

（3）应收账款持续偏高

至2014年11月末，规模以上有色金属工业企业应收账款2 969.7亿元，增长12.9%；前11个月应收账款周转天数为19.1天。应收账款增速持续高于主营业收入增速、周转天数较多，表明有色金属行业的回款能力不强，企业间账款拖欠现象较为明显。企业产成品库存货款1 782.6亿元，增长9.0%；前11个月企业产成品库存周转天数为12.3天，比全国规模以上工业企业周转天数13.6天快1.3天。

（4）百元主营业务收入中的成本高于全国平均水平，主营业务收入利润率低于全国平均水平

2014年1～11月，规模以上企业每百元主营业务收入中的成本为92.9元，比全国平均水平85.9元多7元。主营业务收入利润率为3.0%，比全国平均水平5.7%低2.7个百分点。资产利润率为4.4%，仍明显低于银行的平均贷款利率。资产负债率为63.7%，同比回落0.4%。

6. 节能降耗成效明显

2014年，我国铝锭综合交流电耗为13 596千瓦时/吨，减少了144千瓦时/吨，节电35.1亿千瓦时；铜冶炼综合能耗下降到

251.8千克标准煤/吨，减少了48.7千克标准煤/吨；铅冶炼综合能耗下降到430.1千克标准煤/吨，减少了27.9千克标准煤/吨；电解锌冶炼综合能耗下降到896.6千克标准煤/吨，减少了9.1千克标准煤/吨。

7. 有色金属产业运行中的突出问题及原因分析

（1）冶炼企业与铝加工企业及铝冶炼企业间的盈利水平差别巨大

2014年前11个月，铝冶炼企业（包括氧化铝、原铝和再生铝企业）盈亏相抵后亏损74.0亿元，同比增亏40.8亿元，近3个月虽累计减亏26.8亿元，但仍是有色金属行业中亏损大户；铝加工企业则是有色金属行业中盈利大户，前11个月铝加工企业实现利润416.8亿元，增长11.5%，增幅比有色金属行业平均增幅高7.6个百分点，占有色金属工业企业实现利润的比重接近30.0%。电解铝企业间由于用电成本差异，使用不同电价的电解铝企业间经营效益也存在天壤之别，使用上网高电价的企业严重亏损，使用自备电尤其是局域网电的企业在目前铝价格情况下仍有较好的盈利水平，但是铝冶炼行业整体仍处于严重亏损状态。

（2）国有企业与私营企业的盈利能力明显分化

国有企业与私营企业明显分化。国有及国有控股企业与规模以上私人控股企业的资产规模相差不大，占有色金属企业总资产规模比重均在40%左右，但前者实现利润仅占有色金属企业实现利润总额的2.5%，后者实现利润所占比重达到80%。

（3）稀土、钨、铂案败诉的影响

取消稀土、钨、铂产品的关税、配额

等出口管理措施后，可能对行业产生正反两方面的影响。一方面，取消稀土、钨、铂出口暂定关税，有利于减轻出口企业的税费负担，提高我国相关产品出口价格的国际市场竞争力，缓解国内产能过剩压力，同时也有利于遏制稀土、钨、铂产品走私。另一方面，取消稀土、钨、铂初中级冶炼产品出口配额，对稀土、钨、铂行业产品结构调整、产业优化升级可能会产生不利影响，从长期看将增加稀土、钨、铂初中级冶炼产品出口，刺激矿山资源开发，加剧低水平、低品质、低价格竞争，从而不利于稀土、钨、铂的资源保护性开发利用。但从短期来看，由于全球范围内需求低迷，近几年稀土、钨、铂的配额使用率本身并不高，企业出口意愿并不强烈，如果放开稀土、钨、铂出口配额，出口增长幅度预计不大，对行业的影响有限。

2015年中国有色金属市场状况

面对国际经济形势复杂多变、国内经济下行压力不断加大的局面，以及市场需求不振、产品价格低迷、金融市场动荡等不利因素，有色金属行业认真贯彻落实党中央、国务院稳增长、调结构、促转型等各项政策措施，主动适应新常态，不断推进结构调整、产业升级，行业运行基本保持平稳态势。

1. 产量保持平稳增长

十种有色金属产量5 090万吨，同比增长5.8%，增速下降1.4个百分点。其中，精炼铜电解铝、铅、锌产量分别为796万吨、3 141万吨、386万吨、615万吨，分别同比增长4.8%、8.4%、−5.3%、4.9%。铜材和铝材产量分别为1 914万吨、5 236万吨，分别

同比增长7.1%、9.0%，增幅分别回落3.6个和5.7个百分点。

2. 行业投资小幅下降

有色金属工业（含独立黄金企业）完成固定资产投资7 617亿元，同比下降3.2%，近几年首次出现下降。其中，有色金属冶炼完成投资1 803亿元，同比下降5.8%，有色金属加工完成投资3 733亿元，同比下降2%，铝行业投资下降尤为显著，铝冶炼投资同比下降9.9%，铝压延加工投资同比下降9.6%。境外投资取得新突破，山东宏桥集团投资的几内亚铝土矿项目和中国五矿集团投资的秘鲁邦巴斯铜矿项目已正常生产。

3. 行业利润下滑明显

铜、铝、铅、锌现货年均价分别为40 941元/吨、12 159元/吨、13 097元/吨、15 474元/吨，分别同比下降16.8%、10.2%、5.5%、4.1%，电池级碳酸锂价格大幅上涨，由4.3万元/吨上升至12.3万元/吨。规模以上有色金属工业企业实现主营业务收入57 253亿元，同比增长0.2%；实现利润1 799亿元，同比下降13.2%，近21%的企业亏损。加工行业实现利润1080.4亿元，同比增长2.5%，占行业整体利润的60%。

4. 技术进步持续推进

节能降耗水平不断提升，原铝综合交流电耗13 562千瓦时/吨，同比减少34千瓦时/吨；铜、铅、锌冶炼综合能耗分别为256千克标准煤/吨、400千克标准煤/吨、885千克标准煤/吨，分别同比减少11.7千克标准煤/吨、33.4千克标准煤/吨、11.9千克标准煤/吨。

5. 进出口额大幅下降

有色金属进出口贸易总额1 307亿美

元，同比下降26.2%。其中，进口额861亿美元，下降13.9%；出口额446亿美元，下降42.2%。但主要矿产品进口量仍保持较快增长，其中铜精矿1 332万吨、铝土矿5 610万吨、铅精矿190万吨、锌精矿32S万吨，分别同比增长12.7%，54.6%，4.9%，47.6%。

6. 存在的主要问题

（1）供给侧结构性矛盾突出

铝冶炼行业虽大幅减亏66亿元，但电解铝缺乏竞争力，产能退出渠道不畅，退出涉及人员安置、债务化解、上下游产业等诸多难题，企业普遍经营压力较大。同时，其他有色金属品种冶炼产能及中低档加工产能也出现过剩，企业开工率不高，产品同质化严重，高端材料难以满足市场需求。

（2）国有企业函需加快改革

全国国有及控股企业仅实现利润5.7亿元，同比大幅下降96.5%，占行业利润总额的比重仅为0.3%，企业亏损面达41.7%，亏损总额373亿元，占全行业亏损总额的66%。国有企业机制不灵活等问题愈发凸显，函需加快改革，才能确保行业实现健康平稳发展。

（3）生产成本不断上升

电力体制改革进程较慢，有色金属企业特别是电解铝、锌冶炼、海绵钛、多晶硅等高电耗企业未能享受煤炭价格下跌带来的低用电成本。环保投入加大、社保费用计提基数提高等因素，带来生产成本刚性上升。企业融资难、融资贵现象依然存在，行业财务费用同比增加8%。

（4）市场需求增速趋缓

房地产、家电、汽车等主要有色金属应用消费领域需求增速均出现不同程度下降，房屋新开工面积（万平方米）同比下降14%，家电行业产销率同比下降1.2%，汽车产量增速同比下降4%。

锌

2014年中国锌市场状况

2014年全国再生锌的产能在180万吨（折合的锌金属量，下同）左右，产量133万吨，同比增长4%，涵盖热镀锌渣和锌灰的利用、生产过程中和报废后的锌合金的再生利用、钢铁行业电弧炉烟尘和瓦斯泥/灰中锌的提取利用、其他冶金行业含锌尘泥中锌的提取利用。产品包括锌锭、氧化锌和锌盐（硫酸锌、碳酸锌、醋酸锌等），其中锌锭和锌合金95万吨、氧化锌实物量35万吨（折合含锌量28万吨）、锌盐实物量30万吨（折合含锌量10万吨）。

再生锌产业的分布多围绕在热镀锌厂、钢铁企业和大型废料交易市场周边，如河北的保定（清苑、安新、徐水）、石家庄（高邑、新乐）、晋州，江苏的常州、常熟、泰州、扬州、宿迁，浙江的余姚、永康、宁波，山东的潍坊、滨州，江西的上饶、九江、萍乡、赣州，广东的广州、佛山、韶关，湖南的株洲、衡阳、湘潭、郴州，以及天津等地区，2014年全国再生锌的主产地和产量分布如图29所示。

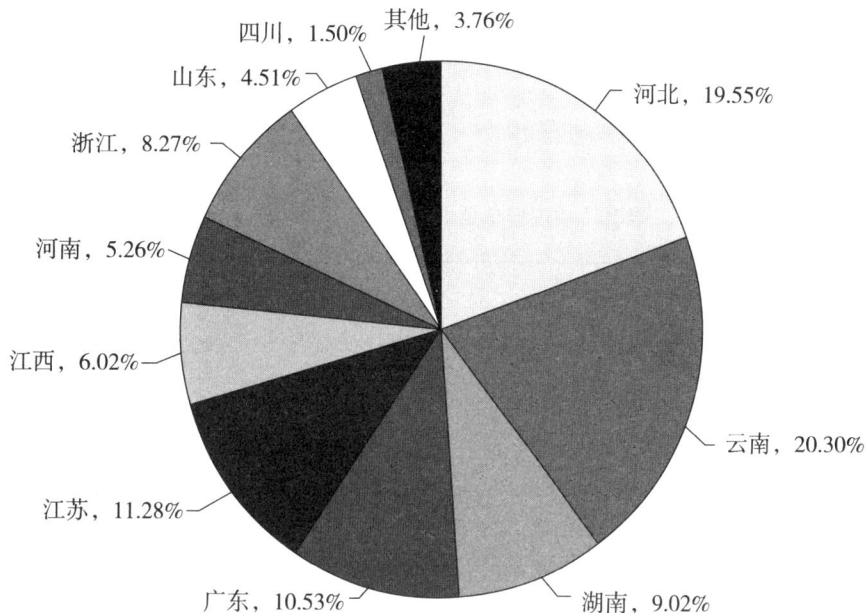

图29　2014年再生锌产量分布区域图

生产过程产生的含锌废料包括：热镀锌过程产生的热镀锌渣、锌灰，是再生锌的主要原料；锌材和压铸锌合金生产过程中产生的废料和边角料，这部分含锌废料基本被回收了。

消费后回收的可用于再生的锌包括：报废的压铸锌合金和锌材，这个通过废料回收市场收集回收；镀锌废钢在电弧炉冶炼时锌进入烟道，电炉烟道灰的锌含量在15%～25%，该类含锌烟尘被作为再生锌的原料回收锌或者含锌制品。

锌一般和其他金属共半生，在铜、铅、锌冶炼过程中，锌的熔沸点低，还原后进入烟道和除尘设备中被富集，这部分烟尘的锌含量较高，有利用的价值。

含锌品位高的热镀锌渣、压铸锌合金生产过程产生的废料和报废的锌合金价格走势基本跟随锌价格走势。对于相同类型的废锌合金，同一时间江苏地区价格相对较高，而佛山和天津地区的价格相对较低。锌合金废料价格随着锌锭价格波动，85%～86%的破碎锌和长江有色0#锌锭价差维持在3 300～4 250元/吨，95%含量以上的锌合金废料价格和长江有色0#锌锭价差维持在550～1450元/吨。

以废锌合金和热镀锌渣等为原料的企业因原料和产品价差较小，利润空间有限。而以钢铁、铜、铅等行业产出的含锌烟尘为原料的再生锌企业原料价格变化相对滞后，加之该类原料一般采用火法富集再通过湿法冶炼，除了提取锌以外，往往还有铅、铟、镉、锡、铋等高附加值的副产物产生，利润空间较大。

根据国土资源部统计，截至2013年底，我国锌金属查明资源储量为13 738万吨。

我国锌矿分布比较广泛，已有27个省区发现并勘查了锌资源，但从富集程度和保有储量来看，主要集中在云南、内蒙古、甘肃、广东、湖南和广西，六省区的锌合计储量约占全国锌总储量的64%。

表30　中国锌市场供需平衡表（万吨）

	2012年	2013年	2014年
产量	463.0	510.0	561.0
进口量	64.7	75.2	68.1
出口量	0.8	0.5	13.3
消费量	557.0	596.0	625.0
供需平衡	−30.1	−11.3	−9.2

2011～2013年，由于我国精锌消费主要终端领域——镀锌行业发展较快，国内精锌供应始终呈现短缺格局。2013年我国精锌供应短缺11.3万吨，较2012年供应短缺数量减少18.8万吨。

2014年，受到国际锌价格上涨的影响，我国精锌产量较2013年同比增长10%；精锌消费量继续保持稳步增长；进口量减少7.1万吨，出口量增加12.8万吨。全年我国精锌供应短缺9.2万吨（见表30）。2010～2014年锌价格情况见表31。

表31　2010～2014年锌价格情况表

		LME三月期货均价（美元/吨）	LME现货均价（美元/吨）	沪锌三月合约（元/吨）	上海有色网0#锌均价（元/吨）
2010年	年均价	2 186	2 160	17 847
2011年	年均价	2 212	2 192	17 322
2012年	年均价	1 965	1 948	15 186
2013年	年均价	1 939	1 909	14 939
2014年	年均价	2 167	2 164	15 858
2011年	年同比增长	1.19%	1.48%	−2.94%
2012年	年同比增长	−11.17%	−11.13%	−12.33%
2013年	年同比增长	−1.32%	−2.00%	−1.63%
2014年	年同比增长	11.76%	13.36%	6.15%

（相关资料：中国产业信息网《2015～2022年中国锌行业市场研究与投资前景分析报告》）

镁

2014年中国镁的市场状况

2014年全年国内镁价呈震荡下跌走势，年均价14 741.67元/吨，同比下跌8.29%。全年镁日均价波动范围在13 600～15 200元/吨，全年最高价为15 400元/吨，最低价13 500元/吨。2014年1～9月，国内镁价呈小幅波动，波动区间在14 700～15 200元/吨，10月份开始镁价大幅直线下跌，至年底收到日均价13 600元/吨，创2006年以来最低点。

2014年1～2月份，国内镁价基本延续2013年年底价格，日均价稳定在15 200元/吨，市场供需基本平衡。3月份，国内镁价下滑，价格从14 900～15 400元/吨下跌至14 300～14 900元/吨，创2007年来新低。镁价虽一直处于低位运行，但成交情况一直没有好转，企业库存开始增加，部分企业被迫下调报价，带动市场价格整体下探，镁价不断突破企业心理价位。硅铁价格的弱势盘整和铝价大幅下跌等因素对镁价走势都造成一定压力，因此在业内已经亏损经营的情况下仍没能阻止镁价下跌。

2014年4月份国内市场询价有所增多，需求渐有起色，镁价触底反弹，尽管市场还未有明显改观，但是企业不愿继续低价出货。随着国内的采购宣告结束，5～6月份镁价在市场需求萎缩的影响下再次走出单边下跌走势。

2014年7月，在市场成交有所好转以及业内普遍看好检修行情的预期下，镁价小幅反弹，随后再次回落。8月份，镁价延续7月下旬的下跌走势继续回落，市场需求缩减、供应有所增加是价格回落的主要原

因。8月份国外采购商因夏休减少采购，国内厂商夏季检修结束并陆续开工，导致需求减少供应增加，因镁价已跌至谷底，各厂商随后坚挺报价，并拒绝接收更低价格，镁价企稳至9月底。

2014年10～11月，国内原镁价格出现加速下跌，两月价格跌幅达6%，厂家大面积亏损。12月份，随着低价大量抛售，厂商库存压力得到缓解，镁价逐步企稳。

出口方面，出口价格与国内镁价走势相当，2014年FOB（离岸）价格同样呈震荡下行走势，年均价2 532.97美元/吨，较2013年的2 714.83美元/吨回落6.70%。全年日均价波动区间基本在2 400～2 600美元/吨，年最高点在1～2月份的2 615美元/吨，最低点在12月份的2 405美元/吨。

受欧美地区经济复苏步伐迟缓影响，2014年我国的镁出口增速放缓。从统计数据看，2014年1～10月我国共出口金属镁35.75万吨，同比增长5.76%，增幅较2013年的9.81%回落，2014年1～10月出口金额9.69亿美元，同比减少1.51%，2013年同期比为增长3.16%。另外，由于存在低价优势，国内非正规出口情况依然严重，拉低整体出口价格。

2014年12月份，部分厂商、贸易商出口报价在FOB2 380～2 430美元/吨。

2014年，全球经济增长缓慢，欧美地区经济走势仍现分歧，美国经济有所增长，欧洲地区经济持续低迷。价格方面，美国市场价格小幅回落，欧洲市场价格大幅下跌。欧美地区价格走势差异，一方面受地区经济局势影响，另一方面，由于美国对中国原镁等产品征收较高反倾销税，中国对美国出口镁产品数量并不多，因此

美国市场价格主要受其国内供应价格及从中国以外其他国家采购价格的影响。

欧洲市场是中国镁产品主要出口市场，欧洲市场价格的波动主要受到中国镁价涨跌影响，且走势一般滞后于中国镁价。受中国镁价大跌影响，2014年欧洲市场各报价同样呈现大幅下跌走势。

英国《金属导报》（MB）报价，镁锭价格从2013年底的2 800～2 900美元/吨震荡回落至2014年底的2 500～2 540美元/吨；美国《金属周刊》（MW）报道的欧洲自由市场价格由2013年底的2 700～2 800美元/吨下跌到2014年底的2 400～2 500美元/吨；欧洲战略小金属鹿特丹仓库报价由

2013年底的2 690～2 700美元/吨下跌至2014年底的2 550美元/吨。

2014年国际镁供应市场并无太多变化，除中国原镁产量保持增长外，其他国家仅马来西亚和韩国新增几千吨产量，全球原镁产能产量的增量基本来自中国。

2014年全球原镁产量为99.4万吨，其中中国87.38万吨（见表32），美国约为4.5万吨，俄罗斯约为3万吨，以色列约为2.8万吨，哈萨克斯坦约2.1万吨，巴西约1.6万吨，马来西亚约5 000吨，韩国约9 000吨。经过多年洗牌后，国外原镁产量已降至15.4万吨，仅占全球产量的15.5%。

表32　2006～2014年中国镁产量及增长率统计表

时间	年度产量（万吨）	同比增长（%）
2006年	61.31	32.23
2007年	67.01	24.12
2008年	63.12	−1.1
2009年	67.49	−11.38
2010年	83.06	24.66
2011年	71.44	8.51
2012年	73.27	3.47
2013年	76.97	3.65
2014年	87.38	12.71

数据来源：国家统计局，中国产业信息研究网整理

金属镁的主要消费领域一是加工领域的铸件、压铸件、型材，二是冶炼领域的铝合金添加、炼钢脱硫、金属还原等。从消费分布情况来看，亚洲、北美和欧洲是重点消费区域，贡献全球总消费量的95%。

2014年全球镁消费量达100万吨，其中

中国占40%的份额。中国的镁消费量在全球总量的占比呈逐步增加趋势，显示中国镁应用正在得到更多关注和不断壮大。

据中国有色金属工业协会统计数据，2014年1～11月中国共生产原镁79.52万吨，同比增长10.70%。其中陕西地区累计生产

36.79万吨，同比增加16.38%；山西地区累计生产22.91万吨，同比增长3.90%；宁夏地区累计生产8.58万吨，同比减少15.06%。预计2014年全年我国原镁产量将达84万吨。

从分地区情况看，陕西、山西和宁夏三个主产区产量占据全国产量85%以上，占比较上年有所减少，主要是四川、青海地区有新增产量，且新疆地区产量较前两年明显增加。随着新疆地区新建产能陆续投产，中国原镁冶炼将进一步向西部地区转移。

据海关总署统计数据，2014年1～11月中国累计出口各类镁产品共39.11万吨，同比增长5.00%，累计金额10.57亿美元，同比减少2.13%。其中镁锭累计出口20.27万吨，同比增长5.91%；镁合金累计出口9.60万吨，同比增长4.83%；镁粉累计出口8.00万吨，同比增长1.58%。预计2014年全年我国镁出口量将达42.93万吨。

受全球经济增长放缓，尤其是欧元区深陷泥潭影响，2014年中国金属镁出口增幅由2013年的10.79%下降至5%左右。出口一直是国内镁产品的主要需求渠道，50%以上的出口依存度很大程度上决定国内镁价走势，因此出口增幅的回落是2014年镁价下跌的直接原因之一。

2015年中国镁的市场状况

外部环境方面，2015年外部经济环境对镁价的支持有限，或有可能出现不利镁价的情况。

国内供应方面，国内产能过剩的局面将严重抑制镁价走高，若青海盐湖镁项目如期顺利投产，国内供应过剩局面将有所加重。2014年镁价大幅下跌已创出近年低点，一定时期内镁价将很难回到前期价位。

1. 2015年镁市场价格走势回顾及预测

2015年，全球经济虽然缓慢复苏，但消费市场整体低迷的趋势未改变，镁行业产能过剩，镁价大幅下跌，绝大多数企业亏损经营。

2015年国内镁价继续大幅下跌，年均价12 970元/吨，同比下跌11.69%，创多年来历史新低。全年镁日均价波动范围在11 450～13 650元/吨，全年最高价为年初的13 650元/吨，最低价为年底的11 450元/吨。

2015年国内镁价呈阶梯形下跌，期间业内厂商自发组织限价稳价，镁价出现阶段性稳定，随后在需求低迷情况下再次下跌，年底日均价收于11 450元/吨，暂稳于11 000元/吨大关之上。

（1）国内外市场需求缩减。国际市场方面，从中国镁产品出口数据可以看出，2015年国际市场需求较上年缩减。同时，受国内经济增速放缓影响，国内市场需求亦出现萎缩，下游包括铝等相关行业去产能压力巨大，部分铝厂被迫减停产，对镁需求减少。

（2）业内厂商没能实施有效的联合限产保价。2015年下半年，有色行业面临前所未有的困难，铜、铝、镍等多个金属行业企业自发联合限产保价。镁行业集中度较低，企业数量多且分布广，生产企业均为私营企业，难以有效实施联合减产，在还贷压力下企业不得不一再自行下调报价促销，造成市场价格大幅下跌。

截至2015年底，主产区陕西地区厂商主流报价11 300～11 400元/吨，山西地区厂商报价11 500～11 600元/吨，宁夏地区厂商报价11 400～11 500元/吨。

出口方面，镁出口价格与国内镁价走势相当。2015年FOB价格单边大幅下跌，全年镁日均价波动区间在1 890～2 405美元/吨，镁价由年初的最高点2 405美元/吨下跌至年底的最低点1 890美元/吨。2015年FOB镁价格的下跌主要是国内外市场需求缩减幅度较大，而供应方面减幅有限。

截至2015年底，国内部分厂商、贸易商出口报价在FOB 1 870～1 910美元/吨。

2015年，全球经济出现分化，美国经济逐步复苏，欧洲经济呈缓慢增长态势，新兴经济体经济增长放缓。价格方面，美国市场镁锭价格及欧洲市场镁锭价格均为下跌走势。

2015年美国镁价总体呈回落走势。根据美国《金属周刊》的报道，截至2015年12月底，美国镁锭西方现货价为2.10～2.20

美元/磅，较2014持平；美国镁锭交易者进口价格为1.68～1.72美元/磅，较2014年的1.83～1.88美元/磅回落；而美国压铸合金（贸易者）价格为1.80～1.98美元/磅，较2014年的1.85～1.98美元/磅基本持平。

2. 欧洲市场

受中国镁价大跌影响，2015年欧洲市场各报价同样呈现大幅下跌走势。

英国《金属导报》（MB）镁锭价格从2014年的2 900～3 100美元/吨震荡回落至2015年的1 965～2 035美元/吨；美国《金属周刊》（MW）的欧洲自由市场价格由2014年的2 400～2 500美元/吨下跌到1 900～2 000美元/吨；欧洲战略小金属鹿特丹仓库报价由2014年的2 550美元/吨下跌至1 988美元/吨。2001～2015年中国原镁FOB年均价与MB镁锭年均价对比图见图30。

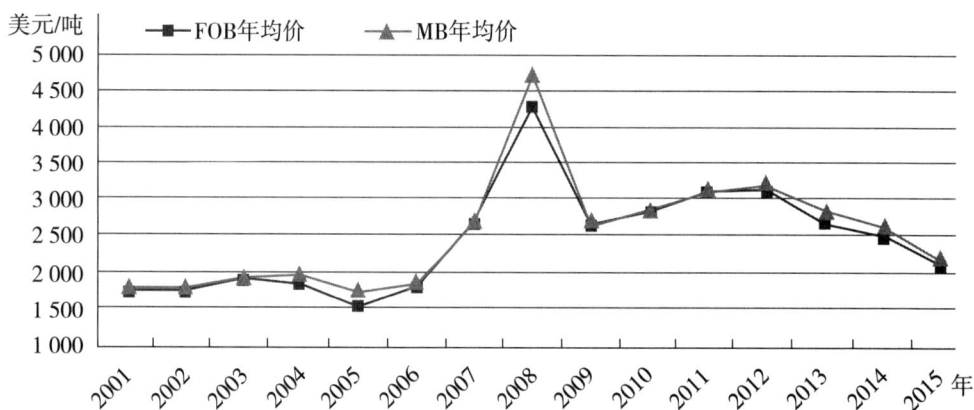

图30　2001～2015年中国原镁FOB年均价与MB镁锭年均价对比图

从地区发展来看，随着中国经济的快速发展，亚洲将是全球镁消费最重要的、最大的地区，欧洲地区也将呈现快速增长趋势。

从行业发展来看，工程材料领域的应用将是镁消费的主要增长点，特别是镁在汽车领域的应用将会有重大突破。欧洲地区的二氧化碳排放限制等区域性法律法规对汽车制造提出了很高的要求，用镁材料使汽车轻量化将成为重要选择及必然趋势。

最近几年，世界主要汽车制造商的工业材料应用增长最快的就是镁合金压铸件，如我国万丰奥特控股集团旗下的镁瑞丁轻量化技术公司生产的镁合金产品已经大量应用于国外中高端车型之中，未来还将有更多镁合金零部件应用到各大汽车厂商的新车中。

全球经济环境不佳对镁消费增长造成暂时性影响，但是镁应用前景依旧广阔，短暂的休整将为未来更大的发展提供基础条件。未来随着世界经济企稳回升，世界镁工业将迎来新一轮大发展，原镁消费量将快速增长。预计未来两年全球镁消费将恢复增长势头，增速逐渐加快。

据中国有色金属工业协会统计数据，2015年1～11月我国共产原镁74.86万吨，同比减少4.02%。其中陕西地区累计生产34.28万吨，同比减少5.83%；山西地区累计生产18.02万吨，同比减少17.26%；宁夏地区累计生产11.86万吨，同比增加38.28%。

从分地区情况看，陕西、山西和宁夏三个主产区产量占据全国产量86%以上，占比基本较上年持平。

2015年受市场不佳影响，陕西地区部分产能关停，产量近年来首现负增长，但减幅相对较小。

据海关总署统计数据显示，2015年1～11月中国累计出口各类镁产品共37.11万吨，同比减少5.11%，累计金额9.26亿美元，同比减少12.37%。其中镁锭累计出口18.82万吨，同比减少7.15%；镁合金累计出口10.37万吨，同比增加7.97%；镁粉累计出口7.02万吨，同比减少12.25%。

从单月出口数据看，11月份出口数据仅高于8月份的2.68万吨，处于2015年以来出口的低水平，除镁锭出口环比有所增加外，其余品种出口环比均为缩减，尤其是镁合金的出口量缩减较多，为2015年以来最低水平。

2015年国内镁消费量达到38万吨左右，再创历史新高。由于国内下游行业市场情况普遍较差，该领域应用增速有所放缓，镁在加工领域的应用产品以出口为主，仍将保持较快增长，预计镁在该领域的消费增幅超过10%，这是业内人士希望看到的，也是未来镁应用发展的趋势。

依据中国有色金属工业协会统计数据，2015年我国生产原镁约82万吨，同比下降6.17%。根据海关总署统计数据，2015年我国出口各类镁产品共40万吨，同比下降8.05%。2015年我国镁消费38万吨，同比增长2.51%。国内镁消费占总供应量的46.29%，而出口占总供应的48.73%。

钨

2015年中国钨的市场状况

2015年国内钨铁市场价格相对较为稳定，但由于2015年我国钢铁行业进一步淘汰落后产能，加上国内整体经济结构正处于调整期，钢铁行业对于钨铁的需求十分有限，成交寥寥无几。2015年前4个月海外订单明显不足，市场价格难有波动。

随着出口关税取消，国际市场逐渐得到拓展，海外市场因支付方式较好而不断压价，导致国内钨铁市场也难以支撑，价格震荡下调。

2015年上半年国内钨铁市场现货供应整体充足，因而在下游市场支付能力较差的情况下，大部分厂家不愿转移库存走货，导致市场整体操作积极性较低。

2015年国内钢铁行业面临严重的"产业结构调整"问题，加上国内整体经济局势不佳，大部分钢厂资金周转十分紧张，原料采购难度较大。因此，在钨铁市场价格相对稳定的情况下，有部分钢厂开始寻求性价比稍高的废料进行生产，可见市场整体利润空间十分狭窄。

2015年4月23日，财政部公告称取消钨、钼、稀土的出口关税，自此，我国钨产品出口关税正式取消，详见表33。

表33　钨产品关税调整一览表

税则号列	商品名称（简称）	调整前暂定税率（％）	调整后暂定税率（％）
26209910	主要含钨的矿灰及残渣	10	取消关税
28259011	钨酸	5	取消关税
28259012	三氧化钨	5	取消关税
28259013	其他钨的氧化物及氢氧化物	5	取消关税
28418010	仲钨酸铵	5	取消关税
28418020	钨酸钠	5	取消关税
28418030	钨酸钙	5	取消关税
28418090	其他钨酸盐	5	取消关税
28418040	偏钨酸铵	5	取消关税
28499020	碳化钨	5	取消关税
72028010	钨铁	20	取消关税
72028020	硅钨铁	20	取消关税
81011000	钨粉	5	取消关税
81019400	未锻压钨	5	取消关税
81019700	钨废碎料	15	取消关税

2015年4月底，国务院落实钨矿资源税为6.5%，按照65%标吨销售量×单价计征；原矿及精矿均换算成标吨计价，且不含运费。随着资源税税率落实，有矿商表示销售钨精矿的增值税加上资源税总共有23.5%的税收，且由于新政取消了资源补偿费，矿山方面整体生产将有所增加，利润再次受压。因此，近期国内钨精矿矿山方面或将继续维持较低开工率运行，市场整体现货供应情况逐渐趋于平衡。

受我国取消关税影响，国际市场APT（仲钨酸铵）价格急剧走低，目前已基本与国内市场价格持平，海外市场与我国平等共享钨资源的目的基本达到。但由于海外市场采购压价力度不断加大，欧洲方面钨铁市场价格也受我国大量的钨铁产品涌入而不断下调价格，国际市场竞争较为激烈。

就目前国内外整体经济局势来看，钨产品市场仍旧难见利好，业内整体对于下半年仍旧是看空情绪占据主流，分析其原因主要有以下几点：

1. 供求矛盾仍尖锐：粗略估计，目前国内钨精矿现货库存有5万吨左右，而APT现货库存高达4.5万吨以上。目前国内GDP勉强能达到7%左右，终端市场需求释放十分缓慢，对于钨产品的消耗步伐十分缓慢。目前国内经济局势仍难见利好，实体经济均面临较大困境，钨市供求矛盾缓解十分困难。

2. 资金困境：2015年上半年国内股市一片火热，占用了大量的投资者资金，而实体经济资金周转十分困难，导致下游对于原料的购买力不足，支付方式较差，市场资金链紧绷局面几乎到了白热化阶段。政府虽一再出台"降息降准"来缓解这种局面，但效果甚微。

同时，受关税取消影响，国际市场采购钨产品价格基本与国内水平相当，海外买家提前备货意愿明显减弱。因此，在2015年7～8月夏休阶段，钨产品市场明显进入淡季。

铝

2014年中国铝的市场状况

中铝网讯数据显示：2014年1～12月生产原铝2 438.20万吨，同比增长7.69 %。

2014年初由于2013年四季度新产能大量投产，2014年一季度原铝供应大增，但经济增速进一步放缓，铝消费受挫，造成现货铝锭库存持续攀升，铝价也延续了2013年年底的跌势，迅速跌破14 000元/吨，并于2014年3月末跌至最低12 340元/吨。之后，部分电解铝厂亏损加剧纷纷减产，二季度原铝供应下降，铝价得以止跌回升。但由于消费迟迟未见好转，铝锭价格在2014年5月迅速跌回至13 000元/吨上下水平，之后下游加工厂销售订单有所增加，拉动对原铝的消费，铝价重回13 200元/吨水平，与此同时，虽然西北地区产量增

速较快，但运力不足，而其他地区原铝向中间产品转化率上升，造成现货市场铝锭库存的大幅下降，另外外盘的连续上涨，带动国内铝价在7月份飙涨至14 000元/吨。8月底，新疆信发铝厂发生爆炸的消息再次推涨铝价，现货铝价在数日内从14 000元/吨以下急速攀升至15 000元/吨，但随着炒作资金的离场，9月初至10月中旬铝价连续跳水，一度跌至13 500元/吨。而减产产能的复产也加剧的了铝价的下跌。2014年四季度，国内原铝供应大幅增加，而维持低迷状态，铝价进入振荡下行态势，期间虽然因现货市场铝锭库存持续下跌及国外供应短缺加紧，铝价短暂反弹，但下行趋势不改，进入2014年12月，铝价跌势加剧。

2013年全年铝锭现货均价14 490元/吨，截至2014年12月19日铝锭均价13 490元/吨，较2013年降1 000元/吨。

2014年伦铝（伦敦交易所期铝）触底反弹。2014年初虽然美国经济向好，但欧元区经济萎缩，打压铝价下跌。2014年1月底美联储缩减购债规模更使得伦铝价格急速下挫并于2月初跌至年内新低，3月期伦铝价格最低跌至1 671美元/吨。铝价跌至新低，海外亏损铝冶炼企业纷纷减产，铝价逐步反弹，并回到1 700美元/吨以上水平。进入二季度，国际铝市供应出现短缺，推升铝价，3月期伦铝价格最高一度触及1 900美元/吨，不过美联储继续缩减购债规模再次打压铝价，4月下旬至5月中旬，伦铝价格跌至1 800美元/吨以下。因前期减产，加上美国需求强劲，国际原铝供应短缺加剧，5月下旬至9月初，伦铝价格持续振荡攀升，三月期伦铝价格最高涨至2 119.5美元/吨。欧洲经济的不景气加上美国加息的

预期，伦铝价格在9月至10月回调，伦交所三月期铝最低回调至1 885美元/吨。随着铝供应短缺加剧，伦铝现货升水扩大，拉动期货铝价回升，10月初至11月，伦铝价格再度反弹，最高至2 079美元/吨，11月中下旬铝价振荡盘整。2014年12月伦铝现货由升水转为贴水，加上欧洲经济前景悲观，铝价逐步下滑。

2015年中国铝的市场状况

2015年中国氧化铝保有生产能力约70 500千吨/年，开工率约88%，全年产量约62 040千吨。据北京安泰科信息开发有限公司的数据，2015年1月~11月我国原铝产量为28 420千吨，估计全年产量为30 920千吨，由于个别企业未能如实填报产量，所以2015年中国的实际原铝产量约为32 000千吨。2015年中国的原铝保有生产能力超过38 500千吨/年。

2015年中国铝加工材的实际产量约30 000千吨/年，产能约42 000千吨，产能利用率为70%。

2015年，中国平轧铝产品产量10 700千吨，比上年度提高8.5%，生产能力约11 600千吨；挤压材产量19 300千吨（管、棒、型、线材），生产能力28 400千吨，产能利用率约68%；锻造产品产量约55 000千吨，生产能力约8 000千吨，产能利用率67%。

据安泰科信息公司的数据，2015年我国氧化铝进口量为5 160千吨，电解铝进出口量很少，约160千吨，出口约30千吨；净进口铝合金520千吨；2015年6月以来中国铝材出口步步回落，据海关统计，2015年1月~10月铝材累计出口3 410千吨，同比增长20.7%，估计全年出口可达4 100千吨，2015年1月~10月铝材累计进口量395千吨，

同比下降4%，预计全年进口量可超过480千吨，中国是铝材出口大国，出口量几乎是进口量的10倍，这种趋势将越来越大。

中国不但是一个原铝与氧化铝、铝材生产大国，在某些领域已成为一个初级强国，中国有600千安培的特大电解槽，200千安培以下的电解槽在我国已销声匿迹，如果再在电流效率与环保方面等再上一层楼就是一个生产强国了，但在赤泥处理方面还有一段较长的路要走。

2015年，中国氧化铝生产能力约为66 900千吨/年，产能利用率为80%。中国原铝产量约32 000千吨，保有生产能力超过38 500千吨/年，产能利用率83%，经过21世纪以来的高速发展，现已进入新常态、调结构、促升级，由量的快速的扩张到质的提升阶段，面临产能过剩、消费增长乏力、库存上升。截至2015年11月24日上海期货交易所收盘三月期铝价格最低为9 620元每吨，为近20年来最低价，同期上海长江现货铝锭价最低位为9 710元/吨。11月份中国原铝行业平均含税完全成本约12 000元/吨，平均含税现金成本约10 300元/吨，也就是说，现有铝价条件下，没有一家生产企业是盈利的，并且大部分企业现金亏损，这在世界大国铝工业史上也是头一次，即使在20世纪30年代初美国经济大萧条时铝电解业也没有惨到这种程度。

根据北京安泰科信息开发有限公司的数据，截至2015年11月底，停产与实行弹性生产原铝企业共44家，总生产能力为3 540千吨/年，按照目前的市场态势，预计到2015年底，关停的产能有可能达到5 000千吨/年，约占全国总产能的13%。没有市场竞争力的铝厂都应逐年停产一些，应逐

步到外国建铝厂，更不宜大规模进口氧化铝与铝土矿，进口4吨多铝土矿才能提取1吨原铝，而提取1吨原铝需消耗综合交流电14 500千瓦，排放约8.56吨二氧化碳。

预计在未来一段时期，还有更多原铝企业实施弹性生产，与此同时，目前部分投产和新建投产项目也可能在未来一段时间内放慢前进步伐。

宏桥-印尼氧化铝厂投产。中国山东宏桥-印尼氧化厂于2015年第四季度投产，生产能力为3 000千吨/年，投产10亿美元，现在投产的是一期工程，全部由中国设计制造，这是迄今为止中国在境外拥有的最大铝工业项目。

工业和信息化部在2015上半年工业通信业发展情况的新闻发布上提出为电解铝等行正名，过去钢铁、水泥、电解铝等是高能耗、高污染的行业，但现在这些行业都转成了节能环保的行业，已经是优势产能。

2015年停产与弹性停产的原铝产能约5 000千吨/年。总生产能力约42 000千吨/年。

2015年中国回收了6 830千吨废铝，其中进口3 630千吨，按83%的再生回收率计算，共获得再生铝5 670千吨，其中约有1 200千吨用于生产加工铝材，其他用于生产铸造铝合金，但在生产铸造铝合金时还要用相当数量的重熔用铝锭，可大致认为它们的用量相等。

2015年末全世界积蓄的废铝超过11.5亿吨，仍有约75%在为人类文明社会的进步服务，因此今后国内废铝的回收量会一年比一年多，再生铝的用量也会年年有所上升。在中国当前的情况下，重熔用铝锭中废铝约占30%左右或更多一些。

再生铝的75%以上用于压铸汽车、摩托车零件。除了压铸工业外，其他铸造工业的用量也不少，所以，汽车、摩托车再生铝合金的用量超过82%。2010年中国废铝进口量达到峰值约2 500千吨，自此以后逐年下降，这种趋势将会逐年保持下去。

镍

2015年中国镍的市场状况

2015年国内镍市可谓是"跌跌不休"，生意社监测数据显示，年初国内镍现货均价为108 227.8元/吨，年末在68 914.29元/吨，全年跌幅36.35%。2015年2月4日达到全年最高价格109 972.22元/吨，11月24日创出六年来的新低价64 542.86元/吨。

2015年1月至4月下旬，镍价震荡走低。镍期货3月27日登录上海期货交易所后，镍价遭遇"开门绿"，呈大幅走低趋势，现货价格亦大幅下跌。3月27日镍价103 700元/吨，到4月3日镍价跌至98 775元/吨，跌幅达到了4.75%。

供应方面，镍矿的供应上略有收紧，但目前国内精炼镍的供应仍较为宽裕。据国家统计局数据显示，2015年前两个月镍产量为53 652吨，同比大幅增加31.46%。进出口方面，中国目前红土矿进口主要来自菲律宾，短期来看菲律宾雨季刚过，镍矿石供应将会有所增长。需求方面，镍价下跌的核心原因是春节后国内下游不锈钢行业经营环境未有显著改善。2015年3月国内不锈钢市场成交量和现货报价表现均不尽如人意。冷轧市场由于欧盟反倾销，直接使中国冷卷没法出口欧洲。需求减少、价格下跌由不锈钢厂传递到镍铁厂，镍铁厂于3月被迫停产或减产，而铁厂本身资金面状况较差，只能出售镍库存获取现金，导致镍价格加速下跌。

2015年4月底至5月初，镍价有较大幅度的上涨。4月27日在有关美联储加息预期降温的推动下，期镍价格大涨，提振现货镍价走高。供应方面，镍矿的供应上略有收紧。国际镍业研究组织表示，全球镍供应过剩规模2015年将萎缩至约2万吨，因主要镍出产国印度尼西亚发布镍矿出口禁令进一步抑制中国的产出，削弱了中国的镍生铁产量。LME镍库存自2012年中以来增长了逾两倍，达到43.5万吨以上，但库存增长步伐在4月放缓，预示库存可能会很快下滑。海关数据显示，2015年1～2月我国共进口镍矿196万吨，同比下降82%，且全部从菲律宾进口。需求方面，消费旺季在一定程度上支撑有色金属上涨。2015年3月26日起，欧盟对来自中国大陆的不锈钢冷轧产品征收24.3%～25.2%的反倾销关税，对台湾地区的产品征收10.9%～12%的关税。此消息使得下游不锈钢冷轧产品的反倾销对国内镍消费产生影响。

2015年6月底因上海期交所镍期货交割品牌扩容，增加了三个新品牌，且库存居高不下、希腊债务危机升级令厌恶风险情绪升温，镍价暴跌至六年新低。国内现货市场镍价持续下行，镍市供应也显充足，短期内镍价低位调整的格局料难改变，镍价反弹之路坎坷，而且调整的时间或较预期延长。下游需求方面，2015年以来，全国不锈钢产量增速逐月下降，6、7月份属于金属消费的淡季，国内钢材市场需求仍较疲软，主要用钢行业增速继续回落，钢

铁产量虽环比有所减少，但供大于求态势未有改观，市场竞争更为激烈，钢材价格继续下降。

2015年7月因为印度尼西亚断供引起镍价有短暂的上涨，但国内镍市供应仍显充足，短期内镍价低位调整的格局料难改变，镍价反弹之路坎坷。2015年8月初镍价的大幅拉升缘于人民币的大幅贬值，推迟美国加息的脚步，利好基本金属。后由于股市动荡，美联储加息在国际市场上造成其持续下跌。后由于央行双降，股市回暖，原油价格上涨，对镍市有一定支撑，而使其价格抄底反弹。

2015年9月白银公司和江西铜业纷纷宣布计划检修，在"集体减产检修"和旺季预期的催化下，作为有色金属领头品种的铜价大幅上扬，带动整体有色金属价格连续上行，镍市也大幅上涨。9月下旬镍价的上涨，源于镍矿主产区将进入雨季，出于对原镍供应将减少的预期为镍价带来支撑。

11月前期，镍下跌的最根本的原因是镍去库存问题，以及钢厂对镍产品需求持续增长，在无法消化库存的情况下盲目增加产量，导致产品价格下跌，直接打压原料价格。再加上，伦镍库存虽然减少，但相应中国上海镍库存大幅的增加，几乎持平；上海合约制度的变化，拉近与无锡镍合约的差价；上海投机资金对于市场的价格打压；整个镍金属上下游产业链的需求萎缩。随后，镍价大幅上涨，源于11月25日，中国有色金属工业协会的一名官员以及两位直接了解情况的行业消息人士称，该协会周一提议政府收购铝、镍以及钴和铟等稀有金属，这是自2009年以来业内首

次协同努力提振价格。11月27日，中国镍生产商开会讨论市场状况和减产的可能性。两重利好，让镍报复性反弹。

2015年四季度是年内表现最为凄惨的时段，镍矿、镍生铁库存消耗周期稳定，供应端依旧充足；下游不锈钢市场隐性库存较高，引起价格继续下行；再加上12月美元加息概率大，包括镍在内的大宗商品将继续承压。近期有消息称国储可能会收储3万吨镍，或刺激镍价短期小幅反弹。

不锈钢是镍最主要的初级下游需求行业，通过不锈钢的情况能反映出镍消费情况。而作为全球最大的镍消费国，中国的一系列经济数据持续偏弱，给镍价需求前景蒙上阴影。数据显示，2015年我国重点优特钢企业的不锈钢产量累计同比增速不增反降，与此前五年年均14%的增长率形成鲜明对比，而央行10月宣布再次"双降"后，镍价不涨反跌，反映出市场对中国需求的担忧。

2016年，镍市行业洗牌之下，国内镍市供应料大幅下滑，但需求端萎靡不振，进口倾销对国内打压大，预计2016年的镍市仍不容乐观，但比2015年情况稍好。预计2016年镍价最高73 000元/吨，最低在56 000元/吨，均价在64 500元/吨。

2015年LME镍价格持续下行，累计下跌幅度44.8%。市场悲观情绪浓厚，特别是年底，下行深度让市场大跌眼镜。全年来看，中国镍矿市场进口量明显下行已成不争的事实，然而镍矿在消耗的过程中遇到莫大的阻力，最直接来自镍铁工厂。镍铁厂采购意向下行直接影响镍矿消耗速度，同时镍铁企业承受产能淘汰之压，限制其生产能力，镍矿市场自2014年5月冲高后一

直表现颓势，支撑不足导致价格下行。而终端不锈钢市场依旧低迷，内需不振加上国外反倾销压力，销量受阻影响价格下行。2015年整个产业链可谓"屡创新低"。

自2011年以来，镍价基本呈现下跌趋势，直至2014年年初印度尼西亚禁矿影响伦镍，开启大涨，最高涨至21 625美元/手，然而在菲律宾的大量补充供应下，在镍价寻求到新的供应平衡后，市场焦点开始发生缓慢的变化。

自2014年9月初开始，上半年对原料的过度炒作导致镍价上涨预期被过度消费，国内镍矿库存大量堆积，原料开始进入去库存化阶段，人们开始将视线转移到刚性需求颇大的不锈钢行业，然而钢铁行业的整体需求萎缩，镍铁及电解镍的库存不断飙升。同时，美元指数连续飙升，大宗商品集体承压，伦镍由此正式进入下行周期。

对于镍铁市场而言，2015年注定是不平凡的一年。2015年3月27日沪镍出世，期货与现货的撞击，期货价格跌宕起伏，现货价格一路下跌，一度破历史新低。中、高镍铁直破700元/镍，跌势难止，始终处于环保政策影响下的低镍铁也是再破成本，最新价格在1 600元/吨。

LME镍方面：短期内LME镍受美联储加息利空影响，LME镍仍会下探，短期底部预计在7 500～7 800美元/吨，中国镍金属量供应预计小幅增加，进口镍铁与镍板保持增长，而不锈钢产量有负增长预期。故此，LME镍处于缓慢的去库存化阶段，价格反弹力度较小。而短期技术面仍受大周期下行通道影响，继续下行是大概率事件。2016年LME镍预计在9 175～9 500美元/吨。

镍铁方面：2016年中、高镍铁价格在上涨过程中遇到明显阻力，一是LME镍自身价格低迷，表现较差。二是进口镍铁增多的意向，迫使国内镍铁产能释放率低。唯一利好则是因压力较大而减少产量，或对价格有所支撑。

镍矿方面：后期镍矿市场需求或遇阻，因国内镍铁产量降低，价格或继续低位运行。国内库存持续下降，后期降幅放缓，对价格有所支撑。而进口方面预计最大进口量3 660万吨，基本来自菲律宾。上半年延续颓势，下半年受需求支撑，价格或小幅上扬，走出底部。

在构成有色金属产业景气指数的12个指标中，位于"正常"区间的有4个指标，包括10种有色金属产量、M1、商品房销售面积、汽车产量；位于"偏冷"区间的有4个指标，包括家电产量、有色金属进口额、利润总额和发电量；位于"过冷"区间的4个指标分别是LMEX、有色金属固定资产投资额、主营业务收入和出口额。镍行业运行趋势与有色金属行业景气指数基本一致。

2015年LME镍价呈现单边下行之势，年内跌幅达45%。国内现货镍价跟随外盘走势，年内基本呈现单边下行走势，2015年国内长江现货市场镍均价为88 625元/吨，同比下降25%。伴随着镍价的持续下跌，2015年国内高品位1.8%红土镍矿从年初的600元/吨跌至年底的380元/吨，跌幅为37%；1.5%的中品位镍矿从年初的450元/吨跌至年底的220元/吨，跌幅高达51%；0.9%低品位镍矿价格从年初的220元/吨跌至年底的150元/吨，跌幅为32%。

2015年1～11月，86家规模以上镍钴冶炼企业共亏损36.5亿元。2015年1～11月，镍矿产量（含金属量，下同）8.5万吨，同比减少1.8%。在吉林、云南、甘肃、新疆4个产区中只有新疆产量有所增长，其他产区镍矿产量均有不同程度下降，甘肃产量占到全国的80%以上。

2015年1～11月，全国的镍产量为31.4万吨。受镍价大跌影响，国内电解镍生产商多数面临亏损，国内成本较高的电解镍生产企业陆续停产，7、8月份关停或减产厂商增多。新鑫矿业、广西银亿、烟台凯实在2015年镍产量都出现下降。年初开始一直处于停产状态的江锂尚无复产计划，其他相继停产的华泽镍钴、尼科国润、吉恩镍业、元江镍业等的复产也未提上日程。与电解镍相比，受三元材料需求大增影响，2015年国内硫酸镍市场情况趋好，这导致一些原本主营电解镍的企业开始减产转而生产硫酸镍，还有一些从电解钴转为电解镍生产的企业再次转变生产硫酸镍和硫酸钴。

2015年含镍生铁产量下滑明显，尤其是11月份镍价创2003年以来低点后，引发生产企业的关停和减产，镍铁产量出现了断崖式的减少。据安泰科统计数据，2015年我国含镍生铁产量（折合镍金属量）为38.5万吨，同比减少18%，其中高镍铁产量为31万吨，占比79%；中镍铁产量为1.2万吨，占比3%；低镍铁产量为6.3万吨，占比18%。随着不具成本优势的普通矿热炉产量的继续下降，RKEF工艺镍铁产量占比越来越高，达到80%以上。

2015年1～11月，我国镍钴采选业施工项目有20个，投资额为8.1亿元，同比下降62.2%；镍钴冶炼施工项目有59个，投资额为96.6亿元，同比下降32.4%。与国内镍冶炼项目投资下降不同的是，镍合金材料和电池材料方面新建项目有所增加，主要对未来含镍合金在航空、电力、动力汽车等方面的应用前景比较看好。

2015年1～11月，累计进口未锻轧镍26.7万吨，同比增长113%，其中，电解镍25.8万吨，同比增加108%，进口俄镍16.8万吨，占到总进口量的65%。2015年3月27日，电解镍期货品种成功在上期所交易，由于交割品限制在国产电解镍，导致逼仓发生，市场预期俄镍、挪威、住友等品牌将引入交割，大量进口导致电解镍进口量激增。此外2015年以来，电解镍现货进口亏损收窄至时有盈利，进口窗口打开，也有利于进口镍涌入国内。

2015年1～11月，进口镍铁62.7万吨，同比增加146%，换算成金属量约为12.5万吨。其中从印尼进口约21.2万吨（其中大部分是青山在印度尼西亚的工厂运回国内的含镍生铁），新喀里多尼亚9.3万吨，缅甸5.9万吨，日本6.5万吨，哥伦比亚6.1万吨。国内高镍铁工厂由于镍矿品位下降原因，高镍铁的镍含量也将至8%～9%左右，钢厂除采购国内高镍铁外，仍需采购部分镍含量较高的进口镍铁搭配使用，进口镍铁贴水在国内销售还是具备一定的竞争优势，钢厂进口镍铁用量相比2014年同期大幅增加，国内高镍铁工厂竞争压力增大。

2015年1～11月份，镍矿进口3 343.3万吨，同比减少26.2万吨。其中从菲律宾进口量为3 261万吨，同比减少4%，全部为红土镍矿。2015年1～11月份我国共进口硫化镍精矿75万吨，同比增加17%，硫化镍矿进口量增加的主要原因是部分镍铁厂使用硫化镍精矿放入回转窑以提高镍矿品位生产高品位镍铁。

据国际镍业研究组织（INSG）最新数据显示，2015年1～10月全球镍供应过剩5.2万吨。

2015年1～10月份，全球镍矿产量173.2万吨，同比减少2.5%。亚洲地区镍矿产量同比大幅减少7.8%，其中印尼减产最为突出，2015年1～10月产量仅为10.8万吨，同比大幅减少33.9%。全球镍中间品产量25.1万吨，同比增长4.7%。全球原生镍产量162.8万吨，同比减少2.0%。

国际镍业研究小组（INSG）数据显示，2015年1～10月全球镍消费157.6万吨，同比增长1%，主要消费地区欧盟消费明显萎缩，同比下滑6%；全球最大的消费地区亚洲继续保持增长，增速2.7%，亚洲仍然是全球主要的消费增长地区。按国家来看，2015年1～10月份中国镍消费量为81.4万吨，同比增加3.3%；美国消费量为12.8万吨，同比增加2.1%；日本为11.8万吨，同比减少1.4%。

据国际不锈钢论坛（ISSF）发布的统计数据，2015年前三季，全球不锈钢粗钢产量近3130万吨，同比下降0.5%。其中，美洲和中国的产量有所增长，而其他几大地区的产量均有所下降。据估计，2015年欧洲、美国、日本、韩国不锈钢产量增幅分别在-1.6%、0.5%、-6.3%、7.8%，2016年有望继续增长。2015年全球不锈钢行业原生镍消费量估计为128万吨，同比略增加1.7%。

据安泰科统计数据显示，2015年我国不锈钢产量约为2 144万吨，同比略微下降2%，尽管如此，仍占全球总量的52%。其中300系产量为1 050万吨，同比增加3%；200系为692万吨，同比减少4%；400系为397万吨，同比减少10%。测算2015年我国不锈钢行业原生镍的消费量为78.8万吨，同比增加2.3%，低镍价刺激了300系不锈钢产量的增加。

铜

2014年中国铜的市场状况

从精炼铜供应来看，2004～2014年世界精炼铜产量逐年增长，年均复合增长率约为3.46%，其中，中国的精炼铜年产量几乎增加了两倍，从2003年的203.5万吨增长至2014年的795.86万吨，增幅较大的国家还有澳大利亚、印度、日本、韩国、俄罗斯和津巴布韦，这些国家的精炼铜总产量超过350万吨。1985～2012年全球精炼铜产能及产量图见图31。2014年，全球精炼铜产量达2 248万吨，前五大精炼铜生产国依次为中国、智利、日本、美国和俄罗斯，其中中国精炼铜产量为795.86万吨，较2013年增长13.72%，约占全球产量的1/3。全球金属铜供给面基本保持平稳，铜精矿供应增加，但受限于冶炼产能瓶颈，铜精矿并未全部转化为电铜产量。1998～2014年全球铜冶炼产能及精炼产能利用率情况见图32。

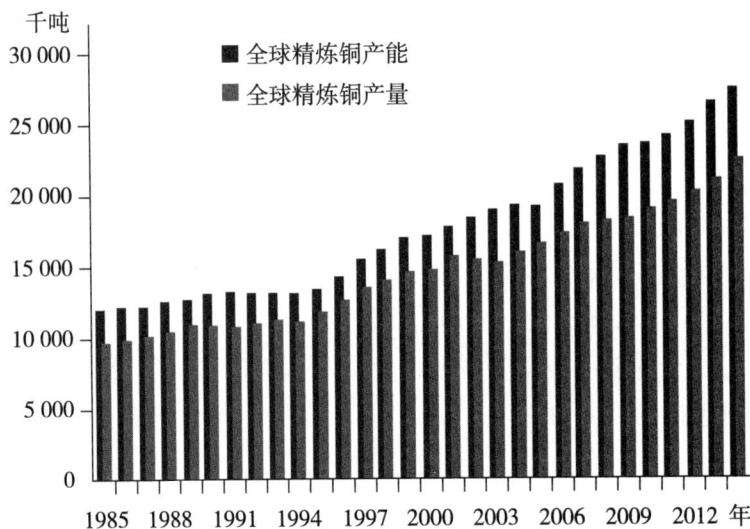

数据来源：ICSG，中国产业信息网整理

图31　1985～2012年全球精炼铜产能及产量

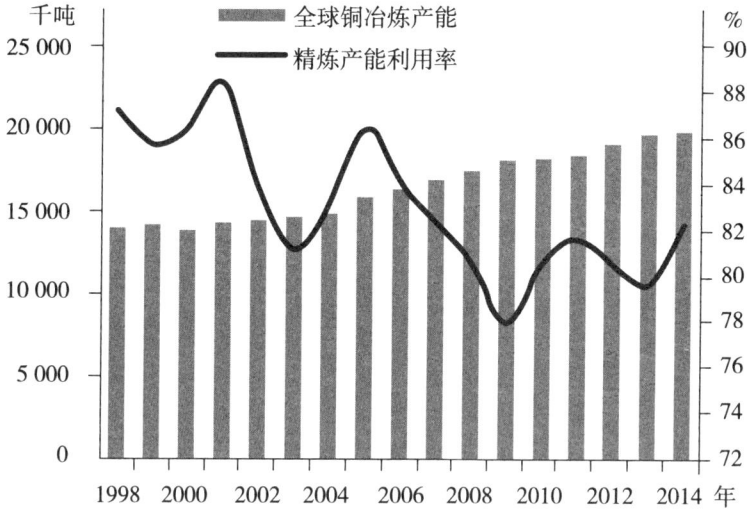

数据来源：ICSG，中国产业信息网整理

图32　1998～2014年全球铜冶炼产能及精炼产能利用率

由于精炼铜分为原生铜和再生铜，随着经济的发展，加强可再生资源的回收利用是必然的发展趋势。

2015年中国铜的市场状况

2015年铜价下跌的原因在于基本面疲软格局难改，供应过剩继续拖累铜价大跌。铜精矿供给相对充裕，加工费走高及四季度冲量使得冶炼厂满负荷生产，国内铜产量节节攀升，此外，油价继续暴跌、全球经济低迷也是拖累铜价下跌的主要因素之一。

2015年铜市场供应的增速快于需求的增速，去库存将是一场为期两三年的持久战。

电缆产量5年来首次出现下降，2015年电缆产量5 475万千米，同比下降1.7%，电缆市场不容乐观。

2015年电网投资约4 679亿元，据我的有色网测算，电网投资60%～70%用于铜，那么2015年有3 000亿元左右用于铜，按照

2015年铜平均价40 000元估计，2015年电网领域需求铜需求量在750万吨左右，而电网应用在铜需求占比50%～60%，测算2015年终端需求消费在1 000万～1 100万吨，因此2015年全年终端消费预计增长2.56%。

虽然2015年铜杆产能下降至1 000万吨，但产量650万吨依然过剩，而且2016年还有近60万吨的新投项目，预计2016年铜杆产量依然处于过剩阶段。

2015年冶炼企业总产能约833万吨，按照1～10月开工率85%来测算，电解铜生产711万吨，同比2014年增长9.7%。

2015年精铜进口350万吨，同比2014年下降3%，因此2015年表观消费量预计在1 041万吨，同比2014年增长7.5%。供应增速明显大于需求增速。

对2016年后市不看好，供应大于需求将导致2016年铜价重心下降至36 000～37 000元，美金铜下降至5 000～5 200美元。

锑

2014年中国锑的市场状况

2014年中国锑市场处于供大于求的局面，需求总体保持稳定并有所增长，投资需求开始对市场产生影响；供给有所萎缩，但产能仍严重过剩。锑市场供求矛盾依然突出，锑锭累计社会库存仍然较大，锑锭市场价格持续低迷，并不断创新低。

国内市场方面，2014年锑锭价格整体呈现阶梯式下跌，大致可以分为四个阶段。第一阶段：受2013年下半年有大企业持续大规模采购锑锭和该年11月份国家收储1万吨锑锭的影响，2014年年初锑锭价格保持在较高水平，1～2月份稳定在5.9万元附近；第二阶段：因需求持续低迷，锑锭生产企业库存较大，3月至4月上旬一个半月的时间锑锭价格下滑超过2 500元/吨，跌至5.6万元/吨附近，该价格一直持续到7月初；第三阶段：因市场寄希望的投资性需求低迷，对现货市场带来的影响十分有限，锑锭价格步入第二次下跌。7月中旬到8月初半个月左右的时间，价格下跌1 000元/吨，至5.5万元/吨，之后因投资需求稳步

增长，该行情一直持续到10月初；第四阶段，因年底锑锭生产企业回笼资金需要，开始大量出货，但因投资需求受资金影响较弱，锑锭价格缺乏足够的支撑，2014年10月中旬开始价格开始新一轮的下跌，到10月底锑锭价格已经跌至5.4万元/吨，下跌1 000元/吨。目前，因市场传闻等原因，锑锭价格快速下跌，价格已经跌至5万元/吨附近，与年初相比下跌接近10 000元/吨，跌幅达15%。

国际市场方面，2014年国际市场锑锭价格除年初上涨外，整体也呈现阶梯式下跌，与国内价格走势基本保持一致。这表明，中国仍是影响锑品国际市场的关键因素。

据国家统计局和中国有色金属工业协会统计数据显示，2014年1～10月全国锑精矿产量累计约为10万金属吨（见表34），与2013年同期相比减少了近6 000吨，同比下降5%。锑精矿的实物量产量与2013年同期变化不大，约为21万吨，同比增长0.1%。总的来看，中国锑精矿的原矿品位有所降低，中国锑精矿的产量总体呈现下降的趋势。2009～2014年中国锑精矿及锑产量见图33和图34。

表34　2014年1～10月我国锑精矿产量统计（单位：万吨）

商品名称	锑金属量			锑实物量		
	1～10月量	同比变化量	同比变化率（%）	1～10月量	同比变化量	同比变化率（%）
锑精矿	10.12	10.7	−5%	21.23	21.25	0.10%

数据来源：国家统计局、中国有色金属工业协会

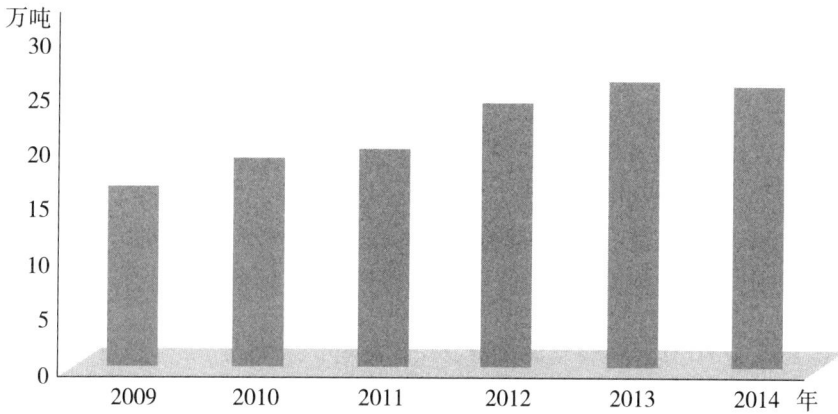

图33 2009～2014年中国锑精矿产量

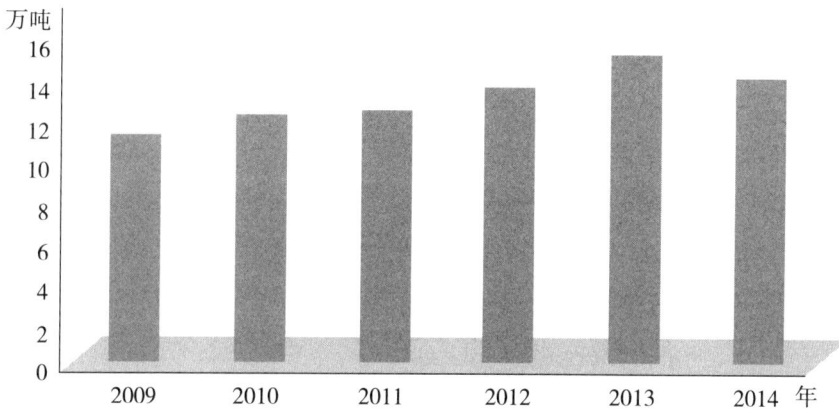

图34 2009～2014年中国锑产量

根据我国锑精矿进口量和国内产量来看，我国的锑锭的表观产量应该为13.12万吨。但是，国内锑精矿实际产量至少还有2万金属吨未统计，加上铅厂锑氧化物大约有1万金属吨。所以，锑锭的实际产量应该为16万吨左右甚至更多。

2014年因锑锭价格持续较低和国外锑锭冶炼企业的发展，以锑精矿为主的进口量大幅下降。同时，受美国、日本等主要经济体经济复苏的影响，最重要的出口产品三氧化二锑出口有所增加。但是，锑锭因国外锑冶炼企业发展、非法渠道和出口关税的影响，出口量大幅度萎缩。2014年三氧化二锑出口配额59 251吨，比2013年增加3 345吨，2014年1～10月实际出口量占配

额总量的48%；锑锭出口配额9 013吨，比2013年减少2 867吨，2014年1～10月实际出口量占配额总量的8.6%。

进口方面，据中国海关统计显示，2014年1～10月我国锑品累计进口量约为5.36万吨，同比下降0.6万吨，降幅接近12.5%，其中，进口仍然以锑精矿为主，占到总量的98%。2014年1～10月锑精矿累计进口5.25万吨（见表35），约为3万金属吨，同比下降0.59万吨，降幅超过10%。进口来源国俄罗斯、塔吉克斯坦、澳大利亚、缅甸和吉尔吉斯斯坦分别以1.46万吨、1.29万吨、0.98吨、0.36万吨和0.28万吨位居前五位。其中，我国最大的锑品进口来源国俄罗斯的进口量下降了0.35吨；缅甸进口

量下降接近0.6吨，降幅达60%，来自中亚的锑精矿快速增加，哈萨克斯坦大幅增加0.4吨，吉尔吉斯斯坦的产量也增加了0.18吨。

出口方面，据中国海关统计显示，2014年1～10月份锑品累计出口约为2.95万吨，同比增加0.12万吨，增幅接近4%。其中，出口仍然以三氧化二锑为主，占到总量的96%。2014年1～10月份三氧化二锑累计出口2.84万吨，同比增加0.22万吨，增幅

超过8%。出口锑的国家和地区中，美国、中国台澎金马关税区、日本、中国香港、印度和韩国分别以1.03万吨、0.53万吨、0.39万吨、0.32万吨、0.13万吨和0.1万吨位居前六位。其中，除台澎金马关税区，其他四个国家或地区的三氧化二锑进口量均有所增长，日本进口增加超过400吨，美国、韩国、印度均超过300吨。锑锭出口量大幅下降1 065吨，降幅近60%。

表35　2014年1～10月中国锑商品进出口数据统计（单位：吨）

商品名称	进口			出口		
	1～10月量	同比变化量	同比变化率（%）	1～10月量	同比变化量	同比变化率（%）
锑矿砂及其精矿	52 473.878	−5 894.608	−10.10%	0	0	—
锑的氧化物	909.137	−40.491	−4.26%	28 363.25	2 229.501	8.53%
未锻轧锑；粉末	49.588	−33.439	−40.27%	775.75	−1 065.56	−57.87%
硫化锑	172.068	22.708	15.20%	320.74	44.74	16.21%
合计	53 604.671	−5 945.83	−12.48%	29 459.74	1 208.683	3.94%

从产业布局方面看，我国锑资源较为丰富，而且分布相对集中，主要位于湖南、广西、云南等省区，资源导向型的产业布局已经基本形成，这有利于充分发挥我国锑产业的比较优势，为生产、应用环节提供稳定的原料供应保障。

从产业集中度方面看，主产区内的湖南锡矿山闪星锑业公司、湖南辰州矿业股份公司、柳州华锡集团公司、广西华锑科技有限公司、云南木利锑业公司、贵州东峰矿业集团有限公司等国内骨干锑生产企业，锑品合计产量占全国总量的80%以上。

从产品结构方面看，目前，中国锑行业仍以初级产品为主导，产品附加值较低，中低端产品同质化竞争十分激烈，产品结构仍有待进一步优化。目前，中国金

属锑锭以及锑白占锑品总量的80%以上，包括高纯氧化锑在内的各系列氧化锑、乙二醇锑、锑酸钠以及阻燃母料等深加工产品的较以往占比有所提高。

2015年中国锑的市场状况

进口方面，受国内企业减、停产影响，生产企业对锑矿原料的需求发生变化，特别是对进口矿的采购积极性明显下降，加之国外冶炼产能投放，导致锑精矿的进口数量大幅下降。根据海关统计数据显示，2015年，中国累计进口锑品约4.44万吨，同比下降28.9%，折金属量2.2万吨左右。其中，锑精矿进口量约4.27万吨，同比下降24.4%，从锑精矿进口国别看，排名前五位的国家分别是澳大利亚、俄罗斯、塔吉克斯坦、哈萨克斯坦和泰国，合计占比

超过进口锑精矿总量的90%。从近三年的统计数据看，中国锑精矿进口量逐年下降，且下降速度大幅增加（见图35和图36）。

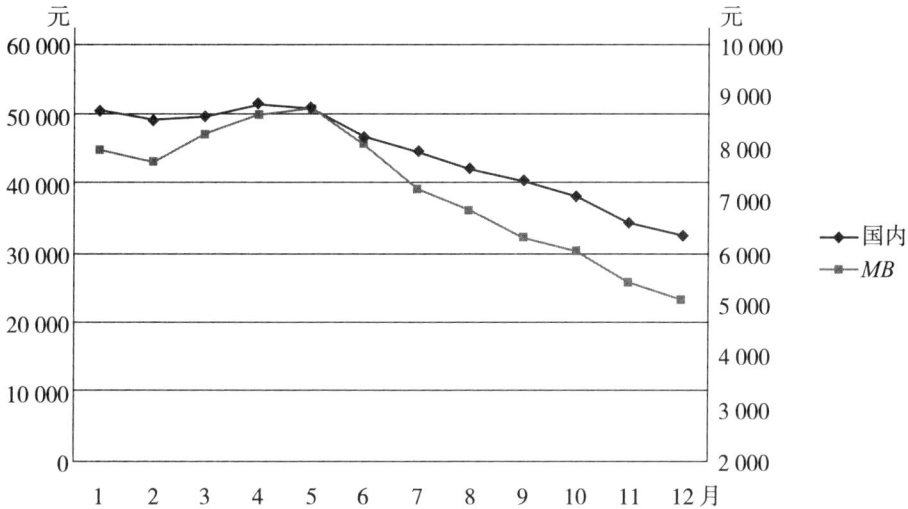

图35　国际、国内2015年锑均价月度走势

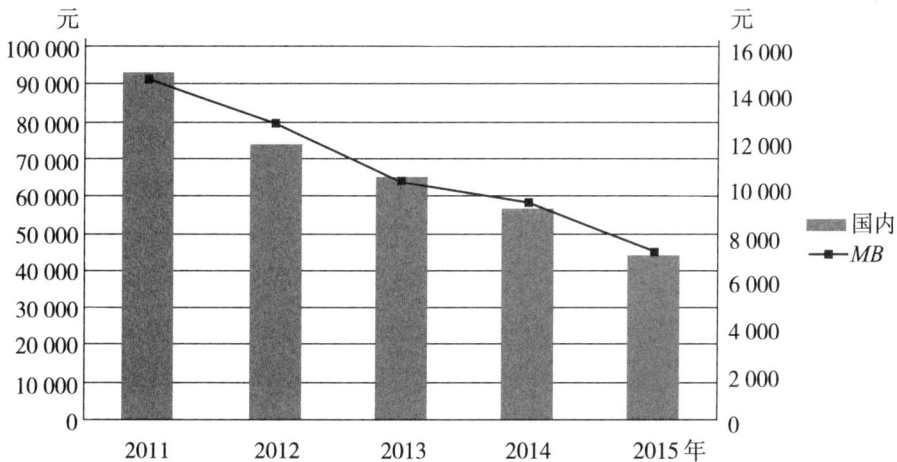

图36　2011~2015年国际、国内锑均价走势

出口方面，据中国海关统计数据显示，2015年中国累计出口锑品约3.61万吨，同2014年基本持平。锑品出口结构分化十分明显，氧化锑出口量同比有所下降，未锻轧锑出口量同比大幅增长。具体看，氧化锑出口量约为3.13万吨，同比下降8.8%，主要销往美国、中国台湾、日本、中国香港、印度、韩国等国家和地区；未锻轧锑出口量约为4 106吨，同比增长184.4%，主要出口到美国、日本和荷兰等国家。全年累计锑品出口折金属量约为3.1万吨，同比增长0.3%。

总的来看，2015年中国锑品出口形势较2014年并未出现明显好转。作为主要出口产品的氧化锑，其出口量继续下滑，中国锑深加工产品所占国际市场份额继续降低。未锻轧锑的出口量虽较上年明显增加，但锑行业的配额利用率依然处于较低水平，完成量不足30%。

2015年，受市场需求低迷、锑品价格下行、企业运营困难等因素影响，中国锑行业企业的投资热情明显降低，固定资产投资同比大幅下滑。根据中国有色金属工业协会统计，2015年中国锑工业全年累计完成固定资产投资31.69亿元，同比下降18.05%，较整个有色金属行业低15.25个百分点。分环节看，锑矿采选业完成固定资产投资额13.82亿元，同比下降23.23%，施工项目31个；锑冶炼业完成固定资产投资额17.87亿元，同比下降13.26%，施工项目34个。2009～2015年中国锑的消费情况及消费领域见图37和图38。

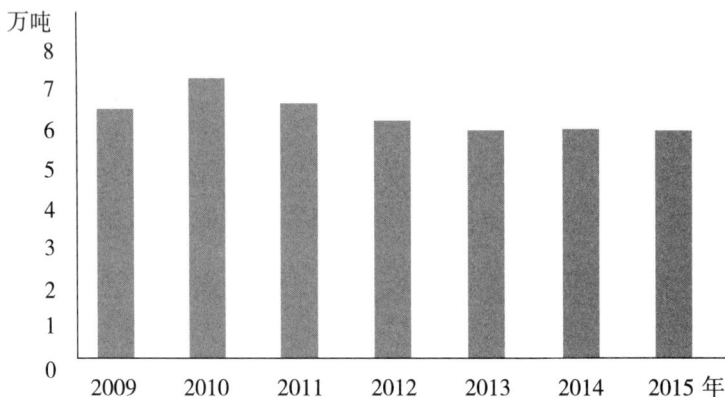

图37　2009～2015年中国锑的消费量

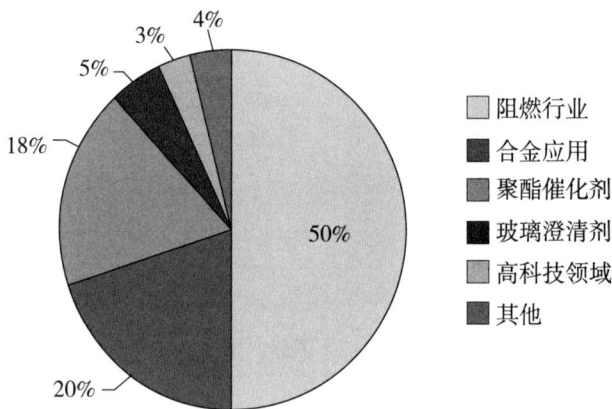

图38　中国锑的消费领域

2015年，受世界经济复苏缓慢、国内经济增速放缓的影响，大宗商品价格普遍下滑，锑产业作为有色金属行业的重要组成部分也无法独善其身，行业下行压力持续加大。回顾过去一年，我国锑行业可归纳为产量大幅下降、价格深度下跌、利润明显下滑、结构有所优化等六个基本特征。

2015年，受锑价持续下行、企业经营压力加大影响，国内锑品产量、精矿产量同比均出现明显下滑。根据中国有色金属工业协会统计，2015年中国锑品产量约20.1万吨（快报数据，金属量，下同），同比下降14.4%；锑精矿产量约11.1万吨，同比下降9.6%。从主要生产省区看，湖南省锑精矿及锑品产量仍居全国之首。主产区湖南省、广西壮族自治区和云南省产量同比均出现不同程度的下滑，三省区锑品产量合计为16.7万吨，占全国总产量的83.1%；锑精矿产量合计为10.4万吨，占全国总产量的93.7%。

从宏观方面看，2015年全球经济复苏艰难，国内经济增速放缓，大宗商品价格普遍下行给包括锑在内的有色金属行业带来较大的外部压力；从行业本身看，下游需求持续低迷，重点应用领域按需采购，生产企业的议价能力较弱。在内外部因素的共同作用下，2015年国内锑品价格深度下跌，全年大部分时间处于下行通道，国际市场价格走势基本与国内一致。

国内方面，2015年国内2#锑锭年均报价为44 100元/吨，同比下降22%，年内最低价较最高价下跌40%。分季度看，2015年1~4季度锑锭的平均报价分别为：49 650元/吨、49 420元/吨、42 410元/吨、34 767元/吨，同比分别下降15.2%、12.7%、24.1%、36.9%。期内出现过两次价格反弹，2015年3~4月，受春节假期企业停产及湖南冷水江地区民营冶炼企业停产整合的利好影响，锑价出现阶段性反弹，但随着供给量增加，锑价重新进入下行通道；12月中下旬，国内企业惜售，抬价意图明显，锑价止跌企稳并小幅回升。

国际方面，2015年，MMAT标准Ⅱ级锑价格呈震荡下跌走势，与国内基本一致。2015年，MMAT标准Ⅱ级锑年均价为7 188美元/吨，同比下降23%，期内最大跌幅为43%。分季度看，1~4季度标准Ⅱ级锑均价分别为7 980美元/吨、8 494美元/

吨、6 770美元/吨、5 509美元/吨，同比分别下降17.4%、10.6%、27.2%、38.0%。

锑价大幅下滑主要有三方面的原因：一是宏观形势不容乐观，下游行业对于锑的需求有所放缓；二是供应过剩给市场带来较大压力，行业内同质化竞争、相互压价等现象较为普遍；三是非标产品以及非常规渠道出口等对正规市场造成较大冲击，挤占正规市场份额。

根据中国有色金属工业协会统计，2015年中国锑工业规模以上企业主营业务收入为206.20亿元，同比下降32.92%。其中，锑矿采选规模以上企业的主营业务收入为41.78亿元，同比下降18.01%；锑冶炼规模以上企业的主营业务收入为164.42亿元，同比下降35.89%，降幅明显大于锑矿采选环节。

2015年，锑价深度下跌，环保成本以及人工成本刚性上升，在"双挤压"作用下，锑工业规模以上企业经营效益大幅度下滑，实现利润总额仅为8 780万元，同比下降93.72%。其中，锑矿采选规模以上企业实现利润总额为1.89亿元，同比下降33.39%；锑冶炼规模以上企业实现利润总额为亏损1.01亿元，2014年同期盈利11.15亿元。锑行业企业面临的运营压力十分巨大。

锡

2015年中国锡的市场状况

2015年我国锡价大幅下跌，据生意社数据监测，年初我国锡价为127 075元/吨，年末锡价跌至94 325元/吨，跌幅为25.77%。2006~2014年中国锡产量及增长率情况见表36。

表36　2006~2014年中国锡产量及增长率统计表

时间	年度产量（万吨）	同比增长（%）
2006年	14.29	22.72
2007年	14.91	7.36
2008年	12.95	~11.07
2009年	13.58	4.53
2010年	16.44	11.56
2011年	15.59	4.89
2012年	14.81	2.87
2013年	15.85	2.46
2014年	18.69	21.58

　　2015年1~4月中旬尤其是3、4月，锡价大幅走跌。供应方面，由于2014年11~12月国内大量进口锡矿砂，原料供应较为充足。2015年2月海外锡价大跌，中国随之显著提升了精锡及锡合金的进口。国内精锡生产稳定，精锡冶炼商保持了较高的开工率，使得锡的供应较为充足。导致锡价持续下滑的主要因素是下游需求疲软，其应用领域电子信息行业由于受到海外市场回流该部分制造业的需求，使得消费市场对国内精锡的需求有所下滑，使得供应严重过剩。

　　2015年4月底至5月初印度尼西亚下调锡出口量上限，导致锡价暴涨。从5月开始，印度尼西亚锡冶炼商将下调锡月出口量至4 000吨，旨在提振锡价升至20 000美元。而印度尼西亚3月锡出口限额为4 500吨（2014年的平均月出口量为6 327吨），由于全球锡生产商收紧供应，国内现货市场锡价大涨，部分贸易商反映现货询盘快速降温。之后锡价震荡下跌。美元继续高位震荡不利金属市场，再加基本面利空的因素，锡外盘大幅下跌。现货锡受期盘下滑影响，市场氛围进一步清淡，国内现货市场锡价格下跌，逐渐进入消费淡季，下游需求偏弱，部分贸易商有补货需求，但随着锡价回落，这部分需求也变得疲弱，市场成交一般。

　　2015年下半年锡价一路下跌，7~11月现货锡受期盘下滑影响，市场氛围进一步清淡，国内现货市场锡价格下跌，逐渐进入消费淡季，下游需求较为低迷，锡的原料供应宽裕，下游消费差于往年，供应过剩的局面也较为严重。12月由于部分锡缺货比较严重，市场价格有所上涨，然而由于供需关系最终价格依旧呈下跌态势。

二、贵金属市场

2015年中国贵金属的市场状况

1. 贵金属资源条件及特点

（1）金银资源相对丰富，铂族金属资源严重匮乏

我国金银资源总量相对丰富，铂族金属资源总量严重匮乏，贵金属资源禀赋呈现出"偏科"严重的突出特点。据美国地质调查局公布的数据显示，2014年我国黄金储量1 900吨，世界排名第十，约占世界总量的3.5%；白银储量为4.3万吨，世界排名第五，约占世界总量的8.1%。与相对丰富的金银资源相比，我国铂族金属资源储量非常贫乏，截至2012年，我国铂族查明资源储量仅为336.5吨，约为世界铂族金属储量的5%。另据《中国矿产资源报告2014》显示，2013年我国黄金查明储量达8 974.7吨，较2010年的6 864.8吨增长30.7%，已查明资源储量连续十年增长，全年实现勘查新增资源储量758.1吨；2014年银矿查明资源储量为22.3万吨，较2010年的17.2万吨增长29.7%，全年白银实现勘查新增资源储量1.27万吨，金银资源总量进一步增加。

从地质条件及贵金属成矿规律来看，中部地区在金、银等贵金属矿产方面仍存在相当大潜力。但是考虑到人口基数，我国贵金属资源人均占有量低于世界平均水平的基本国情不会改变，尤其是铂族金属资源将长期匮乏。

（2）各地均有金银资源分布，但探明储量较为集中

《中国黄金年鉴2014》显示，2013年有30个省区（市）报告发现黄金资源，但探明储量分布较为集中，山东、甘肃、内蒙古、河南、江西和云南6个省份查明资源储量占全国比重超过53%。另据国土资源部统计，截至2012年，我国银矿查明资源储量21.3万吨，探明矿产地区有570多处，分布于27个省区（市），其中江西、云南、广东、内蒙古、广西、湖北和甘肃7个省区的合计银矿储量约占全国总储量的61%。资源储量较少的铂族金属分布更为集中，95%以上分布于甘肃、云南、四川、黑龙江和河北5省，其中仅甘肃省就占全国储量的57.5%。

（3）中小型金银矿居多，铂族金属多以白银矿伴生的形式赋存，品位较低

我国金银矿山以中小型矿居多，大型特大型矿很少。据统计，全国共有黄金矿产地7 148处，其中特大型金矿和大型金矿114处，占比仅为1.6%，中型金矿占比4.3%，小型金矿占比达24.5%，约七成的金银矿以矿点形式赋存。从成矿类型来看，我国金矿以岩金为主，伴生副产金为辅。《中国黄金年鉴2014》显示，2013年，我国已查明黄金资源储量中，岩金占比接近80%（77.95%），伴生副产金占16.78%，砂

金占5.27%，十年间岩金已查明资源储量比重上升了12.64个百分点，副产金和砂金比重则分别下降了6.63个百分点和6.02个百分点。银矿的资源条件与金矿相似，全国27个有银矿的省级行政单位共查明银矿1 483个，其中大型银矿占3.5%，中型银矿占13%，小型银矿占83.5%。全国银资源总储量的42%为共伴生银矿，呈现出"贫矿多，富矿少"的特点。铂族金属矿床类型较复杂，多以伴生形式存在于铜镍硫化物矿床中，且矿石品位更低，如甘肃金昌伴生铂族金属铜镍硫化矿，以铜镍为主，铂族金属为副产品，铂族金属平均含量仅为0.4克/吨。

（4）贵金属资源保证年限不足

贵金属资源具有突出的战略性，对于一国的储备安全和国家经济安全至关重要。根据我国历年贵金属矿产资源储量和当年矿山产量计算，2004～2014年，我国各类贵金属保证年限均低于世界贵金属平均保证年限。其中，我国黄金保证年限与世界黄金保证年限差距一直较大。2004年我国黄金保证年限为5.6年，比世界黄金保证年限低11.7年。2014年，我国黄金保证年限进一步下降到4.2年，与世界的差距进一步扩大至15年。另据《中国黄金年鉴2014》显示，2013年我国黄金基础储量为1 865.5吨，占已查明资源储量的20.8%，比2012年下降1.99个百分点，比2004年大幅下降了24.56个百分点。黄金基础储量比重不断下降反映出我国大量的黄金资源赋存处于初级阶段，对生产的保障能力不断下降。与黄金相比，我国白银保证年限与世界白银平均保证年限的差距相对较小，2004～2008年基本保持3.3年的差距。2009年，虽然我国白银保证年限有所提高，但

由于世界白银保证年限大幅上升，我国白银保证年限与世界的差距进一步拉大，2014年我国白银保证年限比世界低10.1年，且该差距仍有进一步拉大趋势。铂族金属的国内供需缺口主要依赖进口弥补，铂族金属自我保障能力低的矛盾将长期存在。

2. 贵金属产量分布特点

（1）金银产量持续增长，铂族金属供应能力有限

2005～2013年，我国黄金产量一直处于稳步增长态势。2013年我国黄金产量为428吨，同比增长6.2%，在全球黄金总产量中所占比重达到15.4%，是唯一超过世界总产量10%的国家。同期，我国白银产量基本保持逐年增长。我国白银产量主要来自铜、铅、锌和金的副产品，部分来自银矿生产。目前，我国矿山银尚无法满足冶炼需要，进口银矿砂冶炼白银成为重要补充。此外，近年来我国再生银比重不断提高。受资源储量及赋存条件限制，我国铂族金属生产规模较小，且约95%以上的铂族金属是作为铜、镍矿的副产品通过综合利用形式回收的。据估计，目前我国铂、钯的年生产规模不足10吨，铂族金属供应能力非常有限。

（2）生产企业规模小、数量多，两极分化严重

整体来看，我国黄金和白银行业中，小企业多，生产分散。根据美国地质调查局发布的《矿业年鉴2013》，我国共有超过700多个合法的金矿开采企业。其中，70%的黄金生产企业的年产量不足0.5吨，但黄金生产行业的市场集中度并不低，我国最大的10家厂商的黄金产量占总产量的37%，表现出生产企业两极分化的行业组

织特征。同时，生产的地域集中度较高。2013年，共有26个省区报告有黄金产量，其中山东和河南两省的黄金产量占全国总产量的1/3，再加上内蒙古、江西和云南，这五个省区共生产了全国60%以上的黄金，我国黄金产量前10位的省区产量占全国八成以上。白银的生产组织特点与黄金差不多。中国有色金属工业协会的数据显示，目前国内大型白银生产企业较少，中小规模企业数目众多，白银产量主要来自10家白银生产冶炼代表企业。此外，由于我国铂族金属资源贫乏，国内铂族金属生产企业稀少，目前，我国90%的铂族金属产自甘肃金川集团股份有限公司。

3. 贵金属消费变化态势

贵金属同时具备金属属性和金融属性。其中，黄金的金融属性最为显著，白银的用量较大，铂族金属用量虽少，但不可或缺，被称为"工业维他命"和"第一高技术金属"。加之世界范围内铂族金属比较稀缺，日本、美国和欧盟等都将其列入"战略储备金属"名录。随着经济发展和居民收入水平提高，国内贵金属消费持续升温，表现出巨大的购买力和消费潜力。

（1）黄金消费逐年上升，以首饰和金条为主

自2002年上海黄金交易所建立以来，我国黄金市场快速发展，黄金消费量基本呈逐年递增态势。2013年，我国黄金消费量首次突破1 000吨，达到创纪录的1 176.40吨，并首次超越印度，成为当年全球最大的黄金消费国。虽然2014年我国黄金消费十余年来首次出现较大幅度下滑，同比下降24.68%，但我国黄金消费需求增长的长期趋势并未改变。黄金的消费结构以黄金

首饰和金条等投资保值消费为主。来自中国黄金协会网站的数据显示，2014年我国黄金首饰用金667.06吨，占全年黄金消费总量的75.3%；金条用金155.13吨，占17.5%；金币用金12.80吨，占1.4 %；工业用金43.60吨，占4.9 %，其他用金7.50吨，不到全年消费总量的1%。

（2）白银产量逐年递增，以工业应用为主

白银在工业和终端消费中有着广泛的应用。随着高技术产业的发展，白银的应用领域已逐渐由传统的首饰珠宝扩展到工业领域。中国有色金属工业协会金银分会公布的资料显示，目前我国白银消费领域主要有：银工艺品及首饰，铸币银条及银质证章，感光材料工业，电子电气工业，银基合金及钎焊料和抗菌等其他新兴领域。自2000年国家正式取消白银统购统销、放开白银市场以来，我国白银消费量呈逐年增长趋势，且与居民的收入水平保持同步。2013年我国共消费白银6 775吨，比2001年增加了3.44倍，年均增速超过14%。值得注意的是，随着数码技术的发展，传统胶片相机逐渐被数码相机取代，摄影业胶卷使用量大幅下滑，导致感光材料领域的白银消费急剧萎缩。除该领域外，我国在上述白银消费领域的需求均保持增长态势。

（3）铂族金属消费量居全球首位

2013年，我国消费铂金235万盎司，钯金205.5盎司，分别占全球总消费量的27.91%和21.34%，是全球最大的铂族金属消费国。从消费结构看，我国铂金消费以珠宝首饰为主，2013年共消费185万盎司铂金用于珠宝首饰生产，占总消费量的

78.72%，其次分别是玻璃、化工、汽车、其他、电子、医药及生物医学和石油领域，分别占6.38%、5.53%、5.11%、1.91%、1.28%、0.64%和0.43%；我国钯金消费量最大的是汽车行业，共消费150.5万盎司，占总消费量的73.24%，其次分别为首饰、电子、化工工业和其他领域，占比分别为9.25%、9%、8.03%和0.49%。受我国汽车尾气的排放标准越发严格和汽车需求日益增长的双重影响，2013年我国在汽车尾气净化催化剂领域分别消费了12.7吨的铂和23.9吨钯，同比分别增长11%和21%。

4. 贵金属的进出口情况

（1）黄金进口规模快速攀升，进口主体扩大

目前，黄金依然是世界各国最重要的储备资产之一。据央行公布的数据显示，2003年至2015年10月，央行黄金储备从600吨增加到了1 722.5吨，增加了1.87倍。2015年3月，我国央行和海关总署联合发布了《黄金及黄金制品进出口管理办法》，进一步扩大了黄金进出口主体，未来我国黄金进口量有望进一步增加。值得注意的是，我国至今并未完全公开黄金进出口量数据，各种渠道提供的进出口数据存在不同程度的偏差。

（2）白银进出口先增后降，贸易结构不合理

近十年来，我国白银进出口量呈先增后降的态势。出口方面，受我国白银市场开放初期严重供过于求和国际银价攀升的双重影响，2003～2006年我国白银出口增加势头强劲，2006年达到最高点4 712吨。2007年开始，我国白银出口转入下行通道，2010年白银出口量同比锐减47%，2012

年更是下降到895吨，不足2006年顶峰时的19%。虽然近几年白银出口有所回暖，但仍然处于历史低位。在进口方面，随着我国感光材料工业、电子电气工业、银基合金及钎焊料业迅速发展，白银进口量由2005年的1 389吨猛增至2008年的6 203吨，3年间暴增3.5倍。2008年之后，在外需持续低迷的情况下，白银进口呈震荡下行态势，2014年我国仅进口2 908吨白银，不及2008年的一半。

从进出口结构看，我国白银出口以低附加值的白银原料（银锭）为主，出口结构单一，附加值较低。同时，我国每年需进口大量高附加值白银制品（银粉）。2014年，我国出口银锭1 285吨，占总出口量的97%，出口半制成银7吨，占比不足1%，出口银粉36吨，占比约为3%；进口白银2 908吨，其中进口银粉1 355吨，占总进口量的46.6%。

另外，我国每年还大量进口银精矿冶炼成银锭再出口，这不仅消耗大量能源，而且把污染留在了国内，造成严重的环境损害。造成白银进出口结构不合理的症结在于国内白银行业冶炼精炼产能过剩，初级产品加工能力利用不足，不得不大量出口。与此同时，白银产业链的下游高端环节发展慢，白银深加工产品供应不足，高附加值的白银制品几乎完全依赖进口。属的进口风险有可能进一步放大。如南非等主要供应国受工人罢工、能源危机与安全生产等因素的冲击，对全球铂族金属的供应具有高度的不确定性。

（3）铂族金属严重依赖进口

受我国铂族金属储量有限的制约，国内铂族金属市场长期供应不足，进口成

为弥补国内需求缺口的重要途径。总体来看，铂族金属进口量基本保持增长态势，进口量从2007年的48.6吨稳步增加到2013年的114.2吨，增长了1.3倍，占需求量的比重也从57%增加到99.2 %，铂族金属对外依存度快速提高。目前，南非和俄罗斯是全球铂族金属储备最丰富的国家，也是全球最主要的两大铂族金属生产国与出口国。美国地质调查局的公布的数据显示，2013年全球铂族金属的产量为454吨，其中南非和俄罗斯分别占57%和26%。我国进口的铂族金属主要来源于南非和俄罗斯的几大矿山企业和贸易企业。随着国际矿企和生产加工企业集中度提高，我国铂族金属的进口风险有可能进一步放大。南非等主要供应国受工人罢工、能源危机与安全生产等因素的冲击，对全球铂族金属的供应具有高度的不确定性。

黄金

2014年中国黄金市场的状况

2014年，全国黄金消费量886.09吨，比2013年减少290.31吨，同比下降24.68%。其中：黄金首饰用金667.06吨，同比下降6.90%；金条用金155.13吨，同比下降58.71%；金币用金12.80吨，同比下降48.86%；工业用金43.60吨，同比下降10.55%；其他用金7.50吨，同比下降27.88%。

虽然2014年黄金消费大幅下滑，但消费需求增长趋势没有改变。主要原因是2013年二季度黄金价格断崖式下跌后黄金消费出现井喷式增长，而2014年黄金价格维持低位盘整，对黄金投资需求有所抑制。与金价相对平稳的2012年相比，2014

年黄金消费量增长6.48%，特别是黄金首饰用金增长32.68%。随着我国居民黄金消费兴趣的不断增强和黄金投资理念的不断升级，黄金首饰、投资金币、纪念金条等消费仍将保持持续增长。

我国黄金市场已发展成为当今全球增长最快的黄金市场，并成为我国金融市场的重要组成部分。2014年9月18日，上海黄金交易所国际板在上海自贸区正式启动交易，黄金价格将由区域性价格逐步向国际性价格转变，形成具有国际影响力的人民币黄金定价基准。此举对于进一步提升黄金市场人民币定价权，完善中国金融市场体系，提升金融市场效率等具有重要意义。上海黄金交易所已成长为全球最大的场内实金交易市场，2014年，上海黄金交易所全部黄金品种累计成交量共1.849万吨，同比增长59.17%。上海期货交易所的黄金期货，其交易量也已经位居全球前列，2014年，上海期货交易所黄金交易量突破4.773万吨，同比增长18.81%。

2014年，全国累计生产黄金451.8吨，同比增长5.5%，增幅回落0.7个百分点，已连续7年居世界第一。其中矿产金产量368吨，同比增长4.9%，增幅提高2.2个百分点；有色副产金完成83.4吨，同比增长8.1%，增幅回落18个百分点。上海黄金交易所和上海期货交易所黄金交易量分别完成1.85万吨、4.77万吨，分别同比增长59%、19%。

2014年，黄金价格依然在较低位震荡，12月31日国际金价收盘于1 187美元/盎司，同比下跌4%，但跌幅同比收窄22个百分点。627家规模以上企业主营业务收入4 723亿元，同比增长4.8%，增幅提高2个百分点，实现利润334亿元，同比下降7%，降幅收窄25个百分点。

在经历2013年消费量的井喷式增长后，由于美元走强，金价持续在较低位震荡，国民投资黄金避险热情有所消退。2014年，我国黄金消费量为886.1吨，同比下降24.7%，再次落后印度居世界第二。其中，首饰用金667.1吨，同比下降6.9%；金条及金币用金分别仅为155.1吨、12.8吨，同比分别下降58.7%和48.9%。

2014年，全国地质勘查成果显著，新增金矿资源储量超过700吨，新疆、甘肃、湖南等地区发现大量新增金矿资源。国内大中型黄金企业推行精细化管理，降本增效。中国黄金集团公司，企业2014年采矿损失率、矿石贫化率同比分别下降1.38%、1.26%，选矿回收率、设备运转率、人均产金量同比分别提高0.78%、1.27%和5.4%。

国内黄金行业不断推进市场创新，巩固提升黄金在金融市场的主体地位。紫金集团成立环球金属交易中心，以现货厂商为依托，促进实体产业与互联网、金融深度融合。上海黄金交易所"国际板"正式启动，进一步完善国内金融市场体系和加快人民币国际化进程。

黄金企业加大科技研发投入，紫金山矿田找矿模式、尾矿膏体蠕动堆存、高次生斑岩型铜矿石铜钼分离等关键技术取得突破并已顺利应用。同时，行业标准体系不断完善，2014年颁布实施了《金矿石相对可磨度测定方法》、《首饰贵金属纯度的规定及命名方法》等标准。

2015年中国黄金市场的状况

从数据来看，2015年中国依然是全球第一大黄金消费国，2015年四季度中国黄金需求同比增长25%，受到人民币贬值的推动。

2015年全年中国黄金总需求985吨，同比增长2%，印度需求849吨，同比增长1%，两国黄金需求占全部需求的45%。

《2016～2021年中国黄金行业细分市场需求与投资经营策略分析报告》报告指出，2015年全年全球黄金总需求4 212吨，基本上和2014年持平。

报告显示各国央行在2015年继续增持黄金以多样化资产，总计增持588.4吨，仅次于2013年创下纪录的625.5吨。且第四季度是各国央行连续第20个季度增持黄金。

2015年全年黄金供应量下降4%至4 258吨，主要受到黄金矿产量影响。WGC指出，四季度黄金矿产量出现了2008年以来的第一次下降。

据中国黄金协会的统计，2015年中国黄金产量首次出现负增长，不过仍连续第九年成为全球最大黄金生产国。

据中国黄金协会发布数据显示，2015年，中国累计生产黄金450.053吨，与2014年同期相比，黄金产量减少1.746吨，同比下降0.39%。

同期，中国黄金消费量为985.90吨，与2014年同期相比增加34.81吨，增长3.66%。其中，黄金首饰用金721.58吨，同比增长2.05%；金条用金173.08吨，同比增长4.81%；金币用金22.80吨，同比增长78.13%。截至2015年底，中国黄金储备已达1 762.32吨。

2015年国际金价仍是低迷的一年，均价为每盎司1 156.19美元，相比2013年4月金价下跌前的价格，跌幅达到了近40%。现在金价在每盎司1 100美元左右徘徊，整个行业的利润空间大幅收窄。

白银

2010年前中国为白银净出口国，2010年起中国变为净进口国，2015年全年大约进口3 400吨。

根据美国地质调查局公布的数据，截至2013年末，全球白银储量为52万吨，主要分布在澳大利亚、秘鲁、波兰、智利等国家，具体情况见图39所示。

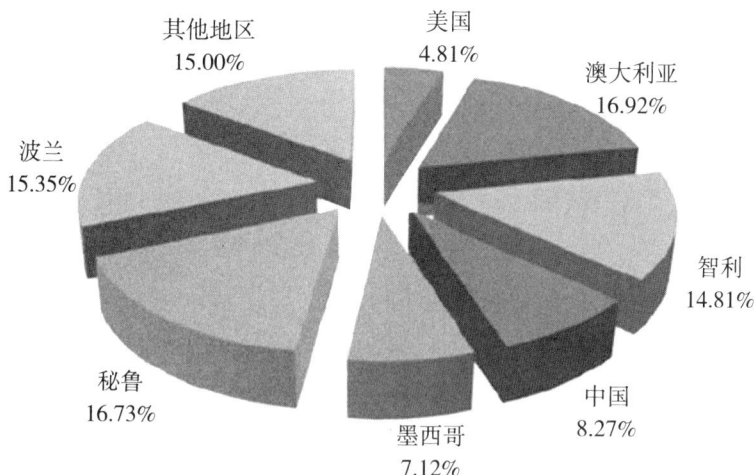

资料来源：美国地质调查局

图39　全球白银储量分布情况

2014年，全球白银供应总量上涨至31 329吨，较2013年同比增长2.25%。其中，矿产银供应一直保持增长态势，2014年矿产银供应量为26 998吨，较2013年同比增长5.90%；2014年再生银供应为5 131吨，同比下滑14.00%。

2012年，由于欧洲缩减光伏补贴以及美国的双反裁定，导致全球工业用银中的光伏用银数量大幅下降，促使全球工业用银延续了2011年的下滑态势。2013年，国际白银价格出现较大跌幅，然而全球范围内实物白银投资需求依然坚挺，其中美国造币厂银币用银较2012年同比增长了26.50%。2013年全球白银消费量达到33 625吨，较2012年同比增长13.28%，其中银币和银章用银数量为7 640吨，较2012年同比增长76.32%。

世界白银实物消费主要来自工业制造领域、摄影业、珠宝首饰、银器和铸币印章（此处统计不含金融投资衍生白银需求）。在传统白银消费领域，摄影业因数码技术的发展对白银的需求呈下降趋势，但仍占有一定比重；工业领域和珠宝首饰业对白银的消费在经济增长的带动下总体呈现增长态势，工业需求受经济波动周期影响较大。

全球摄影业用银继续下降，由于传统卤化银工艺逐步被数码技术所取代，摄影业用银预计将继续保持下降趋势。目前白银需求基本上是由65%的工业、23%的珠宝、6%摄影和6%的银器组成的。过去三年中，白银的工业年需求大约为6.2亿盎司。摄影需求下滑5%，而光伏应用（太阳能电池板）上涨了7%。

白银的传统用途是作为货币及制作工艺品和首饰。随着现代工业的兴起，白银的应用领域从首饰、器皿、制币业向照相、电子乃至国防、航天、医药等行业扩展，成为工业金属家族中的一个重要成员，在国民经济中占有举足轻重的地位。近年来，由于数码技术的进步，白银最传统的工业应用感光材料中白银的消费逐年减少，而随着电子工业的不断发展，白银深加工行业发展迅速。

白银行业市场竞争力调查及投资前景预测报告显示，目前，中国白银消费结构大致为：电子电气37%，银基合金及钎焊料23%，银质工艺品、首饰银币31%，感光材料4%，抗菌等其他领域5%。特别是近几年中国经济快速增长促进白银需求持续增长，中国成为世界白银需求最大的国家之一，2005～2010年中国白银消费年均增幅超过10%。

三、黑色金属市场

2014年中国黑色金属市场状况

2014年，中国铁、钢、材产量分别为7.12亿吨、8.23亿吨和11.26亿吨，同比分别增长0.47%、0.89%和4.46%。2014年，中国焦炭、铁矿石和铁合金产量分别为4.76亿吨、15.14亿吨和3 786.2万吨，同比分别下降0.04%、增长3.90%和增长4.99%。

2014年，除铁道用材外，其他主要钢材产品产量同比均增长，但增长幅度低于2013年。2014年国内板材（不含窄带）产量为4.06亿吨，同比增长5.3%；窄带7 208万吨，同比增长2.9%；管材8 898万吨，同比增长5.4%。长材、铁道用材合计5.24亿吨，同比增长2.9%。

2014年，国内钢材的板管带比为50.3%，同比增加0.2个百分点；其中板带比36.0%，同比回升0.3个百分点。而长材、铁道用材占钢材总量的比重为47.1%，同比回落0.7个百分点（见表37）。

表37 2014年主要钢材品种产量变化情况

项目	2013年	2014年	同比增减量	同比增长率（%）
钢材合计	107 748	112 557	4 810	4.5
铁道用钢材	610	565	−44	−7.3
所占比重（%）	0.6	0.5	−0.1百分点	—
长材	50 297	51 823	1 526	3.0
所占比重（%）	46.7	46.0	−0.6百分点	—
板管带材	53 951	56 641	2 689	5.0
所占比重（%）	50.1	50.3	0.2百分点	—
板材（不含窄带）	38 511	40 534	2 024	5.3

续表

项目	2013年	2014年	同比增减量	同比增长率（%）
所占比重（%）	35.7	36.0	0.3百分点	–
窄带	7 002	7 208	207	2.9
所占比重（%）	6.5	6.4	−0.1百分点	–
管材	8 439	8 898	459	5.4
所占比重（%）	7.8	7.9	0.1百分点	–

2014年，中国进口钢材均价1 241.29美元/吨，同比增长2.49%；出口钢材均价755.21美元/吨，同比下降11.57%。中国钢材进口均价超过出口均价，均价差为486.08美元/吨，同比扩大36.12%。

2014年，中国钢材出口品种中，长材、板材出口均大幅增长。全年出口长材（棒线材和角型材合计）3 546.16万吨，同比增长67.19%，占出口总量的37.81%，长材出口量比重比上年增加3.78个百分点。出口板材4 367.04万吨，同比增大57.99%，占总计出口量的46.56%，板材出口量比重比上年增加2.22个百分点；出口管材1 005.78万吨，同比增长5.09%，占比10.72%。

2014年，中国钢材进口仍以板材为主，进口板材1 208.06万吨，同比增长1.64%，进口板材占总计进口量的83.71%；进口长材158.40万吨，同比增长12.05%，占进口钢材总量的10.98%。

2014年，钢铁行业投资虽然仍保持了较大规模，但已经连续三年下降。2014年全国黑色金属冶炼及压延加工业完成投资额4 789亿元，同比下降5.9%；黑色金属矿采选业完成投资额1 690亿元，同比增长2.6%，增速比2013年9.2%的增幅回落7.1个百分点。全年黑色金属矿采选、冶炼及冶炼加工业合计投资额为6 479亿元，同比下降3.8%。

2014年完成投资规模最大的是钢压延加工，投资额为2 506.93亿元；炼钢和黑色金属铸造投资额分别为848.69亿元和741.61亿元；铁合金冶炼投资额为461.76亿元；炼铁投资额仅为204.35亿元。

从增长情况看，黑色金属铸造和铁合金冶炼2014年完成投资分别增长3.89%和10.55%；炼铁、炼钢和钢压延加工完成投资则分别下降40.53%、10.39%和4.98%。

2014年，与钢铁投资较为集中相比，铸造、铁合金冶炼和铁矿石行业投资分布更为集中，其前十位投资省份占全行业投资比重分别为82.5%、75.7%和82.0%。

钢铁行业投资资金主要依靠企业自筹，2014年，500万元以上钢铁项目的资金来源中，企业自筹资金占89.8%，国内贷款占8.2%，利用外资占0.6%，国家预算内资金占0.2%，其他来源占1.2%。

从资金来源类型看，2014年，钢铁行业项目来源主要依靠企业自筹资金和少量国内贷款。而在企业自筹资金中，企业自有资金占比仅为27.8%，占比62.0%的资金需要企业通过其他方式自筹。以黑色金属冶炼及压延加工业为例，2013年企业自有资金占比为29.9%，2014年下降到25.7%，减少了4.2个百分点。

2014年国内铁矿石原矿产量15.14亿吨，同比增长3.9%，其中12月国内铁矿石产量1.26亿吨,同比下降4.6%,连续3个月环比下降。世界四大主要铁矿石供应商2014年生产铁矿石9.98亿吨,同比增长14.2%。由于四大供应商低成本铁矿石产能快速释放,造成全国铁矿石市场短期内出现过剩,铁矿石价格大幅下跌,2014年国产铁精粉平均价格为798.25元/吨,同比下降187.25元/吨,同比降幅19.00%;中国铁矿石价格指数下跌44.2%,其中国产铁矿石价格指数下跌33.7%。

1. 废钢:2014年,中国炼钢消耗废钢铁8 830万吨,同比增长3%。同期中国废钢铁总资源量9 210万吨,其中,企业自产废钢铁4 100万吨,同比增长6.5%;社会采购废钢铁4 740万吨,同比增长1.9%;进口废钢铁256万吨,同比下降42.6%。2014年废钢铁价格一直呈下行走势,下半年降幅高于上半年。以重型废钢铁为例,2014年全年平均价格2 290元/吨,同比下降13.3%。进口废钢铁价格与国内价格相逆而行,2014年,进口普通废钢平均到岸价649美元/吨,同比上涨12.5%。

2. 铁合金:2014年,中国生产铁合金3 786.25万吨,同比增长4.99%,增幅比上年回落10.44个百分点。出口继续减少,进口继续增长。全年出口铁合金54.07万吨,同比减少6.04%;进口铁合金242.13万吨(进出口均不含工业硅、电解金属锰),同比增长13.08%。2014年,铁合金国内市场总体不振,除了镍铁、工业硅波动上涨外,硅铁、锰硅合金等多个品种市场价格均波动下跌。

根据中国废钢铁应用协会统计,2014年全国炼钢消耗废钢铁8 830万吨,比2013年的8 570万吨增加260万吨,增幅3%。全国炼钢废钢铁综合单耗107千克/吨,同比下降3千克/吨。其中转炉废钢铁单耗66千克/吨,同比下降1千克/吨;电炉废钢铁单耗584千克/吨,同比增加25千克/吨。

2014年,全国共生产钢管8 898.01万吨,同比增加459.12万吨,同比增长5.44%,与上年同期增速13.88%相比,增速回落8.44个百分点。全年钢管产量在中国钢材总产量中的占比为7.91%。钢管表观消费量8 006.90万吨,同比增加426.21万吨,同比增长5.62%,与上年同期增速15.45%相比,增速回落9.83个百分点(见表38)。钢管表观消费量增速高于产量0.18个百分点。钢材、长材、棉材三大类钢材品种的表现消费量见表39。

表38 2014年中国粗钢表观消费量变化情况

月份	国内粗钢产量	净出口量 (折粗钢)	粗钢表观消费量	表观消费量同比增长 (%)
1月	6 873	573	6 299	5.7
2月	6 208	404	5 804	−0.5
3月	7 025	582	6 443	0.0
4月	6 884	657	6 227	−1.0
5月	7 043	727	6 317	−1.8
6月	6 929	629	6 301	1.8
7月	6 832	725	6 107	−3.3
8月	6 891	699	6 192	−1.8

月份	国内粗钢产量	净出口量（折粗钢）	粗钢表观消费量	表观消费量同比增长（%）
9月	6 754	758	5 996	−5.8
10月	6 752	792	5 959	−6.3
11月	6 330	913	5 418	−8.9
12月	6 809	950	5 858	−6.6
1～12月累计	82 270	8 408	73 862	−3.4

表39 2014年三大类钢材品种表观消费量及市场占有率、自给率

类别	消费量	产量	进口	出口	市场占有率（%）	自给率（%）
钢材	104 622.3	112 557.4	1 443.2	9 378.4	98.62	107.58
上年同期	102 921.7	107 747.7	1 407.8	6 233.8	98.63	104.69
增减量	1 700.5	4 809.7	35.5	3 144.6	−0.01	2.90
同比增长%	1.7	4.5	2.5	50.4	—	—
长材	48 945.3	52 387.9	163.0	3 605.5	99.67	107.03
上年同期	48 899.9	50 906.3	152.5	2 158.9	99.69	104.10
增减量	45.4	1 481.5	10.5	1 446.6	−0.02	2.93
同比增长%	0.1	2.9	6.9	67.0	—	—
板带材	44 583.6	47 742.5	1 208.1	4 367.0	97.29	107.09
上年同期	43 936.9	45 512.3	1 188.6	2 764.1	97.29	103.59
增减量	646.7	2 230.2	19.4	1 603.0	−0.00	3.50
同比增长%	1.5	4.9	1.6	58.0	—	—
管材	8 006.9	8 898.0	47.5	938.6	99.41	111.13
上年同期	7 580.7	8 438.9	42.3	900.5	99.44	111.32
增减量	426.2	459.1	5.2	38.1	−0.04	−0.19
同比增长%	5.6	5.4	12.3	4.2	—	—

注：国内市场占有率=（生产量～出口量）/表观消费量；自给率=生产量/表观消费量

2014年，中国热扎带钢产量达到12 071.63万吨，同比增长2.27%，其中，热轧窄钢带产量5 959.30万吨，同比增长1.01%；热轧板卷产量6 112.33万吨，同比增长3.54%。

2014年，中国冷轧窄钢带产量1 248.81万吨，同比增长13.31%；冷轧板卷产量7 969.72万吨，同比增长8.82%。

2014年，中国中厚板产量为19 667.11万吨，同比增长2.5%，其中，中板产量为4 000.91万吨，同比增长11.07%；厚板产量为2 638.45万吨，同比增长7.88%；特厚板产量727.02万吨，同比增长8.86%；中厚宽钢带12 300.73万吨，同比下降1.37%。

2014年，中国中厚板出口量1 997.22万吨，同比增长86.67%，其中，特厚板出口0.50万吨，同比下降46.46%；厚板出口2.87万吨，同比下降21.78%；中板出口713.51万吨，同比增长69.50%‘中厚宽钢带出口1 280.33万吨，同比增长98.69%。

2014年，全国线材、钢筋及棒材产量

继续增长，分别达到15 270.01万吨、21 306.75万吨和7 901.32万吨，同比分别增长2.95%、5.10%和1.44%，增幅均低于上年。

2014年，中国型材产量6 919.14万吨，同比增长0.37%，其中，大型型材产量1 348.80万吨，同比增长5.66%；中小型型材产量5 570.34万吨，同比下降0.82%。

2014年，中国管材产量合计为8 786.28万吨，同比增长4.07%，其中无缝钢管产量为3 128.02万吨，同比增长0.93%；焊管产量为5 658.27万吨，同比增长5.89%。

2014年，中国出口钢材9 378.38万吨，同比增加3 144.63万吨，同比增长50.45%。其中出口不锈钢材379.84万吨，同比增长43.46%；出口不锈钢钢材占总计钢材出口量的4.05%；出口板材4 367.04万吨，同比增长57.99%，占总计出口量的46.56%，板材出口量占比同比提高2.22个百分点；出口棒线材3 086.28万吨，同比增长80.42%，占比32.91%；出口角型材459.88万吨，同比增长12.03%，占比10.72%；出口铁道用材59.38万吨，同比增长56.90%，占比0.63%；出口其他钢材400.02万吨，同比增长13.10%，占比4.27%。

2014年，中国钢材净出口7 935.17万吨，同比增长64.43%。其中不锈钢材净出口301.33万吨，同比增长57.45%；板材净出口3 158.98万吨，同比增长100.51%；棒线材净出口2 965.96万吨，同比增长84.46%；角型材净出口421.80万吨，同比增长13.45%；

管材净出口958.13万吨，同比增长4.76%；铁道用材净出口54.78万吨，同比增长104.71%；其他钢材净出口375.53万吨，同比增长13.98%。CSPI（中国钢铁工业协会）发布的2013～2014年国内钢材价格指数变化情况见表40。

2014年，全国房地产开发投资95 036亿元，同比名义增长10.5%（扣除价格因素实际增长9.9%），增速比2013年回落9.3个百分点；房地产开发企业房屋施工面积同比增长9.2%，房屋新开工面积同比下降10.7%，房屋竣工面积同比增长5.9%。

经测算，2014年中国房屋建设消费钢材约2.72亿吨，其中房地产消费钢材约1.0亿吨。在房屋建设消费钢材中，钢筋约9 900万吨，线材约6 500万吨，型材约1 400万吨，中厚板约3 000万吨，薄板带约3 800万吨。

2014年，包括房屋建设、土木工程的建筑业钢材消费量占钢材实际消费量的比重达55.3%，较2013年同期下降0.7个百分点，其中房屋建设占38.1%，较2013年同期下降0.5个百分点；土木工程占17.2%，较2013年同期下降0.2个百分点。工业行业钢材消费占钢材实际消费量的比重为37.3%，较2013年同期提高0.8个百分点，其中机械行业占19.2%，较2013年同期提高0.7个百分点；汽车行业占8.1%，较2013年同期提高0.2个百分点；船舶行业占1.9%，较2013年同期下降0.4个百分点；金属包装、集装箱制造等其他工业占1.6%，较2013年同期持平。

表40　CSPI国内钢材价格指数变化情况

项目	2013年	2014年	同比升降	升降幅度（%）
年平均	102.73	91.32	−11.41	−11.11
1月末	107.89	97.65	−10.24	−9.49

项目	2013年	2014年	同比升降	升降幅度（％）
2月末	111.12	96.46	−14.66	−13.19
3月末	107.05	94.83	−12.22	−11.42
4月末	105.75	95.97	−9.78	−9.25
5月末	101.83	94.27	−7.56	−7.42
6月末	98.52	92.99	−5.53	−5.61
7月末	100.48	91.88	−8.60	−8.56
8月末	102.11	90.63	−11.48	−11.24
9月末	100.57	86.35	−14.22	−14.14
10月末	99.34	84.40	−14.94	−15.04
11月末	99.33	85.29	−14.04	−14.13
12月末	99.14	83.09	−16.05	−16.19

2014年，中国钢铁工业协会监测的八大钢材品种价格均有所下降。其中：钢筋、线材价格降幅最大啊，同比分别下降468元/吨和422元/吨，降幅分别为12.88%和11.64%；角钢、中厚板、热轧板卷、冷轧薄带、镀锌板及无缝钢管环比分别下降360元/吨、405元/吨、437元/吨、447元/吨、331元/吨和502元/吨，降幅分别为9.70%、10.87%、11.34%、9.72%、6.65%和10.55%。

2014年，CRU长材平均指数为174.2点，同比下降15.6点，同比降幅8.2%；CRU（国际钢铁价格指数）板材平均指数为155.0点，同比下降7.1点，同比降幅4.4%。CRU长材价格降幅大于板材降幅3.8个百分点。

2014年，铁矿石等主要钢铁生产用原燃料价格大幅下降。其中：进口铁矿石（海关）平均价格为101.71美元/吨，同比下降26.30美元/吨，同比降幅20.54%；国产铁精粉平均价格为798.25元/吨，同比下降187.25元/吨，同比降幅19.00%；炼焦煤平均价格为875.00元/吨，同比下降319.58元/吨；冶金焦平均价格为1 083.25元/吨，同比下降302.83元/吨，同比降幅21.85%；废钢平均价格为2 168元/吨，同比下降399.58元/吨，同比降幅15.56%。需要指出的是，原燃料价格降幅远大于钢价，2014年CSPI（国内主要钢材价格指数）钢价指数同比下降11.11%，而进口铁矿、铁精粉、炼焦炭、冶金焦和废钢价格降幅分别大于钢价降幅9.43、7.99、15.64、10.74和4.45个百分点。炼钢生铁和普碳方坯市场平均价格分别下降了14.32%和14.76%。原燃料价格大幅回落，对钢价支撑作用明显减弱。

1. 粗钢产量小幅增长，国内表观消费同比下降。2014年，全国粗钢产量8.2亿吨，同比增长0.9%，增幅同比下降6.6个百分点。国内粗钢表观消费7.4亿吨，同比下降4%；钢材（含重复材）产量11.3亿吨，同比增长4.5%，增幅同比下降6.9个百分点。中国粗钢产量占全球比重为49.4%，同比提高0.9个百分点。

分月份看，全年日均产量225万吨，其中6月份达到231万吨为最高点，11月份211

万吨为最低点。分品种看，重轨同比减少5.3%，长材（型钢、棒材、钢筋和线材）同比增长3%，中、厚及特厚板同比增长9.7%，冷热轧板带同比增长2.7%，涂镀板同比增长12.3%，电工钢同比增长5.1%，管材同比增长5.4%。分地区看，产量增速排名前五的省市分别为宁夏、浙江、江苏、陕西和辽宁，增速分别为17.3%、8.8%、7.6%、6.4%、5%；黑龙江、重庆、云南、北京、山西等14个省产量同比有所回落，其中黑龙江、重庆、云南分别回落37.6%、11.6%、10.4%。分企业类型看，2014年，重点大中型钢铁企业粗钢产量6.6亿吨，同比增长1.7%；中小型钢铁企业粗钢产量1.7亿吨，同比降低1.8%，占全国粗钢产量比重为20%，同比降低1个百分点。

2．钢材出口大幅增长，产品档次有所提高。2014年我国出口钢材9 378万吨，同比增长50.5%；进口钢材1 443万吨，增长2.5%，折合净出口粗钢8 153万吨，占我国粗钢总产量的10.2%。从产品档次上看，电工钢板带、涂镀层板带、热轧合金钢板、冷轧薄宽钢带、冷轧不锈钢薄板、锅炉管高附加值产品比例有所提高。

3．钢材市场供大于求，价格持续下行。近年来，全国钢材价格总体水平不断走低。据统计，重点大中型钢铁企业2011年至2014年全年平均销售结算价格分别为4 468元/吨、3 750元/吨、3 442元/吨、3 074元/吨，呈不断下滑趋势。2014年12月末，我国钢材价格综合指数跌至83.1点，同比下降16.2%，为2003年1月以来最低水平。其中三级螺纹钢跌至2 791元/吨，较年初下降785元/吨；热轧卷板跌至3 131元/吨，较年初下降528元/吨。

4．铁矿石等原燃料供需格局逆转，价格大幅下降。受国际主要原燃料生产企业生产能力大幅提高及我国钢铁产量增幅下滑影响，2014年钢铁原燃料供需格局逆转，价格大幅下降。62%品位的进口铁矿石到岸价由年初的133.1美元/吨降至年末的68.7美元/吨，下降48%；焦炭由1 425元/吨降至893元/吨，下降37%。废钢由2 445元/吨降至1 928元/吨，下降21%。

5．生产成本大幅降低，钢铁企业盈利有所好转。2014年，铁矿石、煤炭等大宗原材料价格降幅大于钢材价格，钢铁企业总体经济效益有所起色。重点统计钢铁企业2014年实现利税1 091亿元，增长12.2%；盈亏相抵后实现利润304亿元，增长40.4%。但行业销售利润率只有0.9%，仍处于工业行业最低水平。

6．固定资产投资下降，化解产能过剩矛盾初见成效。2014年，我国钢铁行业固定资产投资6 479亿元，同比下降3.8%。其中黑色金属冶炼及压延业投资4 789亿元，下降5.9%；黑色金属矿采选业投资1 690亿元，增长2.6%。从工序投资增长情况看，炼铁、炼钢和钢压延加工完成投资分别下降40.4%、10.5%和4.8%。从新开工项目情况看，2014年新开工项目2 037个，同比减少215个。其中炼铁项目169个，减少51个；炼钢项目287个，减少71个；钢加工项目1 581个，减少93个。产能盲目扩张态势得到明显遏制。

7．节能环保再上新台阶，主要污染物排放和能源消耗指标均有所下降。2014年，钢铁行业全面推广烧结脱硫、能源管控等节能减排技术，节能环保效果明显。重点大中型企业吨钢综合能耗同比下降

1.2%，总用水量下降0.6%，吨钢耗新水下降0.5%，外排废水总量下降5%，二氧化硫排放下降16%，烟粉尘排放下降9.1%。

8. 新技术、新产品开发取得突出进步，有力支撑我国装备制造业和重大工程发展。2014年，钢铁企业技术创新步伐进一步加快，宝钢BW300TP新型耐磨钢成功用于中集集团搅拌车的生产，使机械服役寿命延长两倍以上；鞍钢核反应堆安全壳、核岛关键设备及核电配套结构件三大系列核电用钢在世界首座第三代核电项目CAP1400实现应用；武钢无取向硅钢应用于全球单机容量最大的向家坝800兆瓦大型水轮发电机；太钢生产的最薄0.02毫米的精密带钢产品，填补了国内高端不锈钢精密带钢产品空白；宝钢牵头的"600℃超超临界火电机组钢管创新研制与应用"获得国家科技进步一等奖。

第四部分

能源市场

一、石油市场

2014年中国石油市场状况

2014年，中国国内石油需求增速回升，原油生产增速减缓。全年原油表观消费量5.18亿吨，较上年增长5.8%；原油产量2.1亿吨，同比增长0.6%。原油加工量5.03亿吨，同比增长5.3%，增速加快；成品油产量3.17亿吨，同比增长7.1%，表观消费量3.02亿吨，同比增长5.6%，成品油供需增速回升。原油净进口量3.08亿吨，对外依存度59.4%。

2014年是中国石油市场"全面突破"的一年。很多量值指标突破了重要关口，国家有关政策也取得突破性进展。如，国内原油产量突破2.1亿吨，原油加工量突破5亿吨，成品油产量突破3亿吨，汽油产量突破1亿吨；原油需求突破5亿吨，成品油需求突破3亿吨，汽油需求突破1亿吨，原油进口和净进口量突破3亿吨，成为世界第一大石油净进口国，石油对外依存度突破60%。国家对石油市场调控政策出现突破性进展，成品油消费税连涨，初现税费调节油价机制；油品质量提升加快；国内汽车限购升温。

2014年中国石油市场也具有一定的"颠覆性"，一些现象往年很少出现。如，经济增速下滑、国际油价大幅下跌，但原油、柴油等油品表观消费量增速回升；在油价大幅下降、国内炼油能力大幅增长的情况下，国内成品油市场一度出现

供应偏紧现象等。下面从以下几个方面，对2014年中国石油市场的主要特点进行简要分析。

1. 国内原油生产增速放慢，成品油供应增速回升，能力较快增长

（1）原油产量缓慢增长。2014年全年国内原油产量21 009.6万吨，较2013年同期上涨0.6%，产量稳定略有增长；全年原油进口量30 835.7万吨，较2013同期上涨9.3%，进口量继续加大，进口来源呈现多元化；全年原油加工量50 277.4万吨，较2013年同期上涨5.3%. 原油进口依存度持续上升。2014年第一季度原油产量相对较低，第二、三季度都保持在5 200万吨以上，2月与9月国内原油产量较13年同期有小幅波动增长，其余各月与2013年相比变化不大。

2014年中国成品油产量较为充裕，供给稳定增长。小幅度波动主要受柴油产量和汽油产量的影响，柴油产量的影响最大。成品油产量增速延续分化格局，但累计产量增速均有所上升。其中，成品油产量为31 666.2万吨，增长7.1%，一、二、三、四季度分别增长4.8%、6.0%、4.0%和8.4%；分品种看，汽油11 029.9万吨，增长12.3%，柴油17 635.3万吨，增长2.4%。

受资源条件限制以及国际油价下跌、国内成品油市场较疲软等因素影响，2014

年国内原油产量增速下降。全年国内原油产量首次突破2.1亿吨，达21 009.6万吨，同比增长0.6%，增速比上年下降1.1个百分点，跌至1%～2%的正常增速水平区间之外。从月度走势看，前11个月原油产量相对平稳，12月拉升至1 832.3万吨，为历史上首次突破1 800万吨。

（2）原油加工量增速回升，加工能力较快增长。因成品油需求增速回升，特别是作为主要平衡参照的柴油需求增速回升，原油加工量增速回升。全年原油加工量首次突破5亿吨，达50 277.4万吨，同比增长5.3%，增速比上年加快2个百分点。月度原油加工量与柴油需求走势相似，全年波动上涨，12月最高。

受需求和盈利情况不同等因素影响，各石油产品产量增速各异。煤油生产效益较好，产量增长最快，且提速；汽油需求旺盛，产量继续较快增长；柴油市场相对疲软，生产效益没有煤油好，产量增速较低；燃料油国内需求大幅下降，产量有所下降；而LPG（液化石油气）需求快速增长，产量增长较快。各石油产品产量月度走势基本与各自的需求走势类似。

2. 石油需求增速回升，经济、油价、政策、技术和生活方式五大因素主导

2014年，中国经济和重化工业增速减缓，国际油价大幅下跌，但国内石油需求增速回升。全年石油（指国内原油产量+原油和全部石油产品净进口量合计）表观消费量53 539.3万吨，同比增长3.9%，增速比上年加快1.1个百分点。经济、油价、生活方式、政策和技术是影响2014年石油需求和石油市场的五大主因。

石油需求与经济增长和经济结构密切相关。2014年，中国经济增长7.4%，为24年以来最低，比2013年下降0.3个百分点；工业增加值和重工业增加值增速也是改革开放以来最低的。全年工业增加值同比增长8.3%，比上年低1.4个百分点。我国经济增长速度由高速转为中高速，经济结构优化升级，经济发展方式由要素驱动、投资驱动转向创新驱动，这些变化对石油需求都产生挤压作用。

油价对需求的影响主要表现在两个方面。一是油价持续下跌，为防范风险，石油企业和用户最大限度降低石油库存；二是用户购买力上升、消费成本下降，需求增加。不过，2014年国内石油总库存有所上升。主要原因是：一些炼油设备投产备油、国家战略石油储备和商业储备在油价相对较低位进油，以及一些化工项目投产、LPG等化工原料备货，抵消了柴油等油品库存的下降。

政策调控对石油需求的间接和直接影响。经济、环保等政策使经济增长和经济结构发生变化，间接影响石油需求增长；而替代能源政策、新能源和小排量汽车优惠政策以及各地政府的机动车限行限购等政策直接影响石油需求。2014年，政策调控对石油需求的影响有些是向上的，如城镇化发展，但总体是加压向下的。值得一提的是，各地的限行、限购政策对降低石油需求并不明显，有的地方可能还增加石油需求。因为，限行使汽车购买提前突击释放，导致双汽车（同时购买两辆汽车）、汽车大型化以及双休日郊游用车等增加。

技术使油耗下降，石油替代得以实施，对石油需求的影响更直接。2014年电动汽车等新能源汽车大幅增长，铁路电气化快速发展，铁路货运提速，大量公路货运改铁路运输，都直接减少对石油的需求。

生活方式对石油需求的影响是双重的。一方面，假日出行，双休日郊游盛行，汽车大型化和SUV偏好推高石油需求。另一方面，网购正在代替传统购物，城市网购送货多是小型电动车，压缩了用油需求。

2014年国际石油需求走势相对平稳，下半年国际油价的大幅下跌并没有像往年那样造成国内石油表观消费量的大幅下滑。2013年3月实施的新的成品油价格机制以及国内石油市场较长时期的相对疲软使国际油价大幅下跌的去库存化功能减弱，反而刺激国内石油消费增长，加上新炼厂开工和储备储油等，支撑石油需求不减。2014年12月份石油需求量最高，达5 072.7万吨，这也是历史上月度石油需求首次突破5 000万吨，同比增速也达8.6%。

2014年原油表观消费量首次突破5亿吨，达51 785.3万吨，同比增长5.8%，增速比上年上升2.5个百分点，原油库存有所增长。全年原油需求走势相对平稳，12月份需求量达到4 845.6万吨，为历史最高水平，同比增长8.7%。

3. 各石油产品需求增速差异性大，快速增长和大幅下降并存

2014年，国内各石油加工产品需求增速延续几年来的明显分化态势。与生活关系较大的汽油等产品需求继续较快增长，而与经济关系较大的柴油、石脑油、燃料油等产品需求继续低速增长甚至大幅下降，液化石油气（LPG）等产品例外。

按国际经验，中国汽车消费正处于快速增长期；同时，国际油价大幅下跌使调和油优势下降，国家加强和规范消费税的征收以及油品质量升级，挤压了非正规隐性油的生存空间；加上人们出行增加和汽车大型化偏好等，汽油需求快速增长。全年汽油表观消费量首次突破1亿吨，达10 534.8万吨，同比增长12.6%，增速比上年加快4.8个百分点。

由于国内航煤销售价格滞后国际油价变化，国际油价持续大幅下跌使国内航煤价格较大幅度高于国际价格，一些航班选择在国外机场加油，使尽管航空运输仍较快增长，但航油需求增速下滑。全年煤油表观消费量2 363.9万吨，同比增长4.4%，增速比上年下降6.9个百分点。

尽管经济增速减缓，经济结构持续调整，替代燃料较快增长，但由于人们出行火热、物流较快发展等，柴油需求由跌转升，库存下降，下半年一段时间全国很多地方出现柴油供应偏紧现象。全年柴油表观消费量17 282.9万吨，同比增长1.9%，增速比上年加快2.5个百分点。

由于一些以LPG为原料的PD日等项目投产，LPG需求快速增长。全年LPG表观消费量首次突破3 000万吨，达到3 272.1万吨，同比大幅增长17.2%。由于中国化工进口原油增加和中海油增供，地炼获得的原油量增加，地炼对燃料油加工原料的需求下降等，使得燃料油消费大幅下降。全年燃料油表观消费量3 384.0万吨，同比下降10.8%。

从走势看，汽油和柴油需求走势与经济增长和国际油价走势完全相反，这是历史上少见的。全年汽柴油需求走势波动走高，12月最高，均达到历史最高水平。煤

油需求走势受国际油价走势和经济走势影响，下半年波动下跌，而往年是一路波动上涨。

2015年中国石油市场状况

2015年，中国石油需求增速回升，原油生产增速加快，原油加工量和成品油产量、需求量增速下降。全年石油表观消费量57 291.83亿吨，增长6.8%；原油产量2.15亿吨，增长1.7%。原油加工量5.22亿吨，增长3.8%；成品油产量3.38亿吨，增长6.1，表观消费量3.16亿吨，增长4.3%。石油净进口量35 817.7万吨，增长10.1%，比上年加快；原油净进口量33 262.6万吨，增长8.1，比上年放慢。石油和原油对外依存度分别达62.5%和60.8%，比2014年分别上升1.8个和1.4个百分点。

2015年中国石油供需两旺、增速加快，非车用油增长占石油需求增长主要部分。成品油供需增速放慢，价格波动下跌，市场竞争加剧。石油产品供需结构性矛盾突出，净进口量大幅增长和净出口量大幅增长并存，除LPG以外的全部液体石油产品历史上首次出现净出口。下面从三个方面对2015年中国石油市场主要特点进行简要分析。

1. 原油生产增速加快，成品油生产增速放慢，原油加工能力小幅下降

（1）原油生产增速加快。虽然油价大幅下跌，国内石油公司削减上游投资，但由于国内原油供应远小于需求，开发成本大多仍小于油价，天然气供大于需等，原油产量增速不降反升。全年国内原油产量2.15亿吨，增长1.7%，增速比上年上升1.1个百分点。月度原油产量走势相对平稳，全年8月份原油产量最高，达1 816.7万吨。

（2）原油加工能力减小，原油加工量和成品油产量增速下降。因成品油需求增速下降，特别是作为主要平衡参照的柴油需求增速下降，原油加工量增速下降。全年原油加工量52 199.2万吨，增长3.8%，增速比上年降低1.5个百分点。月度原油加工量波动上涨，呈现出与柴油需求走势较大的差异性，表明柴油的平衡参照作用在下降。全年月度原油加工量波动上涨，12月份达4 583.1万吨，为历史上首次突破4 500万吨。

受需求和盈利情况不同等因素影响，各石油产品产量增速各异。煤油需求增长快生产效益好，产量增长快，全年煤油产量3 658.6万吨，增长21.5%，比上年加快2.5个百分点；汽油、柴油需求增速下降，产量增速下降；燃料油需求大幅下降，产量下降。

2. 石油需求增速回升，非车用油增长占主要部分

2015年，中国经济和重化工业增速减缓，但石油需求增速回升。全年中国GDP增长6.9%，25年来首次跌至7%以下工业增加值和重工业增加值增速也是几十年来最低年规模以上工业增加值增长6.1比上年低22个百分点但全年石油表观消费量（国内原油产量，即原油和全部石油产品净进口量合计，下同）57 291.83万吨，增长6.8%，增速比上年加快2.9个百分点。

2015年石油需求增速回升，基建、石化、民航的快速发展起了重要作用，石油储备建设、低油价刺激需求也是重要因素，非车用油需求增长占石油需求增长的主要部分。全年中国石油需求总增量3 646.96万吨，其中，汽柴油需求增量只有

888.3万吨，只占石油需求增量的24.4%；而石油沥青需求增量1 267.8万吨，占石油需求总增量的34.8%；石脑油和LPG合计增量895.9万吨，占总增量的24.6%；煤油需求增量405.7万吨，占总增量的11.1%。2015年原油表观消费量54 736.8万吨，增长5.5%，增速比上年下降0.3个百分点；原油需求增量2 845.9万吨，而原油加工量增量只有1 920.6万吨，一部分原油进了库存。2015年中国汽车产销分别只增长3.3%和4.7%，其中，新能源汽车产销分别增长3.3倍和3.4倍，1.6升及以下乘用车销售增长10.4%，占乘用车销量比重的68.6%，对汽车总销量增长贡献度达到124.6%。

在这种情况下，汽油需求增长9.1%，低油价下汽车出行增加是重要原因。全年石油和原油需求波动上涨，波动幅度相对不大，2015年12月我国石油和原油需求量均为最高，分别达5 262万吨和5 108.9万吨，原油需求历史上首次单月突破5 000万吨。

3. 各石油产品需求增速差异性大，快速增长和大幅下降并存

2015年，各石油加工产品需求增速继续呈现明显分化态势。燃料油需求大幅下降，柴油需求也出现小幅下降，但石油沥青、LPG、煤油等石油产品需求大幅增长，增速加快，大多数石油产品需求都呈增长态势。全年成品油（汽煤柴油合计，下同）表观消费量31 634.7万吨，增长4.3%，增速比上年下降1.3个百分点。

（1）柴油：GDP、工业增加值、固定资产投资、进出口等增速下降，燃油效率提高，替代能源较快发展等，导致柴油需求小幅下降，拉动成品油需求增速下降。

公路运输柴油需求占柴油需求主要部分，2015年1～11月，全国公路货物周转量同比增长5.9%，低于上年同期3.9个百分点；旅客周转量同比增长2.0%，低于上年同期4.3个百分点。

（2）汽油：汽车产销量继续增长，低油价刺激汽车出行增加等，使汽油需求仍较快增长；但汽车销售增速下降、燃油效率提高、小排量和新能源汽车占比上升、一些地区限购限行等，使汽油需求增速下降。2015年中国汽车产销量增速比上年分别下降4个和2.2个百分点。

（3）煤油：国内民航业快速发展，油价下跌航空运输成本下降竞争力上升等使煤油需求增速加快。自2015年2月5日起，国内航线燃油附加费降至0元。2015年中国航空运输业固定资产投资增长28.6%，比上年加快19.4个百分点；前11个月，中国民航货物周转量同比增长10.3%，比上年同期加快1.5个百分点；旅客周转量同比增长14.8%，比上年同期加快3.2个百分点。

（4）LPG：一些以LPG为原料的化工项目投产，价格下跌刺激民用需求以及以LPG为原料的化工项目需求增长等导致LPG需求增速高位上升。

（5）石脑油：一些以石脑油为原料的化工项目投产，价格下跌以石脑油为原料的化工项目利润上升刺激需求等使石脑油需求增速加快。

（6）石油沥青：道路等基建较快发展拉动石油沥青需求快速增长。近两年，中国道路建设持续快速增长，道路运输业固定资产投资快于全国固定资产投资。2015年，中国道路运输业固定资产投资增长16.7%，而全国固定资产投资只增长10.0%。

（7）燃料油：环保要求不断提高，地炼原油供应大幅增长等挤压燃料油需求。截至2015年底，已有十余家地炼获得原油进口使用权，共获进口原油配额5 520万吨/年；共有7家企业获得原油非国有贸易进口资质，累计总量3 534万吨。2015年中国石油产品需求结构新特征更加显现。燃料油需求曾在中国石油产品需求中排第3位，2014年下降到第4位，2015年继续下降到第7位。石油沥青已稳居第3位；LPG和石脑油排位继续上升，分别从第5、第6位上升为第4、第5位。

二、天然气市场

2014年中国天然气市场状况

中国天然气总体资源储量较为丰富，据全国油气资源评估报告显示，常规天然气资源量超过35万亿立方米，非常规天然气中煤层气资源量超过36万亿立方米，页岩气资源量在30万～40万亿立方米。

中国进口天然气主要是依靠两个渠道，即通过水路运输的LNG和通过管道运输的气体天然气。2014年，正在运营的天然气进口渠道包括：霍尔果斯口岸接收的中亚管道天然气和江苏福建等沿海码头接收的亚太LNG。中国天然气进口对外依存度达到31.7%。净进口天然气总量约为4 101万吨，其中LNG进口量为1 988.1万吨，同比增长10.3%，占到天然气进口总量的46.3%；管道天然气进口量为2 302.3万吨，同比增长15.3%，占到天然气进口总量的53.7%。

2014年全年国内原油产量21 009.6万吨，较2013年同期上涨0.6%，产量稳定略有增长；全年原油进口量30 835.7万吨，较2013年同期上涨9.3%，进口量继续加大，进口来源呈现多元化；全年原油加工量50 277.4万吨，较2013年同期上涨5.3%，原油进口依存度持续上升。

2014年第一季度原油产量相对较低，第二、三季度都保持在5 200万吨以上，2月与9月国内原油产量较13年同期有小幅波动增长，其余各月与2013年相比变化不大。

2014年是国际原油市场供应充足的一年，全球经济增长减缓和美国页岩气革命，使全球对原油的需求减少，原油价格也出现了波动下降。国家海关总署数据显示，2014年全年累计原油进口量达30 835.7万吨，同比上升9.3%；全年累计原油出口量达60万吨，原油净进口达30 775.7万吨。原油进口量增加，进口额增长比例较小。

2014年中国成品油产量较为充裕，供给稳定增长。小幅度波动主要受柴油产量和汽油产量的影响，柴油产量的影响最大。成品油产量增速延续分化格局，但累计产量增速均有所上升。其中，成品油产量为31 666.2万吨，增长7.1%，一、二、三、四季度分别增长4.8%、6.0%、4.0%和

8.4%；分品种看，汽油11 029.9万吨，增长12.3%，柴油17 635.3万吨，增长2.4%。

成品油产量中柴油占得比重较大，汽油同比增长率较高，因此，2014年成品油产量上升受汽柴油双重影响。

2014年成品油表观消费量30 181.6万吨，增长5.6%，其中汽油10 534.8万吨，增长12.6%，柴油17 282.9万吨，增长1.9%。9月末，成品油库存较8月末下降43万吨，比2013年同期高出34万吨。成品油市场供过于求导致国内市场的成品油价格波动不断，震荡下行。

2014年中国天然气表观消费量达到1 805.9万亿立方米，同比增长8.9%，增幅较2013年有所回落。国内天然气生产量保持增长势头，达到1 234.1亿立方米，同比增长12.6%。天然气进口量达到598.1亿立方米，同比增长12.6%，对外依存度达到31.7%。

2014年天然气产量达1 241.1亿立方米，比2013年同期增加6.9%，增速趋缓。从月度数据来看，各月产量略有波动，2014年进口天然气持续扩大，累计达598.1亿立方米，同比增长12.6%，对外依存度达到31.7%。2014年我国进口管道气约为322亿立方米，以土库曼斯坦天然气为主，进口液化天然气约为266亿立方米，全年累计天然气表观消费量1 805.9亿立方米，同比增长8.9%，远低于预期。2014年天然气供应量约为1 839.2亿立方米。总体来说，中国天然气需求总量跟供应总量保持接近，供需基本平衡。

截至2014年底，中国新增石油探明地质储量达到10.83亿吨，连续8年超过10亿吨，新增天然气探明地质储量超过6 000亿

立方米。2014年中国国内原油产量约2.1亿吨，同比增长0.6%。天然气产量约1 234.1亿立方米，同比增长6.9%。2014年，在三大石油集团公司中，中石油油气产量最大，生产原油1.14亿吨，较2013年增长8.2%，生产天然气952亿立方米，较2013年增长8.2%；中石化生产原油4 378万吨，与2013年持平，生产天然气约200亿立方米，较2013年增长7.2%；中海油生产原油3 955万吨，较2013年增长1.1%，生产天然气118亿立方米，较2013年增长23.6%。

据国家统计局数据显示，2014年中国国内石油表观消费量51 785.3亿吨，同比增长5.8%，对外依存度31.7%；天然气表观消费量1 805.9亿立方米，同比增长8.9%，对外依存度31.7%；成品油表观消费量约为3.02亿吨，同比增长5.6%。其中汽油表观消费量1.05亿吨，同比增长12.6%；柴油表观消费量1.73亿吨，同比增加1.9%；合成树脂表观消费量9 651.4万吨，同比增长7.2%；乙烯表观消费量1 854.1万吨，同比增长5.7%；烧碱表观消费量2 980.1万吨，同比增长8.7%。

2014年中国炼油产业原油加工量50 277.4亿吨，同比增长5.3%。其中生产汽油1.1亿吨，生产柴油1.76亿吨，生产煤油0.3亿吨，成品油生产总量合计达到3.17亿吨，比2013年增长7.1%。2014年化工产业增加值同比增长10.4%，增幅同比减缓1.8个百分点。主要产品中，乙烯产量1 704.4万吨，同比增长7.6%；合成橡胶产量532.4万吨，同比增长10%；合成纤维产量4 043.9万吨，同比增长3.5%；烧碱产量3 180.2万吨，同比增长7.9%；纯碱产量2 514.7万吨，同比增长3.5%；化肥产量6 933.7万吨，同比下降

0.7%，其中，氮肥产量下降3.4%；钾肥产量增长13.5%；磷肥产量增长2.6%；农药产量374.4万吨，同比增长1.4%。

国家统计局数据显示，2014年中国炼化产业主营业务收入为12.31万亿元，与2013年相比增长5.34%；炼化产业的总营业成本占收入比重84.41%，同比上升了0.52%，并呈加快之势。2014年炼化产业利润总额减少，出现两年来的首次下降，全行业累计实现利润总额4 244.1亿元，同比下降10.29%；其中，炼油业利润总额97.3亿元，降幅79.2%；化工行业利润总额4 146.8亿元，增长1.7%。炼油业主营业务收入的利润率仅为0.24%，化学工业主营业务收入的利润率也只有5.01%，均较2013年有所下滑，2014年CPI延续下行态势，同比涨幅仅2%；PPI已经33个月持续下跌。而石油和天然气、成品油、化学原料和制品三行业价格降幅占PPI总降幅的80%，行业需求极其疲软。

2014年中国油气管道建设稳步发展，重点突出。截至2014年底，中国已建成油气管道总里程10.34万公里，其中天然气管道6.3万公里，原油管道2.03万公里，成品油管道2.01万公里。

中国天然气总体资源储量较为丰富，据全国油气资源评估报告显示，常规天然气资源量超过35万亿立方米，非常规天然气中煤层气资源量超过36万亿立方米，页岩气资源量在30万～40万亿立方米。

中国进口天然气主要是依靠两个渠道，即通过水路运输的LNG和通过管道运输的气体天然气。2014年，正在运营的天然气进口渠道包括：霍尔果斯口岸接收的中亚管道天然气和江苏福建等沿海码头接收的亚太LNG。中国天然气进口对外依存度达到31.7%。净进口天然气总量约为4 101万吨，其中LNG进口量为1 988.1万吨，同比增长10.3%，占到天然气进口总量的46.3%；管道天然气进口量为2 302.3万吨，同比增长15..3%，占到天然气进口总量的53.7%。

2015年中国天然气市场状况

中国石油天然气探明储量保持高位增长，2014年石油新增探明地质储量11.18亿吨，新增探明技术可采储量2.17亿吨，两个油田新增探明地质储量超过亿吨。天然气新增探明地质储量6 772亿方，新增探明技术可采储量3 754亿方，两个气田新增探明地质储量超过千亿方。

中国页岩气储量和产量增势迅猛。2015年全国页岩气新增探明地质储量4 373亿立方米，新增探明技术可采储量1 093亿立方米，页岩气产量44.71亿立方米，同比增长258%。

此前，中国石化发布消息称在重庆涪陵建成国内首个年产50亿立方米页岩气田，使我国成为继美国、加拿大之后第三个实现页岩气商业开发的国家。气田日产可供3 200万个家庭的生活用气，有望在2017年建成百亿立方米大气田。

这在近年来国际油价低位徘徊，美国页岩气产量削减的背景下尤为难得。国土资源部地质勘查司副司长车长波表示，页岩气对优化能源结构功不可没，我国不会因油价短期波动影响页岩气等非常规能源的开发利用。

初步勘探显示，中国页岩气可采资源量约31万亿立方米，与常规天然气相当，资源利用潜力相当巨大。

2015年，同为非常规能源的煤层气新

增探明地质储量26亿方，新增探明技术可采储量13亿方。全年全国煤层气产量44.25亿方，同比增长24.75%。

2015年全球GDP增长3.3%，与2014年增幅一样。其中发展中国家GDP增长率约为4.4%，较2014年的4.7%有所下滑；发达国家GDP增长率为1.8%，较2014年的1.4%有所上升。世界石油消费相对2014年小幅增长170万桶/天，达到9 440万桶/天。其中，美国石油消费平和增长，日本和欧洲石油需求连续萎缩，中国石油消费仍然维持增长态势。

供应方面，世界石油供应较2014年大幅增长260万桶/日，达到9 610万桶/日。其中，石油输出国组织（OPEC）产量增长130万桶/日。北美地区的增产对于非石油输出国组织产出的增加贡献最多，紧接着是拉丁美洲地区国家，与之对应受利比亚和阿尔及利亚产量下降、沙特减产以及伊朗制裁的影响石油输出国组织石油产量却在小幅下降。

持续性低油价将会影响未来数年的全球油气勘探开发投资，自2014年年中以来油价持续低迷未来数年内的油气勘探开发投资很可能将低于2015年前十年的平均水平。2015年全球油气探明储量基本保持稳定，欧佩克国家的石油储量也基本维持在2014年的12 060亿桶，占全球石油储量的73%。

2015年，受油气市场供需、金融、地缘政治等因素影响，WTI价格和布伦特价格经历了先震荡上升，后急剧下降的波动过程。其中，WTI价格由2015年7月22日的104.59美元/桶下跌到12月22日的55.25美元/桶，跌幅高达47.17%；布伦特价格由2015年7月22日的106.48美元/桶下跌到12月22日的58.32美元/桶，跌幅达到45.23%。

2015年是世界油气市场急剧变动的一年。世界油气储量首次下降，新发现的石油和天然气资源持续增加。受国际市场原油价格持续低迷影响，2015勘探开发投资减少，部分热点地区勘探活动尤为活跃。世界油气产量继续增长，以北美为代表的部分地区产量均创了历史记录。由于世界各主要经济体复苏乏力，油气消费萎靡不振，世界石油市场整体呈现供强需弱的局面。

2016年全球经济复苏形势仍不明朗，尤其是中国、巴西和俄罗斯等主要新兴经济体经济增长的放缓将会制约全球石油需求的增长。与此同时，以沙特为首的欧佩克成员国石油供应的稳定和美国页岩气革命的持续繁荣都将进一步导致原油供应过剩。全球石油供过于求将使2016年国际油价总体维持低迷。

中国2015年GDP增幅为6.9%，CPI涨幅为1.4%。中国宏观经济进一步放缓，油气市场需求低迷，2015年全年原油表观消费量为5.18亿吨，同比增长5.8%，但全年天然气表观消费量1 855亿立方米，同比增长2.9%。同时，中国原油和天然产量增速也有所放缓，全年生产原油共2.13亿吨，同比增长1.8%，天然气产量约1 350亿立方米，同比增长约5.6%。中国油气供应形势依然紧张，油气生产企业着眼资源可持续性，加大油气勘探力度，2015年实现油气动用储量替代率89%。下游方面，2015年底中国炼油总能力达到5.03亿吨/年，是仅次于美国的全球第二大炼油国；2015年中国成品油产量达3.37亿吨，同比增长6.6%。油气管道方面，2015年中国建成原油管道2.07千米，成品油管道2.11千米，新增天然气管道2 700千米。展望2016年，中国经济下行压力依旧很大，油气市场改革平稳推进，预计原油进口量稳定增长，原油价格或有小幅回升；成品油供需趋于稳定增长，新能源不断发展，传统汽柴油市场份额继续被挤占；天然气消费增速放缓，产量与进口量平稳提升，天然气价格或将下降。

《蓝皮书》指出，中国油气企业"走出去"是适应国际石油市场挑战新常态的战略举措

2015年，中国的油气海外合作亮点频闪。中石油在全球30多个国家运营90多个油气合作项目，伊拉克哈法亚项目三期工程30项EPC合同中10项已授标；中亚天然气管道哈南线工程巴佐伊压气站开工建设；中缅天然气管道（缅甸段）分输站全部投用；中缅原油管道境外段工程在马德岛港举行预投产仪式，首艘30万吨油轮进港并向原油罐区注油，海外油气业务新增原油可采储量完成年度计划58.9%；实现油气当量权益产量3 735.3万吨，完成计划55.3%，比上年同期增长18.6%。中石化在全球27个国家执行53个油气投资合作项目，遍布非洲、美洲、中东、俄罗斯、中亚和亚太六大油气区；并与俄石油联合开发俄两油气田，购两公司49%股权。中海油全球战略布局基本完成，国际化运营能力不断增强，公司海外资产占比达39.0%，海外收入占比达50.5%，海外油气产量占比达42.3%。中海油始终坚持"合作共赢"的原则，不断扩大国际能源合作。在"走出去"的同时，通过"引进来"加大对外合作力度，迄今已与21个国家和地区的79个石油公司签订206个对外合作合同。

截至2015年12月底，中国海外油气业务新增原油可采储量完成年度计划58.9%；实现油气当量权益产量3 735.3万吨。

2015年全球新探明石油储量已降至逾60年来的最低水平，这预示着未来10年可能出现石油供给短缺。

咨询公司IHS的数据显示，石油勘探企业去年新发现的原油及相关液态能源为28亿桶。这是自1954年以来记录的最低年探明储量，反映出随着拮据的石油公司设法节约现金，石油勘探活动正逐步放缓。

大多数新发现的石油储量都处于海洋深水区，投产平均需要7年时间，所以，探明成功率的下降预示着，从21世纪20年代中期开始，石油供给将会减少。

另一家咨询公司麦肯锡认为，新发现石油储量速度的下降并不意味着全球石油正在耗尽；近年来，全球石油产量增长的大部分来自已有油田，而非新发现油田。此外，在新近发现的储量中，占绝大多数的是天然气，而非石油。

麦肯锡公司表示，如果石油勘探的速度不提高，到2035年将造成全球每天约450万桶的供给缺口。这或将意味着油价上涨，并使全球更依赖已知资源储量的陆上油田，比如美国的页岩。

2016年1月26日上午，中国石油集团经济技术研究院在京发布2016年度《国内外油气行业发展报告》（以下简称"报告"）。认为当前全球油气行业在低谷徘徊，供应宽松局面短期难以缓解，国际油价反弹乏力。该院副院长钱兴坤在发布会上感慨："欧佩克国家力争市场份额不减产，而美国页岩油气产量并未按预期下跌。全球石油市场发生了新世纪以来最严

重的供应过剩。"

报告显示，中国石油消费保持中低速增长，2015年对外依存度首次突破60%，达到60.6%；成品油净出口量连续三年大幅递增。天然气消费增速在2015年创下十年新低。

石油对外依存度是一个国家石油净进口量占本国石油消费量的比例，是衡量一个国家和地区石油供应安全的重要指标。

中石油经济技术研究院报告的具体数据为：2015年，国内石油表观消费量估计为5.43亿吨，比上年增加0.25亿吨，剔除新增石油储备和库存因素，估计实际石油消费增速为4.4%，较上年增加0.7个百分点。石油净进口量3.28亿吨，增长6.4%，增速比上年高0.6个百分点。

当前，中国石油消费超过了GDP增速，预计到2020年，石油消费总量将达到6亿吨左右。到2030年，中国石油消耗量的80%需要依靠进口。

中石油经济研究院报告指出，在新常态下，中国石油需求将保持2%～3%的较低速增长。预计2015年全年中国石油需求量为53 367万吨，同比增长3%；石油进口增速将有所下降，石油消费对外依存度将首次突破60%。

我国目前处于工业化阶段的中后期，能耗较大的汽车、家电等产品在经济中比重急剧上升，国内对于石油需求大幅提升，石油消费还将持续较快增长。但是，我国国内石油产量当前还满足不了如此巨大需求，使得我们在面临国内外市场供需失衡、市场供给不足时，难以短时间内保障油品供应。

"十一五"期间，我国以能源年均6.6%的增速支撑了国民经济年均11.2%的增速，净进口石油量增加是必然。从产业结构角度看，第二产业在我国国民经济的比重依然较大，以制造业为主并向高端制造业演进的经济结构仍将导致更多能源消耗，未来10～20年，石油消费和从外部进口量还将增长，中国石油的对外依存度还可能有所上升。

以美国为例，该国过去保留国内的油气资源不开采，而依赖从国外进口，油气对外依存度高企。2000年，石油对外依存度一度达到63.66%，近年来，因为技术进步，美国加大了页岩气等非常规天然气的开采，石油对外依存度自2008年开始缓慢下降，2009年为55.69%，2010年为53.7%。可以预见，随着我国多种能源和新能源利用方式的成功转变，未来的石油对外依存度也必然大为降低。

中石油经济技术研究院2015年的报告指出，关于天然气，报告指出，2015年，中国天然气消费增速创十年新低，供应总体过剩，淡季压产冬季供应紧张；气价改革持续推进。2015年，天然气需求增速明显放缓，估计全年表观消费量1 910亿立方米，增长3.7%。

报告还显示，截至2015年底，中国商业原油储备能力总量为3.15亿桶。但截至目前，中国商业原油的实际库存规模尚未公开。中国政府很少披露商业或战略石油储备情况，所以难以估算中国的实际需求。据新华社能源刊物OGP（China Oil, Gas and Petrochemicals）2015年1月25日消息，2015年12月末，中国商业原油库存环比下降0.7%，12月末成品油库存环比增长5.3%。报道并未透露具体数据。

对于2016年的预测，报告称今年中国石油需求将继续平稳增长，汽油等三大油品供应过剩加剧，预计净出口量将突破2 500万吨，预计2016年石油需求将增长4.3%，表观消费量达到5.66亿吨，原油净进口预计增长7.3%至3.57亿吨，石油对外依存度上升到62%。

预计中国2016年成品油需求3.3亿吨，增长3.9%。原油加工量预计为5.49亿吨，成品油产量3.56亿吨，增长5.5%。

国内成品油供需盈余继续扩大，成品油出口尤其是柴油出口将呈现常态化和规模化的特征。预计2016年成品油净出口将达到2 500万吨，增长31%。

在天然气方面，报告预计成品油价格下调和环保趋严将拉动天然气需求的增速回升，天然气在一次能源消费结构中所占比重达到6.4%。2016年液化天然气LNG（液化天然气）长贸协议陆续进入窗口期，资源增量将超过700万吨，资源过剩问题突出，国内储气调峰能力不足，夏季限产、冬季限供的问题仍可能发生，预计中国2016年天然气表观消费量将增长7.3%至2 050亿立方米，天然气进口预计增长10.6%，至690亿立方米。

报告预计2016年WTI（美国西德克萨斯轻质原油）和布伦特原油期货年均价格在每桶40~50美元。报告还称，美元的升值加剧了油价的下跌。2015年美元指数总体升值17%，对以美元计价的国际油价降幅的贡献超过了三分之一。当前国际政治经济形势错综复杂，中国经济发展进入新常态，油气需求增速放缓，市场竞争加剧，将给石油公司发展带来重大挑战。

三、炼焦煤市场

2014年中国炼焦煤市场状况

根据中国煤炭资源网煤矿数据库的数据，截至2014年末，中国煤矿在产产能39.68亿吨，其中炼焦煤产能15.53亿吨，一般烟煤产能15.22亿吨，无烟煤产能5.68亿吨，褐煤产能3.25亿吨。在生产过程中，一般烟煤、无烟煤、褐煤作为动力煤使用，炼焦烟煤中部分炼焦配煤和洗选后的中煤也作为动力煤使用。

据中国国家统计局发布的《2014年国民经济和社会发展统计公报》数据，2014年中国原煤产量为38.69亿吨，同比下降2.5%。这是自统计局发布年报数据以来的首次下降。

2014年中国进口煤炭2.92亿吨，比2013年减少0.35亿吨，同比下降11.97%，进口金额共222.46亿美元。受国际煤炭市场疲软、国内经济平稳回落以及国内煤炭市场弱势运行等因素的影响，中国进口煤炭平均单价下跌至76.45美元／吨，较2013年下降13.77%。

中国国家统计局公布：2014年中国

能源消费42.6亿吨标准煤，其中煤炭消费28.1亿吨标准煤。由此可以算出，2014年中国煤炭消费量约为39.48万吨，同比增加1.95%。

据中国煤炭资源网的数据显示，2014年中国煤炭消费量共计39.16亿吨，其中四大行业（电力行业、冶金行业、建材行业、化工行业）消耗煤炭总量约为36.11亿吨，约占中国煤炭消费总量的92%（见表41和表42）。

表41　2012～2014年中国冶金行业煤炭需求量

单位：亿吨

指标	2012年	2013年	2014年
粗钢产量	7.16	7.79	8.23
生铁产量	6.58	7.09	7.12
动力煤消耗量	1.33	1.39	1.39
焦炭消耗量	3.68	3.97	4.34
炼焦精煤消耗量	4.94	5.32	5.82
冶金行业耗煤量	6.72	6.71	7.21

数据来源：中国煤炭资源网

表42　2012～2014年中国建材行业煤炭需求量及水泥产量

单位：万吨

指标	2012年	2013年	2014年
建材行业动力煤消费	59 028	64 384	66 032
水泥产量	218 405	241 440	247 619

数据来源：中国煤炭资源网

根据铁道部数据，2014年中国铁路发运煤炭22.92亿吨，同比减少3 044万吨，下降1.3%。其中，电煤发运量为15.65亿吨，同比下降2.86%。

进口铁矿石：2014年，中国进口铁矿石对外依存度进一步提高到78.5%，同比提高9.7个百分点。铁矿石港口库存自5月份达到峰值后，连续7个月出现小幅下滑。12月末港口库存为9 824万吨，较年初增长约1 100万吨。2014年，铁矿石价格整体呈下跌走势，进口均价为100.42美元/吨，同比下降29.2美元/吨。

焦炭：2014年中国生产焦炭4.77亿吨，同比基本持平，增速同比下滑8个百分点。出口焦炭856.16万吨，同比增长83.25%；焦炭出口平均价格200.89美元/吨，同比下降17.25%。由于中国焦炭市场供需矛盾不断加剧，2011～2014年独立焦化企业焦炭出厂含税价整体呈持续下跌趋势。2011年大于40毫米焦炭平均价格为2 122元/吨，2014年平均价格为1 257元/吨，比三年前下降865元/吨，降幅40.76%。

2014年，根据中国耐火材料行业协会统计，全国耐火材料产量2 797.15万吨，同比降低4.48%。其中，致密定型耐火制品1 656.17万吨，同比降低4.31%；保温隔热耐火制品52.63万吨，同比降低5.57%；不定型耐火制品1 088.35万吨，同比降低4.68%。

2014年，全行业炭素制品总产量3 474 301吨，同比下降5.38%；销售收入2 076 618万元，同比下降3.18%；实现利税总额59 695万元，同比增长14.22%；实现利润总额同比减少1.3亿元，同比下降36.07%。炭素制品库存总量366 690吨，同比下降7.29%；炭素制品出口到世界八十多个国家和地区，出口总量654 319吨，同比下降2.34%；其中石墨电极出口131 655吨，同比下降8.90%；出口创汇77 321万美元，同比下降18.37%。

1. 2014年炼焦煤市场价格单边下行为主

由于全年经济增速调控放缓至7.5%左右，煤焦钢产业链上下游需求放缓，加上钢材价格跌破十年新低，银行对黑色冶金行业放款持续收缩，投放钢材产业链资金也呈大幅萎缩的趋势，钢厂缺少资金囤积原料。因此，低库存操作成为钢厂的共识，炼焦煤需求呈下降趋势，2014年1～10月价格虽有小幅反弹，但总体呈现单边下行走势。

在焦炭价格持续大幅下行影响下，炼焦煤市场经历了1～10月持续回落，在5～6月初出现大范围集中下调，华北、华东、东北各大矿纷纷下调炼焦煤挂牌价，幅度50～100元/吨不等。受中国钢材市场持续恶化影响，主要焦煤生产商纷纷降价。从10月中旬之后，在国家政策支持、进口关税征税、清费立税等政策影响下，国内焦煤企业小幅上调了出厂价格，带动市场止跌反弹，国内大矿价格陆续上调，但是到了10月下旬之后，市场成交明显减弱，相关品种上涨动

力不足，国内炼焦煤价格提价遇阻，11～12月走势以窄幅震荡为主。

2. 2014年焦煤期货价格缓慢回落

从2014年初开始，焦煤期货开始了漫长的下跌走势。2014年一季度，受制于年初钢材库存高位，螺纹钢、焦炭、焦煤出现联袂下挫，进入下半年后，由于粗钢产量的高企与国内需求的下降，螺纹钢引领焦炭、焦煤出现新的一轮大跌。加上煤炭大集团连续下调价格，焦炭、焦煤再度转入寻底态势。现货焦煤价格则从2014年10月中旬开始转为稳中有升态势，当前价格处于近10年以来相对低位。随着限产措施以及进口煤炭征税的实施，2014年年底焦煤期货将出现一段缓慢回升的走势。

2014年以来，港口的进口炼焦煤市场延续下行，贸易商普遍表示出货难度比去年大，到年中尽管贸易商已经在惜价抛售仍难掩市场萧条局面。京唐、日照等港口炼焦煤从年初的1 000元下降至8月中旬的750～780元，跌幅达到24%。10月之后在国内大矿上调挂牌价格，进口煤焦加征关税等影响下，港口焦煤价格止跌企稳，澳大利亚、俄罗斯、加拿大等国焦煤资源减少，价格止跌。考虑到四季度国内煤焦钢产业上行乏力，部分手持低价优质焦煤的贸易商也在寻找合适的机会出货，因此后期焦煤上涨的空间不大。

国际硬焦煤价格在2014年连续大幅走低，据了解，年初澳洲和日韩的一季度硬焦煤定价下调至每吨140美元。受今年国际经济下行、煤焦需求下降和中国焦煤价格大幅下跌的影响，国际硬焦煤价格在2014年三季度每吨已经跌落至110美元左右。据了解，澳洲和日韩的四季度硬焦煤定价意

向将上涨至每吨110美元（1美元约合6.12元人民币），四季度国内市场受冬储、宏观经济和下游有所回暖的影响，国际硬焦煤价格仍能保持平稳。

在我国炼焦原煤产量中，以主焦煤、气煤、1/3焦煤和气肥煤产量较多，肥煤、贫瘦煤和瘦煤的产量较少。我国主焦煤的生产能力最大，其次为气煤和1/3焦煤。数据显示，2014年全国炼焦原煤产量12亿吨，炼焦煤精煤产量66 421万吨，前三季度焦炭产量增速明显放缓，依据平均增速预估，2014年我国炼焦煤精煤产量能达到67 900万吨左右，较2013年增幅为2.23%，总体上与2013年持平。

由于国内需求增长放缓，加之钢材、焦炭价格不断下滑，用户采购日益谨慎，炼焦煤价格不断被压低。2014年1～9月我国累计进口炼焦煤为4 433.1万吨，同比去年累计降幅为19%。分国别来看，澳大利亚仍然是我国最大的炼焦煤进口国，2014年9月从澳大利亚进口炼焦煤218.8万吨；其次是蒙古，9月份从蒙古进口炼焦烟煤的量为92.3万吨。从国内省市来看，辽宁进口炼焦煤110.5万吨，居于首位；河北省进口炼焦烟煤106.3万吨，居其次。

3. 2014年港口焦煤库存总量明显回落

2014年三季度港口炼焦煤库存明显回落，京唐港、日照港、连云港、天津港四大港口焦煤库存总量从700万吨左右下降至480万吨，主要是京唐港库存大幅回落，从之前的450万吨回落至250万吨，日照港焦煤库存也小幅回落，天津港、连云港焦煤库存基数相对较小，对总库存量影响不大。

2014年8月中旬，国家发改委陆续出台救市政策，于21日发布《关于遏制煤矿超能力生产规范企业生产行为》的通知，将处罚不执行煤炭生产规划的煤炭企业。煤炭企业超能力生产将面临罚款。中国最大的煤炭生产企业神华集团2014年将调减煤炭产量5 000万吨；中煤能源集团将全年产量目标下调了10%；大同煤矿集团于8月25日宣布，下半年煤炭产量和销量分别下降1 000万吨以上。国家发改委8月28日约谈煤炭发电企业，要求切实加强煤炭质量监管，严格限制高硫、高灰分低质煤炭进口，并称将研究对除褐煤之外的进口煤炭采取必要限制措施。

财政部网站显示，我国煤炭进口关税从2014年10月15日起恢复实施，取消无烟煤、炼焦煤、炼焦煤以外的其他烟煤、其他煤、煤球等燃料的零进口暂定税率，对应煤种恢复实施3%、3%、6%、5%、5%的最惠国税率。这一举措将部分增加进口煤的到货成本，利好国内煤炭市场。从2014年10月15日我国开始征收进口煤的关税后，进口动力煤、炼焦煤等分别征收6%和3%的进口关税，据测算，这将增加进口煤的成本分别是23元/吨和19元/吨。目前秦皇岛的动力煤价格约480～490元/吨，拉到广州的运费是32元/吨，最后价格就在517元/吨左右。当前从澳洲到中国的运费为10美金，运送到广州港的澳洲煤价在550元/吨，明显比国内煤炭高出33元/吨，价格优势丧失。澳洲财长表示在中澳双方达成自由贸易协议之后，澳洲煤到中国有望恢复零进口关税待遇。国内下游用户接受价还维持在原来水平，依靠限制进口煤来帮助国内煤炭企业脱困的措施目前效果不太明显。

2014年4月以来，由于煤炭价格持续回

落，市场投资热情减退。2014年1～8月煤炭开采和洗选业固定资产投资完成额度为2 991.8亿元，同比2013年下降了3.3%。当前煤炭市场供应过剩的压力较大，市场价格的持续走低。在政府严控淘汰落后产能，新建产能延迟投产的形势下，2014年我国煤炭行业产能利用率下降，过去的高投资增速是以需求和技术红利推动的高回报率为前提，而需求增速放缓以及煤价下跌，回报率也由正转负。煤炭固定资产投资的下降说明明年新投产的产能释放将受到抑制。因此预计明年煤炭产量增长有限或者趋向停滞。

由于宏观经济增速放缓、煤炭行情限产增多以及钢铁产业链景气度难以恢复，预计2015年主焦煤需求增长停滞，增长率降至1%以下，2015年的焦煤产量将与2014年持平。综合考虑，预计2015年主焦煤产量可能在68 000万吨左右。

从2014年焦煤的进口趋势来看，1～9月进口焦煤的平均数量在490万吨左右，预计2014年全年焦煤的进口量为5 800万吨，对于2015年来说，考虑市场的饱和性、需求增速放缓以及进口煤限制的增多，2015年我国焦煤的进口量可能回落至5 500万吨，降低幅度为5.2%。2014年焦煤进口均价预估为106美元，预计2015年焦煤均价将小幅走低，全年均价约为100美元左右。

由于2015年宏观经济调控力度将加大，经济增速最多与2014年持平，特别是十八届三中全会很可能出台调控房地产政策的措施，房地产行业持续萎靡，其他实体经济也难以在短期内出现好转，因此预计煤焦钢产业链的需求增速将继续放缓。

2015年中国炼焦煤市场状况

2015年我国煤炭市场供大于求的矛盾非常突出，库存增加，价格下滑，效益下降，企业经营压力增大，我国煤炭行业的弱势格局仍在延续。在市场层面，各煤种价格继续全面下跌，供应链各环节库存仍然处于较高水平，煤炭企业盈利情况进一步恶化。在行业层面，煤炭行业逐步形成了新的运行格局，企业主动控制产量和投资规模，进口也出现明显下滑，出口则出现回暖态势。煤炭行业景气在经过前三年的下滑后已接近谷底。

对于炼焦煤种而言，需求侧高炉大型化进程的推进和钢铁产品结构的升级将意味着主焦煤、肥煤等炼焦基础煤对气煤、1/3焦煤等炼焦配煤的进一步替代。供给侧由于资源禀赋的限制，我国储量较为稀缺的主焦煤、肥煤、瘦煤和气肥煤产量增长较为缓慢，而储量较为丰富的气煤、1/3焦煤和贫瘦煤则增长较为迅速。此外，从政策层面来看，主焦煤、肥煤、瘦煤三个煤种作为国家划定的特殊和稀缺煤类之一，其开发受到有关政策的严格限制；而其他炼焦煤种因并未列入稀缺煤类，将导致各煤种供给的长期分化。因此，炼焦基础煤的市场表现将优于炼焦配煤，各煤种的价格走势将出现明显分化，价格走势由弱到强依次为气煤、1/3焦煤、贫瘦煤、气肥煤、瘦煤、肥煤、主焦煤。

四、可燃冰市场

（一）我国可燃冰资源现状总结

我国能源革命的基本方向和首要任务应是优化能源结构，加快发展可替代煤炭的各种清洁能源，其中一个重要方面就是要下大力气推动天然气水合物即可燃冰的开发利用，着力打造我国能源革命新引擎。经过近20年的不懈努力，我国可燃冰资源勘查已取得重大突破。1999年，我国正式启动了对海域内可燃冰，资源的专项调查与研究。2007年，我国首次在南海北部神狐海域通过钻探成功获取了可燃冰实物样品。2008年，在青海祁连山冻土区成功钻获可燃冰样品，证实我国是既有海域可燃冰，又有陆域可燃冰的少数国家之一。2013年，在珠江口盆地东部海域首次钻获高纯度可燃冰，其具有埋藏浅、厚度大、类型多、纯度高四个特点。通过实施23口钻探井，控制"可燃冰"分布面积55平方千米，控制储量相当于$1000 \times 10^8 \sim 1500 \times 10^8$平方千米天然气。

目前来看，我国"可燃冰"资源十分丰富，主要分布在南海和东海海域、青藏高原冻土带等区域，地质资源量约为102×10^8吨，比常规天然气地质资源量多约400×10^8吨标准煤，是目前我国资源最丰富的清洁能源之一，具有大规模发展的潜力，也具备成为未来主流清洁能源的资源基础。尤其是我国南海海域等地区发现

的"可燃冰"，纯度高，甲烷含量可达99.0%，比常规天然气的纯净度平均高约10个百分点，可降低污染物及二氧化碳等气体的排放。与等热值煤炭相比，每千立方米气可分别减排二氧化碳、二氧化硫约4.33吨和0.0483吨，且基本不含铅尘、硫化物，以及可入肺颗粒物（PM2.5）等有害物质。另外，利用二氧化碳置换可燃冰中甲烷的生产技术体系，既可科学合理地开发可燃冰资源，又能起到封存二氧化碳的作用。

2009年夏，在祁连山南缘，一簇火苗的燃烧成为令人振奋的消息：我国成为世界上第一个在中低纬度冻土区发现可燃冰的国家。据专家们估计，我国可燃冰的资源储量为803.44×10^8吨油当量，接近于我国常规石油资源量，约是我国常规天然气资源量的两倍。据国土资源部专家估计，我国陆域可燃冰远景资源量至少有350×10^8吨油当量，可供我国使用近90年。

可燃冰能够解决我国日益严峻的清洁能源供应不足、环境污染和气候变化等问题，其开发利用成为我国能源革命和中长期能源战略决策的重要选择。下一步，全面推动我国海域可燃冰资源开发的时间表也已基本清晰：2013年起用三年时间重点开展资源勘查工作，开展生产试验先期研究，并在陆域实施试采工程；2016年起用五年时间开展资源勘查工作，同时进行生

产试验研究；2020年前后突破可燃冰的开采技术，基本形成能够适应工业化开发规模的工艺、技术和设备体系；2030年前后实现可燃冰的商业化开发。

天然气水合物藏的开采会改变它赖以赋存的温度、压力条件，引起天然气水合物的分解，因此，在可燃冰的开采过程中如果不能有效实现对温压条件的控制，就可能引发一系列环境问题，如温室效应的加剧、海洋生态的变化以及海底滑塌等。

（二）我国天然气水合物的分布情况

天然气水合物在陆地和海洋有着广泛的分布，大约有27%陆地面积和90%的海洋面积可以有天然气水合物分布，其中海底的天然气水合物的分布面积广泛、储量最为丰富。在海底，一般的天然气水合物分布面积可达数万到数十万平方公里，其资源量可达数万至数百万亿立方米，天然气水合物具有埋藏浅的特点，一般赋存在海底以下0～1 500米的沉积地层中，这些沉积层可厚达500～800米，是其他常规天然气气藏不能比拟的。世界上天然气水合物所含的有机碳的总资源量是全球已知煤、石油和天然气总量的2倍。天然气水合物分解释放的气体主要成分是甲烷，燃烧后仅生成二氧化碳和水，不会产生其他污染物，是未来替代常规化石能源的理想新型清洁能源。

我国天然气水合物主要分布在南海和东海海域、青藏高原和东北的冻土带中，其中，南海的天然气水合物资源量达700亿吨当油量，相当于南海深水勘探已探明的油气地质储备的6倍。在陆地方面，我国已经在南海部神狐海域和青海省祁连山永久冻土带获取了天然气水合物的实验样品，标志着我国天然气水合物调查研究水平已经步入了世界先进行列。

五、页岩油市场

（一）我国页岩油资源现状总结

页岩油是以页岩为主的页岩层系中所含的原地滞留油气资源，圈闭界限不明显，无法形成自然工业产能。页岩油既包括泥页岩孔隙和裂缝中的石油，也包括泥页岩层系中的致密碳酸岩或碎屑岩邻层和夹层中的石油资源。直井缝网压裂、水平井体积压裂、二氧化碳驱、空气驱、氮气驱、纳米二氧化锌驱等形成"人造渗透率"是有效开发页岩油方式。

随着技术水平及开发能力的提高，页岩油将成为最可能替代石油和天然气的能源已是各国的共识。早在2011年4月，中国工程院14名院士就建议国家重视非常规油气资源勘探开发，增强国家能源保障能力；2012年1月3日中国石油化工集团宣布以22亿美元价格收购德文公司在美国内布拉斯加奈厄布拉勒、密西西比、尤蒂卡俄亥俄、尤蒂卡密歇根和塔斯卡卢萨五个页岩油气资产权益的三分之一，呼唤廉价石油时代回归；2013年10月30日，中国石油与壳牌页岩油联合开发中心在中国石油勘探开发研究院揭牌，联合研发项目团队将以"常规人，非常规思想"为指导，分别在中国和美国两地开展"颠覆性创新"联合研发；2015年1月30日，作为国家能源局批复建设的重要创新平台之一，由贾承造、朱日祥、马永生等9位院士和14位油气领域学者组成的国家能源页岩油研发中心正式成认并落户中国石化；2个关于页岩油形成、富集机理与富集、分布规律的国家973计划已获国家科技部批准。

页岩油与页岩气一样储集页岩中，但分布地区不同；虽然页岩油的密度、黏度比页岩气高，但基本可用相同技术开采。随着技术不断革新，页岩油的探矿、开发成本很可能进一步降低。世界各国不约而同地加快了页岩油气开发的步伐，中国、美国、日本等国家均把页岩油的开发作为国家重要的能源战略，加大勘探开采力度，出台最优惠政策，世界页岩油开始步入大开发时代。中国在页岩基质地层发现有石油滞留的纳米级孔隙，表明了具有页岩油的资源潜力，开发技术的突破将成为未来页岩油发展的支撑。

（二）中国页岩油分布情况

海相、海陆交互相以及陆相页岩和泥岩是含油气盆地中的优质泥质烃源岩，即中国3类富有机质页岩。其中，海相页岩多为硅质页岩、黑色页岩、钙质页岩和砂质页岩，风化后呈薄片状，页理发育，分布在扬子地区古生界、华北地区元古界—古生界、塔里木盆地寒武系—奥陶系等；海

陆交互相多为砂质页岩和炭质页岩，分布在鄂尔多斯盆地石炭系本溪组、下二叠统山西组—太原组、准噶尔盆地石炭—二叠系、塔里木盆地石炭—二叠系、华北地区石炭—二叠系、中国南方地区二叠系龙潭组等；陆相页岩页理发育，分布在松辽盆地白垩系、渤海湾盆地古近系、鄂尔多斯盆地三叠系、四川盆地三叠系—侏罗系、准噶尔盆地—吐哈盆地侏罗系、塔里木盆地三叠系—侏罗系、柴达木盆地第三系等。

中国石油页岩油资源主要集中在吉林、大庆和西北3个地区。我国的石化页岩油资源主要分布于东部断陷盆地古近系、东北地区白垩系和鄂尔多斯盆地三叠系等陆相层系，可供勘探的矿权区块有41个，面积约为1 223平方千米。

（三）我国页岩油勘探开发现状

中国石油和中国石化两大国企在重视国内油气勘探开发，力保国内油气产量稳定并尽可能争取突破的同时，以页岩油气为突破口，向非常规油气资源进军，践行差异化发展战略，构成了油气勘探在新的历史时期的资源路线图。2011年以来，针对陆相页岩油勘探开发面临的科学问题与技术难点，我国相继开展了23项科技攻关研究，已在页岩油赋存机理与选区评价、地质地球物理与目标预测、优快钻井、储层改造工艺、开发设计优化五个方面取得阶段性成果，为进一步深入开展页岩油勘探开发奠定了良好基础。

（四）中国开发页岩油技术与装备现状

1. 优快钻井技术系列。形成了三开完井的设计模式，以及空气钻、泡沫钻、清水钻、PDC螺杆复合钻、国产油基钻井液+PDC水平段一趟钻的钻井技术系列，满足

页岩油开发的要求。2013年平均钻完井工期95d，最短73d。

2. 冰平井分段压裂工艺配套技术。采用大液量、高排量、低砂比，组合加砂、混合压裂模式，实现长水平段可钻式桥塞多级体积压裂。

3. 探索实施了井工厂化作业模式。按照井工厂化作业模式，形成一个平台有3～4口井的钻前、钻井、完井、压裂等标准化设计，试验了钻井、压裂、生产的交叉化作业模式。

4. 实现页岩油勘探开发大型压裂成套装备的关键技术突破。经过5年艰苦攻关，2013年3月，中国石化研制成功首台3 000型压裂车，突破了大型压裂成套装备的压裂泵车、混砂车、压裂管汇车研发技术及压裂仪器车数字化控制技术，构建了压裂作业现场数据分析平台，实现了网络自动控制，能适应中国特殊道路状况，满足油气井的高压、大功率施工作业要求，有效代替了性价比不高、配件受制约的进口产品，为油气田稳产增产以及非常规油气资源的开发利用提供了有力武器。研发的裸眼封隔器、桥塞等井下压裂工具实现工业化批量生产。

六、页岩气市场

2014年我国页岩气市场状况

中国地质调查局发布的《中国页岩气资源调查报告（2014）》报告显示，中国石化在重庆涪陵区块获得页岩气三级储量2 500多亿立方米，已探明地质储量1 067.5亿立方米。到2014年底，涪陵区块开钻页岩气水平井131口，投产75口，2015年计划生产页岩气35亿立方米。在贵州习水，中国石化在景江南区块获日产10.52万立方米的工业气流，有望成为继涪陵页岩气田之后中国石化的第二个页岩气商业开发基地。

中国石油在四川长宁—威远和云南昭通区块实现页岩气勘查突破，获得三级储量2 000多亿立方米。威远区块实施的威204井初始日产量10.5万立方米，长宁区块宁201井测试产量每日15万立方米，云南昭通获得最高每日20万立方米的工业气流。中国石油加快推进以上三个区块页岩气规模建产。2014年，30个产建平台已完成钻前28个，10个备用平台全部启动，开钻井96口，建成产能7亿立方米，全年生产页岩气1.6亿立方米。同时，年输量15亿立方米的长宁外输管线建成投运。

延长石油稳步推进陆相页岩气示范区产能建设，截至2014年底，初步落实三叠系含气面积250平方千米，概算页岩气地质储量387.5亿立方米，建成年产能2 000万立方米。

报告显示，我国已经初步形成了适合我国地质条件的页岩气勘查开发技术体系，装备基本实现国产化，页岩气勘查开发基本实现绿色环保。国土资源部积极推进页岩气勘查开发技术标准的制定，已初步形成技术标准体系。石油公司借鉴已有的国家、行业和企业标准，形成了页岩气钻井工程、采气工程、健康安全环保等百余项技术规范和标准。

2015年我国页岩气市场状况

1. 我国页岩气勘探开发形势

自2010年我国第一口页岩气勘探评价井获工业气流后，中国借鉴北美页岩气勘探开发的成功经验，以南方下古生界五峰组—龙马溪组为重点，开展页岩气地质综合评价、勘探评价及开发先导试验，陆续在四川盆地、渝东鄂西、滇黔北、湘西等地区五峰组—龙马溪组发现页岩气，并在四川盆地威远、长宁（长宁—昭通）、富顺—永川等地区获得工业页岩气产量。迄今，基本明确南方地区五峰组—龙马溪组为一套页岩气资源非常富集的层系，具有普遍含气、大面积富集高产的特征，高产工业页岩气井主要位于四川盆地常规天然气富集区。

2015年中国页岩气探明储量实现重大突破，在威远页岩气田W202井区、长宁页岩气田N201井—YS108井区、涪陵页岩气田JY4-JY5井区分别探明页岩气含气面积48.23平方千米、159.64平方千米和277.09平方千米，探明页岩气地质储量分别为273.51×10^8立方米、1 361.8×10^8立方米和2 738.48×10^8立方米。累计探明页岩气地质储量5 441.29×10^8立方米，探明可采储量1 360.33×10^8立方米，为中国页岩气快速上产奠定了良好的资源基础。

2. 我国页岩气资源总体丰富

目前，有不同单位采用类比法、体积法等多种方法，对中国页岩气资源进行了初步估算，但都尚未完全实现全国范围内页岩气资源量估算，因此，预测结果也相差较大。其中，美国能源信息署（EIA）分别于2011年和2013年对中国页岩气资源量做了估算，结果显示我国地质资源量介于134.40×10^12 ~ 144.50×10^12立方米，可采资源量介于31.57×10^12 ~ 36.10×10^12立方米；2012年国土资源部的估算结果为地质资源量134.42×10^12立方米，可采资源量25.08×10^12立方米；同年中国工程院的估算为可采资源量11.50×10^12立方米；2014年笔者根据中国页岩气勘探开发新进展，对重点地区页岩气资源量做了预测，结果为地质资源量80.45×10^12立方米时，可采资源量12.85×10^12立方米；中国石化对中国陆域页岩气资源的评估结果为可采资源量18.60×10^12立方米。由此可知，中国页岩气资源总体较丰富，地质资源量介于80.5×10^12 ~ 144.5×10^12立方米，可采资源量介于11.5×10^12 ~ 36.1×10^12立方米，以海相页岩气资源为主，海陆过渡相及陆相页岩气资源相对较少。

3. 中国页岩气勘探开发关键技术与装备体系

通过五年来的探索，从技术引进、消化吸收到自主创新，中国在地质综合评价、地球物理肋探、实验测试分析、水平井钻完井、体积压裂、微地震监测、评估等技术，可移动式钻机、3 000型大型压裂车组、可钻式桥塞、高效压裂液配置等装备与工具方面形成了适宜复杂地质地表条件的页岩气勘探开发关键技术与配置装备系列，基本实现了装备体系国产化和规模应用。

第五部分

化工市场

一、化工行业

2014年我国化工行业的市场状况

1. 总体运行状况

（1）生产总体增长。2014年全年，化工行业增加值累计同比增长10.4%，占全国工业的6.8%。大部分行业生产实现了不同程度的增长，硫酸产量8 846.3万吨，同比增长6.8%；烧碱产量3 180.1万吨，增长7.9%；纯碱产量2 514.7万吨，增长3.5%；电石产量2 547.9万吨，增长12.9%；乙烯产量1 704.4万吨，增长7.6%；苯产量735.5万吨，增长2.6%；甲醇产量3 740.7万吨，增长26.2%；合成材料产量1.15亿吨，增长7.9%；轮胎产量11.1亿条，增长6.3%；涂料产量1 648.2万吨，增长7.9%；农药产量374.4万吨，增长1.4%；磷肥产量1 669.9万吨，增长2.6%；钾肥产量610.5万吨，增长13.5%；氮肥产量4 651.7万吨，下降3.4%。

（2）效益大幅下滑。全年，化工行业主营业务收入8.8万亿元，同比增长8.2%，利润4 312.6亿元，增长0.33%，增速分别比去年下降4.7个和11.9个百分点，利润率4.9%，比全国工业低1个百分点。呈现几个特征：一是前期效益较好的有机化学原料、农药和橡胶制品利润增速逐步下降，有机化工更是自2014年8月份以来开始负增长，全年增速分别比2013年同期下降29.8、32和21.7个百分点；二是无机盐、氮肥、磷肥、合成材料利润增速已经分别连续10个

月、20个月、36个月和12个月负增长，2014年1～12月分别同比下降8.8%、195.6%、17.9%和22.2%。氮肥和合成纤维分别亏损56.6亿元和37.4亿元；三是涂料、染料、专用化学品利润保持较高增速，2014年1～12月分别增长13%、32.5%和13.4%，但增长势头有所放缓，分别比一季度降低15.9个、39个和8.6个百分点。

（3）出口保持良好势头。全年，化工行业进口1 864.8亿美元，同比增长0.6%；出口1 621亿美元，增长11.1%。其中，有机化工原料和合成材料分别进口553亿美元和723.6亿美元，合计占化工进口的68.5%；橡胶制品出口523亿美元，增长9.2%，占化工出口的32.2%。化肥实物出口2 959.4万吨，增长52.4%；农药出口116.1万吨，增长6%。

（4）投资增速回落。2014年全年，化工行业完成固定资产投资1.56万亿元，同比增长10.5%，增速逐步回落，比2012年和2013年分别下降17.4和4.1个百分点，新开工项目10 714个，仅增长2.5%。呈现几个特征：一是市场倒逼产能过剩行业减少投资，2014年1～12月无机酸、无机碱、无机盐、磷肥和轮胎行业固定资产投资分别同比下降6.2%、4.9%、11.2%、8.2%和1.4%；二是受前期效益较好等因素驱动，有机化学原料、农药、林产化学品、污染治理化学品等投资保持较高增速，分别同比增长

18.4%、28.7%、21.7%和19.3%。

节能降耗取得新进展。2014年前三季度，化工行业万元收入耗标煤421千克，同比下降3.6%。其中，乙烯、烧碱、电石、黄磷综合能耗分别为816.6千克标煤/吨、373千克标煤/吨、991.6千克标煤/吨和3 047.9千克标煤/吨，分别下降2.2%、3.2%、4.4%和5.5%；合成氨综合能耗1 348.7千克标煤/吨，同比持平。

2. 存在的主要问题

（1）产能过剩矛盾依然突出。由于前期过剩程度严重，同时传统大宗化工产品需求增速明显下降，传统化工产能结构性过剩问题仍然严峻，低水平同质化竞争激烈，装置开工率低，包括：无机化工原料、农用化学品、橡胶制品、大部分有机原料和合成材料以及部分通用型化工新材料等。另外，染料是2014年少有的盈利水平较好的行业之一，刺激了行业固定资产投资，计划总额同比增长52%，新开工项目增长37.2%，未来潜在的产能增长值得注意。

（2）创新能力不强。科技资源主要集中在大专院校和科研机构及大型国企，大部分中小企业科技创新能力弱。近年来，企业用于科研投入的资金占产值的比例有所提高，但与国际先进企业仍存在较大差距，特别是企业技术集成能力较弱，科技成果转化率仅约30%。当前，个性化、差异化、绿色低碳的高端产品需求不断增多，而国内相关行业尽管有亮点，但并还未形成新的增长点，进口国外产品较多。另外，近期高附加值子行业的固定资产投资增速呈下降趋势，将影响行业未来创新能力的提升。

（3）资源环境安全压力较大。全年，天然橡胶、硫黄、钾肥进口对外依存度分别超过80%、48%、42%。化工行业的"三废"排放量较大，重大安全环保事故时有发生。进入化工园区企业的总产值不足全行业的50%，同时化工园区存在着数量过多、分布过散、规划建设水平不高等问题。危险化学品管理制度不健全，提升安全环保水平的基础性工作亟待进一步加强。

（4）运行成本上升。化工行业物流、能源、财务成本上升。全年，化工行业每100元主营业务收入成本87.48元，同比上升0.58元，比全国工业高1.84元。由于原油价格大幅下跌带来的降价预期以及下游市场需求低迷，中间商和下游用户的进货意愿不强，使得化工产成品库存同比增长12.76%，比2013年同期提高4.74个百分点。由于资金的流动性降低等因素，化工行业财务费用同比增长20.9%，比去年同期提高12.83个百分点。电力、天然气价格上升，安全环保、人工成本不断提高。

（5）下行压力不断加大。2014年，受下游市场需求不足、产能过剩问题、成本高位运行等因素影响，化工行业经济运行下行压力不断增大。从主营业务收入看，一季度增长10.7%，二季度10.1%，三季度9.1%，四季度只有3.9%。从利润看，一季度增长9.8%，二季度8.2%，三季度下降0.9%，四季度下降8.5%。

2014年我国化肥总产量、氮肥产量均呈现同比下滑态势，且产量由往年的增长变为下滑，2014年化肥总产量首次出现下跌趋势，2014年1～12月份，我国化肥产量累计为6 933.69万吨，同比减少0.7%。中国产业信息网发布的《2015～2020年中国化

肥产业研究及投资前景分析报告》指出：氮肥是继2010年以后的第2次出现产量下

滑。钾肥产量持续呈现大幅增长，磷肥产量小幅增长（见图40，图41）。

图表图例：年度产量：万吨　　年度同比增长

数据点：
- 2004：1 002.96
- 2005：1 075.31，7.2%
- 2006：1 226.42，14.1%
- 2007：1 257.23，2.5%
- 2008：1 258.88，0.1%
- 2009：1 479.74，17.5%
- 2010：1 701.50，15.0%
- 2011：1 462.40，−14.1%
- 2012：1 955.86，33.7%
- 2013：1 632.87，6.5%
- 2014：1 669.93，2.3%

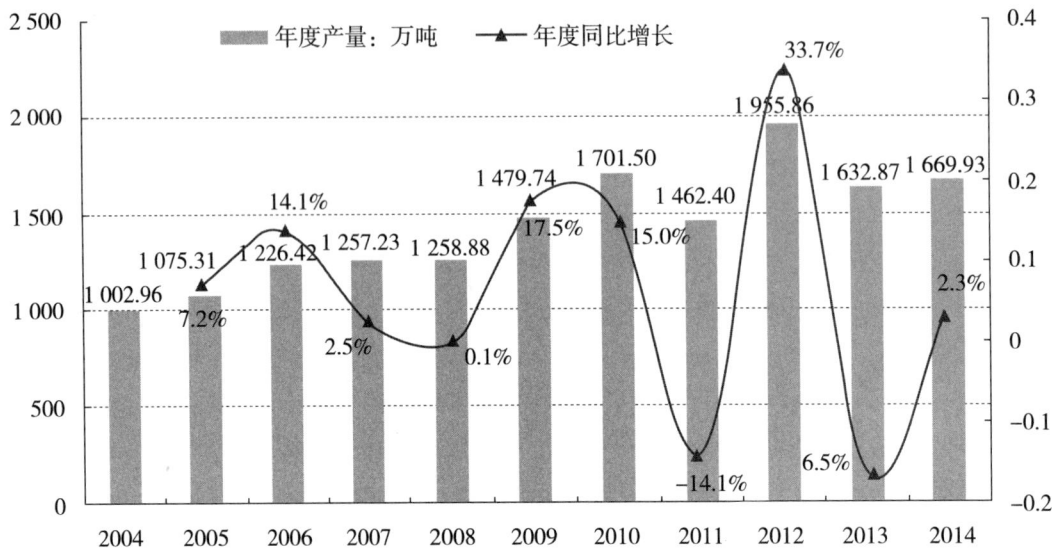

资料来源：国家统计局

图40　2004～2014年中国磷肥（折五氧化二磷100%）行业产量情况

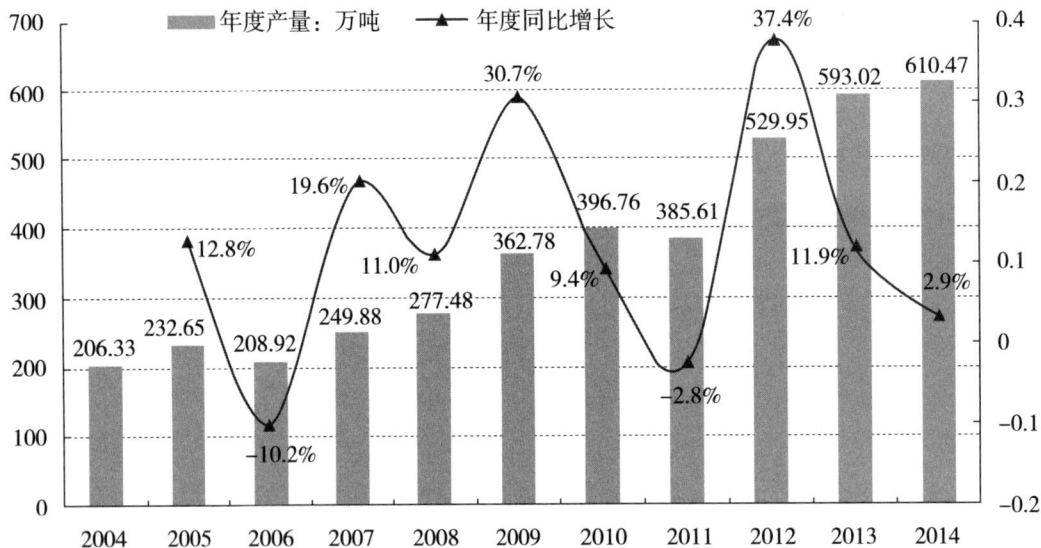

图表图例：年度产量：万吨　　年度同比增长

数据点：
- 2004：206.33
- 2005：232.65，12.8%
- 2006：208.92，−10.2%
- 2007：249.88，19.6%
- 2008：277.48，11.0%
- 2009：362.78，30.7%
- 2010：396.76，9.4%
- 2011：385.61，−2.8%
- 2012：529.95，37.4%
- 2013：593.02，11.9%
- 2014：610.47，2.9%

资料来源：国家统计局

图41　2004～2014年中国钾肥（折氧化钾100%）行业产量情况

2014年上半年，上证综指一直呈现震荡走势，始终在2 200点以下盘旋。在此期间计算机、通信、家电、电子等行业表现

出较好的防御性。进入下半年，大盘开始呈上涨趋势。尤其是最近一个多月，在"一带一路"、央行降息等利好政策的推

动下，投资者信心高涨，大盘在金融、建筑、军工等周期性行业的带动下近期走势迅猛。化工板块年初至今涨幅为32.13%，居于行业中后游位络。

化工行业目前仍处于去产能阶段，行业产能过剩、下游需求不振等大环境依然没有显著改善，导致行业利润表现较差，部分子行业甚至出现亏损，产品盈利能力仍处于偏低水平。从三季度数据来看，只有纯碱、石油贸易、氯碱等少数几个子行业的改变盈利状况较好。

从细分子行业来看，各子行业盈利能力分化严重。子行业中如炭黑、维纶、涂料等受供需、环保限制等影响全年得到较大幅度的上涨，下跌较为严重的包括日化、石油贸易、聚氨酯等行业。从三季度业绩情况来看，多数子盈利能力较2013年同期有所下降，其中氮肥、涤纶、维纶等行业净利增速下降幅度较大。

化工行业2014年固定资产投资增速整体上较往年有所放缓，但行业依然面临严重的产能过剩。绝大部分产品价格因上游原材料下跌、下游需求萎靡而呈向下趋势，大部分产品开工率依旧低迷。

对化工行业而言，在油价下跌和下游需求无明显改善的情况下，大部分化工产品价格整体偏软，部分产品如苯、甲苯、苯乙烯、丙酮等大宗商品失去成本支撑后一路下行。整体来讲，原油价格的下跌对石化产业链的影响很大，将化工行业拖向深度调整的轨道。但从中长期来看，原油价格大幅降低将有效降低化工相关企业的生产成本，由于化工子行业众多，且供需格局各不相同，预计后期部分供需格局良好的行业将会受益于原材料成本的下降。

产业信息网发布的《2015～2020年中国无烟煤市场监测及投资战略研究报告》指出：因下游需求放缓，从2013年年中开始国内大型煤炭企业开始降价促销，中小企业纷纷停产减产，煤炭价格持续下跌，总体煤炭产量同比下降。2014年1～9月全国煤炭产量增速为−1.3%，从供应端来看当前煤炭依然处于严重过剩状态，库存量依然较大。在下游需求缓慢复苏的情形下，预计2014年下半年煤炭价格在宽松的供应下上涨空间有限。从需求端来看，宏观经济疲弱，需求增长有限，加之预计2015年国际煤价并不乐观，产业信息网认为2015年煤价处于底部企稳的状态，虽有政府托底，但大幅上涨的可能性不大。

我国是天然气需求大国，2013年7月，发改委发布通知，决定自2013年7月10日起调整非居民用天然气门站价格。天然气价格一度高企，对下游企业盈利影响较大。我国天然气定价是以上一年燃料油和液化气的加权价定价，从2014年下半年起油价出现暴跌，预计2015年气价上涨可能性有限，在油价持续低位的情况下气价可能会迎来下调，届时天然气下游企业将从中获益。

1. 2014年我国石化化工行业运行情况

2014年，面对复杂多变的宏观经济形势，化工行业稳步推进转型升级，积极化解产能过剩，生产稳步增长，出口势头良好，市场供需总体稳定，节能减排取得积极进展，但行业效益大幅下滑，投资动力不足。

（1）生产总体增长。全年化工行业增加值累计同比增长10.4%，占全国工业的6.8%。大部分行业生产实现了不同程度的增长，硫酸产量8 846.3万吨，同比增长

6.8%；烧碱产量3 180.1万吨，增长7.9%；纯碱产量2 514.7万吨，增长3.5%；电石产量2 547.9万吨，增长12.9%；乙烯产量1 704.4万吨，增长7.6%；苯产量735.5万吨，增长2.6%；甲醇产量3 740.7万吨，增长26.2%；合成材料产量1.15亿吨，增长7.9%；轮胎产量11.1亿条，增长6.3%；涂料产量1 648.2万吨，增长7.9%；农药产量374.4万吨，增长1.4%；磷肥产量1 669.9万吨，增长2.6%；钾肥产量610.5万吨，增长13.5%；氮肥产量4 651.7万吨，下降3.4%。

（2）效益大幅下滑。2014年全年，化工行业主营业务收入8.8万亿元，同比增长8.2%，利润4 312.6亿元，增长0.33%，增速分别比2013年下降4.7个和11.9个百分点，利润率4.9%，比全国工业低1个百分点。呈现几个特征：一是前期效益较好的有机化学原料、农药和橡胶制品利润增速逐步下降，有机化工自8月份以来开始负增长，全年增速分别比2013年同期下降29.8个、32个和21.7个百分点；二是无机盐、氮肥、磷肥、合成材料利润增速已经分别连续10个、20个、36个和12个月负增长，1～12月分别同比下降8.8%、195.6%、17.9%和22.2%。氮肥和合成纤维分别亏损56.6亿元和37.4亿元；三是涂料、染料、专用化学品利润保持较高增速，1～12月分别增长13%、32.5%和13.4%，但增长势头有所放缓，分别比一季度降低15.9个、39个和8.6个百分点。

（3）出口保持良好势头。2014年全年，化工行业进口1 864.8亿美元，同比增长0.6%；出口1 621亿美元，增长11.1%。其中，有机化工原料和合成材料分别进口553亿美元和723.6亿美元，合计占化工进口的68.5%；橡胶制品出口523亿美元，增长9.2%，占化工出口的32.2%。化肥实物出口2 959.4万吨，增长52.4%；农药出口116.1万吨，增长6%。

（4）投资增速回落。全年化工行业完成固定资产投资1.56万亿元，同比增长10.5%，增速逐步回落，比2012年和2013年分别下降17.4个和4.1个百分点，新开工项目1 0714个，仅增长2.5%。呈现几个特征：一是市场倒逼产能过剩行业减少投资，1～12月无机酸、无机碱、无机盐、磷肥和轮胎行业固定资产投资分别同比下降6.2%、4.9%、11.2%、8.2%和1.4%；二是受前期效益较好等因素驱动，有机化工原料、农药、林产化学品、污染治理化学品等投资保持较高增速，分别同比增长18.4%、28.7%、21.7%和19.3%。

（5）节能降耗取得新进展。2014年前三季度，化工行业万元收入耗标煤421千克，同比下降3.6%。其中，乙烯、烧碱、电石、黄磷综合能耗分别为816.6千克标煤/吨、373千克标煤/吨、991.6千克标煤/吨和3 047.9千克标煤/吨，分别下降2.2%、3.2%、4.4%和5.5%；合成氨综合能耗1 348.7千克标煤/吨，同比持平。

（6）产能过剩矛盾依然突出。由于前期过剩程度严重，同时传统大宗化工产品需求增速明显下降，传统化工产能结构性过剩问题仍然严峻，低水平同质化竞争激烈，装置开工率低，包括：无机化工原料、农用化学品、橡胶制品、大部分有机原料和合成材料以及部分通用型化工新材料等。另外，染料行业是2014年少有盈利较好（增长32.6%）的行业之一，刺激了行业固定资产投资，计划总额同比增长52%，新开工项目增长37.2%，未来潜在的产能增长值得注意。

（7）创新能力不强。科技资源主要集中在大专院校和科研机构及大型国企，大部分中小企业科技创新能力弱。当前，个性化、差异化、绿色低碳的高端产品需求不断增多，而国内相关行业（如信息、环境用化学品）尽管有亮点，但并还未形成新的增长点，进口国外产品较多。另外，近期高附加值子行业的固定资产投资增速呈下降趋势，将影响行业未来创新能力的提升。

（8）资源环境安全压力较大。全年，天然橡胶、硫磺、钾肥进口对外依存度分别超过80%、48%、42%。化工行业的"三废"排放量较大，重大安全环保事故时有发生。进入化工园区企业的总产值不足全行业的50%，同时化工园区存在着数量过多、分布过散、规划建设水平不高等问题。危险化学品管理制度不健全，提升安全环保水平的基础性工作亟待加强。

（9）运行成本上升。化工行业物流、能源、财务成本上升。全年，化工行业每100元主营业务收入成本87.48元，同比上升0.58元，比全国工业高1.84元。由于原油价格大幅下跌带来的降价预期以及下游市场需求低迷，中间商和下游用户的进货意愿不强，使得化工产成品库存同比增长12.76%，比2013年同期提高4.74个百分点。由于资金的流动性降低等因素，化工行业财务费用同比增长20.9%，比2013年同期提高12.83个百分点。电力、天然气价格上升，安全环保、人工成本不断提高。

（10）下行压力不断加大。2014年，受下游市场需求不足、产能过剩问题、成本高位运行等因素影响，化工行业经济运行下行压力不断增大。从主营业务收入看，一季度增长10.7%，二季度10.1%，三季度9.1%，四季度只有3.9%。从利润看，一季度增长9.8%，二季度8.2%，三季度下降0.9%，四季度下降8.5%。

2. 2014年我国炼焦煤市场运行状况

2014年国内炼焦煤市场延续跌势，成交普遍不佳。在焦炭价格持续大幅下行影响下，炼焦煤市场经历了1～10月持续回落，在5～6月初出现大范围集中下调，华北、华东、东北各大矿纷纷下调炼焦煤挂牌价，幅度50～130元/吨不等，随后中下旬主流大矿挂牌价持稳，但因下游行情持续低迷，各地成交价频频暗降，市场悲观氛围不断蔓延。下游行情低迷，工厂采购情绪消极，无论是国产还是进口资源显有询盘，国内煤矿和洗煤厂库存继续攀升，港口进口焦煤现货库存水平更是达到历史高位，基于如此大的供应量，工厂方面始终消极应对采购，各品种炼焦煤采购价不断下调，直到2014年10月中旬，市场价格和成交量才出现好转，心态转为稳定。

3. 2014年国内精细化工行业运行状况

精细化工是生产精细化学品的化工行业，精细化工产品又被称为专用化学品，是基础化学品进一步深加工的产物。精细化工产品覆盖了社会经济生活的各方各面，从电子材料、涂料、医药、造纸、油墨、食品添加剂等，到航空航天、汽车、机械、建筑新材料、新能源技术等高新技术方面都具有广泛应用（相关报告：产业信息网发布的《2016～2022年中国精细化工市场态势调查与投资前景战略研究报告》）。

近年来，全球各个国家特别是工业发

达国家都把发展精细化工产品作为传统化工产业结构升级调整的重点发展战略之一，其化工产业均朝多元化及精细化的方向发展。随着社会经济的进一步发展，人们对电子、汽车、机械工业、建筑新材料、新能源及新型环保材料的需求将进一步上升，电子与信息化学品、表面工程化学品、医药化学品等将会得到迅速发展，全球范围内精细化学品市场规模将保持高于传统化工行业的速度快速增长。

精细化工行业属于技术密集型行业，行业附加值较高，同时能够体现一个国家综合技术水平，我国历来十分重视精细化工行业的发展，精细化工行业已经成为化工产业的重要发展方向之一。随着我国经济总量和居民收入水平的不断提升，人们对终端消费品需求的不断增长使得对具有特殊功能的精细化工产品的需求量也不断提高。

随着国内大力推进精细化工产业的发展，精细化学品行业市场规模增长一直较快，增长速度远高于化工产业的整体平均水平，根据国家统计局的资料显示，近年来我国化学原料及化学制品工业总产值一直保持较快速度增长，其中精细化学品占化学原料及化学制品的比重一直处于上升趋势。2011年全球精细化学品的市场规模约为1.6万亿美元，世界精细化学品的生产重心已经向中国发生明显转移，中国在全球精细化工的市场份额由2005年的11%上升至2011年的18%，我国已经超过日本，成为世界第三大精细化工生产大国。

精细化工在我国行业统计中体现为专用化学品，据Wind数据显示：2003年到2013年，我国化学原料及制品业务收入由8 858亿元增长到7.63万亿元，业务规模扩大超过8倍；而2003年到2012年我国专用化学品的营业收入从1 345亿元增长到1.70万亿元（见图42），业务规模扩大了13倍。

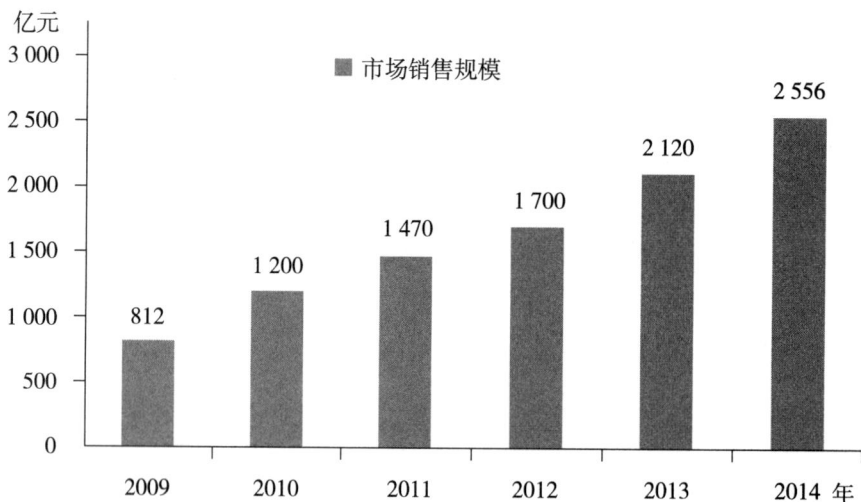

图42 2003～2013年我国专用化学品行业主营收入增长情况

2015年我国化工行业的市场状况

据生意社价格监测，2015年大宗商品价格涨跌榜中化工板块环比上升的商品共21种，其中涨幅5%以上的商品共10种，占该板块被监测商品数的8.5%；涨幅前3的商品分别为碳酸锂（150.53%）、溴素（40.43%）、过氧化氢（31.78%）。

环比下降的商品共有97种，跌幅在5%以上的商品共79种，占该板块被监测商品数的66.9%（见表43）；跌幅前三的产品分别为MIBK（−47.09%）、异丙醇（−42.04%）、丙烯酸甲酯（−39.89%），年均涨跌幅为～10.76%（见表43）。

表43　2015年化工板块大宗商品价格涨跌情况一览表

商品	行业	年初价格	年末价格	单位	年涨跌	同比涨跌
碳酸锂	化工	40 214.29	100 750.00	元/吨	+150.53%	+150.53%
溴素	化工	17 416.67	24 458.33	元/吨	+40.43%	+40.43%
过氧化氢	化工	764.60	1 007.60	元/吨	+31.78%	+31.78%
盐酸	化工	216.36	275.56	元/吨	+27.36%	+27.36%
硫酸铵	化工	480.00	611.00	元/吨	+27.29%	+27.29%
氯化铵	化工	407.50	477.50	元/吨	+17.18%	+17.18%
四溴双酚A	化工	22 616.67	26 500.00	元/吨	+17.17%	+17.17%
维生素B3	化工	41 800.00	45 000.00	元/吨	+7.66%	+7.66%
三聚氰胺	化工	5 427.27	5 740.91	元/吨	+5.78%	+5.78%
氯化钾	化工	2 082.50	2 198.33	元/吨	+5.56%	+5.56%
液氯	化工	716.67	733.33	元/吨	+2.32%	+2.32%
磷酸一铵	化工	2 065.00	2 103.00	元/吨	+1.84%	+1.84%
碳酸钾	化工	6 130.00	6 220.00	元/吨	+1.47%	+1.47%
R134a	化工	19 050.00	19 325.00	元/吨	+1.44%	+1.44%
三氯乙烯	化工	4 980.00	5 040.00	元/吨	+1.20%	+1.20%
磷酸二铵	化工	2 656.25	2 681.25	元/吨	+0.94%	+0.94%
冰晶石	化工	5 881.00	5 910.00	元/吨	+0.49%	+0.49%
硝酸钾	化工	4 415.00	4 435.00	元/吨	+0.45%	+0.45%
甲苯	化工	5 005.45	5 018.75	元/吨	+0.27%	+0.27%
维生素B4	化工	4 633.33	4 637.50	元/吨	+0.09%	+0.09%
烧碱	化工	530.71	530.77	元/吨	+0.01%	+0.01%
活性炭	化工	11 195.00	11 185.00	元/吨	−0.09%	−0.09%
二氧化锆	化工	32 333.33	32 075.00	元/吨	−0.80%	−0.80%
焦亚硫酸钠	化工	1 709.00	1 692.00	元/吨	−0.99%	−0.99%
硝酸铵	化工	1 559.00	1 541.00	元/吨	−1.15%	−1.15%
复合肥	化工	2 334.00	2 306.00	元/吨	−1.20%	−1.20%
氟化铝（干法）	化工	7 020.00	6 926.92	元/吨	−1.33%	−1.33%
正丙醇	化工	10 300.00	10 112.50	元/吨	−1.82%	−1.82%
硼酸	化工	4 803.33	4 683.33	元/吨	−2.50%	−2.50%

续表

商品	行业	年初价格	年末价格	单位	年涨跌	同比涨跌
白炭黑	化工	4 113.64	4 009.09	元/吨	−2.54%	−2.54%
磷矿石	化工	488.50	474.50	元/吨	−2.87%	−2.87%
磷酸	化工	4 392.50	4 250.00	元/吨	−3.24%	−3.24%
木糖醇（食）	化工	22 855.56	22 100.00	元/吨	−3.31%	−3.31%
氧氯化锆	化工	9 150.00	8 842.86	元/吨	−3.36%	−3.36%
黄磷	化工	15 030.00	14 450.00	元/吨	−3.86%	−3.86%
蓖麻油	化工	12 100.00	11 631.82	元/吨	−3.87%	−3.87%
萤石	化工	1 559.00	1 496.00	元/吨	−4.04%	−4.04%
维生素C	化工	24 080.00	23 100.00	元/吨	−4.07%	−4.07%
混二甲苯	化工	5 281.00	5 059.17	元/吨	−4.20%	−4.20%
氢氟酸	化工	6 353.85	6 030.77	元/吨	−5.08%	−5.08%
硫黄（颗粒）	化工	1 241.11	1 173.00	元/吨	−5.49%	−5.49%
苯乙烯	化工	7 393.57	6 950.00	元/吨	−6.00%	−6.00%
六氟化硫	化工	53 186.00	49 800.00	元/吨	−6.37%	−6.37%
硫酸	化工	402.00	374.44	元/吨	−6.86%	−6.86%
尿素	化工	1 536.75	1 430.80	元/吨	−6.89%	−6.89%
乙烯	化工	961.30	889.20	美元/吨	−7.50%	−7.50%
多聚甲醛（96）	化工	5 128.57	4 742.86	元/吨	−7.52%	−7.52%
液氨	化工	2 366.36	2 181.11	元/吨	−7.83%	−7.83%
纯苯	化工	4 590.00	4 200.00	元/吨	−8.50%	−8.50%
原盐	化工	240.00	219.00	元/吨	−8.75%	−8.75%
OX	化工	5 450.00	4 940.00	元/吨	−9.36%	−9.36%
脂肪醇	化工	10 411.11	9 420.00	元/吨	−9.52%	−9.52%
PX	化工	6 750.00	6 081.25	元/吨	−9.91%	−9.91%
硫酸钾	化工	3 420.00	3 056.67	元/吨	−10.62%	−10.62%
环氧乙烷	化工	8 295.00	7 411.11	元/吨	−10.66%	−10.66%
丙烷	化工	4 422.22	3 927.27	元/吨	−11.19%	−11.19%
水杨酸（99%）	化工	14 380.00	12 750.00	元/吨	−11.34%	−11.34%
苯酚	化工	6 450.00	5 716.67	元/吨	−11.37%	−11.37%
聚四氟乙烯分散树脂	化工	50 722.22	44 944.44	元/吨	−11.39%	−11.39%
TDI（经销）	化工	13133.33	11 466.67	元/吨	−12.69%	−12.69%
三甲胺盐酸盐	化工	7 950.00	6 940.00	元/吨	−12.70%	−12.70%
左旋肉碱	化工	134.75	117.45	元/吨	−12.84%	−12.84%
轻质纯碱	化工	1 459.00	1 270.00	元/吨	−12.95%	−12.95%

商品	行业	年初价格	年末价格	单位	年涨跌	同比涨跌
乙醇	化工	6 000.00	5 185.71	元/吨	−13.57%	−13.57%
加氢苯	化工	4 925.00	4 243.75	元/吨	−13.83%	−13.83%
丙烯酸	化工	6 360.00	5 450.00	元/吨	−14.31%	−14.31%
电石	化工	2507.27	2 144.00	元/吨	−14.49%	−14.49%
甲酸	化工	2 300.00	1 966.67	元/吨	−14.49%	−14.49%
重质纯碱	化工	1 564.29	1 337.50	元/吨	−14.50%	−14.50%
丙烯（华东）	化工	6 361.11	5 413.00	元/吨	−14.90%	−14.90%
硝酸	化工	1 365.00	1 160.00	元/吨	−15.02%	−15.02%
C5石油树脂（5#）	化工	12 260.00	10 410.00	元/吨	−15.09%	−15.09%
六氟丙烯	化工	48 666.67	41 166.67	元/吨	−15.41%	−15.41%
顺酐（99.5%）	化工	7 100.00	6 000.00	元/吨	−15.49%	−15.49%
有机硅DMC	化工	17 060.00	14 328.57	元/吨	−16.01%	−16.01%
1,4−丁二醇	化工	9 633.33	8 083.33	元/吨	−16.09%	−16.09%
钛白粉（硫.金.厂）	化工	12 992.00	10 900.00	元/吨	−16.10%	−16.10%
粗苯	化工	3 905.71	3 233.75	元/吨	−17.20%	−17.20%
DMF	化工	5 033.33	4 150.00	元/吨	−17.55%	−17.55%
丙烯酸正丁酯	化工	8 000.00	6 485.71	元/吨	−18.93%	−18.93%
炭黑	化工	6 022.73	4 855.56	元/吨	−19.38%	−19.38%
苯酐（华东）	化工	6 175.00	4 975.00	元/吨	−19.43%	−19.43%
草甘膦（市场）	化工	23 060.00	18 560.00	元/吨	−19.51%	−19.51%
纯MDI	化工	20 625.00	16 500.00	元/吨	−20.00%	−20.00%
苯胺	化工	6 775.00	5 414.29	元/吨	−20.08%	−20.08%
甲醛（37%）	化工	1 270.77	1 011.54	元/吨	−20.40%	−20.40%
MDI	化工	13 640.00	10 833.33	元/吨	−20.58%	−20.58%
丁二烯	化工	7 123.33	5 562.22	元/吨	−21.92%	−21.92%
甘氨酸	化工	11 400.00	8 885.71	元/吨	−22.06%	−22.06%
环己酮	化工	8700.00	6 720.00	元/吨	−22.76%	−22.76%
醋酸乙酯	化工	5 859.09	4 513.64	元/吨	−22.96%	−22.96%
石蜡	化工	5 888.89	4 522.22	元/吨	−23.21%	−23.21%
环氧氯丙烷	化工	10 180.00	7 816.67	元/吨	−23.22%	−23.22%
乙二醇	化工	6 266.67	4 782.86	元/吨	−23.68%	−23.68%
醋酐	化工	5 666.67	4 256.67	元/吨	−24.88%	−24.88%
维生素A	化工	130 250.00	96 600.00	元/吨	−25.83%	−25.83%
DOP（华东）	化工	8 325.00	6125.00	元/吨	−26.43%	−26.43%

续表

商品	行业	年初价格	年末价格	单位	年涨跌	同比涨跌
维生素B5	化工	78 600.00	57 750.00	元/吨	−26.53%	−26.53%
氯乙酸（硫黄法）	化工	4 353.00	3 175.00	元/吨	−27.06%	−27.06%
环氧丙烷	化工	11 357.14	8 283.33	元/吨	−27.06%	−27.06%
丙烯酸异辛酯	化工	10 400.00	7 560.00	元/吨	−27.31%	−27.31%
多晶硅	化工	156 833.33	112 266.67	元/吨	−28.42%	−28.42%
辛醇	化工	7 257.14	5 190.00	元/吨	−28.48%	−28.48%
丁酮	化工	7 575.00	5 394.44	元/吨	−28.79%	−28.79%
醋酸	化工	2 631.25	1 856.25	元/吨	−29.45%	−29.45%
煤焦油（高温）	化工	1 970.91	1 390.00	元/吨	−29.47%	−29.47%
R22	化工	13 525.00	9 244.44	元/吨	−31.65%	−31.65%
三氯甲烷	化工	2 375.00	1 560.00	元/吨	−34.32%	−31.28%
正丁醇（工业级）	化工	6 366.67	4 177.78	元/吨	−34.38%	−34.38%
维生素E	化工	63 100.00	41 000.00	元/吨	−35.02%	−35.02%
二甘醇	化工	6 600.00	4 262.86	元/吨	−35.41%	−35.41%
丙酮	化工	5 516.67	3 516.67	元/吨	−36.25%	−36.25%
醋酸丁酯	化工	6 935.71	4 392.86	元/吨	−36.66%	−36.66%
二氯甲烷	化工	3 050.00	1 868.00	元/吨	−38.75%	−38.75%
己二酸	化工	9 128.57	5 540.00	元/吨	−39.31%	−39.31%
丙烯酸甲酯	化工	10 580.00	6 360.00	元/吨	−39.89%	−39.89%
异丙醇	化工	8 100.00	4 694.44	元/吨	−42.04%	−42.04%
MIBK	化工	12522.22	6625.00	元/吨	−47.09%	−47.09%

1. 2015年我国石化化工行业运行情况

2015年是我国"十二五"收官之年，由于全球经济继续深度调整，我国经济下行压力加大。受国内经济增长放缓、国际油价断崖式下跌等因素影响，固定资产投资持续低迷，石化化工行业下行压力仍然较大。

（1）产量总体增长。2015年，石化行业增加值同比增长7.2%，化工行业增加值同比增长9.3%，大部分行业生产实现了不同程度的增长。合成材料总产量1.23亿吨，增长8.2%；苯产量783.1万吨，增长6.6%；乙烯产量1 714.5万吨，增长1.6%；硫酸产量8 975.5万吨，同比增长4.0%；纯碱产量2 591.7万吨，增长3.1%；甲醇产量4 010.5万吨，增长8.3%；农药产量374.1万吨，增长2.3%；化肥总产量7 627.3万吨，增长7.3%；轮胎行业受美国"双反"的影响下降4.0%，产量为9.25亿条。

（2）效益整体下滑。2015年，石化全行业效益总体下滑。主营业务收入为12.74万亿元，下降6.1%；利润总额6 265.2亿元，下降18.3%；上缴税金1.03万亿元，增长3.7%。其中，石化行业实现主营收入3.9万亿元，同比下降20.53%；利润总额1 615.6亿元，同比下降50.99%；上缴税金7 107.6亿元，同比增长1.52%。化工行业实现主营收入8.84万亿元，同比增长1.9%；利润总额4 603.4亿元，增幅6.3%；上缴税金2 880.3亿元，增长5.1%。

（3）结构调整逐步加快。2015年，合成材料、专用化学品、精细化学品等附加值较高的行业引领增长。其中，合成材料制造业增加值增幅达11.6%，专用化学品制造增长11.1%，涂（颜）料制造业增长9.5%，增速明显高于其他行业。基础化学原料增速明显放缓，无机化学原料产量增幅只有1.9%。产品生产增长结构进一步优化。天津港"8·12"事故后，在中央专项建设基金的引导下，城镇人口密集区高风险危险化学品生产企业搬迁改造加速,化工生产企业进入化工园区的比例进一步提升。

（4）能源效率继续提高。2015年，化工全行业重点产品能耗继续下降，行业能效明显提升。前三季度，我国吨原油加工量综合能耗下降1.0%，吨乙烯产量综合能耗下降0.1%，吨烧碱产量综合能耗下降2.0%，电石和合成氨分别下降1.1%和1.0%。石油和化工行业总能耗增长1.6%，同比回落近5个百分点，为三年来同期最低增幅。化学工业万元收入耗标煤同比下降1.1%。

（5）结构性过剩严重。去产能化虽取得了一定成效，但氯碱、化肥、轮胎、基础化学原料制造等行业产能过剩问题依然十分严重。由于市场供需失衡，一些大宗化工产品价格长期低迷，价格一跌再跌。2015年，PVC通用树脂市场年均价格跌幅逾12%；尿素价格在连续两年大跌后，受成本支撑，均价比2014年仅略有上升；烧碱

价格降幅6%；电石价格降幅12%；甲醇价格降幅更是达到20%。相关数据和调查显示，氮肥、氯碱等出现行业性亏损；无机盐、甲醇、轮胎制造等行业利润连续两年或三年下降，企业经营普遍困难。

（6）行业要素成本上升。2015年以来，石化企业用工成本、融资成本、物流成本、环保成本、用电成本等呈上升趋势，虽然原材料等成本下降，但不足以抵消总成本上升。2015年，全行业100元主营收入成本为84.09元，其中，化学工业100元主营收入成本达87.0元，高出全国规模工业平均100元主营收入成本1.32元；全行业财务费用同比增长3.4%，而同期全国规模工业财务费用增幅仅为1.1%。石化化工行业的融资成本明显高于全国规模工业平均水平。

（7）行业税负加重。2015年，全行业税金总额同比增长5.0%，占全国规模工业税金总额的20.7%，与全行业收入下降6.1%、利润降幅18.2%形成明显反差。其中，化工行业税金总额同比增长约5.1%，收入增长却不足2%；而同期全国规模工业税金总额增长只有3.1%。化工行业高速增长的税负使行业的再生产能力和竞争力受到较大影响，使相当一部分企业生产经营陷入困难。

（8）安全环保压力大。随着我国工业经济和城镇化快速发展，原有的安全和职业卫生防护距离不断缩小，另一方面，随着生活水平的提高，人民群众对环保的要求不断提高，石化行业安全环保压力随之增大，城镇化与企业发展之间矛盾逐渐凸显。

2. 2015年我国各类化肥产量情况分析

据国家统计局公布数据显示，2015年我国共生产化肥7 627.36万吨，比2014年

增长7.3%，为近年来最大增幅。主要原因是新增化肥产能较多以及较高的企业开工率。

分品种看，磷肥产量增幅最大。2015年我国共生产磷肥2 026.4万吨，比2014年增长11.4%。2015年上半年国际市场需求良好，磷肥企业加大了出口力度，但下半年国际需求有所减弱，部分企业降低开工负荷。钾肥产量增幅排在第二位。2015年我国共生产钾肥611.9万吨，同比增长8.23%，这是我国钾肥产量首次突破600万吨大关，对保障国内供给、减少对国际钾肥的依赖具有积极作用。氮肥产量增幅排在第三位。2015年我国共生产氮肥4 943.8万吨，同比增长6.3%，虽然增幅最小，但扭转了2014年的产量下降局面。

从具体产品看，2015年我国共生产尿素3 446.5万吨，同比增长7.6%；共生产合成氨实物量5 791.4万吨，同比增长1.84%。

3. 2015年化学农药市场运行状况

据国家统计局统计，截至2015年12月我国化学农药总产量为358 315吨，与2014年同期相比下调0.5%。2015年1～12月我国累计生产化学农药3 741 082吨，比2014年同期上调了2.3%。

2015年我国杀虫剂产量有所上调，除草剂和杀菌剂产量下调。除草剂总产量为165 670吨，与2014年同期相比下调了6.3%，占当期全部化学农药产量的46%。杀虫剂总产量为44 226吨，与2014年同期相比下调了7.9%，占当期全部化学农药产量的12%。杀菌剂总产量为16 553吨，与2014年同期相比下调了12.4%，占当期全部化学农药产量的5%。

2015年1～12月我国累计生产除草剂1 773 997吨，比2014年同期相比下调了1.5%。累计生产杀虫剂513 536吨，与2014年同期相比下降了4.3%。累计生产杀菌剂182 126吨，比2014年同期相比下调了8.4%。

二、合成橡胶市场

2014年我国合成橡胶的市场状况

2014年国内汽车需求继续增长，但呈现出乘用车增长、商用货车需求下跌的局面。轮胎及鞋等橡胶制品的出口继续增长，但受输美轮胎再遭"双反"影响，乘用车和轻卡车胎出口增速减缓，而客货车胎出口大幅增长。在上述多种因素的影响下，我国橡胶需求同比小幅增加，但在供需严重失衡、天然橡胶替代增加等因素的影响下，合成橡胶表观需求量较2013年则有小幅减少。2014年合成橡胶价格同比继续下跌，行业总体盈利水平不及上年。

1. 汽车产销量继续增长但增速下降

近年来，受到国内经济转型、新兴经济体及欧元区经济仍疲软等因素影响，国内汽车总体需求增速有所减缓。2014年国内乘用车需求继续增长，但商用货车需求同比减少；汽车出口量也有所下降。

2014年，我国汽车产量及销量分别为2 372.3万辆和2 349.2万辆，同比分别增长7.3%和6.9%。从全年汽车分车型数据来看：轿车产量为1 445万辆，同比增长7.7%，较上年下降11.6个百分点；客车产量为607.7万辆，同比增长16.1%，增速提高6.6个百分点；货车产量为319.6万辆，同比减少

7.9%，产量较2010年顶峰时减少了18.5%。从车型占比变化看，2014年轿车产量占汽车总产量的60.9%，较上年提高了0.3个百分点；客车产量占汽车总产量的25.6%，占比较上年提高1.9个百分点；货车产量占汽车总产量的13.5%，占比较上年减少了2.2个百分点，货车占比连续几年持续下降。2011～2014年来我国汽车月度产量变化趋势见图43。

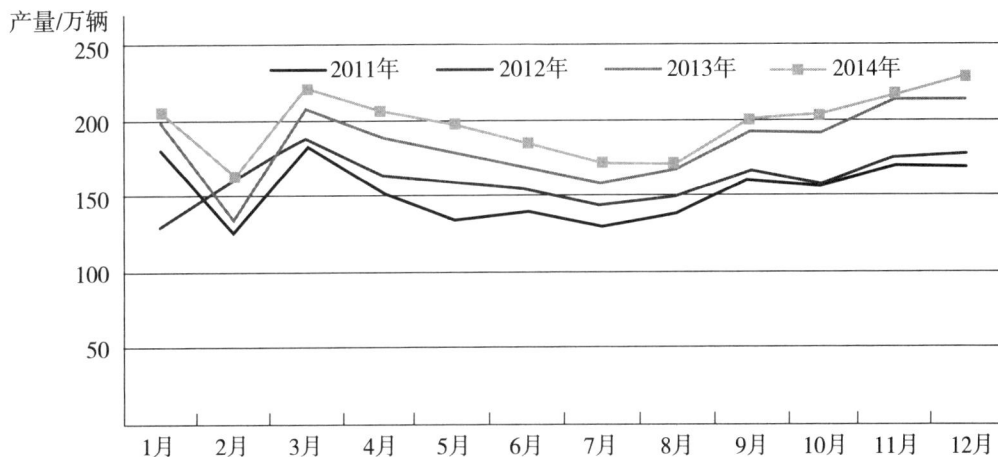

图43　2011～2014年我国汽车月度产量变化趋势图

据海关统计，2014年我国汽车出口90万辆，同比继续减少，降幅2.2%。其中小轿车出口量37.1万辆，同比减少12.6%，占出口总量的41.2%；小客车出口也减少3.5%；而货车出口小幅增加3.8%，占出口总量的33%；越野车则大幅增加70.8%，但占比较小。我国汽车主要出口到新兴经济体国家和地区，近两年受其经济疲弱等因素影响，出口数量呈缩减态势。

2. 轮胎出口增速明显下降

据国家统计局数据，2014年我国共

生产轮胎外胎11.14亿条（含部分摩托车胎），同比增长6.3%，增幅较上年下降近10.1个百分点。其中子午线轮胎共生产6.31亿条，同比增长8.1%，增幅同比减少9.0个百分点。2014年，我国共出口汽车轮胎2.76亿条，同比增长11.5%，增幅下降4个百分点。其中乘用车及轻卡轮胎、客货车轮胎出口量分别为1.92亿条和8 417.4万条，同比分别增长8.0%和20.4%，同比增幅分别较2013年下降6.8个百分点和提高3.2个百分点（见图44）。

出口量/万条

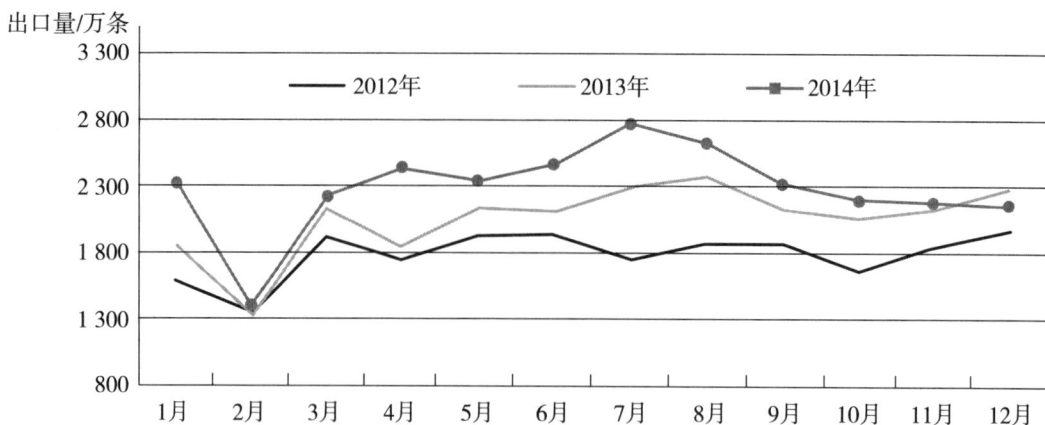

图44 2012～2014年我国汽车轮胎月度出口变化趋势

小客车胎出口增速下滑的主要原因是2014年6月3日美国钢铁联合会再次向美国商务部和美国国际贸易委员会提出对华轮胎实施贸易制裁措施。2014年7月15日美国商务部正式发起"双反"调查，7月22日美国际贸易委员会裁定中国产品对美相关产品造成实质性损害，11月21日和2015年1月20日美商务部分别做出反补贴和反倾销的肯定性初裁。

随着"双反"调查，输美乘用车及轻卡轮胎出口量减少，特别是做出初裁之后，2014年后两个月出口量较2013年同期出现明显减少。2014年我国共出口美国汽车轮胎7 235.6万条，同比增加9.6%，增幅较上年下降31.4个百分点。其中乘用车及轻卡轮胎出口量同比减少2.6%，而随着美国经济恢复，我国客货车胎对美出口量大幅增加43.0%（见图45）。

出口量/万条

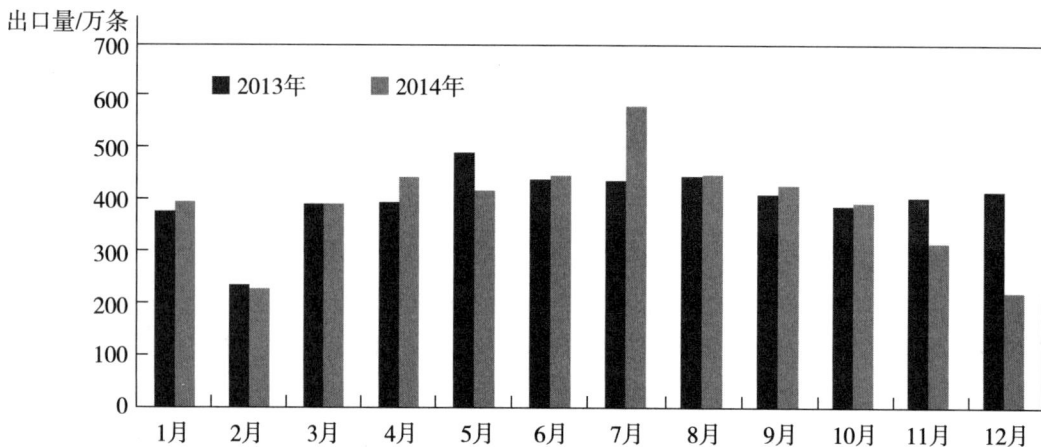

图45 2013～2014年我国小客车轮胎出口美国变化趋势

从轮胎出口目的地来看，2014年出口美国轮胎占我国轮胎出口总量的26.2%，美国仍是我国最大的出口国家。欧洲市场也

是我国轮胎出口较多的市场，2014年出口欧洲地区轮胎数量占国内出口总量的1/4左右，但占比较轮胎标签法实施前有所下降

（见图46）。

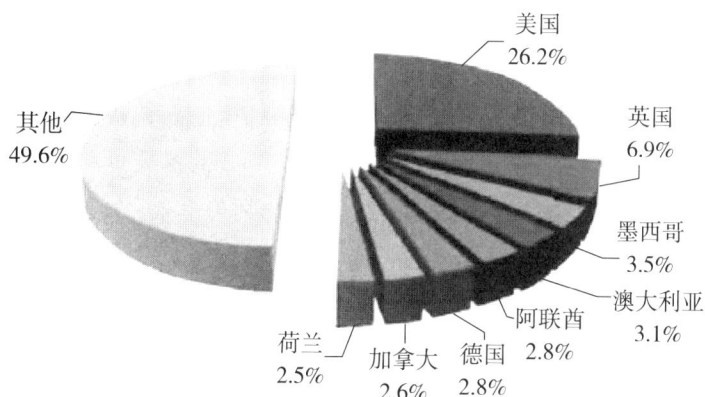

图46　2014年我国汽车轮胎出口的主要市场

3. 鞋类产品出口增速小幅增加，出口量再创新高

2014年，美国经济强劲复苏，欧洲经济也有所恢复，中国鞋品出口量小幅增加，出口金额增10%以上。当年，我国共出口各类鞋107.4亿双，再度小幅攀高，同比增长1.5%；出口额达538.4亿美元，同比增长11.8%。

从出口地区来看，出口美国138.4亿美元，同比增长9.8%，占国内出口总额的28.9%；而出口欧盟118.9亿元，同比增长11.2%，占国内出口总额的24.9%；此外，出口拉美、东盟地区同比增速也在10%以上，出口中东、俄罗斯等其他国家和地区均有不同程度的增长，其中出口东盟七国的占比已由2010年的3.5%提高到2014年的8.7%。

4. 合成橡胶生产能力继续增长，需求呈小幅减少趋势

自2008年开始，我国合成橡胶进入新一轮的快速扩张期。过去五年，国内合成橡胶生产能力增加300万吨/年以上，年均增长18.3%；而消费增速仅为4.8%，产能增速明显高于需求增长。2014年合成橡胶行业平均开工率下滑到53%左右，行业处于严重过剩状态。截至2014年末，我国合成橡胶总产能为556万吨/年。

2014年，国内合成橡胶表观需求量为406万吨，同比小幅减少1.8%。主要品种中除乙丙胶及丁基胶消费量同比增加外，其他品种均有所减少。其中丁苯胶及顺丁胶同比下降2%～4%，丁腈胶和氯丁胶降幅在10%以上，异戊胶则大幅减少40%以上。

2014年，国内汽车需求仍增长，橡胶总需求同比也小幅增加，其中天然橡胶需求呈正增长，而合成橡胶则呈负增长。合成橡胶需求同比减少的原因有三点：一是天然橡胶对合成橡胶替代增多。2014年天然橡胶价格大幅下跌，下游轮胎行业自二季度以后纷纷更改配方增加天然胶用量，合成橡胶在橡胶总消费中的比例下降。2014年国内天然橡胶表观消费量为486万吨，同比增长4%。二是2013年上半年合成橡胶制品企业库存较高，导致表观消费基数偏高。这主要是因为2012年底和2013年初市场普遍预期胶价仍将上涨，从而加大了投机的库存需求。三是轮胎需求结构的

变化也不利于合成橡胶需求增长。近两年国内货车需求增速虽有所下降，但轮胎出口结构中客货车胎出口增速明显高于乘用车和轻卡胎出口增速，前者天然橡胶用量较大，而后者合成橡胶需求占比较高。

由于供需严重失衡，加之天然橡胶冲击，国内合成橡胶装置盈利水平大幅下降，行业开工率下滑到不足60%。丁苯胶及顺丁胶毛利水平基本在盈亏平衡点附近波动，盈利状况差及供应过剩，使得顺丁胶装置开工率在50%以下；异戊胶受天然橡胶影响更大，行业开工率不足10%。

随着需求减少，国内合成橡胶产量及净进口量同比也均有所减少。2014年国内合成橡胶产量约294万吨，同比减少2.4%；净进口112.2万吨，同比减少0.2%。从进口品种看，乙丙胶及丁基胶进口量仍继续大幅增加，增幅达15%～20%；其他品种进口量均有所减少，其中顺丁胶及丁苯胶进口量减少10%左右，异戊胶减少44%。

5. 合成橡胶出口量继续减少，周边国家和地区仍为主要出口市场

2012年以来，我国合成橡胶出口量持续减少，2014年出口量跌至16.1万吨（海关口径），同比减少10.2%，较2011年的历史高点减少37%。

我国合成橡胶出口目的地较分散，2014年共出口到136个国家和地区，周边国家和地区占出口总量的1/2以上。其中，越南、中国香港、泰国等是排在前几位的出口地区（见图47）。

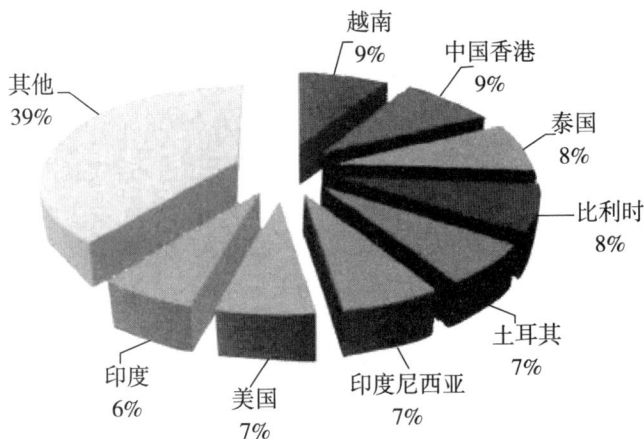

图47 2014年我国合成胶主要出口市场

出口较多的品种主要是丁苯橡胶、顺丁橡胶、丁基橡胶等。

6. 橡胶及原料价格继续回落，合成橡胶盈利水平不及上年

2014年，国内主要合成橡胶品种及原料价格同比下跌幅度为10%～15%。天然橡胶价格则大幅下跌30%左右。四季度油价大幅下跌后，合成橡胶盈利水平略有好转，但全年平均水平仍不及2013年。

2014年，丁二烯价格呈先震荡下跌、攀升、再回落的走势。东南亚CFR（到港价）全年平均价格为1 272美元/吨，同比下跌13.3%；国内市场评估均价为9 939元/吨，同比下跌11.s%。丁二烯价格的震荡下跌，

对合成橡胶价格的支撑作用明显减弱。

同年，天然橡胶价格呈先震荡回落、四季度盘整的态势。全年的平均价格（国产全乳胶）为13 507元/吨，同比下跌31.6%。需求增速减缓、供应进入产胶高峰是其价格大幅下跌的主要原因。但价格的大幅下跌及盈利水平的下降反过来又抑制了产出、促使价格回稳。

在丁二烯及天然橡胶价格下跌、供应大幅过剩等因素的影响下，合成橡胶价格同比也继续下跌。其中顺丁胶及丁苯胶价格下跌10%～15%，SBS价格下跌15%～20%。

由于橡胶与原料相比，价格跌幅更大，2014年合成橡胶毛利空间大幅缩窄，全年平均毛利跌幅在10%以上。其中丁苯胶毛利同比减少10%、顺丁橡胶减少22%，SBS（苯乙烯-丁二烯-苯乙烯嵌段共聚物）减少高达35%左右。

2015年我国合成橡胶市场运行情况

2015年，世界经济继续缓慢增长，但增速较2014年略有减缓。各经济体继续分化，美国经济仍较强劲，欧洲经济也进一步恢复，但巴西及俄罗斯等新兴经济体继续衰退，中国经济增速也放缓至7%以下。

2015年我国汽车产销总体仍继续增长，但呈现出金融危机后少有的低迷态势。受汽车需求增速下滑、输美轮胎再遭"双反"、经济下行等多因素影响，轮胎产量、出口量较上年均有所减少。但受2014年基数低、对天然橡胶替代等影响，2015年我国合成橡胶需求同比有所增加，但价格同比大幅下跌，主要胶种装置的盈利水平变化不大。

1. 汽车产销增长，但增速下降，对合成橡胶需求的拉动作用减弱

2015年，受经济低迷、投资增速下滑等因素影响，我国新增汽车需求及用车强度下降。全年汽车产量为2 450.3万辆，同比增长3.3%，比上年下降4个百分点，汽车产销率为100.4%。其中，1～3季度汽车产销进入金融危机后少有的低迷阶段，不仅商用车继续维持负增长，轿车需求也出现萎缩态势；第4季度在小排量汽车购置税减半、电动汽车不限号等刺激政策的带动下，汽车产销大幅回升。

分车型数据来看，2015年轿车产量为1 375.3万辆，同比减少4.8%，出现入世以来的首次负增长；客车产量为791.8万辆，同比增长30.3%，增速提高14.2个百分点，主要是因为SUV, MPV等热销车型被统计在轻客中；货车产量为283.3万辆，同比减少11.4%，降幅较上年扩大3.5个百分点（见图48）。从车型结构变化看，轿车占汽车总产量的比例为56.1%，较上年下降4.8个百分点；客车占汽车总产量的比例为32.3%，较上年提高6.7个百分点；货车占汽车总产量的比例为11.6%，较上年下降1.9个百分点，已连续几年持续下降。

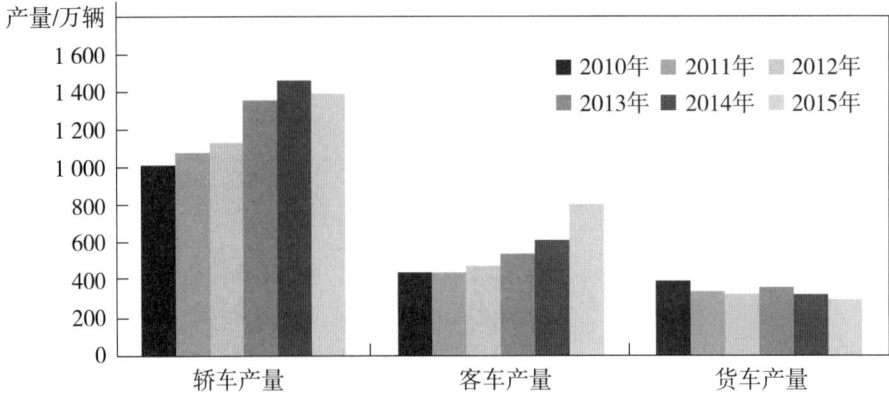

图48 近年来我国汽车年度产量变化趋势

从汽车出口看，由于我国汽车主要出口到新兴经济体国家和地区，受其经济疲弱等因素影响，出口数量呈缩减态势。据海关统计，2015年，我国汽车出口72万辆，同比继续减少，降幅达19.4% 其中，小轿车出口30.8万辆，同比减少17.0%，占总出口量的42.8%，占比提高1.5个百分点；小客车出口减少40.4%；货车出口减少26.2%，占总出口量的30.4%，占比下降2.5个百分点；2014年出口曾大幅增加的越野车的出口量也大幅下降42.2%。

2. 轮胎产量、出口增速双双下降

据国家统计局数据，2015年我国共生产轮胎外胎9.25亿条（含部分摩托车胎），

同比减少4.0%，增幅较上年收窄4.1个百分点。分类型看，子午线轮胎产量仍小幅增长，全年共生产6.18亿条，同比增长2.4%，增幅下降1个百分点。

2015年，我国共出口汽车轮胎2.56亿条，同比减少7.1%，这是入世以来国内汽车轮胎出口总量首次出现负增长。其中，乘用及轻卡轮胎出口量为1.77亿条，同比减少7.6%，首次出现负增长；客货车轮胎出口量为7 909.4万条，同比减少6.0%，是除2008～2009年金融危机时有所下降外的首次下滑。近两年我国汽车轮胎月度出口变化趋势见图49。

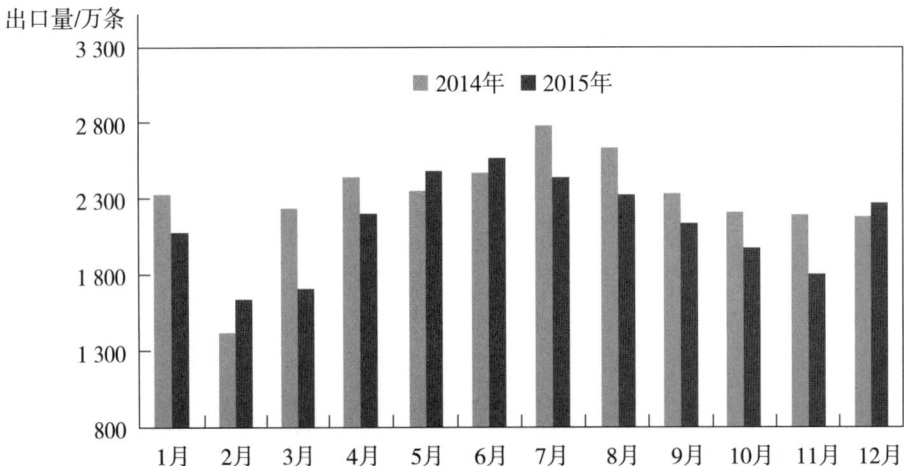

图49 近两年我国汽车轮胎月度出口变化趋势

造成我国汽车轮胎出口下滑的原因主要是受全球经济复苏放缓、美国对华轮胎实施"双反"等因素影响。由于出口美国的轮胎占比较大，"双反"政策的实施使我国轮胎出口受到重创，2015年国内汽车轮胎出口美国的总量为4 693.8万条，同比减少35.1%，占我国轮胎出口总量的比例由上年的26.2%降至18.3%。其中，小客车胎和客货车胎的出口量分别同比减少45.8%

和15.3%；小客车胎出口量占国内出口总量的比例为14.4%，较2014年下降10.2个百分点，较2008年时的最高占比39.4%下降了25个百分点。

从出口前10位的国家和地区看，2015年除美国占比大幅下降外，出口巴西的轮胎数量也大幅减少，2015年已被挤出前10位。其他出口地的占比均有所提高，其中以欧洲、中东国家为主（见图50）。

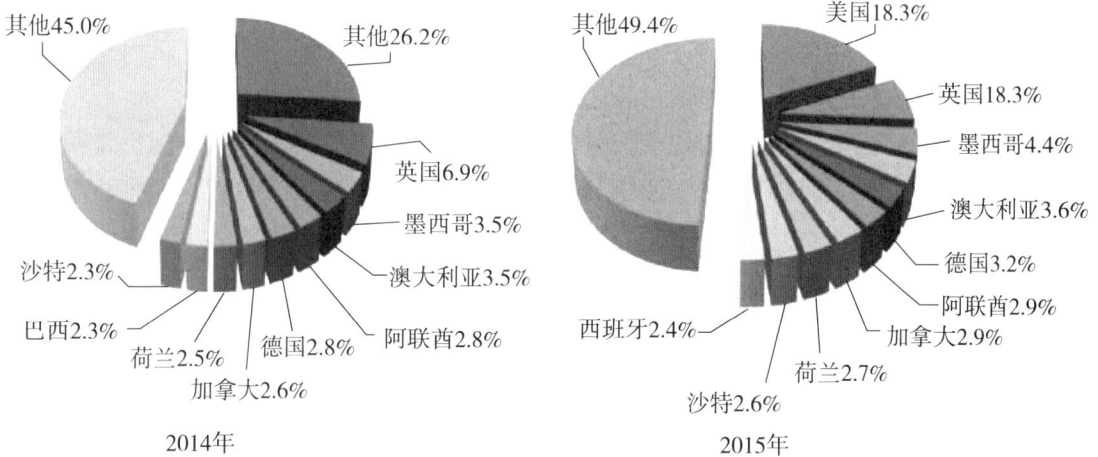

图50　2014～2015年我国汽车轮胎出口主要目的地变化情况

3. 受经济复苏减缓影响，鞋类产品出口量呈减少态势

2015年我国共出口各类鞋98.74亿双，同比减少8.1%；出口额511.1亿美元，同比减少4.2%。

从分地区的出口金额看，出口美国的金额为871.73亿元，占国内鞋类产品出口总额（下同）的25.3%，较上年提高1.7个百分点；出口欧盟的金额为688.97亿元，占20%，较2014年基本持平；出口东盟、拉美地区的占比呈增长趋势；受经济冲击，俄罗斯的鞋类需求下降，其出口占比较上年下降2个百分点；出口中东、我国香港等地区的占比也有所降低。

4. 合成橡胶产能增加较多，需求有所增长，装置利用率仍较低

2010～2015年，国内合成橡胶行业生产规模由283万吨/年增至603万吨/年，年均增长16.4%。其中，2015年新增产能52万吨/年。在此期间，消费增速仅为3.9%，产能增速明显高于需求增长。2015年行业平均开工率下滑至52%左右，仍处于严重过剩状态。

2015年，国内合成橡胶表观消费量为435万吨，同比增加7.1%。在主要品种中，除丁基橡胶和氯丁橡胶的消费量同比减少外，其他品种均有所增加。其中，丁苯橡胶（SBR）和顺丁橡胶（BR）分别同比增长1.7%和4.9%，丁苯热塑性弹性体（SBCs）、丁腈橡胶（IQBR）、乙丙橡胶（EPR）、异戊橡胶（IR）等增幅均在10%以上。

从橡胶总体消费看，由于国内汽车消费增速减缓，橡胶总体消费也较低迷。与2014年相反，由于价差变化，2015年我国合成橡胶对天然橡胶的替代需求有所增多，合成橡胶表观消费量由负转正，而天然橡胶消费同比减少，2015年的表观消费量为454万吨，同比下降6.6%。天然橡胶库存较2014年增加5～6万吨，由此估计天然橡胶实际消费同比下降10%以上。由于需求疲软、供应过剩，国内主要合成橡胶品种盈利水平普遍下滑，行业平均开工率也继续小幅下滑。丁苯橡胶及顺丁橡胶的毛利水平仍在盈亏平衡点附近波动，2015年全年平均盈利较2014年仅有小幅增加。其中，顺丁橡胶装置平均开工负荷不足50%；丁基橡胶、异戊橡胶、乙丙橡胶的平均开工负荷在20%～30%；异戊橡胶的开工负荷虽较上年有所提高，但仍不足20%。

5. 合成橡胶进口继续增长，来自东南亚的进口量明显增加

近年来，虽然国内合成橡胶的产能大幅增加，但受产需结构性矛盾、低价进口产品、贸易政策等因素影响，国内合成橡胶的进口量仍然较大，2015年的进口量达137万吨，同比增长7.2%。

从进口品种看，丁苯橡胶和顺丁橡胶分别进口39.7万吨和24.9万吨，同比增加21%和20.4%；SBCs受盈利水平较高影响，进口增幅高达40.1%；丁腈橡胶和异戊橡胶的进口量也有不同程度增加。但受供应增加较多、需求减弱影响，乙丙橡胶、丁基橡胶、氯丁橡胶的进口量较上年则有所减少。

从进口来源看，尽管韩国仍是我国合成橡胶的最大进口来源国，但来自泰国、马来西亚、越南、新加坡等东南亚地区的数量明显增多。

根据海关数据，过去五年间，我国合成橡胶进口量年均增长4.8%。来自中国台湾、俄罗斯、日本、韩国等周边国家和地区的数量在呈下降趋势，年均减少3.6%；尤其是中国台湾和俄罗斯，年均减少9%～10%。来自东南亚地区的合成橡胶进口量在快速增加，年均增长20%以上（见图51）。

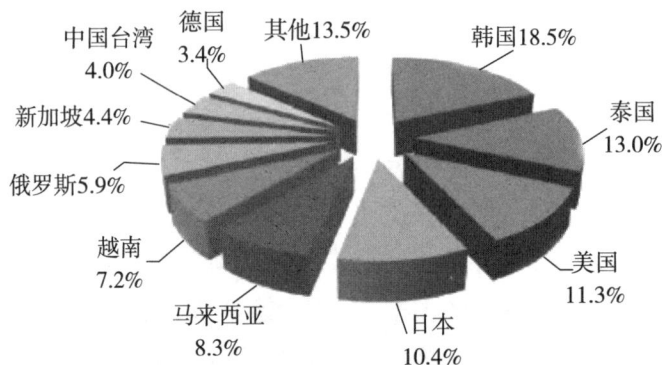

图51　2015年我国合成橡胶的主要进口来源

近年来，东南亚地区的合成橡胶装置能力快速增加，而消费增速较低，加之东盟自贸区的建立，关税政策的变化，东南亚地区新增产能均将中国作为其主要目标市场。该地区的合成橡胶装置投资商主要来自日本、欧洲等地的国际知名厂商，高端产品居多，竞争力较强，其中以新加坡的高端橡胶装置最为集中。

从品种看，来自东南亚的丁基橡胶、丁苯橡胶、顺丁橡胶、乙丙橡胶四个产品的进口量快速增加，过去五年的年均增长26%，远高于来自其他地区的进口量。其中，丁苯橡胶中溶聚丁苯橡胶（SSBR）的进口量快速增加（见图52）。

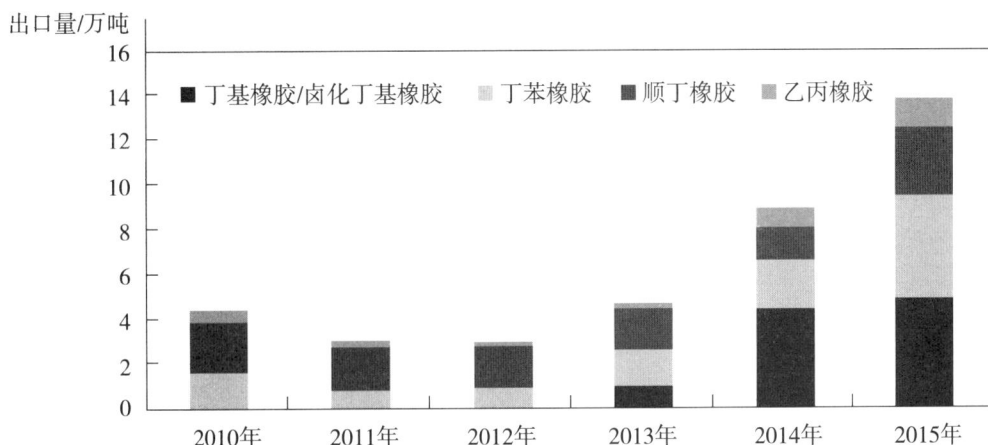

图52　2010～2015年我国主要合成橡胶地区进口量变化情况

6. 合成橡胶出口量继续减少，周边国家和地区仍为主要出口市场

2012年以来，我国合成橡胶出口量持续减少，2015年出口量降至14.2万吨，同比减少11.7%，较2011年的历史高点减少44.3%。

我国合成橡胶的出口目的地较为分散，2015年共出口到139个国家和地区，周边国家和地区占出口总量的一半以上，其中越南、泰国、中国香港、印度尼西亚等位居前几位（见图53）。

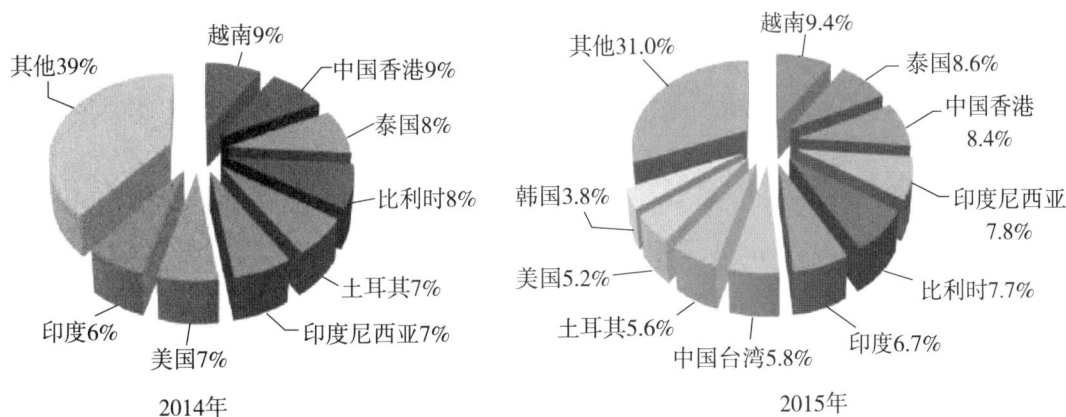

图53　2014～2015年我国合成橡胶主要出口市场变化情况

出口较多的品种主要是丁苯橡胶、SBCs、顺丁橡胶、丁基橡胶等。

7. 橡胶及原料价格继续回落，合成橡胶盈利水平不及上年

2015年，国内主要合成橡胶品种及原料价格同比下跌幅度在20%以上；天然橡胶（NR）价格下跌近15%。原料价格跌幅略高于合成橡胶跌幅，顺丁橡胶及丁苯橡胶盈利水平略有好转，但仍在赢亏平衡点附近。

2015年，丁二烯（BD）价格呈上半年震荡攀升、下半年震荡回落的走势。东南亚CFR全年平均价格为875.2美元/吨，同比下跌31.1%；国内市场价格为7 242元/吨，

同比下跌27.1%。丁二烯价格的震荡下跌，对合成橡胶价格的支撑作用明显减弱。

同样，2015年上半年天然橡胶价格震荡攀升、下半年呈回落态势。全年的平均价格（国产全乳胶）为11 509元/吨，同比下跌14.8%。

在油价大跌、丁二烯及天然橡胶价格下滑、供应过剩、需求较疲弱等因素的共同影响下，合成橡胶价格同比继续下跌。其中顺丁橡胶及丁苯橡胶价格下跌幅度均在20%以上；但受需求较好、盈利水平较高影响，SBS价格仅下跌不足5%。近年来国内市场橡胶及原料价格变化趋势见图54。

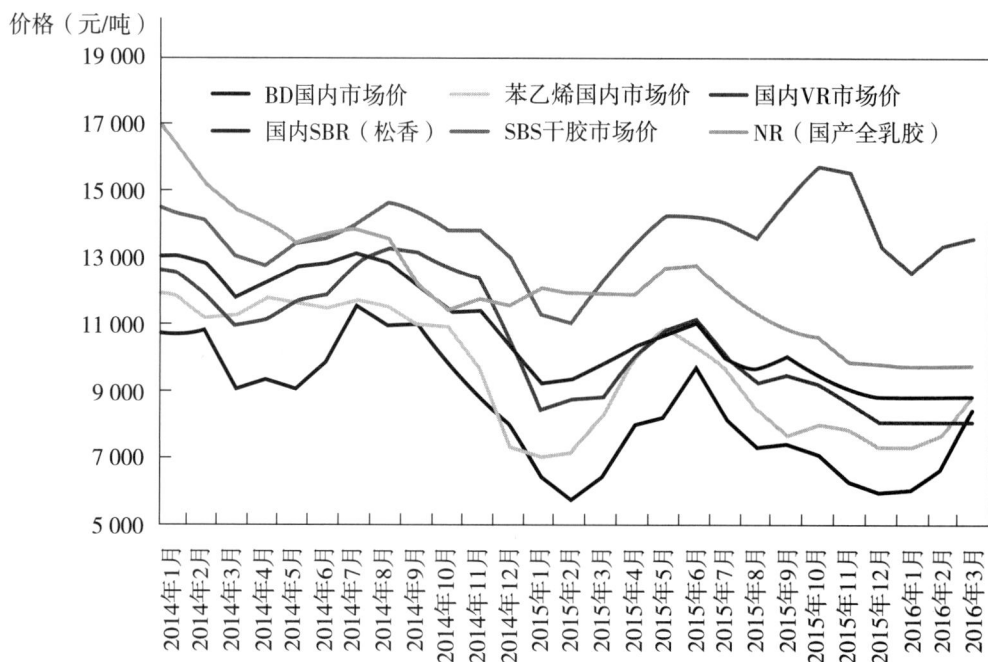

图54　2014～2016年国内市场橡胶及原料价格变化趋势

第六部分

造船市场

2014年我国造船行业的市场状况

2014年1～9月，全国造船完工量2 606万载重吨，同比下降14.9%，其中海船为947万修正总吨；新承接船舶订单量5 249万载重吨，同比增长37.9%，其中海船为1 656万修正总吨。截至9月底，手持船舶订单量15 471万载重吨，同比增加35.7%，比2013年底手持订单增加18.1%，其中其中海船为4 854万修正总吨，出口船舶占总量的95.2%。2014年年前三季度，中国造船完工量、新接订单量、手持订单量以载重吨计分别占世界市场份额的38.3%、53.2%和47.6%。

2014年，面对世界经济复苏放缓、国内经济下行压力加大、航运造船产能双过剩等不利局面，船舶行业在政策引导和市场倒逼下，加快调整转型步伐，奋力攻坚克难，经受住了新船需求前高后低、产能过剩矛盾突出、海洋工程产业风险突显等各种困难和风险的考验，综合竞争力逆势提升，世界造船大国地位进一步巩固，产业结构调整迈出了坚实步伐。

（一）经济运行基本情况

1. 造船完工降幅收窄

2014年，全国造船完工3 905万载重吨，同比下降13.9%，降幅比上年收窄10.8个百分点。分季度看，受应交船舶数量减少的影响，前三季度造船完工同比降幅较大，四季度逐步企稳回升。

2. 新接订单出现回落

2014年，全国承接新船订单5 995万载重吨，同比下降14.2%。分季度看，新接订单受市场萎缩影响，呈现前高后低态势。

3. 手持订单量大幅增长

2014年，全国手持订单量14 890万载重吨，同比增长13.7%。分季度看，前三季度手持订单持续增长，四季度受新接订单下降的影响，逐月回落。

4. 实现主营业务收入实现增长

据国家统计局统计，2014年，全国规模以上船舶工业企业共1 491家，实现主营业务收入6 334亿元，同比增长11.8%。分行业看，船舶制造企业4 011亿元，同比增长11.4%。船舶配套企业1 034亿元，同比增长11.1%。船舶修理企业250.7亿元，同比下降1.9%；按大中小型来看，大型企业3 160亿元，同比增长9.8%，中型企业1 573亿元，同比增长10.7%，小型企业1 601亿元，同比增长16.9%。

5. 实现利润总额小幅增长

据国家统计局统计，2014年，全国规模以上船舶工业企业实现利润总额261.1亿元，同比增长7%。分行业看，船舶制造企业153.2亿元，同比增长0.8%。船舶配套企业53.7亿元，同比增长10.2%。船舶修理企业2.2亿元，同比下降67.3%；按大中小型来看，大型124.2亿元，同比下降2.9%，中型企业59.5亿元，同比增长0.8%，小型企业77.4亿元，同比增长35.7%，中小型企业具有一定的抗风险能力。

6. 船舶出口降幅收窄

2014年，全国完工出口船3 311万载重吨，同比下降7.3%；承接出口船订单5 551

万载重吨，同比下降14.3%；截至12月底手持出口船订单14 280万载重吨，同比增长23.7%。出口船舶分别占全国造船完工量、新接订单量、手持订单量的84.8%、92.6%和95.9%。

2014年，我国船舶出口金额237.8亿美元，同比下降14.1%，降幅收窄11.2个百分点。按出口船舶产品分，散货船出口81.1亿美元，占比34.1%；集装箱船出口51.1亿美元，占比21.5%；油船出口22.7亿美元，占比9.5%；灯船、消防船、起重船等不以航行为主的船舶出口26.2亿美元，占比11%；浮动或潜水式钻探或生产平台20.3亿美元，占比8.5%；拖轮及顶推船出口12.9亿美元，占比5.4%；我国出口船舶产品中散货船、集装箱船和油船仍占主导地位。按出口市场分，向亚洲出口船舶140.5亿美元，占比59.1%，向非洲出口船舶10.6亿美元，占比4.5%。向欧洲出口船舶40.2亿美元，占比16.9%。向拉丁美洲出口船舶31.6亿美元，占比13.3%。向大洋洲出口船舶12.5亿美元，占比5.3%，亚洲仍然是我国最大的船舶出口市场。

（二）船舶工业运行的主要特点

1. 船舶工业获国家高度重视，支持政策加快落实

国务院和有关部门发布了《关于 海运业健康发展若干意见》《老旧运输船舶和单壳油轮报废更新实施方案》《高技术船舶科研项目指南（2014）》《海洋工程装备科研项目指南（2014）》《海洋工程装备工程实施方案》等配套文件。鼓励老旧运输船舶提前报废更新，支持行政执法、公务船舶建造和渔船更新改造，鼓励开展船舶买方信贷业务，加大信贷融资支持和

创新金融支持力度，加强企业技术进步，控制新增产能、支持产能结构调整等政策按计划有序推进。

2. 科技创新步伐加快，产品转型成效显著

2014年，我国骨干造船企业主动适应国际船舶技术和产品发展新趋势，强化需求引导，调整产品结构，大力发展技术含量高、市场潜力大的绿色环保船舶、专用特种船舶、高技术船舶，完工船舶修载比达到0.366，比去年提高0.024个百分点。批量承接了1.45万箱集装箱船、17.4万方液化天然气（LNG）船；9万吨冰区半潜船、1 600客位高端豪华客滚船、5 000吨起重铺管船。在船舶建造领域，产品转型成效显著，1.8万箱船进坞搭载、8 500车位汽车滚装船出坞、极地重载甲板运输船开工建造、超大型液化气船（VLGC）码头调试、4.5万吨集滚箱船进入系列化建造、7万/10万吨总吨级豪华邮轮等完成设计。在海工装备建造领域，海洋石油118号FPSO完工交付，深水钻井船、液化天然气浮式生产储卸装置（LNG-FPSO）、液化天然气浮式存储再气化装置（LNG-FSRU）及多型海工辅助船均实现自主研制。此外船舶企业在科研经费投入、科技队伍培养、科技创新及采用新工艺新流程等方面也取得显著的成绩。船舶制造业正朝着设计智能化、产品智能化、管理精细化、和信息集成化等方向发展。

3. 船舶、海工经营成绩斐然，世界造船大国地位进一步巩固

2014年，全球船舶市场新船订单量呈现前高后低态势，海洋工程装备市场一路下滑。市场环境出现了不利变化，但我国

船企和海工骨干企业凭借自身优势，努力承接订单。全年新承接订单5 995万载重吨，世界市场份额从上年度的47.9%上升到50.5%，继续保持世界第一。承接各类海洋工程装备订单31座、海洋工程船149艘，接单金额147.6亿美元，占全球市场份额的35.2%，比2013年提高了5.7个百分点，位居世界第一。

4. 产能过剩得到遏制，产业结构进一步优化

贯彻国务院《关于化解产能严重过剩矛盾的指导意见》的文件精神，各地、各集团积极开展造船产能清理工作，淘汰产能近千万余吨；支持有条件的船企转型海洋工程装备，转移造船产能约500万载重吨；停建了一批规划内的大型造船项目。开展《船舶行业规范条件》评审工作，共有二批60家企业通过评审予以公告；加强海洋工程装备制造管理，引导产业持续健康发展，《海洋工程装备规范条件》业已发布；贯彻国际造船新规范、新标准、全年完成222家企业、587人的培训工作，推进产品结构的转型升级。

5. 优势企业不断壮大，综合实力逆势提升

2014年，环渤海湾、长江三角洲和珠江三角洲三大造船基地造船完工总量占比超过90%，全国造船完工前10家企业集中度50.6%，前20家企业71.6%，前30家企业83.8%，分别比去年提高3.2、5.9和7.4个百分点，产业集中度进一步提高。我国有4家企业新接订单量位列世界前10强，中国船舶工业集团公司和中国船舶重工集团公司新接订单和手持订单分列世界造船集团第一名和第三名。一批海洋工程装备骨干企业逐步形成，市场竞争能力得到提高，国际地位得到提升。

6. 细分市场找准定位，骨干船厂错位接单

2014年，我国船舶企业不仅在三大主流船型上努力争取订单，在细分市场上找准定位取得了优异成绩。广州广船国际有限公司承接了2艘极地重载甲板运输船，1艘大型豪华客滚船；沪东中华承接4艘17.4万立方米液化天然气（LNG）船；中船澄西造船有限公司承接19艘"海豚型"散货船；中航鼎衡造船有限公司承接10艘2.5万吨不锈钢化学品船；大连中远船务工程有限公司、厦门船舶重工有限公司、福建东南造船有限公司、武昌船舶重工有限公司、浙江造船有限公司等批量承接海底支援船、锚拖供应船、平台供应船等高端海洋工程船。

7. 抓住机遇提高竞争能力，船舶配套业增长显著

2014年，在开工船舶同比大幅增长，国家淘汰老旧船舶等政策支持下，我国船舶配套产业出现恢复性增长。与此同时，骨干船舶配套企业加大科技研发，加强产品研制和市场拓展。交付了国内首台绿色环保W6X72主机、11S90ME-C9.2船用低速柴油机、6S40ME-B9.3型船用低速柴油机；自主研发的电力推进系统集成、高效扭曲舵、全回转舵桨系统、350吨双滚筒拖缆机、船舶综合导航系统、1 600千瓦伸缩全回转动力定位推进器等一批配套设备实现装船；自主研发的综合船桥系统及关键设备、低压大功率液压马达、SXD-MAN12V32/40原油发电机组、组合式拖缆吊车、DP3动力定位系统等产品技术填补国内空白，打破国外垄断；自主研制的自升式平台升降系统实现批量出口，动力定位系统获得用户认可。

统计显示，2014年，船舶配套企业主营业务收入942.7亿元，同比增长11.8%。完工船用低速柴油机近700万马力，同比增长71.6%。承接中低速柴油机超过1 200万千瓦，同比增长100%，锚铰机、舵机、吊机、增压器、螺旋桨、曲轴等主要配套产品产量同比也大幅增长，我国散货船本土化率达到80%左右、油船和中小型集装箱船本土化率达到70%左右。

（三）船业运行存在的问题

1. 市场需求前高后低，发展后劲略显不足

2014年，我国新船订单近6 000万载重吨，总体保持高位，但各季度成交量分别为2 584、1 496、1 168和747万载重吨，呈递减趋势。2014年一季度，延续了2013年底的较好行情，但后市需求明显下降。分析主要原因，一方面，世界经济复苏放缓，航运市场供求矛盾没有根本解决，订单逐步减少；另一方面，国际油价的暴跌降低船东订造节能型船舶的积极性、延缓老旧船舶的拆解、船东提高航速释放运力，降低了新船需求。

2. 盈利难仍是企业发展的主要问题

2014年受需求影响，新船价格难以维持上涨态势。另一方面，我国造船工人年均工资达到4.5万元，比2004年增长了2倍，由于劳动力成本迅速上升，劳动密集型的船舶工业与日韩相比成本优势逐步下降；于此同时"融资难、融资贵"仍然是船舶工业面临的突出问题，尤其是船舶工业被列为五大产能严重过剩行业。银行、地方政府等融资平台缺乏利率弹性，高杠杆率和资金需求旺盛的特征拉高了资金成本，统计数据显示，2014年，船舶制造业财务费用54.3亿元，同比增长29.1%，高于主营业务收入17.7个百分点；加之未来几年完工交付的船舶均为金融危机后承接的低价船，盈利难将成为困扰企业发展的首要问题。

3. 产能过剩矛盾没有得到根本解决

近几年来，全国造船产能虽然经过淘汰、消化、整合、转移近2 000万吨，但面对低迷的市场，我国船舶行业的产能利用率依然处于低位，离行业产能利用率合理水平还有较大差距。解决产能过剩问题，一方面企业需要进一步抓好结构调整，转型升级，努力承接更多船舶，另一方面各级政府也要进一步推进化解产能过剩矛盾各项政策的落实，及时发布产能过剩预警。

4. 国际油价大幅下跌，海工市场风险逐步增大

受国际油价持续大幅下跌影响，全球海洋工程装备市场下行态势明显，各类海工装备利用率普遍下降。据统计，2014年，全球新成交各类海洋工程装备订单419.8亿美元，同比下降34.3%，各类海工装备利用率下降1～2个百分点。企业承接的我国海工装备订单普遍存在着价格较低、首付款比率低、部分订单船东无租约等问题，在当前油价暴跌，市场低迷的情况下，弃单的风险明显加大。

5. 国际新规频繁出台，我国船企面临更大挑战

2014年，国际海事组织（IMO）通过了多项决议，批准了数十份决议及通函。其中《国际散装运输液化气体船舶构造和设备规则》（IGC规则）修正案；适用于

SOLAS船舶的极地规则；客船提升分舱指数的相关研究等三项新规则将在未来2～3年内强制性实施，而未来几年，国际船舶市场竞争将更加激烈，产品设计和研发的重要性更加突出，我国船企面临的挑战更加严峻。

2015年我国造船行业的市场状况

2015年1～6月，全国造船完工量1 853万载重吨，同比增长6.3%，其中海船为637万修正总吨；新承接船舶订单量1 119万载重吨，同比下降72.6%，其中海船为413万修正总吨。截至2015年6月底，手持船舶订单量13 807万载重吨，同比下降9.2%，其中海船为4 330万修正总吨，出口船舶占总量的95.0%。

2015年1～12月，全国造船完工量4 184万载重吨，同比增长7.1%，其中海船为1 477万修正总吨；新承接船舶订单量3 126万载重吨，同比下降47.9%，其中海船为1 209万修正总吨。截至12月底，手持船舶订单量12 304万载重吨，比2014年底手持订单量下降12.3%，其中海船为4 640万修正总吨，出口船舶占总量的95.7%。

2015年，我国造船三大指标市场份额保持世界领先，造船完工量、新接订单量、手持订单量以修正总吨计分别占世界市场份额的38.3%、34.0%和36.2%。

产业结构调整迈出新步伐。产业集中度进一步提高，全国前10家企业造船完工量占全国53.4%，比2014年提高2.8个百分点；新接船舶订单向优势企业集中趋势明显，前10家企业新接订单量占全国70.6%，比2014年大幅提高15.1个百分点。产品结构优化，新接船舶订单的修载比明显提高，产品平均劳动价值量和复杂程度有所提升。

2014年我国造船完工量约为3 900万载重吨，同比下降13.9%；新承接船舶订单1.49亿载重吨左右，同比增长13.7%。

2014年，全国造船完工3 905万载重吨，同比下降13.9%，降幅同比回落10.8个百分点；承接新船订单5 995万载重吨，同比下降14.2%，上年同期为增长超200%；截止12月底，手持船舶订单14 890万载重吨，同比增长13.7%，增幅同比回落8.8个百分点。

第七部分

汽车市场

2014年我国汽车行业的总体运行情况

2014年，我国汽车产销量均超过2 300万辆，同比增长均在7%左右。其中，全年汽车产量达到2 372.29万辆，同比增长7.3%，增速较上年同期下降7.5个百分点；销量达到2 349.19万辆，同比增长6.9%，增速较上年同期下降7个百分点。分季度看，全年四个季度汽车产量同比分别增长9.16%、9.98%、6.08%和5.26%；销量分别同比增长9.18%、8.01%、4.56%和6.36%。分月度看，全年12个月的月度销量均高于上年同期，其中销量最高点为12月的241.01万辆，最低点为2月的159.46万辆。

2014年，我国汽车产业各细分类别的发展依然呈现明显的分化态势（见表44）。从基本车型看，全年乘用车产销量分别达到1 991.98万辆和1 970.06万辆，同比分别增长10.20%和9.9%，尽管增速较上年同期分别下降了6.3个百分点和5.8个百分点，但依然是拉动总体产销量持续增长的主导力量，全年产销量也再创历史新高；商用车产销量分别达到380.31万辆和379.13万辆，同比分别下降5.7%和6.5%，在2010年达到历史峰值后的4年中第三次出现负增长。

表44　2013～2014年我国汽车分类别产销量对比情况表

	2014年生产（辆）	2013年生产（辆）	2014年销售（辆）	2013年销售（辆）	销售同比增长（%）
重型载货车	747 451	760 581	743 991	774 104	−3.9
中型载货车	247 899	285 461	247 839	286 839	−13.6
轻型载货车	1 661 643	1 894 993	1 662 634	1 908 328	−12.9
微型载货车	538 908	527 466	529 942	527 019	0.6
载货车合计	3 195 901	3 468 501	3 184 406	3 496 290	−8.9

从重点车型看，1.6升及以下排量乘用车市场占有率基本与上年持平，小排量汽车市场占有率逐步回升，全年共销售1.6升及以下排量乘用车1 314.60万辆，同比增长10.25%，增速较上年同期回落4.48个百分点；销量占乘用车销售市场的6.73%，较上年同期提高0.22个百分点；销量占汽车销售市场的55.96%，较上年同期提高1.75个百分点。

从增长幅度看，除交叉型乘用车和货车之外的各车型产销量都保持增长态势，其中MPV（家用旅行车）和SUV（运动型多用途汽车）表现尤为突出。MPV全年产销量增速分别达到49.40%和36.40%，销量也已突破400万辆；此外，轿车产销量增速均为3.1%，商用客车产销量比上年分别增长7.60%和8.4%，但交叉型乘用车产销量分别下降20.6%和18.1%，货车产销量也分别下降7.9%和8.90%。

从品牌国别看，我国自主品牌乘用车市场占有率从2013年的40.5%下降到2014年的38.4%；德系、美系、韩系、法系品牌乘用车市场占有率均有提高，其中，德系品牌增速最大，已经达到20%；日系品牌乘用车市场占有率则有下降。

2014年，我国整车进口再次呈现高速增长态势，出口基本与上年持平。总的看，全年进出口总量达到237.33万辆，实现进出口总额达到747.23亿美元，同比分别增长10.7%和20.8%，均刷新历史最高水平。

进口方面，在客车进口数量快速增长的拉动下，2014年全年总进口142.6万辆，同比增长19.29%（见图55），增速比上年同期提高13.8个百分点；进口金额达到609.17亿美元，同比增长24.39%，增速比上年同期提高21.4个百分点。出口方面，受部分传统出口地区局势不稳定以及汇率波动等诸多短期因素的影响，再加上我国汽车整车产品综合竞争力依然不强，全年出口数量依然在100万辆以下的位置徘徊，共计出口94.73万辆，基本与上年持平；出口金额达到138.06亿美元，较上年增长6.95%；从出口结构看，轿车、载货车、客车依然是主力品种，但轿车出口量仍在快速下滑，相比2013年减少了超过12万辆。

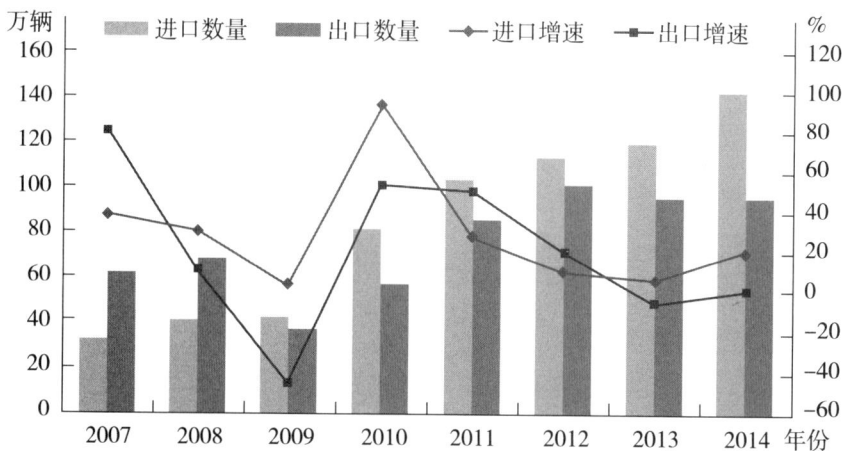

图55 2007～2014年我国整车进出口及同比增长情况

2014年，随着我国汽车产销量增速的回落，全行业主营业务收入增速也同比放缓，但总体经营状况依然较好。全国汽车行业13 714家规模以上企业主要经济指标快报显示，全行业规模以上企业累积实现主营业务收入69 649.67亿元，同比增长12.08%，增幅比上年下降6.27个百分点；

累计实现利润总额6 180.42亿元，同比增长17.90%，增幅比上年下降7.16个百分点；累计实现利税总额9 650.54亿元，同比增长14.01%，增幅较上年回落11.20个百分点。

2014年，我国汽车零部件进口总额为371.7亿美元，同比增长13.7%。其中，发动机进口81.05万台，同比下降0.94%，进口金额22.46亿美元，同比下降5.47%；汽车零件、附件及车身进口金额315.10亿美元，同比增长12.98%；汽车、摩托车轮胎进口金额7.07亿美元，同比增长4.13%；其他汽车相关商品进口金额30.87亿美元，同比增长21.18%。

据中国汽车工业协会统计，2014年我国汽车零部件出口金额为646.17亿美元，同比增长8.02%，增幅较上年略有减缓；占汽车商品出口总额的76.64%，占有率较上年提升0.36个百分点，远高于汽车整车出口所占比重。其中，发动机出口366.22万台，同比增长10.56%，出口金额16.80亿美元，同比增长6.69%；汽车零件、附件及车身出口金额353.59亿美元，同比增长11.96%，幅度较上年明显提升；汽车、摩托车轮胎出口金额151.51亿美元，同比增长1.83%；其他汽车相关商品出口金额124.27亿美元，同比增长5.43%。

2014年，我国汽车零部件企业经营状况总体依然较好。全国汽车行业规模以上企业主要经济指标快报显示，2014年全国规模以上汽车零部件制造业企业数量由上年的10 333家快速增长到11 110家，主营业务收入同比增长13.06%，利润总额同比增长16.12%，在全行业中表现最好，而且利润总额增速明显高于主营业务收入增速，企业盈利能力有所提高；销售利润率达到7.39%，较上年同期也有明显提高。

2014年全年我国新能源汽车销售74 763辆，占汽车整体市场的份额由2013年的0.08%提高到0.32%。采用三元材料等正极材料、钛酸锂等负极材料的动力电池研发和应用进展加快。

截至2014年底，全国共建成充换电站835座，交直流充电桩3万个。

2014年，我国新能源汽车实现销售74 763辆，占汽车整体市场的份额由2013年的0.08%增长到0.32%。

2014年以来，国内主流电池企业开始加快研发三元材料等新型体系的动力电池。比亚迪研发磷酸铁锰锂电池；力神、中航锂电、万向、卡耐等动力电池企业也开始研发三元动力电池；万向、波士顿电池等企业所生产的三元动力电池也已开始为北汽EV200、广汽传祺、康迪电动车等配套。另外，部分企业也在开发商电压的镍锰酸锂二元材料，以提高动力电池的能量密度。

据中汽协会统计数据显示，2014年我国生产新前蹦汽车7.85万辆，同比增长348%，相当于之前三年累计产量的2倍（见图56）。其中纯电动汽车生产4.86万辆，同比增长2.4倍；插电式混合动力汽车生产2.99万辆，同比增长8.1倍。另据工信部数据统计，2014年我国生产新能源汽车8.39万辆，同比增长近4倍。

市场销量占比快速攀升。据中汽协会统计，2014年我国销售新能源汽车7.48万辆，同比增长3.2倍。其中，纯电动汽车销售4.51万辆，同比增长2.1倍，占新能源汽车总销量的60%；插电式混合动力汽车销售2.97万辆，同比增长8.8倍，占新能源汽车总销量的40%，增长速度较快。我国新能源汽车占汽车总销量的比例2013年以前保持稳步增长，从2014年开始出现快速增长，已由2011年的0.04%提升至2014年的0.32%

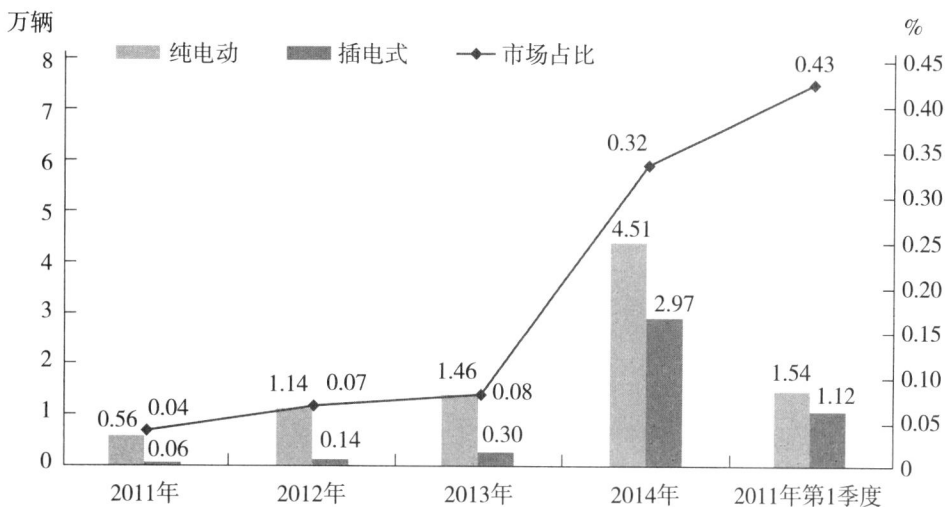

图56　2011～2015年我国新能源汽车销量及市场占比

数据来短：中国汽车工业协会。

2014年，我国汽车市场延续2013年的态势，保持平稳增长。汽车产销稳中有增，新能源汽车发展取得重大进展，大企业集团产销规模整体提升，汽车产业结构进一步优化。

2014年，我国汽车市场呈现平稳增长态势，平均每月产销突破190万辆，全年累计产销超过2 300万辆。

据中国汽车工业协会统计，我国全年累计生产汽车2 372.29万辆，同比增长7.3%，销售汽车2 349.19万辆，同比增长6.9%。其中，乘用车产销1 991.98万辆和1 970.06万辆，同比分别增长10.2%和9.9%；商用车产销380.31万辆和379.13万辆，同比分别下降5.7%和6.5%。

2014年12月，全国汽车产销分别为228.87和241.01万辆，同比分别增长7.1%和12.9%。其中乘用车产量194.15万辆，同比增长8.9%，销量206.11万辆，同比增长16.0%；商用车产销分别为34.72万辆和34.90万辆，同比分别下降2.4%和2.3%。

2014年12月生产新能源汽车2.72万辆，创造了全球新能源汽车单月产量最高纪录。2014年，我国新能源汽车产业发展建立健全了新能源汽车推广的组织领导统筹协调机构，完善了新能源汽车扶持政策体系。建立由工业和信息化部牵头、18个部门参加的节能与新能源汽车产业发展部际联席会议制度。国务院办公厅印发了《关于加快新能源汽车推广应用的指导意见》，相关部门出台了免征车购税、充电设施建设奖励、推广情况公示、党政机关采购等一系列政策措施，实施了新能源汽车产业技术创新工程，发布了78项电动汽车标准，提振了汽车行业发展新能源汽车的信心。2014年，300多款新车型上市，全年生产8.39万辆，同比增长近4倍，其从导入期进入成长初期。

2014年，1.6升及以下排量乘用车市场占有率基本持平，小排量汽车市场占有率逐步回升。2014年，1.6升及以下排量乘用车全年共销售1 314.60万辆，同比增长

10.25%；占乘用车销售市场的66.73％，较2013年增长0.22个百分点；占汽车销售市场的55.96%，较2013年增长1.75个百分点。

2014年9月，国家发改委、工信部、财政部发布了《节能产品惠民工程节能环保汽车（1.6升及以下乘用车）推广目录》（第一批），共163款车型。

2014年，我国自主品牌乘用车销售757.33万辆，同比增长4.1%，占乘用车销售市场的38.4％，市场份额同比下降2.1个百分点。其中自主品牌轿车销售277.44万辆，同比下降17.4%，占轿车市场的22.4%，市场份额同比下降5.6个百分点。

2014年1～11月，17家重点汽车企业（集团）累计完成工业总产值2.50万亿元，同比增长10.6%。累计实现主营业收入2.81万亿元，同比增长10.0%；完成利税总额4 905.15亿元，同比增长8.6%。

2014年，6家汽车生产企业（集团）产销规模超过100万辆，其中上汽的销量

突破500万辆，达到558.37万辆，东风、一汽、长安、北汽和广汽的汽车销量分别达到380.25万辆、308.61万辆、254.78万辆、240.09万辆和117.23万辆。前6家企业（集团）2014年共销售汽车1 859.33万辆，占汽车销售总量的79.2%，汽车产业集中度同比增长2.6%。2012～2014年按月度我国汽车销量及同比变化情况见图57。

2014年我国汽车销量前十名的企业（集团）共销售汽车2 107.65万辆，占汽车销售总量的89.7%，汽车产业集中度同比增长1.7%。2014年我国国内汽车销售市场占有率情况见图58。

2014年1～11月，我国汽车整车累计出口85.59万辆，同比下降1.9%。汽车整车累计进口129.54万辆，同比增长20.7%。全国汽车商品累计进出口总额为1 660.37亿美元，同比增长13.8%。其中进口金额896.81亿美元，同比增长20.3%，出口金额763.56亿美元，同比增长6.6%，如图59所示。

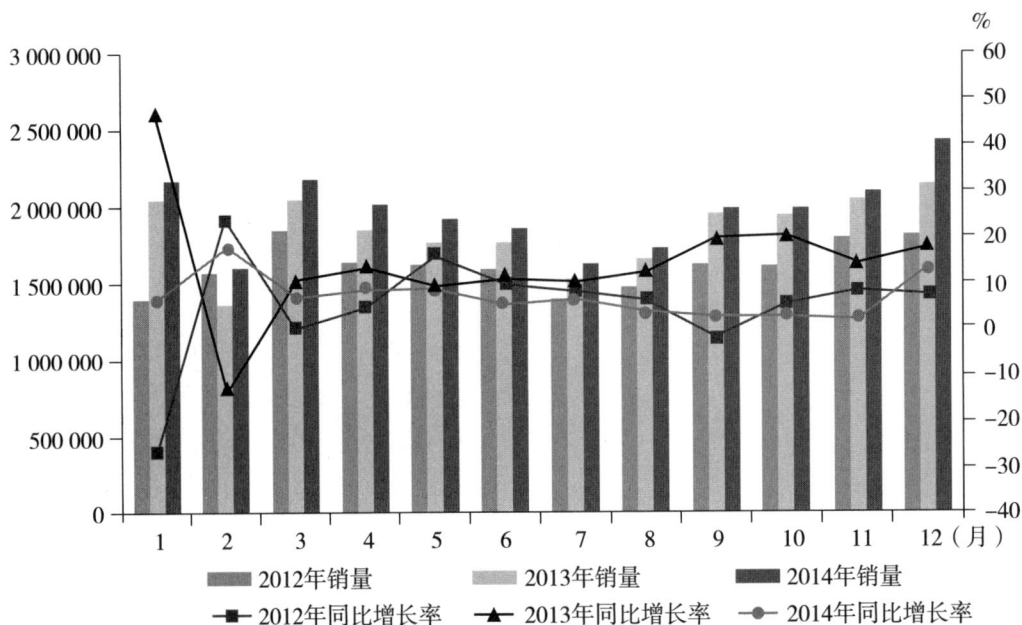

图57　2012～2014年按月度我国汽车销量及同比变化情况

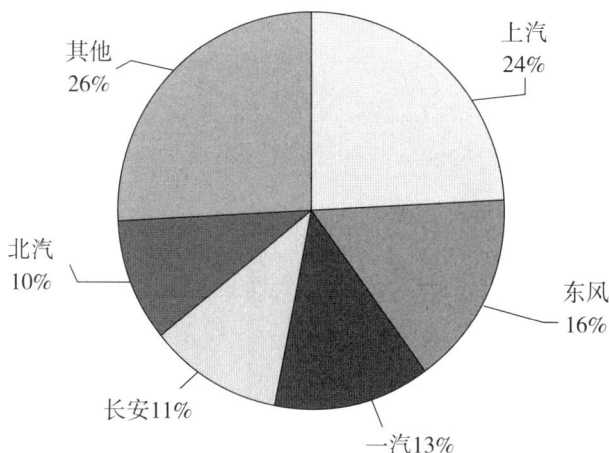

图58　2014年我国国内汽车销售市场占有率

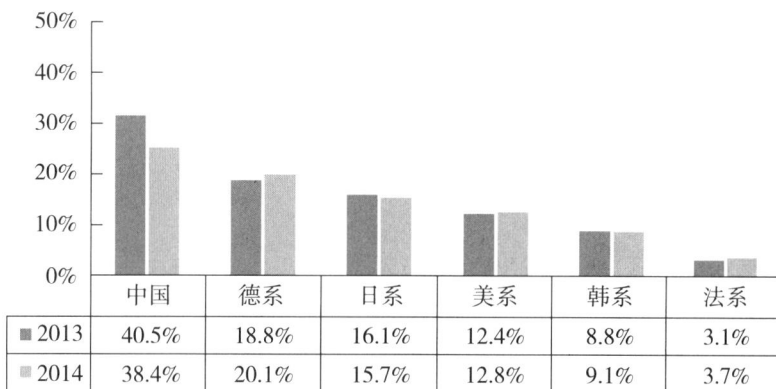

	中国	德系	日系	美系	韩系	法系
2013	40.5%	18.8%	16.1%	12.4%	8.8%	3.1%
2014	38.4%	20.1%	15.7%	12.8%	9.1%	3.7%

图59　2014年我国乘用车各系别市场份额

2015年我国汽车行业的总体运行情况

2015年，我国汽车市场呈小幅增长态势，增幅比上年同期有所减缓。汽车产销稳中有增，大企业集团的产销规模基本保持稳定，汽车产业结构进一步优化。

2015年，我国汽车市场呈现平稳增长态势，产销量月月超过150万辆，平均每月产销量都突破200万辆，2013～2015年按月度我国汽车销量及同比变化情况如图60所示，全年累计产销量超过2 400万辆。乘用车产销首次突破2 000万辆。

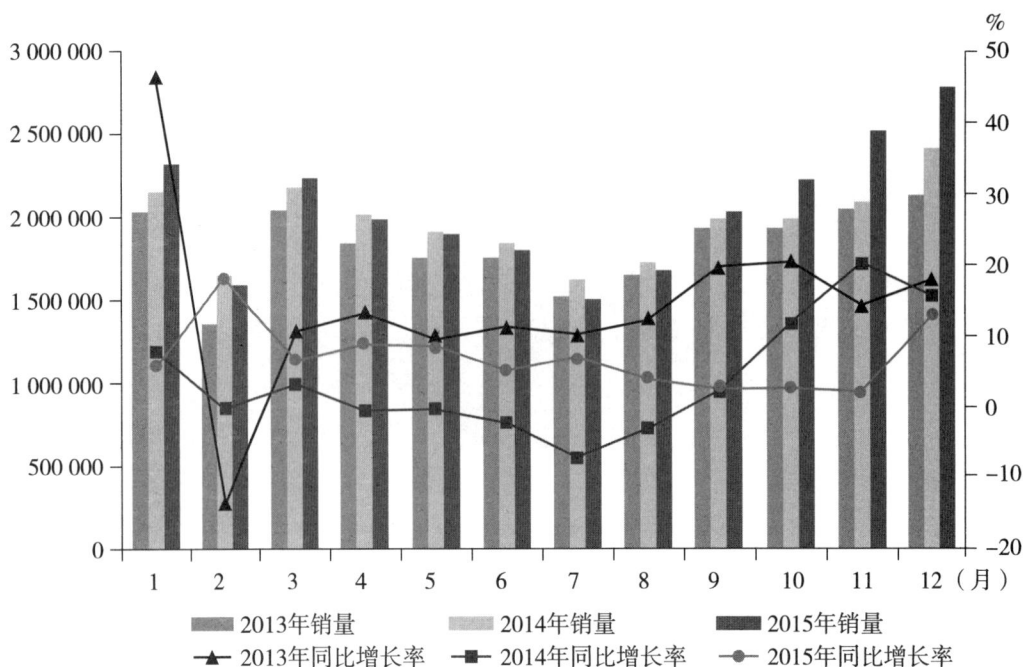

图60 2013～2015年按月度我国汽车销量及同比变化情况

据中国汽车工业协会统计，2015年我国全年累计生产汽车2 450.33万辆，同比增长3.25%，销售汽车2 459.76万辆，同比增长4.68%，产销同比增长率较2014年分别下降了4.05和1.92个百分点。其中，乘用车产销2 107.94万辆和2 114.63万辆，同比分别增长5.78%和7.30%，产销同比增长率较2014年下降了4.42和2.6个百分点；商用车产销342.39万辆和345.13万辆，同比分别下降9.97%和8.97%，同比增长率较2014年分别下降4.27和3.47个百分点。

2015年12月，全国汽车产销分别为265.58和278.55万辆，同比分别增长15.93%和15.39%。其中乘用车产量232.10万辆，同比增长19.41%，销量244.21万辆，同比增长18.27%；商用车产销分别为33.48万辆和34.34万辆，同比分别下降3.56%和1.62%。

2015年1～4季度，我国汽车销量同比增长分别为3.91%、−1.04%、−2.35%和15.84%。

2015年我国累计生产新能源汽车37.90万辆，同比增长4倍。其中，纯电动乘用车生产14.28万辆，同比增长3倍，插电式混合动力乘用车生产6.36万辆，同比增长3倍；纯电动商用车生产14.79万辆，同比增长8倍，插电式混合动力商用车生产2.46万辆，同比增长79%。

2015年，1.6升及以下排量乘用车市场占有率基本与2014年持平，小排量汽车市场占有率逐步回升。2015年，1.6升及以下排量乘用车全年共销售1 450.86万辆，同比增长10.42%；占乘用车销售市场的68.6%，较2014年增长1.87个百分点；占汽车销售市场的58.98%，较2014年增长3.02个百分点。2013～2015年我国1.6升及以下乘用车按月度销量变化情况见图61。

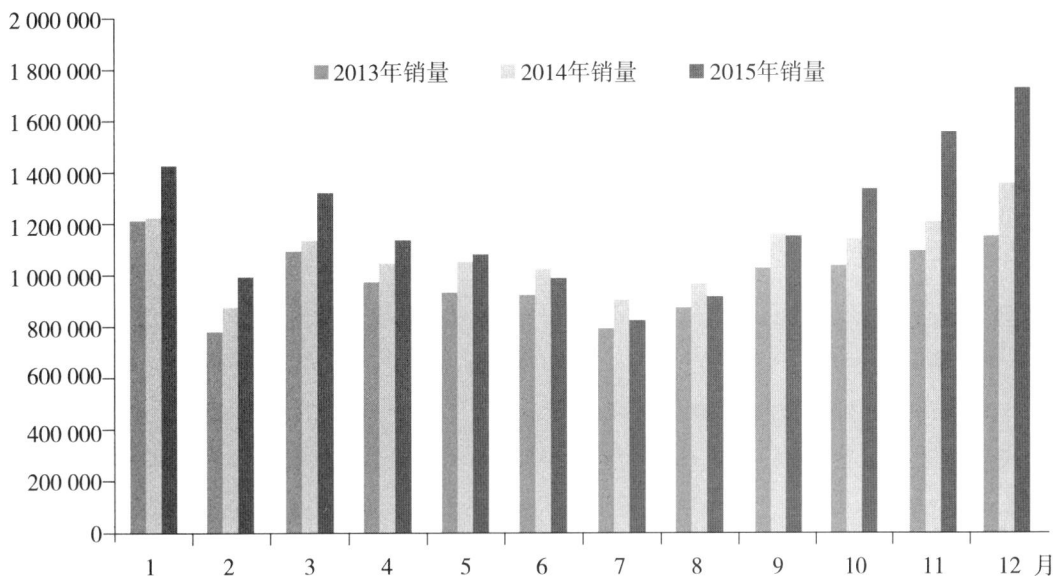

图61　2013～2015年我国1.6升及以下乘用车按月度销量变化情况

据机动车整车出厂合格证统计，列入《节能产品惠民工程节能环保汽车（1.6升及以下乘用车）推广目录》（第一、二批）的272款车型中，于2015年12月量产车型有151款，共生产27.42万辆，与11月相比降低了3.50%。

2015年，我国自主品牌乘用车销售

873.76万辆，同比增长15.3%，占乘用车销售市场的41.3%，市场份额同比提高2.9个百分点。其中自主品牌轿车销售243.03万辆，同比下降12.5%，占轿车市场的20.7%，市场份额同比下降1.7个百分点。2013～2015年按月度我国乘用车销量变化情况见图62。

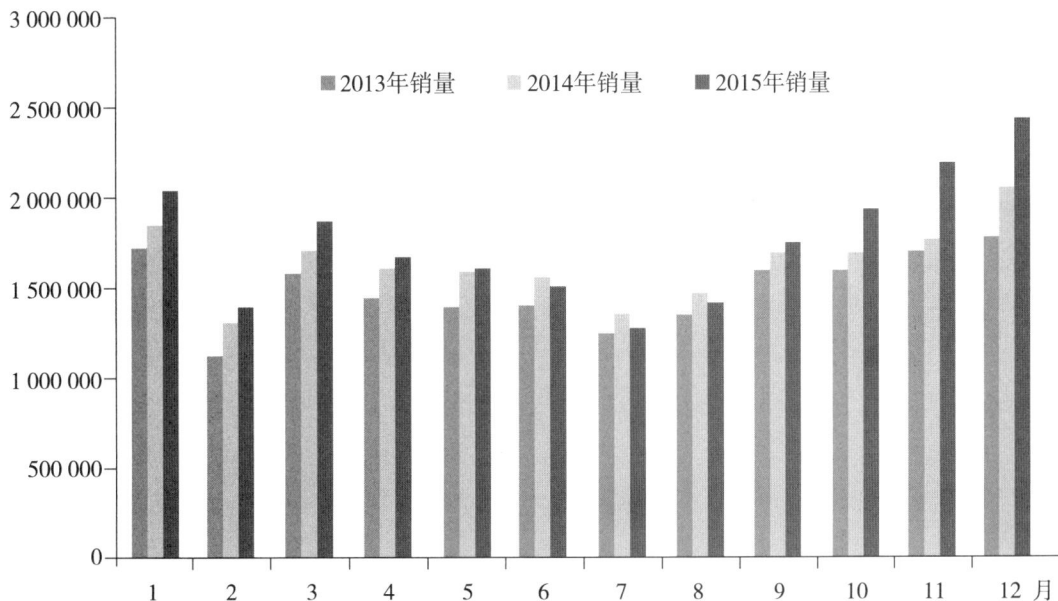

图62　2013～2015年按月度我国乘用车销量变化情况

2015年1～11月，17家重点汽车企业（集团）累计实现主营业收入27 951.36亿元，同比下降0.6%；完成利税总额4 930.96亿元，同比下降1.4%。

2015年，6家汽车生产企业（集团）产销规模超过100万，其中上汽销量突破500万辆，达到586.35万辆，东风、一汽、长安、北汽和广汽的销量分别达到387.25万辆、284.38万辆、277.65万辆、248.90万辆和130.31万辆（见图63）。前5家企业（集团）2015年共销售汽车1 784.53万辆，占汽车销售总量的72.6%，汽车产业集中度同比下降2.1%。

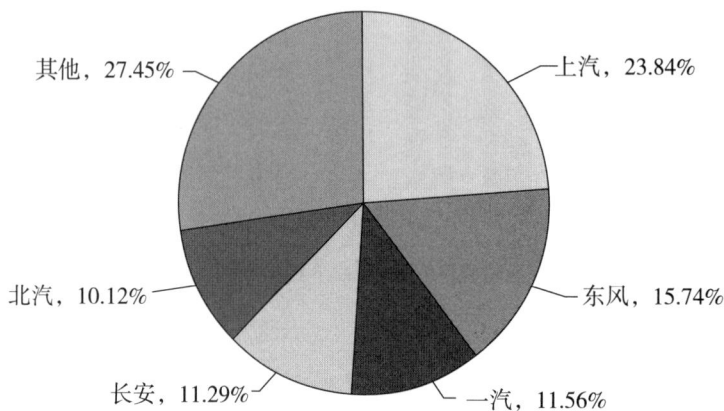

图63　2015年国内汽车销售市场占有率

2015年我国汽车销量前十名的企业（集团）共销售汽车2 200.69万辆，占汽车销售总量的89.5%，汽车产业集中度与2014年同期保持一致。

2015年1～11月，我国汽车整车累计出口69.94万辆，同比下降18.3%，其中乘用车出口34.54万辆，同比下降20.0%；商用车出口35.40万辆，同比下降16.5%。汽车整车累计进口99.12万辆，同比下降23.5%，其中乘用车进口97.91万辆，同比下降23.1%；商用车进口1.21万辆，同比下降44.5%。

2015年1～11月，全国汽车商品累计进出口总额为1 429.49亿美元，同比下降13.9%。其中进口金额699.74亿美元，同比下降22.0%，出口金额729.75亿美元，同比下降4.4%。

第八部分

矿产品市场

2014年我国重要矿产资源形势综合分析

2014年，全球矿业下滑，矿业市场形势持续低迷。我国采矿业固定资产投资增速为10年以来最低值，矿产品生产微增，对外贸易稳定增长，大宗短缺矿产进口持续增加，重要矿产品价格明显下跌。我国矿业市场下行压力大，整体形势不容乐观。

（一）2014年我国矿产资源存储量变化情况

2014年，45种主要矿产的查明资源储量有36种增长，5种减少，4种没有变化，其中页岩气首次探获地质储量。能源和黑色金属矿产查明资源储量普遍增长，石油剩余技术可采储量同比增长2.0%，天然气增长6.5%，煤炭查明资源储量增长3.2%，铁矿增长5.6%，锰矿增长18.5%；除锡矿外，有色金属矿产查明资源储量均有不同程度增长，其中铜矿增长6.3%，镍矿增长12.9%，铅矿增长9.6%；贵金属矿产中，金矿增长9.4%，银矿增长6.3%；多数非金属矿产查明资源储量有所增长，石膏和钾盐增长明显，重晶石和硅藻土有所下降（见表45）。

表45　45种主要矿产量明资源储量2013～2014年变化情况

矿产名称	单位	2013年	2014年	增减变化/%
煤炭	亿吨	14 842.9	15 317.0	3.2
石油	亿吨	33.7	34.3	2.0
天然气	亿立方米	46 428.8	49 451.8	6.5
页岩气	亿立方米	－	254.6	－
铁矿	矿石 亿吨	798.5	843.4	5.6
锰矿	矿石 亿吨	10.3	12.2	18.5
铬铁矿	矿石 万吨	1 142.0	1 162.0	1.8
钒矿	V_2O_5 万吨	5 713.4	6 074.5	6.3
钛矿	TiO_2 亿吨	7.6	7.62	0.9
铜矿	金属 万吨	9 111.9	9 689.6	6.3
铅矿	金属 万吨	6 737.2	7 384.9	9.6
锌矿	金属 万吨	13 737.7	14 486.1	5.5
铝土矿	矿石 亿吨	40.2	41.5	3.2

矿产名称	单位	2013年	2014年	增减变化/%
镍矿	金属 万吨	901.1	1 016.9	12.9
钴矿	金属 万吨	63.7	67.0	5.3
钨矿	WO$_3$ 万吨	701.4	720.5	2.7
锡矿	金属 万吨	425.5	418.9	−1.6
钼矿	金属 万吨	2 620.2	2 826.0	7.9
锑矿	金属 万吨	262.9	284.0	8.0
金矿	金属 吨	8 974.7	9 816.0	9.4
银矿	金属 万吨	22.3	23.7	6.3
铂族金属	金属 吨	372.4	372.3	−0.04
锶矿	天青石 万吨	4 566.5	4 566.5	0.0
菱镁矿	矿石 亿吨	28.9	29.1	0.7
萤石	矿物 亿吨	2.11	2.23	5.7
耐火粘土	矿石 亿吨	25.1	25.2	0.5
硫铁矿	矿石 亿吨	56.9	58.3	2.4
磷矿	矿石 亿吨	205.7	214.5	4.3
钾盐	KCl 亿吨	10.1	11.2	11.3
硼矿	B$_2$O$_3$ 万吨	7 613.6	7 622.5	0.1
芒硝	Na$_2$SO$_4$ 亿吨	1 113.0	1 170.9	5.2
重晶石	矿石 亿吨	3.12	3.05	−2.2
水泥用灰岩	矿石 亿吨	1 198.8	1 235.1	3.0
玻璃硅质原料	矿石 亿吨	73.4	75.8	3.3
石膏	矿石 亿吨	850.4	1 007.2	18.4
高岭土	矿石 亿吨	25.0	26.7	6.5
膨润土	矿石 亿吨	28.0	28.7	2.7
硅藻土	矿石 亿吨	4.7	4.5	−3.9
饰面花岗岩	亿立方米	25.9	26.7	3.2
饰面大理岩	亿立方米	15.1	15.6	3.4
金刚石	矿物 千克	3 396.5	3 396.5	0.0
晶质石墨	矿物 亿吨	2.2	2.2	0.0
石棉	矿物 万吨	9 072.4	9 164.6	1.0
滑石	矿石 亿吨	2.77	2.76	−0.4
硅灰石	矿石 亿吨	1.60	1.60	0.0

注：石油、天然气、页岩气为剩余技术可采储量。

"−"表示无统计数据。

（二）主要矿产品产量微增，增速明显回落

2014年1~11月，原煤产量35.1亿t，同比减少2.1%，增速同比回落2.4个百分点；原油1.92亿吨，同比增长0.4%，增速回落1.2个百分点。铁矿石产量13.86亿吨，同比增长4.8%，增速回落3.6个百分点；粗钢产量7.49亿吨，同比增长1.9%，增速回落5.9个百分点；十种有色金属产量3 994万吨，同比增长6.2%，增速回落4.3个百分点。水泥产量22.72亿吨，同比增长1.9%，增速回落7.3个百分点。其中，原煤、铁矿石、粗钢、十种有色金属、黄金等的产量均位居全球首位。

受经济增速放缓影响，全国主要矿产品产量虽仍保持增长，但增速明显回落。特别是与基础设施建设相关的原材料如：铁矿石、粗钢、十种有色金属、水泥产量增速皆放缓。值得关注的是：2014年1~11月，矿业企业普遍亏损，利润同比减少21.6%。其中煤炭开采和洗选企业利润同比减少近一半，为44.4%；黑色金属矿采选企业利润同比减少21.4%；石油和天然气开采企业利润同比减少13.2%；有色金属矿采选企业利润同比减少12.3%；仅有非金属矿采选企业利润有所增长，为4.5%。

（三）矿产资源潜力

1. 油气资源潜力

中国的油气资源主要集中在大型含油气盆地。渤海湾、松辽、塔里木、鄂尔多斯、准噶尔、珠江口等主要含油气盆地的石油资源量、储量和产量贡献超过80%。全国常规油气资源潜力评价结果表明：截至2014年底，全国石油地质资源量1 085亿吨，可采资源量268亿吨；常规天然气地质资源量68万亿立方米，可采资源量40万亿立方米；页岩气地质资源量134万亿立方米，可采资源量25万亿立方米；煤层气地质资源量36.8万亿立方米，可采资源量10.9万亿立方米。总体上看，中国天然气资源潜力大于石油，将进入天然气储量、产量快速增长的发展阶段。

2. 固体矿产资源潜力

2014年，煤炭、铀、铁、锰、铬铜、铅、锌、铝、镍、钨、锡、钼、锑、金、银、锂、稀土、菱镁矿、萤石、硫、磷、钾、重晶石、硼等25种矿产的资源潜力评价工作全面完成。资源潜力评价结果表明：我国重要矿产资源查明程度平均为30.3%，找矿潜力巨大。其中，2 000米以浅的煤炭预测资源量为3.88万亿吨，资源查明率为29.6%；铁矿预测资源量为1 960亿吨，资源查明率为33.1%；铜矿预测资源量3.04亿吨，资源查明率为29.5%；铝土矿预测资源量179.7亿吨，资源查明率为20.3%（见表46）。

表46　2014年中国重要矿产资源潜力

序号	矿种	单位	预测资源量	资源查明率/%
1	煤炭	万亿吨	3.88	29.6
2	铁矿	矿石 亿吨	1 960	33.1
3	锰矿	矿石 亿吨	35.2	31.7

序号	矿种	单位	预测资源量	资源查明率/%
4	铬铁矿	矿石 万吨	5 556	23.6
5	铜矿	金属 亿吨	3.04	29.5
6	铅矿	金属 亿吨	2.35	30.5
7	锌矿	金属 亿吨	5.11	28.9
8	铝土矿	矿石 亿吨	179.7	20.3
9	镍矿	金属 万吨	2 451.4	34.6
10	钨矿	WO$_3$ 万吨	2 973.1	24.6
11	锡矿	金属 万吨	1 861.2	30.7
12	钼矿	金属 万吨	8 960.3	24.9
13	锑矿	金属 万吨	1 518.1	19.1
14	金矿	金属 万吨	3.27	32.2
15	银矿	金属 万吨	72.6	36.1
16	哽岩锂	金属 万吨	593.7	36.6
	卤水锂	金属 万吨	9 248.1	18.8
17	菱镁矿	矿石 亿吨	131.4	19.1
18	萤石	矿物 亿吨	9.53	25.7
19	硫铁矿	矿石 亿吨	184	25.9
	自然硫	硫 亿吨	2.3	60.8
20	磷矿	矿石 亿吨	560	29.3
21	钾盐	KCl 亿吨	20.0	40.0
22	重晶石	矿石 亿吨	14.4	25.0
23	硼矿	B$_2$O$_3$ 亿吨	1.89	33.5

（四）采矿业固定资产投资增速低

2014年，中国采矿业固定资产投资额为1.47万亿元，同比增长0.7%，增速回落10.2个百分点，为12年以来最低值。采矿业固定资产投资占全国固定资产投资的2.9%，较2013年的3.4%下降0.5个百分点。

其中，煤炭开采和洗选业4 682亿元，下降9.5%，连续两年负增长；石油与天然气开采业4 023亿元，增长6.1%；黑色金属矿采选业1 690亿元，增长2.6%；有色金属矿选业1 636亿元，增长2.9%；非金属矿采选业2 046亿元，增长13.9%（见图64）。

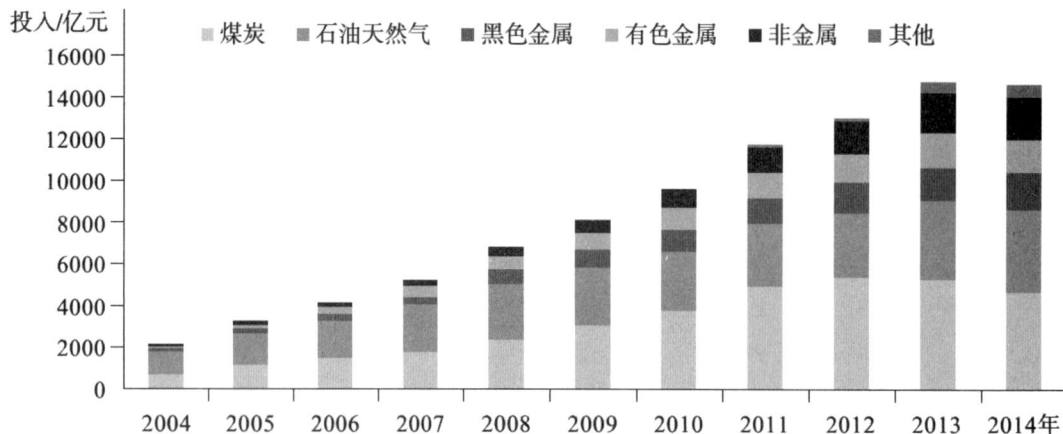

图64 采矿业固定资产投资变化

2015年上半年，中国采矿业固定资产投资额为5 260.50亿元，同比下降7.7%。其中煤炭开采和洗选业投资1 686.05亿元，下降12.8%；石油和天然气开采业1 168.95亿元，下降6.5%；黑色金属矿采选业655.81亿元，下降12.8%；有色金属矿采选业628.92亿元，下降5.7%；非金属矿采选业926.22亿元，增长5.4%。

（五）矿产品生产与消费

1. 能源生产与消费

中国目前为世界上第一大能源生产和消费国。2014年，我国一次能源生产总量为36.0亿吨标准煤，同比增长0.5%（见图65）；消费总量为42.6亿吨标准煤，增长2.2%；能源自给率为84.5%。能源结构不断改善，煤炭比重不断下降，天然气等清洁能源的比重不断上升。2014年我国能源消费结构的总体情况为：煤炭占66.0%，水电、风电、核电、天然气等占16.9%。

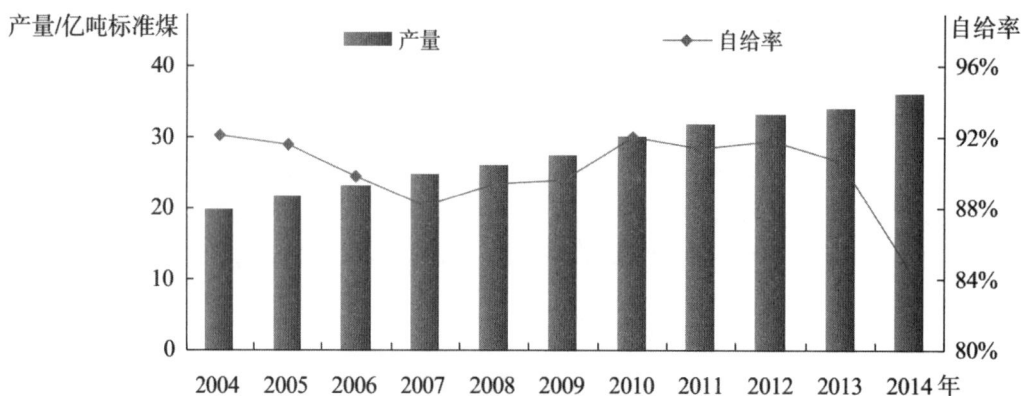

图65 2014年我国一次能源生产情况

2014年，原煤产量38.7亿吨，下降2.5%，连续多年居世界第一位。原油产量2.11亿吨，增长0.7%（见图66），居第四位。天然气产量1 301.6亿立方米，增长7.7%，居第六位。2015年上半年我国原油产量1.06亿吨，同比增长2.1%；天然气630亿立方米，增长2.5%。

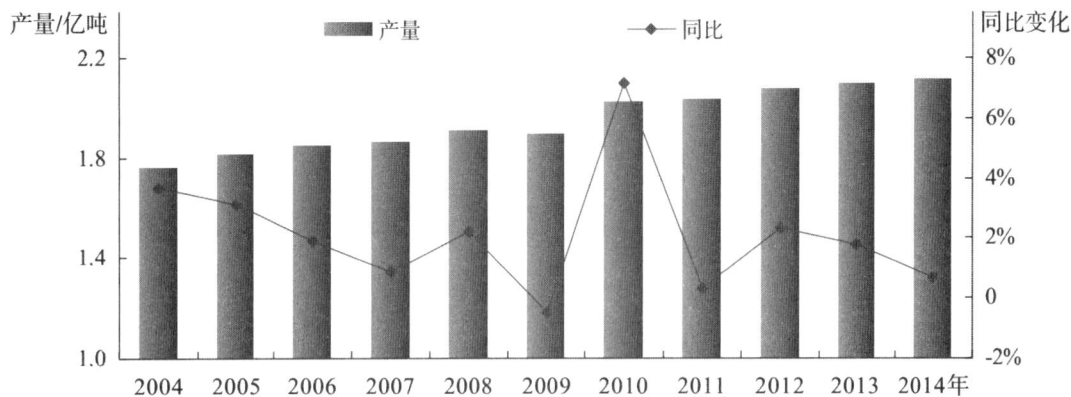

图66　2004～2014年中国原油产量及变化

2. 金属矿产品生产与消费

2014年，我国全行业生产铁矿石15.1亿吨，同比增长3.9%；粗钢8.2亿吨，增长1.2%（见图67）；钢材11.3亿吨，增长4.0%。十种有色金属4 380.1万吨，增长7.4%；其中精炼铜764.4万吨，增长15.0%；电解铝产量2 751.7万吨，增长8.2%。黄金产量458.1吨，增长5.5%；消费量886.09吨，下降24.7%。粗钢、十种有色金属、黄金产量均位居全球首位。2015年上半年，生产铁矿石6.3亿吨，同比下降10.7%；十种有色金属2526.3万吨，增长9.3%；黄金228.7吨，增长8.4%。

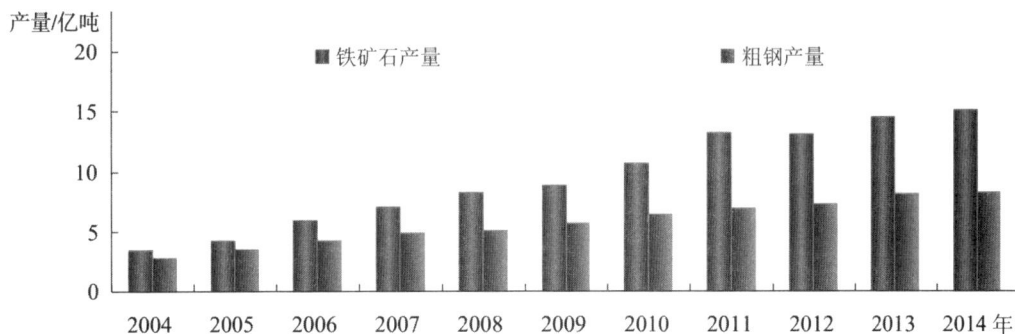

图67　2004～2014年中国铁矿石与粗钢产量变化

3. 非金属矿产品生产

2014年，生产水泥24.8亿吨，同比增长2.3%（见图68）；平板玻璃产量7.9亿重量箱，增长1.1%；钾肥610.5万吨，增长13.5%；磷矿石1.2亿吨，增长7.0%。2015年上半年，生产水泥10.8亿吨，同比减少5.3%；平板玻璃4.0亿重量箱，下降4.2%；磷矿石6 629.8万吨，增长9.1%。

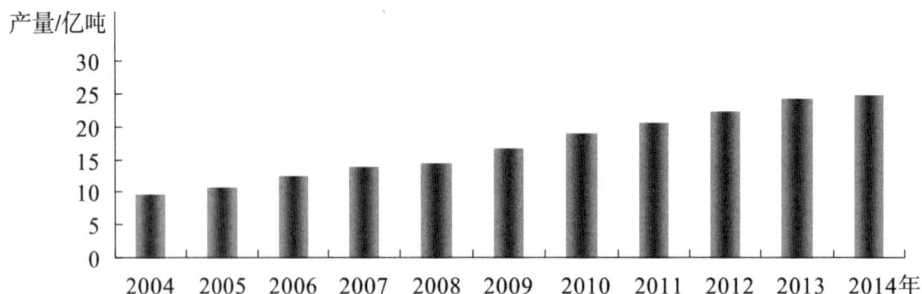

图68　2004～2014年中国水泥产量变化

（六）矿产品贸易活跃

1～11月，我国矿产品贸易总额为9 956.69亿美元，同比增长6.8个百分点，增幅上升3.5个百分点。其中，出口额3 641.56亿美元，同比增长14.7个百分点（全国商品出口总额同比增长4.7%，增幅上升8.8个百分点；进口额6 315.13亿美元，同比增长2.7个百分点（全国商品进口总额同比下降6.7个百分点），增幅上升0.6个百分点。

尽管我国不断加大矿产资源开发力度，但快速增长的矿产品生产仍然赶不上矿产品消费的增长，部分大宗矿产品消费缺口不断加大，对外依存度居高不下，石油、铁矿石、铜等大宗矿产的对外依存度超过50%，煤炭继续保持全球第一大进口国地位，但进口下降，能源消费需求放缓。

（七）矿产品价格快速下滑

1．煤

2014年国内优质煤价呈"N"形变化态势先抑后扬，国内优质煤均价为487元/吨，同比下降15%。价格从1月份的542.9元/吨波动下降到8月份的452.08元/吨，随后又小幅上扬至12月份的484元/吨。从总体而言，煤价保持着2012年以来平稳下滑的趋势。

2．铁矿石

2014年，铁矿石价格呈现出缓慢下降的态势。铁矿石到岸均价为96.39美元/吨，同比下降26.9%。年内最高价是1月份的128.71美元/吨，最低价出现在12月份的68.81美元/吨。国内铁矿石价格（66%粉矿）平均为767.67元/吨，同比下降16.6%，呈波动下降态势。本年度铁矿石大跌主要是由于铁矿石市场已经转向为买方市场，来自澳大利亚和巴西的低价格铁矿石不断增产，中国政府并未推进经济增长出台刺激计划，国内铁矿石供应进一步减少。

3．铜

2014年铜价格总体上延续了2011年以来的下降趋势，全年呈"V"字型下降态势，国内铜价平均为4.91万元/吨，同比下降7.8个百分点。同期，伦敦金属市场铜现货价平均为6 956美元/吨，同比下降5%，下降趋势与国内铜价相似。

4．金

国内外金价均呈现出波动下降的态势。国内金价平均为252元/克，同比下降11%。同期，伦敦黄金交易所黄金价格均价为1 266.6美元/盎司，同比下降10.2%。

2015年我国重要矿产资源形势综合分析

2015年世界矿业经济呈波折下行走势，大宗矿产价格跌到低谷，全球矿业产值下降。中国采矿业固定资产投资额首次下降，采矿业利润大幅度下降，中国矿业进入了"寒冬"。下面简要分析2015年我国矿产资源形势的基本特点。

（一）矿产资源储量变化

主要矿产中，41种查明资源储量增长，5种减少，新设立矿种页岩气探明地质储量快速增长（见表47）。与"十一五"末相比，"十二五"末石油剩余技术可采储量增长10.4%，天然气增长37.4%，煤层气增长132.3%。天然气、煤层气、页岩气、锰矿、钨矿和钼矿新增查明资源储量占累计查明资源储量的比例超过30%。

表47　主要从矿产查明资源储量

矿石	单位	2010年	2015年	增减变化/%
煤炭	亿吨	13 408.3	15 663.1	16.8
石油	亿吨	31.7	35.0	10.4
天然气	亿立方米	37 793.2	51 939.5	37.4
煤层气	亿立方米	1 318.4	3 062.5	132.3
页岩气	亿立方米	★	1 301.8	★
铁矿	矿石 亿吨	727	850.8	17.0
锰矿	矿石 亿吨	8.86	13.8	55.8
铬铁矿	矿石 万吨	1 490.5	1 245.8	−16.4
钒矿	V_2O_5 万吨	4 381.9	6 125.7	39.8
钛矿	TiO_2 亿吨	7.2	7.64	6.1
铜矿	金属 万吨	8 040.7	9 910.2	23.3
铅矿	金属 万吨	5 509.1	7 766.9	41.0
锌矿	金属 万吨	11 596.2	14 985.2	29.2
铝土矿	矿石 亿吨	37.5	47.1	25.6
镍矿	金属 万吨	938	1 116.6	19.0
钴矿	金属 万吨	68.2	68.0	−0.3
钨矿	WO_3 万吨	591	958.8	62.2
锡矿	金属 万吨	431.9	418.0	−3.2
钼矿	金属 万吨	1 401.8	2 917.6	108.1
锑矿	金属 万吨	255	292.6	14.7
金矿	金属 吨	6 864.8	11 563.5	68.4
银矿	金属 万吨	17.2	25.4	47.7
铂族金属	金属 吨	334.6	369.2	10.3
锶矿	天青石 万吨	4 375.4	5 583.3	27.6

续表

矿石	单位	2010年	2015年	增减变化/%
菱镁矿	矿石 亿吨	36.4	29.7	−18.4
萤石	矿物 亿吨	1.8	2.21	22.8
耐火粘土	矿石 亿吨	24.6	25.6	4.1
硫铁矿	矿石 亿吨	56.9	58.8	3.3
磷矿	矿石 亿吨	186.3	231.1	24.0
钾盐	KCl 亿吨	9.3	10.8	16.1
硼矿	B_2O_3 万吨	7 309.2	7 575.7	3.6
钠盐	NaCl 亿吨	13 337.7	13 680.0	2.6
芒硝	Aa_2SO_4 亿吨	934.2	1 170.7	25.3
重晶石	矿石 亿吨	2.90	3.30	13.8
水泥用灰岩	矿石 亿吨	1 021.0	1 282.3	25.6
玻璃硅质原料	矿石 亿吨	64.7	79.0	22.1
石膏	矿石 亿吨	769.1	1 004.2	30.6
高岭土	矿石 亿吨	21.0	27.1	29.0
膨润土	矿石 亿吨	28.0	28.9	3.2
硅藻土	矿石 亿吨	4.3	4.8	11.6
饰面花岗岩	矿石 亿立方米	23.2	34.3	47.8
饰面大理岩	矿石 亿立方米	15.3	16.1	5.2
金刚石	矿物 千克	3 702.1	3 396.5	−8.3
晶质石墨	矿物 亿吨	1.85	2.6	40.5
石棉	矿物 万吨	8 975.3	9 157.4	2.0
滑石	矿石 亿吨	2.67	2.75	3.0
硅灰石	矿石 亿吨	1.55	1.7	9.7

注：石油、天然气、煤层气、页岩气为剩余技术可采储量，其他矿石为当年保有的资源储量；

★为新设矿种。

（二）全国部分大宗矿产品产量下降

2015年1～11月，全国发电量5.1万亿千瓦时，同比增长0.1%；原煤产量33.7亿吨，减少3.7%；原油产量1.97亿吨，增长2.0%；铁矿石产量12.5亿吨，减少8.6%；粗钢产量7.4亿吨，减少2.2%。十种有色金属产量4 704.6万吨，增长7.500。水泥产量21.5亿吨，减少5.1%。

2015年，我国粗钢产量20年以来首次下降，铁矿石产量自2009年金融危机后首次下降，水泥产量自1992年以来首次下降。粗钢等矿产品产量下降的主要原因是房地产投资增速大幅度回落，投资8.7万亿元，增长1.3%，增速回落10.6个百分点，随着我国经济步入新常态，粗钢、水泥、玻璃和陶瓷等行业产能过剩，在淘汰落后产能的过程中，产量减少是必然的。

2015年1～11月，矿业企业普遍亏损，采选业利润下降56.5%。其中，煤炭开采和洗选企业利润下降61.2%；黑色金属矿采选企业利润下降42.4%；石油和天然气开采企业利润下降幅度最大，同比下降70.4%；有色金属矿采选企业利润同比减少19.8%；只有非金属矿采选企业利润有所增长，同比

增长5.2%。国内煤炭和铁矿开发投资信心降至冰点。

煤炭、铁矿、锰矿、铬铁矿、铜矿、铅矿、锌矿、铝土矿、钨矿、锡矿、钼矿、锑矿、镍矿、金矿、银矿、锂矿、硫铁矿、磷矿、钾盐、菱镁矿、萤石、硼矿和重晶石等23种重要矿产资源潜力评价结果表明找矿潜力巨大（见表48）。

表48　重要矿产新增查明资源储量

矿石	单位	2015年	"十二五"	"十二五"同比变化/%	"十二五"新增储量占累计查明资源储量比例/%
煤炭	亿吨	390.3	2 989.6	−26.9	18.1
石油	亿吨	11.18	61.3	6.6	16.5
天然气	亿立方米	6 772.2	39 224	25.6	30.1
煤层气	亿立方米	26.34	3 504.9	111.1	55.7
页岩气	亿立方米	4 373.79	5 441.3	★	100
铁矿	矿石 亿吨	12.0	132.7	−19.1	13.5
锰矿	矿石 万吨	11 312.4	61 906.7	256.5	34.7
铜矿	金属 万吨	392.2	2 341	10.6	17.9
铅矿	金属 万吨	437.2	2 330.2	21.4	21.6
锌矿	金属 万吨	573.2	3 783.2	21.3	17.7
铝土矿	矿石 万吨	49 087	95 781	47.3	18.6
镍矿	金属 万吨	112.9	279.2	56.2	19.9
钨矿	WO_3 万吨	248.4	459.9	598.9	37.8
锡矿	金属 万吨	4.4	78.7	16.2	9.5
钼矿	金属 万吨	102.3	1 559.5	250.6	50.6
锑矿	金属 万吨	14.7	96.2	45.5	15.1
金矿	金属 吨	1 720.4	4 949.4	66.3	27.9
银矿	金属 吨	18 050	81 852	64	19.7
硫铁矿	矿石 亿吨	11 448.1	48 162.1	−0.5	7.4
磷矿	矿石 亿吨	17.4	58.1	171.5	23.3
钾盐	KCl 亿吨	−36.7	9237	−30.1	7.1

注：石油、天然气、煤层气、页岩气为探明地址储量；

新增查明资源储量为当年或某段时间内新探明的资源储量；

累计查明资源储量为历史探明资源储量之和；

★为新设矿种。

（三）矿产品进口与出口贸易额呈反向分化

2015年1～11月，我国矿产品贸易总额为9 353亿美元，同比下降6.1%（全国商品进出口总额同比下降8.5%，自2008年以来，首次出现下降。其中，出口额435 476亿美元，同比增长19.6%（全国商品出口总额同比下降3.0%），增幅上升4.9个百分点；进口额4 998.24亿美元，同比下降20.9%，全国商品进口总额同比下降15.1%。

（四）大宗矿产品价格退潮式下跌

1. 原油

2015年，国内外原油价格在低位波动下跌，年内跌幅缩窄。按年均价格比较，国内油价比美国油价高2.600。大庆油田原油现货2015年均价约为48.54美元/桶，比2014年下降48.500；价格变化趋势：1月份月均价43.13美元/桶，到6月份上升至60.1美元/桶；到12月份下降到38.5美元/桶。

2. 煤

2015年国内优质煤价呈持续下降的态势，均价为413.5元/吨，同比下降15.100。价格从2015年1月份的495元/吨波动下降到2015年12月份的360元/吨。煤价下跌已持续三年多。

3. 铜

自2011年下半年以来，铜价呈波动下跌趋势。2015年，国内铜价平均为4.09万元/t，同比2014年下降16.7%。同期，伦敦金属市场铜现货价平均为5 501美元/t，同比2014年下降20.9%，12月份创出年内最低价4 621美元/吨。国内外铜价变化趋势相似。

4. 铁矿石

自2013年，铁矿石价格持续震荡下跌。2015年铁矿石到岸均价为56.1美元/吨，同比2014年下降41.8%。2015年内最低价是12月份的39.54美元/吨，最高价出现在1月份的68美元/吨。2015年国内铁矿石价格（66%粉矿）平均为462.13元/吨，同比2014年下降39.8%。

5. 金

自2013年初，国内外金价均呈波动下降趋势。2015年国内金价平均为235元/克，同比2014年下降6.5%。同期，伦敦黄金交易所黄金价格均价为1 160美元/盎司，同比下降8.4%。从月度数据来看，除了10月份黄金价格出现小幅回升外，剩余月份金价均持续下跌。金价最低价出现在2015年12月，国内价格为219元/克，国际价格为1 069美元/盎司。

6. 铝

自2011年，铝价格呈现震荡下降态势。2015年国内铝现货均价为1.21万元/吨，同比2014年下降10.1%；同期，英国LME现货平均价格为1 684美元/吨，同比2014年下降12.8%。在这一轮矿产品价格下跌行情中，铝价最早出现下跌。

第九部分

建材市场

2014年我国建材市场的总体运行情况

主要产品产量适度增长。其中，高能耗、产能严重过剩的水泥、平板玻璃产量分别为24.8亿吨、7.9亿重量箱，同比分别增长1.8%、1.1%，增速分别同比下降了7.8、10.1个百分点。低耗能低排放加工产品产量保持较快增速，如商品混凝土15.5亿立方米，同比增长11.4%，钢化玻璃4.2亿平方米，同比增长15.1%。主营业务收入增速趋缓。1～12月份，规模以上建材企业完成主营业务收入7万亿元，同比增长10.1%，增速同比降低6.9个百分点。其中，水泥制造业9 792亿元，同比增长0.9%，增速同比下降了7.7个百分点。水泥制品、建筑陶瓷、玻璃纤维、耐火材料制造业分别完成8 600亿元、4 400亿元、1 509亿元、4 779亿元，同比分别增长13.9%、11.8%、13.4%、8.9%。平板玻璃主营业务收入同比略有下降。经济效益继续提高。1～12月份，规模以上建材企业实现利润总额4 770.2亿元，同比增长4.8%；其中，水泥行业实现利润780.2亿元，同比增长1.4%，利润总额仍居建材各子行业之首。水泥制品、轻质建材、玻璃纤维、隔热材料、卫生陶瓷等行业利润同比增速均高于12%。产品价格基本稳定。12月份，建材及非矿产品出厂价格环比下降0.25%，1～12月平均价格同比上涨0.15%，总体基本稳定。其中，水泥平均出厂价格每吨296.4元，环比下降2.72元，1～12月平均价格同比下降0.43元；平板玻璃平均价格每重量箱 63.3

元，环比下降0.2元，1～12月平均价格同比降低4.1元。进出口出现逆差。1～12月，建材商品进口463.3亿美元，同比增长110.8%；累计出口361.2亿美元，同比增长5.3%，自7月份以来持续保持逆差。这是自20世纪90年代以后的第一次，主要原因是钻石、宝石、翡翠、软玉等非金属矿商品进口额的大幅增长，1～12月份进口金额总计348亿美元，占全部建材商品进口额的75%，扣除这四种产品，其他建材商品进口金额同比仅增长2.3%。

综合分析，2014年建材行业经济运行总体平稳主要得益于三方面因素：一是化解产能过剩取得初步成效。1～12月份，水泥行业投资下降18.7%，初步统计，全年新增水泥熟料产能较上年减少2 400多万吨，下降25%。淘汰落后水泥产能8 100万吨；二是大型建材企业集团通过并购重组，市场集中度进一步提高。前10家水泥集团熟料产能为9.16亿吨，产业集中度52%。其中，中国建材集团水泥熟料总产能达3亿吨，占全行业17%。安徽海螺集团兼并重组后效益显著提高，预计全年利润总额同比增长15%左右；三是技术进步步伐加快。除尘、脱硝、脱硫等适用技术已在建材行业加速推广应用，水泥窑协同处置城市垃圾和产业废弃物发展势头良好，精细陶瓷、闪烁晶体、耐高压复合材料气瓶等产业化技术日趋成熟，企业资源计划（ERP）、制造执行系统（MES）陆续在骨干企业中得以应用，电子商务快速发展，信息化技术业内渗透加快，两化融合进一步加深。

2015年我国建材市场的总体运行情况

2015年我国建材行业产销增速大幅度下滑，建材主要产品出厂价格持续下跌，行业经济效益大幅回落，行业经济运行承受着巨大的下行压力。2015年建材工业主营业务收入5万亿元，比2014年增长2.4%，增速下滑8.6个百分点；实现利润总额3 049亿元，比2014年下降10.3%。

（一）产量增速大幅下滑，主要产品产量下降

2015年全年规模以上建材工业主营业务收入5万亿元，比2014年增长2.4%，增速下滑8.6个百分点，不仅是"十二五"时期最低，而且是1997年亚洲金融危机以来最低增长速度；实现利润总额3 049亿元，比上年下降10.3%。

1. 投资直接拉动类建材产品生产增速明显下滑

水泥、混凝土与水泥制品、砖瓦、防水材料、石灰石、砂石开采等行业主要受投资直接驱动，此类产业销售额占建材工业销售总额的60%以上。2015年受全国固定资产投资增速持续回落影响，此类产品产量或出现下降，或增长速度大幅回落。

2015年全国水泥产量达23.5亿吨，比2014年下降5.0%，是1990年以后25年来首次负增长。而近年来随着建筑业的工业化生产推进和建材规模以上企业的迅速扩大，表现为高速增长的规模以上商品混凝土和砖产量在2015年增长速度也出现大幅度下滑。全年全国规模以上工业企业商品混凝土产量16.4亿立方米，增长速度从上年的14.3%急剧下滑到2.1%；全国规模以上工业企业砖产量5 414亿块，增长速度从2014年

的16.1%下滑到6.2%。这两类产品日常统计只班盖其中规模以上工业企业部分，全社会产最和水泥产量一样也是负增长。

由于市场需求走弱，供需矛盾加剧，投资拉动类产品的出厂价格有所下滑，价格和产销增速的双重下降拉低了相应产业的经济效益。2015年我国规模以上水泥制造业实现主营业务收入8 900亿元，同比下降9.4%，混凝土与水泥制品业增长速度从2014年的16.9%下滑到3.5%，砖瓦及建筑砌块制造业从13.5%下滑到8.8%。建材受投资直接驱动类产业2015年主营业务收入比上年下降1.0%，是2015年规模以上建材工业增速大幅度下滑的主要原因。

2. 受投资、出口双重影响的建材产品或产量下降或增速放缓

2015年建材增长速度近20年来首次跌破3%，除投资直接驱动类产品增速有所下降外，原先保持较快增长的部分建材产品，受出口数量下降和下游产业需求不足影响，生产增速也有所下降。

2015年全国平板玻璃产量7.4亿重量箱，比2014年下降8.7%；全国陶瓷砖产量107亿平方米，比2014年仅增长0.8%，卫生陶瓷产量2.0亿件，下降0.2%，为新世纪以来的首次下降；大理石与花岗石板材、钢化、夹层和中空玻璃、纤维增强塑料制品等产品产量增速普遍下滑，拉动全年产量增速下行。

同时受到出厂价格大幅下降影响，2015年规模以上平板玻璃制造业销售收入在2014年下降6.6%之后，下降幅度扩大到14.3%，建筑卫生陶瓷制造增长速度从上年的，12.4%下滑到3.8%，建筑用石开采与加工业从14.9%下滑到11.6%。建筑卫生陶瓷、

建筑用石等产业在年末滑落下行通道，将会进一步加大建材工业的经济运行压力。

3. 新兴产业体量不足，增速也在下滑

按国家对战略性新兴产品的分类，建材战略性新兴产品分布在水泥制品、轻质建材、砖瓦砌块、隔热隔音、技术玻璃、玻璃纤维增强塑料等行业。"十二五"时期，建材战略性新兴产品占建材工业比重从8%上升到10%左右，平均增长速度在20%以上，高于建材工业平均增长速度。但目前建材战略性新兴产品总体体量仍然偏小，而且在2015年同样面临需求不足的压力。

（二）产品平均出厂价格普遍下行

2015年建材产品平均出厂价格比上年下降3.2%，是"十二五"时期的最低水平，比2010年价格水平还低1.0%，价格下降因素使建材行业销售额损失为1 600亿元。

在投资直接拉动类建材产品中，2015年全国通用水泥年平均出厂价格全年累计下降37.5元/吨，跌幅为12.8%，比2011年平均出T价格低20.2%；商品混凝土年平均出厂价格为每立方米311元，比2014年下降3.8%；砖瓦类产品平均出厂价格比2014年下降2.0%。

在受消费、投资双重影响的建材产品中，2015年平板玻璃的年平均出厂价格为每重量箱64.1元。全年平均比2014年下降3元每重量箱，降幅为4.5%，低于2010年20.6%，接近盈亏平衡点；建筑卫生陶瓷、轻质建筑材料全年平均出厂价格比上年分别下降1.3%，1.6%；建筑用石制品和玻璃纤维及制品是2015年少数价格上涨建材产品，平均出厂价格比上年分别增长2.8%和0.6%。

（三）建材及非金属矿商品出口增速放缓

2015年建材产品出口383亿美元（折合2 386亿元人民币），比2014年增长6.1个百分点，是2008年金融危机以后最低年增长率，出口金额占规模以上建材工业销售额比重为4.6%。

建筑卫生陶瓷、建筑用石、建筑与技术玻璃作为建材行业主要出口商品，随着国内产业的快速发展，出口总量持续增长，三项出口金额占建材出口总额的比重接近70%。目前，陶瓷砖出口数量约占国内产量10%，卫生陶瓷占三分之一，建筑用石占10%，建筑与技术玻璃占15%。随着近年来国际市场的容量空间持续收窄，我国建材出口结构逐渐调整，开始向产品价值和价格提升方向转型，如2015年建筑卫生陶瓷出口数量几乎零增长，全年出口总额保持15.8%的增长速度，对国内产业结构调整起到了积极作用。但目前建材出口对国内建材产品产量的增长拉动已经表现为负数。

（四）建材固定资产投资增速大幅回落

2015年我国建材工业限额以上固定资产投资1.55万亿元，比2014年增长6%，远低于"十二五"时期建材限额以上投资年平均增长19.5%的速度，是1997年亚洲金融危机以后最低增长率。其中，水泥制造业限额以上固定资产投资990亿元，下降8.4%，连续五年下降，投资规模跌到千亿元以下；2015年平板玻璃制造业限额以上固定资产投资额为271亿元，下降9.3%，连续三年持续下降；近年来非金属矿业、复合材料、混凝土与水泥制品、轻质建材等产业的投资高速增长2015年投资均保持低速增长。

2015年建材低能耗及加工制品业完成限额以上固定资产投资同比增长8.2%，高于行业平均增速2.2个百分点，高于传统产业2.5%的增速5.7个百分点，投资额度占全行业投资总额的比重62.1，比2014年增加1.3个百分点，建材投资结构进一步优化。

近年来，建材战略性新兴产品所在产业的投资增速增长较快，"十二五"时期累计投资达2万亿元，年平均增长24.6%，仅2015年的投资比重就超过30%。

第十部分

粮食市场

一、玉米市场

2014年我国玉米市场状况

1. 玉米产量略降，但供需仍宽松

2014年我国粮食总产量实现"十一连增"。国家统计局于2014年12月4日公布的统计数据显示，2014年中国粮食总产量60 710万吨，比2013年增加516万吨。增长0.9%。据国家粮油信息中心发布的数据显示，2014年中国玉米播种面积为3 708万公顷，同比增长2.1%，玉米产量为21 567万吨，同比下跌1.3%。从种植效益来说，2014年玉米收益13 380元/公顷，同期的大豆仅收益2 681元/公顷，可见玉米有明显的种植优势。2014年因国内重度干旱地区集中、旱情发展迅速以及干旱发生在作物产量形成关键阶段等原因，尽管我国玉米整体产量有所下降，但仍处历史较高位，市场仍处于供大于求的格局。

近年来，由于种植效益好于大豆、杂粮等作物，我国玉米面积持续增加。2014年农民种植玉米的积极性依然较高，面积继续稳中有升。2014年我国东北三省一区及华北的山东、河北、河南等主产省份玉米面积均比2013年有不同幅度增加。从气候条件来看，主产区气候在玉米播种期及苗期相对有利，东北产区播种期比往年提前一周左右，基本实现苗齐、苗全、苗壮。但入夏后华北和东北两大产区先后出现持续旱情，对玉米生产造成较大威胁。

其中，辽宁、河南南部、吉林西南部旱情较重。有关机构的调研和产量预估都表明，2014年全国玉米总体为减产趋势。总体上，2014年全国干旱面积虽不及常年，但干旱程度较重，且发生在主产区和产量形成的关键时期，对玉米产量有负面影响，但黑龙江等未受旱地区继续丰收甚至增产，加上播种面积增加，全国玉米减产幅度不大。

根据国家统计局的数据，2014年玉米播种面积共计3 707.6万公顷，同比增2.1%；单位面积产量5 817千克/公顷，同比下降3.30%；总产2.16亿吨，同比下降1.3%，为仅次于2013年的历史次高年份。

2. 市场价格阶段性特征明显

2014年，国内玉米市场价格呈现"弱—强—弱"走势，阶段性特征明显。2014年1～4月，国内玉米价格稳中趋弱。4月，国内产区和销区平均批发价格分别为2 186元/吨，2 458元/吨，比年初分别回落1.1%和1.00%。5月以后的"政策市"特征十分明显，由于东北产区大部分玉米被国家临储收购，市场有效粮源不足，形成了国家库存量大与市场粮源偏紧并存的局面，导致市场价格逐步攀升。加上干旱影响，加剧了市场看涨预期，推动价格进一步上涨，2014年9月国内玉米价格达到峰值，不仅高于2013年同期，而且创出了历史新高，产区和销

区平均批发价格分别为2 542元/吨，2 780元/吨，比4月分别涨16.30%，13.00%，同比分别涨12.20%，9.80%，比历史高位价格分别高出8.00%，4.60%。

9月下旬以来，随着新玉米逐渐上市，市场有效供应迅速改善，价格普遍出现回落，其中华北黄淮产区回落幅度较大。

12月，产区月均批发价为2 266元/吨，比9月累计下跌10.90%，同比涨2.50%。其中，东北产区2 242元/吨，比9月累计下跌6.30%，同比涨4.40%；华北黄淮产区2 261元/吨，比9月累计下跌13.30%，同比涨2.20%。销区月均批发价2 572元/吨，比9月累计下跌7.50%，同比涨3.60%。从全年均价来看，2014年全国产区和销区分别为2 301元/吨，2 574元/吨，同比分别上涨2.30%、2.00%。

3. 新玉米收购价格高开低走，临储收购启动后呈企稳迹象

2014年9月下旬以来，国内新玉米价格逐步上市，由于用粮企业库存普遍较低，新粮收购开秤时间较往年提前1周左右，开秤价与上年基本相当，但由于市场预期国内玉米供大于求，开秤后呈逐步回落走势。2014年12月，国家启动东北临储玉米收购后，东北产区价格呈企稳回升态势，但华北黄淮产区上市供应压力依然较大，价格继续下跌。12月底，吉林深加工企业挂牌收购价为2 050～2 220元/吨，比开秤价涨0～70元/吨，环比涨3 070元/吨，同比基本持平。长春大成公司收购价为2 140元/吨，比开秤价涨20元/吨，环比涨50元/吨，同比跌10元/吨；黑龙江为1 990～2 060元/吨，比开秤价涨1 090元/吨，环比涨2 090元/吨，同比涨30 160元/吨；山东为

2 120～2 300元/吨，比开秤价跌280 440元/吨，环比跌40 100元/吨，同比跌0～100元/吨。西王集团收购价为2 290元/吨，比开秤价低280元/吨，同比持平。

4. 小麦玉米价格一度倒挂，消费替代出现新变化

2014年以来，尽管国内小麦价格较为坚挺，但由于国内玉米价格一度创出历史新高，小麦与玉米价格再度出现倒挂。2014年8月和9月，国内小麦平均批发价格分别比玉米平均批发价格低2.70%，1.60%。

8月河南玉米价格比小麦高60元/吨左右，山东高160元/吨，为2012年10月以来小麦玉米价格首次出现倒挂。小麦玉米价格倒挂使得饲用小麦需求量再度增加，山东部分地区饲料中小麦替代玉米的比例一度达400%～600%。

2014年10月后随着玉米价格明显回落，小麦替代玉米的现象大幅减少。2014年消费替代还出现了一些新的变化和特点：一是南方销区小麦替代玉米现象显著增加。广东部分饲料企业在鸭饲料和鱼饲料中大量使用小麦替代玉米，替代量比往年多出400%～500%。如某企业往年鸭饲料和鱼饲料中小麦使用量为6万吨左右，2014年达到10万吨；二是高粱、大麦、木薯替代玉米现象明显增加。由于玉米价高，为控制成本，广东部分饲料企业开始进口高粱、大麦和木薯替代玉米。据估计，广东地区鸭饲料中原来使用50%～60%的玉米作为原料，现在不少企业基本不用，鸡饲料中替代玉米的比例平均达到200%～300%，猪饲料中育肥阶段的全价料有80%～10%用大麦替代玉米。如某大型饲料企业2014年以来进口了20万吨以上高粱和10万吨大

麦，用来替代玉米作为猪饲料和鸭饲料中的能量饲料。

2015年我国玉米市场状况

2015年，我国玉米市场供应产量继续增加，加上进口量的提升，玉米供应突出偏宽松。需求中饲料养殖增幅放缓或者停滞，其中生猪和能繁母猪存栏创下历史低位，特别对占饲料消费比例偏高的生猪市场弱势，对玉米的消费支撑作用大大削弱。

2015年我国玉米深加工企业全年盈利不佳，采购节奏明显缓慢，开工率低于50%，而2015年高粱、大麦、木薯、麦鼓等玉米替代品进口创历史记录，这无疑成为2015年玉米均价首次跌破2 000元/吨大关的另一主要推手。2015下半年随着春季玉米陆续上市，更加拖累玉米市场，使之出现了反季节的下跌行情。

1. 玉米产量十二连增

2015年以来，国内玉米主产区气候条件总体正常，但东北地区春播出现气温偏低导致春播及生产期延后的现象，在玉米生长期内东北地区降水偏少，尤其是辽宁、吉林两省旱情较重。在授粉和灌浆期又遭遇卡脖旱，导致部分地区玉米产量下降；华北地区也遭受了内涝及病虫害等灾害。气象数据显示，2015年8月辽宁、吉林的降水量分别为正常值（过去30年当月平均降水量）的76%和92%，9月降水量分别为正常值的36%和47%，黑龙江降水量仅为正常值的27%，这对岗地玉米灌浆不利。这也佐证了玉米产量的增长主要来自转播的增加，2015年从大豆、棉花等其他作物转播的面积，成为玉米产量增产的主要原因。2015年我国玉米播种面积为3 811.6万公顷，同比提高104万公顷，增幅2.8%，玉米产量为

2.2458亿吨，同比提高了4.1%。2015年由于人工成本，特别化肥及租地费用逐年提高，2015年我国玉米种植成本区间6 500～6 700元每公顷。

2. 玉米价格

2015年我国玉米市场回调。年内涨跌幅度超过18%，为近四年来下跌幅度最大的一次。2015年玉米出现了典型的反季节行情，是市场出现扭曲后的大幅调整。2015年上半年随着国家临储收购不断创下记录，数据显示，截至5月玉米临储收购量达到了8 328万吨，远高于上一年度的6 914万吨，增加了1 414万吨。大量的收购成为2015年上半年玉米价格维持高位的重要支撑。随着临储收购结束而拍卖开始，玉米替代品进口开始大幅提高，9月份预期新季玉米基本丰产后，玉米价格出现断崖式下跌，均价下跌，最低价格为1 970元/吨，其中华北个别地区跌至1 700元/吨，短短两周内快速下跌13.3%。四季度玉米需求并未出现好转，而国家再次提前临储收购，虽然收购价格下调了200元/吨，但仍对玉米市场形成有效提振，玉米价格小幅反弹，年底均价反弹至1 998元/吨，仍低于年初的2 278元/吨，下跌了12.5%。

3. 玉米临储收购政策情况

2015年度玉米收购价格与往年比下跌了220～260元/吨，但仍远高于进口玉米的入库价格和市场的预期，而且，2015年玉米收购时间再次提前至9月份，同比2014年提前近一个月，担忧再次谷贱伤农，在霉变率的安全范围内，2015年国家再次对农户进行敞开收购。值得注意的是，2015年是从2008年开始国家收购政策以来第一次下调临储收购价格的年份。2015年临储收

购在市场上占绝对优势，但部分贸易商持观望态度，对后市并不看好。

从东北三省一区的收购量来看，各个省份收购占比有所变化，其中黑龙江省仍居首位，收购总量为2 833万吨，明显高于上一年同期的2 062万吨；内蒙古自治区收购量比同期高1.7倍。但吉林和辽宁两省的收购量同比有所回调，由于2015年吉林和辽宁地区分别经历不同的干旱，部分地区玉米质量下降，从而影响玉米的收购量。另外，吉林当地玉米价格偏高，加上部分华北地区的玉米流入东北，导致当地的玉米收购量下降。

4. 2015年玉米临储和进口拍卖情况

2015年我国共进行24次玉米拍卖，是拍卖启动比较早的一年。在临储收购的同时就已同期开始拍卖，且战线比较长，持续时间从2015年1月6~8日开始到10月29日，但拍卖的效果并不尽人意。2015年玉米拍卖总量共计8 936万吨，但实际成交还不到500万吨，仅成交了420万吨，平均成交率为4.7%。其中只有第一次拍卖成交率超过35%，第六次拍卖达到12%，其他次数的拍卖率均在个位数的百分比徘徊。2015年拍卖最高均价出现在4月即第二次拍卖，价格高达2 497元/吨，随后的拍卖均价连连下调，成交率节节败退，在华北新季玉米上市后，出现了5次流拍的现象。

2015进口拍卖从4月份开始，由于近年来我国进口玉米量增加，进口玉米拍卖也成为新常态。从2015年4月9日到10月29日共计6个多月的时间里进行了18次拍卖，比上年增加了8次。从成交情况来看，与国内玉米拍卖的效果也是在伯仲之间，共拍卖了85.17万吨，实际仅成交13.75万吨，与2014年全部成交的比例来看，进口玉米也难逃市场一片看淡的采购心理。从成交价格来看，拍卖均价呈现下跌的态势，最高出现在4月16日的第二次拍卖，为2 371元/吨，之后价格不断回调，随着国内玉米拍卖成交率的下降，进口玉米更是出现了8次流拍。

二、稻米市场

2014年我国稻米市场状况

1. 稻谷产量高，品种间有差异

据国家统计局发布数据显示：2014年全国稻谷播种面积为3 030.9万公顷，比2013年减少12.3万公顷，减幅为0.40%。

2014年全国稻谷总产量为20 642.7万吨（见图69），比2013年增加313.7万吨，增幅1.4%，产量再创新高；平均单产6 811千克每公顷，较2013年增加131千克每公顷。

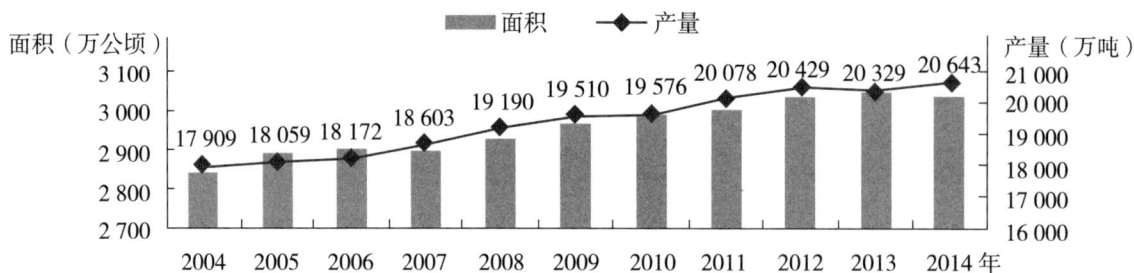

资料来源：中国统计年鉴。

图69　2004～2014年我国稻谷播种面积和产量

分品种看，早籼稻比2013年减产0.4%，中晚籼稻略有减产，东北粳稻增产。稻谷增产的直接原因是粳稻增产幅度大于籼稻减产幅度。早籼稻播种面积579万公顷，比2013年增加0.5%；据有关资料估算，中晚籼稻播种面积1 558.6万公顷，比2013年略有减少；粳稻播种面积893.3万公顷，比上年增加0.34%。早籼稻产量3 401万吨，比上年减产12.5万吨，减幅0.4%；估计其中，中晚籼稻产量10 266.7万吨，粳稻产量6 975万吨。

2. 稻米价格稳中有涨

2014年我国稻米价格总体保持稳中有涨态势。全年早籼稻全国批发均价为2.62元/千克，比2013年上涨2.3%，晚籼稻全国批发均价2.72元/千克，比2013年上涨3.0%；粳稻全国批发均价为3.02元/千克，同比上涨3.4%；早籼米全国批发均价为3.86元/千克，同比上涨0.5%；晚籼米全国批发均价为4.14元/千克，同比上涨2.5%；粳米全国批发均价为4.64元/千克，同比2013年上涨0.9%。

3. 稻谷供需平衡有余，库存量增加

2014年度，全国稻谷总产量20 643万吨，预计稻谷进口量为386万吨，供给量为21 029万吨；稻谷消费量为20 025万吨，出口量57万吨，需求量为20 082万吨；产消平衡结余947万吨，期末库存量进一步增加，各品种稻米均呈供大于求的态势。

4. 大米消费略有增长

当前我国大米消费主要用于食用、饲料、工业和种子四方面，其中食用消费占了85%以上。近年来，随着人们生活水平提高和体力劳动强度下降，国内人均大米食用量呈现缓慢减少趋势，但在人口增长和城镇化的推动下，大米食用总量仍保持了逐年略增的态势。由于大米消费量没有政府部门公布的数据可查，只能根据有关信息测算。

2014年中国国内大米消费总量14 010万吨，较2013年增加76万吨。从消费构成看，2014年食用消费量为11 025万吨，较2013年增加54万吨；种子用量相对稳定，约为93万吨；大米饲料用量略有减少，估计为1 600万吨，较上年减少10万吨左右；大米深加工消费较少，工业消费估计为648万吨；损耗量估计为643万吨，基本与上年持平。

5. 大米净进口量保持高位

据海关总署数据，2014年我国累计进口大米255.7万吨，同比增加31.3万吨，其中来自越南的大米135.3万吨，占进口总量的52.9%，来自泰国和巴基斯坦的大米分别为72.8万吨和40.7万吨，分别占进口总量的28.5%和15.9%。累计出口大米41.9万吨，同比减少5.9万吨，其中，出口至朝鲜的大米6.4万吨，占出口总量的15.2%，出口至日本和蒙古的大米为2.5万吨和2.0万吨，分别占出口总量的5.9%和4.7%。全年净进口大米213.8万吨，比上年度增加37.2万吨。2014年前5个月，我国共进口大米92.0万吨（折合稻谷131.4万吨），出口大米27.4万吨（折合稻谷39.1万吨）；全年大米进口量达到270万吨左右（折合稻谷386万吨），出口量40万吨（折合稻谷57万吨）。

除正规渠道进口的大米外，一些走私进口的大米数量也较大。据越南协会统计：2014年越南向我国出口的大米为210万吨，这还不包括通过边境出口的未登记大米数量，而我国海关进口的越南大米只有135万吨，可以推算出单越南一国走私到我国的大米最少有75万吨。但随着我国打击走私力度的加强，今后走私进口大米的比例将逐步减少。

我国出口大米多为粳米，进口大米多为低端籼米。尽管近年来我国大米进口量增长较大，但年进口量仍不到国内总消费量的2.0%，虽然对国内大米供求平衡影响不大，然而却对南方籼米市场供给结构和价格产生了明显冲击，并在一定程度上加大国内大米供给压力。

据中国海关总署数据，2014年我国累计进口大米255.7万吨，同比增加31.3万吨。其中，进口自越南的大米135.3万吨，占总进口量的52.9%，进口自泰国和巴基斯坦的大米分别为72.8万吨和40.7万吨，分别占比28.5%和15.9%。

2014年我国累计出口大米14.9万吨，同比减少5.9万吨。其中，出口至朝鲜的大米6.4万吨，占总出口量的15.2%，出口至日本和蒙古的大米分别为2.5万吨和1.95万吨，分别占比5.9%和4.7%。

2015年我国稻米市场状况

1. 稻谷产量再创历史新高，品种间有差异

据国家统计局发布的数据显示，我国2015年稻谷产量为20 824.5万吨，同比增加173.8万吨，增幅为0.9%（见图70）；播种面积为30 213.2千公顷，同比减少97千公顷，本年度稻谷产量的增加得益于单产水平的提高。

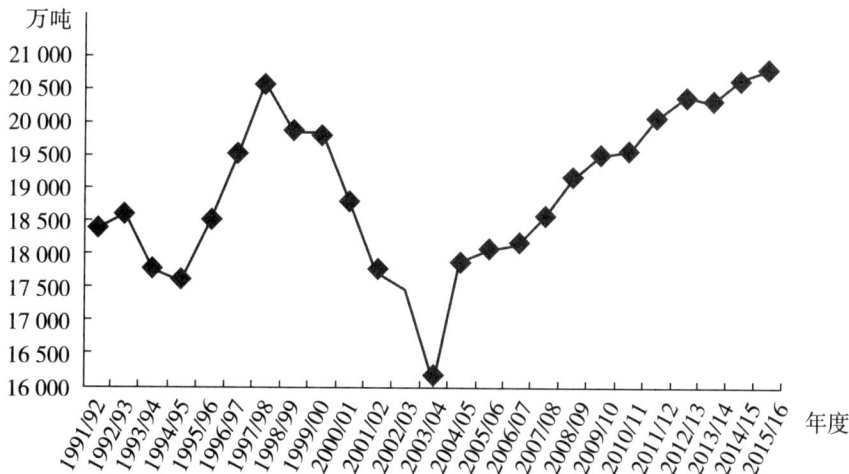

图70　1991/92年度以来中国稻谷产量

从各品种分布比例来看，2015年我国稻谷各品种种植结构基本与上年保持不变。根据统计局数据，2015年我国早籼稻产量为3 369.1万吨，占稻谷总产量的比例为16%，2012～2014年分别为16%、17%、16%；2015年我国中晚稻产量为17 455.4万吨，占总产量的比例为84%，2012～2014年中晚稻产量分别为84%、83%、84%。

从各品种产量来看，2015年早籼稻产量3 369.1万吨，较2014年减产31.9万吨。早籼稻减产的主要原因有两方面：一方面是早籼稻近两年市场需求萎缩，种植面积下降；另一方面是2015年在早籼稻生长期间遭遇持续低温阴雨，导致减产较多。2015年中晚稻全年产量17 454.9万吨，较上年增产213.9万吨。

2. 大米进口量创历史新高，进口来源地呈多元化

据中国海关数据，2015年我国进口大米335万吨，较2014年的258万吨增加三成，

为改革开放以来的最高记录，首次突破300万吨（见图71）。除大米进口量创纪录外，我国大米进口来源地也更加多元化，进口品种中碎米进口量有所增加。首先，越南仍是我国主要的大米进口来源国，从2012年中国大规模进口大米开始，越南、泰国、巴基斯坦几乎独占了中国大米进口市场，自其他国家的进口量占比仅有2%～3%，但2015年以来，随着我国与东盟各国贸易往来的增加，越南、泰国、巴基斯坦以外的柬埔寨、老挝等其他国家的大米进口量占比快速提升，进口量超过25万吨，同比增加约2.5倍。其次，我国进口的大米品种仍以精米为主，但近年碎米进口量大幅增加。2015年，我国碎米进口量已达80万吨，同比增加32万吨，碎米进口量占大米进口总量的比重从2014年的18%上升到24%，碎米进口主要用于加工成米粉、米蛋白、米醋以及其他深加工品种。

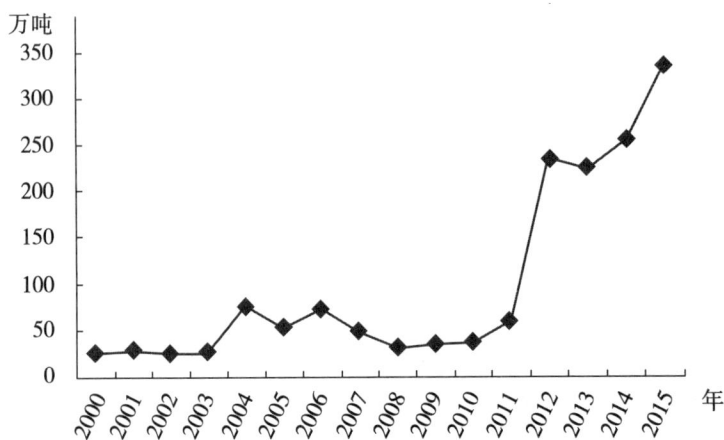

图71　2000年以来中国的大米进口量

3. 存粮习惯变化，市场成交迟缓加大稻谷库存压力

近年来，国内稻谷产量总体呈上升趋势、国际大米市场供应宽松，导致国内

稻谷库存积压；农民生产生活方式发生改变，少存或不存粮的现象增加，使国家库存充盈；市场价格下行，加工企业对于后市较为悲观，为降低储粮成本，以销定

产，其经营用库存明显下降。在上述变化共同作用下，目前我国稻谷累积量库存较为庞大。以2015年政策性收购为例，一方面，2015年我国对早稻、中晚籼稻、粳稻执行最低收购价政策，据中储粮数据，2015年中储粮共收购早稻301.8万吨、中晚籼稻1 019万吨、粳稻2 014万吨，稻谷收购总量较2014年增加108万吨。另一方面，2015年陈稻的竞价销售中，除1月6～8日国家政策性粮食专场（稻谷）竞价交易成交68万吨外，其他月份的成交率均较低。由此可见，在政策性收购稻谷数量较大与陈稻竞价销售成交低迷共同作用下，国内稻谷库存压力较大。

4. 稻米市场价格波动不大，"稻强米弱"持续

2015年我国稻米市场价格波动不大，总体表现出以下特点：一是"稻强米弱"现象未能改善。"稻强米弱"已成为我国稻米市场长期存在的一个显著特征。一方面，稻谷市场受到更多的国家政策保护，产量持续增加；另一方面，大米市场完全市场化运行，加工行业产量过剩、产业链过短，2015年最低收购价政策虽继续执行，但加工行业状况未有明显改善，产业链的活跃度较低；二是新、陈稻谷价格倒挂。近年大米市场消费疲软，产区内陈稻轮换不畅，陈稻出库价低于新稻收购价已成常态，2025年南方产区新季籼稻收购价基本为2.7元/公斤（早稻）、2.76元/公斤（中晚籼稻），陈稻的出库价约为2.4元/公斤。

三、小麦市场

2014年我国小麦市场状况

2014年中国小麦单产和总产均提升，国内供需平衡略有余，进口量大幅减少。在国家最低收购价政策支持下，全年小麦价格走势表现为普麦弱、优麦强的特点。

2014年中国小麦播种面积为2 406.39万公顷，同比减少0.2%，播种面积连续三年减少；单产5 243.2千克/公顷，同比增长3.7%；总产量12 617万吨，同比增长3.5%，实现"十一连增"；单产、总产均创历史新高。由于播种基础好，生长关键期雨热比较充分，2014年夏收小麦千粒重普遍增加，品质较2013年有所提高。

2014年中国小麦消费总量约为1.25亿吨，同比增1.8%。其中，食用消费8 548万吨，同比2013年基本持平；受玉米供需关系及小麦玉米比价关系影响，饲料消费明显增加。2014年4月底国家临储玉米收购结束后，国内市场特别是黄淮地区玉米价格明显上涨。5月下旬起国内新麦陆续上市，供应量大增，导致小麦与玉米之间的比价发生逆转。

国家统计局数据显示，2014年全年玉米播种面积3 707.6万公顷，同比增长2.1%；单位面积产量5 817千克/公顷，同比下降3.3%；总产量2 1567.3万吨，同比下降1.3%，仅次于历史产量最高的2013年。

2014年，国内玉米总消费约1.95亿吨，同比下降1.3%。受疫病影响，禽业养殖尚未完全恢复；生猪价格偏低，全闷生猪存栏和能繁母猪存栏同比都出现了下降；高粱、大麦等进口大幅增加，对玉米饲用消费替代明显。养殖业的低迷及消费替代导致玉米饲用消费受到一定程度的影响。据中国饲料工业协会数据，2014年前三季度全国饲料总产量为1.42亿吨，同比下降1.0%。估计全年玉米饲用消费量约为1.24亿吨，同比增长0.8%，增幅明显放缓。

据国家统计局发布的2014年粮食产量公告，2014年我国小麦产量高位爬坡，连续11年增产，总产量达到1.26亿吨，较2013年增加404.5万吨，增幅3.5%；小麦播种面积24 064千公顷，较上年减少76千公顷。2014年，我国冬小麦产量继续增长，达11 989.9万吨，较2013年增加423万吨。产量继续增加的同时，小麦品质也较2013年有显著提升。我国小麦消费总量较上年继续增长，除制粉消费刚性增长外，饲用消费也明显扩大，主要是因为三季度玉米价格大幅上涨导致饲养企业加大了对小麦的采购。受2014年上半年国际小麦飙升影响，小麦进口总量明显下降。2014年，我国小麦市场行情除在部分时段有所涨跌外，总体来看运行平稳。国家及早在豫鄂苏皖鲁五省启动小麦托市收购，托市收购量创五年新高。国家继续在2015年实施小麦最低收购价政策，托市价格保持2014年水平不变。

2014年小麦整体品质较2013年明显好转，主要体现在容重高、不完善粒降低、千粒重增加、三等以上小麦占比提升等几个方面。

促成2014年小麦品质提升的几个主要原因有：一是冬小麦生长期间气候条件良好；二是降水足量且及时；三是在小麦生长期有效控制病害发生；四是小麦收割期间大部分地区天气晴好，有利于小麦及时收割晾晒，不完善粒也较往年大幅减少。

种植成本方面，若不计算人工费用及土地成本，2014年主产区小麦种植成本为440～480元/亩，较2013年下降约40元/亩，其中化肥、农药、灌溉支出有不同幅度减少，但种子成本有所增加。

种植收益方面，两方面因素促使种植农户亩均收入显著提升：一方面，国家将小麦最低收购价从2013年的1.14元/斤提高到1.18元/斤；另一方面，冬小麦单产提高、质量提升，使得农户的售粮价格及每亩收入都相应提升。总体而言，2014年小麦种植成本减少，收益增加，种粮农户的亩均收益较2013年显著提升。

据国家粮油信息中心2014年12月份发布的"中国小麦供需平衡表"显示，2014～2015年度我国小麦国内总消费量为13 160万吨，2013～2014年度为12 920万吨，增加240万吨，增幅1.86%。其中，制粉消费9 990万吨，占总消费量的76%；饲料及损耗1 600万吨，占比12%；工业消费及种用量分别为1 100万吨和47万吨，分别占消费总量的8%和4%。

2014～2015年度国内小麦饲料消费用量较上年度大增，主要原因是2014年6～9月国内玉米价格大幅上涨，导致小麦、玉米价格倒挂，饲料、养殖企业出于成本考虑，加大了对小麦的使用和储备。小麦制粉消费量较2013～2014年度略有增长，尽管人口增长及企业扩张让小麦制粉消费刚性增长，但国内宏观消费环境的低迷抑制了面粉消费总量提升幅度。

据海关总署数据，2014年我国小麦累计进口297.2万吨，较2013年减少253.5万吨，减幅46%。分国别来看，2014年我国自澳大利亚进口小麦139.1万吨，占46.8%；自美国进口小麦86.3万吨，占29%；自加拿大和哈萨克斯坦分别进口小麦41.1万吨和25.1万吨，分别占13.8%和8.4%。

进口总量减少的主要原因是2014年前期受乌克兰紧张局势及美麦产区气候影响，国际麦价高涨，进口小麦采购力度减弱，尽管后期国际麦价下跌，但国内宏观经济因素及进口麦储备结构调整，让小麦进口放缓。

2014年，我国累计出口小麦0.096万吨，较2013年减少0.156万吨；面粉出口18.9万吨，较2013年减少8.7万吨。

2014年，国内小麦市场中多数参与者在反复的"期望—失望—再期望，再失望"中，领悟到了"市场不能靠想象"这一深刻的道理。

具体分析，第一次的"期望"开始于2月中旬农历初十；2014年元旦后，国内小麦延续上年末的平稳走势，市场之前预期的春节期间企业备货、面粉加工高峰并未来临，相反，由于宏观经济形势转弱，面粉消费持续低迷。

2014年春节假期刚过，原粮和成品粮的供应断档让国内小麦市场购销热情被快速点燃。仅从农历初十到正月十六的一周时间，主产区河南郑州小麦收购价便从春节前的1.26元/斤涨至1.28元/斤，到2月下旬，郑州地区小麦继续涨至1.29元/斤。

2014年3月上旬过后，市场对面粉需求回归平稳，贸易商面粉采购订单逐步减少，面粉加工企业减缓了对小麦的采购，开机率相应下降。同时，麸皮价格因前期供应量大、饲料需求不振，也从2月份最高时的1元/斤以上跌至3月份的0.83元/斤。

2014年4～5月份面粉加工企业的平均开机率已经从一季度的65%降至50%以下。接新前，河南郑州地区陈小麦收购价已回落到1.26元/斤左右，麸皮也跌至0.75元/斤。

2014年5月中下旬，新作小麦由南至北陆续上市，由于水分偏高、杂质较多，上市价格普遍较低，郑州地区早熟新麦当时粮库收购价为1.15～1.18元/斤，粮食经纪人收购价1.10～1.12元/斤。由于小麦上市地区价格普遍低于国家规定的托市价格水平，托市政策大面积启动。

在价格快速跳涨至1.18～1.22元/斤之后，小麦行情并未像往年那样继续快速上涨。整个6月份及7月前半个月，市场的收购主体依旧是中储粮及相关国有收储库点。

2014年8月份后，河南郑州企业的新麦收购价从7月底的1.24元/斤一路上涨至8月底的1.28元/斤。这种涨势似乎并没有停止的意思.

进入9月份，在经历了"惯性上涨"之后，各主产区小麦价格开始止涨回稳。郑州地区的小麦收购价在9月上旬见到1.29元/斤之后，止步不前，其他一些地区因前期涨势过猛，9月中旬后甚至有了0.005～0.01元/斤的回调。月底，华北新玉米收购价为1.18～1.24元/斤，陈玉米收购价为1.30～1.35元/斤，较8月份下跌0.10～0.15元/斤，跌势继续。

但仍有相当数量的企业相信小麦行情不会跌，甚至会涨。原因是占小麦总产量约60%的小麦被收入库中，市场上的粮食极度短缺。不幸的是，10月市场上不仅没有出现令人期待的"回暖"行情，郑州小麦缓步降至1.28元/斤。

总体来看，小麦市场供应处于偏紧状态，但需求低迷更甚，小麦行情在2014年11、12月维持弱势波动，郑州地区小麦收购价在12月底回落至1.27元/斤。

2014年的小麦收购进度之快、收购量之多超乎想象，据国家粮食局统计数据，在6月份收购总量超4 000万吨之后，至7月中旬累计收购量就已超过2013年的全部收购量，至2014年9月底收购期结束时，全国11个小麦主产区各类粮企累计收购新产小麦7 363万吨，比2013年增加1 973万吨，成为执行托市政策以来进度最快、收购最多的一年。

2014年的小麦最低收购价执行预案于5月下旬正式发布，随即5月底先后在湖北、河南、安徽、江苏等四省启动托市，6月中旬启动山东枣庄的托市收购。启动时间是执行小麦托市政策以来最早的一次。

2014年的小麦托市收购量创近五年来新高。据统计，累计收购最低收购价小麦2 535万吨，其中河南超1 000万吨，江苏、安徽均在670万吨左右，湖北收购达150万吨。

2014年收购期间一个显著的现象就是，过去是经纪人主动售粮到粮库，而今年是粮库主动和经纪人联系购粮。这个现象从2013年就已经出现，但在2014年更加明显。不少地方的农村经纪人对当地的价格走势影响明显。从了解到的情况来看，目前规模以上的粮库已经很少从农民手中直接收购粮食，农民多数是直接就地将粮食销售给经纪人，而经纪人通过简单的晾晒去杂就收到自有的简易粮仓或露天堆放。据了解，在新麦上市初期的半个月时间，经纪人每吨可赚差价100～140元/吨，之后进入小麦大量上市时期，每吨也能赚到60～80元，这和前几年每吨只有20～40元的收益不可同日而语。

2014年国家临储小麦的投放及成交情况均不及2013年。临储投放方面，全年累计投放48周，周均投放量仅为92万吨，较2013年近400万吨的投放减少了308万吨。临储交易周均成交29万吨，较2013年大幅减少46万吨。

2014年，郑州商品交易所郑麦期货跌宕起伏，从走势上看，主要分为三个阶段：第一阶段，郑麦指数从年初的2 846点高位震荡下行，至新小麦上市前行情跳水，至7月份跌至2 569点；第二阶段，进入7月份后，郑麦指数一路上涨，至8月中旬涨至2754点，继而高位盘整至10月上旬；第三阶段，10月中旬开始，郑麦指数加速下跌，最低跌至2542点，并在年末沿2570一线弱势震荡。

郑州商品交易所对于强麦期货合约细则进行修改，不仅有助于吸引更多的投资者参与交易，促进合约的活跃度，更将促进优质小麦的产业发展。

2014年，国际小麦行情走势如"N"型，大幅涨跌，总体来看，导致其"过山车"般走势的主要原因和全球产供消需、地缘政治、能源金融等因素有直接关系。

分阶段来看：2014年1月至5月初，

CBOT（芝加哥商品交易所）美麦指数受全球小麦供需宽松影响，延续上年跌势，惯性走低，在跌至四年来554.2点的低点后，于1月末开始快速反弹，并稳步走高，尽管在3月下旬至4月中旬出现短期宽幅震荡，但国际麦价上行趋势不改，至5月初，美麦指数最高冲至750点，创15个月来新高。

2014年5月上旬至9月末，国际小麦止住上涨脚步，转头下跌，尽数回吐前期涨幅，7月中旬跌至前低，此时市场上多空因素交织，美麦行情箱体震荡，8月底，空头发力打压，麦价继续下跌，至9月下旬，CBOT美麦指数跌落至474.2点，创2010年7月以来新低，累计跌幅达37%。

2014年10月国际麦价触底反弹，CBOT美麦指数接连突破500点、600点等整数关口，于12月中旬冲至674.8点，涨幅达42%。

2015年我国小麦的市场状况

2015年全国粮食播种面积113 340.5千公顷，比2014年增加617.9千公顷，增长0.5%。其中谷物播种面积95 648.9千公顷，比2014年增加1 045.4千公顷，增长1.1%。

2015年全国粮食单位面积产量5 482.9公斤/公顷，比2014年增加97.8公斤/公顷，提高1.8%。其中谷物单位面积产量5 982.9公斤/公顷，比2014年增加90.8公斤/公顷，增长1.5%。

2015年全国粮食总产量62 143.5万吨，比2014年增加1 440.8万吨，增长2.4%。其中谷物产量57 225.3万吨，比2014年增加1484.6万吨，增长2.7%。

国家统计局2015年小麦产量公告显示，2015年全国小麦总产量为13 018.7万吨，较上年增401.6万吨；其中主产区冬小麦产量12 360万吨，较2014年增产355万吨。2015年产国内小麦抽样送检的质量状况总体稳定；但优质麦的结构出现明显变化，强筋、弱筋类品种样品占比少，中强筋、中筋类小麦成为优质达标麦主力品种。

2015年在国内经济下行压力大以及面粉加工业整合导致行业竞争加剧的情况下，小麦需求增速明显放缓，尤其是饲用小麦需求大幅下降，"供增需降"格局下，国内小麦市场供需进一步宽松，麦面产业链各环节经营主体生存艰难。

进口小麦冲击、市场粮源价低以及小麦制成品"量价"不佳导致政策性小麦库存数量高企难销。国内麦市"买方"市场氛围持续，麦价整体弱势运行，阶段性、区域性的"卖粮难"凸显，小麦市场价长时间运行于政策价之下，国内麦价底部重心较2014年明显下降。国内麦价持续弱势运行使得麦市贸易空间狭窄，粮库、粮食贸易商基本采取以销定购策略，持粮待涨主体亏损严重，麦市购销活跃度下降。截至2015年12月底，国内中等普通小麦进厂价格为2 300～2 440元/吨，较年初下跌120～260元/吨。

总体来看，2015年国内小麦市场行情整体弱势运行，阶段性上涨机会短暂，市场行情走势大致分为三个阶段：

1. 2015年初至新小麦上市（5月下旬），麦价整体弱势下行。国家临储小麦持续供给市场加之储备粮轮出冲击市场，麦市"政策市"氛围浓厚，因需求较为疲软，"供增需弱"格局下，"买方"市场氛围浓厚，麦价呈现一路下行，粮企粮源销售压力大。因国内小麦市场运行价格整体围绕国家临储小麦拍卖底价，这也使得麦价在政策底价支撑下，其跌幅同比有所放缓。

2. 主产区新小麦上市至9月30日，麦价围绕托市价弱势运行。自2015年5月26日苏鄂皖豫鲁冀相继启动小麦托市收购至9月30日托市收购结束，小麦托市收购贯穿始终，且启动范围不断扩大，政策收购支撑作用明显弱化，市场化主体入市收购积极性不高，政策价成为价格天花板，麦价整体处于托市收购价之下弱势运行，麦价因品质分化差异较大。

3. 10月初至12月底，国内麦价整体先抑后扬。托市收购结束加之国家临储麦价高难以流入市场，国内麦市步入政策真空期。因阶段性供给压力凸显加之政策利空传闻引发的恐慌式抛售导致麦价国庆节后断崖式下跌，麦价下探至年低点。

2016年小麦最低收购价不变的政策稳定了市场信心，麦价出现修复性反弹，流通粮源逐步减少逐步推升麦价底部重心；自11月中下旬量变引发质变，在流通粮源少、面企"备货季"的补库潮加之雨雪天气等因素共同推动下，麦价出现爬坡式上涨；麦市供需格局随着价格的上涨也悄然发生转变，麦价涨势趋缓；采购需求明显弱化下，麦价呈现高位回落态势，价格整体处于托市收购价与临储小麦拍卖底价之间区间波动。

纵观2015年国内小麦市场，其"政策市"氛围仍较为浓厚，但其价格支撑效应明显减弱，市场推动力明显不足，2015年国内麦市主要有以下特点：

政策支撑效应明显弱化，国家临储麦库存高企难销。2015年夏粮收购期间主产区新麦托市收购虽启动早、范围广以及持续时间长，但托市收购进度慢、托市收

购量同比降低使得小麦价格重心呈现下移态势。与此同时，因小麦市场价格低于政策价，导致国家临储小麦库存高企难销。据统计，2015年国家临储小麦拍卖市场累计投放粮源数量（含1月6~8日国家政策性粮食专场）5 321.5 575万吨，实际成交637.434万吨，平均成交率11.98%，周度成交均价处于2 434~2 525元/吨；相比之下，2014年国家临储小麦拍卖市场累计投放粮源数量4 418.393万吨，实际成交1 408.364万吨，平均成交率31.88%，周度成交均价处于2 293~2 445元/吨。

"买方"市场氛围浓厚，市场贸易空间与时间受限。2015年粮农虽较往年的惜售心理明显减弱，销售意愿较强，土地流转的推进也进一步导致粮食销售模式发生变化，但以往粮食贸易商、粮库在主产区委托经纪人收粮变为经纪人外出寻找粮库、粮食贸易商兜售小麦。在加工行业因微利甚至亏损拼"成本"的格局下，粮企市场贸易难度明显加大，"买方"氛围下以销定购为主，麦价持续弱势运行使得市场贸易空间与时间遭受挤压，持粮待涨主体亏损严重，麦市购销活跃度下降。

品质分化促使价差的差距拉大，优普麦价差同比扩大。2015年小麦收获期间，河南、江苏、安徽、湖北等部分区域小麦受灾导致品质受损，受制于面粉加工企业小麦采购成本、数量及质量控制较为严格影响，国内小麦市场价格因品质差异分化较为明显，品质受损小麦价格明显低于国家托市收购价，部分区域现"卖粮难"；制粉小麦价格与饲用小麦价格的价差较大。2015年因需求疲软、政策收购弱化促使麦市"优质优价"较为明显。2015

年夏收期间2015年国产优质小麦"藁优9415"与三等白小麦的均价价差整体处于240～350元/吨；相比之下，上年同期为180～280元/吨。截至2015年12月31日，郑州商品交易所强麦期价1 605合约报收于2 891元/吨，较2015年初的2 622元/吨上涨了269元/吨，涨幅10.26%。

小麦与玉米的价差处于高位，饲用小麦需求降至冰点。2015年由于国内玉米市场价格大幅下行，且大麦、高粱等替代品进口势头强劲，饲料加工企业对小麦即便是低价的不完善粒超标小麦采购积极性也不高；国内饲用小麦用量和价格均受到较大的拖累，饲用小麦的替代需求基本遭挤占。2015年国内三等白小麦与二等黄玉米均价价差为30～390元/吨；且长时间处于高价差。相关机构预计，2015～2016年度国内小麦饲料消费量为1 050万吨，较2014～2015年度减少350万吨。

国际麦价大幅下跌，进口小麦力度不减。国际小麦在供需宽松、美元走强等利空因素主导下，其市场行情大幅下跌。截至2015年12月31日，美国芝加哥期货交易所美软红冬小麦3月合约期价报收于469.5美分/蒲式耳，较年初的590美分/蒲式耳，下跌120.5美分/蒲式耳，跌幅20.4%。据中国海关公布的最新数据显示，2015年1～11月国内共进口小麦275.86万吨，同比下降5.65%；预计2015年进口小麦数量超过300万吨。相比之下，2014年国内共进口小麦297.2万吨。截至2015年12月底，3月交货的美国2号软红冬小麦FOB价格为195.4美元/吨，到国内口岸完税后总成本约为1 725元/吨，比去年同期下跌399元/吨。相比之下，江苏2015年产中等普通白小麦广州地区到港价2 480元/吨，同比下跌190元/吨。

成本高企粮价低迷，农户面临"丰产不增收"窘境。在成本上升、价格下跌的双重挤压下，2015年国内小麦市场再度出现"增产不增收"、"粮贱伤农"的现象。例如据安徽省物价局价格成本调查监审局对全省小麦主产区的调查，受土地成本上升、受灾减产、价格下跌等因素影响，安徽小麦2015年虽迎来丰收，但种植收益较上年减少。

第十一部分

水产品市场

2014年我国水产品市场总体运行情况

2014年全年我国水产品总产量为6 461.52万吨，同比增长4.69%；渔民人均纯收入14 426.26元，同比增长10.64%。按当年价格计算，全社会渔业经济总产值20 858.95亿元，实现增加值9 718.45亿元，其中渔业产值10 861.39亿元，渔业增加值6 116.69亿元。

（一）渔业生产稳定增长

2014年渔业生产继续保持平稳增长，水产养殖业仍是水产品增长的主要来源，贡献了产量增长中的206.73万吨，捕捞业产量与2013年基本持平，远洋渔业是突出亮点。海洋捕捞产量1 280.84万吨；远洋渔业产量202.73万吨；淡水捕捞产量229.54万吨，同比负增长0.52%；海水养殖产量1 812.65万吨，同比增长4.22%；淡水养殖产量2 935.76万吨，同比增长4.760%。水产品总产量中，捕捞产量1 713.11万吨，占总产量的26.51%，养殖产量4 748.41万吨，占总产量的73.49%；海水产品产量3 296.22万吨，占总产量的51.01%，淡水产品产量3 165.30万吨，占总产量的48.99%（见表49和表50）。全国水产品人均占有量47.24千克。

表49 2013～2014年全国水产品产量增减对比

指　标	2014年	2013年	2014年比2013年增减（±）	
			绝对量	幅度（%）
全国总计	64 615 174	61 720 029	2 895 145	4.69
海水产品	32 962 170	31 388 253	1 573 917	5.01
淡水产品	31 653 004	30 331 776	1 321 228	4.36
养殖产量	47 484 072	45 416 802	2 067 270	4.55
海水养殖	18 126 481	17 392 453	734 028	4.22
淡水养殖	29 357 591	28 024 349	1 333 242	4.76
捕捞产品	17 131 102	16 303 227	827 875	5.08
海洋捕捞	12 808 371	12 643 227	164 549	1.30
远洋渔业	2 027 318	1 351 978	675 340	49.95
淡水捕捞	2 295 413	2 307 427	−12 014	−0.52
养殖产品中：鱼类	27 219 322	25 940 887	1 278 435	4.93
甲壳类	3 993 456	3 769 655	223 801	5.94
贝类	13 416 711	12 983 793	432 918	3.33
藻类	2 013 129	1 864 993	148 136	7.94
其他类	841 454	857 474	−16 020	−1.87

指　标	2014	2013	2014年比2013年增减（±）	
			绝对量	幅度（%）
捕捞产品中：鱼类	10 481 353	10 378 868	102 485	0.99
甲壳类	2 723 403	2 626 083	97 320	3.71
贝类	814 904	819 828	−4 924	−0.60
藻类	24 555	28 301	−3 746	−13.24
其他类	676 715	664 285	12 430	1.87
	382 854	433 884	−51 030	−11.76

注：本表捕捞产品未包括远洋渔业产量

表50　2013～2014年全国海洋捕捞产量情况对比

指　标	2014年	2013年	2014年比2013年增减（±）	
			绝对量	幅度（%）
海洋捕捞产量	12 808 371	12 643 822	164 549	130
1. 鱼类	8 807 901	8 717 638	90 263	1.04
2. 甲壳类	2 395 699	2 285 476	110 223	4.82
其中：虾	1 531 025	15 512 632	−20 238	−1.30
其中：毛虾	538 011	566 503	−28 492	−2.03
对虾	140 286	130 333	9 953	7.64
鹰爪虾	319 045	324 450	−5 405	−1.67
虾蛄	292 796	294 151	−1 355	−0.46
蟹	864 674	7 374 213	130 461	17.77
其中：梭子蟹	577 994	470 637	107 357	22.81
青蟹	83 877	77 429	6 448	8.33
蟳	59 812	57 483	2 329	4.05
3. 贝类	551 607	547 556	4 051	0.74
4. 藻类	24 299	28 036	−3 737	−13.33
5. 头足类	676 715	664 285	12 430	1.81
其中：乌贼	137 211	128 046	9 165	7.16
鱿鱼	374 727	361 058	13 669	3.79
章鱼	121 352	116 828	4 524	387
6. 其他类	352 150	400 831	−48 681	−12.15
其中：海蜇	196 174	211 315	−15 141	−7.17

（二）水产品市场健康运行

水产品国内市场应充足，价格基本平稳，总体呈前高后低的走势，部分品种价格波动较大。监测显示，2014年水产品批发市场综合平均价格21.70元／千克，同比上涨3.54%。其中海水产品综合平均价格39.39元／千克，同比上涨3.81%；淡水产品综合平均价格14.96元／千克，同比上涨2.76%。水产品进出口呈现高低后高的走势，全年继续实现较快增长。据海关数据统计，2014年我国水产品进出口总量844.43万吨、进出口总额308.84亿美元，同比分别增长3.87%和6.86%。其中，出口量416.33万吨、出口额216.98亿美元，同比分别增长5.16%和7.08%；进口量428.10万吨、进口额91.86亿美元，同比分别增长2.65%和6.34%。贸易顺差125.13亿美元，同比增长7.66%。

2014年，我国水产加工总量为2 053.2万吨，同比增长5.1%，其中海水加工产品1 678.6万吨，同比增长5.5%，占水产加工品总量的81.8%，淡水加工品374.5万吨，同比增长3.2%。水产品加工企业数量9 663个，同比下降1.1%，加工能力2 847.2万吨/年，同比增长3.7%（见表51），水产品加工产业保持稳步发展态势。

表51　2013～2014年我国水产加工情况对比

指　标	计量单位	2014年	2013年	2014年比2013年增减（±）	
				绝对量	幅度（%）
1. 水产加工企业	个	9 663	9 774	−111	−1.14
水产品加工能力	吨/年	28 472 396	27 453 094	1 019 302	3.71
其中：规模以上加工企业	个	2 749	2 750	−1	−0.04
2. 水产冷库	座	8 624	9 046	−422	−4.67
冻结能力	吨/日	671 780	659 570	12 210	1.85
冷藏能力	吨/次	5 191 248	4 888 711	20 142	6.19
制冰能力	吨/日	237 794	232 400	5 394	2.32
3. 水产加工品总量	吨	20 531 593	19 540 173	991 420	5.07
淡水加工产品	吨	3 745 247	3 629 827	115 420	3.18
海水加工产品	吨	16 786 346	15 910 346	876 000	5.51
（1）水产冷冻品	吨	13 171 461	12 299 779	871 682	7.09
其中：冷冻品	吨	6 548 543	5 888 239	660 304	11.21
冷冻加工品	吨	6 622 918	6 411 540	211 378	3.30
（2）鱼糜制品及干腌制品	吨	3 068 782	2 906 375	162 407	5.59
其中：鱼糜制品	吨	1 517 924	1 326 843	191 081	14.40
干腌制品	吨	1 550 858	1 579 532	−28 674	−1.82
（3）藻类加工品	吨	1 087 052	989 878	97 174	9.82
（4）罐制品	吨	399 892	374 911	24 981	6.66
（5）水产饲料（鱼粉）	吨	759 920	995 462	−235 542	−23.66
（6）鱼油制品	吨	101 325	77 010	24 315	31.57
（7）其他水产加工品	吨	1 940 161	1 896 758	43 403	2.29
其中：助剂和添加剂	吨	89 294	104 224	−14 930	−14.32
珍珠	千克	162 235	171 754	−6 519	−5.54
4. 用于加工的水产品总量	吨	21 923 736	21 687 297	236 439	1.09
其中：淡水产品	吨	5 486 063	5 555 188	−69 125	−1.24
海水产品	吨	16 437 673	16 132 109	305 564	1.89
5. 部分水产品年加工量	吨	1 727 022	1 701 210	25 812	1.52
其中：对虾	吨	520 198	479 650	40 548	8.45
克氏原螯虾	吨	181 866	184 316	−2 450	−1.33
罗非鱼	吨	859 202	866 986	−7 784	−0.90
鳗鱼	吨	107 394	110 746	−3 352	−3.03
斑点叉尾鮰	吨	58 362	59 512	−1 150	−1.93

水产品原料的加工率为33.9%，比2013年略有回落。其中，海水产品的加工率为53.1%，比2013年（51.4%）提高1.7个百分点。淡水产品加工率17.3%，产品特性决定了其加工比例他依然较低。2014年我国水产品加工实现产值3 712.7亿元，同比增长8.1%，加工产值占渔业总产值的17.8%。

根据对全国80家水产品批发市场成交价格进行统计，2014年水产品批发市场的综合平均价格为21.70元/千克，同比上涨3.54%。其中海水产品综合平均价格39.39元/千克，同比上涨2.76%。另据对可比的33家水产品批发市场交易清空统计，水产品市场成交量663.41万吨，同比增长1.43%；成交额1246.31亿元，同比增长0.24%。

1. 2014年我国水产品综合平均价格月度间波幅较大。受春节消费拉动，2014年1～2月份水产品价格环比分别上涨5.25%和3.67%，之后经历3～4月份的小幅回落和5/6月份的小幅回升，7月份起价格持续下跌，9月份之后价格开始低于2013年同期。监测的49个品种中，19个品种价格同比上涨，其中10个品种涨幅超过10%；9个品种价格同比基本持平；21个品种价格同比下跌，其中6个品种跌幅超过10%。

2. 海水产品价格波动明显，部分品种价格涨跌幅度较大。2014年海水产品综合平均价格也呈现出前高后低的态势，其中，受春节消费拉动，1～2月份价格涨幅明显，环比分别上涨9.48%和3.73%，达到全年峰值，之后经过小幅的震荡调整，7月份开始价格持续下跌，11月跌至谷底，12月虽略有回升，但自9月份之后价格一直低于2013年同期。监测的31个品种海水产品中，14个品种价格同比上涨，其中8个

品种价格涨幅超过10%；4个品种价格同比持平；13个品种价格同比下跌，其中4个品种跌幅超过10%。

2014年我国水产品进出口增速逐步企稳回升，全年实现了较快增长，进出口总额首次突破300亿美元，创历史新高。距海关数据统计，2014年我国水产品进出口总量844.43万吨、进出口总额308.84亿美元，同比分别增长3.87%和6.86%。其手出口量416.33万吨、出口额216.98亿美元，同比分别增长5.16%和7.08%，出口额占农产品出口总额的30.15%，进口量428.1万吨、进口额91.86亿美元，同比分别增长2.65%和6.34%。贸易顺差为125.13亿美元，较2013年同期增加8.9亿美元，同比增长7.66%。

2014年中国渔业继续保持良好发展态势，水产品产量6 461万吨，同比增长4.7%，批发价格上涨3.5%，进出口总额首次突破300亿美元，贸易顺差增长7.6%。

2014年水产品产量6 461万吨，同比增长4.7%。其中，养殖水产品产量4 748万吨，同比增长4.6%；国内捕捞水产品产量1 510万吨，同比增长1.0%；远洋渔业产量203万吨，同比增长50%。

2014年水产品市场交易总体平稳运行，据对全国80家水产品批发市场成交价格统计，2014年水产品批发市场综合平均价格21.70元/千克，同比上涨3.5%。成交量、成交额同比分别增加1.4%和0.2%。从月度变化来看，水产品价格呈"前高后低"的走势。受春节消费拉动，2014年1月、2月价格环比分别上涨5.3%和3.7%，之后经历一轮小幅波动，但价格总体处于高位运行。2014年7月起价格环比持续下跌，2014年9月之后价格开始低于上年

同期。分类别看，海水产品综合平均价格39.39元/千克，同比上涨3.8%；淡水产品综合平均价格14.96元/千克，同比上涨2.8%。重点监测的49个品种中，19个品种价格同比上涨，其中10个品种涨幅超过10%，且以海水品种为主；21个品种价格同比下跌，但跌幅普遍较小；9个品种价格同比基本持平。

2015年我国水产品市场总体运行情况

2015年全社会渔业经济总产值20 858.95亿元，实现增加值9 718.45亿元；其中渔业产值10 861.39亿元，实现增加值6 116.69亿元；渔业工业和建筑业产值4 875.30亿元，实现增加值1 779.39亿元；渔业流通和服务业产值3 122.261亿元，实现增加值1 822.38亿元。

渔业产值中，海洋捕捞产值1 947.97亿元，实现增加值1 142.31亿元；海水养殖产值2 815.47亿元，实现增加值1 608.45亿元；淡水捕捞产值428.51亿元，实现增加值254.49亿元；淡水养殖产值5 072.58亿元，实现增加值2 801.66亿元；水产苗种产值596.87亿元，实现增加值309.78亿元（注：渔业产值、增加值以国家统计局年报数为准）。

2015年全国水产品总产量6 461.52万吨，比2014年增长4.69%。其中，养殖产量4 748.41万吨，占总产量的73.49%，同比增长4.55%；捕捞产量1 713.11万吨，占总产量的26.51%，同比增长5.08%。全国水产品人均占有量47.24千克（人口136 782万人），比上年增加1.89千克、增长4.17%。

总产量中，海水产品产量3 296.22万吨，占总产量的51.02%，同比增长5.01%；淡水产品产量3 165.30万吨，占总产量的48.98%，同比增长4.36%。

1. 海水养殖：全年海水养殖产量1 812.65万吨，比2014年增加73.4万吨、增长4.22%。其中，鱼类产量118.97万吨，比2014年增加6.61万吨、增长5.88%；甲壳类产量143.38万吨，比2014年增加9.35万吨、增长6.98%；贝类产量1 316.55万吨，比2014年增加43.75万吨、增长3.44%；藻类产量200.46万吨，比上年增加14.78万吨、增长7.96%。海水养殖鱼类中，大黄鱼产量最高，为12.79万吨；鲆鱼产量位居第二，为12.64万吨；鲈鱼产量位居第三，为11.38万吨。

2. 淡水养殖：淡水养殖产量2 935.76万吨，比上年增加133.32万吨、增长4.76%。其中，鱼类产量2 602.97万吨，比上年增加121.23万吨、增长489%；甲壳类产量255.97万吨，比上年增加1 303万吨、增长5.36%；贝类产量25.12万吨，比上年减少4 600吨、降低1.78%。淡水养殖鱼类产量中，草鱼最高，产量537.68万吨；鲢鱼位居第二，产量422.6万吨；鳙鱼位居第三，产量320.29万吨。甲壳类产量中，虾类产量176.32万吨，其中南美白对虾和青虾养殖产量分别为70.14万吨和25.76万吨；蟹类（专指河蟹）产量79.65万吨，同比增长9.14%。贝类产量中，河蚌产量9.25万吨。其他类产量中，鳖产量34.13万吨，比2014年减少2 500吨、降低0.71%；珍珠产量1 900吨，同比降低0.20%。

3. 海洋捕捞：海洋捕捞（不含远洋）产量1 280.84万吨，比2014年增加16.45万吨、增长1.30%。其中，鱼类产量880.79万吨，比2014年增加9.03万吨、增长1.04%；甲壳类产量239.57万吨，比2014年增加11.02

万吨、增长4.82%；贝类产量55.16万吨，比2014年增加0.41万吨、增长0.74%；藻类产量2.43万吨，比2014年减少3 700吨、降低13.33%；头足类产量67.67万吨，比2014年增加1.24万吨、增长187%。海洋捕捞鱼类产量中，带鱼产量最高，为108.42万吨，占鱼类产量的12.31%；其次为缇鱼，产量为92.64万吨，占鱼类产量的10.52%。

4. 淡水捕捞：淡水捕捞产量229.54万吨，比2014年减少1.20万吨、降低052%。其中，鱼类产量16 735万吨，比2014年增加122万吨、增长074%；甲壳类产量32.77万吨，比上年减少1.29万吨、降低3.79%；贝类产量26.33万吨，比2014年减少8 900吨、降低3.30%；藻类256吨，比2014年减少9吨、降低3.40%。

5. 远洋渔业：远洋渔业产量202.73万吨，比2014年增加67.53万吨、增长49.95%。

全国水产养殖面积8 386.36千公顷，比2014年增加64.66千公顷、增长0.78%。其中，海水养殖面积2 305.47千公顷，占水产养殖总面积的27.49%，比2014年减少10.10千公顷、降低0.44%；淡水养殖面积6 080.89千公顷，占水产养殖总面积的72.51%，比2014年增加74.76千公顷、增长1.24%。

6. 海水养殖面积：鱼类养殖面积为80.59千公顷，比2014年增加480公顷、增长0.60%；甲壳类养殖面积305.58千公顷，比2014年增加19.31千公顷、增长6.75%；贝类养殖面积1 530.41千公顷，比2014年减少34.55千公顷、降低2.21%；藻类养殖面积124.99千公顷，比2014年增加3.00千公顷、增长2.46%。

7. 淡水养殖面积：池塘养殖面积2 661.90千公顷，比2014年增加38.73千公顷、增长1.48%；水库养殖面积1 994.82千公顷，比2014年增加36.85千公顷、增长1.88%；湖泊养殖面积1 015.33千公顷，比2014年减少7.37千公顷、降低0.72%；河沟养殖面积274.97千公顷，比2014年增加840公顷、增长0.31%；

其他养殖面积133.88千公顷，比2014年增加7.39千公顷、增长5.84%；稻田养成鱼面积1 489.50千公顷，比2014年减少31.18千公顷、降低2.05%。池塘、湖泊、水库、河沟和其他养殖方式面积分别占淡水养殖总面积的43.77%、16.7%、32.81%、4.52%、2.20%。

8. 渔船：年末渔船总数106.53万艘、总吨位107 043万吨。其中，机动渔船68.68万艘、总吨位1 021.44万吨、总功率2 227.55万千瓦；非机动渔船37.86万艘、总吨位为48.99万吨。

机动渔船中，生产渔船65.80万艘、总吨位917.66万吨、总功率2 018.11万千瓦。生产渔船中，捕捞渔船44.62万艘、总吨位835.28万吨、总功率1 777.20万千瓦；养殖渔船21.18万艘、总吨位82.38万吨、总功率240.92万千瓦。

机动渔船中，海洋机动渔船27.75万艘、总吨位853.85万吨、总功率1 696.20万千瓦。海洋机动渔船中，海洋捕捞渔船19.19万艘、总吨位729.41万吨、总功率1 408.76万千瓦，分别比2014年减少了4 900艘、增加了40.64万吨和47.36万千瓦。

据海关统计，2015年我国水产品进出口总量844.43万吨、进出口总额308.84亿美元，同比分别增长3.87%和6.86%。其中，出口量416.33万吨、出口额216.98亿美元，同比分别增长5.16％和7.08％，出口额占农产品出口总额的30.15％；进口量428.1万吨、进口额91.86亿美元，同比分别增长

2.65％和6.34％。贸易顺差125.13亿美元，比2014年同期增加8.87亿美元，同比增长7.63％。

第十二部分

畜产品市场

2014年我国畜产品市场总体运行情况

根据《2014年国民经济和社会发展统计公报》的数据，2014年全年我国肉类总产量为8 707万吨，比2013年增长2.0%。其中，猪肉产量5 671万吨，增长3.2%；牛肉产量689万吨，增长2.4%；羊肉产量428万吨，增长4.9%；禽肉产量1 751万吨，下降2.7%。禽蛋产量2 894万吨，增长0.6%。牛奶产量3 725万吨，增长5.5%。年末生猪存栏46 583万头，下降1.7%；生猪出栏73 510万头，增长2.7%。

1. 猪肉生产形势

中国猪肉生产和消费仍居世界首位，产量接近全球猪肉产量的一半。由于猪肉产量增幅明显而消费不振，2014年中国猪肉市场处于近四年来的低谷。考虑能繁母猪产能缩减影响，2015年猪肉产量预计为5 730万吨，增幅降至1.0%，猪肉进口量小幅增加，预计为59万吨，猪价将逐渐走出低谷。受资源、成本和环境条件的影响，猪肉产量增速放缓将成为长期趋势，未来10年的增速将放缓至1.3%。猪肉消费量和人均占有量年均增速预计分别为1.3%和0.8%。

猪肉产量同比增长3.2%，2014年上半年供应过剩特征明显。全年生猪出栏73 510万头，比2013年增长2.7%，猪肉产量5 671万吨，增长3.2%，高于近五年的年均增速2.8%。2014年末生猪存栏46 583万头，比上年减少1.7%。

2014年猪肉价格年初持续下跌，4月底开始回升，目前仔猪、活猪、猪肉价格同比分别下降20.82%、12.63%和8.73%。生猪存栏连续4个月回升后出现小幅下降，能繁母猪存栏同比下降11.3%。猪粮比价已连续49周低于6∶1的盈亏平衡点。

2. 家禽生产形势

2014年我国家禽生产具有主要三大特点：一是产业基础大，占畜牧业的25%；二是集中度高，山东、广东、江苏、广西、辽宁、河南为禽肉主要产区，禽肉产量占全国的52.9%。山东、河南、河北、辽宁、江苏五省为禽蛋主要产区，禽蛋产量占全国的56.8%；三是出口优势明显：畜产品出口中的优势产品，出口贸易量占全部畜产品的35.8%。2014年年初，人感染H7N9流感病例再次发生，受2013年疫情重创尚未恢复的家禽业损失进一步加重。为解决家禽产业问题，国家出台祖代种鸡补贴政策，广东、广西、浙江等地也出台了企业流动资金贷款贴息、活禽加工收储补助等政策。

2014年，中国禽肉产量为1 751万吨，较2013年下降2.7%，进口量47.15万吨，下降20.4%。未来10年，随着规模化、专业化程度进一步提升以及品牌化发展，禽肉产量将继续增加，但受经济增速减缓、养殖成本上升等影响，生产增速将明显放缓，年均增长1.9%。

由于南方居民偏爱消费活禽，而关闭活禽交易市场转向冰鲜禽肉，这种消费模式的转变需要一个过程，短期内对黄羽肉鸡生产带来较大冲击。据国家统计局广东调查总队监测，黄羽肉鸡第一大省广东省2014年家禽出栏9.5亿只，同比下降8.6%。

2014年，活鸡和白条鸡价格恢复性上涨，活鸡和白条鸡均价分别为每千克17.99元和18.21元，同比分别上涨7.3%和6.6%。全年禽肉价格呈先跌后涨再趋稳的变动态势，其中上涨时间7个月。年初受季节性因素影响。

此外，受消费回暖和节日消费带动，禽产品价格恢复性上涨。2014年12月第2周，全国活鸡、白条鸡、鸡蛋价格分别为每公斤18.96元、19.03元、11.51元，同比分别上涨9.3%、8.8%、16.38%。近一个时期，江苏、浙江、广东相继出现人感染H7N9流感疫情，家禽业稳定发展的不确定因素增加，后期需重点关注。

3. 牛羊肉生产形势

2014年，中国牛羊肉产量较上年分别增长2.4%和4.9%，呈现稳步增长的发展势头，进口量小幅增加。未来10年，中国牛羊肉产量将继续稳步增加，受消费需求增长、发展方式转型、生产成本上升、自然灾害和疫病突发等因素影响，牛羊肉供给仍然偏紧，价格继续高位运行。

2014年中国牛肉产量689万吨，较2013年增长2.4%；羊肉产量428万吨，较上年增长4.9%。在市场价格和国家扶持政策的拉动下，牛羊肉综合生产能力进一步提升。2014年国家继续实施标准化肉牛肉羊规模养殖场（小区）建设项目、草原生态保护补助奖励机制政策。2014年中央财政还安排9.4亿元在15个省区启动肉牛基础母牛扩群增量项目，在肉牛基础母牛存栏3万头以上的母牛养殖大县实施，各地饲养母牛的积极性有所提高。据统计，中国能繁母牛存栏8月开始恢复增长，连续三个月累计增幅达1.9%，初步扭转了2009年以来持续下滑的趋势。国内牛羊肉市场供应偏紧的状况有所缓和。

2014年全国牛羊肉平均集市价格分别为63.29元/千克和65.41元/千克，较2013年分别上涨了7.6%和5.7%，比2012年分别上涨了40.2%和26.9%。与往年不同的是，2014年牛羊肉集市价格没有延续往年持续快涨的态势，尤其是羊肉集市价格在4月以后一直比较平稳，牛肉集市价格则呈现持续缓慢上涨态势。牛肉集市价格小幅回升。2014年2月牛肉集市价格创历史新高，为64.39元/千克，同比涨幅为11.2%。牛肉集市价格自3月开始连续4个月回落，6月集市价格为62.56元/千克，累计跌幅为2.9%，7月开始连续6个月小幅回升，累计涨幅为2.2%。12月牛肉集市价格为63.97元/千克，环比上涨0.3%，同比上涨2.1%。

羊肉集市价格震荡回稳。2014年2月羊肉集市价格创历史新高，为67.43元/千克，同比上涨9.7%，羊肉价格自3月开始连续5个月回落，7月价格为64.68元/千克，累计跌幅为4.1%，8月开始连续两个月小幅回升，累计涨幅为0.4%，10月略跌，11~12月连续小幅回升，12月羊肉价格为65.23元/千克，同比上涨0.4%，同比下跌0.6%。

（1）我国肉牛、肉羊生产现状

2000~2013年，我国牛肉产量由513万吨增至673万吨，增长31.2%，年均增长2.1%。羊肉产量由264万吨增加到408万吨，增长54.5%，年均增长3.4%。2000~2013年，全国羊出栏量由2亿只增加到2.76亿只，增长34.7%，年均增长2.3%。2000~2013年，全国牛存栏量由1.24亿头减少到1.04亿头，减少2 000万头，下降15.9%。羊存栏量保持在2.8亿只左右，但2013年存栏比2004年的历史最高水平减少1 390万只，下降4.6%。2004～2013年，肉牛年出栏50头以上规模比重由13.2%增加到27.3%，提高14个百分点，增长1.1倍。牛羊生产水平不断提高，通过组织实施良种补贴政策，推广人工授精、短期育肥等实用技术，出栏率和单产水平稳步提高，成为近年来全国牛羊肉产量持续增长的主要支撑因素。

（2）牛羊肉价格持续上涨

牛羊肉价格从2000年到2013年连续13年上涨，牛肉从12.63元/千克涨到58.81元/千克，羊肉从14.45元/千克涨到61.88元/千克。

（3）供求偏紧导致价格持续上涨

牛羊肉价格持续上涨有多方面原因，主要是消费增长太快，生产增长赶不上消费需求增长。另外，由于母畜饲养周期长，养殖效益不如专门育肥来得快、来得稳。"十一五"期间，行规模化、标准化育肥。冀鲁豫三省推行适度规模舍饲养殖，大力开展商品羊杂交配套生产，鼓励发展多种产业化经营模式。南方和东北加快草山草坡改良，加大圈养设施改造力度，提高规模化程度。

2015年我国畜产品市场总体运行情况

根据《2015年国民经济和社会发展统计公报》数据，2015年全年我国肉类总产量实现8 625万吨，比2014年下降1.0%。其中，猪肉产量5 487万吨，下降3.3%；牛肉产量700万吨，增长1.6%；羊肉产量441万吨，增长2.9%；禽肉产量1 826万吨，增长4.3%。禽蛋产量2 999万吨，增长3.6%。牛

奶产量3 755万吨，增长0.8%。2015年末生猪存栏45 113万头，下降3.2%；生猪出栏70 825万头，下降3.7%。

1. **生猪市场形势**

2015年我国生猪价格终于结束了长达三年的熊市，迎来了行情的反转，这波行情从3月中旬开始启动，春节前集中出栏之后，市场猪源紧张，经历三年的亏损之后，生猪养殖业去产能效果开始显现，猪价连续五个月出现上涨，在2015年8月底达到年内高点，从9月开始随着节日集中消费减弱猪价下行，维持高位震荡，生猪养殖户盈利能力大幅改善，整个下半年生猪头均盈利400元以上。

屠宰与存栏的数据也反映了供应的下降。2015年1～11月份，全国规模以上生猪定点屠宰企业屠宰量仅为19 090.30万头，相比2014年同期减少2 214.70万头，从季节性走势来看，每年从9月份开始生猪屠宰量逐月出现大幅增长，在春节前一个月达到峰值。2015年前三个季度，由于生猪供给端收紧，生猪定点屠宰量同比大幅回落，从5月份开始连续六个月屠宰量处于六年的同期低点，11月份的屠宰量也与2009年同期的水平相当。农业部2015年11月份4 000个监测点生猪存栏数据显示生猪存栏环比下降0.70%，同比下降10.07%，能繁母猪存栏环比下降0.60%，同比下降12.43%，育肥猪存栏环比下跌0.71%，同比下跌9.80%。

2. **蛋禽市场形势**

从2014年四季度开始鸡蛋价格冲高回落，单边下跌的趋势一直延续到中秋备货才出现好转，7月份主产区均价更是一度跌破3元/500克，夏季减产以及中秋国庆需求高峰到来，给蛋价带来了短期的提振，

9月份开始蛋价重拾跌势，整体来看，2015年鸡蛋价格走势与其历史上季节性走势一致，春节、端午、中秋蛋价季节性高点都得到了很好的体现，但是2015年全年均价同比2014年下降18.78%，相比2013年下降了3.23%，与2012年持平。

2015年鸡蛋价格整体出现下降主要有两个驱动因素，7月份之前价格大幅回落主要是由于蛋鸡存栏的大幅增长，鸡蛋供给的增加导演了蛋价第一轮下跌，中秋节前蛋价大幅反弹之后，鸡蛋价格再次迎来下跌，2015年9月中旬东北地区临储玉米政策出台，是近七年来玉米临储价格首次下调，国产玉米价格同国际价格接轨的意图十分明显，第二轮价格下跌，则主要是由于玉米等主要饲料原料价格下跌带来的养殖成本下降，在供应增长的前提下，鸡蛋边际成本下移，价格再次回落。纵观整个2015年，鸡蛋价格处于不断寻底的过程中。

3. 肉禽市场形势

2015年白羽肉鸡养殖业可以说是陷于水深火热之中，养殖利润几乎全年都未出现盈利。2014年白羽肉鸡养殖行业处于自救目的，成立白羽肉鸡联盟，祖代引种量实行配额制，最终2014年全行业祖代鸡引种量约117万套，相较2013年150万套的水平下降约28%，祖代鸡引种量的大幅下降并未带来行业盈利能力的好转，祖代鸡存栏量依然偏高。

2015年美国爆发H5N2型禽流感疫情，我国农业部要求自2015年1月8日起暂停从美国进口包括祖代种鸡在内的所有禽类产品，截至2015年底仍旧没有放开进口限制，我国每年进口祖代鸡中的90%以上来自美国，此次禁止从美国进口活禽、种蛋及禽产品，势必严重影响部分祖代蛋鸡场的正常生产和经营。

2015年我国祖代鸡95%的进口量转向法国地区，全年祖代鸡进口量将下降至70万套左右，较2014年下降40%。2015年年末法国又传出H5N1禽流感疫情，且H5N1病毒较H5N2治病性更高，消息一经传出农业部已经立即禁止从法国引进祖代鸡，此次事件或加速美国开关过程，但通过流程审批等最早要等到2016年6月份。同时据了解，美国目前部分州仍有零星疫情，但美国一直建议按州划分疫区，最终结果得看"双反"谈判情况，如达成一致或在2016年下半年解禁。2016年上半年我国祖代鸡的引种量将大幅减少，若美国2016年下半年开放的话，则全年预计在50~60万套，而无法开放的情形下全年引种只能达到20~30万套，相比以往大幅减少，促使行业由过剩转向平衡。

4. 牛羊肉市场形势

2015年，我国牛羊肉市场供需宽松，牛肉价格高位振荡，羊肉价格大幅下滑。

（1）供给小幅增加

产量小幅增长。近年来国家对草食畜牧业发展逐步重视，产业扶持力度逐年加大，生产支持政策涵盖良种补贴、标准化规模养殖扶持等多个方面，牛羊养殖规模快速扩张。加之此前价格一路上扬，较好的市场行情吸引了更多人进入牛羊养殖行业，牛羊生产稳步恢复，产量持续小幅增长。统计数据显示，2015年，我国牛羊肉产量分别为700万吨和441万吨，同比增长1.6%和2.9%进口保持高位。由于澳洲等地区养殖成本低廉，价格优势明显，我国牛羊肉进口量延续了前两年增长的势头。海关数据显示，2015年，我国累计进口牛羊肉69.68万吨，同比增长20%，增幅较2014年同期增加15个百分点（见图72）。另外，走私牛羊肉数量也不容小视。2015年初，海关总署在14个省份统一组织开展打击冻品走私专项查缉行动，查获大批走私牛肉。天津海关查获走私牛肉1.4万余吨；深圳市市场稽查局查获涉嫌走私冻肉6 117吨；2015年一季度广西全区查获走私牛肉4 750吨。

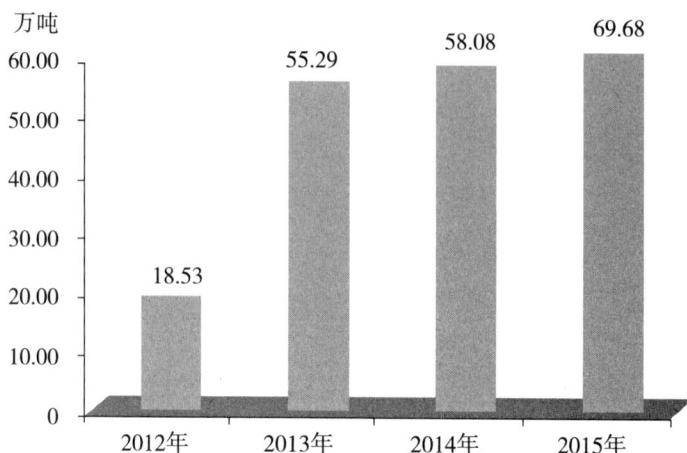

数据来源：海关信息网

图72　2012～2015年我国牛羊肉进口量

（2）需求明显回落

2015年，牛羊肉市场消费呈现出"需求继续下滑，降幅显著缩小，牛肉回落明显"三个特点。据调查，2015年全国百家批发市场的牛羊肉日均交易量同比分别下降13.5%和6%，降幅较2014年分别缩小9.3和7个百分点。牛羊价格比呈不断扩大趋势，羊肉对牛肉替代性不断增强，牛肉市场需求降幅更为明显。

（3）价格总体下行

牛肉价格平稳小幅波动。批发环节价格稳中下跌，商务预报数据显示，2015年，全国牛肉平均批发价格为每千克50.98元，同比下跌1%。从年内走势看，上半年牛肉市场供需宽松，价格持续下行；三季度由于牛肉市场需求回暖，价格止跌回升；四季度肉牛集中出栏，市场供应增多，价格小幅回落。2015年1月牛肉批发价格为每千克51.3元，为全年高点；6月批发价格跌至每千克50.69元，至全年最低点。全年牛肉批发价格波动幅度仅为1.2%，与2014年基本持平。零售环节价格稳中上行，统计局数据显示，2015年居民牛肉消费价格指数同比上涨0.8%。

羊肉价格大幅下跌。商务预报数据显示，2015年全国羊肉批发价格为每千克44.17元，同比下跌11.3%。月均下跌1.4%，较去年同期高出0.9个百分点，跌速加快。从年内走势看，2015年羊肉市场供需宽松，批发价格持续大幅走低，仅10月受需求拉动出现小幅反弹。12月，羊肉批发价格跌至每千克41.34元，较1月年内高点下跌14.4%，同比下跌14.5%，已连续15个月低于2014年同期。零售端波动幅度不及批发环节，统计局数据显示，2015年，居民羊肉消费价格指数同比下跌5.5%。

第十三部分

农产品市场

一、农产品市场

2015年中国农产品的市场状况

2015年我国规模以上农产品加工业增加值同比增长6.5%，总体稳中有进、缓中向好，中小型农产品加工企业活力增强，企业效益明显好转，盈利能力提高，进出口总额降幅继续收窄，固定资产投资稳步增长。

一、总体情况

1. 总体运行平稳向好

全年实现主营业务收入193 689.3亿元，同比增长5.0%，较上年下降3.2个百分点，比全国规模以上工业主营业务收入增速高4.2个百分点。农产品加工业在2015年的总体走势是上半年变化较快，下半年基本平稳。从月度变化看，年初主营业务收入累计同比增速逐月下降，在4、5月份达到低点，6月份开始缓慢提高。

2. 中小型企业活力增强

2015年，规模以上农产品加工企业共7.8万家，比上年增长3.6%。其中，小型企业为6.6万家，占84.5%，较上年同期上升0.6个百分比。三大食品行业中，小型企业数量为3.3万个，占85.6%，较2014年增加0.7个百分点。从经营情况看，大、中、小型企业实现主营业务收入所占比重分别为27.3%、25.9%、46.8%。其中，大型企业所占比重较2014年下降0.5个百分点，中、小型企业所占比重分别上升0.3和0.1个百分

点。中型企业虽然主营业务收入增速仅为3.7%，但利润总额比上年增长6.3%，经营质量提升。

3. 企业效益明显好转

国家降息、减税、清费等政策对农产品加工企业节本增效产生了积极作用。2015年，规模以上农产品加工业实现利润总额12 908.0亿元，增长5.3%，较2014年上升3.1个百分点，高于工业利润增速7.5个百分点。主营业务收入利润率为6.7%，高于工业企业平均主营业务收入利润率0.9个百分点。上缴税金总额12 269.6亿元，增长5.0%，较2014年下降2.0个百分点。从企业平均成本看，规模以上农产品加工企业每百元主营业务收入中的成本为83.2元，基本与上年持平，低于全国工业2.9元。

4. 进出口总额降幅继续收窄

受人民币汇率贬值影响，农产品加工业进出口总额降幅继续收窄。2015年，食品行业主要商品累计进出口总额901亿美元，全年共下降2.0%，降幅较1～11月收窄1.3个百分点。贸易顺差进一步扩大，为42.4亿美元。其中，出口金额为471.6亿美元，同比下降2.5%；进口金额为429.2亿美元，同比下降1.4%。按主要产品看，出口下降较快的是谷物初加工品，出口量下降11.9万吨，比2014年下滑37.4%，肉类也略有下降，干/坚果、茶叶、冷冻饮品、贝参

蛤产品出口情况较好；进口方面，主要是植物油产品、冷冻水产品和乳品的进口金额下降较快，分别下降70.6万美元、40.6万美元和31.8万美元；进口金额增长较快的大宗产品有冷冻畜禽肉、酒精及酒，小宗产品中的糖果、烘焙、方便食品以及蜂产品、保鲜水果等进口增长也较为迅速。

5. 固定资产投资稳步增长

全年农产品加工业（不含中药）累计完成固定资产投资44 712.9亿元，增长10.2%，低于上年6.2个百分点，高于同期制造业2.1个百分点。分行业看，三大食品行业固定资产投资合计19 940.3亿元，同比增长8.6%，拉动全行业固定资产投资增长3.9个百分点。其中，食品制造业固定资产投资额同比增长14.4%，增速最高；农副食品加工业和酒、饮料和精制茶制造业固定资产投资额同比分别增长7.7%和4.4%。

6. 区域结构加速调整

2015年，各地区农产品加工业增长出现分化，其中，中部、西部地区总体发展较快，东部、东北多数省份增长放缓。东、中、西和东北地区的主营业务收入结构比为50.6∶25.2∶15.7∶8.5，中、西部地区占比分别上升1.0和0.4个百分点。中部地区农产品加工业发展最好，农产品加工业主营业务收入增速高于全国3.0个百分点，除山西省外，其他五省增速在6.4%～10.8%之间。31个省区中，增速超过10%的有六个省，分别是东部地区一个（福建），中部地区一个（湖南），西部地区四个（贵州、宁夏、云南、重庆）。

二、发展特点及趋势

1. 提质增效取得进展

2015年，我国农产品加工业主营业务收入增速下滑到4.8%～5.4%区间，增长进入相对慢车道，增速处于历年来最低位，但利润总额增速高于上年，也高于同期主营业务收入，表明农产品加工业经营质量提升。这得益于中央出台的一系列扶持政策，同时也与农产品深加工能力不断提高、科技含量显著提升密切相关。例如，玉米深加工近年来蓬勃发展，生产化工原料丙二醇、低聚木糖的高科技企业不断涌现，数量有望进一步大幅增长。

2. 产业结构调整深化

随着消费观念和生活习惯的转变，国人对营养健康、方便快捷食品的需求日渐增强，越来越多的农产品加工企业积极调整产品结构，满足消费升级。2015年，保健食品主营业务保持了14.4%的较高增速，糕点面包制造、米面制品制造、速冻食品制造这三种方便食品行业也发展优异，增速分别为11.5%、12.2%和13.4%。此外，2015年我国启动马铃薯主粮化战略，大力推动马铃薯由副食消费向主食消费转变，由原料产品向产业化系列制成品转变，此举起到良好的引导作用，众多企业联合成立马铃薯主食加工产业联盟，积极研发相关主食产品，开发出适合国人消费习惯的添加马铃薯全粉的馒头、面条、米粉等主食产品，提高了产品的营养成分。

3. 融合发展成为新趋势

农产品加工企业立足自身优势，因地制宜采取多种模式接一连三融合发展，目前已经成为一二三产业融合发展的重要组织力量和推动力量。有的企业通过与农户签订订单、向农户注资共建基地、向经销商注资连物流等方式进行产前产后延伸融合发展，调查显示，81.3%的食用类农产品加工企业与农户、农民合作社签订了原料生产订单；有的企业通过发展农家乐、观光农业、文化农业等休闲农业开展产业交叉融合；还有的企业发展电子商务、食品短链、加工体验等开展技术渗透融合。

4. "互联网+"开创销售新渠道

随着"互联网+"概念的兴起，农产品加工企业积极运用云计算、大数据等新技术，将互联网与传统农产品加工行业、线上线下营销渠道进行深度有机结合，开辟新的销售渠道。调查显示，47.5%的食用类农产品加工企业通过自建电商销售部门或者借助阿里、京东、1号店等电商平台积极开展电商销售；即使在尚未开展电商销售的企业中，也有超过半数的企业正在积极筹划开展相关业务。

三、存在问题

1. 行业去库存压力不容乐观

长期以来，农产品加工行业传统产业过剩问题严重，库存压力大。2015年1～10月，规模以上农产品加工业累计库存达到19 366.5亿元，同比增长4.7%，较年初增加989.6亿元，其中仅10月份新增库存就高达235.5亿元。预计2016年，农产品加工业库存不容乐观，去库存压力依旧较大，不仅会增加企业仓储、人力盘点等费用，还占压大量资金，对企业的现金流造成巨大压力。

2. 副产物综合利用有待提高

农产品加工业的产品仍以初级加工品为主，产业链条短，副产物利用率低，加工增值能力尚有待提高。调研显示，大部分食用类农产品加工企业都面临副产物综合利用率偏低问题，其中，约5.7%的农产品加工企业将副产物完全作为废弃物直接处理掉，25.3%的农产品加工企业认为副产物的价值没有充分开发。

3. 企业资金缺口、用工缺口均较大

70.1%的企业存在资金缺口，大部分企业同时缺少长期资金和流动资金。长期资金的缺口率约为22.8%，即全部企业平均有22.8%的长期资金需求无法满足；流动资金缺口更为严重，缺口率为31.5%。食用农产品加工业是劳动密集型行业，对用工荒比较敏感，经常存在用工缺口的企业占比为37.8%，技术工、普通工和销售人员的缺工比例基本相同，缺口率均在12%左右。存在招工缺口的主要原因是季节性用工多。

4. 进口农产品对国内农产品加工行业的冲击日渐显现

目前，部分农产品的国内外价差较大，国内市场对进口农产品的需求正在逐步增强，对国内农产品加工行业的冲击日渐显现。以乳品生产加工业为例，近年来国外奶粉大量进口，我国一些乳品企业也相继在海外布局乳业生产加工一体化基地，把在国外生产的奶粉源源不断地进口国内，加工成小包装奶粉和液态奶等产品，同时相当部分消费者对国内品牌的奶粉质量缺乏信心，通过跨境电商、海外代购等渠道购买国外品牌的产品，对国内奶粉生产企业特别是婴幼儿配方奶粉生产企业冲击很大。

（资料来源：中华人民共和国农业部官网，原文名称为《2015年我国农产品加工业运行稳中有进》，2016年3月3日）

二、饲料市场

2014年我国饲料的市场状况

1. 饲料产量

2014年，全国商品饲料总产量为19 727万吨，同比增长2.0%。其中，配合饲料产量为16 935万吨，同比增长3.8%；浓缩饲料产量为2 151万吨，同比下降10.3%；添加剂预混合饲料产量为641万吨，同比增长1.1%。

配合饲料、浓缩饲料、添加剂预混合饲料产量占总产量比重分别为85.8%、10.9%、3.2%，与上年比，配合饲料占总产量比重提高1.5个百分点，浓缩饲料下降1.5个百分点，添加剂预混合饲料下降0.1个百分点。配合饲料、浓缩饲料、添加剂预混合饲料三者比例为26.4：3.4：1，上年度为25.7：3.9：1。

2014年全国饲料工业总产值和总营业收入分别为7 603亿元、7 313亿元，同比分别增长3.0%、2.2%；2013年同比增长幅度分别为4.4%和4.2%；2012年增长幅度分别为11.4%和11.9%。其中，商品饲料工业总产值为6 941亿元，同比增长2.3%；饲料添加剂总产值为595亿元，同比增长11.2%；饲料机械设备总产值为67亿元，同比增长8.1%。

商品饲料工业总营业收入为6 679亿元。同比增长1.4%；饲料添加剂总营业收入为568亿元，同比增长12.0%；饲料机械设备总营业收入为66亿元，同比增长3.1%。

2014年，大宗原料消费情况总计为20 096万吨，同比增长7.4%。其中，玉米为10 013万吨，同比增长3.0%；小麦为1 878万吨，同比下降15.4%；豆粕为4 688万吨，同比增长35.3%，棉籽粕为624万吨，同比下降8.1%；菜籽粕为533万吨，同比下降9.8%；其他籽粕为468万吨，同比下降1.5%；磷酸氢钙为283万吨，同比增长1.8%；其他为1 609万吨，同比增长25.2%。

2. 分品种饲料的加工利润

根据农业部数据，2014年，中国育肥猪配合饲料、肉鸡配合饲料和蛋鸡配合饲料年度平均集市价格分别为3.31元/千克、3.38元/千克和3.10元/千克，分别与2013年相比持平、下降0.3%和下降0.7%。

2014年饲料原料价格、劳动力成本等整体呈现相对稳定的状态，而养殖业景气度却在不断下滑。生猪养殖全年处于盈亏平衡点以下，产能淘汰明显。养殖终端对饲料产品价格上涨的承受能力远远低于2013年，因此，中国在2014年饲料产品的价格基本维持稳定且有微弱下降，饲料生产企业利润进一步下降。2014年，从饲料生产到零售环节，育肥猪配合饲料、肉鸡配合饲料和蛋鸡配合饲料的平均利润分别为101元/吨、119元/吨和44元/吨。

2014年，受国内外大宗农产品丰产以及美元走强预期的影响，国内饲料原料市场疲态尽显。2014年，国内玉米均价为2 489元/吨，同比上涨1.5%，涨幅明显放缓；豆粕和进口鱼粉均价为4 089元/吨和11 759元/吨，同比分别下跌5.4%和1.7%

2015年我国饲料的市场状况

2015年，我国饲料行业积极适应发展环境变化，加大结构调整力度，加快产业融合整合，着力提升产品质量安全水平，发展方式从追求数量增长和效益提升向提倡优质安全环保转变。2015年全国饲料产量首次突破2亿吨，同比增长1.4%，实现了饲料工业"十二五"规划的目标任务。

1. 商品饲料总产量突破2亿吨

2015年，全国商品饲料总产量为20 009万吨，同比增长1.4%。其中，配合饲料产量为17 396.2万吨，同比增长2.7%；浓缩料产量为1 960.5万吨，同比下降8.9%；添加剂预混合饲料产量为652.5万吨，同比增长1.9%。

配合饲料、浓缩饲料、添加剂预混合饲料产量占商品饲料总产量比重分别为86.9%、9.8%、3.3%，与上年比，配合饲料占总产量比重提高1.1个百分点，浓缩饲料下降1.1个百分点，添加剂预混合饲料提高0.1个百分点。配合饲料、浓缩饲料、添加剂预混合饲料三者比例为26.6∶3.0∶1，上年度为26.4∶3.4∶10。

2. 饲料工业产值、营业收入小幅增长

2015年全国饲料工业总产值为7 810亿元，同比增长2.7%。其中，商品饲料工业总产值为7 126亿元，同比增长2.7%；饲料添加剂总产值为616亿元，同比增长3.6%；

饲料机械设备总产值为68亿元，同比增长1.4%。

全国饲料工业总营业收入为7 418亿元，同比增长1.4%。其中，商品饲料总营业收入为6 786亿元，同比增长1.6%；饲料添加剂总营业收入为563亿元，同比下降0.9%；饲料机械设备总营业收入为69亿元，同比增长4.6%。

3. 饲料生产企业数量

截至2015年年末，全国饲料和饲料添加剂生产企业数量为13 236家。其中，饲料添加剂（含混合型饲料添加剂）企业为1 691家，添加剂预混合饲料企业为2 747家，浓缩饲料、配合饲料和精料补充料企业为6 764家，单一饲料企业为2 034家。

4. 肉禽饲料恢复性增长

从品种总量看，2015年，猪饲料产量为8 343.6万吨，同比下降3.2%；蛋禽饲料产量为3 019.8万吨，同比增长4.1%；肉禽饲料产量为5 514.8万吨，同比增长9.6%；水产饲料产量为1 893.1万吨，同比下降0.5%；反刍动物饲料产量为884.2万吨，同比增长0.9%；其他饲料产量为353.7万吨，同比下降10.9%。

从类别看，在配合饲料中，猪配合饲料总产量为6 802.1万吨，同比下降2.1%；蛋禽配合饲料为2 504.7万吨，同比增长6.2%；肉禽配合饲料为5 274.5万吨，同比增长10.5%；水产配合饲料为1 865.5万吨，同比下降0.3%；精料补充料为655.6万吨，同比增长2.3%；其他配合饲料为293.7万吨，同比下降14.8%。

在浓缩饲料中，猪浓缩饲料总产量为1 173.5万吨，同比下降10.0%；蛋禽浓缩饲料为364.3万吨，同比下降8.5%；肉禽浓缩

饲料为187.4万吨，同比下降10.0%；水产浓缩饲料为3.0万吨，同比下降27.8%；反刍动物浓缩饲料为195.0万吨，同比下降6.3%；其他浓缩饲料为37.4万吨，同比增长27.0%。

在添加剂预混合饲料中，猪添加剂预混合饲料总产量为368.0万吨，同比增长0.1%；蛋禽添加剂预混合饲料为150.8万吨，同比增长4.5%；肉禽添加剂预混合饲料为52.8万吨，同比增长7.0%；水产添加剂预混合饲料为24.6万吨，同比下降13.7%；反刍动物添加剂预混合饲料为33.6万吨，同比增长21.3%；其他添加剂预混合饲料为22.7万吨，同比下降1.9%。

5. 不同区域发展速度各异

2015年八个省份饲料产量过千万吨，8省饲料总产量为11 744.9万吨，占全国饲料总产量58.7%，同比增长2.5%。其中，广东、山东饲料产量过两千万吨，分别达到2 573.0万吨和2 288.1万吨（见图73）。

2015年，七大经济带产量，华东地区（上海、江苏、浙江、安徽、福建、山东）饲料产量占全国饲料总产量为26.1%，为七大区域之首。其次是华中地区（河南、湖北、湖南、江西）、华南地区（广东、海南、广西），占全国总产量比重分别为19.8%，19.2%（见图74）。

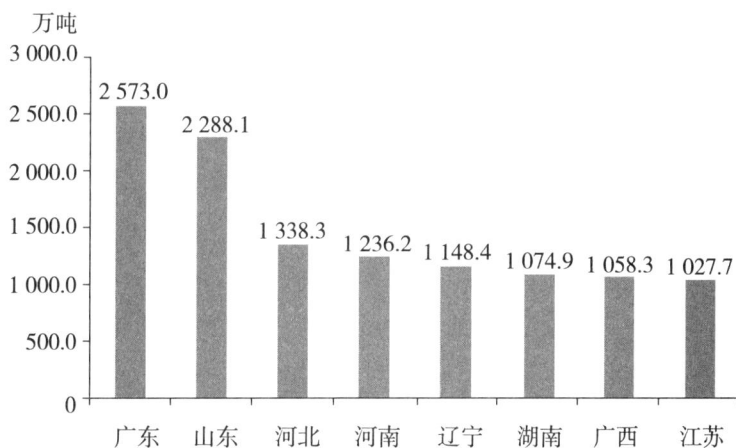

图73　2015年八省份饲料产量

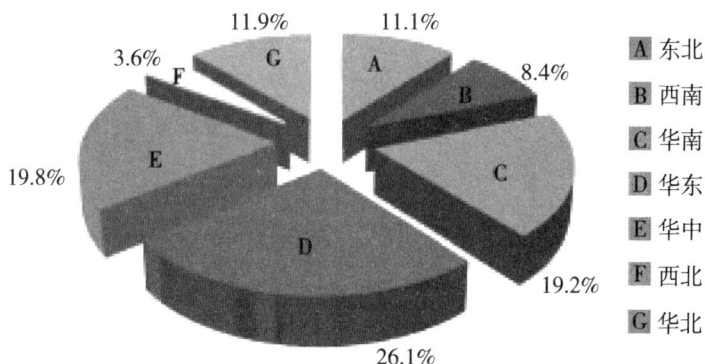

图74　七大经济带饲料产量占全国饲料产量比重

6. 饲料添加剂产量小幅增长

2015年，饲料添加剂产品总量为816.4万吨，同比增长1.7%。其中，原饲料添加剂I型为764.1万吨，同比增长2.6%；II型为31.0万吨，同比下降19.9%；混合型饲料添加剂为21.3万吨，同比增长8.2%。

氨基酸：2015年总产量154.5万吨，同比增长23.1%。原I型152.2万吨，同比增长22.3%；II型1.1万吨，同比增长7.7%；混合型1.2万吨，同比增长2038.2%。其中，蛋氨酸在2015年的产量为11.8万吨，同比增长11.3%；赖氨酸在2015年的产量为95.8万吨（含65%赖氨酸），同比增长4.4%；苏氨酸在2015年的国内产量为37.9万吨，同比增长55.0%；色氨酸在2015年的国内产量为1.0万吨，同比增长107.8%。

维生素：2015年总产量109.1万吨，同比增长22.3%。原I型为91.8万吨，同比增长26.9%；II型为13.5万吨，同比下降17.5%；混合型为3.8万吨，同比增长621.9%。2015年，氯化胆碱的产量为63.6万吨，同比增长30.4%；维生素A为9 858吨，同比下降11.2%；维生素E 6.5万吨，同比下降13.6%；维生素B_{12}为4.4吨，同比下降91.0%；维生素B_2为6 695吨，同比下降25.0%；维生素C为6.8万吨，同比增长566.2%。

矿物元素及其络合物：2015年总产量为420.2万吨，同比下降10.2%。其中原I型为414.8万吨，同比下降10.1%；II型为2.8万吨，同比下降37.8%；混合型为2.6万吨，同比增长41.5%。2015年，磷酸氢钙（含磷酸二氢钙）的产量为326.2万吨，同比下降9.2%；硫酸铜2.8万吨，同比下降4.9%；硫酸亚铁14.6万吨，同比下降17.1%；硫

酸锌为15.4万吨，同比下降13.2%；硫酸锰为10.5万吨，同比增长12.0%。

酶制剂：2015年总产量为9.8万吨，同比下降8.5%。其中，原I型为5.0万吨，同比下降3.9%；II型为2.0万吨，同比增长2.4%；混合型为2.8万吨，同比下降21.0%。

抗氧化剂：2015年总产量为5.05万吨，同比增长26.9%。其中，原I型为2.74万吨，同比增长66.6%；II型为1.03万吨，同比下降0.5%；混合型为1.28万吨，同比下降1.6%。

防腐、防霉剂：2015年总产量为25.41万吨，同比下降6.3%。其中，原I型为21.64万吨，同比下降8.9%；II型为1.63万吨，同比下降38.9%；混合型为2.14万吨，同比增长198.1%。

微生物：2015年总产量为10.9万吨，同比下降6.3%。其中，原I型为5.6万吨，同比增长6.4%；II型为2.8万吨，同比下降42.9%；混合型为2.5万吨，同比增长76.8%。

其他类型添加剂：2015年总产量为81.38万吨，同比增长21.6%。其中，I型为70.33万吨，同比增长39.4%；II型为6.05万吨，同比下降1.4%；混合型为5.00万吨，同比下降51.5%。

7. 饲料机械设备生产总量下降

2015年，饲料加工机械设备生产总量为27 140台套，同比减少1 370台套，下降4.8%。其中，成套机组1 349台套，同比减少361台套，下降21.1%；单机25 791台，同比减少1 009台，下降3.8%。

在成套机组中，时产>=10吨的设备为968台套，同比减少317台套，下降24.7%；时产<10吨的设备为381台套，同比减少44台套，下降10.4%。在单机设备中，粉碎机

为8 197台，同比减少676台，下降7.6%；混合机为6 662台，同比减少389台，下降5.5%；制粒机为7 676台，同比减少165台，下降2.1 %；单机其他为3 256台，增加221台，增长7.3%。

8. 饲料行业从业人数小幅增长

2015年，饲料企业年末职工人数为51.91万人，同比增加2.6%。大专以上学历的职工数为20.56万人，占职工总人数的39.6%。其中，博士为1 877人，同比增长6.8%；硕士为8 787人，同比增长11.1%；大学本科为7.44万人，同比增长8.6%；大学专科为12.05万人，同比增长7.8%；其他学历为31.35万人，同比下降0.8%。技术工种为5.12万人，同比增长7.9%。

（注：以上统计数据不包括西藏自治区以及香港特别行政区、澳门特别行政区和台湾省的饲料统计数据。）

（资料来源：《中国饲料》，2016年第10期）

三、豆粕市场

2014年中国豆粕的市场状况

2014年中国豆粕市场走势跌宕起伏。南美和美国大豆相继丰产，全球大豆供应整体充裕，进口大豆大量到港，价格震荡走低。由于国内畜禽养殖业持续低迷，饲料需求不及预期，豆油市场在库存较高和需求低迷的影响下，现货价格大幅下跌，造成油厂亏损严重。即便油厂不得已采取挺粕策略，以及大豆陈作一度偏紧，无奈市场利空严重，下半年逐步走入熊市。

整体来看，2014年国内豆粕现货均价约3 680元/吨，同比下跌9.63%。预计2015年国内畜禽养殖业将逐渐复苏，对豆粕需求或有所提高；但在全球大豆供应较为宽松的格局下，2015年豆类市场难有大幅上涨，或将维持区间震荡。

1. 2014年豆粕进出口

2014年，我国豆粕进出口情况与2013年相比存在一定差异，进口量有所上升，出口量大幅上升。如图75所示，预计2014年全年进口豆粕2万吨左右，比2013年的1.67万吨上涨了19.76%；主要进口国为印度、阿根廷、巴西等国；2014年我国全年预计出口豆粕199.3万吨，比2013年的107.01万吨上涨了86.24%，主要出口国为日本、韩国和东南亚国家。相比于巴西和阿根廷，我国向东南亚出口豆粕具有路途近、运输时间短等优势，预计未来出口量存在较大上升空间。

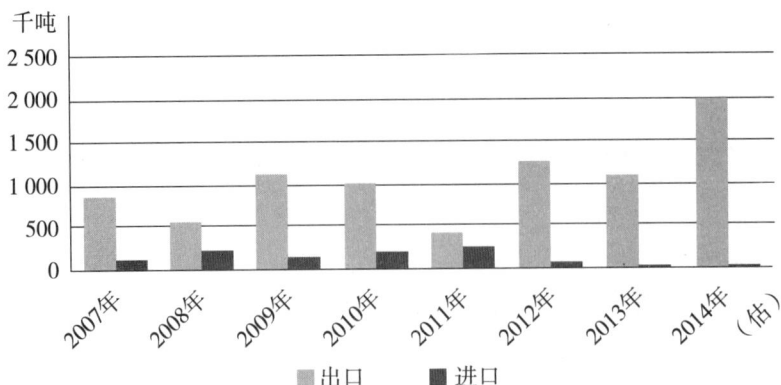

图75　2007～2014年豆粕进出口总量

2. 国内豆粕供应量和消费量

2014年，国内豆粕供应量约为5 583万吨，消费量约为5 445万吨。如图76显示，国内豆粕供应量从2007年的3 090万吨到2014年的5 583万吨，年均增幅11.53%，同比上涨5.98%。消费量从2007年的2 860万吨持续上升到2014年的5 445万吨，年均增幅12.91%，同比上涨4.91%。虽然2014年国内养殖业相对低迷，对豆粕需求量大打折扣，但是豆粕出口（尤其是上半年）却非常强劲。2014年1～6月豆粕出口总量就达到了136万吨，已经超过2013全年的水平.预计2014全年豆粕出口将达到199.3万吨。

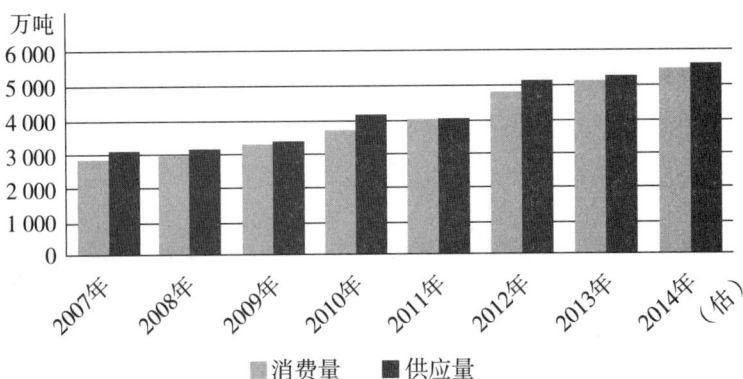

图76　2007～2014年国内豆粕供应和消费总量

3. 国内豆粕价格行情

2014年，国内豆粕均价整体低于去年。由于国内终端养殖业惨淡，油厂亏损严重，豆粕现货价格年初跌势较为明显。3月中旬跌至3 470元/吨的低点后，豆粕价格表现阶段性恢复上涨趋势。到5月末平均价格恢复到较高点，达到3 990元/吨左右，这也是2014年全年国内豆粕的最高价格。6月中下旬以后大豆库存高企，油厂开机率较高，豆粕库存攀升，导致下游采购较为谨慎，国内豆粕平均价格整体进入震荡下行通道。到9月末，国内豆粕平均价格跌至3 440元/吨。

但由于油厂压榨持续亏损，挺粕意愿明显，同时三季度国内畜禽养殖业持续恢复，下游消费为豆粕价格提供了较强支撑，加上2014年国内强劲的豆粕出口，使豆粕价格仍表现出了一定的抗跌性。国庆假期以后，由于到港大豆减少，使豆粕库存下降，甚至一度出现供应紧张的局面，同时在外盘强势反弹的带动下，一段时间内豆粕表现持续回暖，价格也出现明显上调。10月30日国内豆粕平均价格约3 613元/吨，较9月末上涨约173元/吨，涨幅为5%。但是从11月中旬开始，低价美豆逐步大量到港，缓解了前期阶段性的缺豆情形，使油厂开工率大幅提高，豆粕供应量增加，但畜禽存栏量低于预期，使饲料企业订购远期豆粕意愿下降，豆粕需求减缓。同时在美豆期价陷入震荡的背景下，市场阶段性供应压力显现，国内豆粕市场表现疲弱，价格快速走低。截至12月19日，国内豆粕平均价格最低跌至3 310元/吨左右，较2013年同期降低约18.2%，部分地区跌破3 300元/吨，为全年低点，并且仍有进一步下跌的趋势。从整体来看，2014年我国豆粕现货均价3 680元/吨左右，较2013年同比下跌9.63%。

（资料来源：豆丁网，王龙《供应充足需求提升有限　豆粕市场风光不再》）

2015年中国豆粕的市场状况

2015年，全球大豆丰产、国内供应宽松、消费低迷，国内畜禽养殖业持续低迷，饲料消费增速明显不及往年，下游豆粕需求疲软，国内豆粕市场熊途漫漫。2015年，国内港口大豆库存始终居于较高水平，压制国产大豆价格，导致现货价格大幅下跌，使豆粕连续两年处于熊市的格局。整体来看，2015年国内豆粕现货均价为2 830元/吨，同比下跌30%。预计2016年豆粕市场在供应没有大幅下降，在需求未有效改善的情况下，未来豆粕走势仍不容乐观。

1. 2015年豆粕进出口

2015年，我国豆粕进口量较去年大幅上升，出口量下降。如图77所示，2015年进口豆粕5.97万吨左右，比2014年的2.26万吨上涨了164.13%。主要进口国家和地区为印度、丹麦、中国台湾等。2015年我国全年出口豆粕169.7万吨。比2014年的209.1万吨下降了18.9%，主要出口至日本、韩国等东南亚国家。近年来中国的豆粕进口相对较低。整体来看，由于我国油厂产能严重过剩，进口大豆为主要采购方式，与国内庞大的消费规模相比，豆粕贸易所占份额依然非

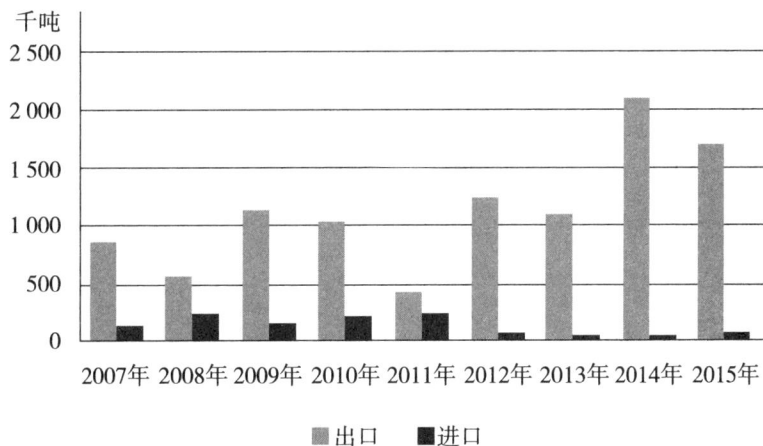

图77　2007～2015年豆粕进出口总量

常低。

2. 国内豆粕供应量和消费量

数据显示，2015年国内豆粕供应量为5 975万吨，消费量为5 750万吨。如图78显示，国内豆粕供应量从2007年的3 090万吨增至2015年的5 975万吨，增幅达48.3%，年均增长率9.0%。2015年国内豆粕供应量同比上涨了7%。消费量从2007年的2 860万吨持续上升到2015年的5 750万吨，较2014年增长5.6%，年均增长率9.2%。2015年美元加息更升温，大宗商品普遍处于熊市。国内豆粕市场在供需双重不利的打压下积弱难返。同时，豆油在压榨利润中贡献率提升后，进一步压缩了豆粕的反弹空间。

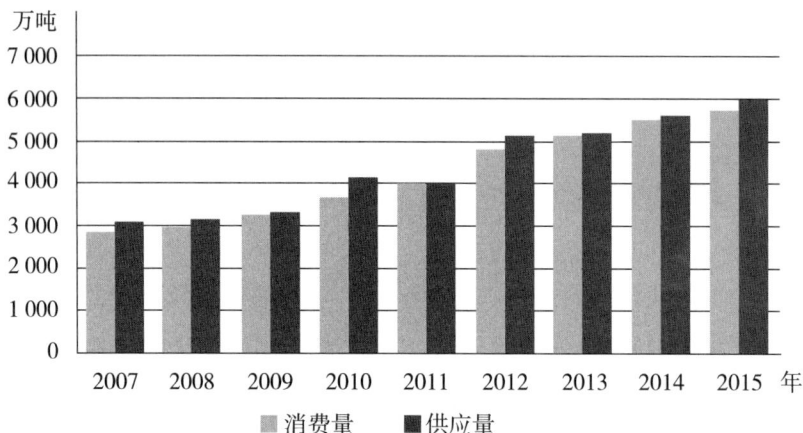

图78　2007～2015年国内豆粕供应量和消费量

3. 国内豆粕价格行情

2015年国内豆粕均价整体低于往年。国内豆粕市场经历了近年来的低谷期，价格出现两次探底：第一次，自3月初3 100元/吨的年内高点跌至6月中旬的2 480元/吨，跌破八年来历史价格最低点；第二次探底是从10月中旬的2 808元/吨跌至11月中旬的2 450元/吨。影响此次低迷行情的因素同上一次基本类似，依旧是需求低迷、供应宽松。2015年春节后国内豆粕价格上涨乏力，顶部压力加大，二季度畜禽养殖需求低迷，大豆价格震荡下行。2015年年初豆粕均价为3 170元/吨，春节过后小幅回落，2月初开始回调至2 850元/吨。6月份，受到市场炒作天气和库存上升的影响，国内豆粕价格开始震荡走低。三季度进口大豆陆续大量到港，大豆库存长时间维持高位；

同时油厂开机率较高，豆粕库存攀升，导致下游采购较为谨慎，豆粕现货价格整体承压下行。三季度国内豆粕平均价格为2 785元/吨。四季度豆粕受阿根廷选举调整关税、巴西种植情况、美豆出口及宏观经济不景气等利空影响，美豆期价大幅下跌，拖累国内豆粕价格继续弱势运行。尽管四季度是一个传统饲料消费旺季，但因生猪存栏水平依旧偏低，下游豆粕饲用消费并未出现明显好转。四季度国内沿海地区豆粕价格在2 500～2 600元/吨，低价位及远期基差合同虽然吸引了部分成交，但市场购销依。2015年国内整体豆粕均价格约2 830元/吨，同比下跌30%。

（资料来源：农博网，文章名为《2015年豆粕价格两次探底》，2016年1月5日）

四、棉花市场

2014年我国棉花的市场状况

（一）2014年我国棉花产量及分布

2014年度，受棉花临时收储政策退出、目标价格试点政策实施以及棉农植棉效益明显降低等因素影响，我国棉花播种面积下降，产量下滑。国家统计局数据显示，2014年，我国的棉花产量为616.1万吨，较上年度减产的13.8万，同比下降2.2%。据国际棉花咨询委员会2015年9月的平衡表数据，2014年，我国棉花产量为648.0万吨，同比减6.3%。

播种面积减少是棉花产量减少的主要原因。2014年，全国棉花播种面积为4 219.1千公顷（6 328.6万亩），比去年减少126.5千公顷，减少2.9%。棉花产量因播种面积减少减产18.3万吨。

新疆是我国最大棉产区。作为目标价格改革试点地区，2014年新疆棉花播种面积比2013年增加235.1千公顷~1 953.3千公顷，占全国的比重从2013年的39.5%提高到了2014年的46.3%。而其他省份由于预期收益下降，棉花播种面积普遍减少。2014年，全国及各省（区、市）棉花的生产情况见表52。

表52　2014年全国及各省（区，市）棉花的生产情况

地区	播种面积（千公顷）	单位面积产量（公斤/公顷）	总产量（万吨）
全国总计	4219.1	1 460.3	616.1
北京	0.1	1 070.0	0.01
天津	30.2	1 263.8	3.8
河北	410.9	1 049.6	43.1
山西	18.7	1 260.2	2.4
内蒙古	1.0	1 470.0	0.01
辽宁	0.1	1 470.0	0.01
吉林	0.5	1 418.4	0.1
黑龙江	—	—	—
上海	0.8	1 485.0	0.1
江苏	131.8	1 210.2	16.0
浙江	17.3	1 350.0	2.3
安徽	265.2	992.8	26.3
福建	0.1	850.0	0.01

续表

地区	播种面积（千公顷）	单位面积产量（公斤/公顷）	总产量（万吨）
江西	82.2	1 442.3	11.9
山东	592.9	1 121.6	66.5
河南	153.3	958.0	14.7
广东	—	—	—
广西	2.3	1 086.1	0.2
海南	—	—	—
重庆	—	—	—
四川	13.2	941.1	1.2
贵州	1.6	685.6	0.1
云南	0.1	1 200.0	0.01
西藏	—	—	—
陕西	30.5	1 386.9	4.2
甘肃	38.1	1 667.6	6.4
青海	—	—	—
宁夏	—	—	—
新疆	1 953.3	1 882.5	367.7

注：1.由于小数位计算机自动进位问题，分省数合计与全国数略有差异。

2.未列出数据的省（区，市）没有棉花生产。

3.数据不包括港、澳、台地区。

4.资料来源：中国报告大厅官网，原文章标题为《2014年全国棉花播种面积总产量统计》，2014年12月17日。

（二）2014年我国棉花的市场状况

2014年，中国在新疆启动棉花日标价格改革试点，棉花价格由市场形成。2014年，国内棉花均价为17 148元／吨，较上年下降11.4%。全年棉价波动主要分为两个阶段：1~8月，国家执行储备棉投放政策，国内3128 B级标准级棉化门均价从19 447／吨缓慢下降至17 076元／吨。其中，1~3月，3128B级标准级棉花竞卖底价为18 000元／吨；自4月1日起标准级棉竞卖底价调整为17 250元／吨。9月起，由于2014年棉花失去临时收储政策的支撑，且储备棉投放结束，新棉上市后皮棉价格快速下跌，9~12月3128B级标准级棉花月均价从16 591

元／吨降至13 743元／吨，下跌了17.2%。

2014年储备棉投放累计上市总量1 310.9万吨，累计成交总量265.4万吨，成交比例20.25%。其中，国产棉累计上市1 231.6万吨，累计成交249.1万吨，成交比例20.23%。进口棉累计上市79.3万吨，累计成交16.3万吨，成交比例20.51%。

政策调整的不确定性对中国棉花生产的影响极大。一方面是目标价格水平的调整对新疆植棉面积的增减起着关键作用；另一方面内地省份的补贴水平和补贴方式对长江、黄河棉区的植棉面积有着重要的影响。而政策的调整除了考虑到棉花产业的发展外，中央财政的负担也是重要的影响因素。三年的临时收储政策以及试行一年的目标价格补贴政策对世界棉花产业造成的扰动引起了美国、印度等世界主要产棉国的激烈反应，未来几年中国将要在棉花补贴方面应对其他国家依据WTO规则提起的诉讼。这都影响中国棉花产业补贴政策的走向。

2015年我国棉花的市场状况

2015年度棉花市场的供需情况：库存很高，产量下降，需求减少，棉花价格走低，内外价差缩小，棉花进口减少，但棉纱进口增加。

2015年度棉花市场情况：储备棉的库存量创历史新高，2011～2013年三个年度收储总量是1 643万吨，投放了691万吨，2015年度储备棉库存量超过1 100万吨，按照美国农业部的数据，中国棉花库存占全球的50%以上。

2015年度棉花生产情况：根据国家统计局的数据，2015年度全国棉花种植面积是5 698.4万亩，为近13年以来的最低值，也是中国建国以来比较低的一个水平。棉花总产量是560.5万吨，其中新疆是350.3万吨。

2015年度棉花进口情况：2015年度棉花进口量大幅下降，据海关数据显示，全年累计进口棉花147.3万吨，同比减少97万吨，减幅达39.8%。

2015年度棉花需求情况：纺织品服装出口也出现结构性的下降。从收储以来2011～2015年棉纱进口情况来看，三年收储棉纱进口量直线上升，2013～2014年有一个缓慢的下跌，但是到2015年又开始回升。据海关统计，2015年我国累计进口棉纱线数量同比增长16.6%。

2015年度棉花价格情况：棉花价格以下跌为主旋律，4月份郑州期货市场异常波动给现货市场带来上涨，但是缺乏基本面的支撑。中国棉花价格指数是12 478元/吨，同比下跌6.8%，这是实行目标价格补贴政策以后现货价格回归市场，产生了较大变化。2015年度的籽棉收购价格大幅下跌，2015年度全国3 128籽棉收购均价为5.52元/公斤，同比下跌5.8%，其中新疆的籽棉收购价格低于全国的平均水平。

2015年度棉花商业库存情况：据中国棉花协会物流分会统计，4月份全国棉花商业库存总量约118.7万吨，较上月月减少了47.3万吨，降幅28.5%。

2015年度棉花质量情况：棉花质量出现了下滑，受气候的影响，2015年度全国棉花质量下滑现象突出，具体表现在长度短，马克隆值偏高。

加工布局的调整情况：随着产量的下降，全国棉花加工布局也发生很大的变化。棉花生产向新疆等优势区域集中，这就带来了加工布局的区域变化，内地加工企业数量在相对减少。根据中国纤维检验局的数据显示，2015年度公正检验的加工企业数量为1 100家，同比减少了441家，其中新疆企业为752家，占全国68%，同比减少53家。新疆棉花公证检验占全国总量的91%，山东、河北等其他内地棉区的公检非常少。

（资源来源：中国棉花信息网，原名为《中国棉花市场形势分析》，2016年5月13日）

四、白酒市场

2014年我国白酒的市场状况

2014年，是中国白酒行业进一步深度调整的一年，在经历了2012年高速发展中的急刹车、2013年行业调整初期的观望与迷惘以后，在政策影响、产能过剩、经济下行叠加、增长减速、消费调整、价格重塑等多重因素的影响下，2014年中国白酒行业的变革更加剧烈，行业发展正式步入总量放缓、竞争加剧、利润下降的"新常态"时期。

全国白酒批发价格同比跌幅逐步收窄，环比指数小幅波动，可以说正视市场新变化、适应市场新特点已成为行业共识，且行业价格有逐步探明底部的趋势。作为供应与需求之间的桥梁，白酒批发价格的波动反映着行业供需的变化。2014年全年，全国白酒批发价格总水平虽然继续下跌，但价格走势呈现出止跌趋稳倾向。

从同比看，全国白酒批发价格全年累计下跌3.84%，跌幅较2013年同期扩大0.86个百分点，但各月同比指数前低后高，跌幅逐月收窄；从环比看，全国白酒批发价格虽然12个月均处于下跌趋势，但走势波动较小，月份之间的高低仅仅相差0.46个百分点；从定基看，全国白酒批发价格9～12月份的波动幅度为0.75个百分点，较1～8月份减少了1.4个百分点，价格出现趋稳倾向。结合市场动态可见，与2013年控量保价的观望心态不同，2014年众多白酒企业放弃了坚守的不降价原则，纷纷选择了以价换量的销售策略。究其原因，虽然2014年白酒行业的产量仍在惯性增长（全国白酒产量同比增长2.75%），但自白酒消费去公务化开始，原有的供需平衡已经被打破，整个白酒行业面对着完全不同于以往的市场环境。在以民间消费、大众消费及商务消费为主的新型市场需求开发和培育起来之前，短期内行业总量供大于求的局面难以缓解，白酒行业产量与价格均处在寻找新的供需平衡的过程中，行业发展必将告别过去高利润、高增幅的高速增长，转而进入利润合理、增速趋稳的中速增长。这一背景下，2014年全国白酒价格各项指数的总体走势，正是体现了白酒行业对于市场根本性变化的正确认识。同时，在经历了年初到年中的降价潮以后，全国白酒价格各项指数在四季度无论是跌幅还是波动幅度都有所收窄，一定程度上说明在经历了两年多的持续下跌以后，当前白酒行业价格调整已有逐步探明底部的趋势。

全国名酒批发价格同比呈现一路下行，且跌幅较大，成为带动白酒价格总指数下跌的主要因素，这对助推白酒行业价格体系的重塑具有积极意义。2014年众多名酒企业在市场选择的倒逼下正式宣布降价。2014年5月份，五粮液宣布下调核心产品普五出厂价至每瓶609元；2014年7月份，泸州老窖宣布下调52度国窖1573经典装市场零售价格至每瓶779元；贵州茅台批发价格相对坚挺，全年累计跌幅也达到12.86%。反映到白酒价格指数上，2014年全国名酒价格指数呈现波动加剧、跌幅逐步收窄的走势。从同比看，全国名酒批发价格全年累计下跌5.98%，跌幅较上年同期扩大0.9个百分点，但各月同比跌幅逐步收窄；从环比看，全国名酒批发价格连续12个月环比下跌，且全年有5个月的环比跌幅超过0.5%，价格波动程度大于全国白酒价格总指数；从定基看，年末全国名酒批发价格较基期下跌了14.85%，跌幅超过全国白酒总指数5.85个百分点。

（资料来源：网易新闻，原文名为《2014年中国白酒价格运行报告》，2015年4月10日，来源于《财经综合报道》）

2015年我国白酒的市场状况

2015年，全国规模以上白酒企业1 563家，其中亏损企业102个，企业亏损面为6.53%。全国白酒总产量为1 312.80万kl，同比增长5.07%；销售收入为5 558.86亿元，同比增长5.22%；利润总额为727.04亿元，同比增长3.29%；税金为552.67亿元，同比增长4.78%；亏损企业累计亏损额为14.42亿元，比上年同期增长7.52%。白酒商品累计出口总额为4.49亿美元，同比增长37.21%；累计出口白酒数量为16 188.83kl，同比增长22.56%。

从2015年白酒产业经济数据看，行业及市场发展总体上趋于平稳，并有回升迹象，中国白酒产业在调整中前进。企业产品、组织、渠道及商业模式的创新步伐明显加快，对市场企稳发挥了重要作用。同时，白酒行业面临的一些具体困难和体制、政策方面的障碍，仍然制约着白酒行业的转型和创新发展。过去一年里，白酒价格带持续受压，消费增长压力、产能压力持续加强，酒类流通体系变革正在聚集，其他饮料酒冲击波正在汇集，个性化、多元化消费潮流涌动，市场秩序乱、竞争不公平没有明显缓解。

（资料来源：宋书玉的《2015年中国酒业协会白酒分会、市场专业委员会、名酒收藏委员会、科教设计装备委员会工作报告》）

五、白糖市场

2014年我国白糖的市场状况

1. 白糖价格概况

2014年白糖价格走势持续弱势下跌，年初均价为5 385元/吨，年末均价为4 448元/吨，价格下跌17.4%，市场行情可以分为四个阶段：1月，快速下滑期，价格下跌9.12%；2~6月，低位振荡期，价格下跌1.49%；7~9月，稳步下滑期，价格下跌6.71%；10~12月，弱势反弹期，价格下跌1%。

第一阶段：1月，快速下滑期，价格下跌9.12%。临近春节，下游用户食糖备货已接近尾声，省外采购已结束，主要是产区内尚有少量备货，部分产区企业在低价糖的制约下，为减少损失，停止销售食糖，待春节后正常运行。由于春节过后白糖消费淡季尚未结束，糖市行情或将仍不乐观，截至1月下旬，白糖价格出现快速下滑局面。

第二阶段：2～6月，低位振荡期，价格下跌1.49%。2月份，糖厂基本度过了资金最紧张的阶段，白糖现货价格逐渐稳定，重新建立了白糖市场信心。3月份，白糖价格延续小幅上涨趋势，下游需求未启动，采购量较少，销售情况却略显清淡。至4月末，主产区大量新糖上市，白糖需求处于淡季，终端用户白糖需求量少，经销商观望为主，白糖市场处于供大于求的局面。进入5～6月，白糖现货成交清淡，库存在4月达到顶点，糖价上行压力较大。生产商出货不顺畅，食糖市场处于需求低迷状态。下游食品、饮料等行业对白糖需求不明朗，白糖价格上涨空间小。

第三阶段：7～9月，稳步下滑期，价格下跌6.71%。7月份，是往年白糖的传统需求旺季，但2014年的夏天，白糖市场显现出低迷氛围，旺季不旺、价格下行。主产区白糖生产企业库存较大，白糖价格低于成本价格运行，生产企业迫于压力连续下调白糖价格。8～9月，白糖需求依旧低迷，国内白糖供大于求局面难改，糖价持续弱势下滑。

第四阶段：10～12月，弱势反弹期，价格下跌1%。国庆节后，8日糖厂统一提价，各地白糖价格上涨。供需面上，由于白糖供过于求，库存压力较大，反弹行情受需求限制，9日后，白糖价格纷纷下滑。14日，商务部公布2015年食糖进口关税配额申请和分配细则，15日开始，进口关税配额申请政策执行，产区糖厂提价，销区贸易商跟涨，白糖迎来反弹行情。10月末，商务部将食糖加入自动进口许可管理，进一步限制白糖进口。11～12月，终端需求疲软打压，市场白糖走货缓慢，库存压力较大。虽然产区白糖产量下降，由于糖厂新榨季陆续展开，糖市购销平淡，白糖行情持续弱势振荡。2014年，我国一级白糖价格曲线图见图79所示。

（资料来源：食品商务网，原名为《2014年国内白糖价格走势分析及2015年展望》，2014年12月30日）

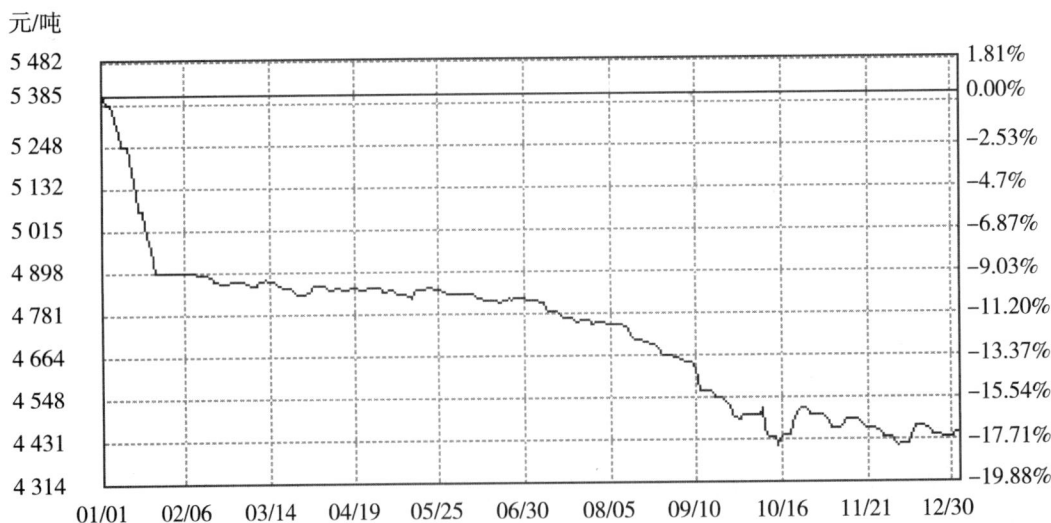

资料来源：生意社

图79　2014年国内一级白糖价格曲线图

2. 食糖价格概况

2014年，中国食糖产量为1 332万吨，消费量1 480万吨，产需缺口148万吨，进口402万吨。

2014年是中国进入食糖增产周期的第3年。全国糖料种植面积为2 713.5万亩（180.9万公顷），同比减少2.5%。其中，甘蔗种植面积同比减少0.4%，甜菜同比减少17.7%。糖料单产总体有所上升，其中，甘蔗平均单产67.2吨/公顷，同比增长5.4%；甜菜平均单产3 050千克/亩（45.75吨/公顷），同比减少0.6%；榨糖期历时241天，比上年减少37天，共加工糖料11 275万吨，同比减少37万吨，降幅为0.3%。食糖产量为1 331.8万吨，比上年增加24.96万吨，同比增长1.9%。其中，甘蔗产糖1 257.17万吨，同比增长4.9%；甜菜产糖74.63万吨，同比减少31.2%。从全国主产区来看，广西壮族自治区、云南和内蒙古自治区食糖增产，同比分别增长8.1%、2.9%和4.4%；其他主产区均出现不同程度减产，其中，黑龙江食糖产量从上年的23.69万吨降至2.99万吨，减幅为87.4%。

（资料来源：徐雪、马凯的《未来10年中国食糖形势分析》）

2015年我国白糖的市场状况

2015年，白糖价格呈上扬行情。年初报价为4 451元/吨，年末报价为5 402元/吨，上涨21.37%。

2015年白糖价格呈上涨趋势，全年行情可分为四个阶段。

第一阶段：1月。这一阶段白糖价格直线上扬，仅一个月上涨幅度9.23%。进入2015年以来，白糖现货行情迎来反弹，价格震荡上涨。一方面，一月处于食糖需求旺季，企业采购积极。另外，巴西地区甘蔗种植区天气炒作，国际糖市供应预估下调，巴西糖业协会表示，政府恢复燃油税政策提振，原糖期价涨势汹汹，带动国内白糖期货、现货大幅上涨，糖厂及贸易商纷纷提价，糖价一路上涨。

第二阶段，2～6月。榨季减产，白糖价格稳步走高。本榨季减产已成支撑糖价上扬的主要因素，截至5月底，本制糖期全国共生产食糖1 052.19万吨（上制糖期同期产糖1 331.8万吨），比上一制糖期同期少产糖279.61万吨。本榨季食糖减产，利好市场，价格呈上涨趋势。另外，从5月开始，饮料等食品对食糖的需要量开始增加，也利好糖价的上涨。

第三阶段，7～8月。受到进口数据大增影响，本阶段糖价呈弱势，2015年7月份，中国进口食糖量为49万吨，与同期相比增加21万吨。1～7月份累计进口食糖280万吨，同比增长113万吨，增幅达68%。庞大的进口数据让市场存在看空心里。另外，国际市场因主要产糖国印度、泰国、巴西等食糖产量高于预期，此阶段白糖行情呈下跌行情。

第四阶段，9～12月。新榨季减产，糖价震荡回暖。目前国内糖减产预期已得到证实，新糖开榨普遍晚于去年同期，据不完全统计，截至12月25日，2015/16榨季广西已有73家糖厂开榨，同比上年减少15家；截至12月21日，云南已有5家制糖企业开榨，2015/16榨季云南制糖企业普遍推迟开榨。另外，在2015/16年度糖会上，对于下一季度各产区糖产量也给出预估，各产区同比上一季度都有不同程度减产。糖减产支撑国内糖价回暖，新塘价格同比上一年度同期上涨900元/吨（见图80）。

元/吨

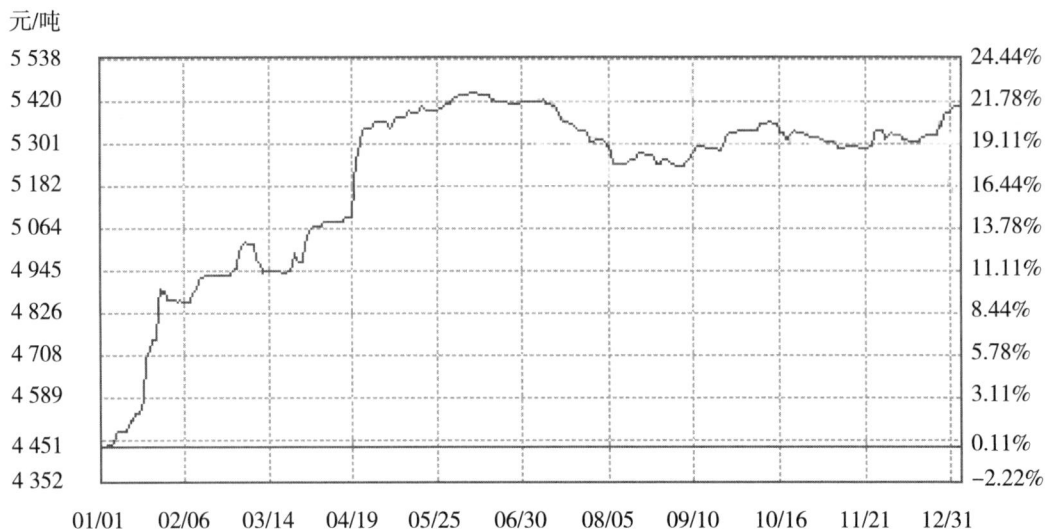

资料来源：生意社

图80　2015年国内一级白糖价格曲线图

产量数据：2014/15年制糖期全国共生产食糖1 055.6万吨（上制糖期同期产糖1 331.8万吨），比上一制糖期少产糖276.2万吨，其中，产甘蔗糖981.82万吨（上制糖期同期产甘蔗糖1 257.17万吨）；产甜菜糖73.78万吨（上制糖期同期产甜菜糖74.63万吨）。

2015/16榨季制糖企业开榨情况汇总：据业内不完全统计，截至12月27日，2015/16榨季广西已有75家糖厂开榨，同比上年减少14家。云南已有5家制糖企业开榨，2015/16榨季云南制糖企业普遍推迟开榨。新疆14家企业全部开榨。

六、茶业市场

2014年我国茶业的市场状况

据中国茶叶流通协会统计分析，2014年全国茶叶总产量与去年基本持平或略增，预计全年产量达195万吨左右。

从春茶市场看，受国家政策及经济环境影响，高档春茶价格明显下降，下降幅度20%左右，中档春茶价格基本持平，低档春茶与往年相比出现小幅上涨，增幅在10%左右，其中200～500元/公斤的茶叶比较受消费者欢迎；销量则受多种因素影响有所回调，市场人气有待提振。

从茶类来看，绿茶因其保健功能突出，

消费认知广泛，消费稳定增长。黑茶、红茶等发酵类茶由于可以长期存储，仓储要求不高，并且苦涩味轻，口感更容易接受，市场占比有所上升。普洱茶价格下半年下挫，引发广泛关注，市场正进入调整期，价格逐步回归理性。白茶与黄茶在产地政府的主导下，推广力度增大，市场份额持续突破，吸引越来越多的消费者关注。乌龙茶一直以来是市场主流茶类，目前一线市场趋于饱和，消费群体正在产生变化，更多二三线城市热衷于喝乌龙茶，尤其是喝铁观音。从大市看，大宗茶消费成为主流，高端茶产销量占比将持续萎缩，市场消费需求呈现多元化发展趋势。

同时，我国茶叶出口形势趋好。据海关统计，2014年1～9月，我国茶叶出口22.53万吨，同比下降4.41%，金额约9.4亿美元，平均单价4 183美元/吨，同比分别上升5.84%和10.72%。

2015年我国茶业的市场状况

（一）2015年全国茶叶生产情况

根据综合分析，2015年全国茶叶生产继续保持稳定，茶园面积增幅下降，产量继续增加，产品结构调整，提质增效明显。

1. 茶园面积低幅扩大

2015年，全国18个产茶省茶园面积共计4 316万亩，同比增长175万亩，增长率4.2%；采摘面积为3 387万亩，同比增加228万亩，增长7.22%。茶园面积与采摘面积均较之去年增长速度放慢。部分省份如湖北、贵州、陕西、四川省大力发展茶产业，茶园面积增加明显，分别达到466万亩、689.1万亩、215.9万亩、481.6万亩（见表53）。

表53　全国部分地区茶园面积和采摘面积统计表

地区	茶园面积（万亩）				采摘面积（万亩）			
	2015年	2014年	增减数	增减%	2015年	2014年	增减数	增减%
合计	4 316.2	4 141.5	174.7	422	3 387.2	3 159.7	227.5	7.20
江苏	51.0	51.3	−0.3	−0.58	44.3	43.7	0.6	1.37
浙江	295.0	280.9	14.1	5.02	266.0	259.0	7.0	2.70
安徽	255.0	249.8	5.2	2.08	222.0	216.9	5.1	2.35
福建	370.0	364.4	5.6	1.54	350.0	324.4	25.6	7.89
江西	139.5	125.8	13.7	10.89	103.2	90.4	12.8	14.16
山东	54.7	51.1	3.7	7.15	41.3	38.2	3.0	7.95
河南	230.7	230.0	0.7	0.30	154.2	147.0	7.2	4.88
湖北	466.0	438.6	27.4	6.25	343.0	340.6	2.4	0.70
湖南	199.2	186.8	12.4	6.64	157.4	145.8	11.6	7.96
广东	77.0	72.4	4.6	6.41	70.0	67.0	3.0	4.48
广西	104.0	100.7	3.3	3.32	100.0	94.4	5.6	5.97
海南	1.0	1.0	0.1	8.33	0.8	0.7	0.1	14.93

续表

地区	茶园面积（万亩）				采摘面积（万亩）			
	2015年	2014年	增减数	增减%	2015年	2014年	增减数	增减%
重庆	68.2	65.6	2.5	3.87	47.9	42.9	5.0	11.61
四川	481.6	458.6	23.0	5.02	365.6	324.6	41.0	12.63
贵州	689.1	662.0	27.1	4.09	423.2	350.1	73.1	20.88
云南	602.0	595.0	7.0	1.18	550.0	538.0	12.0	2.23
陕西	215.9	192.4	23.5	12.21	138.1	125.2	12.9	10.30

（资料来源：农业部种植业司）

2. 茶叶产量小幅增加

全国干毛茶产量为227.8万吨，比之去年上涨18.6万吨，增幅达8.9%。其中，以贵州省为代表的主产茶省份继续增产增收，贵州增产4万吨，福建、四川、云南各增产2万吨以上（见表54）。

表54　2014～2015年部分地区干毛茶总产量与增减量记录表

干毛茶总产量（吨）				
地区	2015年	2014年	增减数	增减%
合计	2 277 624	2 091 948	185 676	8.88
江苏	14 006	14 034	−28	−0.20
浙江	176 000	167 000	9 000	5.39
安徽	113 200	109 000	4 200	3.85
福建	379 600	355 000	24 600	6.93
江西	50 356	46 466	3 890	8.37
山东	21 474	20 039	1 435	7.16
河南	59 560	54 930	4 631	8.43
湖北	196 906	185 014	11 892	6.43
湖南	172 355	161 280	11 075	6.87
广东	79 167	75 472	3 695	4.90
广西	60 000	57 900	2 100	3.63
海南	441	482	−41	−8.42
重庆	31 098	29 380	1 717	5.85
四川	262 319	237 119	25 200	10.63
贵州	223 285	181 535	41 750	23.00
云南	362 359	335 193	27 166	8.10
陕西	74 195	60 910	13 285	21.81

（资料来源：农业部种植业司）

3. 茶叶产值中幅增加

全国干毛茶产值1 519.2亿元，比上年增加170.1亿元，增值12.6%，较之去年回落6.47个百分点。贵州、四川、浙江和陕西的干毛茶产值分别增加49.8亿元、27亿元、18.6亿元和16.5亿元（见表55）。

表55 2014～2015年部分地区干毛茶总产量与增减量记录表

干毛茶总产值（万元）				
地区	2015年	2014年	增减数	增减%
合计	15 191 212	13 490 637	1 700 575	12.61
江苏	215 904	224 679	−8 776	−3.91
浙江	1 686 000	1 500 000	186 000	12.40
安徽	820 000	760 400	59 600	7.84
福建	2 100 000	2 000 000	100 000	5.00
江西	422 477	398 159	24 317	6.11
山东	456 379	401 468	54 911	13.68
河南	1 047 800	927 748	120 052	12.94
湖北	1 129 338	1 069 743	59 595	5.57
湖南	710 809	617 241	93 568	15.16
广东	332 200	301 900	30 300	10.04
广西	292 420	277 920	14 500	5.22
海南	5 488	5 817	−329	−5.66
重庆	157 570	130 480	27 090	20.76
四川	1 570 000	1 300 000	2 700 000	20.77
贵州	2 113 150	1 615 150	498 000	30.83
云南	1 111 564	1 110 975	589	0.05
陕西	997 514	832 356	165 158	19.84

（资料来源：农业部种植业司）

4. 六大茶类普遍增产，结构优化

绿茶增产9.97万吨，达到143.8万吨，增长7.45%；黑茶增产3.6万吨，达到29.7万吨，增长13.85%；红茶增产2.96万吨，达到25.8万吨，增长12.95%；乌龙茶增产1.34万吨，达到25.9万吨，增长5.46%；白茶增产6 480吨，达到2.2万吨，增长率属六大茶类最高，达到41.77%；黄茶增产362吨，达到3472吨，增长11.64%。

5. 生产水平和效益双提高

全国茶叶单产水平稳中有升。按采摘面积计算，采摘茶园平均亩产量达67.2公斤，比上年提高1公斤，亩产值为4 484.88元，比上年增加215.23元；按茶园面积计算，平均亩产达52.77公斤，比上年提高2.26公斤，亩产值为3 519.6元，比上年增加262.2元。除海南省、江苏省效益下降外，其他省（区、市）效益均上升。

6. 茶叶质量及安全水平稳步提升

茶园结构优化，无公害茶园面积为2 771.8万亩，同比增加317.6万亩，增长12.94%，占比为64.22%，比例提高4.96个百分点；无性系良种茶园面积为2 436.9万亩，增加148万亩，增幅6.47%，比例提高1.2个百分点，占比达到56.6%；有机茶园面积为267.5万亩，增加24.4万亩，增幅10.05%，比例提升0.3个百分点，达到6.2%。

（二）2015年全国茶叶的销售情况

1. 销量平稳增加，茶类份额保持稳定

综合推算，2015年全国茶叶销售总量继续缓增，预计为176万吨，增幅约为10%。茶类市场份额较往年变动不大。绿茶约占市场总量的53%；黑茶占比约为8%；红茶约为9%；普洱茶约占5%；乌龙茶约占总量的12%；产地集中的白茶和极小品种的黄茶，销量较往年基本持平，占比分别为1%和0.5%；茉莉花茶约占5%，其他茶类占6.5%。全国名优茶与大宗茶销量占比估计分别为43%和57%，较上年保持不变。

2. 销售总额有所提升，名优茶效益明显

国家统计局最新数据显示：2015年精制茶主营收入增速约为12.5%，与去年相比增速基本持平，据此，以2014年主营收入1 669.1亿元为基数，推算可知2015年全年精制茶行业主营收入约为1 869.4亿元。

3. 销售均价略有回调

名优茶均价约为172.9元/公斤，大宗茶均价约为55.9元/公斤，大宗茶均价回调约占5%，均价降幅略高于名优茶。按茶类对比，红茶平均价格回调约7%，乌龙茶均价回调近10%，春茶均价回调约3%，黑茶均价上涨10~15%，白茶、黄茶基本保持不变。

（三）2015年全国茶叶的进出口情况

我国进口茶叶2.3万吨，金额约9 300万美元，分别比2013年增长15.1%和22.7%。其中红茶占进口总量76%，斯里兰卡、印度、印尼是主要进口国；绿茶占20%，越南、印尼和中国台湾地区是主要进口地区。2015年，受国内市场及相关技术指标影响，茶叶进口增量减缓，依然为2.3万吨，金额约1.1亿美元，平均单价4 616美元/吨，同比分别上升1.84%、14.82%和12.75%。

2015年，世界经济增长继续放缓。一方面，全球价格水平总体稳定，跨国直接投资止跌转增，企业并购活跃；另一方面，全球金融市场波动加剧，大宗商品价格持续低迷，全球消费者物价指数增长率持续下降，国际贸易步入负增长，贸易保护和货币竞争风险提升。面对严峻的国际贸易形势与国产农产品出口普遍下滑的态势，2015年中国茶叶出口表现不俗。根据海关统计，2015年1~12月，中国茶叶出口总量32.5万吨，金额13.8亿美元，出口均价4.25美元/千克，同比分别上升7.8%、8.6%、0.7%，特别是出口金额创历史新高，一举扭转了2014年全茶类出口下降的颓势。

2015年1~12月，中国绿茶出口量达27.2万吨，占总量的83.7%，同比上升9.2%；红茶出口量为2.8万吨，占总量的8.7%，同比上升1.3%；乌龙茶出口量为1.5万吨，占总数的4.7%，同比下降0.1%；花茶出口量为0.6045万吨，占总数的1.9%，同比上升4.5%；普洱茶出口量为0.3284万吨，占总数的1.0%，同比下降3.0%。

2015年，中国绿茶出口额为10.1亿美元，占总数的72.7%，同比上升5.5%；红茶

出口额为2.1亿美元，占总数的15.0%，同比上升42.3%；花茶出口额为0.51亿美元，占总数的3.7%，同比上升8.6%；乌龙茶出口额为0.84亿美元，占总数的6.1%，同比下降5.2%；普洱茶出口额为0.34亿美元，占总数的2.5%，同比下降12.5%。

七、果品市场

2014年我国果品的市场状况

受生产成本提高和部分产区香蕉、苹果、柑橘等大宗水果减产所致，2014年国内水果市场价格整体高位运行，上半年持续上涨，下半年先跌后涨。根据农业部对农产品批发市场进行的监测统计，2014年上半年大宗水果平均批发价格延续2013年10月后的持续上涨态势，由1月的6.24元/千克涨至5月的7.52元/千克，屡创历史新高；三季度水果价格快速回落，10月降至5.4元/千克，11～12月回升，12月为5.79元/千克。2014年1～7月水果价格涨幅接近或超过25%，之后同比缩小，9月、10月、11月同比降为10%左右，12月降至3.6%（见图81）。

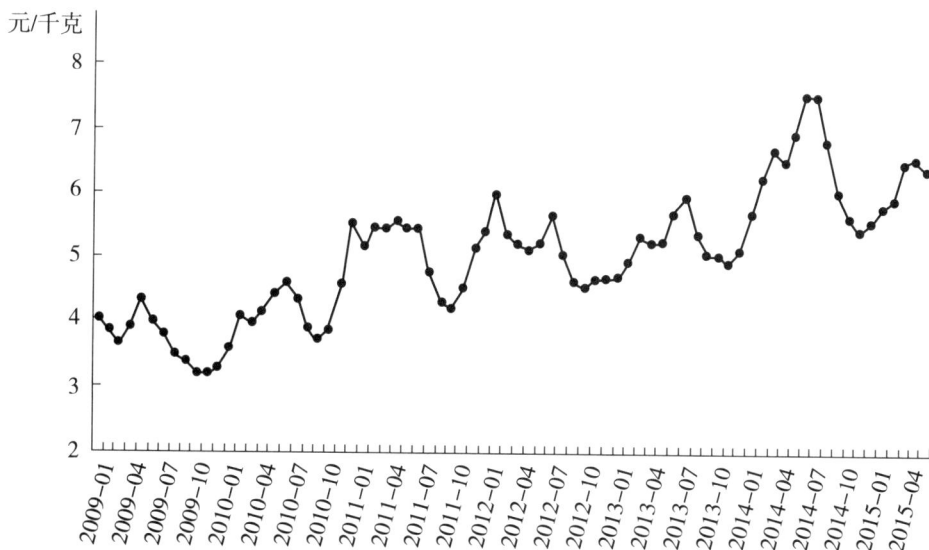

图81 2009年以来大宗水果平均批发价格变化

2014年，全国果园面积为1 240万公顷，比上年增加0.13%；瓜果类面积为246万公顷，同比增加0.2%。2014年，中国水果及其制品净出口量为40.32万吨，同比锐减72.49%，净出口额5.62亿美元，同比减少65.35%。2015年1～3月我国水果及其制品贸易持续逆差，1季度累计净进口33.5万吨，净进口额6.86亿美元，而2014年同期，净出口12.41万吨，贸易逆差4 902万美元。

此外，近年来水果生产成本和交易成本大幅上涨，据苹果国家产业技术体系专家统计，2007年以来，我国苹果生产成本年均上升13.18%，其中物质成本上升10.13%，劳动力成本上升18.61%，产后环节的平均工资水平也较快提高，同时土地租金不断上涨，水果价格上涨压力较大。国家统计局数据显示，2014年全国水果生产价格指数同比提高，其中一、二、三、四季度分别为112.2、106.6、98.1、104.2，除三季度外，其他三个季度显著高于同期农产品生产价格指数。

第十四部分

林产品市场

一、林产品市场

2014年我国林产品的市场状况

2014年，林业总产值继续快速增长，全年实现林业产业总产值5.4万亿元（按现价计算），比2013年增长14.2%，其中第一、二、三产业分别增长14.75%、12.46%、19.80%。分地区看，西部地区林业产业增长速度最快，增速都超过20%。东部地区林业产业总产值所占比重最大，占全部林业产业总产值的48.96%。林业产业总产值超过3 000亿元的身份共有六个，分别是广东、山东、福建、江苏、广西和浙江。

2014年，在全国林业总产值中，包括干鲜果品、茶、中药材以及森林食品等在内的经济产品的种植与采集业的产值达到10 728.04亿元，比2013年增长16.1%，占林业第一产业的57.8%。竹产业产值为1 845亿元。花卉种植业的产值为1 855亿元。各类经济林产品总量达1.58亿吨，比2013年增长6.81%。竹材产量为22.24亿根，比2013年增长18.52%。花卉种植面积为102.21万公顷，切花切叶176亿支，盆栽植物45亿盆，观赏苗木111亿株，草坪3.79亿平方米。2014年，全国商品材总产量略有减少，为8 233.30万立方米。在全部木材产量中，原木产量为7 553.46万立方米，薪材产量679.84万立方米。锯材产量为6 836.98万立方米，比2013年增长8.56%。木片、木粒加工产品4 314.09万实积立方米，比2013年增长9.62%。2014年，全国人造板总产量为27 371.79万立方米，比2013年增长7.09%。木竹地板产量为7.60亿平方米，比2013年增长10.30%。松节油类产品产量为23.08万吨，比2013年减少13.41%。全国松香类产品产量为170.07万吨，比2013年增长3.56%。

2014年，林产品出口为714.12亿美元，比2013年增长10.79%，占全国商品出口额的3.05%；林产品进口为676.05亿美元，比2013年增加5.49%，占全国商品进口额的3.45%。

2014年，木材产品市场总供给为53 945.91万立方米，比2013年增长3.25%。其中，国内商品材产量为8 233.30万立方米，木质刨花板和纤维板折合木材（扣除与薪材供给的重复计算）14 388.74万立方米，农民自用材和烧柴产量4 194.48万立方米，进口原木及其他木质林产品折合木材25 859.61万立方米，上年库存、超限额采伐等形式形成的木材供给为1 269.79万立方米。木质林产品进口中，原木进口5 119.49万立方米，比2013年增长13.36%，锯材进口2 573.92万立方米，比2013年增长7.05%。胶合板、纤维板和刨花板的进口量分别为17.78万立方米、23.87万立方米和57.80万立方米，与2013年相比，胶合板和纤维板进口量分别增加了14.93%和5.53%，刨花板进口量减少了1.50%；木家具进口8.89亿美元，比2013

年增长25.56%；木浆进口1 789.38万吨，比2013年增长6.63%；纸和纸制品（按木纤维浆比例折合值）进口294.55万吨，比2013年下降0.86%；废纸进口2 751.85万吨，比2013年减少5.88%。2014年，木材产品市场总需求为53 945.91万立方米，比2013年增长3.25%。其中，工业与建筑用材消耗量为40 840.78万立方米，农民自用材（扣除农民建房用材）和烧柴消耗量为2 940.08万立方米，出口原木及其他木质林产品折合10 165.05万立方米。木质林产品出口中，原木出口1.17万立方米，锯材（不包括特形材）出口40.90万立方米，比2013年下降10.74%。胶合板、纤维板和刨花板的出口量分别为1 163.31万立方米、320.55万立方米和37.27万立方米，分别比2013年增长13.35%、4.46%和37.38%；木家具出口220.92亿美元，比2013年增长13.64%；纸和纸制品（按木纤维浆比例折合值）出口852.05万吨，比2013年增长11.78%。

2014年，中国木材市场价格综合指数由1月的116.6%开始持续上涨至4月的122.3%后，持续波动下跌至12月的118.4%；木材进口价格综合指数由1月的122.3%波动下跌至12月的116.2%。

2014年，非木质林产品出口170.74亿美元，比2013年增长5.17%，占林产品出口额的23.91%；进口221.50亿美元，比2013年下降3.19%，占林产品进口额的32.76%。

2014年，美国、日本仍为主要的出口市场，进口市场则以美国、东盟国家、加拿大、俄罗斯为主，但进出口贸易的市场集中度明显下降。按市场份额，前5位出口贸易伙伴依次是美国21.23%、日本8.24%、中国香港6.71%、英国4.09%、韩国3.20%；

前五位进口贸易伙伴分别为美国12.67%、泰国10.83%、印度尼西亚8.93%、加拿大7.55%、马来西亚6.08%。

（资料来源：中国林业网，原文题为《2014年中国林业发展报告》，2015年12月4日）

2015年我国林产品的市场状况

2015年，全国林业产业总产值达5.81万亿元，林产品进出口贸易额达1 400亿美元，分别是2010年的2.6倍和1.5倍，我国林产品生产和贸易跃居世界首位。

"十二五"时期，我国林业产业蓬勃发展。特色经济林、林下经济、森林旅游、花卉苗木等绿色产业加快发展，林业电子商务迅速崛起。全国林业一、二、三产业的比例由2010年的39∶52∶9调整为33∶51∶16，产业结构逐步优化。

2015年，林产品进出口贸易总额达1 400亿美元，分别是2010年的2.6倍和1.5倍。我国已成为世界林产品生产加工中心，林产品生产和贸易跃居世界首位。

（一）自然生态系统保护力度加大

在2014年黑龙江重点国有林区停止天然林商业性采伐试点基础上，2015年4月1日起，对内蒙古、吉林重点国有林区采取停伐措施。受此影响，天保工程区木材产量继续缩减，上半年商品材产量169万立方米，同比减少13%。上半年，全国湿地保护与恢复工作成效显著，新增湿地保护面积450万亩，恢复湿地22.5万亩。湿地保护与恢复工程安排资金2.3亿元，中央财政湿地补贴项目安排资金16亿元。

（二）造林任务完成过半

2015年上半年，全国共完成造林5 437万亩，占全年计划任务的57.2%。但受到立地条件差、投资标准低和其他自然因素影响，同比减少9.2%。全部造林面积中，林业重点生态工程造林1 706万亩，占全年完成面积的31.4%。森林经营工作继续加强，全国完成中幼龄林抚育面积6 301万亩，占全年计划任务的60.01%。完成有林地造林338万亩，更新造林378万亩。

（三）林业转型升级状况好于预期

2015年上半年，我国林业产业发展保持较高增速，总产值达到2.39万亿元，同比增长12.2%。林业第三产业增速最快，达到23.5%，林下经济产值达到1 943亿元，同比增长15%。人造板、木地板、竹材、干鲜果品产量都有不同程度的增长。上半年，全国林产品贸易额继续攀升，进出口总值664亿美元，好于全国进出口贸易水平。

（四）支撑保障能力不断增强

上半年，全国林业投资完成额达到1 503亿元，同比增长3.4%，其中生态建设与保护投资806亿元，占完成投资的53.63%。林木种苗供应充足，全国春季可供林木种子2 587万公斤，可供春季造林绿化苗木326亿株。苗木供应总量和良种苗木供应量同比增长15%和22%。上半年，全国共发生森林火灾2667起，受害森林面积16.3万亩，伤亡26人（其中死亡23人），同比分别下降21%、39%和74%。全国主要林业有害生物发生面积同比下降4.27个百分点，防治面积同比提高10.9个百分点。各地共发现并上报突发野生动物异常情况57起，导致约43种5 345只（头）野生动物死亡，全部在第一时间启动了应急响应机制，得到妥善处置。

二、天然橡胶市场

2014年我国天然橡胶的市场状况

我国宏观经济延续2013年的调整态势，继续从高速增长向下调整，经济增长进入阶段性回落的新常态时期。对天然橡胶行业来说，供需失衡局面仍未改变，经历了备受煎熬的一年。下面分三个方面，对天然橡胶行业进行回顾：

1. 新增资源保持增长，增速明显放缓

据中国物流信息中心统计，2014年天然橡胶累计新增资源345.5万吨，同比增长4.3%，增幅同比下降7.4%。

我国天然橡胶产量增速明显放缓。2014年，我国天然橡胶产区天气状况良好，虽然第三季度台风"威马逊"和"海鸥"对部分沿海地区割胶造成一定影响，但危害不大。由于全年市场利空云集，供应过剩，需求不足，天然橡胶价格持续下跌，橡胶种植户利润空间越来越小，甚至出现亏损，部分地区割胶频率减小，出现弃割弃管橡胶树现象，甚至砍掉橡胶树改种其他作物。因此，2014年国内天然橡胶产量增速大幅低于上年同期。初步统计，全年天然橡胶累计产量约85万吨，同比增长约1.5%，增速同比下降约5%。

2014年第一季度天然橡胶进口量同比增幅持续处于高位，随后呈回落走势，第四季度由正转负。据海关统计，2014年天然橡胶进口量为261万吨，同比增长5.6%，增幅同比下降7.9%，增速明显放缓。从全年来看，受国内产量、季节需求和社会库存等因素影响，天然橡胶进口量总体呈现"两头高、中间低"的走势。年初受春节和冬季备货影响，天然橡胶进口量增幅同比均达到36.5%的高点，随后持续走低；6月受上年同期基数较低影响，进口量增幅出现短暂回升；第三季度进口量增幅同比继续波动下行，呈负数，11月达到～18.7%，为近几年来的最低点。天然橡胶进口量增幅持续下降固然受上年同期基数的影响，但主要还是国内天然橡胶市场需求不旺、库存居高不下所致。2014年我国天然橡胶进口情况如图82所示。

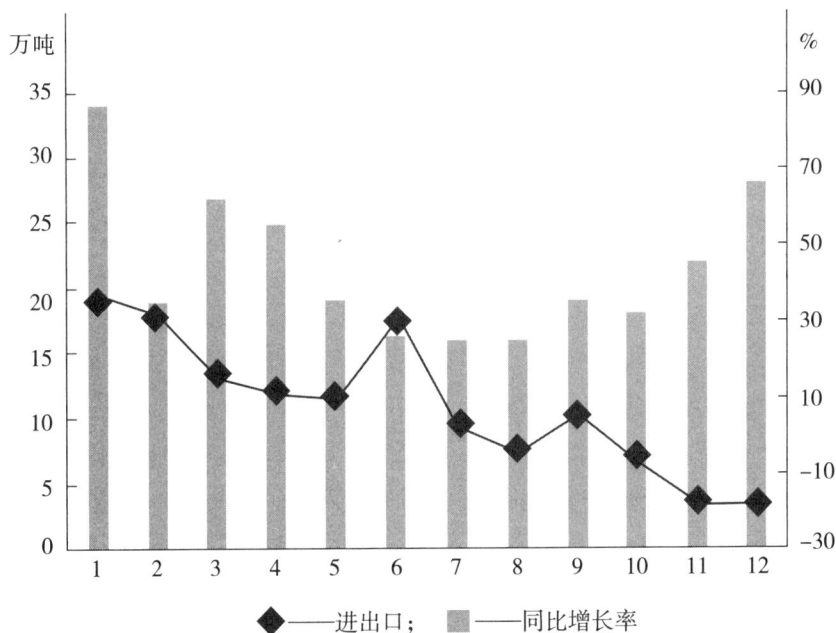

图82　2014年我国天然橡胶进口情况

2. 消费需求持续低迷

从天然橡胶主要下游行业来看。受2013年轮胎市场利润偏高及乐观预期影响，2014年轮胎行业盲目投资抬头，产能结构性过剩十分严重。据估算，2014年新增全钢子午线轮胎产能1 500万条及半钢子午线轮胎产能1.5亿条。2014年初轮胎企业普遍加大产出，导致企业库存量普遍达到1.5～2个月的产量，比正常值高出50%左右；部分代理商的库存量已远高于约3 000条的正常库存量，普遍在8 000条以上。多数中小轮胎企业开工率在70%以下，对天然橡胶需求造成不利影响。

与此同时，美国对我国出口的乘用车及轻型载重汽车轮胎发起反倾销和反补贴调查。美国是我国轮胎最主要的海外市场，其从我国进口的轮胎约占我国出口轮胎的1/3。美国实施"双反"制裁，对我国轮胎市场影响巨大，后期还可能引起欧盟、日本、印度、澳洲等国效仿的连锁反应。虽然对"双反"调查预期悲观，但由于距离"双反"实施还有一段时间，国内部分企业计划在美国海关清关之前尽可能多地出口轮胎至美国，而将其他国家订单暂时推迟。也有部分企业在暂时维持美国市场的同时，大力开拓其他国家或地区市场。

在2014年整体经济增长继续放缓的背景下，汽车消费难现亮点，低速增长成为我国汽车行业的新常态。据汽车工业协会统计，2014年我国汽车产销量分别为2 372.3万辆和2 349.2万辆，同比分别增长7.3%和6.9%，增速分别下降7.5%和7.0%。其中，商用汽车产销量分别为380.3万辆和379.1万辆，同比分别下降5.7%和6.5%。商用汽车尤其是重型载重汽车轮胎对天然橡胶的需求量极大。2014年我国重型载重汽车销量74.4万辆，同比下降3.9%。商用汽车惨淡的市场导致天然橡胶需求大幅下降。

3. 天然橡胶价格持续震荡下行

2014年我国天然橡胶价格延续上年跌势，继续震荡下行。据中国物流信息中心监测，2014年我国天然橡胶累计平均市场价格同比下降26.98%，降幅同比增长4.78%。2014年天然橡胶价格变化情况如图83所示。

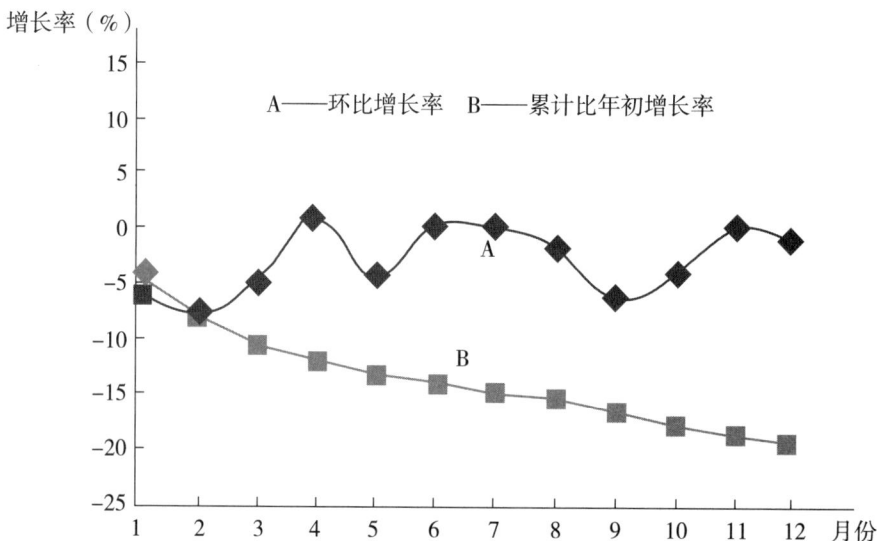

图83 2014年我国天然橡胶价格变化情况

2014年初，受国内经济数据低于预期、美国QE3政策减量、天然橡胶进口量大幅增长、库存量不断攀升等因素的共同作用，天然橡胶价格大幅下跌。进入第二季度后，随着我国宏观形势阶段性好转及欧洲央行开启负利率时代，天然橡胶价格环比微幅回升。第三季度，美国对我国轮胎的"双反"调查和QE3结束、泰国抛售国储胶、越南降低橡胶出口关税、国内停止对进口丁苯橡胶征收反倾销税等利空接踵而至，天然橡胶价格持续下行。进入第四季度后，为应对天然橡胶价格大幅下滑，国家采取了一系列政策保护措施：上调天然橡胶进口关税、制定《复合橡胶通用技术规范》国家标准、国家储备局收储12.85万吨国产一级全乳标胶等，加之受国内基建投资加快、国外主产区遭受特大洪水自然灾害、国内季节性供应压力缓解等因素影响，我国天然橡胶价格跌势趋缓，在低价区域窄幅波动。

（资料来源：《橡胶科技》，2015年04期，原文名为《我国天然橡胶市场2014年回顾及2015年展望》，作者为董昱）

2015年我国天然橡胶的市场状况

2015年，我国面临的外部经济环境负面因素较多，同时国内需求难以提振，造成我国实体经济复苏曲折、反复。虽然目前我国经济发展长期向好的基本面没有改变，但经济发展仍面临不少困难和挑战，调结构、转方式、促创新任务十分艰巨，经济下行压力依然较大。

对于天然橡胶行业来说，在价格持续下跌的打压下，2015年我国天然橡胶产量同比有所下降，但由于进口量持续大幅增长，新增资源量仍有小幅增长。与此同时，需求方面各种利空因素席卷而来，原油价格持续下跌、轮胎出口受阻、重型货车轮胎市场销量大幅下降等，导致我国天然橡胶下游行业需求持续低迷，利润大幅缩水，企业经营困难。从整体来看，2015年我国天然橡胶行业仍处于供需失衡状态，天然橡胶价格持续下行，一度跌破万元大关，创出七年新低。

据中国物流信息中心统计，2014年天然橡胶累计新增资源量为345.5万吨，同比增长4.3%；2015年天然橡胶累计新增资源量为356万吨，同比增长2.6%，增幅同比下降1.7%。

2015年我国天然橡胶产量同比下滑。全年国内天然橡胶产区天气状况良好，但由于市场利空因素较多，天然橡胶供过于求，价格持续下跌，胶树种植户利润空间越来越小，甚至出现亏损，部分胶园减小割胶频率。特别是第两季度，受天然橡胶价格持续低迷影响，国内胶树开割时间整体晚于上年同期，海南中南部地区胶树开割率不足60%，新胶上市进程十分缓慢，天然橡胶产量低于上年同期水平。第三季度情况有所好转，国内产区雨季结束，胶乳供应充足，多数加工厂开足马力生产，天然橡胶产量在正常范围内偏高，较前期明显提升。但从全年来看，2015年我国天然橡胶产量同比下降，这是近年来首次出现这种现象。据初步统计，2015年我国天然橡胶累计产量约为82万吨，同比下降约4.3%。

2015年我国天然橡胶进口量保持增长。全年受产量、需求量和社会库存量等因素影响，我国天然橡胶进口量呈"前低后高"的态势。2015年上半年天然橡胶进口量同比保持小幅增长；第3季度开始大幅增长，增幅保持在25%以上；第4季度增幅虽然有所降低，但仍处于较高水平，如图84所示。

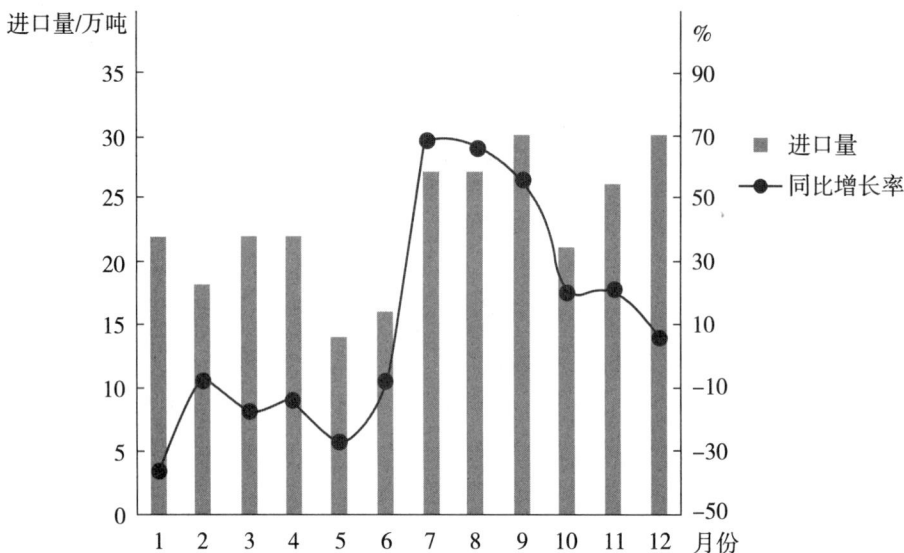

图84 2015年我国天然橡胶进口情况

据中国海关统计，2015年我国天然橡胶进口量为274万吨，同比增长4.8%。虽然国内产量出现下降，但由于进口量持续增长，2015年我国天然橡胶新增资源量较上年仍有增长。由于目前国内需求端消化能力有限，天然橡胶进口量显著体现在显性库存量上。数据显示，截至2015年12月底，青岛保税区天然橡胶库存量持续上升至25.52万吨，同比增长近1倍。

从天然橡胶主要下游行业来看，2015年轮胎行业产能过剩、库存积压，经济运行形势仍然不容乐观。经历十多年的高速发展尤其是近两年"井喷"式投资后，我国轮胎行业出现较为严重的结构性过剩，中低档同质化轮胎过剩，高档及绿色轮胎仍有缺口。轮胎企业库存量普遍相当于1.5～2个月的产量。轮胎企业开工率不断走低，总体跌至60%左右，同比下降近10%，同时由于生产集中度不高，众多企业间为争夺市场相互压低产品价格，导致轮胎价格持续向下。

此外，2015年轮胎行业的发展环境可谓"内外交困"。首先，国务院关税税则委员会下发的《2015年关税实施方案》正式实施。我国进口天然橡胶仍实行选择税，其中从量税上调为每吨1 500元，增长了300元。但是该方案的实施并未实现提高天然橡胶价格的初衷，却增加了下游轮胎企业的成本负担。其次，8月份美国商务部发布了我国输美轻型货车轮胎及乘用车轮胎征收14.35%～87.99%的反倾销税和20.73%～116.33%的反补贴税。美国是我国轮胎最主要的海外市场，我国对美国的轮胎出口量约占我国轮胎出口量的1/3。此次"双反"使本来就困难重重的轮胎出口雪上加霜，我国很多轮胎企业不得不放弃美国市场。

与此同时，在2015年整体经济增长继续放缓的背景下，汽车消费难现亮点，低速增长成为我国汽车行业的常态。据中国汽车工业协会统计，2015年我国汽车产销量分别为2 450.33万和2 459.76万辆，同比分别增长3.25%和4.68%，增速同比降低4.01%和2.18%。其中，乘用车产销量分别为2 107.94万和2 114.63万辆，同比分别增长5.78%和7.30%；商用车产销量分别为342.39万和

345.13万辆，同比分别下降9.97%和8.97%。在商用汽车中，与天然橡胶需求密切相关的重型货车市场依然如履薄冰。自2014年下半年开始，受经济下行压力大、产能过剩、终端需求不振等因素影响，重型货车销量出现下降趋势，但2014年降幅较小，同比下降3.9%。2015年，重型货车销量降幅持续扩大，2月份降幅甚至接近50%，如图83所示。2015年重型货车市场累计销售量为54.68万辆，同比下降27%，同比净减小约20万辆。

商用车，尤其是重型货车销售市场惨淡导致天然橡胶需求遭受严重打击。

2015年我国天然橡胶市场价格延续上年跌势，继续呈震荡下行，全年仅有5月份出现较小幅回升，其他月份环比均下降，特别是11月份，降幅达到10%，如图85所示二据中国物流信息中心市场统计，2015年我国天然橡胶累计平均价格同比下降因素共同作用，天然橡胶价格继续震荡下行（见图86）。

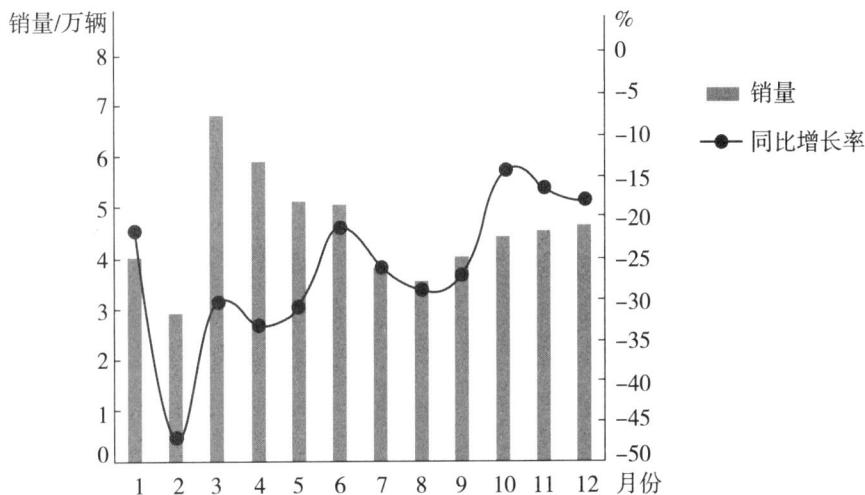

图85 2015年我国重型货车销售情况

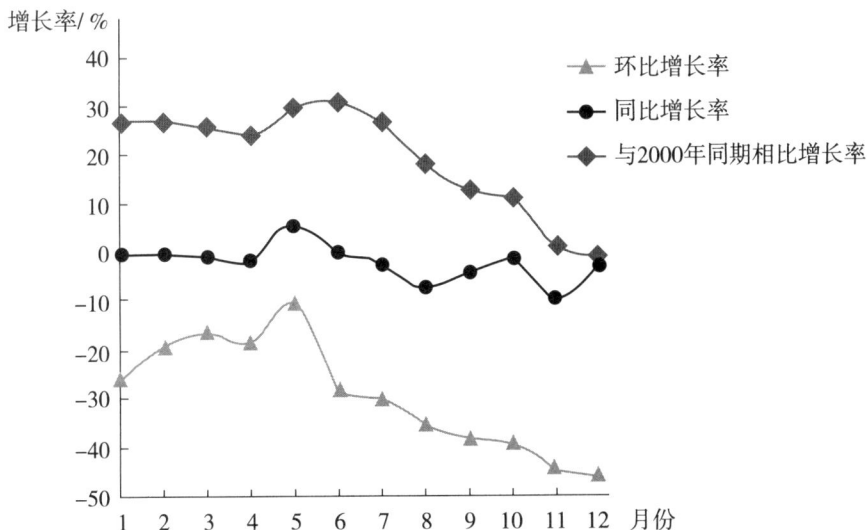

图86 2015年我国天然橡胶价格走势

第十五部分

物流与仓储市场

一、物流市场

2014年我国物流市场状况

2014年，伴随着国民经济运行进入"新常态"，我国物流运行呈现"需求增速放缓、运行质量提升"的基本特征。一方面，物流需求规模增速减缓但与国民经济相协调，物流企业盈利能力整体偏弱但有所改善；另一方面，物流市场结构不断优化，单位GDP的物流需求系数自2008年以来首次下降，每百元社会物流总额所需耗费的物流费用有所下降，显示出物流运行质量提升，同时也预示着传统的依靠"高物耗、高物流"的经济增长模式正在发生积极转变，经济结构调整的效应逐步显现。

（一）物流需求增速适度放缓

一是物流需求规模增速回落。2014年，全国社会物流总额为213.5万亿元，按可比价格计算，同比增长7.9%，增幅比上年回落1.6个百分点。分季度看，一季度为47.8万亿元，增长8.6%，回落0.8个百分点；上半年为101.5万亿元，增长8.7%，回落0.4个百分点；前三季度为158.1万亿元，增长8.4%，回落1.1个百分点；全年呈现稳中趋缓的发展态势，如图87所示。

单位：亿元

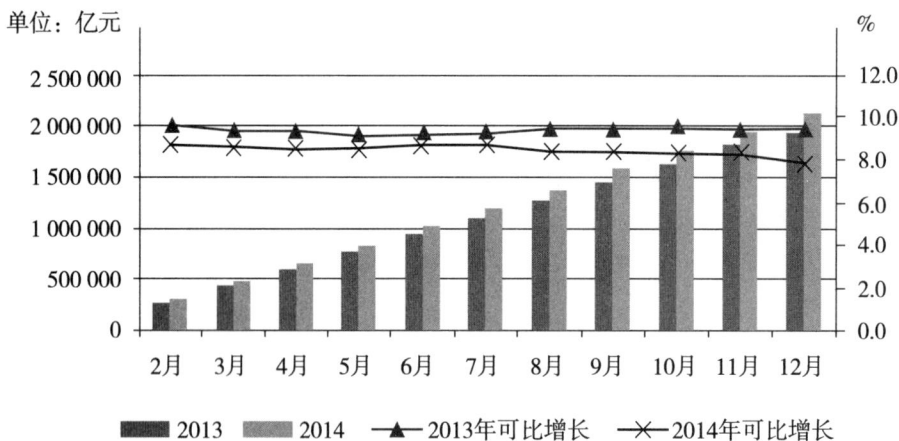

图87 2013年以来社会物流总额及增长变化情况

二是物流服务价格震荡下跌。2014年，受经济增速放缓、物流需求增速回落等因素影响，物流服务价格震荡回落且持续低位运行。据中国物流业景气指数（LPI）显示，物流服务价格指数全年都在50%的临界水平上下波动，平均为50.4%，较上年平均水平下降0.3个百分点，显示出物流服务价格持续低迷的运行态势。

从海运市场来看，受大宗商品物流需求低迷影响，加之海运运能过剩，2014年中国沿海干散货运价指数累计平均为989.9点，较上年同期下降11.8%，如图88所示。

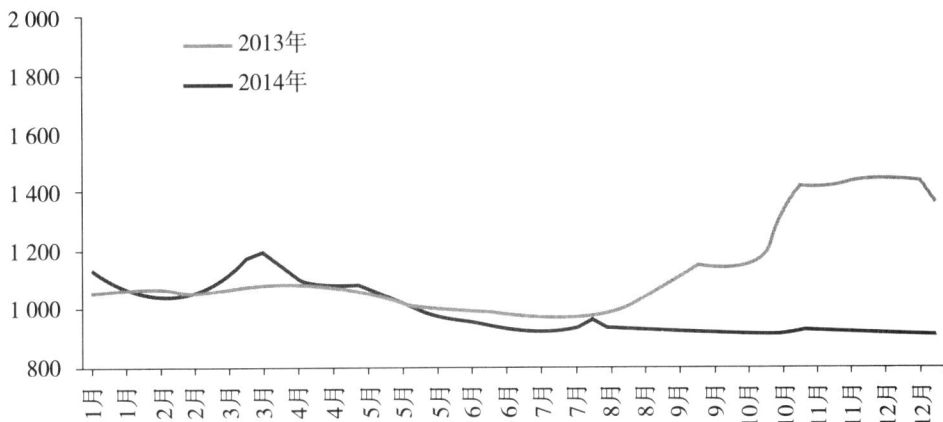

图88　2013年以来中国沿海散货运价综合指数

从公路货运市场来看，受公路货运周转量增速回落影响，2014年，公路货运价格指数呈现前高后低、总体趋降的基本走势。2014年最后一周，林安道路运价总指数为106.13，较2013年年末最后一周下降约10个百分点，较2014年年初第一周下降1.6个百分点，如图89所示。

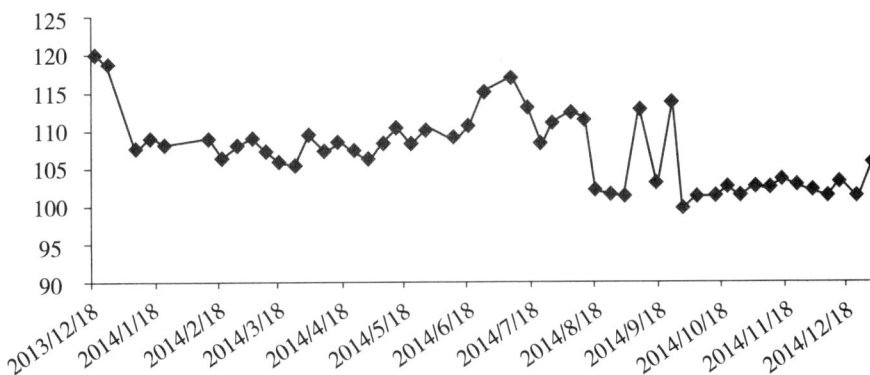

图89　2013年12月以来林安道路运价总指数

（二）物流运行质量有所提升

物流市场结构不断优化。一方面，钢铁、煤炭、水泥、有色等大宗商品物流需求增速进一步放缓。2014年，工业品物流总额为196.9万亿，按可比价增长8.3%，同比回落1.4个百分点。

另一方面，与循环经济相关的再生资源物流总额同比增长14.1%；与民生相关的单位与居民物品物流总额同比增长32.9%。尤其是快递物流业保持高速增长。据国家邮政局的数据显示，2014年，全国快递业务量完成139.6亿件，同比增长51.9%，首次超过美国，跃居世界第一；快递最高日处理量超过1亿件，如图90所示。

单位：亿件

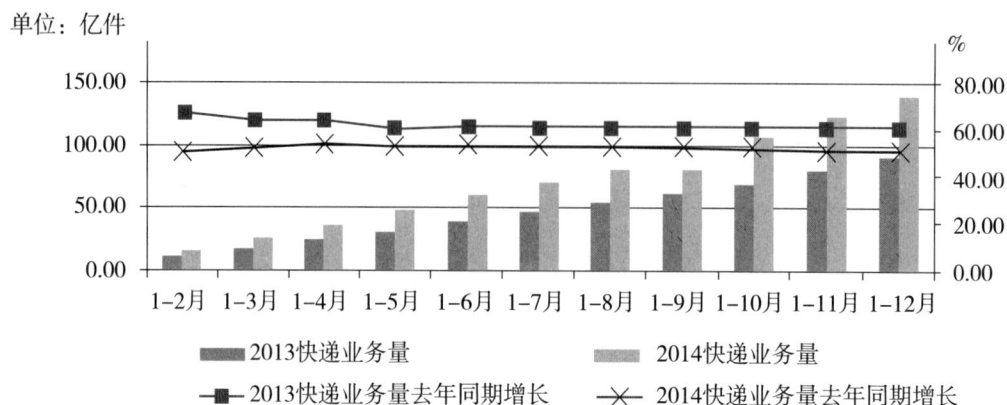

图90 2013年以来全国快递服务企业业务量及增速

单位GDP的物流需求系数自2008年以来首次下降。2008年以来，我国单位GDP的物流需求系数整体上不断上升，2013年达到3.48的较高水平。2014年，单位GDP的物流需求系数为3.35，近年来首次出现下降，显示出创造单位GDP所需的物流规模所有下降，单位GDP的物流需求系数有望进入回落区间。由此表明，我国经济运行进入新阶段，传统的依靠"高物耗、高物流"的增长模式正在发生积极转变，经济结构调整的效应逐步显现，如图91所示。

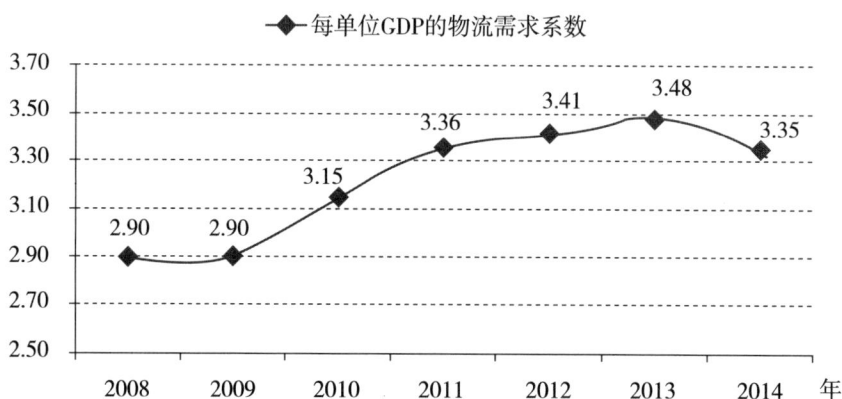

图91 2008年以来单位GDP的物流需求系数

物流运行效率有所提升。2014年社会物流总费用10.6万亿元，同比增长6.9%。社会物流总费用与GDP的比率为16.6%，比上年下降0.3个百分点。其中，运输费用5.6万亿元，同比增长6.6%，占社会物流总费用的比重为52.9%；保管费用3.7万亿元，同比增长7.0%，占社会物流总费用的比重为34.9%；管理费用1.3万亿元，同比增长7.9%，占社会物流总费用的比重为12.2%，如图92所示。

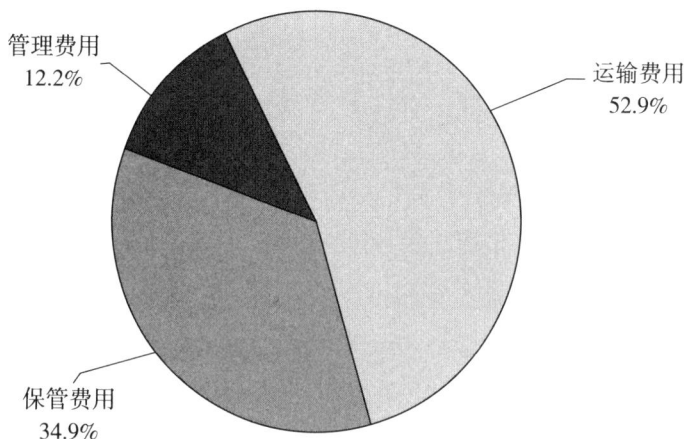

图92　2014年社会物流总费用结构

2014年，我国社会物流总费用与GDP比率的变化，一方面是受货运量、货运周转量及GDP数据调整的影响，另一方面也是我国经济结构变化的结果。根据物流等相关统计数据可以发现，物流费用具有内在的客观变化规律，与经济发展阶段以及物流运行模式密切相关。

目前，我国正处于经济结构加快调整的阶段，物流发展也逐步由传统物流阶段向一体化物流阶段过渡，供应链发展也初见端倪，与此相适应，物流费用水平也逐步进入下降期。但同时也应看到，整体上，我国物流费用水平仍然较高，尤其是煤炭、非金属矿物制品业等行业的物流费用水平仍然偏高。

物流运行效益有所改善。首先，物流企业效益略有改善。中国物流业景气指数中，2014年12月份的主营业务利润指数回升0.2个百分点，达到50.0%，该指数全年平均为50.7%，保持在增长区间。据重点调查物流企业数据显示，1～11月份，重点物流企业的主营业务收入增长8.0%，低于主营业务成本增速0.1个百分点；重点物流企业收入利润率为5.0%，高于去年同期0.9个百分点。这些数据表明，我国重点物流企业费用压力依然较大，盈利能力整体较弱，但有所改善。其次，物流业增加值较快增长。2014年物流业总收入7.1万亿元，同比增长6.9%，保持平稳增长。物流业增加值3.5万亿元，可比增长9.5%，保持较快增长，其中，交通运输业增加值2.4万亿元，可比增长8.3%，贸易物流业增加值6 781亿元，可比增长7.9%，仓储业和邮政物流业增加值分别增长4.8%和35.6%。

（资料来源：《中国物流与采购》，2015年10期，原文名为《2014年物流运行情况分析与2015年展望》）

（三）社会物流总额增速减缓

2014年，全国社会物流总额213.5万亿元，按可比价格计算，同比增长7.9%，增幅比上年回落1.6个百分点。分季度看，一季度47.8万亿元，增长8.6%，回落0.8个百分点；上半年101.5万亿元，增长8.7%，回落0.4个百分点；前三季度158.1万亿元，增长8.4%，回落1.1个百分点；全年呈现稳中趋缓的发展态势。

从构成情况看，工业品物流总额196.9为万亿元，同比增长8.3%，增幅比上年回落1.4个百分点；进口货物物流总额12.0万亿元，同比增长2.1%，增幅比上年回落4.3个百分点；再生资源物流总额8 455亿元，同比增长14.1%，增幅比上年回落6.2个百分点；农产品物流总额3.3万亿元，同比增长4.1%，增幅比上年提高0.1个百分点；单位与居民物品物流总额3 696亿元，同比增长32.9%，增幅比上年提高2.5个百分点。

（四）社会物流总费用与GDP的比率有所下降

2014年，社会物流总费用为10.6万亿元，同比增长6.9%。社会物流总费用与GDP的比率为16.6%，比上年下降0.3个百分点。其中，运输费用为5.6万亿元，同比增长6.6%，占社会物流总费用的比重为52.9%；保管费用为3.7万亿元，同比增长7.0%，占社会物流总费用的比重为34.9%；管理费用为1.3万亿元，同比增长7.9%，占社会物流总费用的比重为12.2%。

（五）物流业总收入平稳增长

2014年物流业总收入7.1万亿元，同比增长6.9%。

由于货运量、货运周转量及GDP的调整，社会物流总费用及与GDP的比率、物流业总收入也进行了相应调整。

国家统计数据表明：

1. 2014年，社会物流总费用为10.6万亿元，同比增长6.9%。社会物流总费用与GDP的比率为16.6%，比上年下降0.3个百分点。其中，保管费用3.7万亿元，同比增长7.0%，占社会物流总费用的比重为34.9%（见表56）。

表56　2009~2014物流总费用与保管费用统计表

	2009年	2010年	2011年	2012年	2013年	2014年
物流总费用（万亿元）	6.08	7.1	8.4	9.4	10.2	10.6
物流总费用占GPD比例	18.1%	17.8%	17.8%	18%	16.9%	16.6%
保管费用（万亿元）	2	2.4	2.9	3.3	3.6	3.7
保管费用占物流总费用比例	32.8%	33.9%	35%	35.2%	35%	34.9%

2. 2014年物流相关行业（包括交通运输、仓储、邮政业）固定资产投资额为42 984.47亿元，同比增长18.7%；其中仓储业固定投资额为5 158.7亿元，同比增长22.8%。从横向比较看，仓储业固定资产投资额的增幅大于物流行业的整体增幅，也大于全社会的投资增幅，这反映了仓储业的历史欠账与现实市场需求，但纵向比较，2008年之前仓储业投资增幅平均达30%以上，最高达50%，2008年之后，增幅普遍下降，而2014年的增幅不仅低于2013年，也低于2010~2011年，这说明仓储业的发展也受到了我国经济总体形势的影响，如表57所示。

表57　2009～2014年仓储业固定资产投资额统计表

	2009年	2010年	2011年	2012年	2013年	2014年
仓储业固定资产投资额	1766	2238	2995	3120.06	4200.7	5158.7
同比增长	－	26.7%	33.8%	4.2%	34.6%	22.8%

　　注：统计局2011年之前将仓储业与邮政业合并统计固定资产投资额，自2012年起仓储业单独统计，因此当年的固定资产投资额增长相对较低。

二、仓储市场

2014年我国仓储市场状况

　　根据中国仓储协会多年的跟踪调查数据推算，至2014年末，我国营业性通用（常温）仓库面积达9.1亿平方米，比2013年的8.6亿平米增长5.8%，其中，立体仓库约占25%，平房仓库约占60%，楼房仓库约占15%。

　　据中仓协冷藏库分会的规模以上冷库统计，至2014年底，我国冷库总容量为9 562万立方米（参考存储能力为2 425万吨）。其中冻结物冷库（含冰库、超低温冷库）容量为6 603万立方米（参考储存能力为1 981万吨）；冷却物冷库（含气调库）容量为2 959万立方米（参考储存能力为444万吨）。与2013年相比，净增冷库统计容量1 217万立方米，增幅14.58%。随着全国冷库总容量的不断增加，我国与发达国家人均占有冷藏库容积之间的差距正在不断缩小。

　　中国仓储协会的调研数据表明，大中型仓储企业在过去的一年里仓库设施与业务规模有所增长，主营业务成本增加，低温仓储企业利润有所下降。

　　1. 据对100家规模以上的典型通用仓储企业（注：指仓库面积达5万平方米以上、没有商品贸易等收入、以仓储服务为主营业务、仓储收入占主营业务收入50%以上的企业）的调查，截止2014年底仓库总面积为2 058.9万平方米，较上年增加了6.9%；其中自建仓库1 506.9万平方米，较上年增长了13.8%，租用仓库552万平方米，较上年降低了11.9%。在仓库总面积中，立体库为497.2万平方米，占24.2%；楼房库为342.2万平方米，占16.5%；平房库为1 219.5万平方米，占59.3%。

　　企业业务规模：2014年企业完成货物吞吐量21 377万吨，较上年增长1%。

　　企业收益情况：2014年企业主营业务收入共2 002 796.6万元，较上年增长5%；主营业务成本共1 767 777.7万元，较上年增长3%；主营业务利润共178 769万元，较上年增长了6%，收入利润率9%，与去年持平。

　　机械化作业率情况：八家企业的机

械化作业率为100%，机械化作业率在90%～100%的为5家，在80%～90%间的11家，在70%～80%间的15家，机械化作业率在70%以下的为42家，未使用任何机械的为19家，约占调查企业的19%。

仓储管理信息系统使用情况，使用仓储管理信息系统的为70家企业，未使用仓储管理信息系统的为30家，占30%。与往年数据大致相当。

2. 据对30家规模以上的典型低温仓储企业（注：指冷库容积3万立方米以上、以低温仓储服务为主营业务、仓储收入占主营业务收入50%以上的企业）的调查，截止2014年底冷库总容积为573.2万立方米，较上年增长12.7%，其中冷藏库278.3万立方米，冷冻库294.9万立方米，较上年分别增长9.3%和13.5%。

企业业务规模，2014年完成货物吞吐量805.2万吨，较上年增长4.6%。

企业收益情况，2014年主营业务收入共407 012.1万元，较上年增长10.2%；主营业务成本318 004.2万元，较上年增长13.5%；主营业务利润70 391万元，较上年降低6.8%，收入利润率17%，同比下降3.4个百分点。

（资料来源：中国物流产品网，原文题为《2014年仓储业发展总体状况》，2015年6月29日）

2014年1～11月，仓储业投资额为4 672.5亿元，同比增长24.3%，而同期的铁路投资为5 920.6亿元。另外，国家统计局发布的第三次经济普查报告表明，截止2013年底，我国仓储业总资产达到16 878.6亿元。比2003年增长14 300亿元，增5.5倍，比2008年增长11 184.6亿元，增长196%。此外，

2009年到2013年，仓储业投资累计13 027亿元，年平均增长超过30%。

2015年我国仓储市场状况

2015年仓储业规模稳步增长，运行总体平稳，效益基本保持稳定。据测算，截至2015年底，全国仓储企业已超过3万家，从业人员约96.6万人，行业资产总额约2.28万亿元，全国营业性通用仓库面积约9.55亿平方米，冷库总容积约10 699.55万立方米。2015年，仓储业固定资产投资额约6 619.97亿元，同比增长28.3%；主营业务收入约11 613.3亿元，同比增长8.7%；主营业务成本约8 576.5亿元，同比增长3.6%；主营业务利润约2 198.7亿元，同比增长11%；收入利润率为18.9%，同比增长0.2个百分点；净资产收益率为4.87%，较上年降低0.52个百分点。

2015年仓储业发展特点为：从专业仓储发展看，各类专业仓储持续向好，冷库建设增长较快，电商仓储配送体系呈多极发展趋势，中药材仓储物流标准体系逐步建立，绿色仓储与配送技术应用取得初步成效；从仓储业态发展看，各类仓储业态纵深发展，仓储地产投资继续保持主体多元化，金融仓储领域进一步调整，自助仓储进入快速发展期和整合期；从技术普及与应用看，各类仓配技术普及与创新应用取得较大进展，仓储机械化、信息化、自动化水平均有所提高，托盘、货架、输送分拣设备等设备的应用不断升级，智能仓储、仓储互联网化的应用与实现引领行业转型升级。

2015年，仓储业发展过程中也面临一些问题，主要是仓储用地日趋紧张，成本大幅增加，在一定程度上制约了城市仓储

业的发展；仓储设施结构失衡，区域内仓库供不应求与仓库供过于求并存，仓库高空置率与高租金并存，仓库快速建设与仓储效益下降、企业倒闭或转行并存；仓储运营管理亟待规范，从业人员素质有待提高，现代化物流装备和先进的信息技术推广应用不够，等等。

随着我国经济结构不断优化升级，"一带一路"建设等国家重大发展战略和一系列助力仓储业加快发展政策的实施，为我国仓储业扩大市场需求、增加设施建设规模、提升服务能级等带来新的机遇。仓储业作为连接供给侧和需求侧的基础性纽带，需要适应新常态发展要求，围绕仓储资源深度整合、"互联网+仓储"、仓配一体化运营、低温仓储与冷链物流网络化、仓储配送发展绿色化五个方面，进一步创新发展模式和运营机制，实现仓储业全面转型升级、效能整体提升。

（资料来源：《中国仓储业发展报告（2016）》）

第十六部分

能源市场存量

2014年我国能源市场存量状况

（一）钢铁的市场存量

2014年12月，22个城市五大品种钢材社会库存为820万吨，环比下降14万吨，连续9个月保持下降，为近4年来最低水平。12月全国主要地区库存均在下滑，五大品种库存除冷轧板卷和线材外其他均在下降。2015年1月，22个城市五大品种钢材社会库存为868万吨，环比增长48万吨，连续9个月下降后首次增长，仍远低于近4年同期水平，中间环节的"蓄水池"作用明显减弱。据钢铁协会统计，12月底重点钢铁企业库存为1 289万吨，比2014年年初高48万吨。

钢铁社会库存创下新低。据兰格钢铁信息研究中心市场监测数据显示，2014年12月底，全国29个重点城市钢材社会库存量为871.4万吨，同比下降29.7%。2012年以来，全国钢贸商数量从20万家迅速缩减至10万家左右，市场活跃度进一步降低。许多企业利用自有资金进行货物流转，控制库存成为规避经营风险的重要举措。

产品库存高位运行。化工行业物流、能源、财务成本全面上升。全年化工行业每100元主营业务收入成本87.48元，同比上升0.58元，比全国工业高1.84元。由于原油价格大幅下跌带来的降价预期以及下游市场需求低迷，中间和下游用户的进货意愿不强，使得化工产成品库存同比增长12.76%，比上年等同期提高4.74个百分点（见表58）。

表58　钢材社会库存变化情况

项目	库存	比年初升跌	比年初升跌%	比上月升跌	月环比%	2013年同期	同比升跌	同比升跌%
2013年12月末	1351	163	13.72	2	0.12	1188	163	13.72
2014年1月末	1560	209	15.45	209	15.45	1354	206	15.23
2月末	2086	735	54.42	527	33.76	1877	209	11.16
3月末	1941	590	43.65	～146	～6.98	2193	～252	～11.49
4月末	1671	320	23.68	～270	～13.90	2024	～353	～17.43
5月末	1424	73	5.41	～247	～14.78	1820	～396	～21.75
6月末	1344	～7	～0.55	～80	～5.65	1691	～347	～20.55
7月末	1303	～48	3.53	～40	～3.00	1539	～236	～15.35

续表

项目	库存	比年初升跌	比年初升跌%	比上月升跌	月环比%	2013年同期	同比升跌	同比升跌%
8月末	1233	~118	~8.70	~70	~5.36	1470	~237	~16.12
9月末	1154	~197	~14.61	~81	~6.47	1467	~313	~21.35
10月末	1043	~308	~22.77	~110	~9.55	1404	~361	~25.68
11月末	970	~381	~28.20	~73	~7.03	1349	~379	~28.11
12月末	963	~388	~28.73	~7	~0.74	1351	~388	~28.72

（二）铁矿石的市场存量

2014年，我国进口铁矿石9.33亿吨，同比增长13.8%，其中12月进口铁矿石8 685万吨，环比增加1 945万吨，增长28.9%。我国铁矿石对外依存度进一步提高到78.5%，同比提高9.7个百分点。2014年，国内铁矿石原矿产量15.1亿吨，同比增加5 686万吨，增长3.9%，其中12月国内铁矿石产量为1.26亿吨，同比下降4.6%，连续三个月环比下降。铁矿石港口库存自5月达到峰值后，连续7个月出现小幅下滑。12月末港口库存为9 824万吨，较2014年年初增长约1 100万吨，进入2015年，港口库存在9 800万吨左右波动。

2014年，铁矿石价格整体保持下跌走势。全年进口均价为100.42美元/吨，同比下降29.2美元/吨。12月铁矿石进口平均价格75.61美元/吨，环比下降4.05美元/吨。

（三）煤炭的市场存量

2014年末，煤炭企业存煤约8 700万吨，比年初增长2.6%；重点发电企业存煤9 455万吨，比年初增加1 409万吨，增长17.1%，可用24天，如图93所示。

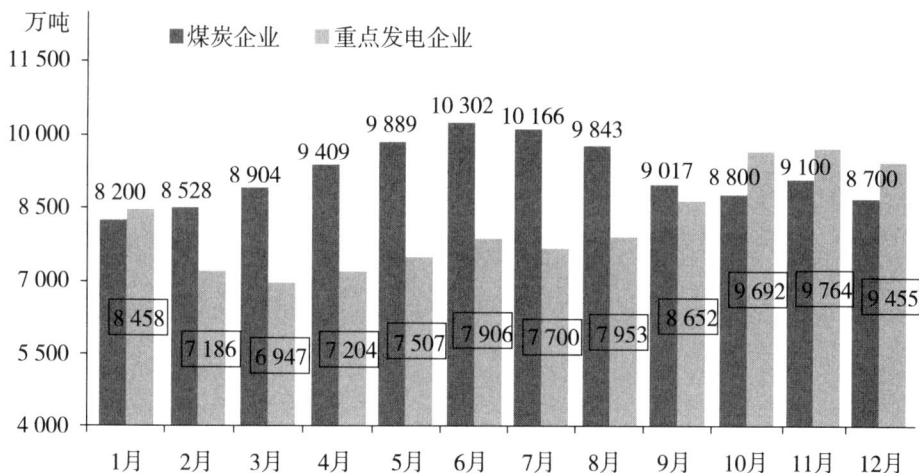

图93　2014年煤矿及电厂煤炭库存量

2015年我国能源市场存量状况

（一）钢铁的市场存量

据国家统计局统计数据显示，2015年1～11月国内钢筋产量累计18 704.8万吨，较2014年下降4.56%，线材产量累计13 502.2万吨，较2014年下降3.89%，由图94也可以明显看出，2015年建筑钢材整体产量有所回落。因近两年国内钢价遭遇"滑铁卢"似下跌，钢铁生产企业也面临了严重亏损和行业洗牌，建筑钢材生产量同比也迎来负增长，预计2015年钢筋、线材整年总产量在3.51亿吨左右。

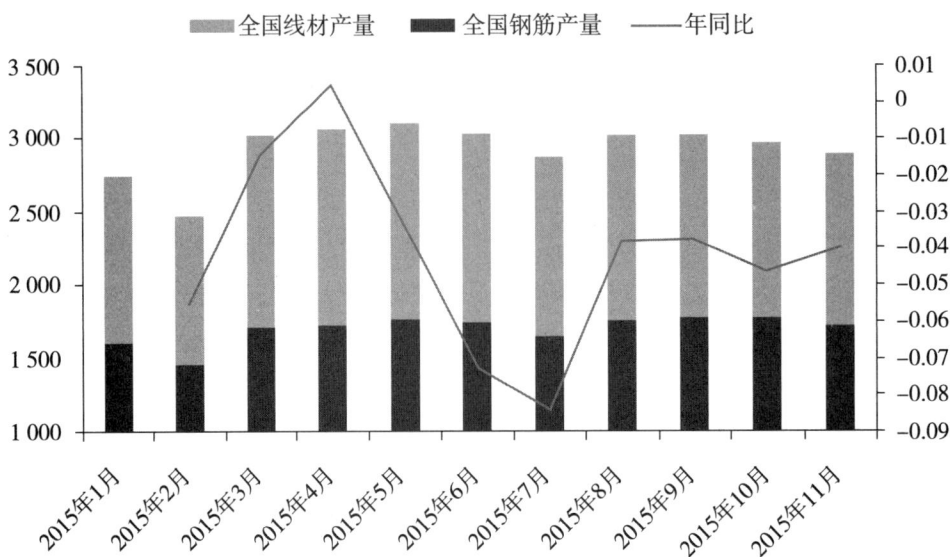

图94　2015年1～11月国内钢筋、线材产量情况

数据来源：国家统计局、钢联数据

从库存方面来看，2015年国内建筑钢材社会库存量同样在春节期间大幅猛增，但就与往年对比而言，整体水平则明显偏低。从上图观察可知，Mysteel对国内33个主要城市库存统计，2015年库存量峰值出现在3月6日，为1 010.38万吨；至12月25日降至最低谷452.28万吨；较2014年全年均值下降16.5%（见图95）。

单位：万吨

■ 建筑钢材全国总库存　——去年同比增速

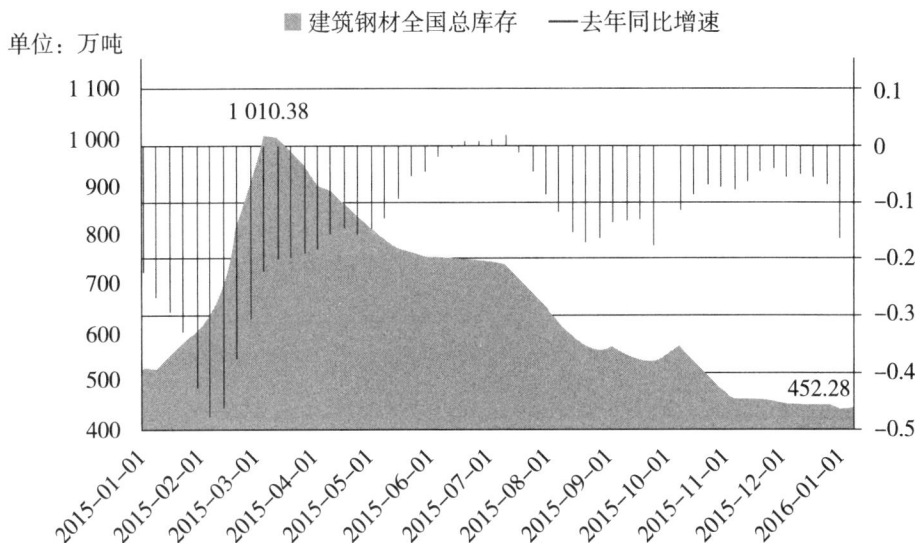

图95　2015年全国建材库存量变化走势图

数据来源：钢联数据

（二）煤炭的市场存量

根据国家统计局数据，2015年1～10个月全国煤炭产量30.45亿吨，同比减少1.14亿吨，下降3.6%，其中10月份产量3.17亿吨，同比减少385万吨，下降1.2%，降幅连续收窄，10月份降幅已比4月份收窄了6.2%。

但煤炭消费明显下降，煤炭产量调控的压力依然很大。

目前，煤炭库存持续处于高位。截至10月末，全社会存煤已持续46个月超过3亿吨。煤炭企业存煤1亿吨，比年初增加1 383万吨，增长16%。重点发电企业存煤7 424万吨，比年初减少2 031万吨，下降21.5%，存煤可用28天。主要港口存煤3 873万吨，比年初减少870万吨，下降18.3%。

2015年以来，煤价大幅下滑。11月15日，秦皇岛港5 500大卡市场动力煤平仓价360元/吨～370元/吨，比年初降低160元/吨，下降30.5%，相比2011年的高点下降了58%。炼焦煤价格比年初下降约200元/吨。目前煤炭价格已经跌回2004年末的水平。

与此同时，全国煤炭采选业固定资产投资自2013年以来连续两年下降。2015年前10个月投资3 301亿元，同比下降16.5%，比采矿业投资降幅多8个百分点。

根据国家统计局数据，前三季度全国规模以上煤炭企业主营业务收入1.85万亿元，同比下降14.4%；利润额287.2亿元，同比下降64.4%；亏损企业亏损额730.5亿元，同比增长32.9%。而煤炭协会统计的90家大型煤炭企业合计亏损8.1亿元，而2014年同期利润为450.2亿元。

第十七部分

海洋经济

2014年我国海洋经济市场状况

（一）海洋经济总体运行情况

据初步核算，2014年全国海洋生产总值为59 936亿元，比上年增长7.7%，海洋生产总值占国内生产总值的9.4%。其中，海洋产业增加值为35 611亿元，海洋相关产业增加值为24 325亿元。海洋第一产业增加值为3 226亿元，第二产业增加值为27 049亿元，第三产业增加值为29 661亿元，海洋第一、第二、第三产业增加值占海洋生产总值的比重分别为5.4%、45.1%和49.5%。据测算，2014年全国涉海就业人员为3 554万人（见表59和图96）。

表59 2014年海洋生产总值情况表

	总量（亿元）	增速（%）
海洋生产总值	59936	7.7
海洋产业	35611	8.1
主要海洋产业	25156	8.1
海洋渔业	4293	6.4
海洋油气业	1530	−5.9
海洋矿业	53	13
海洋盐业	63	−0.4
海洋化工业	911	11.9
海洋生物医药业	258	12.1
海洋电力业	99	8.5
海水利用业	14	12.2
海洋船舶工业	1387	7.6
海洋工程建筑业	2103	9.5
海洋交通运输业	5562	6.9
滨海旅游业	8882	12.1
海洋科研教育管理服务业	10455	8.1
海洋相关产业	24325	——

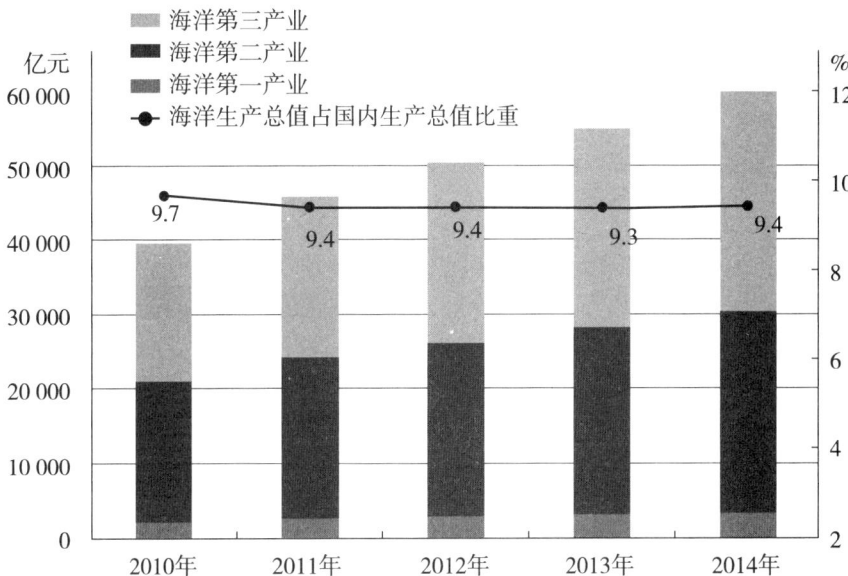

图96 2010～2014年全国海洋生产总值情况

（二）主要海洋产业发展情况

2014年，我国海洋产业总体保持稳步增长。其中，主要海洋产业增加值为25 156亿元，比上年增长8.1%；海洋科研教育管理服务业增加值为10 455亿元，比上年增长8.1%，如图97所示。

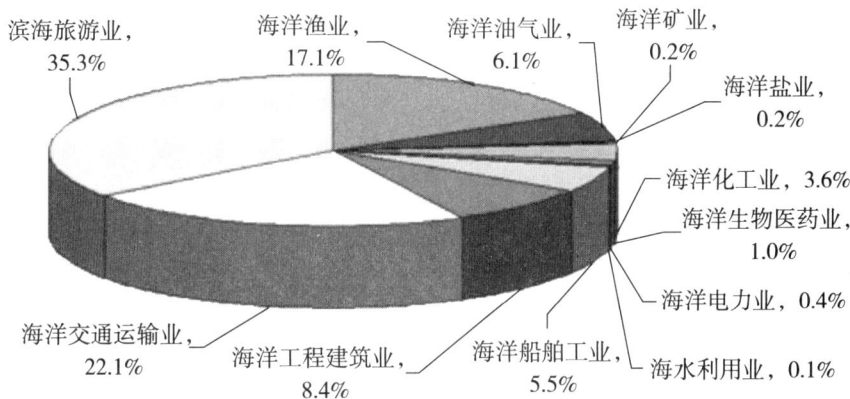

图97 2014年主要海洋产业增加值构成图

2014年，我国主要海洋产业发展情况如下：

海洋渔业：海洋渔业整体保持平稳增长态势，海水养殖产量稳步提高，远洋渔业快速发展。全年实现增加值4 293亿元，比上年增长6.4%。

海洋油气业：海洋油气产量保持增长，但受国际原油价格持续下跌影响，增加值减少。海洋原油产量4 614万吨，比上年增长1.6%，海洋天然气产量131亿立方米，比上年增长11.3%。全年实现增加值1 530亿元，比上年下降5.9%。

海洋矿业：海洋矿业较快增长，全年实现增加值53亿元，比上年增长13.0%。

海洋盐业：海洋盐业呈现负增长，全年实现增加值63亿元，比上年减少0.4%。

海洋化工业：海洋化工业保持平稳的增长态势，全年实现增加值911亿元，比上年增长11.9%。

海洋生物医药业：海洋生物医药业保持较快增长，全年实现增加值258亿元，比上年增长12.1%。

海洋电力业：海洋电力业发展势头良好，全年实现增加值99亿元，比上年增长8.5%。

海水利用业：受益于一系列产业政策影响，海水利用业取得较快发展，全年实现增加值14亿元，比上年增长12.2%。

海洋船舶工业：海洋船舶工业加快调整转型步伐，发展呈现上扬态势。全年实现增加值1 387亿元，比上年增长7.6%。

海洋工程建筑业：海洋工程建筑业保持平稳增长，全年实现增加值2 103亿元，比上年增长9.5%。

海洋交通运输业：我国沿海规模以上港口生产总体保持平稳增长，但航运市场延续低迷态势，海洋交通运输业运行稳中偏缓。全年实现增加值5 562亿元，比上年增长6.9%。

滨海旅游：滨海旅游继续保持较快发展态势，邮轮游艇等新兴旅游业态发展迅速。全年实现增加值8 882亿元，比上年增长12.1%。

（三）区域海洋经济发展情况

2014年，环渤海地区海洋生产总值22 152亿元，占全国海洋生产总值的比重为37.0%，比上年提高了0.6个百分点；长江三角洲地区海洋生产总值17 739亿元，占全国海洋生产总值的比重为29.6%，与上年基本持平；珠江三角洲地区海洋生产总值12 484亿元，占全国海洋生产总值的比重为20.8%，比上年回落了0.8个百分点。

（资料来源：中国海洋信息网，原文题为《2014年中国海洋经济统计公报》，2015年3月18日）

2015年我国海洋经济市场状况

（一）海洋经济总体运行情况

据初步核算，2015年全国海洋生产总值为64 669亿元，比2014年增长7.0%，海洋生产总值占国内生产总值的9.6%。其中，海洋产业增加值为38 991亿元，海洋相关产业增加值为25 678亿元。海洋第一产业增加值为3 292亿元，第二产业增加值为27 492亿元，第三产业增加值33 885亿元，海洋第一、第二、第三产业增加值占海洋生产总值的比重分别为5.1%、42.5%和52.4%。据测算，2015年全国涉海就业人员为3 589万人，如表60和图98所示。

表60　2015年海洋生产总值情况表

	总量（亿元）	增速（%）
海洋生产总值	64669	7
海洋产业	38991	8.2
主要海洋产业	26791	8
海洋渔业	4352	2.8

续表

	总量（亿元）	增速（%）
海洋油气业	939	−2
海洋矿业	67	15.6
海洋盐业	69	3.1
海洋化工业	985	14.8
海洋生物医药业	302	16.3
海洋电力业	116	9.1
海水利用业	14	7.8
海洋船舶工业	1441	3.4
海洋工程建筑业	2092	15.4
海洋交通运输业	5541	5.6
滨海旅游业	10874	11.4
海洋科研教育管理服务业	12199	8.7
海洋相关产业	25678	——

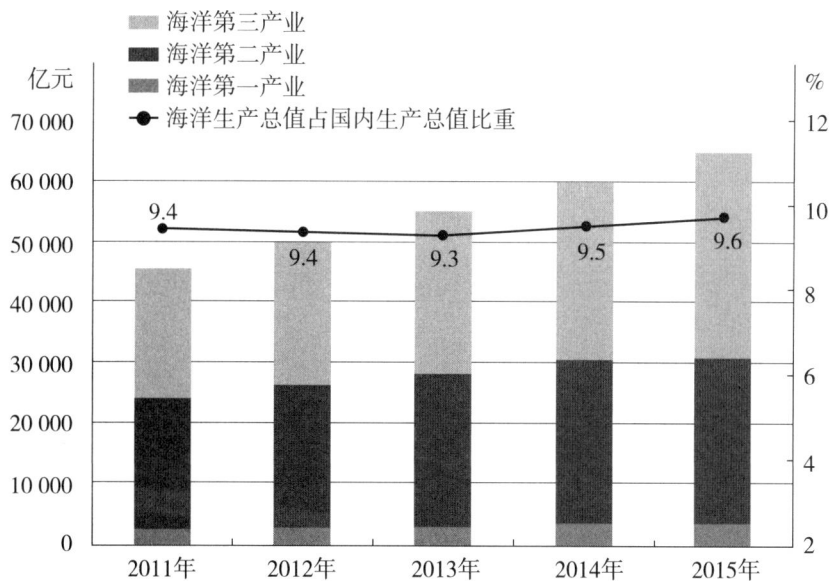

图98　2011～2015年全国海洋生产总值情况

（二）主要海洋产业发展情况

2015年，我国海洋产业总体保持稳步增长。其中，主要海洋产业增加值26 791亿元，比上年增长8.0%；海洋科研教育管理服务业增加值12 199亿元，比上年增长8.7%，如图99所示。

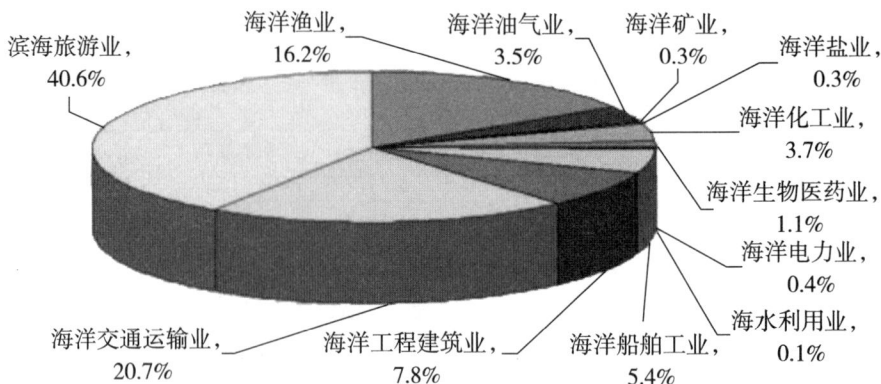

图99　2015年主要海洋产业增加值构成图

主要海洋产业发展情况如下：

海洋渔业：海洋渔业保持平稳发展态势，海水养殖和远洋渔业产量稳步增长。全年实现增加值为4 352亿元，比上年增长2.8%。

海洋油气业：海洋油气产量保持增长，其中海洋原油产量为5 416万吨，比上年增长17.4%，海洋天然气产量为136亿立方米，比上年增长3.9%。受国际原油价格持续走低影响，全年实现增加值939亿元，比上年下降2.0%。

海洋矿业：海洋矿业快速增长，全年实现增加值67亿元，比上年增长15.6%。

海洋盐业：海洋盐业平稳发展，全年实现增加值69亿元，比上年增长3.1%。

海洋化工业：海洋化工业较快增长，全年实现增加值985亿元，比上年增长14.8%。

海洋生物医药业：海洋生物医药业持续快速增长，全年实现增加值302亿元，比上年增长16.3%。

海洋电力业：海洋电力业发展平稳，海上风电场建设稳步推进。全年实现增加值116亿元，比上年增长9.1%。

海水利用业：海水利用业保持平稳的增长态势，发展环境持续向好，全年实现增加值14亿元，比上年增长7.8%。

海洋船舶工业：海洋船舶工业加速淘汰落后产能，转型升级成效明显，但仍面临较为严峻的形势。全年实现增加值1 441亿元，比上年增长3.4%。

海洋工程建筑业：海洋工程建筑业快速发展，重大海洋工程稳步推进。全年实现增加值2 092亿元，比上年增长15.4%。

海洋交通运输业：沿海港口生产总体放缓，航运市场持续低迷。全年实现增加值5 541亿元，比上年增长5.6%。

滨海旅游业：滨海旅游继续保持较快增长，邮轮游艇等新兴海洋旅游业态蓬勃发展。全年实现增加值10 874亿元，比上年增长11.4%。

（三）区域海洋经济发展情况

2015年，环渤海地区海洋生产总值23 437亿元，占全国海洋生产总值的比重为36.2%，比上年回落了0.5个百分点；长江三角洲地区海洋生产总值18 439亿元，占全国海洋生产总值的比重为28.5%，与去年基本持平；珠江三角洲地区海洋生产总值

13 796亿元，占全国海洋生产总值的比重为21.3%，比上年回落了0.5个百分点。

（资料来源：中国海洋信息网，原文标题为《2015年中国海洋经济统计公报》，2015年3月8日）

第十八部分
港口业

2014年我国港口业市场状况

2014年，全国港口完成货物吞吐量124.52亿吨，比2013年增长5.8%。其中，内河港口完成44.19亿吨，比2013年增长5.1%。

2014年，规模以上港口完成货物吞吐量112亿吨，同比增长4.8%，增幅比上年同期回落4.1个百分点，其中外贸货物完成35亿吨，增长5.9%，增幅比上年同期回落3.8个百分点；内贸完成77亿吨，增长4.3%，增幅比上年同期回落4.3个百分点。规模以上港口完成集装箱吞吐量2亿标准箱，同比增长6.1%，增幅比上年同期回落1个百分点。

全球前十大港口货物吞吐量累计中，2010年中国内地港口吞吐量所占比重只有78.2%，2011年，该比重就上升到79.33%，2012年比重进一步上升到80.19%，占到八成以上，到2013年则继续提升到81.11%，反映出中国港口"军团"在全球前十大港口的绝对优势。

2014年，全球港口货物吞吐量前十大港口排名顺序依次为，宁波~舟山港、上海港、新加坡港、天津港、唐山港、广州港、苏州港、青岛港、鹿特丹港、大连港。

2014年年末全国港口拥有生产用码头泊位位31 705个，比上年末减少55个。其中，沿海港口上产用码头泊位有2 834个，增加159个；内河港口生产用码头泊位25 871个，减少214个。全国万吨及以上泊位构成情况见表61。

表61 全国万吨及以上泊位构成

泊位用途	2014年	2013年	比上年增加
	1 114	1 062	52
#集装箱泊位	322	321	1
煤炭泊位	219	206	13
金属矿石泊位	64	61	3
原油泊位	72	68	4
成品没泊位	130	124	6
液体化工泊位	172	157	15
散装粮食泊位	36	36	~
通用散货泊位	441	414	27
通用件杂货泊位	360	345	15

2014年年末，全国拥有水上运输船舶17.20万艘，比2013年末减少0.3%；净载重量为25 785.22万吨，增长5.7%；平均净载重量为1 499.34吨/艘，增长6.0%；载客量为103.23万客位，减少0.1%；集装箱箱位231.87万TEU，增长36.3%；船舶功率为7 059.85万千瓦，增长8.9%。

在全国水路运输中，内河运输完成货运量33.43亿吨、货物周转量12 784.90亿吨公里；沿海运输完成货运量18.92亿吨、货物周转量24 054.59亿吨公里；远洋运输完成货运量7.47亿吨、货物周转量55 935.06亿吨公里。

2014年，全国港口完成货物吞吐量124.52亿吨，比上年增长5.8%。其中，沿海港口完成80.33亿吨，内河港口完成44.19亿吨，分别增长6.2%和5.1%。

全国港口完成外贸货物吞吐量35.90亿吨，比上年增长6.9%。其中，沿海港口完成32.67亿吨，内河港口完成3.23亿吨，分别增长6.9%和6.8%。

全国港口完成集装箱吞吐量2.02亿TEU，比商年增长6.4%。其中，沿海港口完成1.82亿TEU，内河港口完成2 066万TEU，比上年分别增长7.1%和0.6%。

全国港口完成液体散货吞吐量9.97亿吨，比上年增长5.1%；干散货吞吐量72.46亿吨，增长4.9%；杂货物吞吐量12.52亿吨，增长7.3%；集装箱吞吐量（按重量计算）23.49亿吨，增长7.5%；滚装汽车吞吐量（按重量计算）6.09亿吨，增长9.4%。

全国规模以上港口完成货物吞吐量111.88亿吨，比上年增长5.1%。其中，完成煤炭及制品吞吐量7.86亿吨，金属矿石吞吐量17.97亿吨，分别增长0.7%、3.7%和7.6%。

2014年全国港口完成集装箱吞吐量2.02亿TEU，比上年增长6.4%，其中，沿海港口完成1.82亿TEU，内河港口完成2 066万TEU，比上年分别增长7.1%和0.6%。上海港集装箱吞吐量完成3 529万TEU，继续排名世界第一。

2014年全国港口完成液体散货吞吐量9.97亿吨，比上年增长5.1%；干散货吞吐量72.46亿吨，增长4.9%；件杂货吞吐量12.52亿吨，增长7.3%；集装箱吞吐量（按重量计算）23.49亿吨，增长7.5%；滚装汽车吞吐量（按重量计算）6.09亿吨，增长9.4%。

2014年，我国港口运输生产依旧保持小幅增长。统计显示，全年全国港口完成货物吞吐量124.52亿吨。比上年增长5.8%，其中，沿海港口完成44.19亿吨，分别增长6.2%和5.1%。港口外贸作业形式继续好转，全国港口完成外贸货物吞吐量35.90亿吨，比上年增长6.9%。煤、矿、油、箱等主要货种吞吐量均保持小步增长，见表62。

表62　2014年规模以上港口各货类吞吐量及增长速度

货物名称	吞吐量（亿吨）	比上年增长（%）	外贸类吞吐量（亿吨）	比上年增长（%）
总计	111.88	5.1	35.29	6.2
煤炭及制品	21.89	0.7	2.81	～10.4
石油、天然气及制品	7.86	3.7	3.89	7.6
#原油	4.29	5.8	2.95	8.4
金属矿石	17.97	7.6	11.04	8.0

货物名称	吞吐量（亿吨）	比上年增长（%）	外贸类吞吐量（亿吨）	比上年增长（%）
#铁矿石	16.28	11.1	10.05	13.0
钢铁	4.69	3.7	0.96	34.2
矿建材料	16.53	1.3	0.35	8.3
水泥	3.09	8.0	0.14	4.5
木材	0.81	13.6	0.65	11.2
非金属矿石	2.48	5.8	0.50	~20.4
化学肥料及农药	0.52	33.9	0.33	54.6
盐	0.17	7.0	0.08	0.8
粮食	2.41	7.1	0.95	17.0
机械、设备、电器	2.18	11.3	1.35	13.6
化工原料及制品	2.36	9.0	0.88	~0.1
有色金属	0.16	~2.4	0.12	~8.4
轻工、医药产品	1.15	3.6	0.47	~2.1
农林牧渔业产品	0.49	18.2	0.23	10.1
其他	27.11	8.0	10.55	6.6

（资料来源：《2014年交通运输行业发展统计公报》）

2014年末全国港口拥有生产用码头泊位31 705个，比上年末减少55个。其中，沿海港口生产用码头泊位5 834个，增加159个；内河港口生产用码头泊位25 871个，减少214个，全国港口拥有万吨级及以上泊位2 110个，比上年末增加109个。其中，沿海港口万吨级及以上泊位1 704个，增加97个；内河港口万吨级及以上泊位406个，增加12个，见表63。

表63　货物吞吐量超过亿吨的港口

港口	货物吞吐量	港口	货物吞吐量
沿海港口			
宁波～舟山港	8.73	深圳港	2.23
上海港	6.69	烟台港	2.37
天津港	5.40	北部湾港	2.01
广州港	4.82	连云港港	1.96
青岛港	4.68	厦门港	2.05
大连港	4.23	湛江港	2.02
唐山港	5.00	黄骅港	1.75
营口港	3.30	福州港	1.43
日照港	3.35	泉州港	1.12

港口	货物吞吐量	港口	货物吞吐量
秦皇岛港	2.74	丹东港	1.37
虎门港	1.19	珠海港	1.07
内河港口			
苏州港	4.77	江阴港	1.24
南京港	2.10	泰州港	1.58
南通港	2.15	重庆港	1.46
杭州港	1.00	嘉兴内河港	1.01
镇江港	1.40	岳阳港	1.20
芜湖港	1.08		

2014年，长江干线规模以上港口完成货物吞吐量19.9亿吨，同比增长7.2%。其中，外贸货物吞吐量完成2.63亿吨，同比增长5.2%；集装箱吞吐量完成1 295.5万TEU，同比减少4.5%。旅客发运量完成500.4万人次，同比减少18.5%。

从分货类情况看，绝大多数大宗散货均保持增长。煤炭及制品、石油天然气及制品、金属矿石、矿建材料、水泥、非金属矿石、化工原料及制品吞吐量分别完成4.63亿吨、8 408.0万吨、4.12亿吨、3.37亿吨、1.28亿吨、8 082.7万吨、7 441.1万吨，同比分别增长5.2%、0.3%、8.3%、14.1%、3.1%、5.7%、8.4%。钢铁吞吐量完成9 764.4万吨，同比减少11.1%。

（资料来源：中贸物流咨询网，2015年1月26日）

吞吐量同比增长的货物种类有：粮食增长44.43%，化肥及农药增长43.43%，化工原料及制品增长18.24%，矿建材料增长16.78%，其他增长9.90%，机械、设备、电器增长7.98%，金属矿石增长4.83%，钢铁增长2.35%。

2014年，吞吐量同比减少的货物种类有：水泥减少41.83%；有色金属减少17.89%；盐减少17.44%；农林牧渔业产品减少15.03%；石油、天然气及制品减少14.24%；煤炭及制品减少10.82%；非金属矿石减少4.54%；木材、轻工、医药产品，同比基本持平（见表64）。

表64 2014年长江干线货物分类完成情况表

序号	货种	2014年（万吨）	2013年（万吨）	同比增长
1	粮食	1 811.12	1 255.69	44.23%
2	化肥及农药	1 096.53	764.51	43.43%
3	化工原料及制品	2 051.93	1 735.45	18.24%
4	矿建材料	3 677.34	3 149.02	16.78%
5	其他	10 793.25	9 820.57	9.90%
6	机械、设备、电器	281.88	261.05	7.98%

续表

序号	货种	2014年（万吨）	2013年（万吨）	同比增长
7	金属矿石	18 992.54	18 118.22	4.83%
8	钢铁	2 760.39	2 697.03	2.35%
9	木材	1 157.83	1 147.54	0.90%
10	轻工、医药产品	622.84	624.52	～0.27%
11	非金属矿石	2 718.20	2 847.48	～4.54%
12	煤炭及制品	13 896.93	15 583.29	～10.82%
13	石油、天然所及制品	2 295.80	2 676.88	～14.24%
14	农、林、牧、渔业产品	201.13	236.70	～15.03%
15	盐	177.95	215.54	～17.44%
16	有色金属	21.19	25.80	～17.89%
17	水泥	552.38	949.55	～41.83%

2015年我国港口业市场状况

（一）沿海港口货物吞吐量分析

2015年沿海港口货物吞吐量增速明显低于预期，港口集装箱吞吐量增长也低于预期。

1. 沿海港口货物吞吐量增速明显低于预期，港口集装箱吞吐量也低于预期增长

2015年沿海港口吞吐量预计达到81.7亿吨，同比增长近2%，远低于原预期5.5%的增速。误差的原因：一是固定资产投资和消费增速低于预期，对外贸进出口原预期6%的增长更是属于判断失误；二是下半年增速特别是8月份后，预期随着投资、消费增速的回升，内贸吞吐量增速有所回升，实际增速加速下滑，9月份后更是出现连续负增长。

煤炭及其制品是我国沿海港口吞吐量的最大货种，增长远低于预期。原预期随着能源结构调整，煤炭消费比重逐步下降，进口煤出现较大降幅，在经济增长带动下，内贸煤炭运输保持正增长，带动沿

海港口煤炭吞吐量实现约3%的增长。实际随着全国范围内对环境污染特别是大气质量问题的日益关注，用能结构加速优化，火力发电量出现3%的负增长，煤炭需求持续下降。2015年，除二季度有所回升外，北方沿海港口煤炭发运量一直处于近两位数的负增长率，全年北方港口煤炭发运量预计完成6.7亿吨，比去年下降了3.8%。同时，受国家《商品煤质量管理暂行办法》影响，外贸进口量持续去年负增长趋势，出现大幅下滑，预计全年总量将低于2亿吨。2015年沿海煤炭及其制品吞吐量预计降幅达到8.7%，是首次出现较大幅度的下降。

金属矿石是我国沿海港口第二大货类，吞吐量增长低于预期。原预期在经济增长的带动下，粗钢产量和金属矿石吞吐量可分别实现1%和4%增长速度。实际随着国内结构性调整和产业转型升级的力度加大，2015年全国粗钢产量约8亿吨，同比下降约3%，但在铁矿石价格持续下跌的影响

下，外贸进口表现出更强的竞争力，进一步降低了国内矿石的份额，使沿海港口金属矿石吞吐量勉强维持正增长，低于原预期4个百分点。经组织有关单位专题研究论证，综合考虑现有码头技术条件，2015年6月27日，发改委、交通运输部发文明确4港7泊位获得可以接卸40万吨级船舶，从实际运行看，上半年4港外贸进口金属矿石占沿海港口的45.8%，7~11月这一比重为45.6%，仅就5个月运营情况看，对接卸布局没有影响。

能源结构调整、石油价格下跌，石油及制品吞吐量快速增长。在经济发展、人们生活水平提高和油价下跌背景下，我国成品油消费增长6%。受国内石油消费增长、油价下跌以及国家战略储备增长等因素的影响，沿海港口石油及制品吞吐量预期实现近9%的增长，其中原油进口量实现近10%的增长。

矿建材料是沿海港口第四大货类，吞吐量增速略高于预期。在投资增长的带动下，预计矿建材料可实现7%的增长，继续保持拉动沿海港口吞吐量增长的重要因素地位。

2015年全国港口集装箱吞吐量预计达到2.11亿TEU，同比增长4.3%，低于原预期2.1个百分点。2015年港口集装箱吞吐量增速呈现明显不均衡性，一季度增速高达7.3%，之后增速逐季有所下降，二、三季度分别降为5%、3%，四季度进一步降为1.5%，其中，国际航线增长3.1%，受益于美国经济的兴旺和对美贸易增长，美国航线延续2014年强势，实现约8%快速增长；由于欧盟经济复苏缓慢和对欧盟贸易负增长7.7%，欧洲航线没有延续2014年的高速

增长，而出现近2%的负增长；传统的日本、韩国和新加坡航线则呈现弱势分化发展，在中韩贸易的带动下，韩国航线增长约3%，而日本和新加坡航线分别出现约5%和8%的降幅；随着"一带一路"战略和对外贸易结构多元化的推进，非洲、南美和澳洲等非传统航线增长9%。受投资、消费和国际航线增速放缓影响，内贸线和内支线增长5.6%。

2. 港口建设理性推进，码头吞吐能力适度超前

由于沿海港口吞吐能力处于适度超前状态，加之吞吐量增速预期逐步减缓，原预期沿海港口建设投资理性5%的负增长，从2015年前11个月实际情况看，沿海港口建设实际投资下降5%，与预期水平一致，预计深水泊位净增约70个。由于吞吐量增速明显低于预期，在泊位净增、码头规模效益和技术进步共同推动下，沿海港口码头吞吐能力适应性整体上升至1.28，属适度超前状态。

3. 安全生产和码头企业效益面临挑战，资本市场依然追捧

天津港"8·12"特别重大火灾爆炸事故震动全国，对安全生产、监管敲响了警钟。2015年受吞吐量增速明显下滑和吞吐能力适应性持续上升影响，企业议价能力整体下降，虽有部分码头公司提高了部分货类转运价格水平，但整体比2014年下降约4%。2015年前三季度16家码头上市公司净利润113.24亿元，比2014年同期下降了4.2%，净资产收益率由2014年的7.47%降为6.49%。同时，公司利润增长继续呈现分化发展，7家企业较2014年实现了利润增长。若扣除非码头业务净利润增长，码头

转运主业效益面临挑战更加严峻。表1为2013~2015年前三季度16家码头上市公司净利润的同期对比。

基于港口吞吐量增速放缓和2014年港口板块股票涨幅偏高，原预期2015年港口板块（CPSI）走势弱于大盘是大概率，从实际走势看，2015年中国A股跌宕起伏，上证综指由2014年12月31日的3 234.7点，一路高歌猛进，2015年6月12日最高涨至5 178.2点，涨幅高达60%；然而风云随之突变，上证综指突然掉头向下，一度于2015年8月26日最低跌至2 850.7点；之后起伏徘徊，2015年12月31日收于3 539.2点，同比上涨9.4%。CPSI（港口A股上市公司股价指数）整体保持了与大盘同节奏振荡，其中2015年上半年明显强于大盘，最高上涨幅度一度高达78%，下半年略弱于大盘，全年强于大盘，实现了12.3%的增长，高于预期。

4. 加强顶层设计，推动供给侧改革

2014年《国务院关于促进海运业健康发展的若干意见》标志着海运上升为国家战略，交通运输部发布《关于推进港口转型升级的指导意见》。国务院以及交通运输部相关文件是在新常态下对港口未来发展进行的顶层设计，2015年进一步加大了供给侧改革：

（1）推进港口费收改革。国家发改委与交通运输部相继联合下发《关于放开港口竞争性服务收费有关问题的通知》《关于调整港口船舶使费和港口设施保安费有关问题的通知》和《关于印发港口收费计费办法的通知》，财政部与交通运输部联合发布《关于完善港口建设费征收政策有关问题的通知》。

（2）40万吨级船舶靠泊新规。40万吨级散货运矿船靠泊我国码头问题，长期备受关注，经组织有关单位专题研究论证，综合考虑现有码头技术条件，2015年6月27日，交通运输部、国家发展改革委联合发布《关于港口接靠40万吨矿石船有关问题的通知》，4港7泊位可以接卸40万吨级矿石运输船舶。

（3）港口资源整合迈出新步伐。在前几年港口自然资源、行政资源和经营资源整合基础上，2015年港口资源整合迈出新的步伐，典型标志体现在三个方面：一是省内港口资源整合。以宁波和舟山港全方位深度合作为起步，浙江省港口资源整合开始全面推进；二是跨省市港口资源整合。以河北港口集团与天津港集团合作建设运营码头泊位为标志，津冀港口协同发展迈出实质性步伐；三是全球码头运营商国际港口资源整合。以中远集团与中海集团重组、招商局集团中外运长航集团重组为背景，中远太平洋与中海码头、招商国际与中外运长航集团码头资源实现整合后，我国全球码头运营商网络化和规模化水平将明显提高，招商国际集装箱名义吞吐量可望跃居世界首位。

（4）推进排放控制区试点。交通运输部发布《珠三角、长三角、环渤海（京津冀）水域船舶排放控制区实施方案》，提出在三大港口群设立船舶排放控制区。

（资料来源：搜狐网，原名为《2016年中国沿海港口货物吞吐量预测分析》，2016年3月18日）

（二）主要运输系统码头建设情况

1. 煤炭运输系统

北方煤炭装船港新建投产项目有：京唐港区四港池36#~40#煤炭码头工程

38#～40#装船泊位、曹妃甸港区秦港煤炭码头二期工程，新增深水泊位8个、能力8 650万吨。

沿海煤炭接卸港建成试投产项目有：穿山港区光明码头卸船泊位改造升级工程和国投钦州鹰岭电厂煤炭码头扩建工程；宁波港北仑港区北二司4#泊位加固改造工程、温州港磐石电厂和乐清电厂码头加固改造升级工程、沙角C厂煤炭码头升级改造工程。合计新增接卸泊位4个、能力2 475万吨。

开工在建煤炭码头工程主要有：北方沿海装船港码头有锦州港煤炭码头一期工程和曹妃甸港区华能码头工程；沿海接卸港项目有盐城港滨海港区煤炭中转储运基地码头工程、镇江港高资港区神华煤炭码头工程、嘉兴港独山港区煤炭中转码头工程、苏州太仓港区煤炭中转基地码头工程、国投湄洲湾煤炭储运基地码头工程等，可望在"十三五"初期建成投产。

2015年底，北方沿海秦皇岛、唐山、天津、黄骅、青岛、日照、连云港等七个装船港拥有专业化装船泊位61个，总装船能力达到8.2亿吨；全国沿海则有大连、莱州、南京、镇江、南通、苏州、上海、宁波、舟山、台州、温州、福州、厦门、汕头、深圳、广州、珠海、江门、北海、钦州、海口等众多接卸港，煤炭接卸泊位达到182个，其中深水泊位约147个，总接卸能力7.0亿吨。至此，沿海"北煤南运"系统港口布局建设更趋完善。

2. 原油运输系统

2015年新建投产了洋浦港国投孚宝储运项目配套码头工程，改造完成了水东港区单点系泊改扩建工程，新增接卸泊位1个、总能力2 100万吨。

此外，舟山港黄泽山石油中转储运码头工程、钦州港三墩原油减载平台工程主体工程基本完成，在完善有关配套和涉及试投产的手续后，可望在2016年或2017年建成投产。

2015年末，环渤海地区形成了两个层次的原油接卸港布局形态，即以大连、营口、唐山、天津、青岛、日照等六港以接卸大型油轮一程运输为主的第一层次港口布局，锦州、秦皇岛、黄骅、莱州、东营、龙口等港承担大港转运、近洋和海洋原油运输任务的第二层次港口布局。长江三角洲地区形成了以长江口南翼宁波、舟山两港为核心，上海、泰州、南京等港为有益补充的原油中转运输体系。华南沿海基本形成了以泉州、惠州、茂名、湛江、钦州、洋浦等港组成较为合理的外贸原油接卸港口布局。沿海港口拥有20万吨级及以上原油接卸泊位27个，总接卸能力4.2亿吨。

3. LNG运输系统

2015年沿海港口没有LNG码头建成投用。在建项目主要有南通港吕四港区广汇能源LNG码头工程、揭阳港中海油粤东液化天然气码头工程、深圳港大鹏湾迪福LNG工程和北海港中石化广西LNG接收站及其配套码头工程，这些项目建设取得很大进展，可望于2016年相继建成投产，届时广东省将成为沿海第一个拥有3个LNG接收站及其配套码头的省份，同时填补广西LNG码头的空白。

4. 铁矿石运输系统

2015年沿海港口矿石运输系统码头建成试投产的项目主要有：岚山港区北作业区铁矿石码头工程4#泊位，衢山港区鼠浪湖岛矿石码头工程一阶段码头工程和东海岛港区钢铁基地码头工程，合计新增码头泊位6个、通过能力7 100万吨，其中一程接卸码头4个、能力5 700万吨，二程中转码头2个、能力1 400万吨。

2015年末，环渤海地区已经形成了以大连、营口、唐山、天津、烟台、青岛、日照、连云港等八港为主，丹东、秦皇岛、锦州等三港为补充的外贸铁矿石接卸港合理布局。长江三角洲地区已经形成由外海宁波、舟山两港和长江口内上海、南京、镇江、南通、苏州港等港口组成的外贸铁矿石运输体系港口布局。华南沿海基本形成以湛江、防城、珠海、福州等四港专业化泊位为主，厦门、广州、阳江等3港通用散货泊位为有益补充的矿石接卸系统港口布局。沿海港口拥有10万吨级及以上铁矿石一次接卸泊位60个，总接卸能力7.5亿吨。

5. 集装箱运输系统

2015年沿海港口集装箱运输系统建成试投产码头项目有：宁波港梅山港区集装箱码头一期工程5#设备配套工程、荃湾港区二期集装箱码头工程2#泊位、广州港南沙港区三期工程海船11#泊位、珠海港洪湾港区二期工程（第二阶段）码头工程和高栏港区集装箱码头二期工程1#泊位、钦州港三期大揽坪作业区3#泊位集装箱化改造、防城港渔潲港区第四作业区403#～407#泊位工程。此外，珠海港香洲、九洲两港区集装箱运输关停，实现了

向洪湾、高栏港区的转移。沿海港口合计新增集装箱泊位12个，其中深水泊位9个、能力615万TEU；新建改造净减少多用途泊位3个，但增加能力19万TEU。

2015年末，沿海港口基本形成了以大连、天津、青岛、上海、宁波、厦门、深圳、广州等八港为干线港，其他港口为支线港和喂给港的分层次港口布局。沿海港口拥有专业化集装箱泊位394个，其中海船泊位355个，通过能力18 300万TEU；沿海港口尚有多用途泊位约150个，通过能力约1 000万TEU。

（三）沿海港口航道建设情况

2015年沿海港口建成投用的航道工程主要有：天津港大港港区10万吨级航道工程、潍坊港中港区5万吨级航道一期工程一阶段、连云港港赣榆港区10万吨级航道一期工程、南通港吕四港区10万吨级航道工程一阶段、长江南京以下深水航道二期工程初步阶段、湄洲湾东吴港区东吴作业区15万吨级航道工程、珠海港高栏港区15万吨级主航道三期工程、钦州港金鼓江港区航道一期工程等。

沿海港口通航条件继续改善，为充分发挥沿海港口综合通过能力、顺应船舶大型化趋势、优化运输组织方式和提高运输效率奠定了坚实的基础。

（资料来源：中国投资咨询网，原名为《我国港口码头建设状况分析》，2016年6月14日）

第十九部分

交通运输市场

2014年我国交通运输业状况

（一）铁路运输

2014年，全国铁路货运总发送量38.13亿吨，比上年减少1.54亿吨、下降3.9%。其中，国家铁路30.69亿吨，下降4.7%，全国铁路货运总周转量完成27 530.19亿吨公里，比2013年减少1 643.70亿吨公里，下降5.6%，如图5所示。其中，国家铁路25 103.42亿吨公里，下降6.5%。全国铁路货运量情况见表65和图100，全国铁路货运总周转量见图101。

表65　全国铁路货运量

指标	单位	2014年	比上年±%
货运总发送量	万吨	381 334	-3.9
国家铁路	万吨	306 942	-4.7
货运总周转量	亿吨公里	27 530.19	-5.6
国家铁路	亿吨公里	25 103.42	-6.5

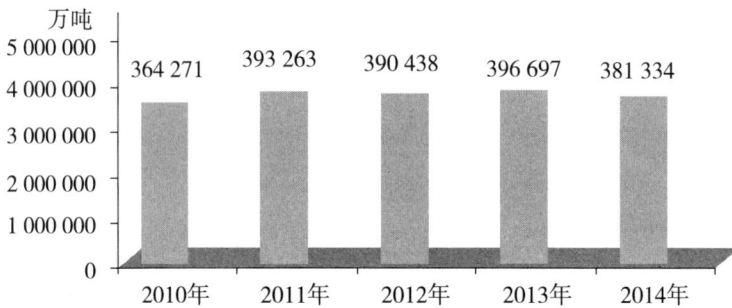

图100　全国铁路货运总量

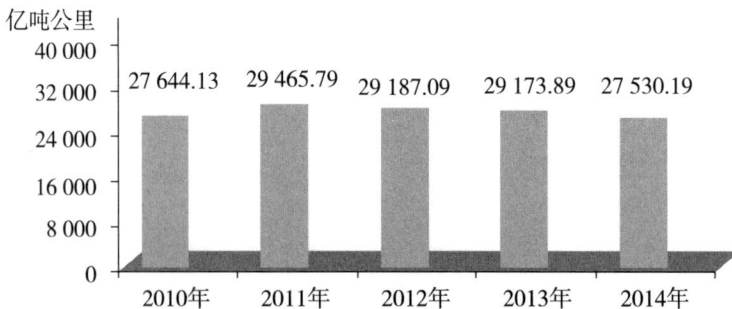

图101　全国铁路货运总周转量

2014年，全国铁路固定资产投资完成8 088亿元，其中铁路建设完成投资6 623亿元，同比增长12.6%。全年共投资新线8 427公里，其中高速铁路5 491公里。全国铁路营业里程达到11.2万公里，同比增长8.4%。其中，高铁营业里程达到1.6万公里，西部地区营业里程4.4万公里，同比增长10.2%。

（资料来源：《2014年铁道统计公报》）

（二）公路运输

截至2014年末，全国公路总里程为446.39万公里，比上年末增加10.77万公里。

公路密度为46.50公里/百平方公里，提高1.12公里/百平方公里（见图102）。

全国等级公路里程390.08万公里，比上年末增加14.53万公里，等级公路占公路总里程87.4%，提高1.2个百分点，其中，二级及以上公路里程54.56万公里，增加2.13万公里，占公路总里程12.2%，提高0.2个百分点；全国高速公路里程11.19万公里，比上年末增加0.75万公里，其中，国家高速公路7.31万公里，增加0.23万公里，全国高速公路车道里程49.56万公里，增加3.43万公里。全国高速公路总里程见表66。

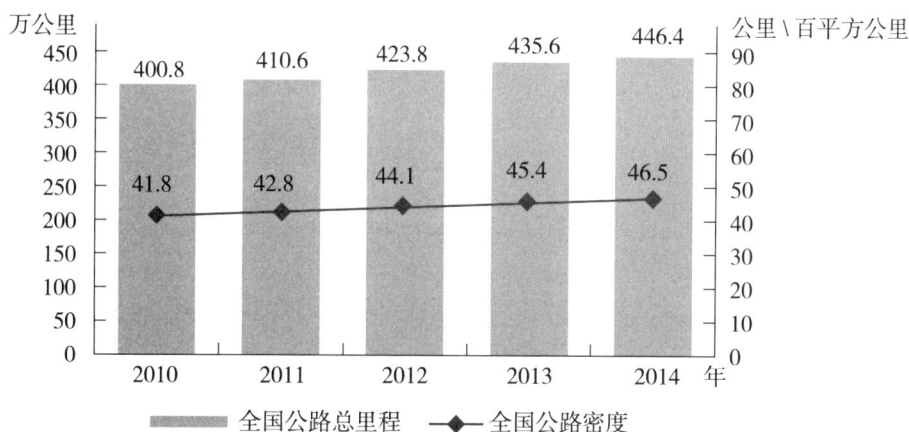

图102　2010～2014年全国公路总里程及公路密度

表66　2015年底全国高速公路总里程

排行	地区	里程	新增	面积	密度	排行	人口
		km	km	万km²	km/百km²		万人
1	广东	7 018	752	17.98	3.9	7	10 644
2	河北	6 333	445	18.77	3.37	11	7 333
3	河南	6 305	446	16.7	3.78	9	9 413
4	湖北	6 204	1 108	18.59	3.34	12	5 799
5	四川	6 016	510	48.14	1.25	26	8 107
6	湖南	5 649	156	21.18	2.67	20	6 691

续表

排行	地区	里程	新增	面积	密度	排行	人口
		km	km	万km²	km/百km²		万人
7	山 东	5 348	240	15.78	3.39	10	9 733
8	贵 州	5 128	1 121	17.6	2.91	17	3 502
9	陕 西	5 093	627	20.56	2.48	21	3 764
10	江 西	5 088	604	16.69	3.05	15	4 522
11	山 西	5 028	17	15.63	3.22	13	3 630
12	福 建	5 001.6	949	12.13	4.12	6	3 774
13	新 疆	5 000	684	166.5	0.3	31	2 264
14	内蒙古	5 000	763	118.3	0.42	30	2 498
15	江 苏	4 600	112	10.26	4.48	5	7 939
16	黑龙江	4 347	263	45.48	0.96	28	3 835
17	广 西	4 289	567	23.67	1.81	24	4 719
18	安 徽	4 246	494	13.97	3.04	16	6 030
19	辽 宁	4 195.7	24	14.59	2.88	18	4 390
20	云 南	4 005	750	38.33	1.04	27	4 687
21	浙 江	3 932	48	10.2	3.85	8	5 498
22	甘 肃	3 600	338	45.44	0.79	29	2 582
23	吉 林	2 629	281	18.74	1.4	25	2 751
24	重 庆	2 525	124	8.23	3.07	14	2 970
25	青 海	1 781	62	72.23	0.25	32	578
26	宁 夏	1 527	184	6.64	2.3	23	654
27	天 津	1 350	237	1.13	11.95	3	1 472
28	台 湾	1 009	0	3.6	2.8	19	2 337
29	北 京	982	0	1.68	5.85	4	2 115
30	上 海	825	0	0.63	13.1	2	2 415
31	海 南	803	46	3.4	2.36	22	895
32	西 藏	299	261	122.8	0.02	33	312
33	香 港	217	0	0.11	19.73	1	719
34	澳 门	0	0	0.03	0	34	6
	全 国	125 373	12 212	965.71	1.3		138 579

截至2014年末，全国拥有公路营运汽车1 537.93万辆，比上年末增长2.2%。全国拥有载客汽车84.58万辆，共2 189.55万客位，比上年末分别减少0.8%和增加0.9%。其中，大型客车30.67万辆，共1 326.24万客位，分别增长2.6%和3.4%。全国营业性客

运车辆完成公路客运量190.82亿人、旅客周转量12 084.10亿人公里，比上年分别增长3.0%和7.4%，平均运距63.33公里。具体数据

（资料来源：《2014年交通运输行业统计公报》）

（三）水路运输

2014年全国完成水路运量2.63亿人、旅客周转量74.34亿人公里，比上年分别增长11.7%和8.8%，平均运距28.27公里。全国完成水路货运量59.83亿吨、货物周转量92 774亿吨公里，比2013年分别增长6.9%和16.8%，平均运距1 550.68公里。

在全国水路运输中，内河运输完成货运量33.43亿吨、货物周转量12 784.90亿吨公里；沿海运输完成货运量18.92亿吨、货物周转量24 054.59亿吨公里；远洋运输完成货运量7.47亿吨、货物周转量55 935.06亿吨公里。

2014年，我国水运基础设施建设完成投资1 459.98亿元，比2013年下降4.5%。其中，内河建设完成投资508.12亿元，比2013年下降6.9%。505个贫困县完成水运建设投资24.69亿元，全部为内河建设投资，增长27.7%，占全国内河建设投资4.9%。

2014年底，全国内河航道通航里程12.63万公里，比上年末增加427公里。等级航道6.54万公里，占总里程51.8%，提高0.2个百分点。其中，三级及以上航道10 854公里，五级及以上航道2.85万公里，分别占总里程8.6%和22.5%，分别提高0.5个和0.6个百分点。

2014年年末全国拥有水上运输船舶17.20万艘，比上年末减少0.3%；净载重量25 785.22万吨，增长5.7%；平均净载重量1 499.34吨/艘，增长6.0%；载客量103.23万客位，减少0.1%；集装箱箱位231.87万TEU，增长36.3%；船舶功率7 059.85万千瓦，增长8.9%

（资料来源：《2014年交通运输行业统计公报》）

（四）管道运输

截至2014年底，中国已建成天然气管道8.5万公里，形成了以陕京一线、陕京二线、陕京三线、西气东输一线、西气东输二线、川气东送等为主干线，以冀宁线、淮武线、兰银线、中贵线等为联络线的国家基干管网，干线管网总输气能力超过2 000亿立方米/年。

2014年，中石油持续推进资源、市场、国际化三大战略的实施，大力推进油气能源战略通道建设，完成管道焊接里程2 000公里，中亚天然气管道C线和呼包鄂成品油管道等33个重大项目建成投产。至此，我国陆上油气管道总里程超过12万公里，覆盖我国31个省区市和特别行政区，近10亿人受益。

2014年11月9日，中俄西线供气框架协议签署，中俄天然气合作取得历史性突破。此前，中俄东线天然气购销协议签署，我国东北进口天然气战略通道建设由此拉开序幕。

在新开工项目中，中亚天然气管道D线成为亮点。这条管道将开辟我国进口中亚天然气第二通道，也是"一带一路"战略的重要能源项目。

在建项目中，中缅天然气管道全线建成投产，我国西北、东北、西南和海上四大油气进口通道打通。

2014年5月31日，中亚天然气管道C

线投产。同年11月20日，西三线西段全线贯通，来自中亚的天然气和新疆煤制天然气将通过中卫站向西一线和二线、陕京系统、中贵线向下游输送。长三角、珠三角、环渤海和川渝地区数亿百姓将受益。

此外，中石油还推进了管道建设科技创新，很多装备实现了国产化。

2015年我国交通运输业状况

2015年，面对错综复杂的国内外环境，交通运输行业坚决贯彻落实党中央、国务院各项决策部署，以"四个全面"战略布局为统领，坚持稳中求进工作总基调，统筹稳增长、促改革、调结构、惠民生、防风险，狠抓改革攻坚，推动转型升级，实现了"十二五"圆满收官，为"十三五"

开好局、起好步奠定了坚实基础。

（一）基础设施

1．铁路

年末全国铁路营业里程达到12.1万公里，比上年末增长8.2%。其中，高铁营业里程超过1.9万公里，西部地区营业里程4.8万公里、增长10.1%。路网密度为126公里/万平方公里，比上年增加9.5公里/万平方公里。其中，复线里程6.4万公里，增长12.5%，复线率为52.9%，比上年提高2.1个百分点；电气化里程为7.4万公里，增长12.9%，电化率为60.8%，比上年提高2.5个百分点。2011～2015年，我国公路总里程及公路密度情况如图103所示。

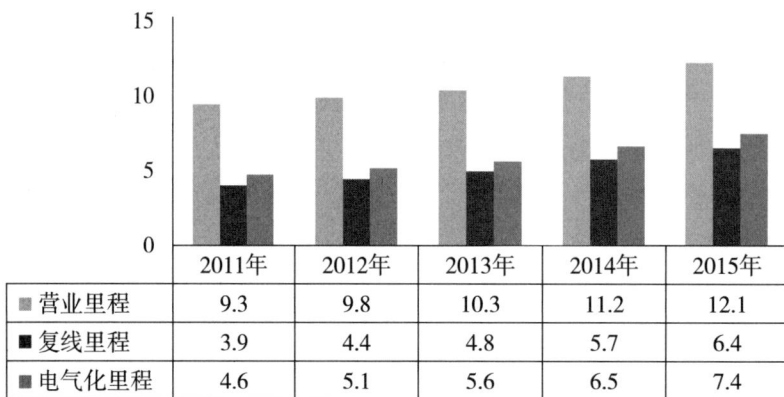

	2011年	2012年	2013年	2014年	2015年
■营业里程	9.3	9.8	10.3	11.2	12.1
■复线里程	3.9	4.4	4.8	5.7	6.4
■电气化里程	4.6	5.1	5.6	6.5	7.4

图103　2011～2015年全国公路总里程及公路密度

（二）公路

年末全国公路总里程为457.73万公里，比上年末增加11.34万公里。公路密度为

47.68公里/百平方公里，提高1.18公里/百平方公里。公路养护里程446.56万公里，占公路总里程97.6%，如图104所示。

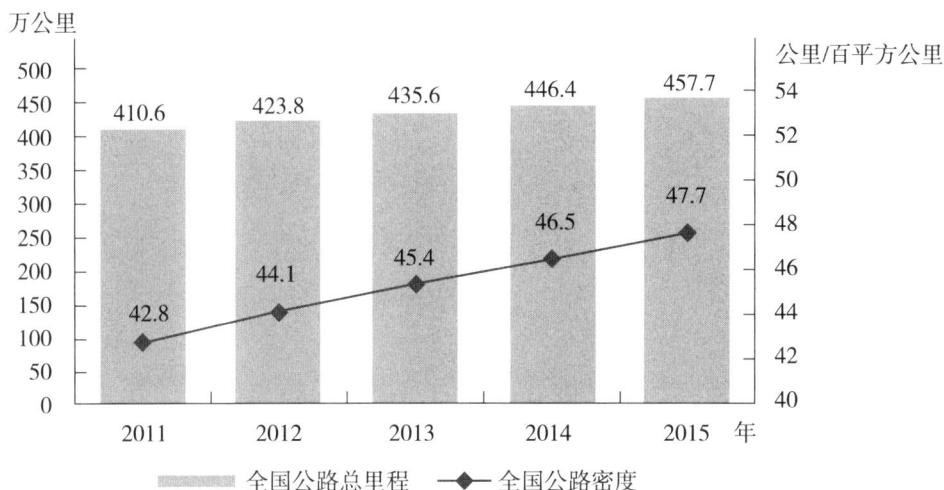

图104 2011~2015年全国公路总里程及公路密度

全国等级公路里程为404.63万公里，比上年末增加14.55万公里。等级公路占公路总里程88.4%，提高1.0个百分点。其中，

二级及以上公路里程为57.49万公里，增加2.92万公里，占公路总里程12.6%，提高0.3个百分点（见图105）。

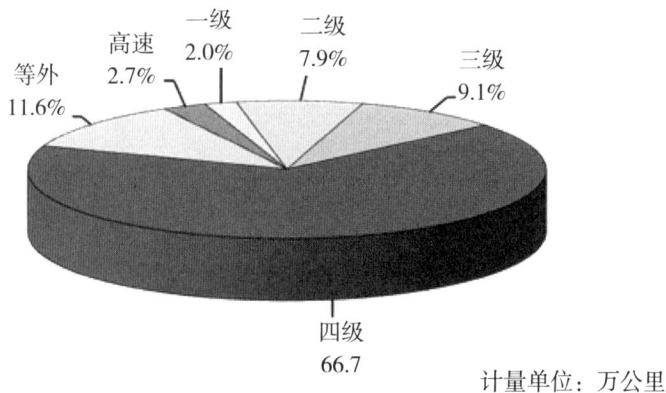

计量单位：万公里

高速	一级	二级	三级	四级	等外
12.35	9.10	36.04	41.82	305.32	53.10

图105 2015年全国各技术等级公路里程构成

各行政等级公路里程分别为：国道18.53万公里（其中普通国道10.58万公里）、省道32.97万公里、县道55.43万公里、乡道111.32万公里、专用公路8.17万公里，比上年末分别增加0.61万公里、0.69万公里、0.23万公里、0.81万公里和0.14万公里。

全国高速公路里程12.35万公里，比上年末增加1.16万公里。其中，国家高速公路为7.96万公里，增加0.65万公里。全国高速公路车道里程为54.84万公里，增加5.28万公里（见图106）。

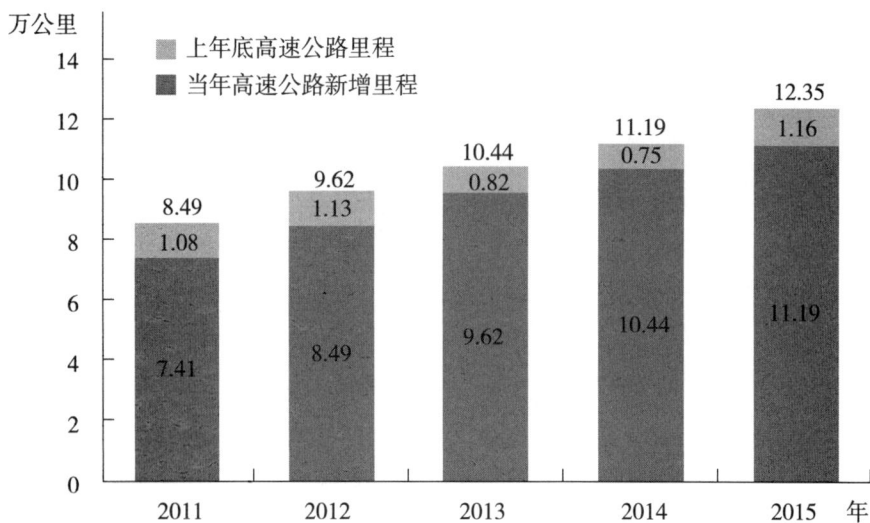

图106 2011~2015年全国高速公路里程

全国农村公路（含县道、乡道、村道）里程398.06万公里，比上年末增加9.90万公里，其中村道231.31万公里，增加8.85万公里。全国通公路的乡（镇）占全国乡（镇）总数99.99%，其中通硬化路面的乡（镇）占全国乡（镇）总数98.62%，比上年末提高0.53个百分点；通公路的建制村占全国建制村总数99.87%，其中通硬化路面的建制村占全国建制村总数94.45%、提高2.68个百分点（见图107）。

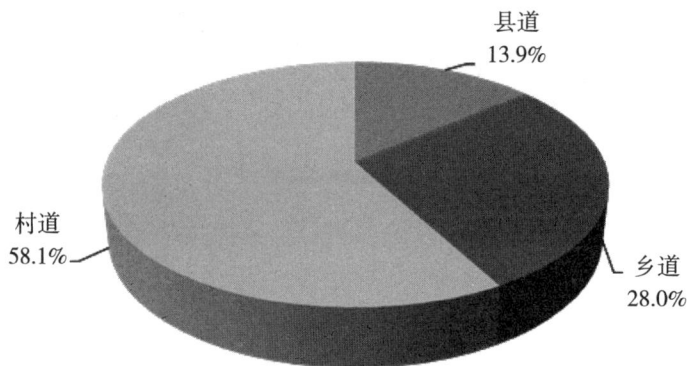

图107 2015年全国农村公路里程构成

全国公路桥梁77.92万座、4 592.77万米，比上年末增加2.20万座、334.88万米。其中，特大桥梁3 894座、690.42万米，大桥79 512座、2 060.85万米。全国公路隧道为14 006处、1 268.39万米，增加1 602处、192.72万米。其中，特长隧道744处、329.98万米，长隧道3 138处、537.68万米。

（三）水路

1. 内河航道

年末全国内河航道通航里程12.70万公里，比上年末增加721公里。等级航道6.63万公里，占总里程52.2%，提高0.4个百分点。其中，三级及以上航道11 545公里，五级及以上航道3.01万公里，分别占总里程

9.1%和23.7%，分别提高0.5个和1.2个百分点。

各等级内河航道通航里程分别为：一级航道1 341公里，二级航道3 443公里，三级航道6 760公里，四级航道10 682公里，五级航道7 862公里，六级航道18 277公里，七级航道17 891公里。等外航道6.07万公里（见图108）。

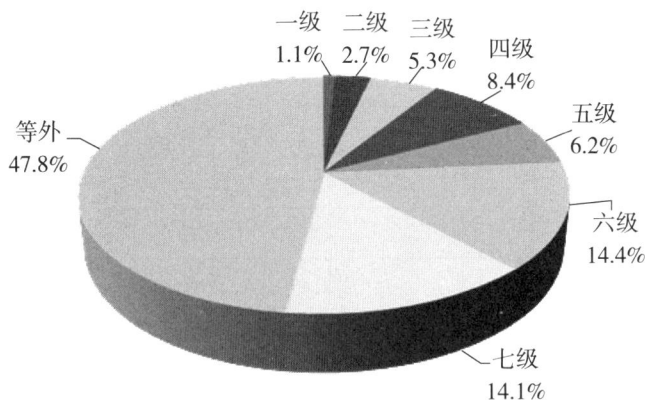

图108　2015年全国内河航道通航里程构成

各水系内河航道通航里程分别为：长江水系64 852公里，珠江水系16 450公里，黄河水系3 488公里，黑龙江水系8 211公里，京杭运河1 438公里，闽江水系1 973公里，淮河水系17 507公里。

2. 港口

年末全国港口拥有生产用码头泊位31 259个，比上年末减少446个。其中，沿海港口生产用码头泊位5 899个，增加65个；内河港口生产用码头泊位25 360个，减少511个。

全国港口拥有万吨级及以上泊位2 221个，比上年末增加111个。其中，沿海港口万吨级及以上泊位1 807个，增加103个；内河港口万吨级及以上泊位414个，增加8个（见表67）。

表67　2015年全国港口万吨级及以上泊位（计算单位：个）

泊位吨级	全国港口	比上年末增加	沿海港口	比上年末增加	内河港口	比上年末增加
合计	2221	111	1807	103	414	8
1万–3万吨级（不含3万）	793	38	619	33	174	5
3万–5万吨级（不含5万）	369	4	266	5	103	−1
5万–10万吨级（不含10万）	728	44	600	42	128	2
10万吨级及以上	331	25	322	23	9	2

全国万吨级及以上泊位中，专业化泊位1 173个，通用散货泊位473个，通用件杂货泊位371个，比上年末分别增加59个、32个和11个（见表68）。

表68　全国万吨级及以上泊位构成（按主要用途分，计量单位：个）

泊位用途	2015年	2014年	比上年增加
专业化泊位	1173	1114	59
#集装箱泊位	325	322	3
煤炭泊位	238	219	19
金属矿石泊位	80	64	16
原油泊位	73	72	1
成品油泊位	133	130	3
液体化工泊位	184	172	12
散装粮油泊位	38	36	2
通用散货泊位	473	441	32
通用件杂货泊位	371	360	11

（四）民航

2015年年末共有颁证民用航空机场210个，比2014年末增加8个，其中定期航班通航机场206个，定期航班通航城市204个。

年旅客吞吐量达到100万人次以上的通航机场有70个，比上年增加6个，年旅客吞吐量达到1 000万人次以上的有26个，比上年增加2个。年货邮吞吐量达到10 000吨以上的有51个，比上年增加1个。

（五）公路水路交通流量

1. 国家干线公路交通流量

全国国道网机动车年平均日交通量为15 424辆，比上年增长2.5%，其中车流量较大的地区主要集中在北京、天津、河北、上海、江苏、浙江、山东、河南和广东，上述地区国道网的年平均日交通量均超过2万辆。全国国道网机动车日平均行驶量为194 440万车公里，增长1.6%。全国国道网年平均交通拥挤度为0.48，增长1.3%。其中，国家高速公路日平均交通量为23 818辆，日平均行驶量为101 422万车公里，年平均交通拥挤度为0.39，分别增长1.9%、1.8%和1.3%；普通国道日平均交通量为11 128辆，日平均行驶量为92 895万车公里，年平均交通拥挤度为0.64，分别增长2.6%、1.2%和1.6%。

全国高速公路日平均交通量为22 334辆，日平均行驶量为125 766万车公里，年平均交通拥挤度为0.37，比上年分别增长2.5%、2.4%和2.2%。

2. 长江干线交通流量

长江干线航道设有27个水上交通流量观测断面，全年日平均标准船舶流量的平均值为647.6艘次，比上年下降1.2%。其中，上游航道6个断面，日平均标准船舶流量的平均值为201.5艘次，下降0.7%；中游航道3个断面，日平均标准船舶流量的平均值为271.5艘次，增长6.8%；下游航道18个断面，日平均标准船舶流量的平均值为858.9艘次，下降1.6%。

（六）运输装备

1. 铁路移动装备

全国铁路机车拥有量为2.1万台，比上年减少69台，其中内燃机车占43.2%，比上年下降1.8个百分点，电力机车占56.8%，比上年提高1.8个百分点。全国铁路客车拥有量为6.5万辆，比上年增加0.4万辆；动车组1 883组、17 648辆，比上年增加479组、3 952辆。全国铁路货车拥有量为72.3万辆。

2. 公路营运汽车

年末全国拥有公路营运汽车1 473.12万辆，比上年末减少4.2%。

拥有载客汽车83.93万辆、2 148.58万客位，比上年末分别减少0.8%和1.9%。其中，大型客车30.49万辆、1 324.31万客位，

分别减少0.6%和0.1%。

拥有载货汽车1 389.19万辆、10 366.50万吨位，比上年末分别减少4.4%和增长0.7%。其中普通货车1 011.87万辆、4 982.50万吨位，分别减少7.3%和4.9%；专用货车48.40万辆、503.09万吨位，分别增长6.2%和2.5%。

3. 水上运输船舶

年末全国拥有水上运输船舶16.59万艘，比上年末减少3.5%；净载重量27 244.29万吨，增长5.7%；平均净载重量1 642.16吨/艘，增长9.5%；载客量101.73万客位，减少1.5%；集装箱箱位260.40万TEU，增长12.3%；船舶功率7 259.68万千瓦，增长2.8%（见图109和表69）。

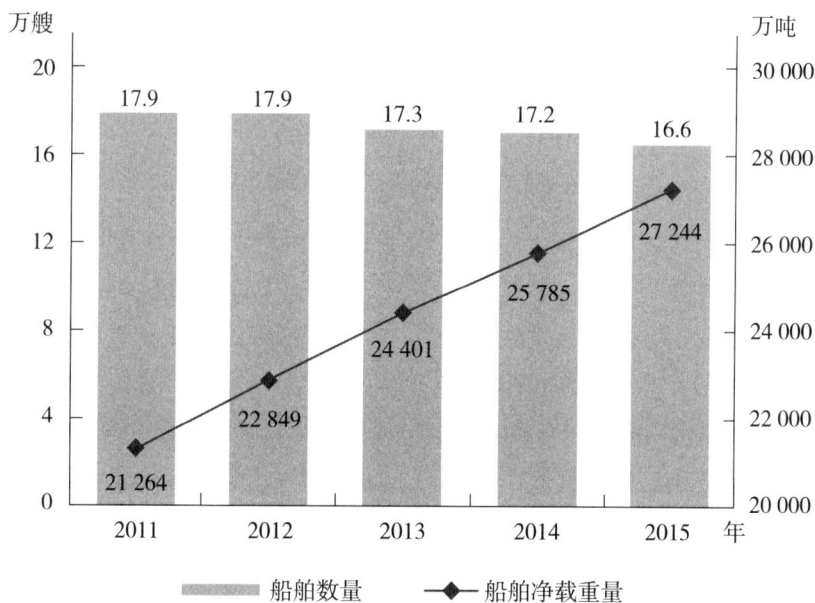

图109 2011～2015年全国水上运输船舶拥有量

表69　2015年水上运输船舶构成（按航行区域分）

指标	计量单位	实绩	比上年增长（%）
内河运输船舶：			
运输船舶数量	万艘	15.25	−3.7
净载重量	万吨	12494.01	10.8
平均净载重量	吨/艘	819	15.1
载客量	万客位	78.27	−3.1
集装箱箱位	万TEU	27.05	4.9
船舶功率	万千瓦	3278.81	4.1
沿海运输船舶：			
运输船舶数量	艘	10721	−3.0
净载重量	万吨	6857.99	−0.9
平均净载重量	吨/艘	6397	2.1
载客量	万客位	20.91	5.2
集装箱箱位	万TEU	53.33	12.9
船舶功率	万千瓦	1857.66	−1.9
远洋运输船舶：			
运输船舶数量	艘	2689	3.3
净载重量	万吨	7892.29	4.0
平均净载重量	吨/艘	29350	0.7
载客量	万客位	2.55	−0.9
集装箱箱位	万TEU	180.01	13.3
船舶功率	万千瓦	2123.21	5.3

4. 城市客运车辆

2015年末全国城市及县城拥有公共汽电车56.18万辆、63.29万标台，比2014年末分别增长6.2%和5.9%，其中BRT车辆6 163辆，增长15.4%。按车辆燃料类型分，其中柴油车、天然气车、汽油车分别占45.1%、32.5%和1.7%。全国有25个城市开通了轨道交通，2015年新开通3个。拥有轨道交通车站2 092个，增加263个，其中换乘站180个，增加29个；运营车辆19 941辆、48 165标台，分别增长15.3%和15.3%，其中，地铁车辆18 098辆，轻轨车辆1 434辆，分别增长15.3%和4.5%。出租汽车运营车辆139.25万辆，增长1.6%。城市客运轮渡310艘，减少5.8%。

（七）运输服务

2015年，全社会完成客运量194.32亿人、旅客周转量30 047.01亿人公里，货运量410.00亿吨、货物周转量173 689.76亿吨公里，比上年分别下降4.4%、增长4.9%，增长0.2%和下降2.1%。

1. 铁路运输

全年全国铁路完成旅客发送量25.35亿人，旅客周转量11 960.60亿人公里，比上年分别增长10.0%和6.4%。其中，国家铁路完成旅客发送量24.96亿人，旅客周转量11 905.30亿人公里，分别增长9.9%和6.4%（见图110和图111）。

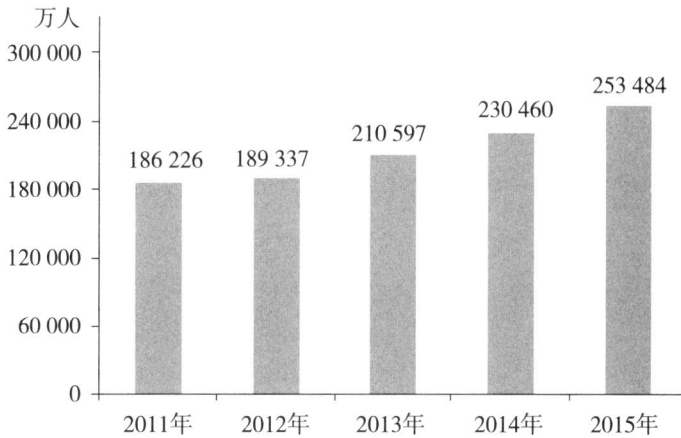

图110 2011~2015年全国铁路旅客发送量

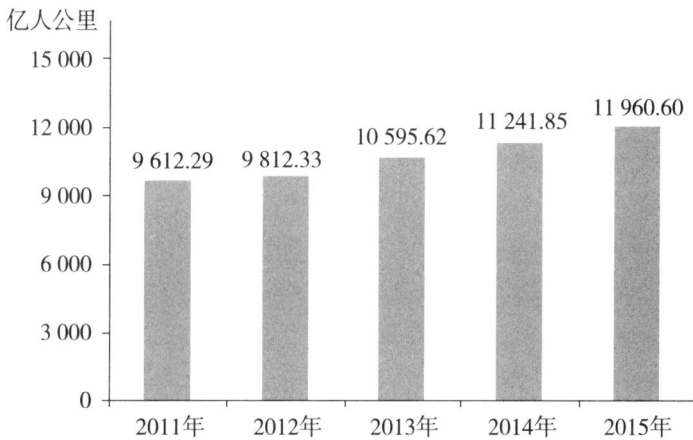

图111 2011~2015年全国铁路旅客周转量

全国铁路完成货运总发送量33.58亿吨，货运总周转量23 754.31亿吨公里，比上年分别下降11.9%和13.7%。其中，国家铁路完成27.14亿吨，21 598.37亿吨公里，分别下降11.6%和14.0%（见图112和图113）。

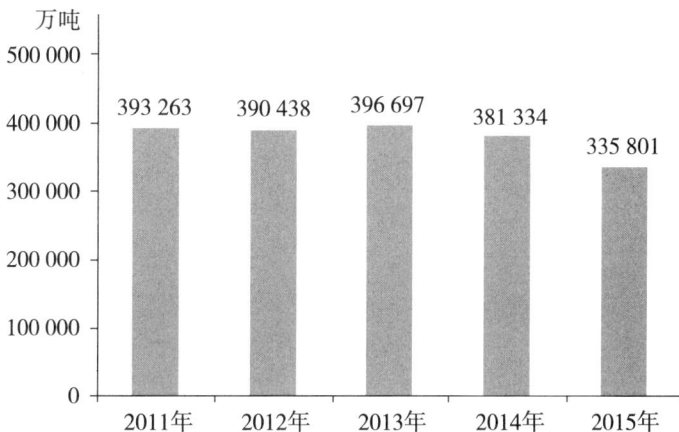

图112 2011~2015年全国铁路货运总量

亿吨公里

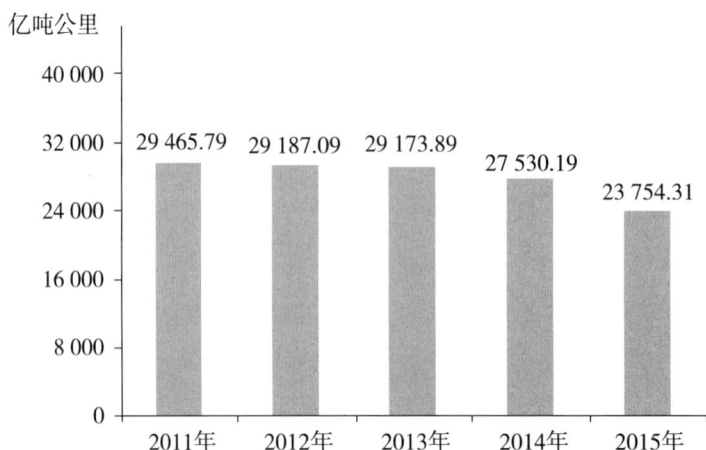

图113 2011～2015年全国铁路货运总周转量

2. 公路运输

2015年全国营业性客运车辆完成公路客运量161.91亿人、旅客周转量10 742.66亿人公里，比上年分别减少6.7%和2.3%，平均运距66.35公里。全国营业性货运车辆完成货运量315.00亿吨、货物周转量57 955.72亿吨公里，比上年分别增长1.2%和2.0%，平均运距183.99公里。

截至年末，全国有99.01%的乡镇开通了客运线路，乡镇通车率比上年末提升0.06个百分点；94.28%的建制村开通了客运线路，建制村通车率比上年末提升0.96个百分点。

3. 城市客运

全国拥有公共汽电车运营线路48 905条，运营线路总长度89.43万公里，比上年末增加3 853条、7.66万公里。其中，公交专用车道8 569.1公里，增加1 671.8公里；BRT（即Bus Rapid Transit的缩写，快速公交）线路长度3 081.2公里，增加290.9公里；全年新辟、调整、撤销公共汽电车运营线路条数分别为3 952条、5 727条和810条。轨道交通运营线路105条，运营线路总长度3 195.4公里，增加13条、379.3公里，其中地铁、轻轨线路分别为85条、2 722.7公里和10条、341.2公里。城市客运轮渡运营航线123条，运营航线总长度568.9公里，比上年末分别减少3条、增加71.3公里。

全年城市客运系统运送旅客1 303.17亿人，比上年下降0.9%。其中，公共汽电车完成765.40亿人，下降2.1%，BRT客运量14.32亿人次，下降3.0%，公共汽电车运营里程352.33亿公里，增长1.6%；轨道交通完成140.01亿人，运营里程3.74亿列公里，分别增长10.5%和14.5%；出租汽车完成396.74亿人，运营里程1 602.42亿公里，分别下降2.3%和1.0%，平均每车次载客人数1.94人/车次，空驶率32.0%；客运轮渡完成1.01亿人，下降5.2%（见图114）。

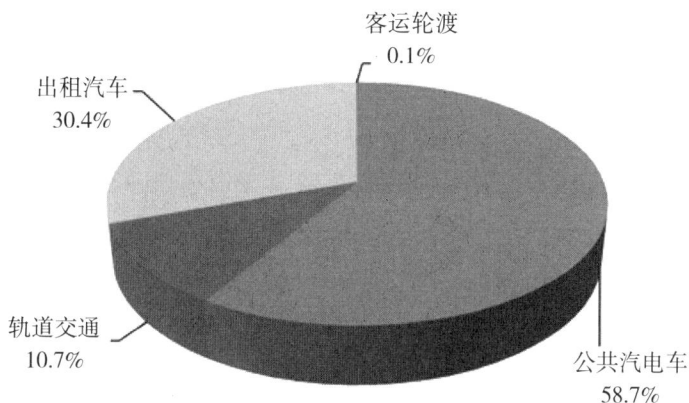

图114　2015年城市客运系统客运量构成

4. 水路运输

全国完成水路客运量2.71亿人、旅客周转量73.08亿人公里，比上年分别增长3.0%和减少1.7%，平均运距27.00公里。全国完成水路货运量61.36亿吨、货物周转量91 772.45亿吨公里，比上年分别增长2.6%和减少1.1%，平均运距1 495.72公里。

在全国水路货运中，内河运输完成货运量34.59亿吨、货物周转量13 312.41亿吨公里；沿海运输完成货运量19.30亿吨、货物周转量24 223.94亿吨公里；远洋运输完成货运量7.47亿吨、货物周转量54 236.09亿吨公里。

全年两岸间海上运输完成客运量189.4万人，货运量5 450.8万吨，分别比上年增长9.0%和下降0.2%；集装箱运量224.3万TEU，比上年下降0.2%。

5. 港口生产

全年全国港口完成货物吞吐量127.50亿吨，比上年增长2.4%。其中，沿海港口完成81.47亿吨，内河港口完成46.03亿吨，分别增长1.4%和4.2%（见图115）。

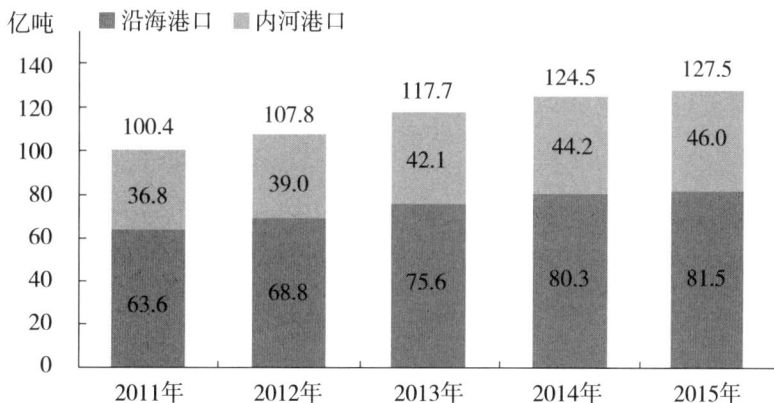

图115　2011～2015年全国港口货物吞吐量

全国港口完成旅客吞吐量1.85亿人，比上年增长1.3%。其中，沿海港口完成0.82亿人，内河港口完成1.04亿人，各增长1.3%。

全国港口完成外贸货物吞吐量36.64亿吨，比上年增长2.0%。其中，沿海港口完成33.01亿吨，内河港口完成3.63亿吨，分别增长1.0%和12.2%（见图116）。

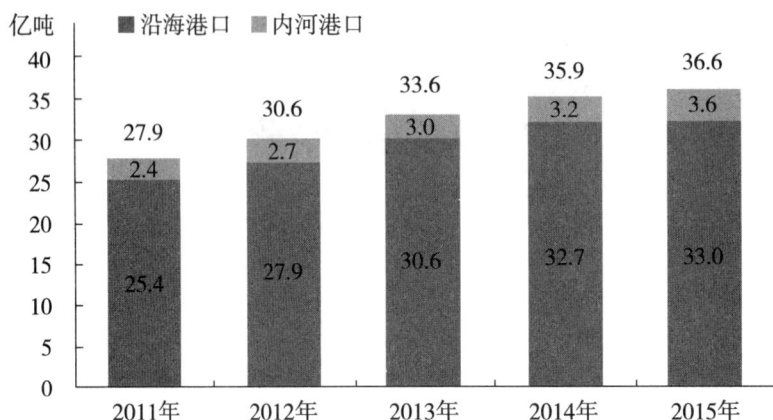

图116　2011~2015年全国港口外贸货物吞吐量

全国港口完成集装箱吞吐量2.12亿TEU，比上年增长4.5%。其中，沿海港口完成1.89亿TEU，内河港口完成2 249万TEU，比上年分别增长4.0%和8.9%（见图117）。

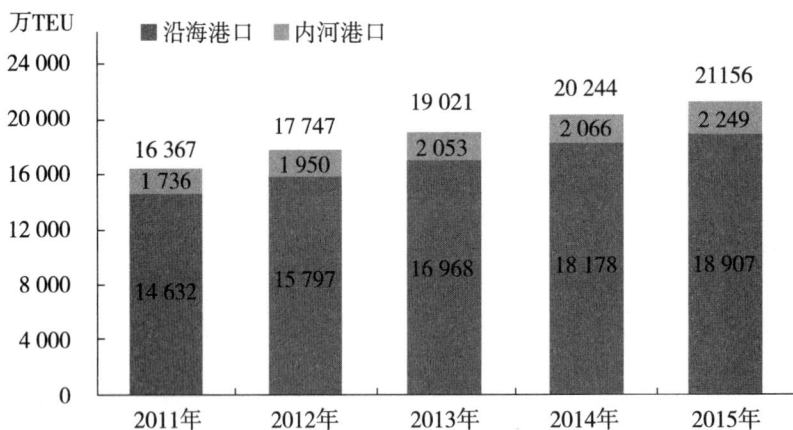

图117　2011~2015年全国港口集装箱吞吐量

全国港口完成液体散货吞吐量10.81亿吨，比上年增长8.5%；干散货吞吐量73.61亿吨，增长1.6%；件杂货吞吐量12.42亿吨，减少0.8%；集装箱吞吐量（按重量计算）24.55亿吨，增长4.5%；滚装汽车吞吐量（按重量计算）6.11亿吨，增长0.3%（见图118）。

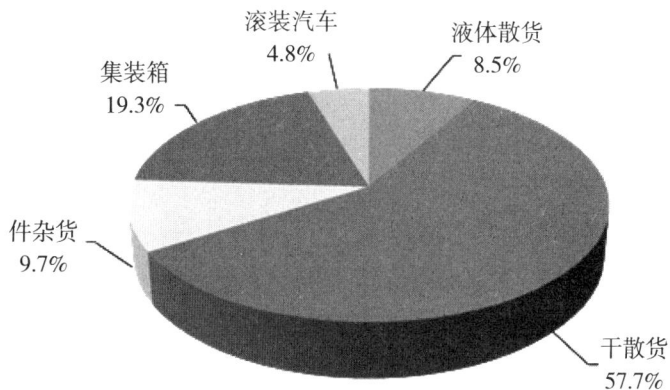

图118　2015年各形态货种吞吐量构成

全国规模以上港口完成货物吞吐量114.64亿吨，比上年增长1.9%。其中，完成煤炭及制品吞吐量20.72亿吨，石油、天然气及制品吞吐量8.54亿吨，金属矿石吞吐量18.26亿吨，分别下降6.2%、增长8.7%和0.9%（见表70）。

表70　2015年规模以上港口各货类吞吐量及增长速度

货类名称	吞吐量（亿吨）	比上年增长（%）	外贸吞吐量（亿吨）	比上年增长（%）
总计	114.64	1.9	36.14	1.7
煤炭及制品	20.72	−6.2	2.11	−25.0
石油、天然气及制品	8.54	8.7	4.32	11.1
#原油	4.74	1.5	3.21	8.8
金属矿石	18.26	0.9	11.27	0.2
#铁矿石	16.42	0.9	10.23	0.8
钢铁	4.79	1.9	1.13	18.1
矿建材料	17.77	6.3	0.37	5.2
水泥	3.07	−0.8	0.15	7.4
木材	0.79	−3.8	0.61	−6.8
非金属矿石	2.57	3.7	0.63	26.7
化学肥料及农药	0.60	15.2	0.37	12.2
盐	0.18	−0.8	0.06	−24.9
粮食	2.51	3.4	1.19	25.2
机械、设备、电器	2.22	0.2	1.37	1.0
化工原料及制品	2.44	3.2	0.89	1.0
有色金属	0.17	3.8	0.11	−9.8
轻工、医药产品	1.16	0.7	0.52	11.6
农林牧渔业产品	0.55	10.8	0.24	3.6
其他	28.31	4.4	10.78	2.1

6. 民航运输

初步统计，全年全国民航完成旅客运输量4.36亿人次，旅客周转量7 270.66亿人公里，比上年分别增长11.1%和14.8%。其中，国内航线、港澳台航线、国际航线分别完成旅客运输量3.94亿人次、1 019.1万人次和4 205.0万人次，比上年分别增长9.2%、1.4%和33.3%。

初步统计，完成货邮运输量625.3万吨，货邮周转量207.27亿吨公里，比上年分别增长5.3%和10.4%。

民航运输机场完成旅客吞吐量9.15亿人次，比上年增长10.0%。完成货邮吞吐量1 409.4万吨，比上年增长3.9%。

7. 邮政服务

全年邮政行业业务总量完成5 078.7亿元，比上年增长37.4%。

邮政普遍服务完成函件业务45.8亿件，比上年下降18.3%；包裹业务完成4 243.4万件，下降29.6%；报纸业务完成188亿份，下降1.6%；杂志业务完成10亿份，下降7.1%；汇兑业务完成8 241.7万笔，下降34.2%。

快递业务量完成206.7亿件，比上年增长48.0%。快递服务企业业务收入完成2 769.6亿元，增长35.4%，快递业务收入占邮政行业业务收入的68.6%，提高4.7个百分点。

年末邮政邮路总条数2.5万条，比上年增长9.4%，邮政邮路总长度（单程）637.6万公里，增加7.1万公里。农村投递路线9.1万条，增长0.4%，农村投递路线长度（单程）375.6万公里，下降0.5%；城市投递路线5.6万条，下降3.6%，城市投递路线长度（单程）137.1万公里，下降4.5%。

（八）固定资产投资

全年全国完成铁路公路水路固定资产投资26 659.00亿元，比上年增长5.5%，占全社会固定资产投资的4.7%。

1. 铁路建设

全年完成铁路固定资产投资8 238亿元，投产新线9 531公里，其中高速铁路3 306公里。

2. 公路建设

全年完成公路建设投资16 513.30亿元，比上年增长6.8%。其中，高速公路建设完成投资7 949.97亿元，增长1.7%。普通国省道建设完成投资5 336.07亿元，增长15.7%。农村公路建设完成投资3 227.27亿元，增长6.5%，新改建农村公路25.28万公里。纳入《集中连片特困地区交通建设扶贫规划纲要（2011～2020）》的505个贫困县完成公路建设投资3 474.72亿元，增长0.9%，占全国公路建设投资21.0%，如图119所示。

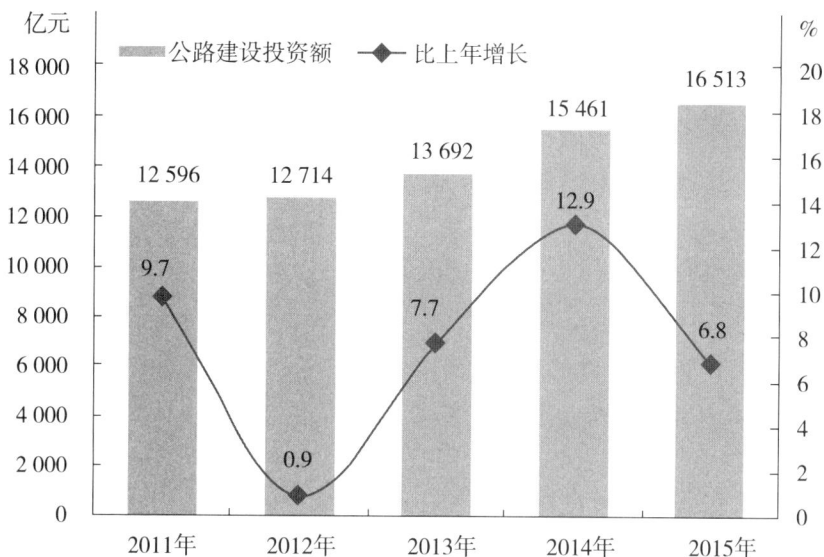

图119　2011～2015年中国公路建设投资额及增长速度

3. 水运建设

　　全年内河及沿海建设完成投资1 457.17亿元，比上年下降0.2%。其中，内河建设完成投资546.54亿元，上升7.6%。内河港口新建及改（扩）建码头泊位161个，新增吞吐能力5 079万吨，其中万吨级及以上泊位新增吞吐能力2 981万吨。全年新增及改善内河航道里程932公里。沿海建设完成投资910.63亿元，下降4.3%。沿海港口新建及改（扩）建码头泊位130个，新增吞吐能力42 026万吨，其中万吨级及以上泊位新增吞吐能力30 381万吨。505个贫困县完成水运建设投资25.90亿元，全部为内河建设投资，增长4.9%，占全国内河建设投资4.7%（见图120）。

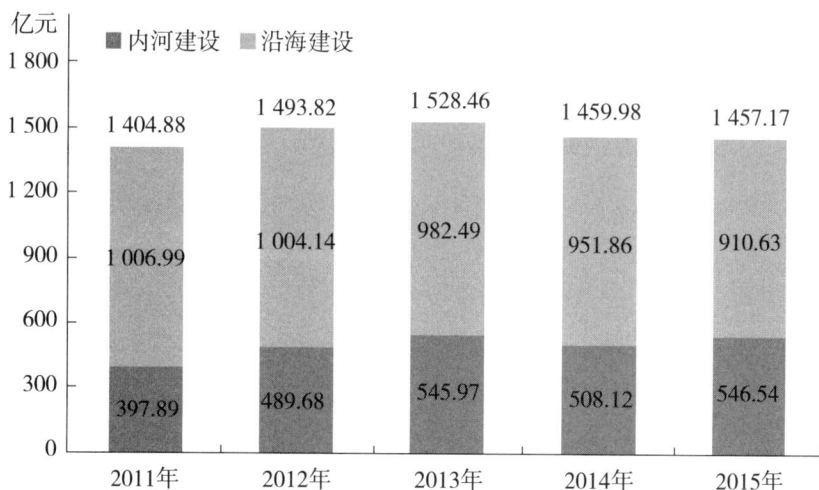

图120　2011～2015年我国水运建设投资额

（九）生产安全

全年未发生特别重大、重大铁路交通事故，铁路交通事故路外死亡人数同比下降15.8%。

全年全国共发生运输船舶水上交通事故212.5件，死亡失踪222人，沉船96艘，直接经济损失3.49亿元，分别比上年下降18.3%、10.1%、31.9%和增长34.6%。全国各级海上搜救中心全年共组织、协调搜救行动1 884次，出动、协调各类船艇6 619艘次、飞机318架次；在我国搜救责任区遇险船舶1 586艘，获救船舶1 246艘，遇险人员14 698名，成功搜救13 727名，搜救成功率为93.4%。

公路水路交通运输建设领域全年共发生生产安全事故35起，死亡49人，分别比上年下降22.2%和40.2%。其中，死亡3～9人的较大事故3起、死亡15人，分别下降8起、27人。未发生死亡10人及以上重特大事故。

（十）能源消耗与环境保护

1. 能源消耗

国家铁路能源消耗折算标准煤1 569.47万吨，比上年降低5.0%。单位运输工作量综合能耗4.68吨标准煤/百万换算吨公里，

增长2.9%。国家铁路主要污染物排放量中化学需氧量排放量2 002吨，降低0.4%，二氧化硫排放量28 760吨，降低9.2%。

全年共监测公路水路运输企业125家。监测的城市公交企业每万人次单耗1.5吨标准煤，比上年增长5.4%，百车公里单耗48.9千克标准煤，增长1.5%；公路班线客运企业每千人公里单耗12.6千克标准煤，增长3.8%，百车公里单耗28.7千克标准煤，下降2.1%；公路专业货运企业每百吨公里单耗1.9千克标准煤，下降6.9%；远洋和沿海货运企业每千吨海里单耗5.2千克标准煤，增长1.9%；港口企业每万吨单耗2.6吨标准煤，下降5.2%。

2. 公路水路环境保护投入

初步统计，全年公路水路交通运输行业环境保护投入167.09亿元，其中公路环境保护投入140.50亿元，港口26.59亿元。公路环境保护投入中，生态保护设施占65.1%，污染防治设施占21.5%。港口环境保护投入中，生态保护设施占22.0%，污染防治设施占64.7%。

（资料来源：以上全部资料均来源于《2015年交通运输行业发展统计公报》）

第二十部分

商品金融市场

2015年中国商品金融市场状况

（一）工业投资情况

在投资方面，据国家统计局统计，2015年1～11月，工业投资20.0万亿元，同比增长8.1%，增速比1～10月回升0.1个百分点，比去年同期低4.9个百分点。其中，采矿业投资11 521亿元，同比下降8.7%，降幅比1～10月扩大0.2个百分点；制造业投资164 222亿元，增长8.4%，增速比1～10月提高0.1个百分点；电力、热力、燃气及水生产和供应业投资23 582亿元，增长16.0%，增速比1～10月回升0.5个百分点。工业投资占全社会固定资产投资（不含农户）比重为40.1%，比2014年同期回落0.8个百分点（见图121）。

（资料来源：中国机械工业联合会机经网，原名为《2015年1～11月工业投资增速逐步企稳》，2015年12月29日）

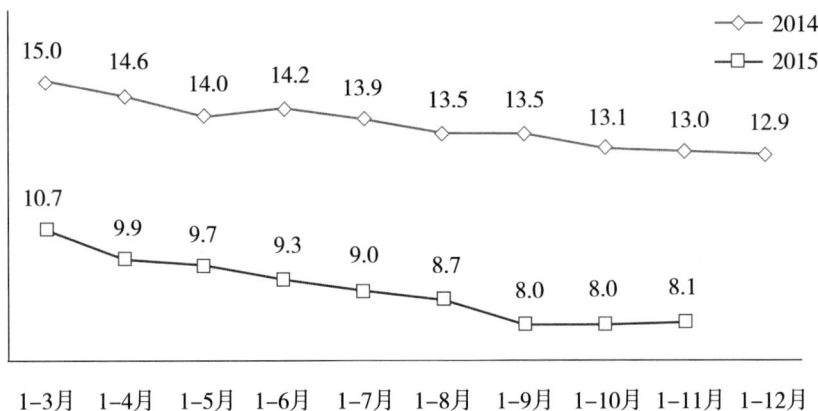

图121　工业固定资产投资增长情况（%）

（二）社会融资规模增量统计情况

初步统计，2015年社会融资规模增量为15.41万亿元，比上年少4 675亿元。其中，2015年对实体经济发放的人民币贷款增加11.27万亿元，同比多增1.52万亿元；对实体经济发放的外币贷款折合人民币减少6 427亿元，同比少增7 662亿元；委托贷款增加1.59万亿元，同比少增5 829亿元；信托贷款增加434亿元，同比少增4 740亿元；未贴现的银行承兑汇票减少1.06万亿元，同比多减9 371亿元；企业债券净融资2.94万亿元，同比多5 070亿元；非金融企业境内股票融资7 604亿元，同比多3 254亿元。2015年12月份社会融资规模增量为1.82

万亿元，分别比上月和上年同期多7 927亿元和2 477亿元。

从结构看，2015年对实体经济发放的人民币贷款占同期社会融资规模的73.1%，同比高11.7个百分点；对实体经济发放的外币贷款占比-4.2%，同比低5.0个百分点；委托贷款占比10.3%，同比低3.4个百分点；信托贷款占比0.3%，同比低3.0个百分点；未贴现的银行承兑汇票占比-6.9%，同比低6.1个百分点；企业债券占比19.1%，同比高3.8个百分点；非金融企业境内股票融资占比4.9%，同比高2.2个百分点。

（资料来源：人民银行网站，原题为《2015年金融统计数据报告及社会融资规模增量统计数据报告》）

（三）保险资产管理市场运行情况

1. 保险资产管理产品注册情况

2015年，保险资产管理业克服"资产荒"和"项目荒"困难，产品注册稳步发展。全年共注册保险资产管理产品121只，注册规模2 706.13亿元 。其中，注册基础设施债权投资计划42只，规模1 027.45亿元；注册不动产债权投资计划69只，规模1 019.68亿元；此外，注册项目资产支持计划5只（194亿元）、股权投资计划5只（465亿元）。

从基础设施债权投资计划来看，平均注册规模24.46亿元，平均期限7.17年，平均收益率6.61%。与之相比，不动产债权投资计划平均规模较小、平均期限较短，分别为14.78亿元和4.95年，平均收益率较高，达到7.25%。

2015年，债权投资计划注册效率显著提升，平均注册工作时长缩短到6个工作日。根据《债权投资计划注册规则（试行）》实施注册分类管理后，协会累计召开外部专家会22次，对42只债权投资计划进行评估，占比由2014年的70.06%下降到37.84%，进一步提升了产品注册效率。共有6个项目实行便捷注册，占比为5.41%。

不动产债权投资计划集中在商业不动产、棚户区改造、保障房和土地储备。相比去年同期，投资保障房、棚户区改造等民生项目的计划数量减少3只，规模减少25.6亿元。

2. 面临的形势及挑战 "资产荒"形势严峻

2015年原保险保费收入同比增长20%，达到2.4万亿元，加上今年陆续到期的资产，需要配置的新增资金规模巨大，加大了配置难度和压力。特别是当前国内经济增长进入"新常态"，经济发展模式和增长方式面临重大转变，从高速增长转为中高速增长，从要素驱动转向创新驱动，国民生产总值和社会固定资产投资增速放缓，使得以基础设施为主要投资对象的保险资产管理面临着"资产荒"、"项目荒"的挑战。

市场竞争激烈。2012年以来国内金融改革步伐加快，揭开了"大资管""新监管"的资产管理新时代，不同类型机构可以全产业链参与资产管理业务。保险资金投资领域得到拓宽，投资标准有所降低，与信托、券商等共同参与市场竞争。但是，保险资产管理机构所面临的监管环境仍然较为严格，在竞争中处于不利地位。以信托为例，保险资金购买的部分信托产品，其基础资产却难以达到保险资产管理机构的产品设立要求。市场化程度的不对称，限制了保险资产管理机构的市场竞争力。

资金成本高。随着保险费率市场化改革的深入，部分保险公司主推分红险、万能险等具有理财性质的高现值产品，保险公司面临负债端成本上升、资产端收益率下降的两难选择，保险资金资产配置难度加大。据了解，大部分保险公司的负债成本仍在6%～8%，有时甚至超过10%。尤其是今年以来央行大幅下调贷款基准利率，企业融资成本快速下降，保险资金成本与融资主体愿意承受融资价格之间的矛盾进一步加深，而银行间市场在资金成本和资金灵活度方面更具有竞争优势，对保险资产管理业务形成压力。

产品竞争力有待提高。随着经济金融形势以及企业融资环境的变化，融资主体对资金的需求趋向多元化。在功能上，需要满足融资主体生产运营、补充资本金、并购、债务置换等多方面需求；在结构上，需要具有灵活的期限、规模和成本管理。而交易结构单一、资质要求较高的传统债权投资计划难以在新形势下更好地满足融资主体的需求。此外，流动性不足、二级市场不发达也成为制约债权投资计划发展的重要因素。

（资料来源：《2015年保险资产管理市场运行报告》，中国保险资产管理业协会发布）

3. 四大上市险企权益投资情况

2015年，A股市场经历了罕见的大幅波动，但保险业却创下了7年来的最高综合收益率。四家上市险企对全行业的投资收益创新高功不可没。

2015年中国人寿投资收益合计高达1 455.43亿元，同比上升35%；实现净投资收益率4.30%，总投资收益率为6.24%。中国平安实现总投资收益1 147.5亿元，同比增加80%；公司保险资金总投资收益率为7.8%，同比提升2.7个百分点，创近三年新高。中国太保实现总投资收益559.1亿元，同比增长33.2%，总投资收益率7.3%，同比提升1.2个百分点，为近五年来最高。新华保险总投资收益率为7.5%，较上年提升1.7个百分点，实现总投资收益456.03亿元，同比增长41.1%。

四家公司将投资收益增加的主要原因归为"投资资产买卖价差收益的增加，及股权型投资分红收入的增加"。

某大型保险集团投资负责人表示，2014年不少保险公司在股票市场上的投资严格执行"确认收益"的策略，控制仓位，是在市场大幅波动中保存住胜利果实的重要原因。

在股票基金的投资仓位上，面对2015年下半年股市出现的巨幅波动，大多数上市险企的整体仓位相对上年末有所上升。其中，中国人寿股票基金投资从2014年末的8.5%上升至12.28%，投资于股票和基金的规模为2 810亿元。新华保险2015年末投资组合中的股票和基金占比13.5%，比2014年末增加了4.4个百分点。中国太保去年末股票基金的占比为9.3%，同比增加1.1个百分点。中国平安股票和基金仓位从2014年10.8%下降到了10%。

2015年保险资金掀起上市公司举牌潮，但是上市险企表现相对克制。上市险企的证券投资主要集中在消费、汽车、金融板块。新华保险证券投资占比较高的分别是广电运通、金龙汽车、中国平安等股票。中国太保偏向银行股，对民生银行、兴业银行、招商银行和浦发银行都有涉及，另外还持有未上市公司杭州银行和上海农商行的股份。

4. 企业年金积累基金情况

企业年金业务自2005年人社部颁发管理机构牌照后开始起步，至2015年已十年有余。根据人社部历年披露的企业年金基金业务数据摘要，可以看到一些重要的发展趋势。

首先，企业年金规模趋近万亿的里程碑。2015年年底，企业年金积累基金9525亿，虽未达万亿，但非常接近了。这比原来预期达到万亿的年份慢了许多。其中主要原因是，企业年金缴费比例，人社部规定的上限是两个8.33%，但实际缴费比例，绝大多数企业为5%，个人为企业的1/4。另外一个因素是，建立企业年金是自愿的，到2015年底，参加企业年金的职工数仅为2 316万，较上年增速仅1%，而之前的两年增速也只有11.5%左右。参加城镇职工基本养老保险的人数有3.4亿人，参加企业年金职工人数仅占6.8%，普及面过低，与养老保障第一支柱相比，过于弱小。未来需要有效提高企业和职工的缴费水平，并从政策上鼓励企业建立企业年金计划，以有效提升企业年金的覆盖率。）

其次，企业年金投资收益创2008年以来最高。2015年企业年金平均收益率9.88%，仅次于2007年的41%。但当年企业年金基金规模只有155亿元，受益者有限。对参与企业年金的职工而言，2015年9.88%的收益率受惠更大。据测算，历年企业年金收益总额约1 900亿，已达企业年金总规模的20%。未来如果能达到年平均6%的收益率，六年后企业年金收益规模将占总规模的50%。投资将成为驱动年金规模增长的重要因素，而不再仅仅依赖缴费的增长，这是建立企业年金的重要意义，对基本养老保险基金即将启动的市场化投资也是很好的示范。

第三，企业年金主要分布在北京和沿海省份。在人社部备案的企业，2015年底年金规模达到5 244亿，占总体的56.6%。其他前九大省市分别为：上海、北京、江苏、山西、安徽、广东、山东、浙江、深圳。除了山西、安徽之外，都在首都或沿海经济发达省份。可以看出，区域经济发展的基础是企业建立年金的重要条件。同时，四年来，前十大省市的企业年金规模占比也在下降中，从2012年的90%降低到2015年底的82.5%。这说明，企业年金也逐步在全国普及，未来应取消建立企业年金的盈利性要求，让更多企业能够建立年金计划。

第四，企业年金受托管理趋向专业化发展。一方面是理事会受托，逐渐转为法人受托。2012年理事会为242家，2015年降低至185家，其中绝大部分转为法人受托，少量归并到上级单位统一建立的年金计划中。有能力建立理事会的，主要是铁路、石油、汽车、银行、煤炭和电网等大型企业，理事会年金计划平均规模近20亿，一般都设有专门的部门和人员来管理年金计划。而大量的中小企业，都选择了专业的法人受托机构来管理年金。另一方面是专业化养老险公司优势凸显。五家养老险公司，占法人受托市场的73%，且市场份额持续在上升。

第五，保险系投资管理人在投资上的优势拉大。2015年保险系投资管理人在企业年金管理资产规模的占比达到51.7%，连续两年超过一半。2008年，保险系和基金系投资管理人的市场占比分别为46.9%、44.4%，相差无几。到了2015年，基金系份额降低到39.3%，保险系投资管理人领先的份额已达12.4%，且前三位均是保险系公司。在投资收益对比上，2015年集合计划固定收益类和含权益类收益均高于平均值的为平安、泰康、太平三家保险系公司。单一计划含权益类收益高于平均值的公司有：招商、南方、国泰、泰康、易方达、平安、华夏七家公司，平安和泰康年金管理资产合计2 454亿，五家基金公司管理年金资产合计1 652亿，为前者的67%。保险系投资管理人的优势在于：各大类资产的投资能力均衡发展，保监会资金运用部对大类资产的投资能力认证备案，包括股票、债券、信评、债权、不动产、股权、衍生品等，有效地帮助保险系公司提升了投资能力。

第六，企业年金产品化投资收益优势明显。2011年集合计划产品起步，为前端集合产品，受托人、账户管理人、托管人、投资管理人绑定。2013年养老金产品起步，为后端集合产品，投资管理人和托管人绑定。2012～2015年，三年累计收益率对比，权益类组合中单一计划和集合计划相似，均为33%；固定收益组合中集合计划26.6%，单一计划24.2%，集合计划较优。养老金产品2014年开始有收益披露数据，与企业年金投资范围和比例相同的混合型养老金产品，2014、2015年平均收益率分别为13%和12.8%，均大幅度高于单一计划和集合计划的平均收益率，产品化投资的优势明显。目前全市场集合计划数量

55个，养老金产品118个，有货币类、股票类、固定收益类、混合类等类别，投资管理人可以发挥在相应大类资产投资能力的优势，提升投资收益。

企业年金刚刚走入第二个十年的发展期，配合国家养老体系的改革和完善，可以预见，养老保障第二支柱的作用会得到更大的认可和政策支持，企业和员工参与企业年金的覆盖面将逐步扩大，企业年金基金将在万亿基础上保持较高速度增长。年金管理机构将进一步向专业化发展，以养老险公司为代表的专业机构将成为主流，投资收益将成为年金基金增长的重要来源，为个人退休养老积累更多的基金。

（资料来源：中国保险资产管理业协会官网，原题为《企业年金积累基金9 525亿去年平均收益率近10%》，作者为李连仁）

5. 互联网保险业务发展情况

2015年被业界称之为互联网保险元年。在经历2014年的业务扩张后，去年互联网保险整体保费规模达2 234亿元，同比增长160.1%，开通互联网业务的保险公司数量已超过100家。互联网保险的渗透率在2013年、2014年、2015年分别为1.7%、4.2%、9.2%，呈现明显强势的上升势头。

快速发展得到了资本的热捧。根据《2016互联网保险行业研究报告》报告统计，截至2015年，互联网保险公司共发生23起融资事件，融资总金额超过70亿元人民币。其中，融资额达到百万级规模的有10起，达到千万级规模的有8起，达到亿级及以上规模的有5起。共有8家互联网保险公司获得第二轮及以上的投资。

6. 信托业发展情况

截至2015年末，信托业协会官方数据

显示，全国68家信托公司管理的信托资产规模为16.3万亿元，同比增长16.6%。也就是说，目前保险业投资信托产品的规模在4 890亿元左右。

7. 私募股权投资基金（PE）发展情况

"我国一级市场和二级市场长期以来有较高的投资回报率，私募股权投资基金（PE）收益峰值可达数百倍。当前，一级市场估值相对较低，具有可观的投资空间。因此，险资投资范围进一步放宽到股权投资领域，有利于险资更加直接投入到优质的企业中，改善投资收益，分散风险。"海投金融CEO王金龙说过。

保监会拟修改《保险资金运用管理暂行办法》，允许险资投资创业投资基金等私募基金，专业保险资产管理机构可设立夹层基金、并购基金、不动产基金等私募基金，这使得险资投资私募基金的操作在法规上得到明确，提高了合规性和合法性。

截至2015年，险资投资私募股权基金的金额高达1 986亿元，较2014年的600多亿元出现了爆发式的增长。

保监会此前规定，保险机构10%的总资产可用于投资未上市企业股权、股权投资基金等相关金融产品。今年前3个月，保险业总资产达13.85万亿元，意味着保险机构可将1.39万亿元的险资配置于未上市企业股权、股权投资基金类资产。

（资料来源：中国银河证券股票要闻，原题为《私募股权投资基金（PE）收益峰值可达数百倍》，2016年5月23日）

2014～2015年中国保险统计数据

（一）2014年中国保险统计数据

1. 原保险保费收入20 234.81亿元，同比增长17.49%

产险公司原保险保费收入7 544.4亿元，同比增长16.41%；寿险公司原保险保费收入12 690.28亿元，同比增长18.15%。

产险业务原保险保费收入7 203.38亿元，同比增长15.95%；寿险业务原保险保费收入10 901.69亿元，同比增长15.67%；健康险业务原保险保费收入1 587.18亿元，同比增长41.27%；意外险业务原保险保费收入542.57亿元，同比增长17.61%。

产险业务中，交强险原保险保费收入1 418.58亿元，同比增长12.69%；农业保险原保险保费收入为325.78亿元，同比增长6.26%。

另外，寿险公司未计入保险合同核算的保户投资款和独立账户本年新增交费4 206.25亿元，同比增长27.64%。

2. 赔款和给付支出7 216.21亿元，同比增长16.15%

产险业务赔款3 788.21亿元，同比增长10.15%；寿险业务给付2 728.43亿元，同比增长21.09%；健康险业务赔款和给付571.16亿元，同比增长38.92%；意外险业务赔款128.42亿元，同比增长17.27%。

3. 资金运用余额为93 314.43亿元，较年初增长21.39%

银行存款为25 310.73亿元，占比27.12%；债券为35 599.71亿元，占比38.15%；股票和证券投资基金为10 325.58亿元，占比11.06%；其他投资为22 078.41亿元，占比23.67%。

4. 总资产达10 1591.47亿元，较年初增长22.57%

产险公司总资产为14 061.48亿元，较年初增长28.52%；寿险公司总资产为82 487.20亿元，较年初增长20.86%；再保险公司总资产为3 513.56亿元，较年初增长67.00%；资产管理公司总资产为240.64亿元，较年初增长26.14%。

5. 净资产为13 255.26亿元，较年初增长56.41%

6. 养老保险公司企业年金受托管理资产为3 159.94亿元，投资管理资产为2 857.89亿元。

（资产来源：中国保险监督管理委员会官网，原题为《2014年保险统计数据报告》，2015年1月26日）

（二）2015年中国保险统计数据

1. 原保险保费收入24 282.52亿元，同比增长20.00%

产险公司原保险保费收入8 423.26亿元，同比增长11.65%；寿险公司原保险保费收入15 859.13亿元，同比增长24.97%。

产险业务原保险保费收入7 994.97亿元，同比增长10.99%；寿险业务原保险保费收入13 241.52亿元，同比增长21.46%；健康险业务原保险保费收入2 410.47亿元，同比增长51.87%；意外险业务原保险保费收入635.56亿元，同比增长17.14%。

产险业务中，交强险原保险保费收入1 570.98亿元，同比增长10.74%；农业保险原保险保费收入为374.90亿元，同比增长15.08%。另外，寿险公司未计入保险合同核算的保户投资款和独立账户本年新增交费8 324.45亿元，同比增长97.91%。

2. 赔款和给付支出8 674.14亿元，同比增长20.20%

产险业务赔款4 194.17亿元，同比增长10.72%；寿险业务给付3 565.17亿元，同比增长30.67%；健康险业务赔款和给付762.97亿元，同比增长33.58%；意外险业务赔款

151.84亿元，同比增长18.24%。

3. 资金运用余额为111 795.49亿元，较年初增长19.81%

银行存款为24 349.67亿元，占比21.78%；债券为38 446.42亿元，占比34.39%；股票和证券投资基金为16 968.99亿元，占比15.18%；其他投资为32 030.41亿元，占比28.65%。

4. 总资产为123 597.76亿元，较年初增长21.66%

产险公司总资产为18 481.13亿元，较年初增长31.43%；寿险公司总资产为99 324.83亿元，较年初增长20.41%；再保险公司总资产为5 187.38亿元，较年初增长47.64%；资产管理公司总资产为352.39亿元，较年初增长46.44%。

5. 净资产为16 089.70亿元，较年初增长21.38%

6. 养老保险公司企业年金受托管理资产为4 168.8亿元，投资管理资产为3 525.51亿元。

（资料来源：中国保险监督管理委员会官网，原题为《2015年保险统计数据报告》，2016年1月28日）

（三）商业银行发展情况

银行业治理机制改革进展顺利，民间资本进入银行业基本实现常态化。银行业体制机制改革不断加快，经营管理水平持续提升。2015年，银行业事业部制和专营部门制改革取得明显进展，产品登记、资产流转、互助保障和行业自律等配套支持机制和系统建设提速，银行业参与货币市场、信贷市场和直接融资的深度和广度显著提升。民间资本进入银行业有序推进。出台促进民营银行发展的指导意见，制定民营银行准入政策和操作细则，奠定民营

银行常态化发展制度基础；首批试点5家民营银行全部开业，总体运行平稳。此外，已有100余家中小商业银行的民间资本占比超过50%；全国农村合作金融机构民间资本占比接近90%，村镇银行民间资本占比超过72%；已开业民营控股非银行业金融机构62家，其中2015年新开业16家。

把握经济新常态下的发展新机遇，支持实体经济稳增长、调结构。2015年，银监会持续督导银行业金融机构盘活存量、用好增量，提高信贷资金使用效率，推动经济发展提质增效。着力缓解企业融资难、融资贵问题，截至2015年底，非金融企业及其他部门贷款加权平均利率为5.27%，同比下降1.51个百分点。健全普惠金融发展总体政策框架，支持"三农"、小微企业等薄弱环节。截至2015年底，全国小微企业贷款余额为23.5万亿元，实现了"三个不低于"目标；银行业金融机构涉农贷款余额为26.4万亿元，同比增长11.7%。引导银行业紧跟国家战略，创新金融产品与服务，主动对接、积极支持重大工程项目建设。截至2015年底，银行业金融机构保障性安居工程贷款余额为1.99万亿元，基础设施行业贷款余额为19.4万亿元。

深化简政放权放管结合，提高依法监管水平。2015年，银监会切实推进内部架构改革，清减下放行政权力，进一步突出监管主业、优化监管流程，提升监管资源利用效能；制定并公开银监会的权力清单、责任清单、约束清单，进一步提高监管透明度，加强自我约束；全面推进银行业法治建设，持续提升依法监管水平；修订涵盖全部银行业金融机构市场准入事项的五部行政许可规章和操作细则，持续完善非现场监管、现场检查、行政处罚监管工作制度规范；加强精准打击，不断提高现场检查的针对性、权威性和有效性。

有效防范和化解金融风险，严守不发生系统性区域性风险底线。2015年，银监会持续加强风险监测预警，有效防范跨行业、跨市场风险扩散和传染；坚持化解存量风险与防止新增风险并重，防控地方政府融资平台、房地产、产能过剩等重点行业贷款风险以及重点机构风险取得积极进展；全面开展"两个加强、两个遏制"等专项检查，严惩违规行为，操作风险得到进一步控制；持续加强社会金融风险防范，非法集资风险排查和专项整治活动成效明显。截至2015年底，我国银行业金融机构共有法人机构4262家；资产总额为199.3万亿元，同比增长15.7%；负债总额为184.1万亿元，同比增长15.1%；不良贷款余额为1.96万亿元，不良贷款率1.94%。银行业金融机构积极计提贷款损失准备金，继续保持了较强的风险防范能力。截至2015年底，商业银行资本充足率为13.45%，较年初上升0.27个百分点；贷款损失准备金余额为2.3万亿元，拨备覆盖率181.18%。

（资料来源：《中国银行业监督管理委员会2015年报》，中国银监会发布）

第二十一部分

商品交易平台

一、华商农产品交易中心

华商农产品交易中心是中国首家从事大宗农产品标准仓单交易管理平台，该机构致力于大宗农产品货权凭证标准化服务，促进大宗农产品的有效流通。其业务类型包括：粮食类标准仓单交易服务；饲料类标准仓单交易服务；白酒类标准仓单交易服务；果蔬类标准仓单交易服务。

该机构致力于打造中国顶级的规范化和集成化的农产品交易体系，推动农产品交易的标准化金融服务，并将陆续推出中国大宗农产品的系列商业化指数。该机构的管理架构包括：理事会、监督管理委员会、规则委员会、准入委员会、结算委员会、交割委员会、金融委员会、国际合作委员会及法律委员会等。

相比于其他农产品交易平台，华商农产品交易中心在"商业模式、银行服务、参与机构、其他金融模式、评级模式、风控体系"上都具有突出的优势。在商业模式上，华商农产品交易中心主张交易的"集成化、金融化、指数化"，突破了传统交易平台"集市化、撮合式、店铺化"的交易限制；在银行服务商，华商农产品交易平台用"平台化服务"取代了传统交易平台的"企业化服务"；在参与机构上，华商农产品交易平台不仅包含传统交易平台上的贸易商，更有"集成交易商、商品型基金、多元化金融机构、大型贸易商"的共同参与，有效促进农产品的流通；在其他金融模式上，华商农产品交易中心创新性地开展了"票据融资、货权管理、资产池融资"等金融服务，为平台内成员提供全面的金融支持；在评级模式上，华商农产品交易中心从传统意义上的企业化评级过渡到"行业化评级、商品化评级、体系化评级"；在风控体系上，华商农产品交易中心更加"系统化、评级化、保险化"，将为风险规避提供有效支持。

二、渤海大宗商品交易所

渤海商品交易所即渤海大宗商品交易所，是在国务院赋予天津滨海新区"先行先试"政策鼓舞下，在天津市委、市政府支持鼓励下，在交易所市场监督管理委员会的指导监督下，在控制市场风险的同时，秉承创新服务宗旨，在发展和完善市场交易方式、保证金结算方式、实货交割方式、客户服务方式等交易所业务创新的同时，不断创新推出既符合国家战略利益，又符合国内、国际市场需求的交易品种。经过两三年时间的创新开拓，渤海商品交易所将会发展成具有国际重要影响力的多商品交易中心和定价中心。

三、上海西郊国际农产品交易中心

上海西郊国际农产品交易有限公司投资、经营的上海西郊国际农产品交易中心（简称西郊国际），是上海及长三角地区现代化、综合性的农产品中央批发市场，为上海市重大工程之一。它立足上海、服务全国、连结海内外，是农产品进入上海、走向世界的主要通道。西郊国际突破传统的农商交易模式，致力于业态提升、运作规范、食品安全、设施先进，创建了大型农产品综合交易王国。

西郊国际是公益性、创新性的农产品大市场，由上海市政府搭台，八家行业龙头企业出资组建，企业精心运作，社会广泛参与。光明食品集团、上海蔬菜集团、上海曹安菜篮子股份有限公司、上海盛源投资公司、上海大江股份有限公司、上海市果品公司、上海西郊国际农产品发展公司、绿地集团等股东，为大市场快速兴旺提供鼎力支持。 西郊国际优势凸显：交易规模大，商品品种多；市场辐射广，依托上海庞大的消费力、商贸连接长三角和国内多数省份；政府支持力度大，优惠政策多；国际对接力度强，引入众多国外客商和货源；农产品权威检测，安全源头控制、全程追溯，食品放心、新鲜、丰富；市场服务全面，管理规范、物流便捷。

四、宁波大宗商品交易所

宁波大宗商品交易所有限公司（简称甬商所）是由宁波市人民政府批准，并经中国证监会（国务院部际联席会议）备案的综合性现货商品交易所。甬商所利用电子商务平台开展能源、金属、化工、矿产品、农产品等大宗商品的竞价、招标等交易服务，通过整合社会物流、金融、质检等各种服务资源，提供集交易、结算、物流、信息、融资服务为一体的一站式综合服务，开创信息化时代大宗商品流通的新模式。

宁波大宗商品交易所按公司制组建，三家国有股东单位分别为：宁波开发投资集团有限公司（60%）、宁波市国际贸易投资发展有限公司（30%）、宁波港集团有限公司（10%），注册资本2亿元人民币。

宁波市人民政府专门设立了由市政府领导为主任，相关政府部门负责人任委员的监督管理委员会，履行政府监管职能，对交易所的交易规则、上市交易品种、客户备付金以及高级管理人员进行监督和管理，确保交易所稳健规范运行。宁波大宗商品交易所将严格按照"公开、公平、公正"的原则开展业务，力争成为国内最具公信力和权威性的商品现货交易所。

五、新华（大庆）大宗商品交易所

新华（大庆）商品交易所（以下简称新商所）是经黑龙江省政府批准，由新华社联合大庆市政府和广东振戎集团主办的大宗商品现货交易所。是国内少有的由部级单位发起成立的大宗商品交易所之一，是"新华08"项目的交易支撑板块，已通过清理整顿各类交易场所部际联席会议《关于黑龙江省清理整顿各类交易场所检查验收相关事宜的复函》（清整联发【2013】14号）审核。从成立至今，新商所一直秉承以"大庆精神创业、以新华精神创新"为理念，以"服务实体经济"为使命，致力于打造具有国际影响力的综合

类交易场所。

新商所股东背景突出，资源优势明显，作为股东之一的新华（大庆）国际石油资讯中心有限公司是由新华社直属企业中经社控股有限公司和大庆高新国有资产运营有限公司投资成立。是"新华08"继北京、上海之后全国布局的功能性总部。新商所另一股东广东振戎能源有限公司是一家经营大宗能源、资源类商品贸易以及相关领域投资开发的大型综合公司，贸易范围覆盖油品、化工品、有色金属、煤炭、木材等，同时，在大型炼化、仓储、物流、分销等领域的投资成果丰硕。

六、新华浙江大宗商品交易中心

新华浙江大宗商品交易中心依托国家级重大项目——新华社金融信息平台，由新华社直属企业——中经社控股有限公司（控股）与杭州兴利投资有限公司共同发起设立。是杭州市政府提请浙江省政府批复的省级重点金融项目，也是唯一由新华社控股的综合性大宗商品交易中心。交易中心在国家法律法规范围内开展大宗商品现货及现货电子交易，交易品种涵盖贵金属、有色金属、能源化工、农产品等领域。

七、北京新发地农产品电子交易中心

北京新发地农产品电子交易中心有限公司依托新发地农产品批发市场二十多年来积累的市场资源及社会影响力，经市金融局、市商务委、市发改委、市农委、市工商局等相关部门批准，由北京市新发地农产品股份有限公司和北京燕星宇世纪天和国际投资有限责任公司共同出资组建。

公司经营范围：组织农副产品及百货等相关商品的现货交易服务（不含期货交易）；农副产品及百货等相关商品的物流、仓储、加工信息技术、技术咨询等服务；技术开发、技术培训、技术转让；货物进出口、代理进出口、技术进出口；与本公司经营宗旨有关的投资。

八、物联仓储信息管理中心

物联仓储信息管理中心有限公司由 | 国家工商总局核名，是中国第一家从事大

宗商品标准仓储信息管理和交易服务运营商。其业务类型固定货权仓储信息管理及交易服务、流动货权仓储信息管理及交易服务，仓储金融业务信息及服务管理，其标准货权类型包括农产品、林产品、矿产品、金属产品、化工产品、能源产品等。物联仓储信息管理中心与相关的大宗商品贸易商、大宗商品仓储商、大宗商品交易平台以及相关的金融机构和专业机构建立深度战略合作关系。并获得中国大宗商品市场领域着名学者和专家的深度支持。其业务模式代表中国大宗商品仓储标准化的最优理论和最优实践。具有独创性，领先性和唯一性。

九、国家粮食交易中心

国家粮食交易中心是2014年经中编办批准设立的事业单位，全称国家粮食局粮食交易协调中心，隶属国家粮食局，负责搭建全国粮食统一竞价交易系统平台，承担交易系统的平台维护、运行管理、创新与推广；负责组织协调国家政策性粮食（含油）交易和出库，开展国家政策性粮食交易资金结算；指导和监督各省（区、市）联网的国家粮食交易中心按照"公开、公平、公正、诚实、守信"的原则开展粮食交易相关工作；引导地方储备粮和社会贸易粮进场交易；负责粮食市场交易信息体系建设；承担国家粮食局交办的其他工作。国家粮食局粮食交易协调中心和各省（区、市）联网的国家粮食交易中心共同组成国家粮食交易中心体系。

十、北京国际矿业权交易所

北京国际矿业权交易所成立于2010年7月，是经北京市政府批准的矿业权交易公共服务机构，是北京市国土资源局指定的矿业权出让和转让公开交易场所，是北京市风险勘查资本市场的建设者。北矿所主要业务包括矿业权交易、矿业权股权融资等。

作为北京市要素市场建设的重要组成部分，北矿所以矿业权、矿产品、矿业金融为核心，以信息发布和服务咨询为基础，以矿业资本为动力，不断规范和完善交易规则及交易流程，实现平台、通道、服务三大功能，成为政府、地勘单位、矿业企业、社会投资者、金融机构、中介机构等多方共同参与的"资源-资产-资本"一体化市场。在促进矿业权交易市场化、矿业中介服务规范化的同时，北矿所将致力于打造集合矿业权有序流转、矿业资本高效融通、矿业技术咨询优质服务和大宗矿产品顺畅交易的专业化、跨区域、国际化平台，逐步建立起能够反映资源稀缺程度、市场供求关系和环境治理成本的价格形成机制，在经济全球化背景下推进绿色矿业又好又快地发展。

十一、北京大宗商品交易所

北京大宗商品交易所是在北京市委、市政府的批准下，北京大宗商品交易所（以下简称"北商所"）于2009年8月注册成立，是集商务流、信息流、资金流于一体的国资控股现货电子交易平台。作为北京市要素市场重点推进项目，北商所享受各级金融业、现代服务业、信息服务业综合配套政策，政府协调推动领导小组综合协调各项资源，给予北商所发展建设重点扶持。

北京大宗商品交易所依托首都的政治经济地位，国内外金融机构总部、跨国集团总部优势，以坚持"公开、公平、公正"为原则，构建稀贵金属、有色金属、农产品、石油化工等多元化的现货品种体系，制定规范、系统、安全的交易体系，提供全方位的专业服务，打造中国大宗商品最具影响力的信息中心、价格中心和交易中心。

十二、天津粮油商品交易所

天津粮油商品交易所股份有限公司由中国天津粮油批发交易市场和天津滨海新区临港经济区管委会共同发起设立，按照政府主办和市场化运作的原则，积极配合滨海新区建设国家级粮油综合加工基地的目标要求，依托粮食行业建立的新型要素市场。

天津粮油商品交易所将打造成为粮油及其制品的交易中心、信息中心、结算中心和服务中心，不断推出交易品种，创新服务方式和扩大服务领域，重点体现惠及消费者、服务生产者的运营理念，不断完善风险控制机制和内部监管制度，不断增强风险监控的能力，兼顾创新与风险防范，在科学审慎、风险可控原则下服务实体经济，为天津市要素市场的稳步发展和可持续创新做出更大的贡献。

十三、粮达网

粮达网（中粮招商局（深圳）粮食电子交易中心有限公司）是由中粮集团和招商局集团倾力打造的大宗农粮一站式综合服务平台，为用户提供交易、结算、物流、金融、资讯、保障于一体的综合服务解决方案，营造公开、透明、守信的绿色农粮电商生态圈。目的在于开启e粮新时代，让生意简单一点。

十四、买粮网

买粮网是由光速安振中国创业投资基金投资、良实科技发展（北京）有限公司运营管理的集粮食大宗买卖、行情资讯、现货资源搜索等一系列服务为一体的互联网平台。买粮网创办于2014年11月，创业团队拥有多年互联网电子商务运营管理经验，致力于将传统的全线下粮食大宗交易转至线上，缩短供需双方的交易流程，降低交易成本，打造全国最大的粮食电子商务平台，充分发挥互联网平台价值，为供需双方提供产销储运全产业链合作模式。

买粮网正在积极探索利用互联网手段开展粮食大宗交易业务，加强和促进信息技术在粮食产业信息化系统的应用水平，提高和丰富市场粮食体系及相关业务合作单位的信息分析预测水平，为中国粮食行业适应新常态须走改革转型、创新发展之路贡献自己的力量，并努力把买粮网打造成在国内最具影响力的粮食电子商务平台。

十五、我买网

中粮我买网是由世界500强企业中粮集团有限公司于2009年投资创办的食品类B2C电子商务网站。中粮我买网致力于打造中国最大、最安全的食品购物网站。我买网坚持的使命是让更多用户享受到更便捷的购物，吃上更放心的食品，是办公室白领、居家生活和年轻一族喜欢的食品网络购物网站。

中粮我买网商品包括：休闲食品、粮油、冲调品、饼干蛋糕、婴幼食品、果汁饮料、酒类、茶叶、调味品、方便食品和早餐食品等百种品类。

第二十二部分
信息产业市场

计算机行业

2014年中国信息产业的市场状况

（一）2014年中国信息行业运行情况

1. 产量出现下滑，销售产值增速放缓

2014年，我国累计生产微型计算机3.51亿台，下滑0.8%；其中笔记本电脑2.27亿台，下降5.5%。计算机全行业实现销售产值22 729亿元，同比增长2.9%，低于电子信息制造业全行业增速7.4个百分点，低于上年2.6个百分点（见图122）。

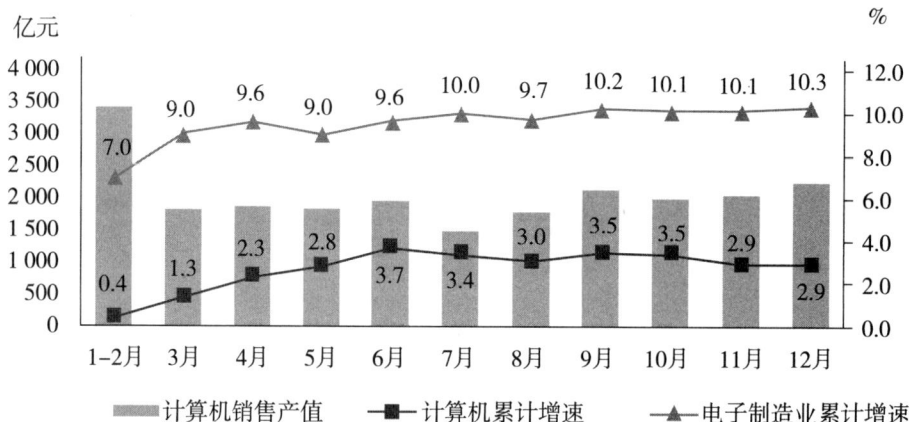

图122　2014年我国计算机行业销售产值增长情况

2. 出口降幅扩大，平板电脑出口数量占一半以上

据海关统计数据显示，2014年我国微型计算机实现出口额1 147.8亿美元，同比下降2.5%，降幅比上年扩大1.2个百分点。出口的微型计算机中，平板电脑的数量比重上升到53.8%，但出口金额比重仅占28.6%；台式微机的比重下降至2.8%，比下年继续下滑0.2个百分点。从全年走势看，出口额呈缓步回升态势（见图123）。

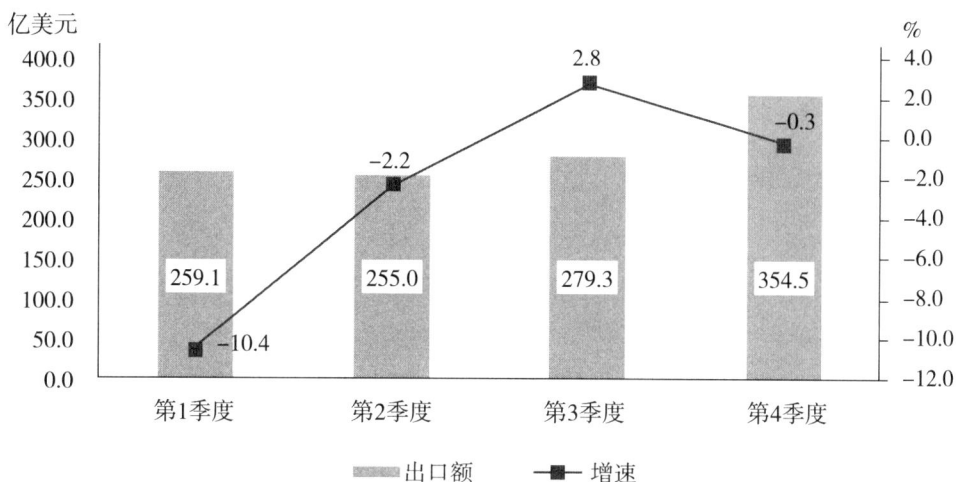

图123　2014年我国计算机行业出口增长情况

3. 主营业务收入成本上升，效益增长
持续放缓

2014年，我国计算机行业完成主营业务收入23 222亿元，同比增长2.7%，比上年下降2.7个百分点；实现利润总额699.6亿元，同比增长5%，比上年下降7个百分点。

计算机行业每百元主营业务收入成本为95.6元，比上年提高2.6元，远高于全行业88.4元的成本水平；销售利润率3%，比上年下降0.2个百分点，低于全行业1.9个百分点（见图124）。

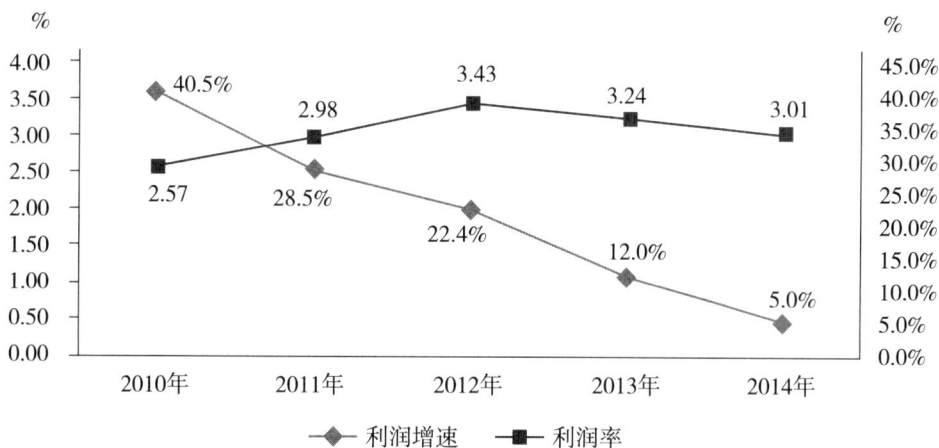

图124　2010～2014年我国计算机利润增长情况

4. 固定资产投资增长低迷，计算机整机下滑严重

2014年，我国计算机行业完成固定资产投资859亿元，同比增长4.3%，增速比上年回升2.5个百分点，但仍低于全行业平均水平7.1个百分点。其中计算机整机领域的固定资产投资下滑严重，同比下降34.6%；零部件制造领域的固定资产投资增长34.1%（见图125）。

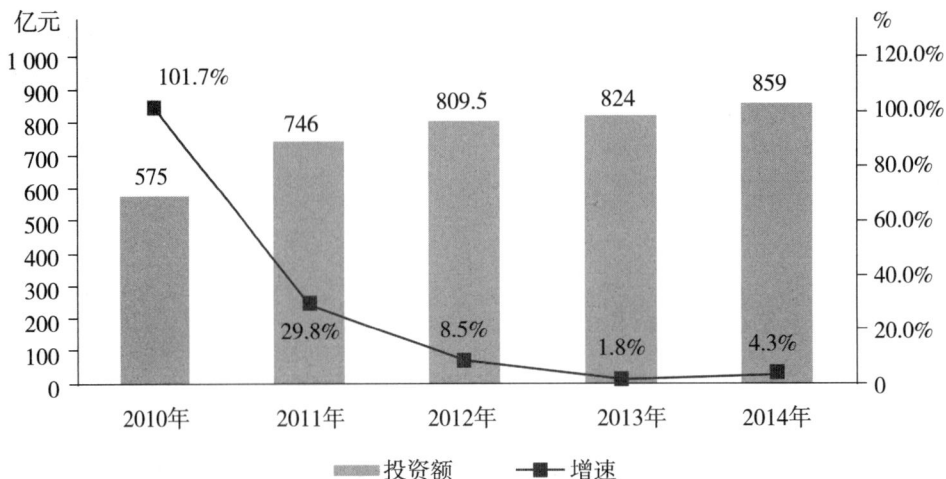

图125　2010～2014年我国计算机固定资产投资增长情况

5. 产品结构不断调整，移动化趋势持续

微型计算机市场中，传统的台式电脑和一体电脑，虽然市场份额有限，占比已经降至低于20%，但仍是商用电脑市场的主力军，产销量较为稳定，根据国内零售市场的监测数据显示，2014年台式电脑的销量同比增长超过20%。在消费领域，便携、移动、娱乐等趋势主导市场，笔记本电脑大量取代传统大电脑的同时，受市场饱和、创新产品不足及平板电脑的替代分流等因素的影响，笔记本电脑的产销量下跌幅度超过5%，但在微型计算机产量中的占比仍达65%；平板电脑的销量增长10%左右，但增速比上年有较大下降，价格下降也较快。

（二）我国计算机市场发展中值得注意的问题

1. 整机市场萎缩显著，重点企业加快整合转型

由于移动设备的替代，消费者对购买台式机和笔记本电脑的兴趣大幅降低，整机市场特别是消费类整机市场萎缩速度已超过预期。国际咨询机构IDC的数据显示，2008年第四季度全球个人电脑出货量出现拐点后，这一市场已不可避免地进入下滑。从国内看，整机产量和行业收入的拐点出现在2012年，增速迅速下降，2013和2014年则真正陷入负增长。面对不利的市场形势，国际厂商纷纷做出调整，2014年初索尼宣布出售自己的PC业务；惠普将个人电脑和打印机业务单独拆分出来；国内企业则出现小企业退市、大企业整合转型的情况。我国计算机整机行业的企业个数由2008年的185家，下降为2014年160家，实际有PC整机产出的企业不到100家，其中90%以上为代工企业；国内品牌整机企业除联想外，长城、海尔、同方等产量都在迅速萎缩，转向其他业务发展；联想正努力向利润更高也更有发展前景的移动业务、企业级和云服务业务市场转型；由于利润率不断下滑，台湾各代工厂纷纷另谋出路，投资核心业务以外的领域，如隐形眼镜生产、塑料回收等，如和硕联合（Pegatron）和纬创（Wistron）来自笔记本电脑业务的收入不到总收入的一半。

2. 企业创新不被市场认可，"缺芯"限制发展

近几年来，个人计算机领域创新亮点缺乏，笔记本电脑方面只有超级本得到了关注，而平板电脑只是向更轻薄的方向进行了拓展，其他一些创新如人脸识别、双显卡等都未得到市场认可，创新不足或者说创新不到位已经制约个人计算机市场的发展，再加上智能手机、可穿戴设备的崛起，更是对个人计算机市场形成了冲击。创新不足究其深层次原因，就在于包括联想、戴尔、华硕、惠普在内的主要计算机企业，都不掌握核心的芯片技术，多年来的发展都过分依赖英特尔。自主技术是一切创新的基石，在进入行业发展成熟期后更为明显。只有拥有自主的芯片技术，才能从根本上找到创新的立足点和突破点，而不只是拘泥于表面化的产品设计和简单的功能变化。

（资料来源：搜狐网，原题为《2014年计算机行业发展回顾及展望》，2015年2月27日）

电子信息产业

2014年，我国电子信息产业按照党中央、国务院的决策部署，深入贯彻落实中央一系列稳增长、促改革、调结构、惠民生、防风险的政策措施，坚持稳中求进的工作总基调，产业整体保持了平稳增长。总体看，经济运行态势稳中向好，结构调整不断优化，产业升级势头初显，质量和效益稳步提升，有力促进了社会信息化发展水平的提高和两化深度融合，并为国民经济在新常态下保持平稳运行发挥了积极作用。

（一）综合情况

产业规模稳步扩大。2014年，我国规模以上电子信息产业企业个数超过5万家，其中电子信息制造业企业1.87万家，软件和信息技术服务业企业3.8万家。全年完成销售收入总规模达到14万亿元，同比增长13%；其中，电子信息制造业实现主营业务收入10.3万亿元，同比增长9.8%；软件和信息技术服务业实现软件业务收入3.7万亿元，同比增长20.2%（见图126）。

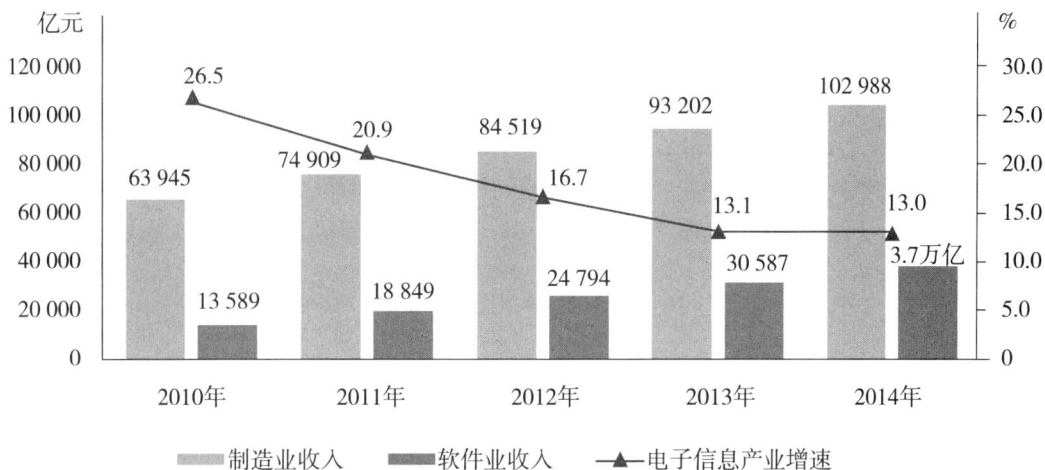

图126　2010～2014年我国电子信息产业增长情况

电子信息制造业领先于全国工业。2014年，我国规模以上电子信息制造业增加值增长12.2%，高于同期工业平均水平3.9个百分点，在全国41个工业行业中增速居第7位；收入和利润总额分别增长9.8%和20.9%，高于同期工业平均水平2.8和17.6个百分点，占工业总体比重分别达到9.4%和7.8%，比上年提高0.3和1.2个百分点（见图127）。

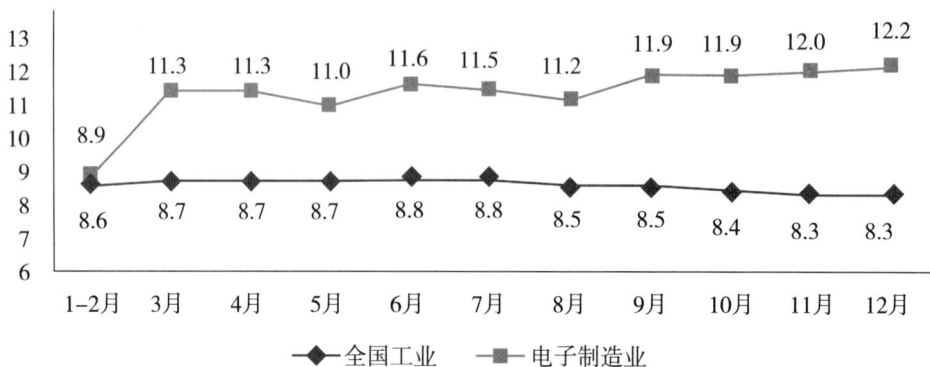

图127　2014年电子信息制造业与全国工业增加值累计增速对比

软件业比重持续提高。2014年，我国规模以上电子信息产业中，软件和信息技术服务业收入增速快于电子信息制造业十多个百分点，软件业比重达到26.6%，比2013年提高1.9个百分点，比"十一五"末提高9.1个百分点，对传统制造业的渗透带动作用进一步增强（见图128）。

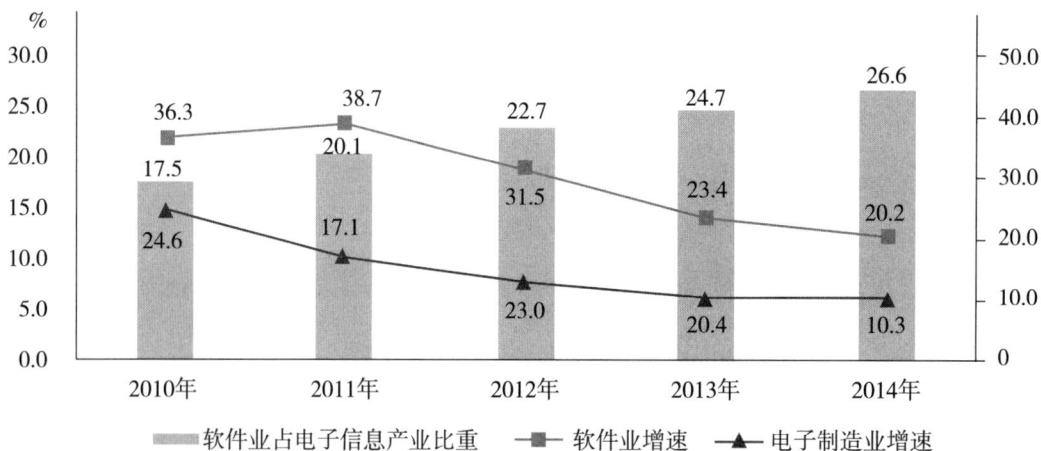

图128　2010～2014年我国软件产业占电子信息产业比重变化

主要电子信息产品产量稳步增长。2014年，我国共生产手机、微型计算机和彩色电视机16.3亿部、3.5亿台和1.4亿台，分别增长6.8%、−0.8%和10.9%，占全球出货量比重均达半数以上；生产集成电路1015.5亿块，增长12.4%，增速比上年提高7.1个百分点。

软件技术服务发展迅速。2014年，我国软件和信息技术服务业中，信息技术咨询服务、数据处理和运营类服务收入分别增长22.5%和22.1%，增速高出全行业平均水平2.3和1.9个百分点；占软件业比重分别达10.3%和18.4%，同比提高0.2和0.3个百分点。

（二）固定资产投资

投资总额增长放缓。2014年，我国电子信息制造业500万元以上项目完成固定资产投资额12 065亿元，同比增长11.4%，增速比上年下降1.5个百分点，低于同期工业投资增速1.5个百分点（见图129）。

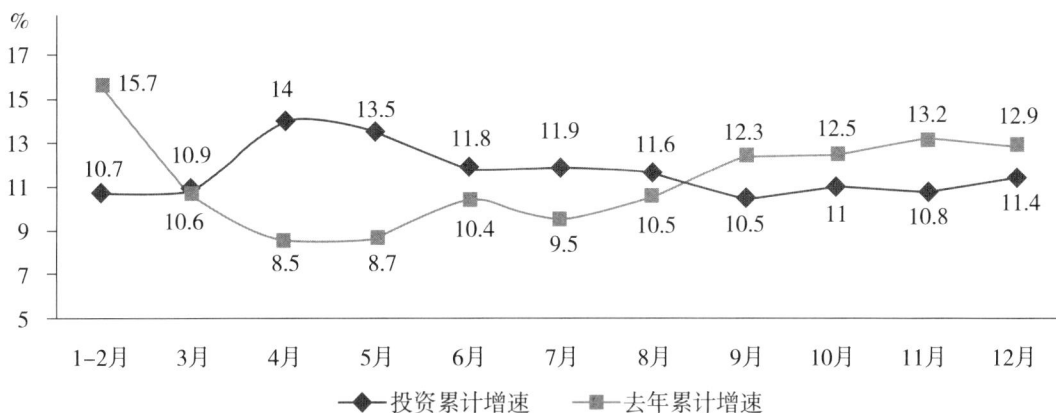

图129　2014年电子信息产业固定资产投资累计增速

投资结构持续改善。分行业看，在信息产业移动化趋势下，通信设备行业完成投资1 085亿元，同比增长21%，成为全行业投资增速最快领域，电子元器件、专用设备等上游产业投资增速快于全行业平均水平，特别是集成电路行业在上年基数较高的情况下，完成投资额644.5亿元，同比增长11.4%；分地区看，中西部地区投资加速明显，完成投资3 959亿元和2 013亿元，同比增长16.9%和22.1%，高于平均水平6.5和10.7个百分点，比重均提高1.5个百分点；从投资主体看，内资企业完成投资9 986亿元，同比增长13.8%，增速高于平均水平2.4个百分点，比重达到82.8%，比上年提高1.8个百分点。

投资新增长点有待培育。2014年，我国电子信息制造业500万元以上本年新开工项目8 028个，同比增长1.0%，增速比上年回落4个百分点。其中，项目最集中的电子元件行业新开工项目数下滑3.4%，但通信终端设备、家用视听设备行业新开工项目数增长8.2%和26.2%；分区域看，江苏仍是新开工项目最为集中的地区，增长2.1%，但广东、陕西二省新开工项目分别增长35.4%和36.8%，甘肃、青海等省区增长也较快。

（三）国内市场

内销比重进一步提升。2014年，我国规模以上电子信息制造业实现销售产值103 902亿元。其中内销产值51 883亿元，同比增长14.9%，高于出口交货值8.9个百分点；内销产值占销售产值比重（49.9%）接近一半，比上年提高1.6个百分点；内销产值对电子信息制造业的贡献率达到69.5%（见图130）。

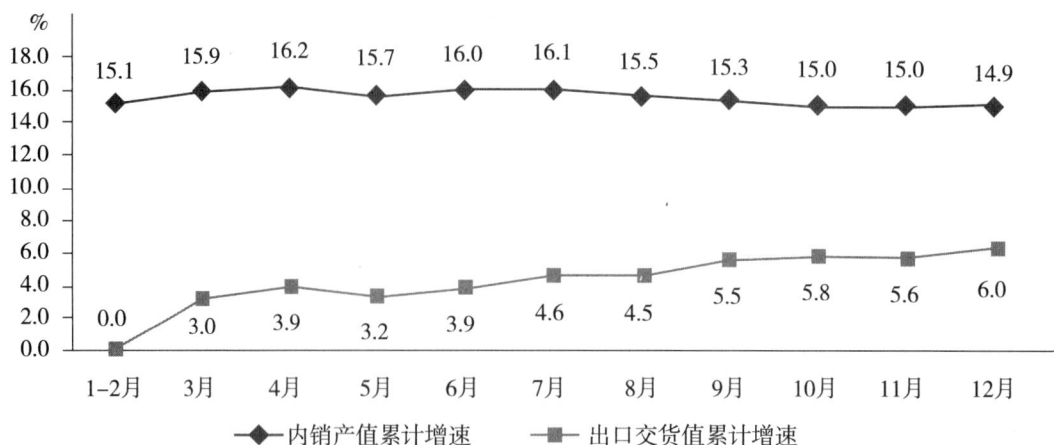

图130　2014年电子信息制造业内外销产值累计增速对比

内需市场对产业影响增强。2014年，随着国内面板、集成电路及部分电子元件产业的升级，电子元器件的国内配套率明显提高，电子元件和电子器件行业的内销产值占比达57.5%和39.4%，分别比上年提高2.6和2.5个百分点；整机类行业国际化竞争激烈，国内外市场对通信设备和家用视听行业的影响较为均衡，其内销产值占比分别为52.2%和53.8%，计算机行业内销产值占比仅23.6%。此外，内资企业的内销产值占比达80.7%，中小型企业内销产值占比72.2%，对国内市场的依赖度仍较高；三资企业和大型企业内销比例均不同程度提高。

（四）进出口贸易

电子信息产品进出口下滑中逐步回升。2014年，我国电子信息产品进出口总额达13 237亿美元，同比下降0.5%，增速低于全国外贸进出口3.9个百分点；其中，出口7 897亿美元，同比增长1.2%，占全国外贸出口比重的33.5%，比上年下降1.8个百分点。进口5 340亿美元，同比下降2.8 %，占全国外贸进口比重为27.1%，比上年下降1.1个百分点。贸易顺差为2 557亿美元，同比增长10.7%，占全国外贸顺差的66%（见图131）。

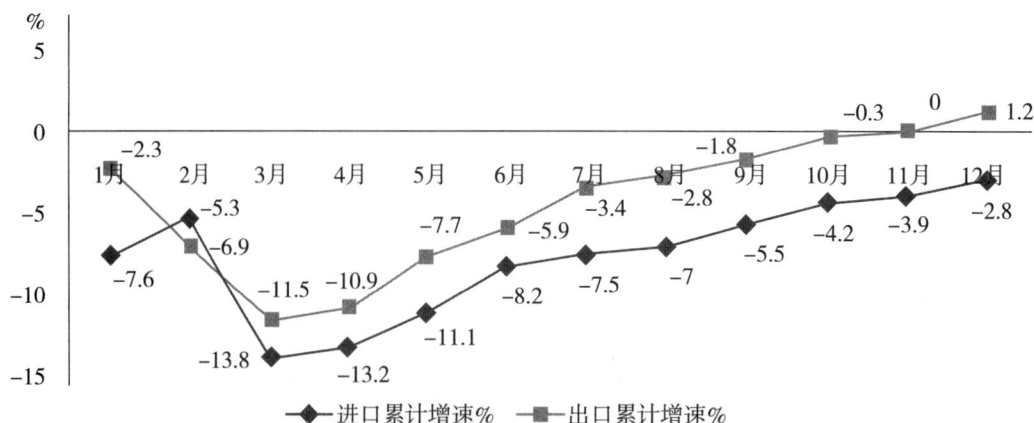

图131　2014年我国电子信息产品进出口累计增速

软件出口增速回落。2014年，软件和信息技术服务业实现出口545亿美元，同比增长15.5%，比上年下降3.5个百分点。其中嵌入式系统软件出口和外包服务出口增长平稳，同比增长11.1%和14.9%，分别比上年提高8.9和1个百分点（见图132）。

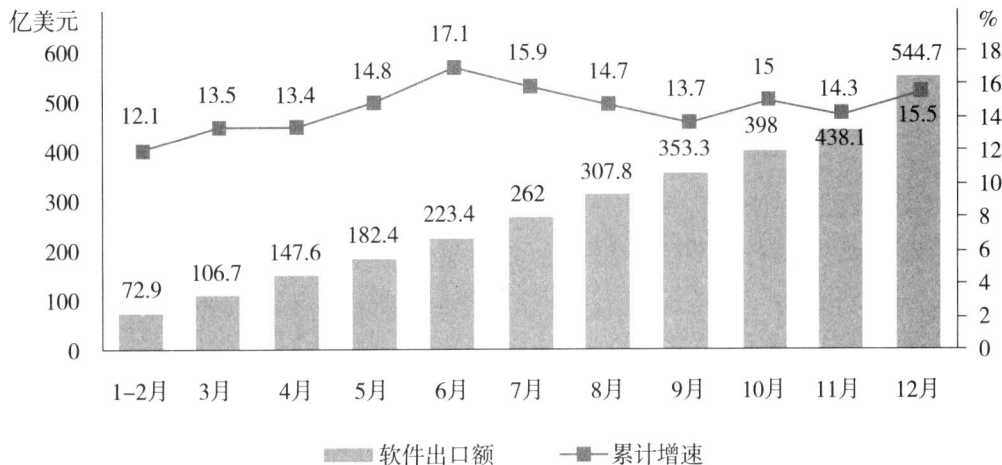

图132　2014年我国软件业出口增长

外贸方式、市场及主体多元化发展。在贸易方式上，一般贸易比重持续提高，出口额为1 784亿美元，增长17.8%，增速高于平均水平16.6个百分点，比重（22.6%）比上年提高3.2个百分点，保税仓库进出境货物及边境小额贸易等贸易方式出口增势突出，分别增长55.6%和61.4%；在贸易主体上，内资企业出口2 136亿美元，下降0.4%，其中民营企业下降较多，但国有和集体企业保持7.2%和18.6%的增长；在贸易伙伴结构上，对主要贸易伙伴出口延续增长态势，对新兴市场的开拓速度加快，对越南、阿联酋和俄罗斯的出口增速达到25.4%、34.3%和14%；在区域结构上，部分中西部省市出口增势迅猛，重庆、陕西、安徽和江西出口增速达到24.1%、77.2%、84%和67.9%，内蒙古、宁夏、贵州等省份出口增速则超过100%。

（五）结构调整

内资企业贡献率提高。2014年，我国规模以上电子信息制造业中，内资企业实现销售产值38 078亿元，同比增长20.7%，高出全行业平均水平10.4个百分点，在全行业中占比提高至36.6%，对全行业贡献率达67.5%，比上年高15.6个百分点。三资企业实现销售产值65 824亿元，同比增长5.1%，增速低于平均水平4.7个百分点（见图133）。

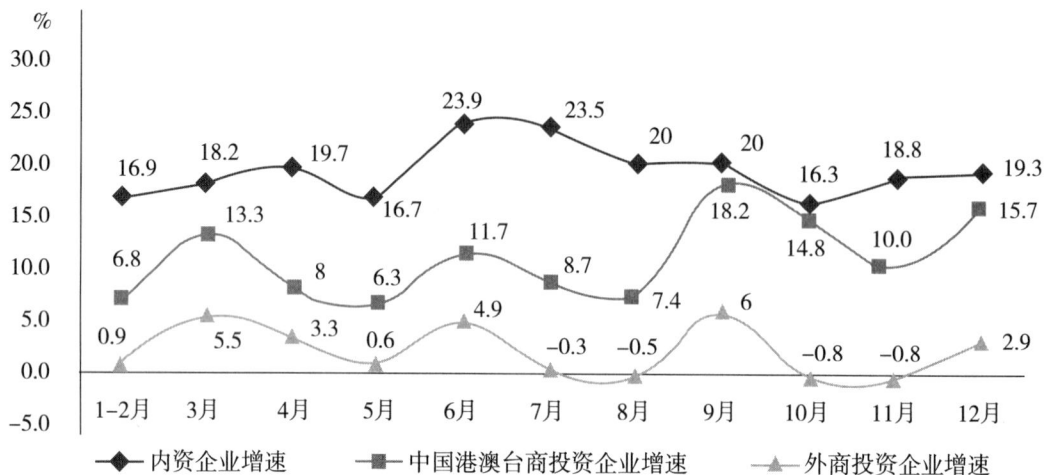

图133　2014年电子信息制造业不同性质企业销售产值分月增速对比

中西部发展持续推进。2014年，我国规模以上电子信息制造业中，中西部地区分别实现销售产值12 574亿元和9 376亿元，同比增长25.9%和26.2%，增速高于平均水平15.6和15.9个百分点，在全国所占总比重达到21.1%，比上年提高2.1个百分点；中、西部地区软件业务收入增长26.7%和23.5%，增速高出全国平均水平6.5和3.3个百分点，在全国所占比重达15.2%，比上年提高0.5个百分点。东部和东北地区电子信息制造业分别完成销售产值80 524亿元和1 428亿元，增长6.8%和0.2%，增速低于全国平均水平3.5和10.1个百分点；东部和东北地区软件业平稳增长，增速分别为20.5%和11.6%（见图134）。

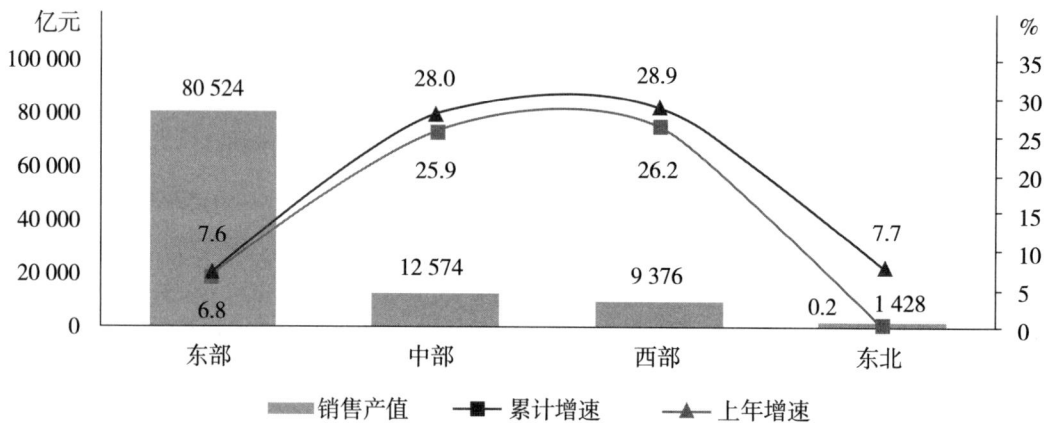

图134　2014年东、中、西、东北部电子信息制造业发展态势对比

软件业延续在中心城市集聚发展的特点。2014年，全国4个直辖市和15个中心城市合计软件业务收入超过3万亿元，占全国比重达81%，其中超过1 000亿元的城市已达到11个，比上年增加1个。15个中心城市软件业务收入增速达21.1%，高于全国平均水平0.9个百分点。

电子信息产品智能化趋势凸现。据对重点生产企业的监测显示，国内生产的手机中智能手机的比例已经超过70%，彩电中智能电视的占比超过40%，智能手表、智能眼镜等新型可穿戴设备以及智能家居等领域快速成长。

（六）经济效益

产业效益逐步向好。2014年，我国规模以上电子信息制造业实现利润总额为5 052亿元，同比增长20.9%。产业平均销售利润率4.9%，低于工业平均水平1个百分点，但比上年提高0.4个百分点；每百元主营业务收入中平均成本为88.4元，仍高于工业平均成本2.8元，但比上年下降0.2元；产成品存货周转天数为12.2天，低于工业1.1天。全行业亏损企业的亏损额下降20.4%（见图135）。

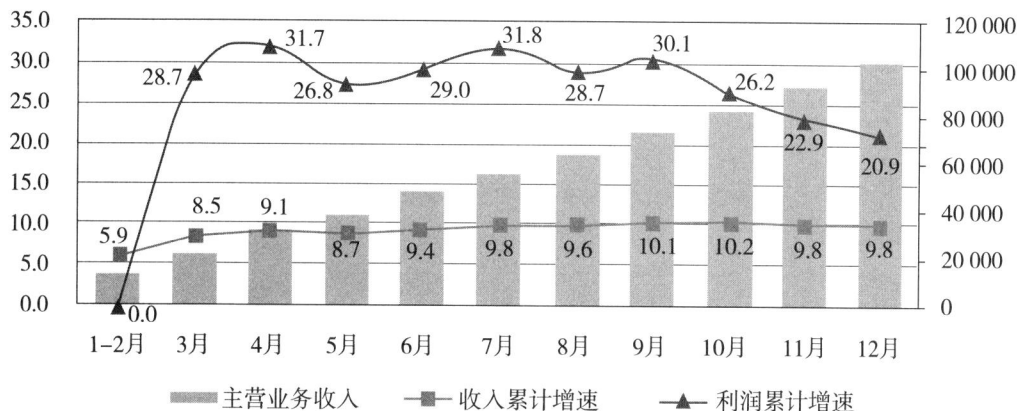

图135　2014年我国规模以上电子信息制造业收入及利润情况

盈利能力不断提高。2014年，我国规模以上电子信息制造业每百元资产实现的主营业务收入为136.8元，高于工业11.6个百分点；平均总资产贡献率为10.1%，比上年提高0.2个百分点；资产负债率57.8%，比上年下降0.5个百分点。

支撑效益增长的重要力量持续增强。从主体看，内资企业占全行业收入和利润的比重达到36.4%和47.7%，分别比上年提高3.3和0.4个百分点，对全行业效益增长的贡献率超过50%；从规模看，小型企业继续保持较强发展活力，收入和利润增速分别为19.1%和27.1%，高于平均水平9.3和6.2个百分点，对全行业效益增长的贡献率达30%左右；从分行业看，部分行业效益增长较快，通信设备行业收入和利润增长达到17.3%和22.6%，远超行业平均水平，电子元器件、专用设备行业效益也较为良好。

（七）科研创新

企业创新意识和能力不断增强。2014年，第28届中国电子信息百强企业和第13届软件业务收入前百家企业研发投入强度分别达4.8%和6.5%，高出行业平均水平2个和1.5个百分点，全年研发经费增长均超过收入增速。企业专利成果丰硕，华为首次进入全球创新机构百强，京东方2014年新增专利申请量超过5 000件。参与国际标准制定的话语权不断增强，2014年我国积极主导制定了在云计算、物联网、射频连接器、同轴通信电缆等领域的国际标准，对自主技术和产品走出去起到了重要的推动作用。

在重点技术领域不断取得突破。集成电路领域，28纳米处理器成功制造；国内首款智能电视SoC芯片研发成功并量产，改变了我国智能电视缺芯局面。国内首条、世界第二条8英寸IGBT（绝缘栅双极型晶体管）专业生产线建成投产，打破国外垄断，有效提升我国在船舶、电网以及轨道交通车辆方面的智能化水平。自主可控国产软件系统已基本具备国产化替代能力，上下游企业"抱团"竞争，应用推广取得新进展。

2014年，国民经济迎来"新常态"发展的历史性新起点，经济增长从高速转向中高速发展阶段，国内外环境错综复杂，经济发展面临不少困难和挑战。我国电子信息产业发展的基本面仍较为良好，但是处于加快转型升级的关键阶段，长期结构性问题、关键技术受制问题与短期困难相互交织，形势较为复杂，提升产业发展质量和效益的任务仍较为艰巨。

2014年电子信息产业的主要指标完成情况见表71。

表71 2014年电子信息产业主要指标完成情况

	单位	全年完成额	增速%
一、规模以上电子信息制造业			
主营业务收入	亿元	102988	9.8
利润总额	亿元	5052	20.9
税金总额	亿元	2021	9.2
固定资产投资额	亿元	12065	11.4
电子信息产品进出口总额	亿美元	13237	~0.5
其中：出口额	亿美元	7897	1.2
进口额	亿美元	5340	~2.8
二、软件和信息技术服务业			
软件业务收入（快报数据）	亿元	37235	20.2
三、主要产品产量			
手机	万部	162719.8	6.8
微型计算机	万台	35079.6	~0.8
彩色电视机	万台	14128.9	10.9
其中：液晶电视机	万台	13865.9	13.3
集成电路	亿块	1015.5	12.4

（资料来源：《2014年电子信息产业统计公报》，中华人民共和国工业和信息化部发布）

软件行业

2015年中国信息产业的市场状况

（一）市场增长情况

2015年1～12月快报显示，我国软件和信息技术服务业共完成软件业务收入4.3万亿元，同比增长16.6%，增速低于2014年4.5个百分点，但比1～11月提高0.4个百分点（见图136）。

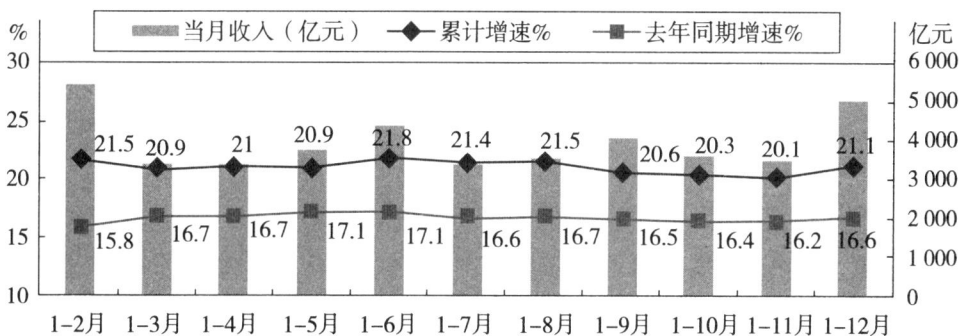

%　　　　■当月收入（亿元）　　◆累计增速%　　■去年同期增速%　　　　亿元

	1-2月	1-3月	1-4月	1-5月	1-6月	1-7月	1-8月	1-9月	1-10月	1-11月	1-12月
累计增速%	21.5	20.9	21	20.9	21.8	21.4	21.5	20.6	20.3	20.1	21.1
去年同期增速%	15.8	16.7	16.7	17.1	17.1	16.6	16.7	16.5	16.4	16.2	16.6

图136　2015年1～12月软件业务收入增长情况

（二）分领域发展情况

据1～12月快报显示，软件产品实现收入14 048亿元，同比增长16.4%，增速低于2014年7.1个百分点，比1～11月提高1.2个百分点。其中，信息安全产品增长16.3%，增速比1～11月下调0.2个百分点。信息技术服务实现收入22 123亿元，同比增长18.4%，增速比2014年提高1.7个百分点，比1～11月提高0.6个百分点。其中，运营相关服务（包括在线软件运营服务、平台运营服务、基础设施运营服务等在内的信息技术服务）收入增长18.3%；电子商务平台服务（包括在线交易平台服务、在线交易支撑服务在内的信息技术支持服务）收入增长25.1%；集成电路设计实现收入1 449亿元，同比增长13.3%；其他信息技术服务（包括信息技术咨询设计服务、系统集成、运维服务、数据服务等）收入增长17.8%。嵌入式系统软件实现收入7 077亿元，同比增长11.8%，增速低于2014年18.9个百分点，比1～11月下降1.7个百分点（见图137）。

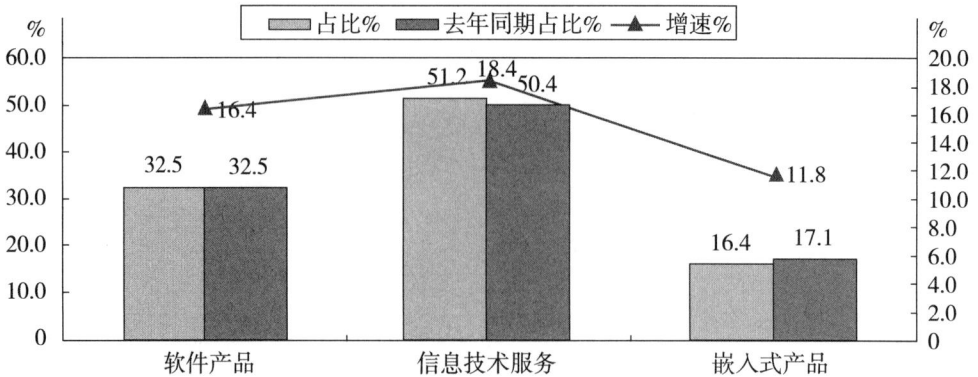

图137 2015年1~12月软件产业分类收入增长情况

（三）软件出口情况

据1~12月快报显示，软件业实现出口545亿美元，同比增长5.3%，增速比2014年提高1.6个百分点，比1~11月提高0.3个百分点，但仍低于全行业收入增速11.3个百分

点。其中外包服务出口额与去年同期基本持平，增速比1~11月回落1.1个百分点。嵌入式系统软件出口增长4.2%，增速比1~11月回升0.2个百分点（见图138）。

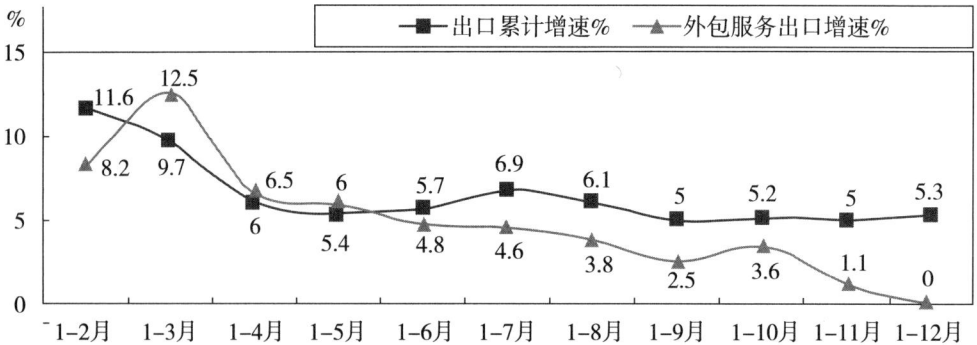

图138 2015年1~12月软件出口增长情况

（四）分地区发展情况

据1~12月快报显示，东部地区完成软件业务收入3.29万亿元，同比增长17.2%，增速比1~11月提高0.6个百分点，低于2014年5.2个百分点。西部地区完成软件业务收入4 410亿元，同比增长16.6%，增速比1~11月下降0.6个百分点，低于2014年4.6个

百分点。中部地区完成软件业务收入1 978亿元，同比增长19.3%，增速比1~11月提高0.4个百分点，低于2014年1.5个百分点。东北地区完成软件业务收入3 943亿元，同比增长10.7%，增速低于全国平均水平5.9个百分点（见图139）。

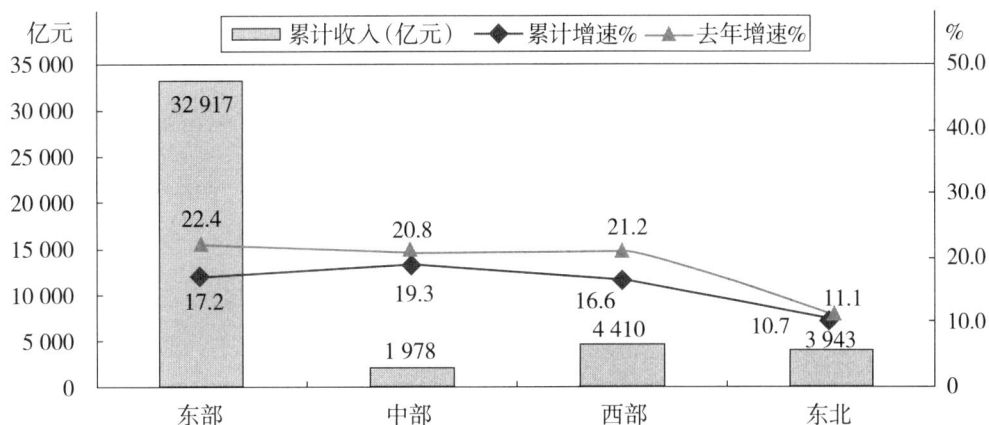

图139　2015年1～12月软件业务区域增长情况

（五）中心城市软件业发展情况

据1～12月快报显示，全国15个副省级中心城市实现软件业务收入2.45万亿元，占全国收入的56.6%，同比增长16.8%，高出全国平均水平0.2个百分点，但低于2014年4.7个百分点。其中软件业务收入超过千万元的中心城市达到11个，比2014年新增加2个城市。

（资料来源：新浪网，原题为《2015年软件业务收入4.3万亿元，2016年1月27日》）

电子信息产业

2015年中国电子信息产业的市场状况

2015年，我国电子信息产业深入贯彻落实党中央、国务院的决策部署，加快推进结构调整，产业整体保持了平稳增长。

（一）综合

规模以上电子信息产业企业个数为6.08万家，其中电子信息制造企业1.99万家，软件和信息技术服务业企业4.09万家。全年完成销售收入总规模达到15.4万亿元，同比增长10.4%；其中，电子信息制造业实现主营业务收入11.1万亿元，同比增长7.6%；软件和信息技术服务业实现软件业务收入4.3万亿元，同比增长16.6%（见图140）。

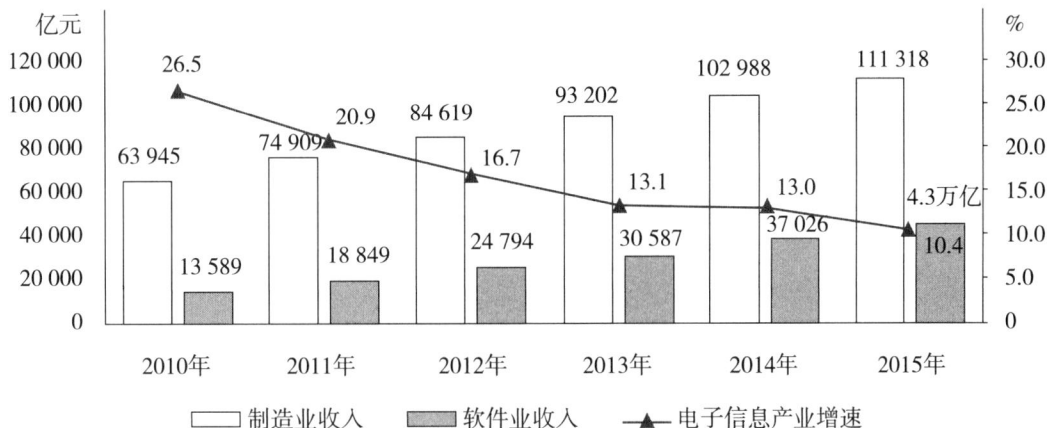

图140　2010～2015年我国电子信息产业增长情况

规模以上电子信息制造业增加值增长10.5%，高于同期工业平均水平（6.1%）4.4个百分点，在全国41个工业行业中增速居第5位；收入和利润总额分别增长7.6%和7.2%，高于同期工业平均水平6.8和9.5个百分点，占工业总体比重分别达到10.1%和8.8%，比上年提高0.7和1个百分点（见图141）。

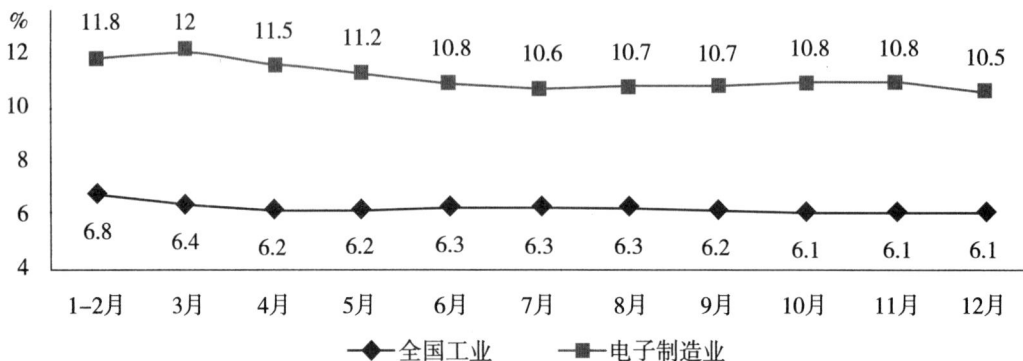

图141　2015年电子信息制造业与全国工业增加值累计增速对比

规模以上电子信息产业中，软件和信息技术服务业收入增速快于电子信息制造业9个百分点，软件业比重达到28%，比上年提高1.4个百分点（见图142）。

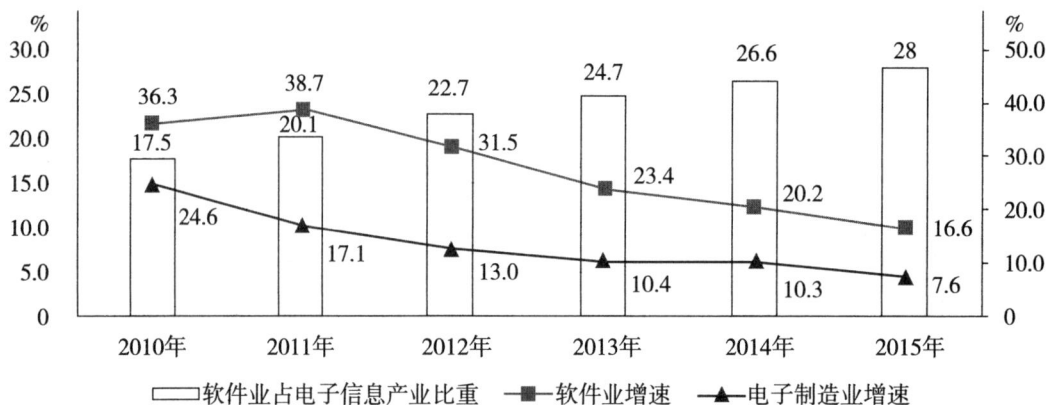

图142　2010～2015年我国软件产业占电子信息产业比重变化

全年共生产手机和彩色电视机18.1亿部和1.4亿台，分别增长7.8%和2.5%，其中智能手机和智能电视分别为13.99亿台和8 383.5万台，分别占比达到77.2%和57.9%；生产微型计算机3.1亿台，同比下降10.4%；生产集成电路1 087.2亿块，同比增长7.1%。

软件和信息技术服务业中，信息技术服务实现收入22 123亿元，同比增长18.4%，增速比上年提高1.7个百分点。其中，运营相关服务（包括在线软件运营服务、平台运营服务、基础设施运营服务等在内的信息技术服务）收入增长18.3%；电子商务平台技术服务（包括在线交易平台服务、在线交易支撑服务在内的信息技术支持服务）收入增长25.1%；集成电路设计实现收入1 449亿元，同比增长13.3%；其他信息技术服务（包括信息技术咨询设计服务、系统集成、运维服务、数据服务等）收入增长17.8%。

（二）固定资产投资

规模以上电子信息制造业500万元以上项目完成固定资产投资额13775.3亿元，同比增长14.2%，增速比上年提高2.8个百分点，高于同期工业投资增速6.5个百分点（见图143）。

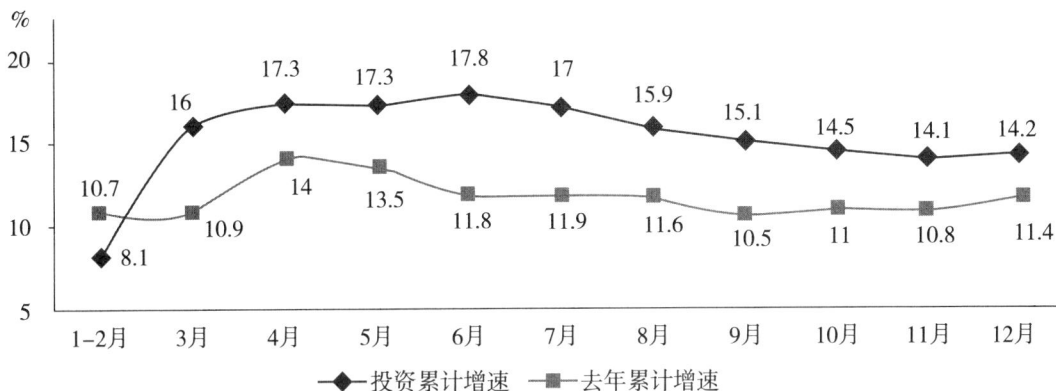

图143　2015年电子信息产业固定资产投资累计增速

其中，电子计算机行业完成投资1 121.5亿元，同比增长30.6%，成为全行业投资增速最快的领域，电子元件、电子信息机电和专用设备行业分别完成投资2 878.3亿元、2 316.3亿元和1 750.8亿元，分别增长17.9%、19.6%和13.9%，通信设备、家用视听设备、电子器件行业增速均低于10%；东部地区完成投资6 748.53亿元，同比增长20.3%，中、西部地区分别完成投资4 278.8亿元和2 251亿元，同比增长8.1%和11.8%；内资企业累计完成投资11 462.3亿元，同比增长14.8%，增速高于平均水平0.6个百分点，比重达到83.2%，比上年提高1个百分点。

电子信息制造业500万元以上新开工项目有9 614个，同比增长19.8%，增速比上年提高18.8个百分点。其中，通信设备行业新开工项目数量增长32.7%，电子计算机行业增长35.9%，电子元件行业增长20.6%，电子信息机电行业增长24.4%；分地区看，江苏仍是新开工项目最为集中的地区，新开工项目数同比增长18.2%，高于上年同期16.1个百分点，浙江、广东、安徽省新开工项目分别增长13.4%、4.8%和45.3%。

（三）固定市场

规模以上电子信息制造业实现销售产值113 294.6亿元，其中内销产值61 695亿元，同比增长17.3%，高于出口交货值17.4个百分点；内销产值占销售产值比重（54.5%）超过一半，比上年提高4.6个百分点（见图144）。

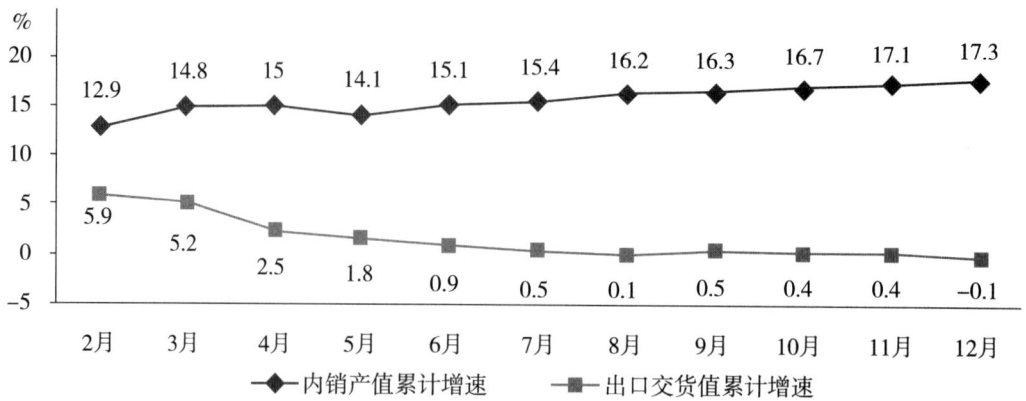

图144 2015年电子信息制造业内外销产值累计增速对比

电子测量仪器和电子信息机电行业的内销产值占比高达83.3%和80.3%，电子专用设备、广播电视设备和电子元件行业的内销产值占比达74.6%、65.1%和65%，家用视听设备、通信设备、电子器件和电子计算机行业的内销产值占比为55.5%、52.6%、42.6%和28.1%。此外，内资企业的内销产值占比达81.5%，中小型企业内销产值占比76.9%，对国内市场的依赖度较高；外商投资企业和大型企业内销比例均不同程度提高。

（四）进出口贸易

电子信息产品进出口总额达13 088亿美元，同比下降1.1%；其中，出口7 811亿美元，同比下降1.1%，占全国外贸出口比重为34.3%。进口5 277亿美元，同比下降1.2%，占全国外贸进口比重31.4%。贸易顺差2 534亿美元，与上年基本持平，占全国外贸顺差的42.7%（见图145）。

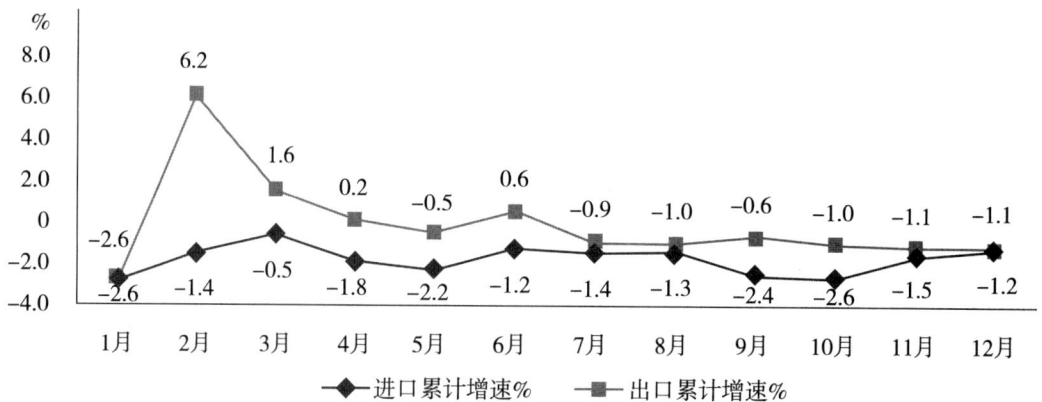

图145 2015年我国电子信息产品进出口累计增速

软件业实现出口545亿美元，同比增长5.3%，增速比上年提高1.6个百分点。其中外包服务出口额与上年同期基本持平，嵌入式系统软件出口增长4.2%。

从贸易方式看，一般贸易出口额1 988亿美元，同比增长11.5%，增速高于平均水平12.6个百分点，比重（25.5%）比上年提高2.9个百分点；在贸易主体上，内资企业出口2 419亿美元，同比增长13.2%，其中民营企业增长较快，同比增长16.8%，国有和集体企业保持3%和7.9%的增长；从贸易伙伴结构看，新兴市场中的新加坡、印度、泰国的出口增速达到10.3%、19.2%和20.8%；在区域结构上，部分中、西部省

市出口增长较快，贵州、青海、广西、甘肃、内蒙古出口增速达到435.9%、70.9%、37.9%、32.3%、30.5%。

（五）结构调整

规模以上电子信息制造业中，内资企业实现销售产值46 316亿元，同比增长17.8%，高出全行业平均水平9.1个百分点，在全行业中占比提高至40.9%。三资企业实现销售产值66 978亿元，同比增长3.2%，增速低于平均水平5.5个百分点（见图146）。

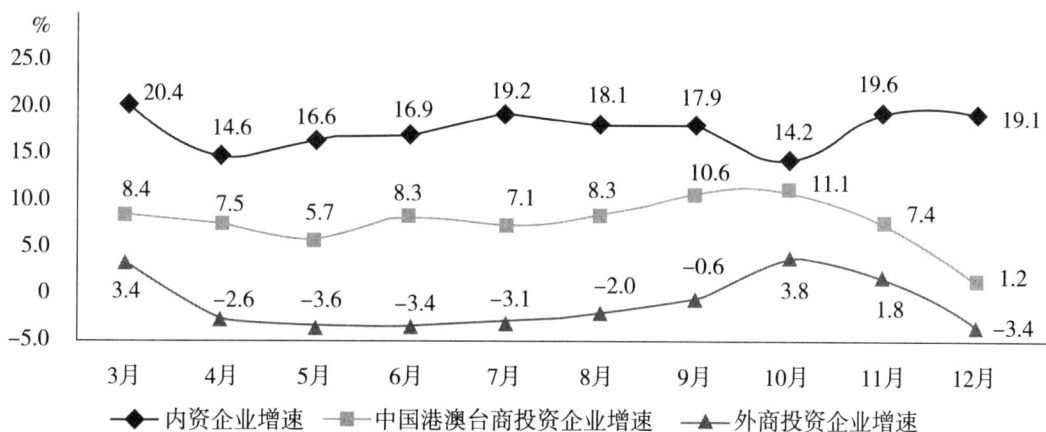

图146　2015年电子信息制造业不同性质企业销售产值分月增速对比

规模以上电子信息制造业中，中、西部地区分别实现销售产值14 963亿元和10 584亿元，同比增长18.1%和11.5%，增速高于平均水平9.4和2.8个百分点，在全国所占总比重达到22.6%，比上年提高1.5个百分点；中、西部地区软件业务收入增长19.3%和

16.6%，比上年下降1.5和4.6个百分点。东部和东北地区电子信息制造业分别完成销售产值86 587亿元和1 160亿元，同比增长8.7%和下降13%，增速低于全国平均水平1.5和21.7个百分点；东部和东北地区软件业增速分别为17.2%和10.7%（见图147）。

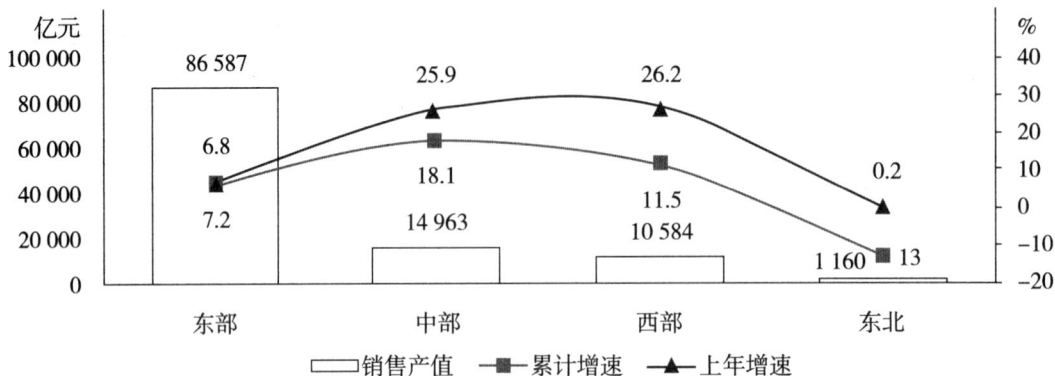

图147　2015年东、中、西、东北部电子信息制造业发展态势对比

全国15个副省级中心城市实现软件业务收入2.5万亿元，占全国收入的56.6%，同比增长16.8%，高出全国平均水平0.2个百分点，但低于上年4.7个百分点。其中软件业务收入超过千万元的中心城市达到11个，比上年新增加2个城市。

（六）经济效益

规模以上电子信息制造业实现利润总额5 602亿元，同比增长7.2%。产业平均销售利润率5%，低于工业平均水平0.8个百分点，比上年提高0.1个百分点；每百元主营业务收入中平均成本为87.8元，仍高于工业平均成本2.1元，但比上年下降0.6元；产成品存货周转天数为14.8天，高于工业平均水平0.6天。

规模以上电子信息制造业每百元资产实现的主营业务收入为130.7元，高于工业14.8个百分点；平均总资产贡献率为10.1%，与上年持平；资产负债率56.6%，比上年下降1.2个百分点。

从主体看，内资企业占全行业收入和利润的比重达到41.3%和52.9%，分别比上年提高4.9和5.2个百分点；从规模看，小型企业继续保持较强发展活力，收入和利润增速分别为20.8%和19.4%，高于平均水平13.2和12.2个百分点；从分行业看，部分行业效益增长较快，通信设备行业收入和利润增长达到14.4%和18.1%，电子专用设备行业收入和利润增长达到14.5%和14.1%，电子信息机电行业收入和利润增长达到13.6%和19.7%，超过行业平均水平。

（资料来源：《2015年电子信息产业统计公报》，中华人民共和国工业和信息化部发布）

第二十三部分

电子商务市场

2014年我国电子商务市场状况

2014年，国家统计局对电子商务交易平台（简称电商平台）的电子商务交易活动开展了调查。统计结果显示，2014年我国全社会电子商务交易额达16.39万亿元，同比增长59.4%。其中，在企业自建的电商平台（简称纯自营平台）上实现的交易额为8.72万亿元，同比增长65.9%；在为其他企业或个人提供商品或服务交易的电商平台（简称为纯第三方平台）上实现的交易额为7.01万亿元，同比增长53.8%；在既有第三方又有自营的混营平台（简称混营平台）上实现的交易额为0.66万亿元，同比增长41.1%。

1. 对单位的电子商务销售额增速加快

通过电商平台向企业（单位）销售的金额为12.75万亿元，同比增长62.8%。其中，销售商品的金额为12.25万亿元，提供服务的金额为0.5万亿元。通过电商平台向消费者（个人）销售的金额为3.64万亿元，同比增长48.6%。其中，销售商品的金额为2.88万亿元；提供服务的金额为0.76万亿元。

2. 自营平台的电子商务交易占比过半

自营平台的电子商务交易总额达9.13万亿元，占全部电商平台交易额的55.7%。其中，纯自营平台实现的电子商务交易额为8.72万亿元；混营平台实现的自营电子商务交易额为0.41万亿元。

3. 第三方电子商务交易活动集中度高

第三方电子商务交易总额达7.26万亿元，占全部电商平台交易额的44.3%。其中，纯第三方平台上实现的电子商务交易额为7.01万亿元；混营平台的第三方电子商务交易额为0.25万亿元。第三方平台电子商务交易活动集中度较高，淘宝、天猫、京东等排名前20的第三方平台上共实现电子商务交易额6.22万亿元，约占全部第三方平台交易额的90%。

（资料来源：人民网，原题为《国家统计局：2014年我国电子商务交易额突破16万亿，2015年8月4日》）

2015年我国电子商务市场状况

（一）我国电子商务市场快速发展

产业信息网发布的《2015～2022年中国电子商务市场全景调研及投资战略咨询报告》显示，2014年中国电子商务市场交易规模12.3万亿元，增长21.3%，其中网络购物增长48.7%，在社会消费品零售总额渗透率年度首次突破10%，成为推动电子商务市场发展的重要力量。另外，在线旅游增长27.1%，本地生活服务O2O增长42.8%，共同促进电子商务市场整体的快速增长（见图148）。

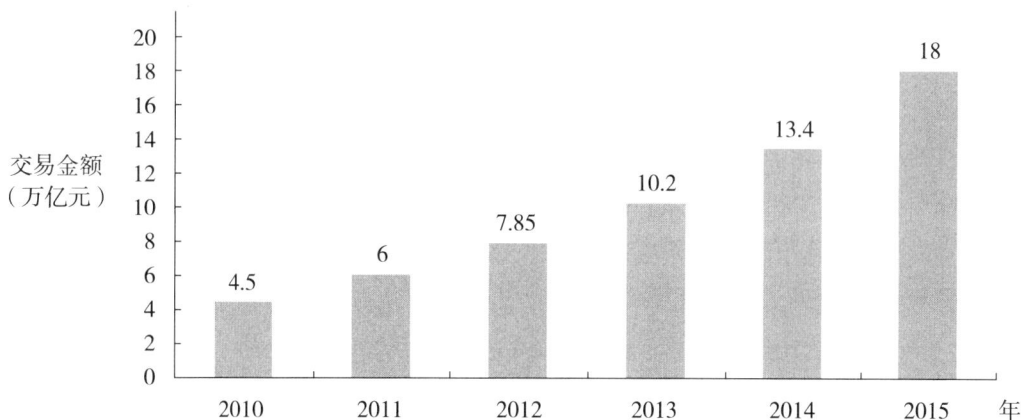

图148　2010～2015年我国电子商务交易市场规模统计及预测

在电子商务市场细分行业结构中，中小企业B2B电子商务占比一半，B2B电子商务合计占比超过七成，B2B电子商务仍然是电子商务的主体；网络购物交易规模市场份额达到22.9%，比2013年提升4.2个百分点；在线旅游交易规模与本地生活服务O2O市场占比与2013年相比均有不同程度的提升。

根据中国电子商务研究中心（100EC.CN）监测数据显示，截止2015年12月，电子商务服务企业直接从业人员超过265万人。目前由电子商务间接带动的就业人数，已超过1 800万人（见图149）。

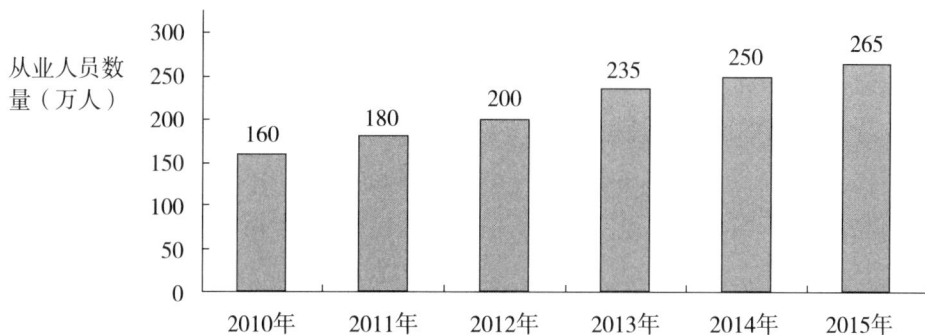

图149　2010～2015年中国电子商务服务企业直接从业人员规模

随着电子商务规模的不断扩大，各地政府大力推进电商发展，电子商务对于快递等上下游行业都有很强的带动作用，由此衍生出来的就业市场大幅增加。随之而来的客服、配送、技术等岗位供不应求（见图150）。

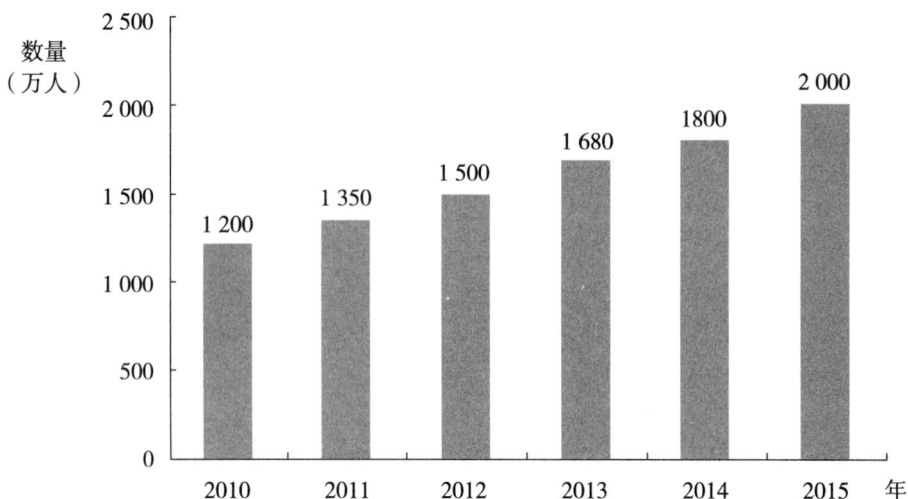

图150　2010～2015年电子商务服务企业间接带动的就业人数

未来，随着我国大量的中小企业将深度应用电子商务、电商服务商规模的扩大以及电商创业热潮的兴起，这些都将带动更多的电子商务直接从业人员和间接就业人员。

（二）电子商务市场热点分析

中国电子商务市场细分领域中，移动购物市场发展迅速，未来几年将保持48%的复合增长率，成为网络购物市场快速发展的主要推动力；此外，在线旅游和O2O未来几年也将保持20%以上的复合增长率，发展快速。

未来几年，移动购物和O2O将成为电子商务市场中发展最快的细分领域。其中，移动购物方面，移动互联网的普及、网民从PC端向移动端购物的倾斜、移动购物场景的完善、各电商企业移动端布局力度的加大以及独立移动端平台的发展，均是推动中国移动购物市场快速发展的重要因素，预计未来几年仍会保持较快的增长速度。

O2O方面，我国本地生活服务O2O市场发展快速，餐饮、休闲娱乐等O2O已经初具规模，但本地生活服务O2O在整体本地生活服务市场中渗透率相对来说还较低。未来随着实物类电子商务用户群体网络消费内容的不断扩大、移动互联网的飞速发展都将推动本地生活服务O2O的快速发展。

（资料来源：中国产业信息网，原题为《2015年中国电子商务总体发展概况分析及市场展望》，2015年10月23日）

（三）我国电子商务发展存在的问题

我国电子商务在迅速发展过程中遇到了一些亟需解决的问题，主要有以下几个方面：

1. **商业规则和法律法规不完善**

近年来，国务院和有关部委出台了一系列关于电子认证、网络购物、网上交易、支付服务等方面的政策、规章和标准规范，优化了电子商务的发展环境。不过，由于电子商务是新兴业态，目前适应电子商务发展的商业规则尚不完善，具有权威性、综合性的电子商务法律法规还是空白，部分规章和标准缺乏操作性，难以有效规范电子商务交易行为。

2. 交易存在安全隐患

电子商务作为一个开放的交易平台，为了保障交易双方之间的诚信、平等以及交往信息的安全等，需要确保交易者身份的真实性、信息的完整性以及信息的保密性。而我国在电子商务的技术和信用体系建设上还不完善，交易中时常出现信誉问题。电脑黑客、病毒与各种手段的网上骗局、网上盗窃等也让人猝不及防。这些电子商务中时常发生的篡改、信息破坏、身份识别、信息泄密等问题都造成了人们对电子商务信任的降低。

3. 网络交易纠纷明显增多

近年来，与电子商务相关的网上售假和网下制假、网络欺诈、网络传销、侵犯知识产权、不正当竞争、泄露用户信息、虚假宣传、虚假促销等行为明显增多。网络交易具有虚拟性、开放性、跨地域性的特点，处理网络交易纠纷的难度大、成本高。据全国最大第三方消费者电商权益保护平台——"中国电子商务投诉与维权公共服务平台"统计数据显示，2015年上半年通过在线递交、电话、邮件、即时通讯、微信等多种渠道，接到的全国用户涉及电子商务类投诉同比2014年上半年增长2.03%。

4. 物流配送效率低下

我国物流业发展基础较差，物流配送效率低下，是制约电子商务发展的重要瓶颈，主要表现在：一是快递业小、散、弱的问题仍然突出，快递行业的服务能力不能满足电子商务的需求。我国快递企业的数量超过1万家，但市场集中度低，现有加盟制经营模式导致快递服务质量普遍不高；二是仓储设施少，且现代化程度低，立体仓库、自动分拣等现代化设备未普及；三是区域发展不平衡。快递公司主要为大中城市提供服务，中国邮政之外的快递公司几乎没有覆盖农村地区的快递网点。

（资料来源：《2015年我国电子商务发展现状及趋势分析》，作者为王玉华）

第二十四部分

市场准入

2014年我国贸易摩擦情况

据统计，1995年至2014年间，WTO各成员发起的保障措施调查共295起，使用最为频繁的为印度、印尼和土耳其，分别为39起、23起和17起。2014年，WTO成员共发起23起保障措施调查。发起成员以发展中成员为主，其中印度发起7起，印尼、土耳其各发起3起。

1995年至2014年间，WTO成员共发起反补贴调查案件380起，其中，美国、欧盟和加拿大发起最多，分别为156起、74起以及49起，占全球反补贴调查案件发起数量的41.1%、19.5%及12.9%；被调查成员主要为发展中成员，其中，中国和印度遭受反补贴调查最多，分别为90起和65起。2014年WTO成员共发起反补贴案件45起，其中美国、加拿大和埃及发起最多，分别为18起、12起和6起；中国、土耳其涉案最多，分别为14起和5起。

根据WTO数据统计，1995年至2014年间，各成员发起的反倾销调查已有4 757起，发起反倾销调查最多的为印度、美国和欧盟，分别为740起、527起和468起。2014年成员共发起反倾销案件236起，其中，印度、巴西和澳大利亚发起最多，分别为38起、35起和22起；从被调查国家/地区来看，中国、韩国以及印度涉案最多，分别为63起、18起和15起。

2015年我国贸易摩擦情况

2015年，全球共有23个经济体对华启动了98起贸易救济调查，涉及13个行业，尤其以钢铁及其制品行业最为集中，达到46起，占比46.9%，比2014年增加19起。98起贸易救济调查中，反倾销72起，反补贴9起，保障措施17起。

低迷的经济环境迫使许多国家政府通过间接的、非关税性质的贸易壁垒和保护性竞争规定来保护国内市场。自2008年起，G20各有关国家共出台了超过3 500项新贸易保护政策，其中80%以上的政策仍在实施，贸易保护主义一直无法消除，而且还有增无减，反映出贸易保护主义的上升趋势。同时，以美国为首的贸易大国不断强化贸易救济手段，贸易保护主义持续升温，极大地阻碍了全球经济合作机制的形成。

国际贸易失衡和贸易保护主义并存。贸易保护的打击对象从密集型产业扩展到了新能源网高科技产物，保护范围从商品贸易领域扩展到服务和金融领域。贸易摩擦由主要发生在发达国家和发展中国家之间的反倾销和反补贴，扩展到发达国家之间、新兴市场国家和发展中国家之间的矛盾也在上升，各种形式的保护主义愈演愈烈，贸易摩擦遍布各类国家之间。

基于本国利益和经济发展目标的考虑，各国出台的经济政策往往是以邻为壑、相互冲突的，政策的不协调，进一步造成了世界经济结构性失衡，特别表现在国际资本流动无序和流动性过剩问题日益严重。

G20各国应该推进区位要素、增长要素

以及战略要素三者之间的有效统一，进行更大力度、更大范围、更高层次的协调和规划，加强互联互通建设的顶层设计，增进区域合作与良性互动，提出各项有助于支持创新活动的贸易投资政策，为全球化进程中的各个企业提供融合包容的规则环境，为全球贸易投资增长寻求新动力和新活力，成为全球多边贸易体制的重要突破口和孵化器。

中国应充分利用自身优势，克服基础设施互联互通建设中遇到的困难，积极应对。强化企业的守法经营和诚信经商意识，优先考虑环境效益和社会效益，为当地民众创造尽可能多的就业机会，增强企业社会责任感，结合自身实际情况，探索和拓展基础设施建设的投融资渠道，形成多元化的融资格局。倡导建立全面负责国际互联互通建设的专门机构，研究制定与互联互通相关的制度、政策，制定符合各方利益的互联互通规则。

（资料来源：新浪网，原题为《2015年对华启动贸易救济调查 超四成涉钢铁》，2016年8月30日）

第二十五部分

中国自贸区及
国家级开发区

一、自由贸易区金融及相关政策国际经验简介

上海自贸区

上海自贸区是根据我国法律法规在境内设立的区域性自由贸易试验区。这种贸易方式属一国的境内关外贸易行为，最突出的表现为"境内关外"的监管模式。从国际上来看，类似的自贸区一般由自由港发展而来，通常是设在港口或邻近港口的地区。它是世界经济全球化的产物，已成为各国发展经济、开展战略合作和参与全球竞争的重要平台和手段。当今世界自贸区的发展非常迅猛，据不完全统计，全球共有1200多个自贸区，其中发达国家占35.4%，发展中国家占65.6%。

上海自贸区建设是国家战略，是先行先试、深化改革、扩大开放的重大举措，意义深远。它的建立"不是为了争取政策上的优惠，其定位是制度上的创新"。上海自贸区的重点不局限于贸易领域的特殊政策，还包括更宽泛的改革和开放的大动作，金融领域试点是其中改革的重头戏和难点之一。我们简单介绍国际上主要自由贸易区的金融及相关政策，供我们借鉴。由于我国资本市场的环境、法律制度、自贸区的定位与境外有较大的不同，在充分借鉴境外的有益经验和做法时，我们还需要根据我国市场的实际情况，加以创造性的运用。

香港

香港自由贸易港比较特殊。世界上大多数国家都是将沿海港口城市规划为自贸港，独立于国家关税之外，以特殊经济优惠，允许外国商品自由免税进出口贸易。但是，香港自由港的政策实施于全香港。目前，香港是全球公认最自由的贸易区，也是全球最大的自贸港，它资金流通顺畅，运营效率高，信息传递快，法制监管体系严密健全，金融体系稳定，吸引了全球的金融机构和投资者。

香港自贸港的政策体系主要分为三大块：完全不干预政策、直接干预政策和临时性干预政策。和金融相关方面，一般情况下，政府完全不干预外汇自由兑换，对关键金融活动采取直接干预，对特殊非常态金融问题采取临时干预政策。

完全不干预外汇自由兑换。作为自贸港，香港的外汇管制一直较为宽松。在二战之后的一段时间，香港曾存在两个外汇市场，官价外汇市场和自由外汇市场。1973年，香港正式取消外汇管制，使得原有的两个外汇市场合并为统一的完全开放的外汇市场，实现港币和外币的自由兑换。1982年以前，香港对外币和港币的存款均收利息税15%，但从1982年2月25日之后，香港对外币存款取消利息税，鼓励外

币流入。1983年，香港又免除了港币的存款利息税。1984年，香港撤消了对黄金的进口禁令，使黄金在香港能够完全自由进出口，自由买卖，这使得香港迅速发展为世界重要的黄金市场。

另外，在香港，开办和经营金融企业相对自由，没有对外资银行的特殊限制，使得金融机构在香港的数量迅速增加。目前基本上所有国际大银行在香港都设有分行，香港50%以上的银行业务属于国际性交易，涉及全球近百个国家。

关键金融活动直接干预，能有效地抑制金融投机和控制金融风险。香港对金融市场的控制主要集中在建立港元和美元的联系汇率制、指定发钞银行及控制发钞银行的发钞行为、推行"金融三级制"等方面。

特殊、非常态金融问题采取临时干预。临时性干预政策是香港政府维护香港经济规范运行的辅助性政策手段，主要用于经济金融中的特殊、非常态问题。一旦经济金融运行回复正常后，这些临时性的干预政策便会被收回，以确保经济金融的市场化发展。临时性干预政策措施包括动用外汇管理基金干预金融市场、按揭率管制等。

美国

美国在1934年颁布的《对外贸易区法案》明确了自贸区的功能和定义。总体来说，美国对自贸区的管理体制分两级：第一级是联邦政府的全国性宏观决策调控、监督和协商机构，包括美国自贸区委员会、美国海关总署、全国自贸区协会和州与地方自贸区的管理机构；第二级是自贸区区内经济管理体系，主要由自贸区的承办者、主管者和经营者组成。美国的自贸区主要分为两类，即主区（General-Purpose Zone）和分区（Subzone），其中，主区一般被认为是有多种用途的区域，而分区则是有特定用途的区域，多由一个公司在区域内生产、经营。

美国自贸区的经济政策主要有四大特点：①相对于其他地区有更强的开放性。自贸区不受国内关税的影响，区内产业商品全面对外开放，货物流通自由，商品可自由出入境。②更大的自由度，具体来说，不限制经营的方式，金融自由，包括外汇兑换自由、资金出入和转移自由、资金投资自由、国民平等待遇等。③更宽松便捷的监管环境。一线放开，二线管住，监管退至自由贸易区和国内市场的通道口。行政限制降至最低，手续简化到最简程度。④更多优惠政策。如关税豁免；所得税和其他税收的减免；信贷放宽；资本和利润的自由汇出；开放内销市场，允许区内企业的产品内销2/3等。

1979年成立的纽约港第49号自贸区是全美260个对外贸易区中最大的。纽约港在区内放松金融管制，实行金融自由化。具体内容包括：放宽或取消对银行存款利率的限制；减少或取消对银行贷款规模的直接控制；允许更广泛的业务交叉；允许更多新金融工具的使用和新金融市场的设立；放宽对外国金融机构经营活动的限制及对本国金融机构进入国际市场的限制，减少外汇管制。

新加坡

新加坡是一个类似于香港的自贸区，目前共有约700家金融机构，其中400家具有资产管理的资质。新加坡证券交易所共有800家上市公司，其中40%来自境外。新加坡的金融监管主体为新加坡金管局（Monetary Authority of Singapore，简称MAS），它同时有中央银行金融调控与金融混业监管两大职能。在20个世纪60年代新加坡建国之初，金融业的主要目的是支持新加坡实业的发展。如今，金融业已经成为新加坡的一个支柱产业，新加坡也成为亚太地区最成熟的金融市场之一。

新加坡的金融市场化改革开始于1975年的利率市场化，在1978年取消外汇管制，之后允许外国银行进入新加坡。这些举措使新加坡逐渐成为最重要的亚洲美元市场。然而，新加坡意识到如果不对外资银行施加任何干涉的话会导致资本大规模流动，从而影响本国经济。于是，新加坡实行对外资银行颁发差别化的执照，确保外资银行在本地存款和支付体系方面的市场份额不超过50%，也同时保证本地银行有一定生存发展的空间。

新加坡被世界银行等国际组织联合评为全球第四大最具竞争力的国际金融中心，排在伦敦、纽约和香港之后。全球金融中心排行的指标一共六个：一是商业环境，包括法律和廉政；二是人力资源；三是便捷和稳定的税收政策；四是商誉，即可信赖的商业文化习惯；五是基础设施；六是市场准入。新加坡在各项的得分都十分靠前。比如，新加坡的公司税率只有17%，处于亚洲各国最低的水平。其优惠的税收政策使新加坡成为亚洲第二大房地产投资基金市场。新加坡的金融机构审批十分便捷，只需要六天就可以完成所有手续。此外，新加坡的移民法对金融和商业人才有很多优惠。新加坡还与多家知名大学签订了金融创新的合作协议。

巴拿马科隆

巴拿马科隆自由贸易区位于巴拿马运河大西洋入海口处，是西半球最大的自由贸易区。科隆自贸区的地理位置得天独厚，海陆空运输能力强大，加之巴拿马对其贸易区内优惠的税收政策及强大的法律保护，使得科隆自贸区成为继香港之后的全球第二大自贸区。

巴拿马自由贸易区的经济政策有其自身的特点。其中重要的一点是，区内合法货币为美元，而巴拿马的本国货币仅为辅币，贸易结算也使用美元。因而在巴拿马经营国际贸易的投资者或企业，不用担忧巴拿马货币汇率波动的风险。这使得巴拿马成为拉美地区最活跃的国际金融中心，世界各大银行在巴拿马均设有分行或代表机构。

另外，在科隆自由贸易区，几乎所有的商业活动都能享受巴拿马政府的优惠税收政策。除了常规的进出口和货品免税政策外，还包括了其他各种税收优惠，例如，外国公司的股票持有者所获股息无需交税，投资无需交税，对持有两年以上的资产进行资本买卖无需缴纳资本收益税等。

德国汉堡

汉堡自由贸易港创建于1888年，位于欧洲市场的中心，兼有海港和河港的功能，是欧洲最重要的中转贸易区。主要从事港口装卸、货物储存、货物商品性加工和货物转运。汉堡港的成功归功于其四大特点：优越的地理位置，准确的功能定位，优惠的税收条件和完善的监管手段。

汉堡自贸区最初是以发展转口贸易为主的传统贸易自由区，但近几年来向着综合型方向拓展，转型非常成功。自贸区在政策上给予放宽信贷和提供补贴优惠。对新建的生产设施提供投资额50%的低息信贷。另外，汉堡港同其他自贸区一样享受优惠的关税等政策。

经政府授权的专门机构，负责管理和协调汉堡自由贸易区的整体发展。其高标准的管理和不断完善的监管方法，保证了汉堡自由港高效的运作。通过对自由贸易港和城市进行超前的规划建设，港区和城市功能相互促进，带动了周边城市经济发展。汉堡港的自由贸易带动了金融、保险等第三产业的发展，使汉堡成为德国的金融中心之一。

迪拜国际金融中心（DIFC）

迪拜国际金融中心成立于2004年9月，占地1.1平方千米，位于亚欧几大金融中心之间，在地理空间上填补了一定的市场空缺。它是中东和北非最重要的现代化伊斯兰金融中心，在DIFC挂牌的900家企业中有400家是金融企业。

在管理体制上，迪拜国际金融中心由高级董事会（DIFC Higher Board）作为最高决策机构，主席由迪拜副酋长担任。该董事会之下设有三个监管机构：

迪拜国际金融中心管理局（DIFC Authority）负责制定迪拜国际金融中心战略开发政策及相关经营管理、营销和行政管理。

迪拜金融服务管理局（Dubai Financial Services Authority）是一个独立的混业监管机构，负责颁发经营许可证并管理迪拜国际金融中心各类金融服务公司的活动。监管范围包括资产管理、银行、信贷、证券、信托、期货、伊斯兰金融、保险、证券交易所、商品期货交易所等。该独立监管机构借鉴了伦敦和纽约经验，兼顾资本结构灵活性的各种法律类型。例如，对刚刚进入该地区开展初期基础性工作、进行市场调研并评估商业机遇的公司，发放"代表处"许可。这种许可不受迪拜金融服务管理局规则手册中规定的约束，有助于机构以最低的成本快速进入市场。

迪拜国际金融中心司法管理局（DIFC Judicial Authority）负责中心内部所有民事和商业纠纷的司法和执法活动，区内拥有独立的立法和司法体系。DIFC自己制定出一整套独立的金融服务民事和商业法律法规，其法律体系效仿英格兰及威尔士的模式，并采用英语为官方语言。作为其自治权的组成部分，DIFC法院对金融中心内的所有民事和商业纠纷以及对中心内注册机构和公司有关的纠纷具有专属管辖权。

此外，在DIFC，外资可拥有100%的股权。所有个人和机构均享受收入或利润税收全免至少50年。DIFC没有资本管控，并允许多样化的资本结构形式存在。依照国际证监会组织（IOSCO）的原则，迪拜金融服务管理局的基金制度允许基金选地（Fund Domiciliation）等多种服务。DIFC也是纳斯达克迪拜交易所的总部，股权衍生品、结构性产品、伊斯兰债券和常规债券等都在该交易所上市。最后，DIFC还设立一站式服务机构提供办理签证、工作许可证等相关服务。DIFC成立九年来已经成为一个提供全方位服务的"城中之城"。

阿布扎比

阿布扎比金融自由区于2013年获批建立，并计划成立专门的金融自由区法，旨在鼓励国际金融公司在此设立总部。自由区位于玛丽亚岛，占地1.14平方千米。阿布扎比市政府计划在此先建造一个汇集住宅、大型商贸中心、娱乐中心、酒店和写字楼的多用途综合项目，并配以先进的交通服务基础设施，建成后将成为阿布扎比新的市中心。金融自由区法立法之前征求了世界各大金融公司的意见，最终采用的是瑞士的双头监管模式。由全球市场注册局和金融服务监管局共同监管市场。阿布扎比金融自由区拥有自己独立的法庭，该市场内的所有经营活动除了接受该法院裁决外，其他任何机构和部门都不得没收、扣押或限制市场内的财产。同属于阿联酋，阿布扎比金融自由区与迪拜国际金融中心相比，其重心更偏向资产管理和大宗商品。

国际组织关于金融改革的研究建议

国际货币基金组织在2013年8月的研究指出，由于大量的中国国内资金寻求国际化的配置，一旦中国资本账户放开，有可能带来大量的资本净流出。日本在资本账户开放的5～10年内都出现了大规模的资本净流出。因此中国应该谨慎地放开资本账户，可以在自贸区"二线管住"上多加留意，并进行试点。

国际货币基金组织研究还表明，资本市场的对外开放、利率市场化和金融部门的改革是相辅相成的。以色列在1977年施行过爆炸式的资本账户自由化改革，但由于缺乏稳定的宏观环境和对冲市场，一年半以后就被迫恢复了资本账户的管制。之后，从1987年到2005年，以色列试行了渐进式的资本账户自由化改革，这次改革在稳定的宏观环境下进行，并且建立了数据库，实时跟踪市场动向，取得了良好的效果。

（资料来源：中国财资管理网，原名为《自由贸易区金融及相关政策国际经验简介》，2014年2月27日）

二、中国自贸区

2014年中国自贸区的状况

2014年是中国自贸区建设取得突破性进展的一年。短短8天，中国所推动的三大自贸区相继取得重大突破：11月10日，中韩自贸区结束实质性谈判；11日，北京APEC领导人峰会决定启动和推进亚太自贸区（FTAAP）路线图；17日，中澳自贸区结束实质性谈判。这标志中国自贸区战略实施开始全面提速。

1. 中国—韩国自贸区

2012年5月，中韩自贸区启动谈判。2014年11月10日，两国政府签署了结束中韩自贸区实质性谈判会议纪要。中国是世界第二大经济体，韩国是第十四大经济体。2013年，中韩双边贸易额达到2 740亿美元，已超过韩日与韩美贸易规模的总和。2014年1月，中韩双边贸易额为190.09亿美元。两国确立的目标是2015年将年双边贸易额提高到3 000亿美元。中韩自贸区协定涉及两国产品税目的90%和贸易额的85%在过渡期后都降为零关税。中方首次承诺以准入前国民待遇和负面清单方式开展服务贸易和投资谈判。双方首次在协定中涵盖货物贸易、服务贸易、投资和规则等17个领域，内容包括电子商务、竞争政策、政府采购、环境等"21世纪经贸议题"，实现了"利益大体平衡、全面、高水平"目标。中韩自贸区是迄今为止中国贸易额最大、综合水平最高的自贸区。

2. 中国—澳大利亚自贸区

2005年4月，中澳自贸区启动谈判。2014年11月17日，两国政府签署了结束中澳自贸区实质性谈判的意向声明。中澳经济互补性强，在制成品方面中国向澳出口较多，在基础原材料方面澳向中国出口较多。过去十年中，中澳双边贸易额年均增速28%。目前，中国已是澳第一大贸易伙伴、第一大进口国和第一大出口市场；澳是中国第八大贸易伙伴、第九大出口市场和第七大进口国。中澳自贸区协定涵盖货物贸易、服务贸易、投资和规则等十多个领域，包含电子商务、政府采购等新议题。协定达成之后5年内，澳对中国进口100%产品将降为零关税，中国对澳绝大多数产品关税也最终为零。在投资领域，双方在协定生效日起相互给予最惠国待遇。在服务领域彼此做出包括众多部门高质量开放承诺。中澳自贸协定成为继中韩自贸协定后中国与亚太地区重要经济体另一个全面、高水平的自贸协定。

3. 亚太自贸区（FTAAP）

2004年，APEC工商咨询理事会（ABAC）最早提出亚太自贸区（FTAAP）概念。2006年，APEC首次将FTAAP写入领导人宣言。2010年，APEC领导人承诺将为实现FTAAP发挥"孵化器"作用。2014年，中国是APEC系列会议的东道国。中方提出《APEC加强区域经济一体化框架》合作倡议，包括制定实现FTAAP路线图和时间表，并由APEC领导人峰会宣布启动FTAAP可行性研究。2014年11月11日，APEC第二十二次领导人峰会通过了《北京纲领：构建融合、创新、互联的亚太——APEC领导人宣言》和《共建面向未来的亚太伙伴关系——APEC成立25周年声明》，决定启动亚太自贸区进程，批准APEC推动实现亚太自贸区路线图。这是朝着实现亚太自贸区方向迈出的历史性一步，标志着亚太自贸区进程正式启动。

（资料来源：《中国自贸区战略实施进展与展望（2014～2015），李罗莎撰稿》）

2015年中国自贸区的状况

2015年，商务部加快实施自由贸易区战略，积极推进自贸区建设，完善自贸区整体布局，取得新成就。

截至2015年底，我国已经签署并实施14个自贸协定，涉及22个国家和地区，自贸伙伴遍及亚洲、拉美、大洋洲、欧洲等地区。这些协定分别是我国与东盟、韩国、澳大利亚、新加坡、巴基斯坦、冰岛、瑞士、智利、秘鲁、哥斯达黎加、新西兰的自贸协定，内地与香港、澳门的《更紧密经贸关系的安排》（CEPA），以及大陆与台湾的《海峡两岸经济合作框架协议》（ECFA）。我国也正在推进多个自贸区谈判，包括《区域全面经济伙伴关系协定》（RCEP）、中日韩、中国—海合会等自贸区谈判。总体来看，自贸区建设促进了我国与有关国家和地区的经贸合作，取得了互利共赢的成果。2015年我国自贸区建设主要进展如下：

一是成功签署并实施中韩自贸协定。经过两年多的谈判，2015年6月1日，商务部高虎城部长和韩国产业通商资源部部长尹相直在韩国首尔签署中韩自贸协定。在完成各自国内程序后，中韩自贸协定已于2015年12月20日生效。中韩自贸协定是我国迄今为止对外签署的涉及国别贸易额最大的自贸协定，对中韩双方而言是一个互利、双赢的协定，实现了"利益大体平衡、全面、高水平"的目标。根据协定，在开放水平方面，双方货物贸易自由化比例均超过税目90%、贸易额85%。协定范围涵盖货物贸易、服务贸易、投资和规则等共17个领域，包含了电子商务、竞争政策、政府采购、环境等新议题。同时，双方承诺在协定生效后将以负面清单模式继续开展服务贸易谈判，并基于准入前国民待遇和负面清单开展投资谈判。

二是成功签署并实施中澳自贸协定。经过历时10年的谈判，2015年6月17日，中澳自贸协定正式签署。在完成各自国内程序后，中澳自贸协定已于2015年12月20日生效。中澳自贸协定实现了"全面、高质量和利益平衡"的目标，是我国与其他国家迄今已商签的贸易投资自由化整体水平最高的自贸协定之一，在一些领域创新了谈判模式。在服务领域，澳方承诺自协定生效时对中方以负面清单方式开放服务部门，成为世界上首个对我国以负面清单方式做出服务贸易承诺的国家，中方以正面清单方式向澳方开放服务部门。澳方还在假日工作机制等方面对中方做出专门安排。在投资领域，双方自协定生效时起将相互给予最惠国待遇。双方还同意未来以负面清单模式谈判投资和服务的开放升级。

三是如期完成中国—东盟自贸区升级谈判并签署升级议定书。经过2年4轮谈判，2015年11月22日，高虎城部长与东盟十国部长分别代表中国政府和东盟十国政府，在马来西亚首都吉隆坡正式签署《中国—东盟自贸区升级议定书》（以下简称《议定书》）。目前，双方正努力推动《议定书》于2016年尽早生效。《议定书》是我国在现有自贸区基础上完成的第一个升级协定，内容涵盖货物贸易、服务贸易、投资、海关合作与贸易便利化、经济技术合作等领域，是对原有协定的丰富、完善和补充，体现了中国与东盟深化和拓展双方经贸合作的共同愿望。中国—东盟自贸区的升级，将为双方经济发展提供新的助力，加快建设更为紧密的中国—东盟命运共同体，推动实现2020年双边贸易额达到1万亿美元的目标，并促进《区域全面经济伙伴关系协定》谈判和亚太自贸区建设进程。

四是推动《区域全面经济伙伴关系协定》（RCEP）谈判取得实质性进展。RCEP谈判于2012年启动，是目前亚洲正在建设的规模最大的自贸区，涵盖了全球一半以上的人口，经济和贸易规模占全球的30%，其中还包括中国和印度这两个世界上人口最多的国家。2015年，在中方推动下，谈判取得了积极的进展。在2015年8月的吉隆坡RCEP经贸部长会上，经过中方大力引领，会议按照中方方案全面结束模式谈判，进入实质性出要价阶段。在2015年11月的东亚领导人系列会议上，RCEP领导人又达成了力争2016年结束谈判的共识。

此外，2015年我国积极推进中日韩自贸区谈判、与斯里兰卡的自贸区谈判和与巴基斯坦的自贸区第二阶段谈判，还启动了与马尔代夫、格鲁吉亚的自贸区谈判和与新加坡的自贸区升级谈判。

（资料来源：中华人民共和国商务部官网，原题为《2015年商务工作年终综述之三：我国自贸区建设取得积极进展》，2016年1月4日）

三、中国国家级开发区

2014年中国国家级开发区的状况

2014年1～9月，215家国家级经济技术开发区总体发展态势良好。地区生产总值、第二产业增加值、第三产业增加值、财政收入、税收收入、固定资产投资同比均为两位数增长（12.7%、13.5%、14.7%、15%、13.3%、15.5%）。中西部地区国家级经济技术开发区仅第三产业增加值增幅大于东部地区国家级经济技术开发区。

（一）总体情况

2014年1～9月，全国215家国家级经济技术开发区（以下简称国家级经开区）实现地区生产总值56 238亿元人民币（如无说明，币种下同），第二产业增加值41 992亿元，财政收入10 564亿元，税收收入9 089亿元，同比分别增长12.7%、13.5%、15%、13.3%，增幅分别高于全国5.3、6.1、1.8和5.9个百分点；实际使用外资和外商投资企业再投资金额2 841亿元，同比增长8.6%；实现进出口总额40 162亿元，同比增长15.1%。其中，出口20 747亿元，进口19 415亿元。国家级经开区地区生产总值、第二产业增加值、财政收入、税收收入和进出口总额在全国的占比分别为13.4%、22.6%、10.2%、10%和20.7%。

（二）分区域情况

东部104家国家级经开区实现地区生产总值37 572亿元，第二产业增加值26 976亿元，同比分别增长12.8%和14.1%；财政收入7 794亿元，税收收入6 732亿元，同比分别增长15.3%和11.9%；进出口总额35 788亿元（其中，出口18 479亿元，进口17 309亿元），实际使用外资和外商投资企业再投资2 049亿元，同比分别增长15.5%和10.9%。

中部63家国家级经开区实现地区生产总值12 382亿元，第二产业增加值10 140亿元，同比分别增长13.6%和14%；财政收入1 799亿元，税收收入1 510亿元，同比分别增长9.8%和15.1%；进出口总额3 032亿元（其中，出口1 582亿元，进口1 450亿元），实际使用外资和外商投资企业再投资605亿元，同比分别增长12.7%和8.8%。

西部48家国家级经开区实现地区生产总值6 283亿元，第二产业增加值4 876亿元，同比分别增长10%和9.1%；财政收入971亿元，税收收入847亿元，同比分别增长24%和21.9%；进出口总额1 342亿元（其中，出口686亿元，进口656亿元），实际

使用外资和外商投资企业再投资188亿元，同比增长10.8%和减少11.8%。

（三）高新技术产品进出口情况

国家级经开区高新技术进出口总额15 532亿元，同比增长0.3%，占国家级经开区进出口总额的38.7%，占全国高新技术产品进出口总额的29.2%。其中，高新技术产品进口额达到6 588亿元，同比减少2%，占国家级经开区进口总额的33.9%，占全国高新技术产品进口总额的26.7%；高新技术产品出口额达到8 944亿元，同比增长2%，占国家级经开区出口总额的43.1%，占全国高新技术产品出口总额的31.4%。

（四）规模以上工业总产值分行业情况

国家级经开区实现规模以上工业总产值169 881亿元，同比增长24.4%，其中，主要行业为汽车制造业、计算机（含通信和其他电子设备制造业）、化学原料和化学制品制造业、电气机械和器材制造业、通用设备制造业，总产值分别为21 593亿元、20 451亿元、13 696亿元、10 712亿元和7 514亿元，在国家级经开区规模以上工业总产值占比分别为12.7%、12%、8.1%、6.3%和4.4%。

（资料来源：中国国家级经济技术开发区和边境经济合作区官网，原题为《2014年1~9月国家级经济技术开发区主要经济指标情况》，2015年1月13日）

2015年中国国家级开发区的状况

2015年，219家国家级经济技术开发区总体发展态势趋缓。地区生产总值、第三产业增加值、财政收入、税收收入、固定资产投资同比均保持增长（分别增长1.4%、7.8%、0.3%、4.5%、23.3%），但受国内外多重因素影响，增速放缓。中西部

地区国家级经济技术开发区的地区生产总值、第三产业增加值、财政收入、税收收入和固定资产投资增幅均高于东部地区国家级经济技术开发区。

（一）总体情况

2015年，全国219家国家级经济技术开发区实现地区生产总值77 611亿元人民币，第三产业增加值20 450亿元，财政收入14 651亿元，税收收入13 062亿元，受国内外多重因素影响，增速明显放缓，同比分别增长1.4%、7.8%、0.3%、4.5%，增幅分别低于全国（6.9%、8.3%、8.4%和4.8%）5.5个、0.5个、8.1个和0.3个百分点；第二产业增加值55 577亿元，同比下降0.2%，低于全国（6%）6.2个百分点；固定资产投资49 473亿元，同比增长23.3%，高于全国（10%）13.3个百分点；实际使用外资和外商投资企业再投资金额3 668亿元，同比下降4.8%；实现进出口总额47 575亿元（其中，出口27 162亿元，进口20 413亿元），同比下降6.5%。国家级经开区地区生产总值、第二产业增加值、第三产业增加值、财政收入、税收收入和进出口总额占全国的比重分别为11.5%、20.3%、6%、9.6%、10.5%和19.4%。

（二）分区域情况

东部107家国家级经开区实现地区生产总值50 529亿元，第三产业增加值15 098元，税收收入9 420亿元，同比分别增长0.4%、5.3%和3.3%；实现第二产业增加值34 361亿元，财政收入10 359亿元，同比分别下降0.9%和1.5%；进出口总额41 914亿元（其中，出口23 719亿元，进口18 195

亿元），同比下降5.8%；实际使用外资和外商投资企业再投资2 314亿元，同比下降16%。

中部63家国家级经开区实现地区生产总值17 569亿元，第二产业增加值13 998亿元，第三产业增加值3 383亿元，同比分别增长3.7%、1.5%和16.5%；实现财政收入2 721亿元，税收收入2 314亿元，同比分别增长4.4%和8.2%；进出口总额3 845亿元（其中，出口2 267亿元，进口1 578亿元），同比下降9.1%；实际使用外资和外商投资企业再投资967亿元，同比增长11%。

西部49家国家级经开区实现地区生产总值9 512亿元，第三产业增加值1 969亿元，同比分别增长2.7%和13.9%；第二产业增加值7 218亿元，同比下降0.5%；实现财政收入1 571亿元，税收收入1 327亿元，同比分别增长5.4%和6.8%；进出口总额1 817亿元（其中，出口1 176亿元，进口641亿元），同比下降15.5%；实际使用外资和外商投资企业再投资387亿元，同比增长69.5%。

（三）高新技术产品进出口情况

国家级经开区高新技术产品出口额达到11 670亿元，同比下降7.7%，占国家级经开区出口总额的43%，占全国高新技术产品出口总额的28.6%。高新技术产品进口额达到8 598亿元，同比下降9.5%，占国家级经开区进口总额的42.1%，占全国高新技术产品进口总额的25.2%。

（资料来源：商务部，《2015年国家级经济技术开发区主要经济指标情况》）

第二十六部分

国际贸易

2014年我国对外贸易的状况

2014年，世界经济增长低迷，中国经济增长放缓，结构性矛盾凸显。面对严峻复杂的国内外环境，中国政府坚持稳中求进工作总基调，深入推进改革开放，努力促进进出口稳增长调结构，积极培育外贸竞争新优势，对外贸易总体保持平稳增长，国际市场份额进一步提高，贸易大国地位更加巩固，结构继续优化，质量和效益不断改善，成绩来之不易。

（一）全球第一货物贸易大国地位进一步巩固

2014年，中国货物进出口总额为43 030.4亿美元，增长3.4%。其中，出口23 427.5亿美元，增长6.1%；进口19 602.9亿美元，增长0.4%；贸易顺差3 824.6亿美元。分季度和月度看，年内进出口增速总体前低后高。1~4月，受国际市场需求不足、2013年同期异常贸易垫高基数等因素影响，外贸出现多年不遇的进出口和出口"双下降"的情况。针对这一情况，中国政府及时出台了支持外贸稳定增长的政策文件。各地区、各部门狠抓落实，采取一系列务实举措，有效提振了企业信心，激发了外贸发展活力。5月份以后，进出口增长开始企稳回升。出口增长在年中由负转正，三、四季度分别实现了13%和8.6%的较快增长。但进口受国际大宗商品价格持续走低和国内投资需求放缓影响，多个月份出现同比下降。中国政府积极扩大进口、促进贸易平衡，出台了一系列加强进口的政策措施。

2014年，中国进出口增速比全球贸易增速高出2.7个百分点，也高于美国、欧盟、日本、印度、巴西等主要经济体增速，全球第一货物贸易大国地位进一步巩固。出口占全球份额为12.7%，比2013年提高0.6个百分点（见图151）。

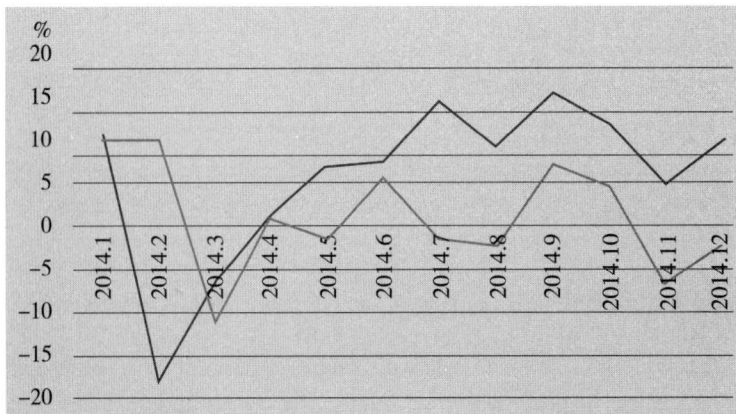

数据来源：中国海关，下同。　　——出口增速　——进口增速

图151　2014年中国外贸月季进、出口增速

（二）国际市场与国内区域布局继续优化

进出口市场结构更趋平衡。对发达国家进出口保持稳定，2014年对欧盟和美国进出口分别增长9.9%和6.6%。进出口企业开拓新兴市场取得新成效，对东盟、印度、俄罗斯、非洲和中东欧国家进出口增速均快于整体增速。自贸区战略促进出口的效果明显，对自贸伙伴（不含港澳台地区）出口增长10.6%，占出口总额的比重为13.4%，较2013年上升0.6个百分点。

中西部地区外贸发展潜力逐步显现。近年来，中西部地区积极承接沿海和国外产业转移，外贸发展能力明显增强。2014年，中部地区进出口3 127亿美元，西部地区进出口3 344亿美元，分别增长10%和20.2%，合计占全国进出口的比重为15%，较2013年上升了1.5个百分点，对整体进出口增量贡献60.3%，贡献率首次超过东部。东部地区进出口3.66万亿美元，增长1.6%，占全国进出口总额的85%，较2013年下降1.5个百分点，具体情况见图152和表72。

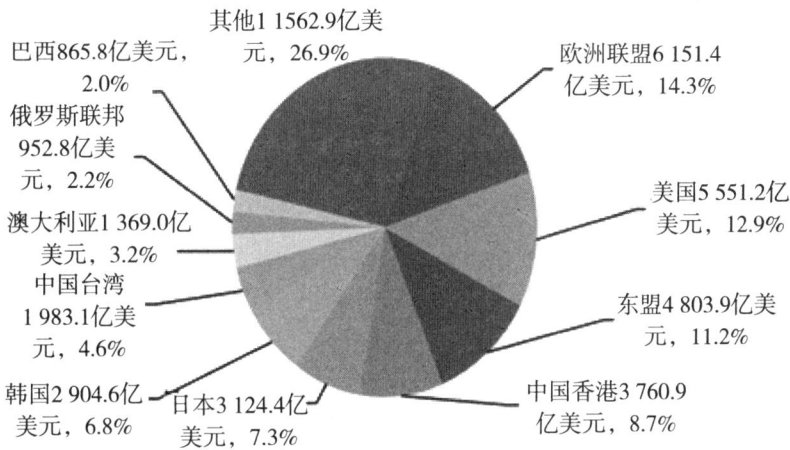

图152　2014年中国前十大贸易伙伴进出口额及占比

表72　2014年中国东中西部进出口情况

	进出口额（亿美元）	同比增长（%）	占比（%）	出口额（亿美元）	同比增长（%）	占比（%）	出口额（亿美元）	同比增长（%）	占比（%）
全国	43 030.4	3.4	100.0	23 427.5	6.0	100.0	19 602.9	0.5	100.0
东部	36 559.5	1.6	85.0	19 436.4	3.9	83.0	17 123.0	−0.9	87.3
中部	3 127.1	10.0	7.3	1 816.4	12.8	7.8	1 310.6	6.3	6.7
西部	3 343.8	20.2	7.8	2 174.6	22.0	9.3	1 169.2	17.0	6.0

注：东部11省市包括北京、天津、河北、辽宁、上海、江苏、浙江、福建、山东、广东和海南；中部8省市包括山西、吉林、黑龙江、安徽、江西、河南、湖北和湖南；西部12省市、自治区包括内蒙古、广西、四川、重庆、贵州、云南、西藏、陕西、甘肃、青海、宁夏和新疆。

（三）进出口商品结构和经营主体结构进一步改善

装备制造业成为出口的重要增长点。2014年，机电产品出口增长3.7%，占出口总额的比重达56%。装备制造业依靠突出的性价比优势开拓国际市场，电力、通讯、机车车辆等大型成套设备出口增长10%以上。纺织品、服装等七大类劳动密集型产品出口4 851亿美元，增长5%。

进口商品结构进一步优化。先进技术设备进口快速增长，生物技术产品、航空航天技术产品、计算机集成制造技术产品等高新技术产品进口增速均在15%以上，为国内产业结构调整提供了支撑。消费品进口1 524亿美元，增长15.3%，占进口总额的7.8%，较2013年提高1个百分点，对满足多层次、多样化消费需求发挥了重要作用。具体情况见表73。

表73　2014年中国出口主要商品数量、金额及增速

商品名称	计量单位	数量	增长（%）	金额（亿美元）	增长（%）
纺织纱线、织物及制品	-	-	-	1 121.4	4.9
服装及衣着附件	-	-	-	1 862.8	5.2
鞋类	万吨	488	4.5	562.5	10.8
家具及其零件	-	-	-	520.2	0.4
自动数据处理设备及其部件	万台	191 835.5	2.6	1 817.2	−0.2
手持或车载无线电话机	万台	131 199	10.6	1 153.6	21.3
集装箱	万个	131 199	10.6	1 153.6	21.3
液晶显示板	百万个	2 450.8	−25	317.9	−11.4
汽车及汽车底盘	万辆	90.2	−2.7	126.2	4.7
★机电产品	-	-	-	13 109.0	3.7
★高新技术产品	-	-	-	6 605.3	0.1

注：★"机电产品"和"高新技术产品"包括部分相互重合的商品。

民营企业对进出口增长的贡献超过一半。2014年，有进出口实绩的民营企业占外贸企业总数的比重超过70%，进出口1.57万亿美元，增长5.3%，占全国进出口总额的36.5%，较2013年提高0.6个百分点，对整体进出口增长的贡献达55.9%。国有企业进出口7 475亿美元，下降0.2%，连续三年负增长。外资企业进出口1.98万亿美元，增长3.4%。具体情况见表74。

表74　2014年中国进出口贸易方式和企业性质情况

项目		出口			进口		
		金额（亿美元）	同比增长（%）	占比（%）	金额（亿美元）	同比增长（%）	占比（%）
总值		23 427.5	6.1	100.0	19 602.9	0.4	100.0
贸易方式	一般贸易	12 036.8	10.7	51.4	11 095.1	0.0	56.6
	加工贸易	8 843.6	2.7	37.7	5 243.8	5.5	26.8
	其他贸易	2 547.1	−2.7	10.9	3 264.0	−5.0	16.7
企业性质	国有企业	2 564.9	3.1	10.9	4 910.5	−1.9	25.0
	外商投资企业	10 747.3	3.0	45.9	9 093.1	3.9	46.4
	民营企业	10 115.2	10.4	43.1	5 599.3	−2.9	28.5

（四）贸易方式结构调整成效明显

一般贸易出口占比恢复到一半以上。进出口企业从代工生产、贴牌出口向自创品牌、自主设计、自主研发转变，努力提升在全球价值链中的地位。2014年，一般贸易进出口2.31万亿美元，增长5.3%，占全国进出口总额的53.8%，较2013年提高1个百分点，比重连续两年提高。其中，出口同比增长10.7%，占出口总值比重为51.4%，20年来首次过半，对出口增长的贡献率达87.8%。加工贸易进出口1.41万亿美元，增长3.8%。

新型贸易方式蓬勃发展。跨境电子商务、市场采购贸易、外贸综合服务企业等新型贸易方式顺应个性化的全球消费潮流，也契合了帮助广大中小企业发展外贸业务的市场需要，正逐步成为外贸发展的新增长点。2014年，跨境电子商务增速高达30%以上。义乌市场采购贸易方式出口192.9亿美元，增速达36.8%。

（五）贸易条件进一步改善

在全球大宗商品价格普遍下跌的背景下，2014年中国铁矿砂、大豆和原油进口数量分别增长了13.8%、12.7%和9.5%，进口价格分别下降22.5%、5.9%和5%。大宗商品进口量增价跌，在满足国内生产需要的同时，有效降低了企业的进口成本，节约了外汇支出，提高了进口效益。全年进口商品价格指数下降3.3%，而出口商品价格指数仅下降0.7%，贸易条件连续三年改善。具体情况见表75。

表75　2014年中国进口主要商品数量、金额及增速

商品名称	计量单位	数量	增长（%）	金额（亿美元）	增长（%）
大豆	万吨	7 139.9	12.7	402.9	6
食用植物油	万吨	650.2	−19.7	59.3	−26.5
铁矿砂及其精矿	万吨	93 251.5	13.8	936.4	−11.8
原油	万吨	30 837.7	9.5	2 283.1	3.9
成品油	万吨	2 999.7	−24.2	234.3	−26.8
初级形状的塑料	万吨	2 535.1	3	515.7	5
钢材	万吨	1 443.2	2.5	179.1	5
未锻轧铜及铜材	万吨	482.5	7.4	356.5	1.9
汽车及汽车底盘	万辆	142.4	19.3	607.8	24.4
★机电产品	−	−	−	8 543.4	1.7
★高新技术产品	−	−	−	5 514.1	−1.2

注：★"机电产品"和"高新技术产品"包括部分相互重合的商品。

（六）服务贸易再上新台阶

2014年中国服务进出口总额首次突破了6 000亿美元大关，达到6 043亿美元，比上年增长12.6%。高端服务贸易增长迅猛，金融、通讯、计算机和信息服务进出口增速分别达到59.5%、24.6%、25.4%。高端服务进出口快速增长提升了中国服务业现代化水平，为中国产业结构调整做出了积极贡献。

（资料来源：中华人民共和国商务部综合司官网，原题为《2014年中国对外贸易发展情况》，2015年5月5日）

2014年中国对外贸易的发展环境状况

2014年，世界经济复苏势头趋于改善，增长动力有所增强，但风险因素依然突出，国际竞争更加激烈。中国经济开局平稳，但仍然面临下行压力，部分领域风险有所上升。总的看，中国外贸具备实现稳定增长的条件，但困难和挑战较多，形势严峻复杂的一面不容低估。

从国际看，世界经济总体趋于改善，但风险因素依然突出。发达国家经济形势进一步好转，自主增长动力增强，财政紧缩压力减小，对世界经济复苏形成更有力支撑。美国劳动力市场改善带动消费者信心回升，股价和房价上涨刺激企业扩大投资，2014财年联邦政府财政赤字率降幅将从2013财年的2.9%缩小至1.1%，财政紧缩对经济复苏的拖累明显减轻。欧元区经济温和复苏态势已经确立，失业率高位回落，政府债务上升趋势得以扭转，货币政策可能进一步放松以避免通缩风险。日本经济基本摆脱长期通缩局面，虽然二季度开始将面临消费税率提高的冲击，但财政支出增加，有望在一定程度上起到缓冲作用。国际货币基金组织预计，2014年全球经济增长3.6%，比2013年提高0.6个百分点。世贸组织预计，2014年全球贸易量增长4.7%，比2013年提高2.6个百分点。但与此同时，美联储货币政策调整，新兴经济体困难加重，部分国家和地区政治局势紧张，将给世界经济带来新的风险。

美国退出量化宽松是世界经济面临的最大变数。2014年初以来，美联储月度量化宽松规模已缩减300亿美元，从2013年底的850亿美元降至550亿美元，在不出现重大意外事件的情况下，预计年内美联储将彻底退出量化宽松政策。由于市场已有充分预期，量化宽松退出并未对金融市场和大宗商品市场产生严重冲击，2014年以来美国股市多次创出新高，商品价格指数总体稳定，黄金、农产品价格甚至有所上涨。美联储收紧货币政策在一定程度上缓解了市场流动性泛滥局面，有助于防范新的资产价格泡沫，抑制未来通胀压力，但同时也推高了金融市场利率，势必加速国际资本重新布局，影响其他发达国家和新兴经济体复苏进程。一些经济基本面较脆弱的国家资产价格剧烈调整，金融市场动荡加剧。

新兴经济体经济增长总体乏力。2013年下半年以来，为应对资本外流和通货膨胀，多个新兴经济体采取提高利率、紧缩财政等措施，取得了一定成效。据一些国际投资机构监测，2014年一季度末以来，新兴金融市场资本持续外流状况得以逆转，特别是新兴大国资本回流较多。印度、巴西、南非、印尼、土耳其等国金融形势趋于改善，汇市、股市基本稳定甚至小幅回升，通胀压力开始减轻。但不少新兴经济体宏观政策收紧和经济结构性矛盾叠加，经济仍存在较大下行压力，一些新兴经济体金融市场仍处于动荡之中。从制造业采购经理人指数等先行指标来看，今后一段时期新兴经济体经济增长相对发达经济体的优势将继续缩小，部分财政和经常账户"双赤字"国家经济增长状况甚至可能会进一步恶化。

政治风险的影响明显上升。2014年以来，乌克兰危机成为全球关注的焦点。4月17日，俄罗斯、乌克兰、美国、欧盟达成促使乌各方解除武装的日内瓦协议。但迄今乌克兰局势并未明显缓解，下一步仍存在较大不确定性。乌克兰危机不仅对俄、乌两国经济造成较大冲击，而且其动荡外溢效应还不断向中亚和独联体地区扩散，使欧亚地区国家的对外经贸合作受到影响。西亚北非地区乱局并未根本缓解，一些国家的矛盾和冲突仍有可能激化。2014年，多个新兴大国将举行大选，经济政策面临的不确定性增加。政治风险不仅影响相关国家和地区经济增长，还导致能源等国际大宗商品价格剧烈波动，增添了经济复苏的难度。

从国内看，中国经济开局平稳，但仍存下行压力。一季度，中国国内生产总值增长7.4%，处于预期合理区间之内。城镇新增就业人数超过300万，外出务工劳动力增加了288万人，增长1.7%，就业形势稳中向好。与此同时，中国经济结构调整和转型升级取得新的进展，经济发展质量和效益稳步提升，内生动力不断增强。但当前中国正处于经济增速换挡期、结构调整阵痛期和前期刺激政策消化期"三期"叠加阶段，工业产能严重过剩等矛盾没有根本缓解，部分区域房地产市场又出现了新的波动，加上外部环境依然复杂严峻，经济增长仍面临下行压力。

综合考虑国际国内环境，2014年中国外贸发展面临的环境略好于上年，但形势仍然不容乐观，还存在不少挑战和压力，突出体现在以下三个方面：

（一）外部需求存在不确定性

随着全球经济贸易复苏步伐加快，国际市场对中国出口商品的需求总体呈回升之势，但风险依然较多。当前最大的市场风险来自新兴经济体，新兴大国普遍经济增长乏力、进口需求疲弱。为走出经济困境，一些新兴经济体推行结构性改革，加大财政整固力度，采取措施恢复国际收支平衡，将进一步抑制进口需求。据世贸组织统计，以美元计价，一季度印度、巴西进口额分别下降12.6%和0.6%，前2个月俄罗斯、南非进口额分别下降7.5%和7.2%。金融危机以来，新兴市场在中国出口增量中占比超过40%，其进口需求持续降温将对中国出口造成一定冲击。与此同时，发达国家积极推进"再工业化"，在保持高端制造业竞争优势的同时，也在一定程度上恢复了传统制造业的竞争力，其经济复苏与进口需求增长明显不同步。据世贸组织统计，2013年美国、欧盟进口额分别下降0.2%和3.4%，2014年前2个月分别下降0.1%和0.6%。

（二）中国出口竞争力面临多重挑战

中国劳动力、土地等要素成本仍处于持续上涨期，传统劳动密集型产业竞争力不断削弱。沿海地区出口企业用工成本在连续多年上涨后，2014年以来又上涨了10-15%，目前已相当于越南、印度、柬埔寨等周边国家的2～3倍甚至更高。一季度全国105个主要监测城市工业地价同比上涨5.3%，2010年以来累计涨幅达到17%。受成本上涨影响，中国传统劳动密集型产业出口订单和产能向周边国家转移趋势明显。2013年，中国七大类劳动密集型产品占美国、欧盟、日本市场份额比2010年高峰时期下降2.8个百分点。近年来，中国机械装备等高端制造业技术实力和出口竞争力明显提升，成为出口稳定增长和转型升级的重要支撑，但在国际营销、售后服务、融资支持等方面与发达国家仍存在不小差距。随着发达国家加大对先进制造业的重视和投入，中国相关出口产业面临的国际竞争日趋激烈，扩大市场份额的难度增大。2014年以来，人民币兑美元小幅贬值，改变了长期以来单边升值的态势，近期人民币汇率浮动幅度扩大，有利于进一步推动汇率市场化进程。但2010年至今人民币兑美元累计升值超过10%，而同期周边国家货币总体呈贬值态势。人民币相对竞争对手货币大幅升值，后续叠加影响持续发酵，对劳动密集型产品和收汇周期长的大型成套设备出口都带来了负面影响。

（三）贸易摩擦形势依然严峻

在全球经济低速增长、失业率总体偏高的情况下，一些国家为了维护本国产业的市场份额，仍在实行各种形式的贸易保护主义。不仅发达国家层层设置贸易壁垒，一些发展中国家也频频出台新的贸易限制措施，中国是近年来全球贸易保护主义的最大受害国。2013年，中国共遭遇19个国家和地区发起的92起贸易救济调查，比2012年增长了18%，其中新兴经济体和发展中国家发起的案件约占2/3。2014年一季度，中国又遭遇11个国家和地区发起的27起贸易救济调查，同比增长23%，其中美国对中国多个产品发起反倾销反补贴调查。从产业领域看，钢铁产品是中国遭遇国外贸易救济调查的"重灾区"，发达国家对中国战略性新兴产业出口设限的势头没有根本缓解，新兴经济体对中国劳动密集型产品的摩擦时有发生。在国际竞争日趋激烈的环境下，贸易摩擦已经成为影响中国出口稳定增长的重要因素。

2014年一季度中国进出口同比下降，既有上年同期套利贸易垫高基数的异常因素，也反映出中国外贸发展面临的外需不振、传统竞争力下降等问题。同时也要看到，近年来国家出台一系列促进外贸发展的政策措施，积极效果正在显现。广大进出口企业主动转型升级，积极开展技术和商业模式创新，跨境电子商务、市场采购等新兴贸易方式发展迅速，外贸发展的内生动力不断增强。特别是党的十八届三中全会对构建开放型经济新体制做出了新部署将推动中国进一步融入全球化进程，极大地促进进出口增长。在外部环境不发生大的变化情况下，2014年全年中国进出口保持相对稳定增长。

今后一个时期，中国将积极促进进出口稳增长调结构，深入落实已出台的稳定外贸增长政策，进一步提高贸易便利化水平，为外贸企业营造更为宽松的环境。充分挖掘出口新增长点，大力支持高铁、特高压电网、核电、通信、工程机械等大型成套设备出口，积极推进跨境电子商务、市场采购、外贸综合服务企业等新兴业态发展，完善相应的支持政策。大力提升出口产品附加值，鼓励企业加大技术创新投入，提升产品质量档次，建立国际营销网络，从单纯的产品出口向产品与服务出口协同发展转变。优化对外贸易结构，提高新兴市场、中西部地区、民营企业和中小企业、高新技术和品牌产品在全国外贸中的比重。积极扩大国内短缺产品进口，促进贸易收支平衡。力争通过这些措施，推动中国外贸实现持续健康发展。

2014年国际大宗商品的市场状况
（一）2014年以来国际商品市场表现

2014年以来，国际大宗商品市场上演过山车行情，价格在年初反弹上涨后又明显下行。一季度，受不利天气影响，国际农产品价格大幅上涨，带动大宗商品价格总体回升。二季度，农产品和工业原材料市场走弱，但乌克兰危机推动国际石油价格上扬，对大宗商品价格起到一定支撑作用。进入三季度后，主要经济体表现分化，增长前景冷热不均，特别是欧元区及部分新兴经济体经济数据不尽如人意，全球制造业回暖形势弱于预期，加之农作物、矿产品等预期供应充足，导致大宗商品市场持续疲弱，商品价格普遍持续下跌，石油和农产品跌幅较大。9月末，国际大宗商品价格已跌破年初水平。

国际上几种主要商品价格指数均呈下行态势，反映了大宗商品需求的疲弱状况。2014年1～9月，以全球产量为权重的高盛商品指数（Goldman Sachs Commodity Index，GSCI）下跌8.1%，罗杰斯国际商品指数（Rogers International Commodity Index）下跌7.1%；结合产量与贸易量确定权重的道琼斯期货价格指数（DJAIG）下跌5.2%；国际货币基金组织（IMF）编制的以贸易为权重的初级产品价格指数下跌6.2%。

2014年以来主要商品跌多涨少。除少数几种有色金属受供应限制等因素价格上扬之外，绝大多数大宗商品价格呈现不同程度的下跌。1～9月IMF价格指数的食品饮料类、工业原材料类、能源类分别下跌5%、5.7%和6.7%。其中金属、粮食和原油价格跌幅分别为8.5%、7.6%和6.3%，均超过大宗商品平均跌幅。由于厄尔尼诺现象并没有对农业生产造成重创，美国农业部从5月份开始多次上调产量预估，芝加哥交易所粮食期货价格应声下跌，且连续3个月收

跌，5～7月小麦、玉米、大豆累计跌幅分别达到25.6%、30.5%和20%，棉花累计跌幅达34%。6月初，受地缘政治影响，市场对原油供应前景的担忧曾引发油价暴涨，纽约西德克萨斯原油（WTI）期货价格曾攀升至每桶107.73美元的年内高位。但此后因亚洲和欧元区经济数据表现欠佳、全球需求增长迟缓，而原油供给能力不断增强，国际石油市场供需形势发生变化，油价一直处于下跌趋势。7～9月纽约油价连续3个月收跌，10月末更跌破80美元/桶，比年初下跌18%。油价下跌还拖累了其他能源产品行情，1～9月澳大利亚动力煤价格下跌20.3%，纽约天然气价格下跌10.6%。国际铁矿石价格数次刷新五年来低点，作为现货交易基准价格的澳大利亚发运至中国的即期交付铁矿石期货价已跌至80美元/吨。随着美联储收紧货币政策趋势日益明朗，8月下旬以来国际金价持续下跌。

（二）影响国际商品市场的主要因素

目前国际大宗商品的下跌趋势尚未停止，2014年年底前市场仍以下跌为主，但跌势可能有所减缓。从供需两方面看，商品市场总体缺乏支撑价格上涨的强有力因素，但推动价格下跌的因素也趋于减弱。2015年，大宗商品价格总体将依然在低谷徘徊，若世界经济增长出现好转，下半年市场有望回暖。

经济依然疲软，需求尚显不足。实体经济走势是决定大宗商品市场冷暖的基础。当前世界经济形势仍显疲弱，制约大宗商品市场走强。各主要经济体运行分化，美国经济保持较稳定复苏状态，欧元区经济面临通货紧缩压力，日本经济低速增长，新兴经济体经济增长放缓。三季度，

美国经济增长3.5%，劳动力市场持续改善；欧元区10月PMI为52.2，仅略高于9月份，为年内第二低；日本10月制造业PMI为52.8，制造业已基本摆脱了消费税率上调带来的冲击。9月份汇丰新兴市场指数达52.5，创18个月新高，但仍远低于历史均值。总的看，全球制造业回暖仍有起伏，商品需求增长的基础不够牢固，市场实质性恢复尚需时日。尽管新兴产业发展推动新材料开发和对传统材料的新应用，对有些商品如铅锌等有色金属、稀土、化学品等需求增加，但尚不足以拉动整体市场需求上升。

市场供应平稳，库存依然偏高。今年上半年，商品市场参与者一度担心部分商品供应紧张，引发农产品、有色金属、贵金属、石油等价格上涨，并推高大宗商品价格总体水平。然而，厄尔尼诺现象对农业和矿业生产的影响不及预期，印度尼西亚对矿产品的出口管制难以动摇市场供应的长期格局，地缘政治冲突也没有改变市场总体供需平衡甚至供过于求的状况。从更长的时间段来看，上一个大宗商品繁荣周期大大刺激了资源、农业领域投资，至今新增产能仍在陆续释放，美国油气生产能力已达到30年来高位，今年2季度全球铁矿石产量再创新高，且主要矿企仍在继续投资扩产。在市场需求疲弱、下游开工不足的形势下，主要大宗商品由前几年的供应不足转为供应过剩，相当长时间内处于去库存阶段。如棉花已连续3年过剩，国际棉花咨询委员会（ICAC）估计2014/15年库存将高达2 147万吨，库存消费比接近90%。

投资机构撤离，商业资本涉险。2013年以来，在世界经济增长缓慢、市场风险偏好发生变化特别是欧美加强金融监管政策的背景下，摩根大通、高盛、德意志银行、巴克莱银行、摩根士丹利等多个国际知名投资机构宣布缩减甚至退出大宗商品领域的业务。与此同时，贸易商和生产商则通过大宗商品融资、产业链整合等形式更深入地涉足商品投资，蕴藏新的市场风险。2013年末至2014年上半年，已发生数次大宗商品融资引发的资金链断裂和商品价格震荡。

美元持续走强，压制商品价格。2014年下半年以来，美国就业、制造业等数据持续向好，加上美联储不断缩小量化宽松规模，推动美元持续升值，吸引资金从大宗商品市场流出，对大宗商品价格形成打压，原油、黄金、有色金属等金融属性相对较强的品种所受影响更加明显。据美国商品期货交易委员会（CFTC）报告，截至9月30日，黄金期权与期货的空仓规模创2006年有记录以来最高。目前美联储已彻底终结量化宽松货币政策，2015年内加息可能性较大，美元还有进一步升值空间，成为大宗商品市场的重要利空因素。

（三）主要商品市场发展前景

世界经济复苏步态不稳，商品需求总体低迷，2015年大宗商品价格总体可能仍较低迷。但随着前期高库存陆续消化，下半年市场有望逐步回暖。不同商品的价格表现将因各自供需形势的差异而有所不同。具体情况见表76。

表76 国际商品市场价格走势

（美元计价，年率，%）

	1996～2005	2006～2015	2010	2011	2012	2013	2014	2015
制成品	−0.1	1.0	3.4	2.4	3.5	−0.3	−1.3	−0.3
石油	12.3	6.0	29.3	27.2	4.1	−0.1	−2.4	−3.1
非燃料初级产品	0.2	4.2	27.9	13.9	−7.3	−0.4	−4.1	−3.9
食品	−0.1	4.2	13.1	15.8	0.6	1.9	−5.2	−7.8
饮料	−2.1	5.6	15.4	12.7	−16.1	−11.2	18.3	1.3
农业原材料	−1.6	3.1	34.6	18.6	−10.0	2.4	1.3	0.7
金属	3.1	4.8	49.8	9.7	−14.3	−3.5	−8.5	−1.6

注：1. 制成品：占发达国家货物出口83%的制成品的出口单位价值；石油：英国布伦特原油、迪拜原油及西德克萨斯原油的平均价格；非燃料初级产品：以2002～2004年在世界初级产品出口贸易中的比重为权数。

2. 2014年和2015年数据为预测数。

资料来源：国际货币基金组织，《世界经济展望》，2014年10月，表A9。

粮农产品：2015年以来，国际市场粮食价格呈现先扬后抑走势。一季度，在厄尔尼诺天气影响收成预期、乌克兰局势紧张、投资基金炒作等因素共同作用下，芝加哥期货交易所小麦、玉米、大豆等主要农产品期货价格不断攀升。5月份以后，美国农业部接连上调农作物单产及总产量预估数据，市场价格开始掉头向下。据联合国粮农组织（FAO）10月发布的最新世界粮食供需报告，预计2014/15年世界粮食总产量（包括小麦、玉米等粗粮、大米）为25.23亿吨，仅比上年度的创纪录产量减少320万吨。其中小麦产量有望达到有史以来最高的7.19亿吨，粗粮产量与上年度13.08亿吨的创纪录水平大致相当，大米因主产地气候不利，将比上年度减产0.4%，为4.96亿吨。考虑到期初库存较高，粮食市场供应量将比上年度增加2.1%，与消费增速大致持平，期末库存将继续增长，库存消费比将超过25%。另据美国农业部10月供需报告预测，2014～2015年度美国大豆产量将比上年大幅提高17%，带动世界大豆产量创历史新高。市场对这些利空信息作出充分反映，截至10月末，芝加哥期货交易所大豆、小麦、玉米价格比4月底5月初的年内高点下跌30%左右，并拉动其他农产品价格下行。

石油：2015年以来世界石油供应充足，需求放缓，尽管上半年地缘政治冲突加剧导致油价一度有较大幅度攀升，但三季度以来连续数月下跌。至10月底，纽约WTI期货价格跌至80美元/桶左右，为2012年12月以来最低点，伦敦布伦特原油期货合约跌至85美元/桶，为2010年12月以来最低。为提振油价，OPEC拟于2015年减少原油生产，将目前3000万桶的日产量配额削减至2 950万桶，如若实施，将是OPEC自2008年以来首次减产。这一消息发布后，一度推动油价上涨。但长期看，OPEC减产难以根本改变石油市场供求形势。首先，OPEC成员国之间为争夺出口市场激烈竞争，在国际油价连续下跌情况下，7～9月

OPEC石油日均产量仍超过了上半年，9月份更达到3047万桶/日的一年来最高水平。其次，来自北美的油气供应对世界市场的影响力越来越大，美国新增原油和页岩气产量已占世界油气供应增量的1/4。更关键的是，世界经济增长仍不够稳定，全球原油需求疲软，多个国际机构均下调了今明两年的需求预期。在此背景下，油价反弹困难重重。此外，美元走强也会对国际油价施加下行压力。

有色金属：有色金属是2015年价格下跌幅度较大的商品类别之一。需求方面，全球制造业不活跃，新兴市场基础设施建设迟缓，有色金属下游需求行业的普遍疲软，是价格下跌的首要原因。供给方面，前期矿业投资新增产能陆续释放，市场供需格局由前几年的供应不足转向大体平衡甚至供应过剩。但各品种走势分化明显，因印度尼西亚出口禁令引发供应紧张担忧，镍、铝价格有所上涨。展望后市，随着部分矿山和冶炼项目压缩产能，以及大宗商品需求趋向稳定，明年有色金属市场有望缓慢向好。据国际铜研究小组（ICSG）报告预测，目前铜市场依然存在释放产能压力，供应较为充足，年内铜市场将继续维持价格下跌态势。但受多个矿山项目延迟的影响，今后三年铜矿产能将低于早先预期。

钢铁：受世界经济逊于预期、制造业疲弱、基础设施建设低迷影响，2014年全球钢铁市场明显降温。国际钢铁协会（Worldsteel）预计全年粗钢需求为15.6亿吨，比上年增长2%，与2013年3.8%的增速相比明显放缓，2015年将继续维持2%的低增长。新兴市场和发展中经济体受结构性调整、资源收入减少、地区局势紧张等因素影响，钢铁需求疲弱，其中，亚太地区比上年增长1.7%，中南美地区下降2.4%，前独联体国家下降3.8%。发达经济体表现相对较好，特别是美国市场稳步复苏，带动北美成为钢材消费增长最快的地区，需求比上年大幅增长6.4%。与这一供求形势一致的是，英国商品研究局（CRU）编制的钢材价格分地区指数也呈现出迥异走势，北美指数呈现上升趋势，欧洲指数和亚洲指数均有所下跌，今年以来分别下跌2.8%和11.8%。

钢铁市场的低迷也传导到了铁矿石市场。2015年以来国际铁矿石价格累计跌幅超过40%，9月末跌破80美元/吨，为五年来低点。尽管如此，全球主要矿山并未减产，反而继续提高铁矿石产能，试图以规模优势抵消矿石价格下滑的不利影响，并挤占高成本矿的市场份额。世界三大矿业巨头力拓、必和必拓、淡水河谷二季度铁矿石产量同比分别增加11%、19%和13%。预计2016～2018年全球铁矿石产能还将有较大幅度提升，对价格构成相当大的下跌压力。

机电产品：全球制造业总体发展不景气，但也不乏亮点。通讯、电力、轨道交通、航空等基础设施领域增长较快，对机械行业特别是机床和大型装备市场起到较强带动作用。据日本机床工业协会数据，上半年日本机床订单额同比大增35.5%。据德国机床协会预计，2014年德国机床国内和海外订单将实现10%的增长，机床产值达到148亿欧元的历史高点。

信息通信技术快速发展，消费热点频繁转换，使电子产品的市场格局不断发生变化。平板电脑市场的扩张势头有所减弱，而一度遭受严重蚕食的笔记本电脑需求有望小幅恢复。IDC、Gartner、NPDDisplay Search等市场研究公司纷纷下调2014年全球平板电脑的销售预期，且估计未来3年都将维持较低增长速度。随着经济好转，消费者和企业采购意愿增强，2014年全球个人电脑（PC）市场下滑之势将有所好转，衰退幅度大为收窄，2015年更有望小幅增加，但将落后于平板电脑销量。

在智能手机需求旺盛、新兴产业带动工业用半导体市场向好的背景下，世界半导体市场繁荣发展，据WSTS（世界半导体贸易统计组织）预计，2013～2016年半导体市场规模将以年均4.7%的速度增长。汽车、医疗及工业需求半导体应用的重要性凸显，未来增长速度将超过计算机、消费电子、通讯产品等半导体应用。

经过2012年的低谷和2013年的调整后，全球新能源市场逐步回暖，一些大型风电和太阳能项目开始启动。据彭博新能源财经的统计，今年二季度全球新能源投资比一季度增长14%，比上年同期增长9%，是2012年以来增长最快的一个季度。投资增长最快的地区包括美国、南美、中国、日本及印度、东南亚等其他亚太国家和地区，欧洲补贴政策的调整导致市场发展进一步减速。预计今明两年全球光伏装机容量将分别增长30%和20%，光伏产业产能过剩的局面正在初步扭转。新能源的快速发展将带动输变电与配电网络及相关设备的建设、改造、升级需求的扩张。但各国新兴产业和能源政策影响短期市场前景，贸易摩擦风险依然较高。

从国际看，世界经济持续低速增长，风险因素有所增多，形势更加错综复杂。世界经济仍处于国际金融危机后的深度调整期，增长动力有限，各国差异明显。美国酝酿启动加息进程、国际市场大宗商品价格下跌、地缘政治动荡加剧，给世界经济增加了新的风险。国际货币基金组织（IMF）预计，2015年世界经济增长3.5%，增速比2014年提高0.1个百分点。

主要经济体走势分化。美国经济修复资产负债表取得进展，内生动力逐步恢复，劳动力市场、金融市场持续向好，经济进入稳步增长轨道。欧元区仍深受失业高企和财政整固的困扰，经济增长难有明显反弹，但随着一体化进程深入推进，爆发系统性风险的可能性下降，量化宽松货币政策也将起到促进经济增长的作用。日本宽松货币政策刺激效力递减，结构改革前景不明，经济持续低增长。新兴经济体经济增长总体仍快于发达国家，特别是印度推行改革取得成效，经济增长超过7%。但不少新兴经济体结构性矛盾依然突出，在美元升值背景下又面临新的资本外流压力，经济增长减速的势头短期内难以扭转。

美元升值扰动全球金融市场。随着美国经济企稳回升，美国货币政策逐步向常态回归，2014年11月彻底退出量化宽松货币政策，下一步将启动加息进程。与此同时，欧央行于2015年3月开始正式实施大规模量化宽松政策，日本央行的量化宽松政策也在加码。主要发达经济体货币政策分化，促使美元持续升值，美元资产的相对收益率大幅提高，导致全球金融市场风险溢价上升，吸引国际资本回流美国，冲击国际金融市场稳定。特别是前几年短期资金流入较多的新兴经济体将遭遇资金集中外流，宏观经济和财政金融稳定面临考验。

大宗商品价格下跌增加全球性通缩风险。2014年下半年以来，石油等能源资源产品国际市场价格大幅下跌，国际货币基金组织初级商品价格指数半年下跌34.5%，其中能源价格指数下跌39.5%。大宗商品价格下跌是需求低迷、前期投资建设的产能释放、美元升值等因素共同作用的结果，短期内这些因素不会发生根本改变。2015年一季度，国际货币基金组织初级商品价格指数进一步下跌10.2%。在经济增长乏力的背景下，大宗商品价格大幅下跌增加全球性通缩风险，欧元区消费价格指数连续4个月同比下降，美国、日本通胀率也明显下滑。能源资源出口国更是深受其害，一些国家经济陷入停滞甚至衰退，企业、居民和财政收入大幅缩水，金融风险显著上升。

地缘政治局势紧张增加经济复苏难度。2015年2月，德国、俄罗斯、法国、乌克兰达成明斯克协议，乌克兰冲突有所缓和，但冲突双方仍未彻底停火，紧张局势存在重新升级的可能。美国和欧盟的制裁重创俄罗斯经济，俄经济陷入衰退，市场急剧萎缩，对外经贸合作受阻，欧盟部分成员国经济也受到冲击。中东地缘政治矛盾错综复杂，近期伊朗核问题谈判达成框架性解决方案，伊核问题初现解决曙光，但极端势力的威胁扩大，也门局势又急转直下，可能威胁邻近的国际贸易航线安全。

从国内看，中国经济长期向好的基本面没有改变，但当前下行压力持续加大，困难和挑战有所增多。中国经济发展进入新常态，具有巨大潜力、韧性和回旋余地。2015年以来，国民经济运行总体平稳，结构调整稳步推进，新生动力加快孕育。一季度，国内生产总值（GDP）增长7%，处于预期合理区间。中国政府坚持以全面深化改革推动结构调整，把简政放权、放管结合持续向纵深推进，将破除制约市场活力和创新发展的各种束缚；打造大众创业、万众创新和增加公共产品、公共服务的双引擎，推进互联网＋行动计划，实施中国制造2025，推动中国装备走出去和国际产能合作，加强信息基础设施建设，发展现代服务业，将释放出巨大的内需潜力。特别是积极推进新一轮扩大开放，扩大上海自由贸易试验区实施面积范围，设立广东、天津和福建自由贸易试验区，出台《推动共建丝绸之路经济带和21世纪海上丝绸之路的愿景与行动》，将为中国经济特别是对外经济贸易创造新的增长空间。但是，工业产能过剩矛盾突出，企业融资难融资贵问题加剧，房地产市场调整加深，加大经济面临的下行压力；财政收入增速大幅下滑，银行坏账率持续攀升，增加了财政金融风险。

综合考虑国际国内环境，2015年中国外贸特别是出口具备增长的基础条件，但形势的严峻性、复杂性没有根本改变，挑战和压力还在增大。突出体现在以下几个方面：

（一）外部需求仍不稳固

在世界经济低速增长的背景下，各国消费、投资需求普遍不振，国际贸易增长动力不足。部分跨国公司出于贴近消费市场、避免供应链过长易受冲击等考虑，从离岸生产转向近岸、在岸生产，产业链全球布局有所收缩，在一定程度上影响全球贸易深入发展。在周期性因素和结构性因素的共同影响下，全球化进入调整阶段。

2012年以来，全球贸易量增速连续3年低于世界经济增速。世界贸易组织（WTO）预计，2015年全球贸易量将增长4%，增速比2014年提高0.9个百分点，但仍明显低于1990年以来5.1%的平均增速，且这一预测仍面临下调的可能。2015年前2个月，世贸组织监测的70个主要经济体出口额同比下降9.1%，为2009年以来首次出现下降。

（二）中国出口产业竞争力面临双重挑战

在高端产业领域，发达经济体利用科技、人才优势抢占新兴技术前沿，促进"再工业化"，开拓国际市场，已取得明显成效。过去5年间，美国出口额年均增长9%，欧盟出口额年均增长8.2%，均超过全球出口总体增速。在中低端产业领域，周边新兴经济体凭借劳动力、土地等生产要素成本低廉的优势，出台优惠引资政策，主动承接加工制造业转移，促进出口快速增长。过去5年间，印度出口额年均增长14.2%，东盟出口额年均增长9.8%。中国高端出口产业遭遇来自发达国家的更大竞争压力，中低端出口产业面临周边新兴经济体追赶，一些在华投资企业产能向发达国家回流和向周边新兴经济体分流，竞争优势有所弱化。

（三）国际竞争手段花样翻新

在经济不景气的情况下，一些国家把汇率作为提振出口、刺激经济的重要工具，力推本币贬值，导致人民币被动大幅升值，严重影响了中国出口产品在国际市场的竞争力。2014年人民币实际有效汇率升值6.4%，2015年一季度又升值4.2%。全球范围内区域经济一体化风起云涌，对全球化将起到积极的推动作用，但一些自贸协定对协定外国家的产品歧视和排斥较多，形成规则壁垒，产生的贸易转移效应较大，可能影响协定外国家在自贸协定成员国的市场份额。贸易保护主义依然高烧不退，贸易限制措施有增无减。据世贸组织统计，截至2014年10月中旬，20国集团正在实施的贸易限制措施达962件，比一年前增长了12.4%，受影响的进口金额达7570亿美元。据英国智库经济政策研究中心（CEPR）监测，全球保护主义措施中超过1/4对中国出口产生影响。

未来一段时期，中国外贸发展面临外部需求不振、传统竞争力有所弱化、外部限制措施增多等诸多挑战，加上国际市场份额已处较高水平、进一步提高份额难度增大，中国外贸可能保持中低速增长，且更易受市场需求变化、汇率涨跌等短期因素影响，波动更趋频繁、幅度更大。但也应看到，中国外贸发展仍具备一系列有利因素和条件。一是出口的产业基础坚实。中国是全球第一制造业大国，出口产业链和基础设施较为完善。近年来装备制造业、高科技产业发展迅速，国际竞争力明显提升，资本品、中间品出口有望迎来繁荣期。二是对外投资合作对贸易的带动作用增强。中国对外投资合作进入快速发展期，国际产能合作启动实施，将有力地带动大型成套设备及零部件、工程物资等出口。三是企业转型升级步伐加快。面对内外环境的深刻变化，进出口企业转型升级意识增强，主动培育技术、品牌、质量、服务为核心的竞争新优势。特别是跨境电子商务、外贸综合服务企业、市场采购贸易等新型贸易方式降低了中小企业出口门槛，有利于发挥我国制造业大国优势，有望成为出口的重要增长点。四是国家支持外贸发展的政策力度不断加大。中国政府坚持发展对外贸易，不断提高贸易便利化水平，积极培育外贸竞争新优势，改善财政和金融服务，通过商建自由贸易区等方式帮助企业开拓国际市场，将有力地促进外贸发展。综合来看，在外部环境不发生大的变化情况下，2015年全年中国进出口有望实现相对稳定增长。

2015年中国对外贸易的市场状况

2015年，在国际市场不景气、世界贸易深度下滑的背景下，中国货物贸易进出口和出口额稳居世界第一，国际市场份额进一步扩大，贸易结构持续优化，质量效益继续提高，成绩来之不易。2015年，中国货物贸易进出口总值24.55万亿元人民币，比2014年下降7.0%。其中，出口14.12万亿元，下降1.9%；进口10.44万亿元，下降13.1%；贸易顺差3.68万亿元，扩大56.4%。以美元计价，进出口总值3.95万亿美元，下降8.0%。其中，出口2.27万亿美元，下降2.9%；进口1.68万亿美元，下降14.1%。

（一）国际市场份额继续扩大

2015年，受全球贸易额大幅下降等因素影响，中国出口震荡下滑。但从国际比较看，中国出口情况仍好于其他主要经济体，出口占国际市场份额升至13.8%，比2014年提高1.5个百分点，是改革开放以来提高最快的一年。由于国内工业生产和固定资产投资增速下滑，加上国际市场大宗商品价格下跌拖累，2015年中国进口额下降较多（见图153）。

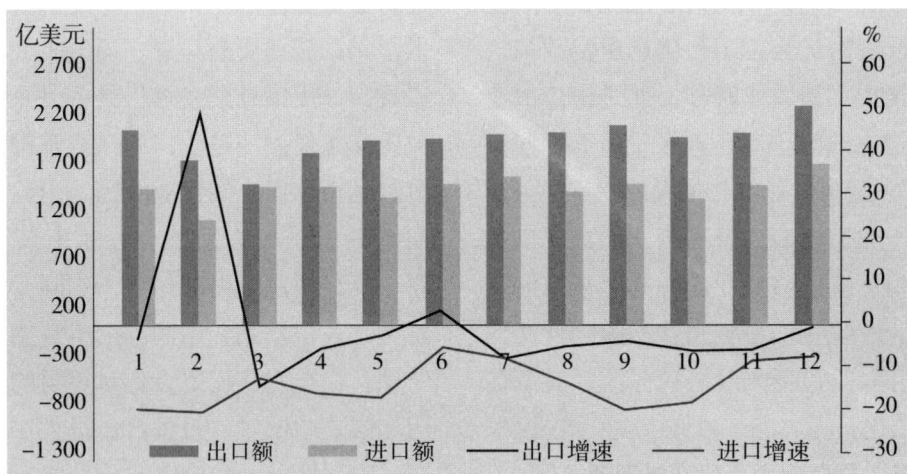

图153　2015年中国月度进出口金额及速度

（二）商品结构进一步优化

中国出口商品的附加值有所提高，出口制造业在产业链的位置逐渐上升。2015年，中国机电产品出口1.31万亿美元，与2014年持平，好于总体出口，占总出口额的57.6%，比2014年提高1.6个百分点。

其中，手机、船舶出口分别增长8.5%和13.3%。纺织品、服装、箱包、鞋类、玩具、家具、塑料制品等七大类劳动密集型产品出口4 718亿美元，同比下降2.7%，占总出口额的比重为20.8%（见表77）。

表77 2015年中国出口主要商品数量、金额及增速

商品名称	计量单位	数量	同比增长（%）	金额（亿美元）	同比增长（%）
纺织纱线、织物及制品	–	–	–	1 095.0	−2.3
服装及衣着附件	–	–	–	1 742.8	−6.4
鞋类	万吨	447	−8.4	535.3	−4.8
家具及其零件	–	–	–	528.0	1.5
自动数据处理设备及其部件	万台	171 508	−10.6	1 523.1	−16.2
手持或车载无线电话机	万台	134 342	2.4	1 237.2	7.3
集装箱	万个	272	−10.1	76.7	−14.7
液晶显示板	百万个	2 293.4	−6.4	309.7	−2.6
汽车及汽车底盘	万辆	72	−19.4	112.3	−10.3
★机电产品	–	–	–	13 107.2	0.0
★高新技术产品	–	–	–	6 552.1	−0.8

注：★"机电产品"和"高新技术产品"包括部分相互重合的商品。

在进口额大幅下降的背景下，中国先进设备、关键零部件进口基本稳定。2015年中国高新技术产品进口额同比基本持平，占进口总额的32.6%，较2014年扩大4.5个百分点。2015年，中国部分大宗商品进口量保持增长。其中，进口铁矿砂9.53亿吨，增长2.2%；原油3.36亿吨，增长8.8%。由于大宗商品进口价格下降较多，2015年中国贸易条件指数为112.1，表明中国出口一定数量的商品可以多换回12.1%的进口商品，贸易条件进一步改善（见表78）。

表78 2015年中国进口主要商品数量、金额及增速

商品名称	计量单位	数量	同比增长（%）	金额（亿美元）	同比增长（%）
大豆	万吨	8 169	14.4	347.7	−13.6
食用植物油	万吨	676	4.1	50.1	−15.5
铁矿砂及其精矿	万吨	95 272	2.2	576.2	−38.3
原油	万吨	33 550	8.8	1 344.5	−41.1
成品油	万吨	2 990	−0.3	143.0	−39
初级形状的塑料	万吨	2 610	2.9	450.2	−12.7
钢材	万吨	1 278	−11.4	143.3	−20
未锻轧铜及铜材	万吨	481	−0.3	290.3	−18.4
汽车及汽车底盘	万辆	110	−22.9	446.7	−26.3
★机电产品	–	–	–	8 061.4	−5.6
★高新技术产品	–	–	–	5 480.6	−0.6

注：★"机电产品"和"高新技术产品"包括部分相互重合的商品。

（三）新型商业模式成为外贸发展的新热点

2015年，中国一般贸易出口12 157亿美元，增长1.0%，占出口总额的53.4%，比2014年提高2.1个百分点；加工贸易出口7 977.9亿美元，下降9.8%，占出口总额的35.1%，比2014年下降2.7个百分点。跨境电子商务、市场采购贸易等新型商业模式发展迅速，逐步成为外贸发展的新热点。2015年，跨境电子商务增长30%以上，市场采购贸易方式出口增长60%左右。

（四）民营企业成为出口的主力军

民营企业经营机制灵活，适应环境能力强，在严峻复杂的形势下仍实现出口正增长，在中国外贸中的地位和作用进一步提升。2015年，中国民营企业出口1.03万亿美元，同比增长1.8%，比上年提高2.1个百分点，占出口总额的比重为45.2%，占比第一次超过外资企业。外资企业出口1万亿美元，同比下降6.5%，占出口总额的比重为44.2%。国有企业出口2 424亿美元，同比下降5.5%，占出口总额的比重为10.6%。中国进出口贸易方式和企业性质情况见表79。

表79 2015年中国进出口贸易方式和企业性质情况

项目		出口 金额（亿美元）	同比增长（%）	占比（%）	进口 金额（亿美元）	同比增长（%）	占比（%）
总值		22 735.3	−2.9	100.0	16 800.3	−14.1	100.0
贸易方式	一般贸易	12 157.0	1.0	53.4	9 231.9	−16.8	54.9
	加工贸易	7 977.9	−9.8	35.1	4 470.0	−14.7	26.6
	其他贸易	2 614.6	2.6	11.5	3 117.6	−4.5	18.5
企业性质	国有企业	2 423.9	−5.5	10.7	4 078.4	−16.9	24.2
	外商投资企业	10 047.3	−6.5	44.2	8 298.9	−8.7	49.3
	民营企业	10 278.3	1.6	45.2	4 442.2	−20.5	6.4

（五）市场多元化成效显著

2015年，欧盟、美国、东盟为中国前三大贸易伙伴，双边贸易额分别为5 647.5亿美元、5 582.8亿美元和4 721.6亿美元。其中，中国对美国出口增长3.4%，对欧盟、日本、中国香港地区出口分别下降4.0%、9.2%和8.9%。中国对部分新兴经济体出口增长较快，其中对印度、泰国、越南出口分别增长7.4%、11.6%和3.9%。中国与前十大贸易伙伴贸易额及占比情况见图154。

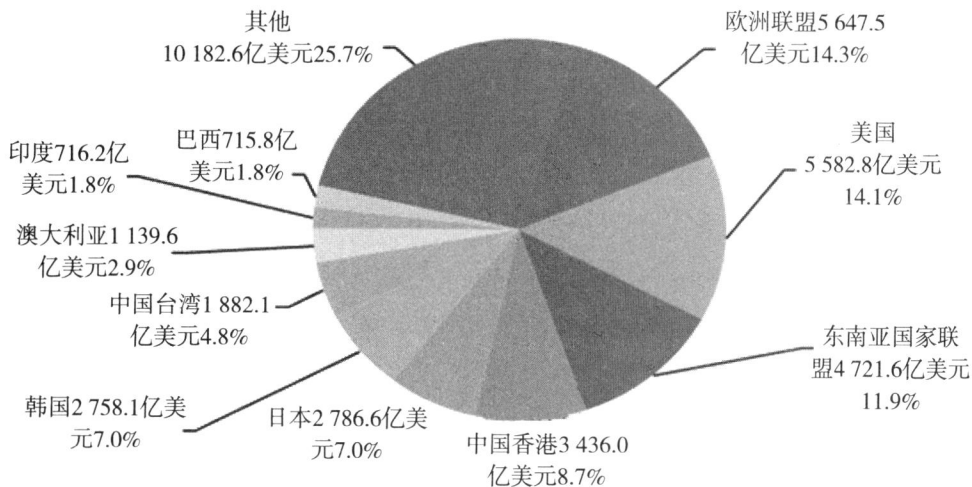

其他
10 182.6亿美元25.7%

欧洲联盟5 647.5
亿美元14.3%

印度716.2亿
美元1.8%

巴西715.8亿
美元1.8%

美国
5 582.8亿美元
14.1%

澳大利亚1 139.6
亿美元2.9%

中国台湾1 882.1
亿美元4.8%

东南亚国家联
盟4 721.6亿美元
11.9%

韩国2 758.1亿美
元7.0%

日本2 786.6亿美
元7.0%

中国香港3 436.0
亿美元8.7%

图154　2015年中国与前十大贸易伙伴贸易额及占比

（六）服务贸易占整体外贸的比重进一步提高

2015年，中国服务进出口总额为7 130亿美元，同比增长14.6%，增速较2014年提高两个百分点。其中，服务出口2 881.9亿美元，增长9.2%；服务进口4 248.1亿美元，增长18.6%；服务贸易逆差为1 366.2亿美元。2015年，中国服务贸易占对外贸易总额（货物和服务进出口之和）的比重达15.3%，比2014年提高3个百分点。

（资料来源：中商情报网，原题为《2015年中国对外贸易发展情况分析》，2016年5月20日）

2015年中国对外贸易发展的环境状况

2015年，世界经济将延续温和复苏态势，不稳定不确定因素较多，国际竞争更加激烈。中国经济开局平稳，结构调整稳步推进，新生动力加快孕育，但仍面临下行压力。

从国际看，世界经济持续低速增长，风险因素有所增多，形势更加错综复杂。世界经济仍处于国际金融危机后的深度调整期，增长动力有限，各国差异明显。美国酝酿启动加息进程、国际市场大宗商品价格下跌、地缘政治动荡加剧，给世界经济增加了新的风险。国际货币基金组织（IMF）预计，2015年世界经济增长3.5%，增速比2014年提高0.1个百分点。

主要经济体走势分化。美国经济修复资产负债表取得进展，内生动力逐步恢复，劳动力市场、金融市场持续向好，经济进入稳步增长轨道。欧元区仍深受失业高企和财政整固的困扰，经济增长难有明显反弹，但随着一体化进程深入推进，爆发系统性风险的可能性下降，量化宽松货币政策也将起到促进经济增长的作用。日本宽松货币政策刺激效力递减，结构改革前景不明，经济持续低增长。新兴经济体经济增长总体仍快于发达国家，特别是印度推行改革取得成效，经济增长超过7%。但不少新兴经济体结构性矛盾依然突出，在美元升值背景下又面临新的资本外流压力，经济增长减速的势头短期内难以扭转。

美元升值扰动全球金融市场。随着美

国经济企稳回升，美国货币政策逐步向常态回归，2014年11月彻底退出量化宽松货币政策，下一步将启动加息进程。与此同时，欧央行于2015年3月开始正式实施大规模量化宽松政策，日本央行的量化宽松政策也在加码。主要发达经济体货币政策分化，促使美元持续升值，美元资产的相对收益率大幅提高，导致全球金融市场风险溢价上升，吸引国际资本回流美国，冲击国际金融市场稳定。特别是前几年短期资金流入较多的新兴经济体将遭遇资金集中外流，宏观经济和财政金融稳定面临考验。

大宗商品价格下跌增加全球性通缩风险。2014年下半年以来，石油等能源资源产品国际市场价格大幅下跌，国际货币基金组织初级商品价格指数半年下跌34.5%，其中能源价格指数下跌39.5%。大宗商品价格下跌是需求低迷、前期投资建设的产能释放、美元升值等因素共同作用的结果，短期内这些因素不会发生根本改变。2015年一季度，国际货币基金组织初级商品价格指数进一步下跌10.2%。在经济增长乏力的背景下，大宗商品价格大幅下跌增加全球性通缩风险，欧元区消费价格指数连续四个月同比下降，美国、日本通胀率也明显下滑。能源资源出口国更是深受其害，一些国家经济陷入停滞甚至衰退，企业、居民和财政收入大幅缩水，金融风险显著上升。

地缘政治局势紧张增加经济复苏难度。2015年2月，德国、俄罗斯、法国、乌克兰达成明斯克协议，乌克兰冲突有所缓和，但冲突双方仍未彻底停火，紧张局势存在重新升级的可能。美国和欧盟的制裁重创俄罗斯经济，俄经济陷入衰退，市场急剧萎缩，对外经贸合作受阻，欧盟部分成员国经济也受到冲击。中东地缘政治矛盾错综复杂，近期伊朗核问题谈判达成框架性解决方案，伊核问题初现解决曙光，但极端势力的威胁扩大，也门局势又急转直下，可能威胁邻近的国际贸易航线安全。

从国内看，中国经济长期向好的基本面没有改变，但当前下行压力持续加大，困难和挑战有所增多。中国经济发展进入新常态，具有巨大潜力、韧性和回旋余地。2015年以来，国民经济运行总体平稳，结构调整稳步推进，新生动力加快孕育。一季度，国内生产总值（GDP）增长7%，处于预期合理区间。中国政府坚持以全面深化改革推动结构调整，把简政放权、放管结合持续向纵深推进，将破除制约市场活力和创新发展的各种束缚；打造大众创业、万众创新和增加公共产品、公共服务的双引擎，推进互联网＋行动计划，实施中国制造2025，推动中国装备走出去和国际产能合作，加强信息基础设施建设，发展现代服务业，将释放出巨大的内需潜力。特别是积极推进新一轮扩大开放，扩大上海自由贸易试验区实施面积范围，设立广东、天津和福建自由贸易试验区，出台《推动共建丝绸之路经济带和21世纪海上丝绸之路的愿景与行动》，将为中国经济特别是对外经济贸易创造新的增长空间。但是，工业产能过剩矛盾突出，企业融资难融资贵问题加剧，房地产市场调整加深，加大经济面临的下行压力；财政收入增速大幅下滑，银行坏账率持续攀升，增加了财政金融风险。

综合考虑国际国内环境，2015年中国外贸特别是出口具备增长的基础条件，但形势的严峻性、复杂性没有根本改变，挑战和压力还在增大。突出体现在以下几个方面：

（一）外部需求仍不稳固

在世界经济低速增长的背景下，各国消费、投资需求普遍不振，国际贸易增长动力不足。部分跨国公司出于贴近消费市场、避免供应链过长易受冲击等考虑，从离岸生产转向近岸、在岸生产，产业链全球布局有所收缩，在一定程度上影响全球贸易深入发展。在周期性因素和结构性因素的共同影响下，全球化进入调整阶段。2012年以来，全球贸易量增速连续3年低于世界经济增速。世界贸易组织（WTO）预计，2015年全球贸易量将增长4%，增速比2014年提高0.9个百分点，但仍明显低于1990年以来5.1%的平均增速，且这一预测仍面临下调的可能。2015年前2个月，世贸组织监测的70个主要经济体出口额同比下降9.1%，为2009年以来首次出现下降。

（二）中国出口产业竞争力面临双重挑战

在高端产业领域，发达经济体利用科技、人才优势抢占新兴技术前沿，促进"再工业化"，开拓国际市场，已取得明显成效。过去5年间，美国出口额年均增长9%，欧盟出口额年均增长8.2%，均超过全球出口总体增速。在中低端产业领域，周边新兴经济体凭借劳动力、土地等生产要素成本低廉的优势，出台优惠引资政策，主动承接加工制造业转移，促进出口快速增长。过去5年间，印度出口额年均增长14.2%，东盟出口额年均增长9.8%。中国高端出口产业遭遇来自发达国家的更大竞争压力，中低端出口产业面临周边新兴经济体追赶，一些在华投资企业产能向发达国家回流和向周边新兴经济体分流，竞争优势有所弱化。

（三）国际竞争手段花样翻新

在经济不景气的情况下，一些国家把汇率作为提振出口、刺激经济的重要工具，力推本币贬值，导致人民币被动大幅升值，严重影响了中国出口产品在国际市场的竞争力。2014年人民币实际有效汇率升值6.4%，2015年一季度又升值4.2%。全球范围内区域经济一体化风起云涌，对全球化将起到积极的推动作用，但一些自贸协定对协定外国家的产品歧视和排斥较多，形成规则壁垒，产生的贸易转移效应较大，可能影响协定外国家在自贸协定成员国的市场份额。贸易保护主义依然高烧不退，贸易限制措施有增无减。据世贸组织统计，截至2014年10月中旬，二十国集团正在实施的贸易限制措施达962件，比一年前增长了12.4%，受影响的进口金额达7 570亿美元。据英国智库经济政策研究中心（CEPR）监测，全球保护主义措施中超过1/4对中国出口产生影响。

未来一段时期，中国外贸发展面临外部需求不振、传统竞争力有所弱化、外部限制措施增多等诸多挑战，加上国际市场份额已处较高水平、进一步提高份额难度增大，中国外贸可能保持中低速增长，且更易受市场需求变化、汇率涨跌等短期因素影响，波动更趋频繁、幅度更大。但也应看到，中国外贸发展仍具备一系列有利因素和条件。一是出口的产业基础坚实。中国是全球第一制造业大国，出口产业链和基础设施较为完善。近年来装备制造业、高科技产业发展迅速，国际竞争力明显提升，资本品、中间品出口有望迎来繁荣期。二是对外投资合作对贸易的带动作用增强。中国对外投资合作进入快速发展期，国际产能合作启动实施，将有力地带动大型成套设备及零部件、工程物资等出口。三是企业转型升级步伐加快。面对内外环境的深刻变化，进出口企业转型升级意识增强，主动培育技术、品牌、质量、服务为核心的竞争新优势。特别是跨境电子商务、外贸综合服务企业、市场采购贸易等新型贸易方式降低了中小企业出口门槛，有利于发挥我国制造业大国优势，有望成为出口的重要增长点。四是国家支持外贸发展的政策力度不断加大。中国政府坚持发展对外贸易，不断提高贸易便利化水平，积极培育外贸竞争新优势，改善财政和金融服务，通过商建自由贸易区等方式帮助企业开拓国际市场，将有力地促进外贸发展。综合来看，在外部环境不发生大的变化情况下，2015年全年中国进出口有望实现相对稳定增长。

2015年国际商品市场的状况

2015年，国际商品市场在经历短暂上扬后重陷跌势。当前世界经济形势复杂多变，商品市场存在较大不确定性。

（一）2015年国际商品市场表现

自2014年下半年开始，全球大宗商品市场进入下跌周期，商品价格逐月下跌。2015年，世界经济和国际贸易增长放缓，产业投资活动低迷，大宗商品需求疲软，而主要品种供应量持续增长，国际大宗商品市场弱势格局进一步强化。至2015年12月，主要大宗商品价格指数已低于2008～2009年全球金融危机期间水平，至11年来低点。国际货币基金组织编制的初级产品价格指数比2014年同期大幅下跌31%，其中，以石油为代表的能源类产品跌幅最大，达39%；其次为金属类产品，下跌29%；食品饮料类和工业用农产品分别下跌15%和17%。其他大宗商品指数亦全面下跌，RJ/CRB指数全年下跌23%，标普高盛商品指数（GSCI）下跌33%，道琼斯商品期货指数（DJAIG）下跌24%。

分时间段看，商品市场2015年上半年与下半年表现截然不同。上半年，美国经济数据表现良好、市场预期乐观，同时俄罗斯与西方对峙、伊朗核谈判进程前景不明、中东地区恐怖主义势力上升等地缘冲突事件频发，商品市场多次震荡上行，2015年1～6月国际货币基金组织综合指数一度扭转2014年的持续下跌态势，回升7%。然而由于世界经济复苏缓慢、国际市场需求疲软、商品产能过剩突出等基本面因素没有改变，大宗商品市场价格下跌的大势难有根本性改观。在经历上半年的温和走强后，三季度开始大宗商品价格再度普遍下跌，进入四季度，能源、金属、工业原材料、粮农产品等品种呈全面加速下跌之势，7～12月，国际货币基金组织综合指数下跌21%。

分品种看，2015年以原油为代表的能源产品呈"过山车"般走势，经历了从一枝独秀到领头下跌的逆转。2015年1-6月，原油价格大幅回升29.4%，带动国际货币基金组织能源类指数上涨17.8%，能源产品成为上半年唯一上涨的商品大类；其余商品中，食品饮料、金属、工业用农产品分别下跌5.6%、5.1%和4%。7～12月，油价重挫33.1%，拖累国际货币基金组织能源类指数大幅下跌29.3%，其他商品跌势继续扩大，食品饮料、金属、工业用农产品分别下跌8.8%、14.8%和7.3%。2015年全年，除棉花因主产国压缩种植面积、削减产量使得价格企稳上涨外，其余主要大宗商品品种价格全线下挫（见图155）。

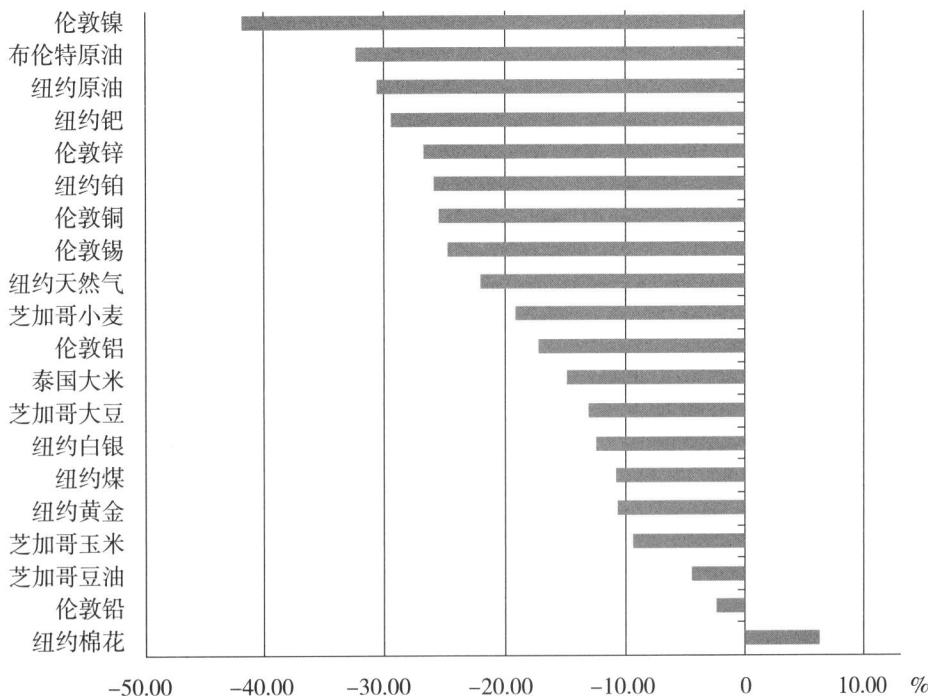

图155　2015年主要大宗商品国际期货价格普遍下跌

2016年以来，大宗商品市场走势一波三折。年初，大宗商品价格延续2015年下滑走势。自1月下旬起，在美元加息预期减弱、市场流动性充裕、部分商品进入补库存周期等因素共同作用下，大宗商品从低谷较快回升，呈现一波V形走势，黄金、原油、铁矿石等能源、金属类产品涨幅尤为明显。2~3月，纽约期货市场原油价格一度比低谷反弹58%；铁矿石中国口岸平均到岸价单日最大涨幅达65%，创有记录以来最大单日涨幅；伦敦金属交易所铜价最大涨幅接近20%。相比之下，粮、棉、油等大宗农产品供应过剩压力依然较大，虽在市场总体带动下出现跟随性上涨，但涨幅很小。3月下旬后，市场一度又显现出上行动力不足的疲态，但4月中旬以来大宗商品价格有所恢复。

（二）影响国际商品市场的主要因素

供需形势和流动性状况是主导大宗商品市场的两大主要因素。实体经济供需决定商品市场兴衰和价格基础，流动性因素影响市场交投冷暖和价格波动幅度。国际金融危机爆发至今已将近8年，世界经济复苏仍然进程坎坷、不如人意，主要经济体货币政策分化甚至背道而驰，使得商品市场的发展方向充满不确定性。

世界经济疲弱拖累商品市场有效复苏。实体经济增长对原材料的消耗决定了大宗商品的基本需求。尽管商品市场金融化引发的投机需求使得商品价格波动频率加快、幅度加大，但决定商品价格基准水平和长期走势的依然是实际供需规模及平衡状况。当前，发达经济体增长缓慢、制造业疲软、需求不旺，新兴经济体发展不均衡，增速普遍低于过去20年的水平，部分国家甚至陷入深度衰退。鉴于持续低增长可能带来的新风险，国际货币基金组织在最新发布的《世界经济展望》中再次下调对全球经济增长的预期。在21世纪第一个十年，新兴经济体为商品市场贡献了主要的需求增量，是大宗商品价格上涨"超级周期"的重要推动力，当前中国经济换挡减速，巴西、俄罗斯等经济衰退，其他多数新兴经济体经济增长也明显放缓，虽然印度正在大力推进基础设施建设和工业化，可能会成为大宗商品需求的新增长点，但短期内不足以抵消其他新兴经济体需求收缩的影响。目前看来，近期大宗商品的价格上升缺乏持续有力的支撑，很可能出现反复。若要形成周期性反转，还有待全球经济更进一步的整体好转，带来稳定持久的新需求增量，推动大宗商品市场形成新的供需平衡。

各经济体货币政策分化加剧商品市场动荡。 历史数据表明，美元的强弱与大宗商品价格的涨跌呈明显的负相关关系。在世界经济步履蹒跚、商品需求本就低迷的背景下，大宗商品价格对美元走向格外敏感。美联储在2015年12月16日宣布十年来首度加息，美元指数升至阶段性高峰，使大宗商品市场再受重创。尽管美国经济相对向好、通胀水平趋升，但因担忧全球经济不稳定，美联储对再次加息的时间点举棋不定，扰乱商品市场预期。目前看来，美联储加息步伐放缓，与欧元区、日本等经济体进一步宽松的政策形成呼应。加上全球经济尚未企稳、风险犹存，缺乏具有较好收益的投资品种，前期超跌的大宗商品因此重新受到追捧，特别是黄金、原油、有色金属等供给弹性小、需求弹性大的品种，金融属性再度增强。有数据显示，2016年1-2月大宗商品市场共获得超过200亿美元的资金流入，为2011年以来同期最强表现，成为一季度商品价格上升行情背后的重要推动力。从全年来看，各主要经济体货币政策分化，欧元区、日本等经济体保持宽松，而美国仍然处于加息周期中，当前暂缓加息不过是将加息压力后移，商品市场存在反复震荡的可能。

供应方的市场份额之争增添商品市场不确定性。 经济危机以来世界经济低速增长，国际商品需求疲弱，能源资源行业普遍面临去库存压力。目前持续低价已对投资活动有所抑制，部分大宗商品供应过剩局面开始缓解。波罗的海综合运价指数（BDI）在连续创出历史新低后快速回升，从2月初的低于300点迅速回升至400点以上，涨幅超过45%，并保持相对稳定，从侧面反映出大宗商品交易有转暖迹象。但在缺乏国际协调的情况下，能源原材料价格的持续下挫很难推动主要供应方减产至市场平衡所需的供应量，在供方博弈、争夺市场的拉锯战中，消化库存、削减产能的过程漫长而艰难。以原油市场为例，2月份，沙特、卡塔尔、委内瑞拉和俄罗斯四个产油国同意冻结产能，市场预期原油市场供应失衡的局面将出现松动，推动油价大幅回升。然而3月份俄罗斯原油生产依然开足马力，日产量创下苏联解体以来新高。4月17日，欧佩克（石油输出国组织）

成员国和非欧佩克成员国参与的多哈石油冻产会议又无果而终，未就冻结石油产量和提振油价达成任何协议。在金属矿产品市场，镍出口大国印尼为了改善政府收入和矿企财务状况，正在讨论修改之前实施的原矿出口禁令；印度为提高铁矿石出口竞争力，已经或即将取消各品类铁矿石5%~30%的出口关税。这些措施将对刚刚有所缓解的市场供应过剩局面再度构成压力。在需求仅有微弱回暖的情况下，只有供方大幅控制和削减产出，才能奠定商品价格中期反弹的基础。

（三）主要商品市场发展前景

2016年以来，大宗商品价格出现较为明显的反弹，动力主要来自周期性补库存需求和美元指数高位回落带来的资产再配置需求等短期性因素。目前世界经济复苏的基础尚不稳固，主要经济体均面临挑战，全球经济形势错综复杂，大宗商品实际需求回暖缺乏有力支撑。因此，2016年一季度大宗商品的价格上行更多是短期反弹，而非市场供需发生根本逆转，预计今后一段时期很可能出现新的调整。同时也要注意到，市场供求逐渐接近新的低水平均衡，一些大宗商品价格甚至低于开采成本，进一步大幅下跌空间有限。展望2016年全年，市场对突发事件将高度敏感，大宗商品价格宽幅震荡可能成为常态。相比较而言，原油、有色金属等金融属性较强的商品可能率先探底，主要经济体形势趋稳后，其他大宗商品价格有望震荡上行（见表80）。

表80　国际商品市场价格走势

（美元计价，年率，%）

	1998~2007	2008~2017	2012	2013	2014	2016	2016	2017
制成品	1.5	0.1	0.5	-1.0	-0.7	-4.0	-2.7	0.7
石油	14.0	-5.4	1.0	-0.9	-7.5	-47.2	-31.8	17.9
非燃料初级产品	3.9	-1.5	-10.0	-1.4	-4.0	-17.5	-9.4	-0.7
食品	2.1	0.4	-2.4	0.7	-4.1	-17.1	-5.8	-0.9
饮料	-0.6	1.7	-18.6	-11.9	20.7	-3.1	-15.2	0.2
农业原材料	-0.6	-0.5	-12.7	1.8	1.9	-13.5	-10.3	0.4
金属	10.4	-5.3	-16.8	-4.3	-10.3	-23.1	-14.1	-1.5

注：1. 制成品：占发达国家货物出口83%的制成品的出口单位价值；石油：英国布伦特原油、迪拜原油及西德克萨斯原油的平均价格；非燃料初级产品：以2002-2004年在世界初级产品出口贸易中的比重为权数。

2. 2016年和2017年数据为预测数。

资料来源：国际货币基金组织，《世界经济展望》，2016年4月，表A9。

粮农产品：农产品需求相对稳定，自然条件和生产成本是决定农产品供给、造成市场短期波动的最大不确定因素。近年来，全球天气状况总体良好，连续多年粮食收成较好，库存水平居高不下。油价走低大大降低了农业生产成本，也抑制了市场对生物燃料的需求。这些因素导致2015年农产品价格下跌较多。

石油：近年国际原油市场格局发生较大变化，欧佩克对国际原油供给的控制力减弱，美国成为最大产油国和出口新生力量。地缘政治、大国博弈加剧原油市场供需失衡局面，油价持续大幅下挫，拖累其他大宗商品价格普遍下行。当前，全球石油需求增长依然低迷，国际能源署预计2016年石油日需求将增加120万桶，与经济繁荣时期相距甚远。在供应方面，油价长期低迷使得石油行业开始自发调整，如在放开石油出口禁令的背景下，美国活跃钻井平台数仍大幅减少，据贝克休斯公司数据，截至3月底，美国石油钻井平台数已降至362台，比高峰时的1 609台减少了72%。沙特、俄罗斯等原油出口国的财政状况和经济增长遭受沉重打击，政府控制产出、改善供应过剩局面的意愿增强，但由于缺少国际协调，各国仍把保份额、增收入当作优先目标，如3月份俄罗斯原油日产量超过1 091万桶，创下苏联解体以来新高。4月份，在多哈召开的产油国冻产峰会未就限制原油供应达成任何协议。若产油国能够合作减产，即使不能对石油市场的供需平衡起到立竿见影的效果，也会大幅改善市场预期，推动价格企稳上涨。

有色金属：2015年，有色金属市场大幅震荡，伦敦金属交易所多个品种跌至危机后新低。2016年一季度，尽管实际需求依然没有明显转强，但随着传统的生产旺季临近，特别是业界对中国"十三五"规划开局之年经济和固定资产投资增长期望较高，金属等能源原材料的需求预期转好，企业开始重建库存，加之汇率变化、流动性宽裕等货币和资金因素，交易活跃程度有所提升。同时，此前持续低价抑制矿业投资生产活动，部分对冲了需求减少对价格的影响。根据国际铜业研究组织3月发布的最新报告，预计2016年全球精炼铜市场供需将大体平衡，有少量供应缺口。据国际镍业研究组织数据，2015年全球镍市场已连续第四年供应过剩，但过剩量已有所收窄，未来价格持续下跌空间有限。考虑到有色金属行业投资周期长、新增产能速度慢，下半年若经济转暖、需求转旺，可能又将迎来一波价格陡升。

钢铁：2015年，全球钢材市场需求低迷，各地区、各品种钢材价格均呈持续大幅下跌之势。据"我的钢铁网"编制的国际钢价指数显示，全年全球钢材价格平均下跌27.1%，其中扁平材和长材分别下跌25.4%和28.5%，北美、亚洲、欧洲分别下跌34.3%、28.9%和19%。2016年一季度，受美国经济增长总体稳定、中国房地产去库存导致需求预期改善、全球流动性再度泛滥等因素叠加影响，国际钢铁市场出现一波较大的反弹行情。但这种基于局部政策干预形成的预期和由投机资金主导的反弹缺乏坚实的支撑，上升走势恐难以持久。从当前宏观环境看，全球经济并没有明显改善，结构调整仍在进行，市场需求持续低迷，潜在风险依然突出，钢铁行业过剩的产能和高企的库存仍有待进一步消化。

随着全球范围内钢铁生产收缩，钢铁主要原材料铁矿石市场也随之进入了一个增长放缓、价格走低、矿业公司利润率受到挤压的阶段。据澳大利亚发布的数据，2015年全球铁矿石贸易量同比仅增长1.8%，增速为本世纪以来最低。另据联合国贸发会议报告，2015年世界粗钢产量估计为17.63亿吨，比2014年减少2.9%，而铁矿石产量为19.48亿吨，下降了6%。在持续低价压力下，一些竞争力不足的矿山陆续停产，几大主要矿山也在调整投资和生产计划，全球铁矿石产能扩张的幅度在缩小，预计2016年新增产能将比2015年减少1/3。然而，需求低迷的状况短期难有实质性好转，未来几年铁矿石市场都将存在实际或潜在的供应过剩，即使钢材市场回暖，也难以难以刺激铁矿石价格回升到之前的高水平。

电子信息：据市场研究公司Gartner数据，2015年全球IT支出比2014年减少5.8%，是有记录以来下降幅度最大的一年。据该公司预测，2016年全球IT支出将微增0.6%至3.54万亿美元，且未来3年都仅能维持低速增长，2019年前市场规模不会超过2014年水平。其中，设备市场（PC、便携PC、手机、平板电脑和打印机等）预计将萎缩1.9%，数据中心系统将增长3%，软件将增长5.3%。受PC萎缩、智能手机增长见顶的影响，2015年半导体行业也陷入了增长乏力的困局。车用电子有望成为下一个半导体应用市场的增长点，在车载娱乐系统、先进驾驶辅助系统、动力系统、车身及车间网络、卫星导航等领域，半导体都将发挥越来越重要的作用。

机械设备：金融危机爆发后，一些发达国家实行"再工业化"战略，政府除了在人力资源、融资条件、创新环境、贸易管制等方面改善政策环境外，还在基础设施和公共领域加大投资力度，同时带动企业投资活动。据德国机械和设备制造业协会数据，尽管受到中国等新兴市场疲软的不利影响，但由于美国和欧盟市场需求旺盛，2015年德国机械设备出口额比2014年增长2.6%。其中，对美国出口增长11.2%，对欧盟其他成员国出口增长6.7%。美国设备融资租赁协会最新发布的季度报告表示，考虑到全球经济疲弱和商品价格低迷可能削弱投资信心，将2016年美国机械设备投资额增速预测下调1.7个百分点至2.7%，比2015年增速低1.1个百分点，新一轮投资将更多倾向于智能化、数字化等高科技设备、机电一体化设备及解决方案等。该报告对未来3到6个月设备市场的投资趋势进行了分析，认为医疗、电子通讯设备市场投资将平稳增长，工程机械、重型卡车、航空航天等设备市场投资趋缓，农业、矿业、油田、铁路等领域的设备市场投资延续弱势格局。

汽车：2015年全球汽车市场增长继续减速，全年轻型车销量同比增长2.2%，增速为2009年以来最低。各地区市场延续分化态势，欧美市场仍是主要增长动力，受低油价、低利率以及消费者信心增强等因素推动，2015年美国轻型车新车销售1 747万辆，创历史新高，同比增长5.7%；欧洲地区销量增长3.5%至1 880万辆。中国等亚洲市场共售出3 860万辆汽车，同比增长3.7%，比之前几年的高速增长大为放缓，且前景堪忧。巴西、俄罗斯等其他新兴经济体市场兼具规模和潜力，曾被汽车工业寄予厚望，但受经济萎缩影响，汽车需求不断下滑，巴西、俄罗斯的轻型车销量同比分别下降26.6%和35.7%。今后一两年，虽然整车市场放缓，但上游零部件市场、下游"汽车后市场"依然有较大发展空间，行业将呈现纵向扩张（原材料供应商向下游扩张）、横向联合（企业间兼并整合加速）、跨领域融合（智能汽车、环保汽车、汽车电子、汽车化工、汽车内饰领域等相互融合）的趋势。

第二十七部分

衍生品市场

2014年中国衍生品市场的状况

1. 交易规模创历史纪录

中国期货业协会相关数据显示，2014年全年期货市场累计成交量为25.06亿手，累计成交额为291.99万亿元，同比分别增长21.54%和9.16%，成交量、成交额两项指标均创中国期货市场历史新高。

上海期货交易所（以下简称上期所）、大连商品交易所（以下简称大商所）、郑州商品交易所（以下简称郑商所、中同金融期货交易所（以下简称中金所）成交量和成交额占比情况见表81所示。

表81 2014年各期货交易所成交量和成交额对比

交易所名称	成交量（亿手）	同比增长（%）	成交额（万亿元）	同比增长（%）
上期所	8.42	31.10	63.24	4.67
郑商所	6.76	28.76	23.24	22.98
大商所	7.70	9.87	41.49	−12.00
中金所	2.18	12.37	164.02	16.31
共计	25.06	21.54	291.99	9.16

2014年，郑商所成交量为6.76亿手，累计成交额为23.24万亿元，同比分别增长28.76%和22.98%。成交量占比前三位的是菜粕、PTA和白糖，分别为44.88%、17.42%和14.45%；成交额占比前三位的是菜粕、白糖和PTA，分别为33.49%、19.75%和15.70%.

2014年，大商所累计成交量为7.69亿手，累计成交额为41.49万亿元，同比分别增长9.87%和下降12.00%。成交量占比前三位的是豆粕、铁矿石和棕榈油，分别为26.63%、12.52%和10.39%；成交量占比前三位的是焦炭、豆粕和铁矿石分别为18.14%、16.04%和14.58%。

2014年，中金所累计成交量为2.18亿手，累计成交额为164.0万亿元.同比分别增长12.37%和16.31%。沪深300和国债期货成交量占比分圳为99.58%和0.42%，成交额占比分别为99.46%和0.54%。

2014年，全国期货市场13个品种价格上涨，其余33个品种价格下跌，全年呈现"商品期货熊市、金融期货牛市"的格局。

2. 市场国际地位得以提升

2014年，我国期货市场在国际市场上的影响力得以继续提升。美国期货业协会（FIA）公布数据显示，2014年上期所、大商所、郑商所、中金所在全球场内衍生品交易所中分别排在第9位、第10位、第13

位和第18位，上期所的排名较2013年上升3位，进入全球场内衍生品交易所前10名。大商所和中金所排名较2013年各上升1位，郑商所排名与2013年保持不变。2014年中国各期货交易所成交量全球排名情况见表82。

表82　2014年中国各期货交易所成交量全球排名

单位：手，%

排名	交易所	2014年	2013年	同比增长
9	上期所	842 294 223	642 473 980	31.10
10	大商所	769 637 041	700 500 777	9.90
13	郑商所	676 343 283	525 299 023	18.80
18	中金所	217 581 145	193 549 311	12.40

资料来源：美国期货业协会（FIA）相关资料

新上市品种

2014年，中国期货市场共上市6个新品种，包括聚丙烯、热轧卷板、晚籼稻、锰硅、硅铁和玉米淀粉。截至2014年底，中国期货市场交易品种增至46个。

其中，聚丙烯期货成交量为2 478.12万手，在新上市期货品种中位居前列；热轧卷板期货成交量为125.54万手，在新上市期货品种中仅次于聚丙烯期货；晚籼稻、锰硅、硅铁和玉米淀粉成交量和成交额都相对偏小，具体情况见表83。

表83　2014年中国新上市期货品种成交情况

品种	上市时间	2014年成交量（万手）	2014年成交金额（亿元）
聚丙烯	2014年2月28日	2 478.12	12 138.02
热轧卷板	2014年3月21日	125.54	400.68
晚籼稻	2014年7月8日	5.21	29.50
锰硅	2014年8月8日	36.15	115.97
硅铁	2014年8月8日	76.76	221.23
玉米淀粉	2014年12月19日	7.20	19.87

资料来源：中国期货业协会相关资料整理

为提高大宗商品国际影响力及定价能力，形成品种的连续性交易，2014年仪盘交易品种大幅扩容，新增门糖、1号棉、PTA、菜粕、甲醇、螺纹钢、热轧卷板、天然橡胶、石油沥青、棕榈油、焦炭等17个期货品种。截至2014年底，开展夜盘交易的期货品种增至23个，占全部期货交易品种数量的50%以上，具体情况见表84。

表84　期货品种连续交易情况

时间	交易所	夜盘上市品种	夜盘交易时间
2013年7	上期所	黄金、白银	21:00～02:30
2013年12月	上期所	铜、铝、铅锌	21:00～01:00
2014年7	大商所	棕榈油、焦炭	21:00～02:30
2014年12月	郑商所	白糖、1号棉、PTA、菜粕、甲醇	21:00～23:30
	上期所	螺纹钢、热轧卷板、天然橡胶、石油沥青	21:00～01:00
	大商所	豆粕、豆油、黄大豆1号、黄大豆2号	21:00～02:30
合计	－	23个	－

资料来源：中国期货业协会相关资料整理。

农产品类期货

2014年，国内农产品期货价格整体呈现偏弱格局，同时存在一定的分化。多数农产品期货价格受全球经济偏软和供应宽松影响呈现震荡下跌走势，但谷物期货价格受国家收储政策影响走势平稳，鸡蛋与胶合板期货受供应偏紧影响价格上涨。

2014年，我国农产品期货品种累计成交成90 232.87万手，累计成交金额35.68万亿元，分别占全国期货市场的36.01%和12.22%。农产品成交量和成交额所占比重较2013年微幅增长。

2014年新上市的农产品品种有晚籼稻（7月8日上市）和玉米淀粉（12月19日上市）两个品种，分别占农产品期货成交量的0.0066%和0.008%，占期货市场总成交量的0.002%和0.003%。2013～2014年农产品期货成交情况见表85。

表85　2013～2014农产品期货成交情况

品种	2014年成交量（万手）	2013年成交量（万手）	同比增减（%）	占总成交量的比例（%）	2014年成交额（亿元）	2013年成交额（亿元）	同比增减（%）	占总成交量的比例（%）
玉米	932.99	1 331.36	−29.92	0.37	2 214.74	3174.63	−30.24	0.08
黄大豆1号	2 719.74	1 099.35	147.40	1.09	12 216.11	5 062	141.31	0.42
黄大豆2号	0.70	0.72	−3.92	0	2.56	3.06	−16.35	0
豆粕	20 498.87	26 535.76	−22.75	8 081	66 563.18	88 418.63	−24.72	2.28
豆油	6 408.26	9 633.47	−33.48	2.56	41 410.53	72 191.89	−42.64	1.42
棕榈油	7 999.64	8 249.52	−3.03	3.19	44 783.15	50 846.34	−11.92	1.53
鸡蛋	3 518.12	195.13	1 703.30	1.40	16 897.95	798.38	2 016.52	0.58
纤维板	1 535.44	237.48	546.57	0.61	4 875.85	874.01	457.87	0.17
胶合板	1 776.04	198.81	793.33	0.71	12 059.32	1 305.14	823.98	0.41
玉米淀粉	7.20	－	－	0	19.87	－	－	0
1号棉	3 178.19	745.21	326.48	1.27	21 897.11	7 405.90	195.67	0.75

续表

品种	2014年成交量（万手）	2013年成交量（万手）	同比增减（%）	占总成交量的比例%	2014年成交额（亿元）	2013年成交额（亿元）	同比增减（%）	占总成交量的比例（%）
早籼稻	33.25	87.29	−61.91	0.01	154.05	354.28	−56.52	0.01
普通白麦	0.12	0.19	−36.48	0	1.54	2.35	−34.33	0
优质强筋小麦	102.55	290.34	−64.68	0.04	561.60	1 293.12	−56.57	0.02
菜籽油	1 389.46	1 269.99	9.41	0.55	9 349.88	9 551.82	−2.11	0.32
油菜籽	1.72	117.27	−98.53	0	8.37	633.59	−98.68	0
菜籽粕	30 351.44	16 010.04	89.58	12.11	77 837.15	39 194.20	98.59	2.67
白糖	9 772.35	6 978.81	40.03	3.90	45 900.91	36 305.78	26.43	1.57
粳稻	0.89	4.05	−78.13	0	5.53	24.83	−77.74	0
晚籼稻	5.21	−	−	0	29.50	−	−	0
总计	90 232.87	72 984.79	23.63	36.01	356 788.90	317 440.43	12.40	12.22

金属类期货

2014年，受国内宏观经济影响，国内金属期货价格重心整体下移，而沪锌期货价格因供应出现大幅缩减，呈现上涨走势。2014年，我国金属期货品种累计成交量为75 414.01万手，累计成交额为504 626.90亿元，同比大幅增长，累计成交量和成交额分别占当年全国期货市场的30.10%和17.28%。

2014年，新上市的金属类期货品种有热轧卷板（3月21日上市）、硅铁（8月8日上市）。锰硅（8月8日上市），分别占金属类期货成交量的0.17%、0.10%、0.05%，分别占期货市场总成交量的0.05%、0.03%、0.01%。2013～2014年金属类期货品种的成交情况见表86。

表86　2013～2014年金属类期货品种的成交情况

品种	2014年成交量（万手）	2013年成交量（万手）	同比增减（%）	占总成交量比例（%）	2014年成交额（亿元）	2013年成交额（亿元）	同比增减（%）	占总成交金额比例（%）
铜	7 051.03	6 429.59	9.67	2.81	168 728.76	167 323.62	0.84	5.78
铝	1 392.63	330.56	321.30	0.56	9 628.45	2 407.97	299.97	0.33
锌	4 042.93	1 208.32	234.59	1.61	33 285.68	9 040.92	268.17	1.14
铅	145.78	17.28	743.85	0.06	10.36.43	246.28	320.84	0.04
螺纹钢	40 807.81	29 372.89	38.92	16.29	116 204.03	109 407.13	6.21	3.98
线材	0.07	0.39	82.78	0.00	0.22	1.46	−84.99	0.00
热轧卷板	125.54	−	−	0.05	400.68	−	−	0.01
硅铁	76.76	−	−	0.03	221.23	−	−	0.01
锰硅	36.15	−	−	0.01	115.97	−	−	0.00

续表

品种	2014年成交量（万手）	2013年成交量（万手）	同比增减（％）	占总成交量比例（％）	2014年成交额（亿元）	2013年成交额（亿元）	同比增减（％）	占总成交金额比例（％）
黄金	2 386.54	2 008.78	18.81	0.95	59 913.14	53 545.31	11.89	2.05
白银	19 348.77	17 322.26	11.70	7.72	115 091.49	115 554.86	−0.40	3.94
合计	75 414.01	56 690.06	1 296.05	30.10	504 626.09	457 526.90	822.52	17.28

2014年，能源、化工类期货品种价格呈现不同程度下行，主要受经济增速下行导致需求下降，供给端产能过剩及国际原油价格下跌等多种因素影响。2014年，能源、化工类期货品种累计成交量为63 176.88万手，累计成交额为41.83万亿元，分别占当年全国期货市场的25.21％和14.33％。

2014年，新上市的聚丙烯期货（2月28日上市），其成交量占能源、化工类期货成交量的3.92％，占期货市场总成交赫的0.99％。2013～2014年能源化工及其他类期货成交情况见表87。

表87　2013～2014年能源、化工及其他类期货成交情况

品种	2014年成交量（万手）	2013年成交量（万手）	同比增减（％）	占总成交量比例（％）	2014年成交额（亿元）	2013年成交额（亿元）	同比增减（％）	占总成交金额比例（％）
天然橡胶	8 863.16	7 243.81	22.36	3.54	127 785.03	145 267.78	−12.03	4.38
燃料油	0.15	0.10	41.39	0.00	2.84	2.51	−1.23	0
PTA	11 783.95	7 625.77	54.53	4.70	36 491.393	30 318.66	20.36	1.25
LLDPE	7 175.44	7 214.21	−0.54	2.86	36 992.52	38 648.32	−4.28	1.27
PVC	147.17	178.72	−17.66	0.06	430.52	593.21	−27.42	0.01
甲醇	2 461.47	349.76	603.75	0.98	171 463.675	5551.77	208.85	0.59
焦炭	6 368.83	11 530.66	−44.77	2.54	75 275.41	184 249.76	−59.14	2.58
玻璃	7 872.54	18 610.49	−57.70	3.14	16 845.52	53 390.93	−68.45	0.58
焦煤	5 760.54	3 425.96	68.14	2.30	28 559.13	23 317.07	22.48	0.98
动力煤	564.59	435.72	29.58	0.23	5 832.36	4 951.12	17.80	0.20
石油沥青	65.02	313.43	−79.26	0.03	276.86	1 370.53	−79.80	0.01
铁矿石	9 635.91	218.92	4 301.54	3.85	60 505.43	2 044.32	2 859.68	2.07
聚丙烯	2 478.12	—	—	0.99	12 138.02	—	—	0.42
总计	63 176.88	57 147.55	10.55	25.21	418 281.88	489 705.98	−14.59	14.33

金融期货

2014年，中国所金融期货累计成交量为2.18亿手，同比增长12.42％，累计成交额为164.02万亿元，同比增长16.32％，分别占期货市场总成交量和成交额的8.68％和56.17％。

2014年，股指期货与国债期货运行

效率和质量进一步提升，市场功能有效发挥。股指期货总成交量为21 665.83万手，同比上升12.13%；总成交额为163.14万亿元，同比上升15.95%，具体情况见表88。

表88 2013～2014年金融期货成交情况

品种	2014年成交量（万手）	2013年成交量（万手）	同比增减（%）	占总成交量比例（%）	2014年成交额（亿元）	2013年成交额（亿元）	同比增减（%）	占总成交金额比例（%）
沪深300股指期货	21 665.83	19 322.05	12.13	8.64	1 631 384.56	1 407 002.32	15.95	55.87
5年期国债期货	92.29	32.88	180.68	0.04	8 785.17	8785.17	186.73	0.30
总计	21 758.12	19 354.93	12.42	8.68	1 640 169.73	1 640 169.73	16.32	56.17

2014年度衍生品市场的各种相关表格见表89至表99。

表89 2014年证券公司资产管理业务前20名排名表

排名	委托管理资金本金总额		
	公司名称	金额（亿元）	占比（%）
1	中信证券	8.14	6.55
2	上海国泰君安证券资产	8.09	6.50
3	华泰证券	7.58	6.09
4	申银万国	5.415	4.38
5	上海海通证券资产	5.04	4.05
6	上海光大证券资产	4.13	3.32
7	华融证券	3.59	2.89
8	招商证券	3.57	2.87
9	宏源证券	3.56	2.87
10	广发证券资管（广东）	3.34	2.69
11	中信建设	3.33	2.68
12	信达证券	3.15	2.53
13	上海东方证券资产	2.92	2.35
14	中金公司	2.89	2.33
15	国信证券	2.88	2.32
16	浙江浙商证券资产	2.85	2.29
17	安信证券	2.58	2.07
18	第一创业	2.42	1.95
19	中山证券	2.32	1.86
20	东兴证券	2.07	1.66
合计		79.90	64.26

表90　2013～2014年活跃期货品种成交量排名

排名	2013年活跃品种	成交量占比（%）	排名	2014年活跃品种	成交量占比（%）
1	螺纹钢	14.25	1	螺纹钢	16.29
2	豆粕	12.87	2	菜籽粕	12.11
3	沪深300股指	9.37	3	沪深300股指	8.65
4	玻璃	9.03	4	豆粕	8.18
5	白银	8.40	5	白银	7.72
6	菜籽粕	7.77	6	PTA	4.70
7	焦炭	5.59	7	白糖	3.90
8	豆油	4.67	8	铁矿石	3.85
9	棕榈油	4.00	9	天然橡胶	3.54
10	PTA	3.70	10	棕榈油	3.19
11	天然橡胶	3.51	11	玻璃	3.14
12	聚乙烯	3.50	12	聚乙烯	2.86
13	白糖	3.38	13	铜	2.81
14	铜	3.12	14	豆油	2.56
15	焦煤	1.66	15	焦炭	2.54
16	黄金	0.97	16	焦煤	2.30
17	玉米	0.65	17	锌	1.61
18	菜籽油	0.62	18	鸡蛋	1.40
19	锌	0.59	19	1号棉	1.27
20	黄大豆1号	0.53	20	黄大豆1号	1.09
21	1号棉	0.36	21	聚丙烯	0.99
22	动力煤	0.21	22	甲醇	0.98
23	甲醇	0.17	23	黄金	0.95
24	铝	0.16	24	胶合板	0.71
25	石油沥青	0.15	25	纤维板	0.61
26	强麦	0.14	26	铝	0.56
27	纤维板	0.12	27	菜籽油	0.55
28	铁矿石	0.11	28	玉米	0.37
29	胶合板	0.10	29	动力煤	0.23
	合计	99.70		合计	99.66

表91　A股首发行业分布

行业	首发筹资公司家数（家）		首发数量（百万股）		首发筹资金额（百万元）	
	2013	2014	2013	2014	2013	2014
农、林、牧、渔	0	1	0.00	30.00	0.00	722.10
采矿业	0	2	0.00	1 186.67	0.00	5 930.17
制造业	0	90	0.00	3 036.67	0.00	40 024.55
电力、热力、燃气及水生产和供应业	0	2	0.00	333.78	0.00	892.78
建筑业	0	2	0.00	34.84	0.00	745.80
批发和零售业	0	2	0.00	87.60	0.00	1 384.17
交通运输、仓储和邮政业	0	1	0.00	31.85	0.00	582.54
住宿和餐饮业	0	0	0.00	0.00	0.00	0.00
信息传输、软件和信息技术服务业	0	13	0.00	171.95	0.00	4 122.81
金融业	0	1	0.00	1 200.00	0.00	6 996.00
房地产业	0	0	0.00	0.00	0.00	0.00
租赁和商务服务业	0	2	0.00	19.64	0.00	497.77
科学研究和技术服务业	0	6	0.00	314.34	0.00	3 701.21
水利、环境和公共设施管理业	0	3	0.00	129.13	0.00	1 306.98
教育	0	0	0.00	0.00	0.00	0.00
卫生和社会工作	0	0	0.00	0.00	0.00	0.00
文化、体育和娱乐业	0	0	0.00	0.00	0.00	0.00
综合	0	0	0.00	0.00	0.00	0.00

注：1. 以股份上市日口径统计。

　　2. 2013年无首发上市企业，此处为2012和2014年数据。

数据来源：上海证券交易所、深圳证券交易所

表92　期货品种交易情况

交易所	交易品种	成交金额（亿元）		成交量（万手）	
		2013	2014	2013	2014
上海期货交易所	铜	167 323.62	168 728.76	6 429.59	7 051.03
	铝	2 407.32	9 628.45	330.56	1 392.63
	锌	9 040.92	33 285.68	128.32	4 042.93
	铅	246.28	1 036.43	17.28	145.78
	黄金	53 545.31	59 913.14	2 008.78	2 386.54
	白银	115 554.86	115 091.49	17 322.26	19 348.77
	螺纹钢	109 407.13	116 204.03	29 372.89	40 807.81
	线材	1.46	0.22	0.39	0.07

续表

交易所	交易品种	成交金额（亿元）		成交量（万手）	
		2013	2014	2013	2014
上海期货交易所	热轧卷板	–	400.68	–	125.54
	燃料油	2.51	2.48	0.10	0.15
	石油沥青	1 370.53	276.86	313.43	65.02
	天然橡胶	145 267.78	127 785.03	7 243.81	8863.16
	合计	604 167.73	632 353.25	64 247.40	84229.42
郑州商品交易所	强麦	262.29	–	103.14	–
	强麦	1 030.83	561.86	187.20	102.59
	普麦	2.34	1.54	0.19	0.12
	棉花	7 405.90	21 897.79	745.21	3178.27
	白糖	36 305.77	45 902.38	6 978.81	9772.67
	菜籽油	421.76	–	84.96	–
	菜籽油	9 130.06	9 352.01	1 185.03	1 389.77
	早籼稻	95.80	–	35.75	–
	早籼稻	258.48	154.23	51.55	33.29
	晚籼稻	–	29.50	–	5.21
	甲醇	–	2 978.36	–	1 404.85
	甲醇	5 551.76	14 168.43	349.76	1 056.62
	玻璃	53 390.93	16 845.55	18 610.49	7 872.55
	油菜籽	633.59	8.37	117.27	1.72
	菜籽粕	39 194.20	77 837.58	16 010.04	30 351.60
	动力煤	4 951.12	5 832.75	435.72	564.63
	粳稻	24.82	6.24	4.05	1.00
	PTA	30 318.66	36 501.18	7 625.77	11 786.52
	硅铁	–	221.23	–	76.76
	锰硅	–	115.97	–	36.15
	合计	188 978.30	232 414.96	52 524.92	67 634.33
大连商品交易所	玉米	3 174.63	2 214.74	1 331.36	932.99
	玉米淀粉		19.87	–	7.20
	黄大豆1号	50 692.50	12 216.12	1 099.35	2 719.74
	黄大豆2号	3.06	2.57	0.72	0.70
	豆粕	88 418.63	66 563.19	26 535.76	20 498.87

交易所	交易品种	成交金额（亿元）		成交量（万手）	
		2013	2014	2013	2014
大连商品交易所	豆油	72 191.89	41 410.54	9 633.47	6 408.26
	棕榈油	50 846.34	44 783.16	8 249.52	7 999.64
	鸡蛋	798.38	12 059.32	195.13	3 518.82
	胶合板	1 305.14	4 875.86	198.81	1 776.04
	纤维板	874.01	1 689.95	237.48	1 535.44
	聚乙烯	38 648.32	36 992.53	7 214.21	7 175.44
	聚氯乙烯	593.21	430.53	178.72	147.17
	聚丙烯	–	12 138.02	–	2 478.12
	焦炭	184 249.76	75 275.42	11 530.66	6 368.83
	焦煤	23 317.07	28 559.14	3 425.96	5 760.54
	铁矿石	2 044.32	60 505.44	218.92	9 635.91
	合计	471 527.27	414 944.32	70 050.08	76 963.70
中国金融期货交易所	指数期货	1 407 002.33	1 631 384.56	19 322.05	21 665.83
	国债期货	3 063.89	8 785.17	32.88	92.29
	合计	1 410 066.22	1 640 169.73	19 354.93	21 758.12
全国期货市场		2 674 739.53	2 919 882.26	206 177.32	250 585.57

表93 2014年期货市场主力合约情况

交易所	交易品种	持仓量(手)	上年末最后交易日结算价 (元／吨)	本年末最后交易日结算价 (元／吨)	涨跌幅（％）
上海期货交易所	铜	153 814	52 280	45 620	−12.74
	铝	73 684	13 975	13 080	−6.40
	锌	75 479	15 220	16 655	9.43
	铅	8 879	14 300	12 410	−13.22
	黄金（元／千克）	97 216	240.45	242.65	0.9 1
	白银（元／千克）	196 340	4 136	3 524	−14.80
	螺纹钢	1 060 130	3 575	2 593	27.47
	线材	4	3 684	2 801	−23.97
	热轧卷板	7 187	–	2 924	–
	燃料油	12	4 485	2 979	−33.58
	石油沥青	42	4 308	3 516	−18.3 8
	天然橡胶	94 825	18 205	13 525	−25.711

续表

交易所	交易品种	持仓量(手)	上年末最后交易日结算价 (元／吨)	本年末最后交易日结算价 (元／吨)	涨跌幅（%）
	强麦(WH)	5 759.00	2 845.0	2 540.0	−10.72
	普麦	12	2 625.0	2 646.0	0.80
	棉花	255 995	19 275.0	13 310.0	−30.95
	白糖	321 236	4 798.0	4 615.0	−3.81
	菜籽油（OI）	63 304	7 082.0	6 082.0	−14.1 2
	早籼稻（RI）	313.00	2 310.0	2 277.0	−1.43
	晚籼稻	561	3 021.0	2 890.0	—
	甲醇（OI）	152 757.00	—	2 057.0	—
	甲醇（RI）	644	—	2 005.0	−33.63
	玻璃	246 834	1 302.0	956.0	−26.57
	油菜籽	33	4 960.0	4 462.0	−10.04
	菜籽粕	436 149	2 618.0	2 272.0	−13.22
	动力煤	1 280 260	562.4	484.0	−13.94
	硅铁	3 685	3 075.0	5 354.0	—
	锰硅	449 255	—	6 080.0	—
	粳稻	—	—	3 000.0	−2.44
	PTA	—	7 386.0	4 872.0	−34.04
	玉米	0	2 440	2 407	−1.35
	玉米淀粉	3 760	—	2 718	—
	黄大豆1号	20 943	4 353	4 665	7.17
	黄大豆2号	0	4 024	3 425	−14.89
	豆粕	992 796	3 722	2 884	−22.5 1
	豆油	6 861	7 012	5 474	−21.93
	棕榈油	7 628	5 442	4 852	−10.84
	鸡蛋（元/500千克）	0	3 964	5 119	29.1 4
	胶合板（元/张）	0	123	151.75	23.57
	纤维板（元/张）	0	70	58.45	−16.80
	聚乙烯	0	12 110	10 930	−9.74
	聚丙烯	0	647	6 045	−6.64
	聚氯乙烯	9 030	1 447	9 713	—
	焦炭	0	—	1 037	−28.33
	焦煤	0	968.00	747	−22.83
	铁矿石	347 726	909.00	508	−44.11
	指数期货（元）	215 437	2 348.4	3 579.8	52.44
	国债期货（元）	21 556	91.8	96.7	5.34

表94　2014年农产品期货持仓情况

交易品种	上市	合约	最高持仓量（手）	最高持仓量日期	最后持仓量（手）	最后持仓（日期）	年末持仓量（手）
玉米	DCE	C1401	0	2014/01/02	4 170	2013/12/31	0
	DCE	C1403	305	2014/01/23	16	2014/03/13	0
	DCE	C1405	2 032 058	2014/02/28	594	2014/05/12	0
	DCE	C1407	13	2014/05/19	1	2014/06/30	0
	DCE	C1409	138 665	2014/04/02	50	2014/09/04	0
	DCE	C1411	180	2014/07/16	1	2014/11/04	0
	DCE	C1501	157 636	2014/08/05	4 758	2014/12/31	4 756
	DCE	C1503	38	2014/09/03	12	2014/12/31	12
	DCE	C1505	143 360	2014/10/14	70 539	2014/12/31	70 539
	DCE	C1507	40	2014/11/07	35	2014/12/31	35
	DCE	C1509	70 429	2014/12/26	63 787	2014/12/31	63 787
	DCE	C1511	357	2014/12/29	348	2014/12/31	348
玉米淀粉	DCE	Cs1503	87	2014/12/30	77	2014/12/31	77
	DCE	Cs1505	4 558	2014/12/26	3 760	2014/12/31	3 760
	DCE	Cs1507	3	2014/12/19	2	2014/12/31	2
	DCE	Cs1509	1 285	2014/12/24	1 228	2014/12/31	1 228
	DCE	Cs1511	8	2014/12/23	7	2014/12/31	7
黄大豆1号	DCE	a1401	13	2014/01/02	11	2014/01/14	0
	DCE	a1403	103	2014/01/15	1	2014/03/13	0
	DCE	A1405	52 985	2014/01/24	542	2014/05/15	0
	DCE	A1407	62	2014/01/02	4	2014/06/27	0
	DCE	A1409	151 719	2014/05/15	122	2014/09/04	0
	DCE	A1411	112	2014/06/11	6	2014/10/31	0
	DCE	A1501	261 453	2014/09/15	20 943	2014/12/31	20 943
	DCE	A1503	725	2014/11/12	100	2014/12/31	100
	DCE	A1505	163 066	2014/12/05	129 367	2014/12/31	129 367
	DCE	A1507	16	2014/12/09	8	2014/12/31	8
	DCE	A1509	47 465	2014/07/30	34 043	2014/12/31	34 043
	DCE	A1511	66	2014/12/05	65	2014/12/31	65
	DCE	A1601	7 255	2014/12/26	6 827	2014/12/31	6 827
	DCE	A1603	1	2014/12/12	1	2014/12/31	1
	DCE	A1605	34	2014/12/29	32	2014/12/31	32

续表

交易品种	上市	合约	最高持仓量（手）	最高持仓量日期	最后持仓量（手）	最后持仓（日期）	年末持仓量（手）
黄大豆2号	DCE	B1401	10	2014/01/02	5	2014/01/14	0
	DCE	B1403	14	2014/01/02	6	2014/05/15	0
	DCE	B1405	6	2014/01/15	2	2014/06/27	0
	DCE	B1407	70	2014/01/10	1	2014/09/04	0
	DCE	B1409	418	2014/08/12	191	2014/10/31	0
	DCE	B1411	10	2014/03/13	4	2014/12/31	0
	DCE	B1501	146	2014/10/27	3	2014/12/31	0
	DCE	B1503	13	2014/08/14	9	2014/12/31	9
	DCE	B1505	180	2014/09/19	163	2014/12/31	163
	DCE	B1507	1	2014/08/12	1	2014/12/31	1
	DCE	B1509	8	2014/12/31	8	2014/12/31	8
	DCE	B1511	4	2014/12/18	4	2014/12/31	4
豆粕	DCE	M1401	4 578	2014/01/02	1 558	2014/01/14	0
	DCE	M1403	961	2014/01/02	188	2014/03/13	0
	DCE	M1405	842 235	2014/01/08	7 319	2014/05/15	0
	DCE	M1407	7 744	2014/01/21	666	2014/07/11	0
	DCE	M1408	2 135	2014/02/13	39	2014/07/30	0
	DCE	M1409	844 331	2014/03/25	2 760	2014/09/12	0
	DCE	M1411	4 433	2014/01/13	4	2014/10/31	0
	DCE	M1412	2 593	2014/01/13	1 539	2014/12/11	0
	DCE	M1501	820 666	2014/08/20	9 059	2014/12/31	9 059
	DCE	M1503	987	2014/05/16	404	2014/12/31	404
	DCE	M1505	1 137 263	2014/11/19	992 796	2014/12/31	992 796
	DCE	M1507	3 665	2014/09/09	1 818	2014/12/31	1 818
	DCE	M1508	815	2014/09/17	637	2014/12/31	637
	DCE	M1509	596 730	2014/12/31	596 730	2014/12/31	596 730
	DCE	M1511	486	2014/12/31	486	2014/12/31	486
	DCE	M1512	180	2014/12/31	189	2014/12/31	189
豆油	DCE	y1401	2 763	2014/01/02	1 043	2014/01/14	0
	DCE	y1403	37	2014/01/02	2	2014/03/04	0
	DCE	y1405	447 606	2014/01/06	974	2014/05/15	0
	DCE	y1407	77	2014/03/06	2	2014/06/30	0
	DCE	y1408	68	2014/03/05	1	2014/08/11	0
	DCE	y1409	383 697	2014/04/08	4 091	2014/09/12	0

续表

交易品种	上市	合约	最高持仓量（手）	最高持仓量日期	最后持仓量（手）	最后持仓（日期）	年末持仓量（手）
	DCE	y1411	42	2014/03/05	5	2014/11/03	0
	DCE	y1412	48	2014/10/30	35	2014/12/01	0
	DCE	y1501	419 714	2014/08/15	6 861	2014/12/31	6 861
	DCE	y1503	20	2014/12/29	19	2014/12/31	19
豆油	DCE	y1505	340 304	2014/12/04	325 321	2014/12/31	325 321
	DCE	y1507	4	2014/09/24	2	2014/12/31	2
	DCE	y1508	15	2014/12/01	10	2014/12/31	10
	DCE	y1509	81 410	2014/12/31	81 410	2014/12/31	81 410
	DCE	y1511	2	2014/11/24	1	2014/12/31	1
	DCE	y1512	0	2014/12/15	−	−	0
	DCE	p401	7 394	2014/01/02	5 750	2014/01/14	0
	DCE	p402	6	2014/01/03	1	2014/01/30	0
	DCE	p403	5	2014/01/06	1	2014/02/26	0
	DCE	p404	33	2014/01/16	1	2014/03/28	0
	DCE	p405	223 806	2014/01/02	7 590	2014/05/15	0
	DCE	p406	71	2014/03/17	1	2014/05/27	0
	DCE	p407	16	2014/04/11	1	2014/06/11	0
	DCE	p408	31	2014/04/29	1	2014/07/28	0
	DCE	p409	276 886	2014/03/11	6 774	2014/09/12	0
	DCE	p410	11	2014/07/23	1	2014/08/27	0
	DCE	p411	2	2014/04/11	2	2014/09/24	0
	DCE	p412	10	2014/07/01	2	2014/11/05	0
棕榈油	DCE	p501	354 571	2014/09/18	7 628	2014/12/31	7 628
	DCE	p502	51	2014/08/04	3	2014/12/31	3
	DCE	p503	28	2014/06/23	7	2014/12/31	7
	DCE	p504	12	2014/04/23	4	2014/12/31	4
	DCE	P505	288 906	2014/12/16	262 988	2014/12/31	262 988
	DCE	p506	63	2014/12/04	14	2014/12/31	14
	DCE	p507	5	2014/12/23	5	2014/12/31	5
	DCE	p508	3	2014/08/26	2	2014/12/31	2
	DCE	p509	35 626	2014/12/25	34 264	2014/12/31	34 264
	DCE	p510	2	2014/11/11	1	2014/12/31	1
	DCE	p511	13	2014/12/02	5	2014/12/31	5
	DCE	p512	1	2014/12/16	1	2014/12/31	1

续表

交易品种	上市	合约	最高持仓量（手）	最高持仓量日期	最后持仓量（手）	最后持仓（日期）	年末持仓量（手）
鸡蛋	DCE	Jd1403	195	2014/01/13	1	2014/03/06	0
	DCE	Jd1404	26	2014/01/28	1	2014/04/14	0
	DCE	Jd1405	41 863	2014/02/14	3	2014/05/15	0
	DCE	jd1406	231	2014/05/15	7	2014/06/13	0
	DCE	jd1409	184 627	2014/06/27	40	2014/09/12	0
	DCE	jd1410	1 679	2014/08/04	32	2014/09/29	0
	DCE	jd1411	410	2014/08/29	10	2014/11/13	0
	DCE	jd1412	40	2014/09/24	2	2014/12/11	0
	DCE	jd1501	112 528	2014/08/19	68	2014/12/31	68
	DCE	jd1502	32	2014/12/25	31	2014/12/31	31
	DCE	jd1503	623	2014/10/15	277	2014/12/31	277
	DCE	jd1504	19	2014/12/04	16	2014/12/31	16
	DCE	Jd1505	67 238	2014/12/11	64 596	2014/12/31	64 596
	DCE	Jd1506	71	2014/10/17	26	2014/12/31	26
	DCE	jd1509	11 800	2014/12/31	11 800	2014/12/31	11 800
	DCE	jd1510	22	2014/12/10	11	2014/12/31	11
	DCE	jd1511	5	2014/12/31	5	2014/12/31	5
	DCE	jd1512	0	2014/12/15	—	—	—
胶合板	DCE	bb1404	40	2014/02/26	20	2014/04/14	0
	DCE	bb1405	65 220	2014/04/08	98	2014/05/15	0
	DCE	bb1406	868	2014/04/17	71	2014/06/13	0
	DCE	bb1407	378	2014/05/12	47	2014/07/11	0
	DCE	bb1408	419	2014/06/06	137	2014/08/13	0
	DCE	bb1409	54 202	2014/05/06	509	2014/09/12	0
	DCE	bb1410	539	2014/08/18	57	2014/10/20	0
	DCE	bb1411	1 819	2014/09/01	80	2014/11/13	0
	DCE	bb1412	80	2014/11/17	54	2014/12/11	0
	DCE	bb1501	27 897	2014/11/03	2 683	2014/12/31	2 683
	DCE	bb1502	5 382	2014/12/31	5 382	2014/12/31	5 382
	DCE	bb1503	199	2014/12/31	199	2014/12/31	199
	DCE	bb1504	6	2014/08/29	3	2014/12/31	3
	DCE	bb1505	2 250	2014/12/29	2 201	2014/12/31	2 201
	DCE	bb1506	9	2014/07/01	3	2014/12/31	3
	DCE	bb1507	1	2014/07/23	1	2014/12/31	1

续表

交易品种	上市	合约	最高持仓量（手）	最高持仓量日期	最后持仓量（手）	最后持仓（日期）	年末持仓量（手）
胶合板	DCE	bb1508	16	2014/09/12	16	2014/12/31	16
	DCE	bb1509	438	2014/11/26	395	2014/12/31	395
	DCE	bb1510	10	2014/11/06	2	2014/12/31	2
	DCE	bb1511	1	2014/12/02	1	2014/12/31	1
	DCE	bb1512	0	2014/12/15	—	—	0
纤维板	DCE	fd04	28	2014/03/19	23	2014/04/14	0
	DCE	fd05	92 863	2014/02/19	409	2014/05/15	0
	DCE	fd06	112	2014/05/16	81	2014/06/13	0
	DCE	fd07	260	2014/06/24	140	2014/07/11	0
	DCE	fd08	136	2014/07/16	51	2014/08/13	0
	DCE	fd09	91 430	2014/06/04	278	2014/09/12	0
	DCE	fd10	1 162	2014/09/04	462	2014/10/20	0
	DCE	fd11	1 200	2014/09/26	234	2014/11/13	0
	DCE	fd12	119	2014/11/21	19	2014/12/11	0
	DCE	fd01	21 184	2014/09/16	197	2014/12/31	197
	DCE	fd02	5	2014/11/24	3	2014/12/31	3
	DCE	fd1503	45	2014/12/16	35	2014/12/31	35
	DCE	fd1504	4	2014/06/03	4	2014/12/31	4
	DCE	fd1505	1 098	2014/12/31	1 098	2014/12/31	1 098
	DCE	fd1506	35	2014/08/22	3	2014/12/31	3
	DCE	fd1507	1	2014/08/29	1	2014/12/31	1
	DCE	fd1508	11	2014/12/29	9	2014/12/31	9
	DCE	fd1509	90	2014/12/25	85	2014/12/31	85
	DCE	fd1510	2	2014/12/09	2	2014/12/31	2
	DCE	fd1511	1	2014/11/19	1	2014/12/31	1
	DCE	fd1512	0	2014/12/15	~	2014/12/31	0
棉花	ZCE	cf401	788	2014/01/02	448	2014/01/14	0
	ZCE	cf403	25	2014/02/14	8	2014/02/28	0
	ZCE	cf405	41 455	2014/01/07	464	2014/05/15	0
	ZCE	cf407	33	2014/03/20	16	2014/06/30	0
	ZCE	cf409	21 427	2014/04/11	344	2014/09/12	0
	ZCE	cf411	19 680	2014/01/17	2 910	2014/11/13	0
	ZCE	cf501	324 295	2014/09/24	13 767	2014/12/31	13 767
	ZCE	cf503	539	2014/12/31	539	2014/12/31	539

续表

交易品种	上市	合约	最高持仓量（手）	最高持仓量日期	最后持仓量（手）	最后持仓（日期）	年末持仓量（手）
棉花	ZCE	cf505	299 933	2014/11/24	255 995	2014/12/31	255 995
	ZCE	cf507	744	2014/12/23	715	2014/12/31	715
	ZCE	cf509	44 055	2014/12/23	39 730	2014/12/31	39 730
	ZCE	cf511	329	2014/12/23	285	2014/12/31	285
粳稻	ZCE	jr403	102	2014/01/02	90	2014/03/13	0
	ZCE	jr405	2 433	2014/03/10	100	2014/05/15	0
	ZCE	jr407	2	2014/01/23	0	—	0
	ZCE	jr409	194	2014/01/02	0	—	0
	ZCE	jr411	27	2014/01/02	0	—	0
	ZCE	jr501	14	2014/08/29	0	2014/12/17	0
	ZCE	jr503	0	—	0	—	0
	ZCE	jr505	1	2014/05/22	0	—	0
	ZCE	jr507	2	2014/08/28	0	—	0
	ZCE	jr509	0	—	0	—	0
	ZCE	jr511	0	—	0	—	0
晚籼稻	ZCE	lr411	82	2014/07/08	90	2014/03/13	0
	ZCE	lr501	6 489	2014/08/05	100	2014/05/15	561
	ZCE	lr503	0	—	0	—	0
	ZCE	lr505	591	2014/07/31	0	2014/12/31	239
	ZCE	lr507	0	—	0	—	0
	ZCE	lr509	0	—	0	—	0
		lr511	0	—	0	—	0
菜籽油		O1401	1 373	2014/01/02	291	2014/01/14	0
		O1403	21	2014/01/02	11	2014/02/28	0
		O1405	139 362	2014/01/02	795	2014/05/15	0
		O1407	7	2014/02/25	0	—	0
		O1409	151 349	2014/03/20	6 167	2014/09/12	0
		O1411	19	2014/09/03	2	2014/10/31	0
		O1501	121 430	2014/07/29	2 264	2014/12/31	2 264
		O1503	14	2014/10/28	4	2014/06/30	4
		O1505	73 423	2014/12/11	63 304	2014/12/31	63 304
		O1507	1	2014/07/22	0	—	0
	ZCE	OI509	13 528	2014/12/08	12 262	2014/12/31	1 223
	ZCE	OI511	4	2014/12/01	2	2014/12/31	0

续表

交易品种	上市	合约	最高持仓量（手）	最高持仓量日期	最后持仓量（手）	最后持仓（日期）	年末持仓量（手）
普麦	ZCE	PM401	18	2014/01/02	14	2014/01/14	0
	ZCE	PM403	1	2014/01/02	0	–	0
	ZCE	PM405	23	2014/03/20	5	2014/01/30	0
	ZCE	PM407	0	–	0	–	0
	ZCE	PM409	23	2014/02/28	0	–	0
	ZCE	PM411	1	2014/01/07	0	–	0
	ZCE	PM501	19	2014/11/24	12	2014/12/31	6
	ZCE	PM503	0	–	0	–	0
	ZCE	PM505	6	2014/12/02	6	2014/12/31	0
	ZCE	PM507	14	2014/07/28	0	–	0
	ZCE	PM509	6	2014/12/31	6	2014/12/31	0
	ZCE	PM511	0	–	0	–	0
早籼稻	ZCE	RI401	615	2014/01/02	551	2014/01/14	0
	ZCE	RI403	1	2014/01/02	0	–	0
	ZCE	RI405	20 359	2014/02/12	588	2014/05/15	0
	ZCE	RI407	965	2014/05/16	373	2014/07/11	0
	ZCE	RI409	4 247	2014/06/05	218	2014/09/12	0
	ZCE	RI411	3	2014/01/02	0	–	0
	ZCE	RI501	1 664	2014/09/04	218	2014/12/31	218
	ZCE	RI503	2	2014/04/29	1	2014/03/28	0
	ZCE	RI505	335	2014/12/12	313	2014/12/31	313
	ZCE	RI507	2	2014/09/12	2	2014/10/31	2
	ZCE	RI509	1	2014/09/18	1	2014/09/30	1
	ZCE	RI511	3	2014/12/09	1	2014/11/28	1
菜粕	ZCE	RM401	5 733	2014/01/03	3 135	2014/01/14	0
	ZCE	RM403	1 938	2014/01/02	8 756	2014/03/13	0
	ZCE	RM405	561 225	2014/01/16	2 400	2014/05/15	0
	ZCE	RM407	1 172	2014/02/26	438	2014/07/11	
	ZCE	RM408	547	2014/07/03	300	2014/08/13	0
	ZCE	RM409	584 437	2014/05/08	2 868	2014/09/12	0
	ZCE	RM411	34 057	2014/08/13	3 807	2014/11/13	0
	ZCE	RM501	434 504	2014/08/13	2 835	2014/12/31	2 835
	ZCE	RM503	37 658	2014/11/20	9 313	2014/12/31	9 313
	ZCE	RM505	520 063	2014/12/25	436 149	2014/12/31	436 149

交易品种	上市	合约	最高持仓量（手）	最高持仓量日期	最后持仓量（手）	最后持仓（日期）	年末持仓量（手）
菜粕	ZCE	RM507	1 244	2014/09/11	769	2014/12/31	769
	ZCE	RM508	636	2014/09/04	109	2014/12/31	109
	ZCE	RM509	183 929	2014/12/18	166 690	2014/12/31	166 690
	ZCE	RM511	10 077	2014/12/24	8 711	2014/12/31	8 711
菜籽	ZCE	RS407	3	2014/01/10	0	—	0
	ZCE	RS408	2	2014/05/09	0	—	0
	ZCE	RS409	1 253	2014/05/21	55	2014/09/12	0
	ZCE	RS411	22	2014/06/27	0	—	0
	ZCE	RS507	247	2014/09/12	33	2014/12/31	33
	ZCE	RS508	2	2014/08/22	2	2014/08/29	2
	ZCE	RS509	7	2014/12/26	4	2014/11/28	4
	ZCE	RS511	0	—	0	—	0
白糖	ZCE	401	3 618	2014/01/02	1 255	2014/01/14	0
	ZCE	403	296	2014/01/09	76	2014/03/13	0
	ZCE	405	373 184	2014/01/16	3 457	2014/05/15	0
	ZCE	407	655	2014/07/09	497	2014/07/11	0
	ZCE	409	390 216	2014/04/30	3 440	2014/09/12	0
	ZCE	411	727	2014/02/21	327	2014/11/13	0
	ZCE	501	506 986	2014/09/19	41 960	2014/12/31	41 960
	ZCE	503	525	2014/12/30	525	2014/12/31	525
	ZCE	505	356 906	2014/11/14	321 236	2014/12/31	321 236
	ZCE	507	137	2014/09/26	135	2014/12/31	135
	ZCE	509	120 213	2014/12/31	120 213	2014/12/31	120 213
	ZCE	511	47	2014/11/26	44	2014/12/31	44
	ZCE	601	16 642	2014/12/26	15 901	2014/12/31	15 901
	ZCE	603	7	2014/11/14	6	2014/12/31	6
	ZCE	602	1 666	2014/12/31	1 666	2014/12/31	1 666
强麦	ZCE	wh401	11 804	2014/01/02	7 314	2014/01/14	0
	ZCE	wh403	0	—	0	—	0
	ZCE	wh405	67 213	2014/01/02	7 699	2014/05/15	0
	ZCE	wh407	110	2014/04/10	3	2014/06/30	0
	ZCE	wh409	31 211	2014/06/18	1 551	2014/09/12	0
	ZCE	wh411	48	2014/08/11	10	2014/11/13	0
	ZCE	wh501	14 222	2014/08/29	5 759	2014/12/31	5 759

续表

交易品种	上市	合约	最高持仓量（手）	最高持仓量日期	最后持仓量（手）	最后持仓（日期）	年末持仓量（手）
强麦	ZCE	wh503	3	2014/12/11	2	2014/12/31	2
	ZCE	wh505	2 817	2014/12/31	2 817	2014/12/31	2 817
	ZCE	wh507	5	2014/09/10	5	2014/09/30	5
	ZCE	wh509	30	2014/11/06	20	2014/12/31	20
	ZCE	wh511	0	−	0	−	0
天然橡胶		1401	6 479	2014/01/02	4 400	2014/01/15	0
	SHFE	ru1403	1 164	2014/02/27	1 052	2014/03/17	0
	SHFE	ru1404	2 252	2014/01/02	1 441	2014/04/15	0
	SHFE	ru1405	115 073	2014/03/21	3 689	2014/05/15	0
	SHFE	ru1406	1 289	2014/06/11	1 273	2014/06/16	0
	SHFE	ru1407	1 019	2014/05/16	967	2014/07/15	0
	SHFE	ru1408	1 633	2014/02/18	405	2014/08/15	0
	SHFE	ru1409	190 478	2014/04/23	2 507	2014/09/15	0
	SHFE	ru1410	741	2014/04/22	240	2014/10/15	0
	SHFE	ru1411	10 258	2014/09/11	1 495	2014/11/17	0
	SHFE	ru1501	142 810	2014/09/18	11 803	2014/12/31	11 803
	SHFE	ru1503	1 085	2014/05/13	154	2014/12/31	154
	SHFE	ru1504	110	2014/12/02	78	2014/12/31	78
	SHFE	ru1505	114 080	2014/12/08	94 825	2014/12/31	94 825
	SHFE	ru1506	806	2014/11/25	685	2014/12/31	685
	SHFE	ru1507	429	2014/11/05	94	2014/12/31	94
	SHFE	ru1508	24	2014/12/18	24	2014/12/31	24
	SHFE	ru1509	46 728	2014/12/29	46 540	2014/12/31	46 540
	SHFE	ru1510	548	2014/12/09	545	2014/12/31	545
	SHFE	ru1511	893	2014/12/31	893	2014/12/31	893

表95　2014年金属期货持仓情况

交易品种	上市交易所	合约	最高持仓量（手）	最高持仓日期	最后持仓量（手）	最后持仓日期	年末持仓量（手）
铜	SHFE	1401	14 755	2014/01/02	4 105	2014/01/15	0
	SHFE	1402	43 137	2014/01/02	4 340	2014/02/17	0
	SHFE	1403	120 112	2014/01/02	4 740	2014/03/17	0
	SHFE	1404	127 232	2014/01/27	2 270	2014/04/15	0
	SHFE	1405	157 397	2014/03/03	1 440	2014/05/15	0

续表

交易品种	上市交易所	合约	最高持仓量（手）	最高持仓日期	最后持仓量（手）	最后持仓日期	年末持仓量（手）
铜	SHFE	1406	228 298	2014/03/18	1 655	2014/06/16	0
	SHFE	1407	160 414	2014/04/11	6 850	2014/07/15	0
	SHFE	1408	147 478	2014/05/29	3 675	2014/08/15	0
	SHFE	1409	145 489	2014/07/16	3 845	2014/09/15	0
	SHFE	1410	138 565	2014/08/14	4 150	2014/10/15	0
	SHFE	1411	153 819	2014/09/11	4 870	2014/11/17	0
	SHFE	1412	164 461	2014/10/10	4 460	2014/12/15	0
	SHFE	1501	173 425	2014/10/28	20 562	2014/12/31	20 562
	SHFE	1502	207 067	2014/12/01	58 831	2014/12/31	58 831
	SHFE	1503	165 586	2014/12/29	153 814	2014/12/31	153 814
	SHFE	1504	59 267	2014/12/30	58 353	2014/12/31	58 353
	SHFE	1505	23 193	2014/12/30	23 192	2014/12/31	23 192
	SHFE	1506	12 453	2014/12/31	12 453	2014/12/31	12 453
	SHFE	1507	4 487	2014/12/31	4 487	2014/12/31	4 487
	SHFE	1508	2 149	2014/12/30	2 143	2014/12/31	2 143
	SHFE	1509	1 769	2014/12/30	1 724	2014/12/31	1 724
	SHFE	1510	2 051	2014/12/19	2 044	2014/12/31	2 044
	SHFE	1511	1 530	2014/12/31	1 530	2014/12/31	1 530
	SHFE	1512	522	2014/12/31	522	2014/12/31	522
铝	SHFE	a11401	8 475	2014/01/02	2 445	2014/01/15	0
	SHFE	a11402	19 192	2014/01/02	8 030	2014/02/17	0
	SHFE	a11403	26 063	2014/01/02	20 180	2014/03/17	0
	SHFE	a11404	42 433	2014/02/18	19 185	2014/04/15	0
	SHFE	a11405	48 921	2014/03/06	16 020	2014/05/15	0
	SHFE	a11406	63 581	2014/04/11	16 995	2014/06/16	0
	SHFE	a11407	60 761	2014/04/24	14 070	2014/07/15	0
	SHFE	a11408	91 222	2014/06/11	11 510	2014/08/15	0
	SHFE	a11409	79 788	2014/07/08	10 475	2014/09/15	0
	SHFE	a11410	82 780	2014/07/29	6 555	2014/10/15	0
	SHFE	a11411	122 825	2014/09/04	8 295	2014/11/17	0
	SHFE	a11412	73 103	2014/10/08	9 420	2014/12/15	0
	SHFE	a11501	86 095	2014/11/04	16 394	2014/12/31	16 394
	SHFE	a11502	69 917	2014/12/03	39 317	2014/12/31	39 317
	SHFE	a11503	73 681	2014/12/31	73 684	2014/12/31	73 684

续表

交易 品种	上市 交易所	合约	最高持仓量 （手）	最高持仓日期	最后持仓量 （手）	最后持仓 日期	年末持仓量 （手）
铝	SHFE	a11504	28 667	2014/12/31	28 667	2014/12/31	28 667
	SHFE	a11505	10 615	2014/12/31	10 615	2014/12/31	10 615
	SHFE	a11506	1 900	2014/12/31	1 900	2014/12/31	1 900
	SHFE	a11507	267	2014/12/31	267	2014/12/31	267
	SHFE	a11508	146	2014/12/30	144	2014/12/31	144
	SHFE	a11509	149	2014/12/30	149	2014/12/31	149
	SHFE	a11510	119	2014/12/12	118	2014/12/31	118
	SHFE	a11511	90	2014/12/09	76	2014/12/31	76
	SHFE	a11512	19	2014/12/19	16	2014/12/31	16
锌	SHFE	zn1401	3 170	2014/01/02	590	2014/01/15	0
	SHFE	zn1402	10 178	2014/01/02	2 080	2014/02/17	0
	SHFE	zn1403	56 320	2014/01/02	2 535	2014/03/17	0
	SHFE	zn1404	60 038	2014/01/23	2 150	2014/04/15	0
	SHFE	zn1405	61 776	2014/03/05	3 910	2014/05/15	
	SHFE	zn1406	38 626	2014/03/24	1 035	2014/06/16	0
	SHFE	zn1407	45 849	2014/05/13	3 255	2014/07/15	0
	SHFE	zn1408	70 109	2014/06/11	4 690	2014/08/15	0
	SHFE	zn1409	135 481	2014/07/15	4 810	2014/09/15	0
	SHFE	zn1410	148 123	2014/07/29	7 180	2014/10/15	0
	SHFE	zn1411	151 459	2014/09/04	2 405	2014/11/17	0
	SHFE	zn1412	93 526	2014/10/09	2 010	2014/12/15	0
	SHFE	zn1501	99 880	2014/11/04	6 351	2014/12/31	6 351
	SHFE	zn1502	74 909	2014/12/05	30 981	2014/12/31	30 981
	SHFE	zn1503	75 479	2014/12/31	75 479	2014/12/31	75 479
	SHFE	zn1504	10 629	2014/12/31	10 629	2014/12/31	10 629
	SHFE	zn1505	4 487	2014/12/31	4 487	2014/12/31	4 487
	SHFE	zn1506	234	2014/12/30	234	2014/12/31	234
	SHFE	zn1507	56	2014/12/19	54	2014/12/31	54
	SHFE	zn1508	144	2014/12/31	144	2014/12/31	144
	SHFE	zn1509	59	2014/12/31	59	2014/12/31	59
	SHFE	zn1510	74	2014/12/11	56	2014/12/31	56
	SHFE	zn1511	196	2014/11/26	191	2014/12/31	191
	SHFE	zn1512	30	2014/12/31	30	2014/12/31	30
铅	SHFE	pd1401	3 590	2014/01/02	2 265	2014/01/15	0

续表

交易品种	上市交易所	合约	最高持仓量（手）	最高持仓日期	最后持仓量（手）	最后持仓日期	年末持仓量（手）
铅	SHFE	pd1402	5 103	2014/01/08	1 085	2014/02/17	0
	SHFE	pd1403	5 714	2014/01/23	2 775	2014/03/17	0
	SHFE	pd1404	5 270	2014/03/07	3 410	2014/04/15	0
	SHFE	pd1405	3 761	2014/03/26	3 355	2014/05/15	0
	SHFE	pd1406	3 029	2014/04/30	1 165	2014/06/16	0
	SHFE	pd1407	2 578	2014/05/28	990	2014/07/15	0
	SHFE	pd1408	3 585	2014/06/24	2 805	2014/08/15	0
	SHFE	pd1409	2 728	2014/07/29	1 880	2014/09/15	0
	SHFE	pd1410	21 762	2014/08/04	4 185	2014/10/15	0
	SHFE	pd1411	8 711	2014/09/18	2 780	2014/11/17	0
	SHFE	pd1412	5 510	2014/10/17	2 490	2014/12/15	0
	SHFE	pd1501	8 257	2014/11/14	2 680	2014/12/31	2 680
	SHFE	pd1502	11 464	2014/12/26	8 289	2014/12/31	8 289
	SHFE	pd1503	9 506	2014/12/30	8 879	2014/12/31	8 879
	SHFE	pd1504	1 532	2014/12/31	1 532	2014/12/31	1 532
	SHFE	pd1505	245	2014/12/31	245	2014/12/31	245
	SHFE	pd1506	222	2014/12/18	184	2014/12/31	184
	SHFE	pd1507	17	2014/12/31	17	2014/12/31	17
	SHFE	pd1508	29	2014/12/31	29	2014/12/31	29
	SHFE	pd1509	24	2014/12/25	20	2014/12/31	20
	SHFE	pd1510	208	2014/12/29	208	2014/12/31	208
	SHFE	pd1511	9	2014/12/29	6	2014/12/31	6
	SHFE	pd1512	9	2014/12/18	4	2014/12/31	4
黄金（元/克）	SHFE	au1401	405	2014/01/02	336	2014/01/15	0
	SHFE	au1402	54	2014/01/29	27	2014/02/17	0
	SHFE	au1403	108	2014/01/23	48	2014/03/17	0
	SHFE	au1404	48	2014/03/10	3	2014/04/15	0
	SHFE	au1405	152	2014/03/04	3	2014/05/15	0
	SHFE	au1406	103 127	2014/03/12	1 596	2014/06/16	0
	SHFE	au1407	67	2014/03/03	12	2014/07/15	0
	SHFE	au1408	265	2014/03/21	84	2014/08/15	0
	SHFE	au1409	25	2014/07/14	0	2014/09/15	0
	SHFE	Au1410	52	2014/03/17	30	2014/10/15	1
	SHFE	Au1411	15	2014/09/02	0	2014/11/17	1

续表

交易品种	上市交易所	合约	最高持仓量（手）	最高持仓日期	最后持仓量（手）	最后持仓日期	年末持仓量（手）
黄金（元/克）	SHFE	Au1412	115 541	2014/06/05	1512	2014/12/15	2
	SHFE	Au1401	146	2014/12/02	60	2014/12/31	2
	SHFE	Au1402	112	2014/12/16	66	2014/12/31	0
	SHFE	Au1403	2	2014/12/22	1	2014/12/31	1
	SHFE	Au1404	61	2014/11/18	14	2014/12/31	1
	SHFE	Au1406	124 683	2014/12/01	97 216	2014/12/31	972
	SHFE	Au1408	34	2014/12/11	19	2014/12/31	0
	SHFE	Au1410	30	2014/12/31	30	2014/12/31	0
白银（元/千克）	SHFE	Au1401	9 528	2014/01/02	5 226	2014/01/15	0
	SHFE	Au1402	4 815	2014/01/09	3 870	2014/02/17	0
	SHFE	Au1403	5 038	2014/03/10	3 662	2014/03/17	0
	SHFE	Au1404	1 710	2014/03/25	1 098	2014/04/15	0
	SHFE	Au1405	2 371	2014/02/19	1 764	2014/05/15	0
	SHFE	Au1406	352 792	2014/02/19	3 056	2014/06/16	0
	SHFE	Au1407	1 250	2014/06/26	1 114	2014/07/15	0
	SHFE	Au1408	712	2014/08/05	604	2014/08/15	0
	SHFE	Au1409	2 212	2014/06/23	1 032	2014/09/15	0
	SHFE	Au1410	483	2014/06/23	194	2014/10/15	0
	SHFE	Au1411	292	2014/09/26	158	2014/11/17	0
	SHFE	Au1412	328 568	2014/09/22	3 344	2014/12/15	0
	SHFE	Au1501	2 761	2014/11/14	2 416	2014/12/31	2 476
	SHFE	Au1502	467	2014/12/30	463	2014/12/31	461
	SHFE	Au1503	435	2014/12/31	435	2014/12/31	435
	SHFE	Au1504	138	2014/08/07	135	2014/12/31	159
	SHFE	Au1505	1 550	2014/12/17	1 111	2014/12/31	1 142
	SHFE	Au1506	291 595	2014/11/14	196 340	2014/12/31	196 341
	SHFE	Au1507	516	2014/12/11	487	2014/12/31	497
	SHFE	Au1508	159	2014/12/05	131	2014/12/31	111
	SHFE	Au1509	452	2014/12/12	437	2014/12/31	437
	SHFE	Au1510	1 037	2014/12/12	1 004	2014/12/31	1 094
	SHFE	Au1511	145	2014/12/30	133	2014/12/31	132
	SHFE	Au1512	373	2014/12/31	373	2014/12/31	371
螺纹钢	SHFE	Au1401	5 940	2014/01/02	2 280	2014/01/15	0
	SHFE	Au1402	2 178	2014/01/03	450	2014/02/17	0

交易品种	上市交易所	合约	最高持仓量	最高持仓日期	最后持仓量（手）	最后持仓日期	年末持仓量（手）
螺纹钢	SHFE	Au1403	341	2014/01/23	60	2014/03/17	0
	SHFE	Au1404	353	2014/03/10	120	2014/04/15	0
	SHFE	Au1405	7 054 621	2014/01/21	1 320	2014/05/15	0
	SHFE	Au1406	631	2014/03/07	240	2014/06/16	0
	SHFE	Au1407	480	2014/07/15	480	2014/07/15	0
	SHFE	Au1408	278	2014/04/30	0	2014/08/15	0
	SHFE	Au1409	2 855	2014/04/18	510	2014/09/15	0
	SHFE	Au1410	1 119 101	2014/05/20	3 990	2014/10/15	0
	SHFE	Au1411	2 986	2014/09/19	690	2014/11/17	0
	SHFE	Au1412	1 973	2014/08/28	270	2014/12/15	0
	SHFE	Au1501	1 628 395	2014/09/22	13 118	2014/12/31	0
	SHFE	Au1502	5 353	2014/10/14	1276	2014/12/31	13 125
	SHFE	Au1503	1 155	2014/09/01	481	2014/12/31	1 270
	SHFE	Au1504	1 015	2014/05/16	287	2014/12/31	481
	SHFE	Au1505	1 982 304	2014/11/18	1 060 130	2014/12/31	257
	SHFE	Au1506	2 065	2014/11/18	1 530	2014/12/31	1 530
	SHFE	Au1507	468	2014/12/02	231	2014/12/31	211
	SHFE	Rb1508	159	2014/11/25	113	2014/12/31	113
	SHFE	Rb1509	2 539	2014/10/27	1 743	2014/12/31	1 743
	SHFE	Rb1510	186 291	2014/12/30	183 084	2014/12/31	183 084
	SHFE	Rb1511	490	2014/12/31	490	2014/12/31	490
	SHFE	Rb1512	21	2014/12/31	21	2014/12/31	21
线材	SHFE	wr1401	0	2014/01/02	0	2014/01/15	0
	SHFE	wr1402	0	2014/01/02	0	2014/02/17	0
	SHFE	wr1403	1	2014/01/02	0	2014/03/17	0
	SHFE	wr1404	6	2014/01/02	0	2014/04/15	0
	SHFE	wr1405	3	2014/01/15	0	2014/05/15	0
	SHFE	wr1406	2	2014/05/15	0	2014/06/16	0
	SHFE	wr1407	4	2014/03/25	0	2014/07/15	0
	SHFE	wr1408	3	2014/02/25	0	2014/08/15	0
	SHFE	wr1409	6	2014/02/28	0	2014/09/15	0
	SHFE	wr1410	4	2014/04/09	0	2014/10/15	0
	SHFE	wr1411	0	2014/01/02	0	2014/11/17	0
	SHFE	wr1412	2	2014/06/27	0	2014/12/15	0

交易品种	上市交易所	合约	最高持仓量	最高持仓日期	最后持仓量（手）	最后持仓日期	年末持仓量（手）
线材	SHFE	wr1501	5	2014/07/10	0	2014/12/31	0
	SHFE	wr1502	2	2014/05/06	2	2014/12/31	2
	SHFE	wr1503	1	2014/04/04	0	2014/12/31	0
	SHFE	wr1504	4	2014/07/08	4	2014/12/31	4
	SHFE	wr1505	2	2014/12/19	0	2014/12/31	0
	SHFE	wr1506	2	2014/10/14	0	2014/12/31	0
	SHFE	wr1507	0	2014/07/16	0	2014/12/31	0
	SHFE	wr1508	1	2014/11/28	1	2014/12/31	1
	SHFE	wr1509	0	2014/09/16	0	2014/12/31	0
	SHFE	wr1510	0	2014/10/16	0	2014/12/31	0
	SHFE	wr1511	3	2014/12/19	2	2014/12/31	2
	SHFE	wr1512	0	2014/12/16	0	2014/12/31	0
热轧卷板	SHFE	Hc1407	83	2014/05/09	60	2014/07/15	60
	SHFE	Hc1408	36	2014/06/04	30	2014/08/15	30
	SHFE	Hc1409	1130	2014/03/21	0	2014/09/15	0
	SHFE	Hc1410	40 917	2014/04/09	90	2014/10/15	90
	SHFE	Hc1411	7	2014/09/16	0	2014/11/17	0
	SHFE	Hc1412	24	2014/09/24	0	2014/12/15	0
	SHFE	Hc1501	19 648	2014/09/17	5 127	2014/12/31	5 127
	SHFE	Hc1502	1	2014/07/22	0	2014/12/31	0
	SHFE	Hc1503	159	2014/10/10	156	2014/12/31	156
	SHFE	Hc1504	1	2014/12/19	1	2014/12/31	1
	SHFE	Hc1505	7 762	2014/12/30	7 187	2014/12/31	7 187
	SHFE	Hc1506	2	2014/11/20	1	2014/12/31	1
	SHFE	Hc1507	1	2014/10/15	1	2014/12/31	1
	SHFE	Hc1508	0	2014/08/18	0	2014/12/31	0
	SHFE	Hc1509	0	2014/09/16	0	2014/12/31	0
	SHFE	Hc1510	1	2014/10/28	1	2014/12/31	1
	SHFE	Hc1511	0	2014/11/18	0	2014/12/31	0
	SHFE	Hc1512	0	2014/12/16	0	2014/12/31	0

表96 2014年能源、化工及其他期货持仓情况

交易品种	上市交易所	合约	最高持仓量（手）	最高持仓日期	最后持仓量（手）	最后持仓日期	年末持仓量（手）
玻璃	ZCE	FG401	510	2014/01/02	351	2014/01/14	0
	ZCE	FG402	142	2014/01/02	79	2014/01/30	0
	ZCE	FG403	74	2014/01/02	20	2014/02/28	0
	ZCE	FG404	175	2014/01/21	35	2014/03/31	0
	ZCE	FG405	156 179	2014/01/06	255	2014/05/15	0
	ZCE	FG406	614	2014/04/23	250	2014/05/30	0
	ZCE	FG407	11	2014/06/12	2	2014/05/30	0
	ZCE	FG408	113	2014/04/10	6	2014/07/31	0
	ZCE	FG409	235 670	2014/09/09	260	2014/09/12	0
	ZCE	FG410	39	2014/07/16	0	—	0
	ZCE	FG411	24	2014/09/26	2	2014/04/30	0
	ZCE	FG412	74	2014/10/13	7	2014/11/28	0
	ZCE	FG501	328 870	2014/09/22	889	2014/12/31	889
	ZCE	FG502	64	2014/09/03	1	2014/12/31	1
	ZCE	FG503	132	2014/09/03	1	2014/05/28	1
	ZCE	FG504	19	2014/09/17	3	2014/12/31	3
	ZCE	FG505	74 292	2014/11/14	24 786	2014/12/31	24 786
	ZCE	FG506	265 407	2014/12/30	246 834	2014/12/31	582
	ZCE	FG507	631	2014/12/30	582	2014/12/31	127
	ZCE	FG508	176	2014/09/25	127	2014/12/31	59 100
	ZCE	FG509	71 876	2014/11/10	59 100	2014/12/31	15
	ZCE	FG510	20	2014/12/18	16	2014/11/28	8
	ZCE	FG511	9	2014/12/08	8	2014/12/31	4
	ZCE	FG512	4	2014/12/31	4	2014/12/31	152 757
甲醇 MA	ZCE	FG506	240 801	2014/12/23	152 757	2014/12/31	28
	ZCE	FG507	37	2014/09/12	28	2014/12/31	6
	ZCE	FG508	10	2014/12/25	6	2014/12/31	38 837
	ZCE	FG509	41 328	2014/12/26	38 837	2014/12/31	11
	ZCE	FG510	25	2014/12/23	11	2014/12/31	1 930
	ZCE	FG511	2 339	2014/12/23	1 930	2014/12/31	12
	ZCE	FG512	31	2014/12/19	12	2014/12/31	0
甲醇 ME	ZCE	FG401	55	2014/01/03	47	2014/01/14	0
	ZCE	FG402	2	2014/01/02	0	—	0

交易品种	上市交易所	合约	最高持仓量（手）	最高持仓日期	最后持仓量（手）	最后持仓日期	年末持仓量（手）
甲醇ME	ZCE	FG403	1	2014/03/10	1	2014/03/11	0
	ZCE	FG404	16	2014/03/17	0	–	0
	ZCE	FG405	19 838	2014/01/08	245	2014/05/15	0
	ZCE	FG406	7	2014/04/03	0	–	0
	ZCE	FG407	1	2014/01/02	0	–	0
	ZCE	FG408	7	2014/04/18	0	–	0
	ZCE	FG409	33 817	2014/06/26	255	2014/09/12	0
	ZCE	FG410	59	2014/06/18	0	–	0
	ZCE	FG411	55	2014/06/27	0	–	0
	ZCE	FG412	4	2014/08/18	0	–	0
	ZCE	FG501	57 532	2014/11/26	2 301	2014/12/31	2 301
	ZCE	ME502	35	2014/12/24	22	2014/12/31	22
	ZCE	ME503	4	2014/12/23	4	2014/12/31	4
	ZCE	ME504	7	2014/12/23	2	2014/12/31	2
	ZCE	ME505	20 707	2014/12/23	11 644	2014/12/31	11 644
锰硅	ZCE	SF411	10	2014/09/19	0	–	0
	ZCE	SF412	5	2014/08/11	0	–	0
	ZCE	SF501	23 305	2014/08/13	7	2014/12/31	7
	ZCE	SF502	2	2014/08/11	1	2014/09/25	0
	ZCE	SF503	0	–	0	–	0
	ZCE	SF504	0	–	0	–	0
	ZCE	SF505	386	2014/08/13	60	2014/12/31	60
	ZCE	SF506	0	–	0	–	0
	ZCE	SF507	0	–	0	–	0
	ZCE	SF508	0	–	0	–	0
	ZCE	SF509	49	2014/11/12	0	–	0
	ZCE	SF510	0	–	0	–	0
	ZCE	SF511	0	–	0	–	0
	ZCE	SF512	0	–	0	–	0
	ZCE	SM411	45	2014/08/08	28	2014/10/31	0
	ZCE	SM412	9	2014/08/08	0	–	0
	ZCE	SM501	15 926	2014/08/12	3 685	2014/12/31	3 685
	ZCE	SM502	0	–	0	–	0
	ZCE	SM503	0	–	0	–	0

续表

交易品种	上市交易所	合约	最高持仓量（手）	最高持仓日期	最后持仓量（手）	最后持仓日期	年末持仓量（手）
锰硅	ZCE	SM504	0	—	0	—	0
	ZCE	SM505	1 194	2014/08/14	128	2014/12/31	128
	ZCE	SM506	0	—	0	—	0
	ZCE	SM507	0	—	0	—	0
	ZCE	SM508	0	—	0	—	0
	ZCE	SM509	0	—	0	—	0
	ZCE	SM510	0	—	0	—	0
	ZCE	SM511	0	—	0	—	0
	ZCE		0	—	0	—	0
PTA	ZCE	ZCE	89 380	2014/01/02	58 307	2014/01/14	0
	ZCE	ZCE	329	2014/01/15	305	2014/02/19	0
	ZCE	ZCE	5 050	2014/03/13	5 050	2014/03/13	0
	ZCE	ZCE	2 604	2014/04/14	2 604	2014/04/14	0
	ZCE	ZCE	331 542	2014/02/26	31 951	2014/05/15	0
	ZCE	ZCE	229	2014/06/13	229	2014/06/13	0
	ZCE	ZCE	174	2014/06/06	68	2014/07/11	0
	ZCE	ZCE	79	2014/01/02	30	2014/08/13	0
	ZCE	ZCE	370 708	2014/03/14	14 960	2014/09/12	0
	ZCE	ZCE	291	2014/06/20	5	2014/10/14	0
	ZCE	ZCE	88	2014/06/23	21	2014/10/31	0
	ZCE	ZCE	285	2014/06/12	50	2014/12/11	0
	ZCE	TA501	469 602	2014/10/14	10 245	2014/12/31	10 245
	ZCE	TA502	124	2014/12/29	118	2014/12/31	118
	ZCE	TA503	48	2014/12/23	46	2014/12/31	46
	ZCE	TA504	79	2014/12/19	46	2014/12/31	46
	ZCE	TA505	472 147	2014/12/30	449 255	2014/12/31	449 255
	ZCE	TA506	163	2014/11/28	66	2014/12/31	66
	ZCE	TA507	9	2014/12/30	9	2014/12/31	9
	ZCE	TA508	39	2014/10/14	19	2014/12/31	19
	ZCE	TA509	82 410	2014/12/26	79 151	2014/12/31	79 151
	ZCE	TA510	8	2014/12/25	7	2014/12/31	7
	ZCE	TA511	18	2014/12/24	17	2014/12/31	17
	ZCE	TA512	8	2014/12/25	7	2014/12/31	7
动力煤	ZCE	TC401	351	2014/01/03	300	2014/01/07	300

交易品种	上市交易所	合约	最高持仓量（手）	最高持仓日期	最后持仓量（手）	最后持仓日期	年末持仓量（手）
动力煤	ZCE	TC402	27	2014/01/24	25	2014/02/12	25
	ZCE	TC403	6	2014/01/07	0	–	0
	ZCE	TC404	5	2014/01/02	0	–	0
	ZCE	TC405	31 647	2014/02/13	100	2014/05/08	100
	ZCE	TC406	33	2014/01/07	0	–	0
	ZCE	TC407	2	2014/01/03	0	–	0
	ZCE	TC408	40	2014/04/11	0	–	0
	ZCE	TC409	30 094	2014/06/25	1 754	2014/09/04	1 754
	ZCE	TC410	11	2014/06/16	0	–	0
	ZCE	TC411	8	2014/03/19	0	–	0
	ZCE	TC412	8	2014/02/27	0	–	0
	ZCE	TC501	84 689	2014/11/05	6 674	2014/12/31	6 674
	ZCE	TC502	50	2014/07/30	6	2014/12/31	6
	ZCE	TC503	5	2014/12/01	3	2014/04/09	3
	ZCE	TC504	2	2014/12/09	1	2014/10/31	1
	ZCE	TC505	20 356	2014/11/28	12 802	2014/12/31	12 802
	ZCE	TC506	2	2014/11/24	1	2014/06/26	1
	ZCE	TC507	0	–	0	–	0
	ZCE	TC508	6	2014/11/05	0	–	0
	ZCE	TC509	1 576	2014/12/31	1 576	2014/12/31	1 576
	ZCE	TC510	1	2014/11/03	0	–	0
	ZCE	TC511	0	–	0	–	0
	ZCE	TC512	0	–	0	–	0
燃料油	ZCE	fu402	3	2014/01/02	3	2014/01/30	3
	ZCE	fu403	1	2014/01/02	1	2014/02/28	1
	ZCE	fu404	6	2014/01/02	1	2014/03/31	1
	ZCE	fu405	8	2014/03/24	5	2014/04/30	5
	ZCE	fu406	3	2014/03/25	1	2014/05/30	1
	ZCE	fu407	0	2014/01/02	0	2014/06/30	0
	ZCE	fu408	6	2014/01/02	0	2014/07/31	0
	ZCE	fu409	10	2014/06/05	5	2014/08/29	5
	ZCE	fu410	2	2014/03/27	0	2014/09/30	0
	ZCE	fu411	18	2014/03/19	1	2014/10/31	1
	SHFE	fu1412	2	2014/08/27	0	2014/12/28	0

续表

交易品种	上市交易所	合约	最高持仓量（手）	最高持仓日期	最后持仓量（手）	最后持仓日期	年末持仓量（手）
燃料油	SHFE	Fu1501	15	2014/11/28	12	2014/12/31	12
	SHFE	Fu1503	15	2014/12/01	12	2014/12/31	12
	SHFE	Fu1504	2	2014/12/25	2	2014/12/31	2
	SHFE	Fu1505	66	2014/10/08	5	2014/12/31	5
	SHFE	Fu1506	1	2014/10/28	0	2014/12/31	0
	SHFE	Fu1507	0	2014/07/01	0	2014/12/31	0
	SHFE	Fu1508	1	2014/10/22	0	2014/12/31	0
	SHFE	Fu1509	4	2014/09/25	2	2014/12/31	2
	SHFE	Fu1510	3	2014/12/30	3	2014/12/31	3
	SHFE	Fu1511	1	2014/12/11	1	2014/12/31	1
	SHFE	Fu1512	1	2014/12/08	0	2014/12/31	0
石油沥青	SHFE	bu1402	21 748	2014/01/07	2 666	2014/02/17	0
	SHFE	bu1403	856	2014/01/02	529	2014/03/17	0
	SHFE	bu1404	5	2014/02/24	0	2014/04/15	0
	SHFE	bu1405	329	2014/02/24	77	2014/05/15	0
	SHFE	bu1406	16 614	2014/04/03	3 855	2014/06/16	0
	SHFE	bu1407	6	2014/03/11	0	2014/07/15	0
	SHFE	bu1408	8	2014/08/07	5	2014/08/15	0
	SHFE	bu1409	14 904	2014/07/10	6 361	2014/09/15	0
	SHFE	bu1410	4	2014/05/30	0	2014/10/15	0
	SHFE	bu1411	0	2014/05/16	0	2014/11/17	0
	SHFE	bu1412	340	2014/08/21	13	2014/12/15	0
	SHFE	bu1501	17	2014/08/12	7	2014/12/31	7
	SHFE	bu1502	0	2014/08/18	0	2014/12/31	0
	SHFE	bu1503	22	2014/01/02	10	2014/12/31	10
	SHFE	bu1504	0	2014/10/16	0	2014/12/31	0
	SHFE	bu1505	0	2014/11/18	0	2014/12/31	0
	SHFE	bu1506	42	2014/12/31	42	2014/12/31	42
	SHFE	bu1507	17	2014/12/18	17	2014/12/31	17
	SHFE	bu1508	5	2014/10/16	4	2014/12/31	4
	SHFE	bu1509	7	2014/12/18	3	2014/12/31	3
	SHFE	bu1510	0	2014/06/17	0	2014/12/31	0
	SHFE	bu1511	2	2014/12/24	0	2014/12/31	0
	SHFE	bu1512	1	2014/12/19	0	2014/12/31	0

交易品种	上市交易所	合约	最高持仓量（手）	最高持仓日期	最后持仓量（手）	最后持仓日期	年末持仓量（手）
	SHFE	l1401	2 834	2014/01/02	2 104	2014/01/14	0
	SHFE	l1402	25	2014/01/24	22	2014/02/19	0
	SHFE	l1403	7	2014/01/15	2	2014/01/17	0
	SHFE	l1404	22	2014/01/03	8	2014/04/14	0
	SHFE	l1405	221 809	2014/02/18	2 260	2014/05/15	0
	SHFE	l1406	305	01/08	2	2014/05/28	0
	SHFE	l1407	4	03/26	1	2014/06/16	0
	SHFE	l1408	53	07/17	4	2014/08/13	0
	SHFE	l1409	265 235	06/12	4 040	2014/09/12	0
	SHFE	l1410	77	03/10	2	2014/10/16	0
	DCE	l1411	20	2014/04/18	1	2014/10/29	1
	DCE	l1412	45	2014/08/05	2	2014/11/11	2
聚乙烯 LLDPE	DCE	l1501	297 281	2014/10/10	3 943	2014/12/31	3 943
	DCE	l1502	24	2014/08/26	10	2014/12/31	10
	DCE	l1503	4	2014/04/14	2	2014/12/31	2
	DCE	l1504	40	2014/12/25	39	2014/12/31	39
	DCE	l1505	262 268	2014/12/22	201 592	2014/12/31	201 592
	DCE	l1506	64	2014/12/15	28	2014/12/31	28
	DCE	l1507	1	2014/08/06	1	2014/12/31	1
	DCE	l1508	111	2014/11/05	104	2014/12/31	104
	DCE	l1509	83 226	2014/12/26	75 075	2014/12/31	75 075
	DCE	l1510	15	2014/12/23	13	2014/12/31	13
	DCE	l1511	14	2014/12/31	14	2014/12/31	14
	DCE	l1512	7	2014/12/31	7	2014/12/31	7
	DCE	v1401	357	2014/01/02	210	2014/01/14	210
	DCE	v1402	2	2014/01/02	1	2014/02/19	1
	DCE	v1403	2	2014/01/02	1	2014/02/27	1
	DCE	v1404	5	2014/01/02	1	2014/04/14	1
聚氯乙烯 PVC	DCE	v1405	24 712	2014/03/07	353	2014/05/15	353
	DCE	v1406	1	2014/01/02	1	2014/06/03	1
	DCE	v1407	1	2014/01/02	1	2014/03/13	1
	DCE	v1408	3	2014/01/02	2	2014/08/07	2
	DCE	v1409	18 012	2014/06/12	137	2014/09/12	137
	DCE	v1410	3	2014/01/02	1	2014/08/04	1

续表

交易品种	上市交易所	合约	最高持仓量（手）	最高持仓日期	最后持仓量（手）	最后持仓日期	年末持仓量（手）
聚氯乙烯 PVC	DCE	v1411	3	2014/01/02	2	2014/09/09	2
	DCE	v1412	20	2014/10/09	20	2014/12/04	20
	DCE	v1501	55 788	2014/10/23	781	2014/12/31	781
	DCE	v1502	1	2014/03/10	1	2014/12/22	1
	DCE	v1503	4	2014/10/23	2	2014/12/31	2
	DCE	v1504	0	2014/04/16	−	−	0
	DCE	v1505	23 020	2014/12/25	17 811	2014/12/31	17 811
	DCE	v1506	1	2014/06/18	1	2014/12/03	1
	DCE	v1507	0	2014/07/15	−	−	0
	DCE	v1508	0	2014/08/15	−	−	0
	DCE	v1509	6 214	2014/12/26	5 923	2014/12/31	5 923
	DCE	v1510	1	2014/10/24	1	2014/12/31	1
	DCE	v1511	0	2014/11/17	−	−	0
	DCE	v1512	0	2014/12/15	−	−	0
聚丙烯	DCE	pp1405	14 689	2014/03/10	1 241	2014/05/15	1 241
	DCE	pp1406	6	2014/03/10	1	2014/05/29	1
	DCE	pp1407	2	2014/02/28	1	2014/06/09	1
	DCE	pp1408	8	2014/03/03	1	2014/07/15	1
	DCE	pp1409	75 590	2014/06/10	2 035	2014/09/12	2 035
	DCE	pp1410	43	2014/05/22	17	2014/09/26	17
	DCE	pp1411	53	2014/06/06	10	2014/11/13	10
	DCE	pp1412	80	2014/05/26	2	2014/11/25	2
	DCE	pp1501	113 756	2014/09/04	9 030	2014/12/31	9 030
	DCE	pp1502	24	2014/03/25	13	2014/12/31	13
	DCE	pp1503	12	2014/11/11	6	2014/12/31	6
	DCE	pp1504	17	2014/12/22	17	2014/12/31	17
	DCE	pp1505	133 656	2014/12/22	132 457	2014/12/31	132 457
	DCE	pp1506	9	2014/11/17	5	2014/12/31	5
	DCE	pp1507	18	2014/11/25	7	2014/12/31	7
	DCE	pp1508	33	2014/11/05	32	2014/12/31	32
	DCE	pp1509	41 743	2014/12/26	37 067	2014/12/31	37 067
	DCE	pp1510	2	2014/12/01	2	2014/12/31	2
	DCE	pp1511	18	2014/12/24	18	2014/12/31	18
	DCE	pp1512	0	2014/12/15	−	2014/12/31	0

交易 品种	上市 交易所	合约	最高持仓量 （手）	最高持仓日期	最后持仓量 （手）	最后持仓 日期	年末持仓量 （手）
焦炭	DCE	j1401	405	2014/01/02	310	2014/01/14	0
	DCE	j1402	41	2014/01/02	3	2014/01/28	0
	DCE	j1403	1	2014/01/02	1	2014/02/25	0
	DCE	j1404	61	2014/01/28	20	2014/04/14	0
	DCE	j1405	121 125	2014/01/09	810	2014/05/15	0
	DCE	j1406	137	2014/03/07	10	2014/06/13	0
	DCE	j1407	14	2014/06/12	10	2014/07/11	0
	DCE	j1408	94	2014/06/27	60	2014/08/13	0
	DCE	j1409	167 037	2014/05/12	835	2014/09/12	0
	DCE	j1410	32	2014/01/20	1	2014/09/29	0
	DCE	j1411	12	2014/10/16	10	2014/11/13	0
	DCE	j1412	34	2014/09/15	1	2014/11/20	0
	DCE	j1501	144 818	2014/08/25	19 607	2014/12/31	19 607
	DCE	j1502	55	2014/11/05	41	2014/12/31	41
	DCE	j1503	26	2014/10/22	13	2014/12/31	13
	DCE	j1504	32	2014/07/18	5	2014/12/31	5
	DCE	j1508	89 321	2014/12/23	54 479	2014/12/31	54 479
	DCE	j1506	72	2014/07/31	15	2014/12/31	15
	DCE	j1507	14	2014/12/03	11	2014/12/31	11
	DCE	j1508	125	2014/11/06	95	2014/12/31	95
	DCE	j1509	6 161	2014/12/05	4 882	2014/12/31	4 882
	DCE	j1510	10	2014/12/30	10	2014/12/31	10
	DCE	j1511	8	2014/12/08	7	2014/12/31	7
	DCE	j1512	1	2014/12/23	1	2014/12/31	1
焦煤	DCE	jm1401	6 179	2014/01/02	6 063	2014/01/14	0
	DCE	jm1402	7	2014/01/02	1	2014/01/29	0
	DCE	jm1403	17	2014/01/02	1	2014/02/27	0
	DCE	jm1404	22	2014/01/09	2	2014/03/28	0
	DCE	jm1405	135 339	2014/01/16	1 500	2014/05/15	0
	DCE	jm1406	104	2014/04/17	3	2014/05/26	0
	DCE	jm1407	8	2014/01/09	1	2014/06/30	0
	DCE	jm1408	10	2014/04/16	1	2014/07/29	0
	DCE	Jm 1409	206 937	2014/05/12	259	2014/09/12	0
	DCE	jm1410	37	2014/04/09	9	2014/09/29	0

续表

交易品种	上市交易所	合约	最高持仓量（手）	最高持仓日期	最后持仓量（手）	最后持仓日期	年末持仓量（手）
焦煤	DCE	jm1411	7	2014/08/18	1	2014/10/27	0
	DCE	jm1412	34	2014/06/16	1	2014/12/31	0
	DCE	jm1501	200 622	2014/10/15	4 418	2014/12/31	4 418
	DCE	jm1502	16	2014/08/26	1	2014/12/31	1
	DCE	jm1503	24	2014/04/04	4	2014/12/31	4
	DCE	jm1504	6	2014/12/10	3	2014/12/31	3
	DCE	jm1505	116 697	2014/11/04	81 275	2014/12/31	81 275
	DCE	jm1506	36	2014/12/19	4	2014/12/31	4
	DCE	jm1507	3	2014/08/15	1	2014/12/31	1
	DCE	jm1508	5	2014/09/04	3	2014/12/31	3
	DCE	jm1509	7 642	2014/12/31	7 642	2014/12/31	7 642
	DCE	jm1510	1	2014/12/12	1	2014/12/31	1
	DCE	jm1511	2	2014/12/12	2	2014/12/31	2
	DCE	jm1512	0	2014/12/15	—	2014/12/31	0
铁矿石	DCE	i1403	203	2014/01/08	100	2014/03/13	0
	DCE	i1404	51	2014/01/14	0	2014/03/06	0
	DCE	i1405	104 493	2014/01/22	1 700	2014/05/15	0
	DCE	i1i406	1 060	2014/03/24	500	2014/06/13	0
	DCE	i1407	1 189	2014/03/31	3	2014/06/27	0
	DCE	i1408	639	2014/05/26	2	2014/07/30	0
	DCE	i1409	330 578	2014/06/12	1 700	2014/09/12	0
	DCE	i1410	13	2014/06/18	4	2014/10/09	0
	DCE	i1411	93	2014/03/12	1	2014/10/29	0
	DCE	i1412	4	2014/02/17	1	2014/11/07	0
	DCE	i1501	492 482	2014/09/25	4 204	2014/12/31	4 204
	DCE	i1502	11	2014/07/09	8	2014/12/31	8
	DCE	i1503	13	2014/07/18	1	2014/12/31	1
	DCE	i1504	22	2014/07/16	2	2014/12/31	2
	DCE	i1505	590 469	2014/11/24	347 726	2014/12/31	347 726
	DCE	i1506	38	2014/10/22	6	2014/12/31	6
	DCE	i1507	3	2014/08/07	3	2014/12/31	3
	DCE	i1508	5	2014/09/05	1	2014/12/31	1
	DCE	i1509	299 296	2014/11/24	85 547	2014/12/31	85 547
	DCE	i1510	27	2014/11/26	9	2014/12/31	9

续表

交易品种	上市交易所	合约	最高持仓量（手）	最高持仓日期	最后持仓量（手）	最后持仓日期	年末持仓量（手）
铁矿石	DCE	i1511	3	2014/12/09	1	2014/12/31	1
	DCE	i1512	3	2014/12/30	1	2014/12/31	1

注：最后持仓量为交割日前一天的持仓量

数据来源：上海期货交易所、郑州商品交易所、大连商品交易所

表97　2014年金融期货持仓情况

交易品种	上市交易所	合约	最高持仓量（手）	最高持仓日期	最后持仓量（手）	最后持仓日期	年末持仓量（手）
指数期货	CFFEX	if1401	96 696	2014/01/03	27 787	2014/01/16	0
	CFFEX	if1402	75 374	2014/01/22	10 304	2014/02/20	0
	CFFEX	if1403	101 326	2014/02/25	15 864	2014/03/20	0
	CFFEX	if1404	84 085	2014/04/08	19 552	2014/04/17	0
	CFFEX	if1405	75 569	2014/04/28	16 274	2014/05/15	0
	CFFEX	if1406	114 365	2014/05/20	22 173	2014/06/19	0
	CFFEX	if1407	122 399	2014/06/23	28 915	2014/07/17	0
	CFFEX	if1408	112 696	2014/08/04	22 100	2014/08/14	0
	CFFEX	if1409	148 414	2014/09/05	27 951	2014/09/18	0
	CFFEX	if1410	157 619	2014/09/24	26 584	2014/10/16	0
	CFFEX	if1411	137 962	2014/10/27	21 969	2014/11/20	0
	CFFEX	if1412	179 733	2014/11/25	12 324	2014/12/18	0
	CFFEX	if1501	162 488	2014/12/19	129 487	2014/12/31	129 487
	CFFEX	if1502	8 145	2014/12/13	8 145	2014/12/31	8 145
	CFFEX	if1503	51 745	2014/12/31	51 745	2014/12/31	51 745
	CFFEX	if1506	26 060	2014/12/31	26 060	2014/12/31	26 060
国货期货	CFFEX	1403	4 207	2014/02/10	270	2014/03/13	0
	CFFEX	1406	5 019	2014/04/03	68	2014/06/12	0
	CFFEX	1409	7 886	2014/06/04	315	2014/09/11	0
	CFFEX	1412	11 601	2014/09/22	285	2014/12/11	0
	CFFEX	1503	22 909	2014/12/09	18 792	2014/12/31	18 792
	CFFEX	1506	2 627	2014/12/31	2 627	2014/12/31	2 627
	CFFEX	1509	137	2014/12/31	137	2014/12/31	137

注：最后持仓量为交割日前一天的持仓量

数据来源：中国金融期货交易所

表98 2014年证券公司债券交易金额前20排名表

排名	现货		
	公司名称	金额（亿元）	占比
1	华泰证券	1 977.76	12.66
2	中信证券	1 519.84	9.72
3	银河证券	1 428.36	9.14
4	海通证券	1 041.58	6.66
5	招商证券	973.24	6.23
6	国泰君安	960.20	6.14
7	中信建设	936.61	5.99
8	申银万国	611.74	3.91
9	广发证券	596.42	3.82
10	中金公司	426.53	2.73
11	第一创业	356.42	2.28
12	国金证券	256.69	1.64
13	国信证券	243.11	1.56
14	瑞银证券	231.23	1.48
15	平安证券	220.86	1.41
16	东方证券	203.69	1.30
17	中投证券	203.62	1.30
18	宏源证券	202.91	1.30
19	湘财证券	194.86	1.25
20	光大证券	181.33	1.16
合计		12 767.01	81.69

注：1. 本表仅统计交易所债券的交易情况；

2. "占比"是指单个公司数据占全行公司数据的比重。

数据来源：中国证券业协会

表99 2014年证券公司资产管理业务前20名排名表

排名	委托管理资金本金总额		
	公司名称	金额（亿元）	占比（%）
1	中信证券	8.14	6.55
2	上海国泰君安证券资产	8.09	6.50
3	华泰证券	7.58	6.09
4	申银万国	5.415	4.38
5	上海海通证券资产	5.04	4.05

排名	委托管理资金本金总额		
	公司名称	金额（亿元）	占比（%）
6	上海光大证券资产	4.13	3.32
7	华融证券	3.59	2.89
8	招商证券	3.57	2.87
9	宏源证券	3.56	2.87
1 0	广发证券资管（广东）	3.34	2.69
1 1	中信建设	3.33	2.68
1 2	信达证券	3.15	2.53
1 3	上海东方证券资产	2.92	2.35
1 4	中金公司	2.89	2.33
1 5	国信证券	2.88	2.32
1 6	浙江浙商证券资产	2.85	2.29
1 7	安信证券	2.58	2.07
1 8	第一创业	2.42	1.95
1 9	中山证券	2.32	1.86
2 0	东兴证券	2.07	1.66
合计		79.90	64.26

2015年中国衍生品市场的状况

（一）期货市场情况

1～12月全国期货市场累计成交额为554万亿元，同比增长89.81%。上期所累计成交额为63.6万亿元，占全国市场的11.47%，同比增长0.51%。郑商所累计成交额为31万亿元，占全国市场的5.59%，同比增长33.30%。大商所累计成交额为41.9万亿元，占全国市场的7.57%，同比增长1.06%。中金所累计成交额为417.8万亿元，占全国市场的75.38%，同比增长154.71%，具体情况见图156。

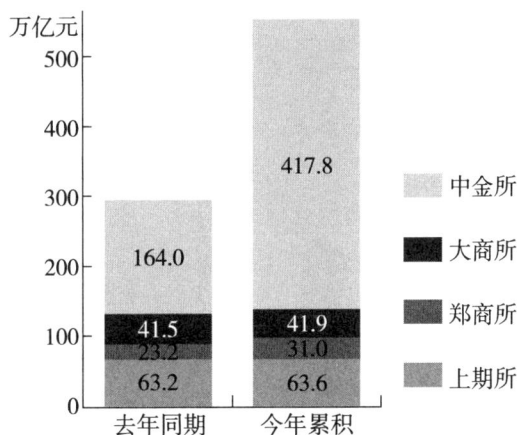

数据来源：中国期货业协会

图156　1～12月全国期货市场累计成交额同比增才图

截至2015年底，全国共有150家期货公司，分布于30省市，公司数目超过10家的省市包括：上海（29家）、北京（20家）、深圳（13家）、浙江（11家）、江苏（10家），占全部公司数的55.3%。

（二）期货公司经营情况

1. 代理交易情况

2015年，全国期货公司代理交易额以单边计算为554.23万亿元，同比增长89.81%；代理交易量为35.78亿手，同比增长42.78%。2015年金融期货代理交易额为

417.76万亿元，交易量为3.41亿手，同比分别增长154.70%和56.42%，分别占全部份额的75.38%和9.53%。2015年商品期货代理交易额为136.47万亿元，代理交易量为32.37亿手，同比分别增长6.64%和41.48%，分别占全部份额的24.62%和90.47%。

2. 客户权益情况

截至2015年12月末，全国期货公司客户权益总额为3 829.77亿元，同比增加39.63%，平均每家公司客户权益为25.53亿元，同比增加39.63%，具体情况见图157。

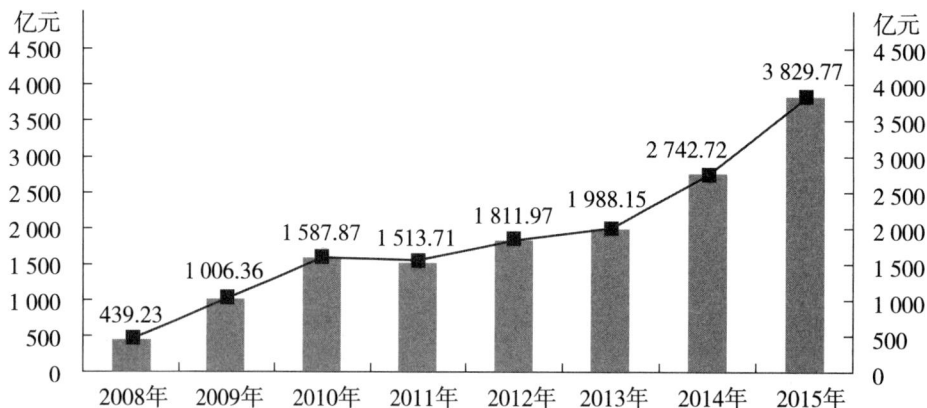

图157　历年年末期货公司客户权益总额变化情况

3. 净资本

2015年末，期货公司净资本合计为

600.38亿元，同比增长27.07%，具体情况见图158。

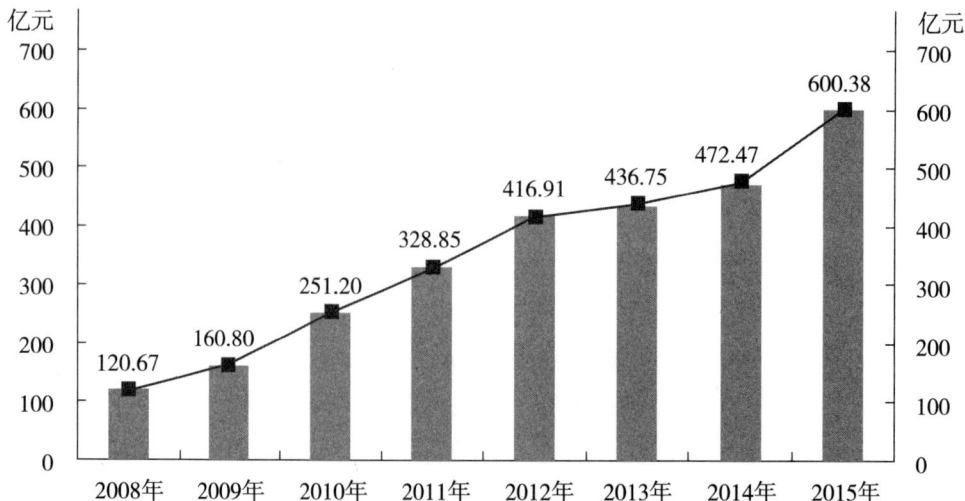

图158　期货公司净资本情况

（三）期货风险管理公司经营情况

截至2015年底，共计50家期货公司完成了风险管理公司业务试点的备案，共设立风险管理公司51家。2013～2015年度风险管理公司备案情况见图159。

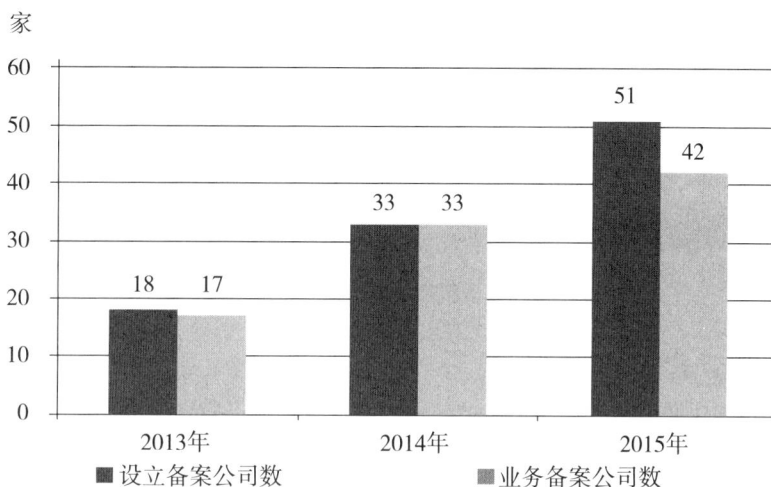

图159　2013～2015年度风险管理公司备案情况

截至2015年底，51家风险管理公司总资产总额达113.48亿元，同比增长70%；净资产总额达51.21亿元，同比增长42%；注册资本总额66.85亿元，实收资本总额52.17亿元，注册资本同比增长87%；平均资产负债率为55%，总体财务指标正常，公司经营较稳健。2013～2015年度风险管理公司财务情况见表100。

表100　2013～2015年度风险管理公司财务情况

指标（亿元）	2013年	2014年	2015年	同比增长（%）
总资产	25.16	66.94	113.48	69.52%
净资产	16.45	35.99	51.21	42.29%
注册资本	16.10	35.70	66.85	87.25%
实收资本	–	–	52.17	–
业务收入	34.48	197.99	374.66	89.23%
净利润	0.33	0.08	0.19	512.50%

截至2015年底，共有42家风险管理公司开展了业务，全年业务收入总额为374.67亿元，同比增长89%，全年净利润总额为0.49亿元，同比增长512%。2015年度风险管理公司总体收入及利润情况见图160。

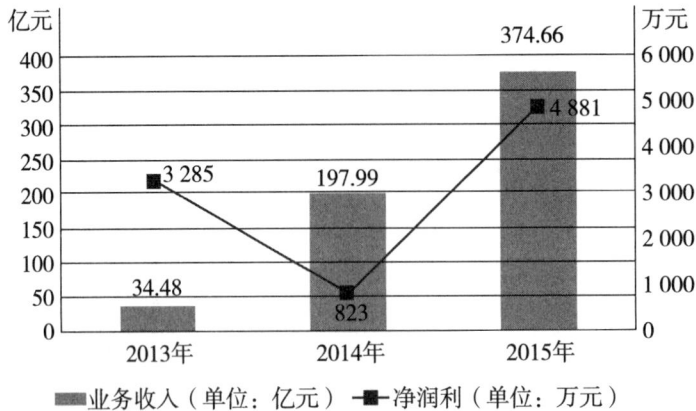

图160　2015年度风险管理公司总体收入及利润

（四）期货资产管理公司经营情况

截至2015年底，期货全行业150家公司中的122家已开展资产管理业务，其中11家以子公司形式开展业务。期货公司及资产管理子公司发行的资产管理产品共计3 478只，产品规模合计1 063.75亿元，较上年末增长8.9倍。期货公司资产管理业务收入在2015年实现了较大幅度的增长，全年累计业务收入5.45亿元，净利润1.31亿元。2015年期货资产管理业务产品总体情况见图161。

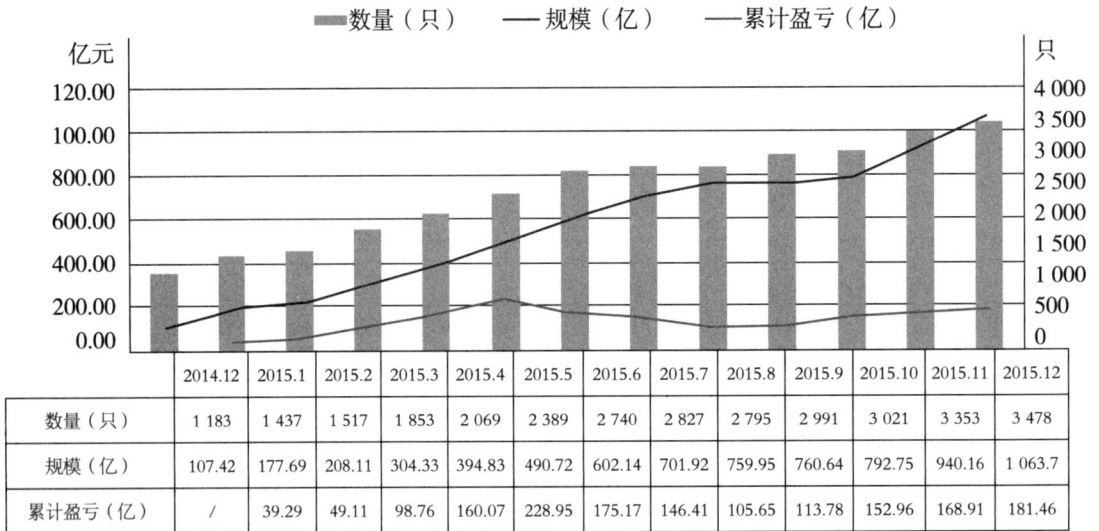

	2014.12	2015.1	2015.2	2015.3	2015.4	2015.5	2015.6	2015.7	2015.8	2015.9	2015.10	2015.11	2015.12
数量（只）	1 183	1 437	1 517	1 853	2 069	2 389	2 740	2 827	2 795	2 991	3 021	3 353	3 478
规模（亿）	107.42	177.69	208.11	304.33	394.83	490.72	602.14	701.92	759.95	760.64	792.75	940.16	1 063.7
累计盈亏（亿）	/	39.29	49.11	98.76	160.07	228.95	175.17	146.41	105.65	113.78	152.96	168.91	181.46

图161　2015年期货资产管理业务产品总体情况

第二十八部分

标准与规范

一、相关标准文献

《深化标准化工作改革方案》

2015年3月26日，国务院发布《深化标准化工作改革方案》。为落实《中共中央关于全面深化改革若干重大问题的决定》、《国务院机构改革和职能转变方案》和《国务院关于促进市场公平竞争维护市场正常秩序的若干意见》（国发〔2014〕20号）关于深化标准化工作改革、加强技术标准体系建设的有关要求，制定本改革方案。

（一）标准化改革的总体要求

标准化工作改革，要紧紧围绕使市场在资源配置中起决定性作用和更好发挥政府作用，着力解决标准体系不完善、管理体制不顺畅、与社会主义市场经济发展不适应问题，改革标准体系和标准化管理体制，改进标准制定工作机制，强化标准的实施与监督，更好地发挥标准化在推进国家治理体系和治理能力现代化中的基础性、战略性作用，促进经济持续健康发展和社会全面进步。

改革的基本原则：一是坚持简政放权、放管结合。把该放的放开、放到位，培育发展团体标准，放开搞活企业标准，激发市场主体活力；把该管的管住管好，强化强制性标准管理，保证公益类推荐性标准的基本供给。二是坚持国际接轨、适合国情。借鉴发达国家标准化管理的先进经验和做法，结合我国发展实际，建立完善的具有中国特色的标准体系和标准化管理体制。三是坚持统一管理、分工负责。既发挥好国务院标准化主管部门的综合协调职责，又充分发挥国务院各部门在相关领域内标准制定、实施及监督的作用。四是坚持依法行政、统筹推进。加快标准化法治建设，做好标准化重大改革与标准化法律法规修改完善的有机衔接；合理统筹改革优先领域、关键环节和实施步骤，通过市场自主制定标准的增量带动现行标准的存量改革。

改革的总体目标：建立政府主导制定的标准与市场自主制定的标准协同发展、协调配套的新型标准体系，健全统一协调、运行高效、政府与市场共治的标准化管理体制，形成政府引导、市场驱动、社会参与、协同推进的标准化工作格局，有效支撑统一市场体系建设，让标准成为对质量的"硬约束"，推动中国经济迈向中高端水平。

（二）标准化改革的改革措施

通过改革，把政府单一供给的现行标准体系，转变为由政府主导制定的标准和市场自主制定的标准共同构成的新型标准体系。政府主导制定的标准由六类整合精简为四类，分别是强制性国家标准和推荐性国家标准、推荐性行业标准、推荐性地方标准；市场自主制定的标准分为团体标准和企业标准。政府主导制定的标准侧重于保基本，市场自主制定的标准侧重于提高竞争力。同时，建立完善与新型标准体系配套的标准化管理体制。

1. 建立高效权威的标准化统筹协调机制。建立由国务院领导同志为召集人、各有关部门负责同志组成的国务院标准化协调推进机制，统筹标准化重大改革，研究标准化重大政策，对跨部门跨领域、存在重大争议标准的制定和实施进行协调。国务院标准化协调推进机制日常工作由国务院标准化主管部门承担。

2. 整合精简强制性标准。在标准体系上，逐步将现行强制性国家标准、行业标准和地方标准整合为强制性国家标准。在标准范围上，将强制性国家标准严格限定在保障人身健康和生命财产安全、国家安全、生态环境安全和满足社会经济管理基本要求的范围之内。在标准管理上，国务院各有关部门负责强制性国家标准项目提出、组织起草、征求意见、技术审查、组织实施和监督；国务院标准化主管部门负责强制性国家标准的统一立项和编号，并按照世界贸易组织规则开展对外通报；强制性国家标准由国务院批准发布或授权批准发布。强化依据强制性国家标准开展监督检查和行政执法。免费向社会公开强制性国家标准文本。建立强制性国家标准实施情况统计分析报告制度。

3. 优化完善推荐性标准。在标准体系上，进一步优化推荐性国家标准、行业标准、地方标准体系结构，推动向政府职责范围内的公益类标准过渡，逐步缩减现有推荐性标准的数量和规模。在标准范围上，合理界定各层级、各领域推荐性标准的制定范围，推荐性国家标准重点制定基础通用与强制性国家标准配套的标准；推荐性行业标准重点制定本行业领域的重要产品、工程技术、服务和行业管理标准；推荐性地方标准可制定满足地方自然条件、民族风俗习惯的特殊技术要求。在标准管理上，国务院标准化主管部门、国务院各有关部门和地方政府标准化主管部门分别负责统筹管理推荐性国家标准、行业标准和地方标准制修订工作。充分运用信息化手段，建立制修订全过程信息公开和共享平台，强化制修订流程中的信息共享、社会监督和自查自纠，有效避免推荐性国家标准、行业标准、地方标准在立项、制定过程中的交叉重复矛盾。简化制修订程序，提高审批效率，缩短制修订周期。推动免费向社会公开公益类推荐性标准文本。建立标准实施信息反馈和评估机制，及时开展标准复审和维护更新，有效解决标准缺失滞后老化问题。加强标准化技术委员会管理，提高广泛性、代表性，保证标准制定的科学性、公正性。

4. 培育发展团体标准。在标准制定主体上，鼓励具备相应能力的学会、协会、商会、联合会等社会组织和产业技术联盟协调相关市场主体共同制定满足市场和创新需要的标准，供市场自愿选用，增加标准的有效供给。在标准管理上，对团体标准不设行政许可，由社会组织和产业技术联盟自主制定发布，通过市场竞争优胜劣汰。国务院标准化主管部门会同国务院有关部门制定团体标准发展指导意见和标准化良好行为规范，对团体标准进行必要的规范、引导和监督。在工作推进上，选择市场化程度高、技术创新活跃、产品类标准较多的领域，先行开展团体标准试点工作。支持专利融入团体标准，推动技术进步。

5. 放开搞活企业标准。企业根据需要自主制定、实施企业标准。鼓励企业制定高于国家标准、行业标准、地方标准，具有竞争力的企业标准。建立企业产品和服务标准自我声明公开和监督制度，逐步取消政府对企业产品标准的备案管理，落实企业标准化主体责任。鼓励标准化专业机构对企业公开的标准开展比对和评价，强化社会监督。

6. 提高标准国际化水平。鼓励社会组织和产业技术联盟、企业积极参与国际标准化活动，争取承担更多国际标准组织技术机构和领导职务，增强话语权。加大国际标准跟踪、评估和转化力度，加强中国标准外文版翻译出版工作，推动与主要贸易国之间的标准互认，推进优势、特色领域标准国际化，创建中国标准品牌。结合海外工程承包、重大装备设备出口和对外援建，推广中国标准，以中国标准"走出去"带动我国产品、技术、装备、服务"走出去"。进一步放宽外资企业参与中国标准的制定。

《贯彻实施〈深化标准化工作改革方案〉行动计划（2015—2016年）》

为贯彻实施《国务院关于印发深化标准化工作改革方案的通知》（国发〔2015〕13号，以下简称《改革方案》），协同有序推进标准化工作改革，确保第一阶段（2015-2016年）各项任务落到实处，制定本行动计划。

1. **开展强制性标准清理评估**

研究制定强制性标准整合精简工作方案。按照强制性标准制定范围和原则，对现行强制性国家、行业和地方标准及制修订计划开展全面清理、评估，不再适用的予以废止；不宜强制的转化为推荐性标准；确需强制的，提出继续有效或整合修订的工作建议。在工业领域先行开展整合修订试点，制定发布覆盖面广、通用性强的强制性国家标准。各部门、各地区不再下达新的强制性行业标准和地方标准计划。依法制定强制性国家标准管理办法，加快清理修订涉及强制性标准的相关规章制度。（质检总局、国家标准委牵头，各有关部门、各省级人民政府按职责分工负责）

法律法规另有规定以及《改革方案》已明确按或暂按现有模式管理的领域，依据现有管理职责，按照《改革方案》精神，分别开展强制性标准的清理评估工作。（各有关部门、各省级人民政府按职责分工负责）

2. **开展推荐性标准复审和修订**

对现行推荐性国家、行业和地方标准开展集中复审，不再适用的予以废止；不同层级间存在矛盾交叉的，根据复审结果进行整合修订；与国际标准存在较大差距、已经滞后于产业和技术发展的，分批次开展修订工作。（国家标准委、各有关部门、各省级人民政府按职责分工负责）

3. **优化推荐性标准制修订程序**

简化推荐性标准制修订程序，缩短制修订周期，提高标准质量和制修订效率。加强标准立项评估，从源头上确保标准质量和协调性。加强对标准起草、征求意见、技术审查等环节的监督。改进行业和地方标准备案管理，加强各级推荐性标准立项、批准发布信息交换和共享，提高各级推荐性标准的协调性。（国家标准委牵头，各有关部门、各省级人民政府按职责分工负责）

4. 开展团体标准试点

研究制定推进科技类学术团体开展标准制定和管理的实施办法。做好学会有序承接政府转移职能的试点工作，在市场化程度高、技术创新活跃、产品类标准较多的领域，鼓励有条件的学会、协会、商会、联合会等先行先试，开展团体标准试点。在总结试点经验基础上，加快制定团体标准发展指导意见和标准化良好行为规范，进一步明确团体标准制定程序和评价准则。（国家标准委、民政部、中国科协牵头负责）

5. 开展企业产品和服务标准自我声明公开和监督制度试点

建立完善企业产品和服务标准信息公共服务平台。研究制定企业产品和服务标准自我声明公开和监督制度指南，鼓励企业进行标准自我声明公开。（质检总局、国家标准委牵头负责）

6. 加强标准实施与监督

加大科技研发对标准研制的支持，增强标准适用性。建立标准实施信息反馈机制，开展强制性标准实施效果评价，探索建立强制性标准实施情况统计分析报告制度。加强标准的培训、解读、咨询、技术服务，培育发展标准化服务机构，推动发展标准化服务业。加大依据强制性国家标准开展监督检查和行政执法的力度，严肃查处违法违规行为。（质检总局、国家标

准委、科技部等有关部门、各省级人民政府按职责分工负责）

7. 改进标准化技术委员会管理

修订《全国专业标准化技术委员会管理规定》，提高标准化技术委员会组成的代表性，完善广泛参与、公开透明、协商一致、管理科学的工作机制。（质检总局、国家标准委牵头负责）

加强对标准化技术委员会日常运行的监督管理，严格委员投票表决制度，完善考核评价机制。（国家标准委、各有关部门、各省级人民政府按职责分工负责）

8. 提高标准国际化水平

加强参与国际标准化活动的管理，积极参与国际标准化战略规划、政策和规则的制定。推动我国企业、产业技术联盟和社会组织积极参与国际、区域标准化组织和国际国外先进产业技术联盟的标准化活动。鼓励外资企业参与我国标准化活动，营造更加公开、透明、开放的标准化工作环境。制定实施国际标准化人才培训规划，加大国际标准化人才培养和引进力度。不断拓宽参与国际标准化活动的领域范围，以新兴产业和我国特色优势领域为重点，争取承担更多国际标准组织技术机构领导职务和秘书处，实质参与国际标准制修订，逐步提高主导制定国际标准比例。加大对国际标准的跟踪、评估和转化力度，不断提高国内标准与国际标准水平一致性程度。（国家标准委牵头负责）

9. 推动中国标准"走出去"

围绕"一带一路"、"中国制造2025"、国际产能和装备制造合作等战略，研究制定中国标准"走出去"工作方案，推动铁路、电力、钢铁、航天、核等重点领域标

准"走出去"。研究制定标准联通"一带一路"行动计划，开展"一带一路"沿线重点国家国别分析和大宗商品标准、终端用能产品能效标准的比对分析研究。加强中国标准外文版翻译出版工作，加大与主要贸易国标准互认力度，推动农业标准化海外示范区建设。开展面向俄罗斯、中亚、东盟和非洲的标准化专家交流和人才培训项目。（国家标准委牵头负责）

10. 加强信息化建设

按照积极稳妥、分步实施的原则，推进跨部门、跨行业、跨区域标准化信息交换与资源共享，规划建设统一规范的全国标准信息网站，为社会提供服务。建立标准公开制度，推动政府主导制定标准的信息公开、透明和共享，及时向社会公开标准制修订过程信息，免费向社会公开强制性标准全文，研究推动逐步免费向社会公开推荐性标准文本。（国家标准委牵头，各有关部门、各省级人民政府按职责分工负责）

11. 加大宣传工作力度

在全国范围内开展对标准化工作改革精神的宣传解读，组织电视媒体、平面媒体和网络媒体宣传标准化工作改革的重要意义。加强各部门之间的信息联动共享机制建设，加强对标准化重大政策和重点工作的普及性宣传，加大重要标准宣传贯彻力度，营造良好的舆论氛围。（国家标准委牵头负责）

12. 加强标准化工作经费保障

各级财政应根据工作实际需要统筹安排标准化工作经费。制定强制性标准和公益类推荐性标准以及参与国际标准化活动的经费，由同级财政予以安排。探索建立市场化、多元化经费投入机制，鼓励、引导社会各界加大投入。（财政部、质检总局、国家标准委牵头，各有关部门、各省级人民政府按职责分工负责）

13. 加强标准化法治建设

加快推进《中华人民共和国标准化法》修订工作，制定工作方案，组织开展有关重大问题研究，提出法律修正案，推动实现立法与改革决策的有效衔接。（质检总局、国家标准委、法制办牵头负责）

开展对现行标准化相关法规、规章和规范性文件的清理评估，明确立改废的重点。开展标准化法配套法规、规章的研究和起草工作。（各有关部门、各省级人民政府按职责分工负责）

14. 建立国务院标准化统筹协调机制

建立由国务院领导同志为召集人、各有关部门负责同志为成员的国务院标准化协调推进部际联席会议制度。鼓励地方参照建立相应的工作机制。（质检总局、国家标准委牵头负责）

各地区、各部门要按照国务院统一部署，进一步提高对深化标准化工作改革重要性的认识，加强对标准化工作的组织领导和统筹协调，强化协同配合。各地区、各部门要按照本行动计划，结合实际，落实责任分工，确保按时保质完成各项任务。

《担保存货第三方管理规范》

由中国仓储协会和中国银行业协会组织起草的《担保存货第三方管理规范》国家标准（GB/T 31300-2014），经由国家质量监督检验检疫总局、国家标准化管理委员会批准并正式发布（中华人民共和国国家标准公告2014年第27号），于2015年3月1日起实施。

该项国家标准的起草单位有：中国仓储协会、中国银行业协会、中国民生银行股份有限公司、渣打银行（中国）有限公司、中国招商银行股份有限公司、中国工商银行股份有限公司、浙江涌金仓储股份有限公司、上海运亚仓储管理有限公司、南储仓储管理集团有限公司、中国铁路物资股份有限公司。

该项国家标准规定了担保存货第三方管理企业应具备的条件、三方管理的基本要求、管理规范、评价指标与方法。该项国家标准适用于动产担保（含质押和抵押）融资所涉及的担保存货第三方管理。

《担保存货第三方管理规范》国家标准的亮点在于：既与国际接轨，扩大了适用范围（既包括质押存货，也包括抵押存货），将担保存货管理区分为"监管"与"监控"两种方式；又与我国现行法律衔接，明确"监管协议"适用《合同法》"仓储合同"的规定，"监控协议"适用"委托合同"的规定，并就担保存货第三方管理企业的条件、管理规范与评价指标体系提出了明确的要求。可以说，这项国家标准基本理清与解决了目前困扰担保存货管理所涉及的借款人、贷款人与第三方管理企业之间的所有责任划分问题。

（资料来源：中国仓储与物流网，原题为《〈担保存货第三方管理规范〉国家标准正式发布》，2014年12月15日）

《仓单要素与格式规范》

2013年12月31日，国家标准委批准的《仓单要素与格式规范》（GB/T30332-2013）正式发布，标准于2014年7月1日开始实施。《仓单要素与格式规范》（GB/T30332-2013）是由全国物流标准化技术委员会提出并归口，经国家标准化管理委员会批准，列入2010年国家标准制订计划的项目。标准规定了仓单类型、要素、印制与填写要求，适用于仓储活动中使用的普通仓单，质押融资业务、期货交易中的可流转仓单等。

仓单是仓储保管人对存货人所交付的仓储物品进行验收之后出具的权利凭证。我国于1995年修订的《中华人民共和国担保法》首次出现"仓单"概念，实际仓储服务业务中至今沿用"入库单"与"出库单"。随着我国国民经济与物流产业的快速发展，产生期货交易与动产质押融资后，"仓单"才在这两个领域普遍使用，但至今没有专门的仓单标准。

由于法律概念与实际单据脱节，且没有仓单标准，直接影响到仓储服务与质押监管业务的规范发展。标准的制订对于促进我国现代仓储业及其与商品交易、金融和资本交易等市场的健康发展，保障相关各方的合法权益，维护社会经济秩序，具有重要意义。

二、标准仓单

期货标准仓单

1. 大连商品交易所期货标准仓单

大连商品交易所的期货标准仓单所涉及的品种包括玉米、玉米淀粉、黄大豆1号、黄大豆2号、豆粕、豆油、棕榈油、鸡蛋、胶合板、纤维板、聚乙烯、聚氯乙烯、聚丙烯、焦炭焦煤、铁矿石。

客户获取标准仓单的途径：注册生成、交割买入、转让买入。厂库标准仓单的流通与仓库标准仓单完全相同。客户办理标准仓单注册、交仓单、转让不需要手续费。双方会员持《仓单转让协议书》和《标准仓单持有凭证》到交割部办理。交易所不负责货款划转，由仓单转让双方自行约定。客户在闭市前办理交仓单业务，当天结算后清退交易保证金；闭市以后办理，在次日结算后清退保证金；需要在最后交割日结算后才可以办理下个合约的交仓单业务。

标准仓单持有凭证：一个会员下的一个客户在一个品种上只能持有一张标准仓单持有凭证。

仓单清退的办理：如果最近交割月份上已经没有卖持仓，可以凭仓单收据到交割部办理，领取标准仓单持有凭证；如果最近交割月份上还有卖持仓，且持仓量大于或等于仓单数量，需要在交易日闭市前凭仓单收据到交割部办理，当天结算时，

交易所会从会员账户中收取相应保证金，结算后会员即可领取标准仓单持有凭证；如果最近交割月份上还有卖持仓，且持仓量小于仓单数量，差额部分（仓单量一卖持仓量）可以办理，其余部分需在闭市前办理，结算后领取标准仓单持有凭证。

充抵保证金业务的办理：客户委托会员持《标准仓单充抵保证金协议书》（一式三份）和《标准仓单持有凭证》，先将标准仓单持有凭证交到交割部，再到结算部办理；解除充抵时，持协议书先到结算部办理，再到交割部领取标准仓单持有凭证。

充抵标准仓单的市值计算：标准仓单市值＝充抵仓单数量（吨）×基准价（元/吨）。基准价为充抵日前一交易日该标准仓单对应品种最近交割月份期货合约的结算价。

充抵比例：充抵比例不超过有价证券市值的80%。

实际可用充抵额度的确定：交易所按照会员在交易所专用结算账户中的实有货币资金的4倍确定会员的最大充抵金额（即配比充抵额度），即最大充抵金额＝4×实有货币资金；当充抵金额≤最大充抵金额，实际可用充抵额度＝充抵金额；当充抵金额＞最大充抵金额，实际可用充抵额度＝最大充抵金额。

各品种仓单的有效期：黄大豆1号、黄

大豆2号、玉米、LLDPE和PVC的仓单有效期是每年3月最后一个工作日；豆油的仓单有效期为每年12月最后一个工作日；豆粕的仓单有效期为每年3月、7月、11月最后一个工作日；棕榈油仓单在每月最后交割日之后的3日内必须注销。

2. 郑州商品交易所

郑州商品交易所的期货标准仓单所涉及的品种包括强麦、普麦、棉花、白糖、PTA、菜籽油、早籼稻、甲醇、玻璃、油菜籽、动力煤、粳稻、晚籼稻、钛合金。

3. 上海期货交易所

上海期货交易所的期货标准仓单所涉及的品种有铜、铝、锌、铅、镍、锡、黄金、白银、螺纹钢、线材、热轧卷板、燃料油、石油沥青、天然橡胶。

业务介绍：标准仓单是指由交易所指定交割库在交易所标准仓单管理系统中签发给货主的，用于提取商品的凭证。交易所各期货品种合约的交割，均以电子仓单交割形式完成。

涉及流程：有色、黑色、贵金属，钢材和能源化工仓单业务主要包括标准仓单生成和标准仓单注销等，对应管理制度主要涉及《上海期货交易所标准仓单管理办法》、《上海期货交易所交割细则》、《上海期货交易所燃料油期货交割实施细则（试行）》、《上海期货交易所黄金期货交割实施细则（试行）》、《上海期货交易所石油沥青期货交割实施细则》等业务细则。

现货标准仓单

1. 易储体系介绍

易储仓储服务有限公司（简称"易储"）是中国首家从事大宗商品标准仓储和标准运输的标准与规范运营商，是一系列大宗商品标准仓单管理规范的主要起草单位及多个中国大宗商品标准仓单管理及运营的示范单位。易储大宗商品标准仓单业务体系代表中国大宗商品仓储领域的最佳实践，其业务体系具有独创性、领先性及唯一性，并获得国家有关行业协会的支持和推广。

易储体系成员包括法律服务机构、质量检测机构、估值机构、保险机构、评级机构、金融机构、运输机构以及会计服务机构等。易储体系采取互相认证认可的联盟运作模式，任何专业服务均由指定的专业机构实施。易储仓储正在建立中国首个镁业标准货场和标准仓库的运营体系，2016年计划率先启动镁矿石标准仓库的运营体系、镁矿粉标准仓库的运营体系以及镁矿砂标准仓库的运营体系。

2. 中国玉米现货标准仓单介绍

中国玉米标准仓单是中国大宗商品流通领域首个典型的大宗商品标准仓单，而《中国玉米标准仓单管理规范》也是中国首个高能级和服务类的大宗商品标准仓单的管理规范，具有重大的历史意义和产业战略意义，不仅促进中国玉米流通的产业转型与升级，也揭示了中国大宗商品流通的产业转型与发展方向。

《中国玉米标准仓单管理规范》第一次实现了中国在大宗商品流通领域行业性的仓储标准化和运输标准化及规范化，具有创新性、先进性和唯一性。《中国玉米标准仓单管理规范》规范了商业银行在玉米仓储和运输过程中的金融服务的的业务标准和规范；规范了质量检测机构在玉米仓储和运输过程中的质量检测业务标准和规范；规范了法律服务机构在玉米仓储和运输过程中的法律服务标准和规范；规范了保险机构在玉米仓储和运输过程中保险服务的标准和规范；规范了不同类型玉米标准仓库管理流程及岗位职能的标准化；规范了不同类型玉米运输管理流程及岗位职能的标准化；规范了专业评级机构的评价要素及业务管理规范；规范了玉米发运和接受双方发收货的标准化操作规程；规范了玉米货值的估算方法等要素，及业务管理规范；规范了玉米保险和理赔程序。

3. 中国镁矿石现货标准仓单介绍

中国镁矿石现货标准仓单于2015年开始设立课题组，课题组成员由易储仓储服务有限公司牵头，由相关学术研究机构、镁矿石企业、专业评级机构、质量检测机构和资产管理机构共同参与，至2015年底，相关机构正在建设中国第一个镁矿石标准货场（易储—宇宁镁矿石标准货场，由易储仓储服务辽宁有限公司与辽宁宇宁集团共同合作创立），位于辽宁省大石桥市。预计中国首批镁矿石标准仓单注册时间在2016年，首批仓单预计为40万吨~50万吨。

4. 中国轻烧镁矿粉现货标准仓单介绍

中国镁矿粉现货标准仓单于2015年开始设立课题组，课题组成员由易储仓储服务有限公司牵头，由相关学术研究机构、轻烧镁矿粉生产企业、专业评级机构、质量检测机构和资产管理机构共同参与，至2015年底，相关机构正在建设中国第一个镁矿粉标准仓库（易储—宇宁镁矿粉标准仓库，由易储仓储服务辽宁有限公司与辽宁宇宁集团共同合作创立），位于辽宁省大石桥市。预计中国首批轻烧镁矿粉标准

仓单注册时间在2016年，首批仓单预计为6万吨~10万吨。

5. 中国重烧镁矿砂现货标准仓单介绍

中国重烧镁矿砂现货标准仓单于2015年开始设立课题组，课题组成员由易储仓储服务有限公司牵头，由相关学术研究机构、重烧镁矿砂生产企业、专业评级机构、质量检测机构和资产管理机构共同参与，至2015年底，相关机构正在建设中国第一个镁矿砂标准仓库（易储—宇宁镁矿砂标准仓库，由易储仓储服务辽宁有限公司与辽宁宇宁集团共同合作创立），位于辽宁省大石桥市。预计中国首批重烧镁矿砂标准仓单注册时间在2016年，首批仓单预计为3万吨~5万吨。

6. 仓单示范基地

"中国玉米标准仓单示范基地"由中国粮食行业协会玉米分会与相关专业咨询机构共同发起，并由专业咨询机构等课题组根据《中国玉米标准仓单管理规范》的要求制定相关标准及规范，制定示范基地的示范单位的考核标准，制定示范基地工作方案。

"中国玉米标准仓单示范基地"的基础是易储标准仓单业务体系，其意义和目的是整合跨行业的业务资源、专业资源和金融资源，建立玉米现货有效流通市场、标准化仓储体系和标准化运输体系。中国玉米标准仓单示范基地的项目包括玉米标准仓库、玉米公路标准运输、玉米铁路标准运输和玉米标准水路运输。

中国粮食行业协会玉米分会与合作的专业咨询机构共同聘请相关专家学者担任评审委员会成员，整合相关专业资源及学术资源，为示范基地提供学术支持；中国

粮食行业协会玉米分会对相关示范单位颁发证书及授牌；中国玉米标准仓单示范基地的评审委员会负责对示范单位进行标准及规范的合规考核、对中国玉米标准仓单示范仓库及中国玉米标准运输进行标准及规范的合规考核、对相关专业机构和金融机构进行标准及合规考核；中国玉米标准仓单示范基地的首届规范管理机构为易储仓储服务有限公司。

港口与运输标准化

中国粮食行业协会玉米分会与易储仓储服务有限公司共同推动的《中国玉米标准仓单管理规范》课题组的专家学者，在营口港粮食公司进行了多次的研究考察，课题组通过两年的努力工作，正在形成从玉米产地到玉米终端客户的玉米市场标准化业务体系、包括玉米标准仓储业务体系、玉米标准运输业务体系、玉米标准港口业务体系、玉米标准检测业务体系、玉米标准保险业务体系、玉米标准金融业务体系、玉米标准评级业务体系、玉米标准估值业务体系、玉米标准数据与信息业务体系。

营口港作为连接玉米产区和玉米销区的中转枢纽港，在玉米流通体系中作用重大。实现玉米产区玉米标准仓库与营口港玉米标准仓库的业务对接，能够提升玉米流通效率，降低玉米流通的风险，能够带动玉米市场有效的专业服务和有效的金融服务。在易储体系的整合及作用下，相关专业机构和金融机构可以为港口提供更为有效、更为便利及更为优惠的全面服务，大幅提高了港口对玉米市场的服务能力，逐步实现港口玉米仓储及流转的标准服务、推动营口港向标准化港口迈进。

中国粮食行业协会玉米分会推动的中国玉米标准仓单管理示范基地的建设，其中将营口港粮食公司玉米标准仓库第1、第2和第3号仓库，授予中国玉米标准仓单示范仓库。目前，港口粮食标准仓库信息编码、出入库流程、玉米仓单流转流程、玉米标准仓单的综合性专业服务流程等已经按照《中国玉米标准仓单管理规范》的要求及中国玉米标准仓单示范基地的要求初步建成。中国粮食行业协会玉米分会首批授牌的标准公路运输示范单位也在营口鲅鱼圈地区，也为玉米标准仓库之间，以及普通仓库与标准仓库之间的标准化业务对接创造了条件，目前营口港与相关方面正在进行各项业务体系的流程对接，即将实施全面市场化运作。

营口港玉米标准仓库项的实施，有利于优化玉米市场流通条件，实现港口标准化综合服务、专业服务及金融服务的有效供给。

2015年，粮食公司秉承一条主线、两大战略、三家文化及四新工作要求，调整战略步伐，紧紧围绕集团下达的任务指标，坚持以效益为中心，全面推行"安全+质量+服务+效益=1000"的管理理念，强化内部管理，公司各项工作平稳向前发展。

专业服务标准化

1. 估值标准化

上海威那评值财务咨询有限公司在相关专家及学术顾问的协助下，于2014年开始研究大宗商品价格估值与评价课题，因此该公司成为中国第一个系统化研究大宗商品价格规律的机构，该机构试图建立合理而有效的大宗商品价格波动的评价模型，该机构的专家对大宗商品估值重新定义，重新建立分析及归纳的逻辑关系，重新制定估值的流程、内容、要素，重新进行大宗商品价格数据的合理挖掘、合理分析、合理归纳及合理应用。

2. 评级标准化

在相关学者和专家的推动下，一些从事评级分析的专业人员自2014年开始对大宗商品市场不同类型的要素进行评级业务和产品的研究，研究的内容包括大宗商品的仓单评级、大宗商品的价格评级、大宗商品的投资评级、大宗商品的保险评级、大宗商品的港口服务评级、大宗商品的数据评级、大宗商品的交易平台评级，相关研究开启了中国大宗商品领域专业化评级的序幕，至2015年年底，相关粮食类标准仓单的评级、矿产品标准仓单评级的研发已接近尾声。

3. 保险标准化

中国玉米标准仓单管理规范课题组及易储仓储服务有限公司的专家于2014年与中华联合财产保险股份有限公司持续进行大宗商品标准仓单保险业务的研究，此项研究在中国保险业尚属首次，该项研究的目的是建立标准化和规范化的大宗商品标准仓单的保险业务流程和保险业务的内容。截止2015年底，开始或即将开始从事大宗商品标准仓单保险业务的机构还包括中国平安财产保险股份有限公司、中国太平洋财产保险股份有限公司、中国人民财产保险股份有限公司。大宗商品标准仓单标准化保险业务的启动提升了中国保险业对大宗商品领域的服务能级，提升了相关保险机构的业务及产品水平。

4. 质量检验标准化

质量检验是大宗商品有效流通的关键要素之一，国家通过不同类型的法律法规和标准的审定，在一定程度上强化了中国商品检验的市场规范，但由于大宗商品质量检验受时间、空间因素的影响，取样、送样流程及方式的影响，仓库仓储条件及环境的影响，使大宗商品的检验往往缺乏一致性的检验结果。2014年，易储仓储服务有限公司的学术团队与中国检验认证集团、SGS通标标准技术服务有限公司北京总公司、上海天祥质量技术服务有限公司针对大宗商品，特别是粮食类标准化质量检验，进行了持续持续讨论。中检集团率先成立了相关的运营中心，整合全国的技术骨干，推动易储大宗商品标准仓单检测服务的规范化。中检集团因此成为中国大宗商品标准仓单检测的首个机构。

5. 法律服务标准化

在中国大宗商品领域，普遍缺乏标准化的法律服务。相关律师事务所均无法对大宗商品仓储交易提供合理、有效及一致性的法律服务。在相关专家学者的支持及帮助下，中银律师事务所成为中国律师业首个开展大宗商品市场法律服务机构。中银律师事务所还率先组建大宗商品交易与商品金融法律服务中心。中银律师事务所目前已针对大宗商品标准仓单的注册、大宗商品标准仓单的注销和大宗商品标准仓单的管理提出了专业化的法律服务方案。

后 记

在2014年、2015年，中国大宗商品市场持续经历着复杂而深刻的变革。这种变革的内容和形式一方面受到国家许多新政策的影响，一方面受到电子商务技术发展、金融机构及专业机构业务产品改革的影响。与此同时，与中国的大宗商品市场所关联的国际市场也在发生剧烈转型，在国际上，区域化经济与区域化组织的作用与影响日趋明显。不同区域经济体、区域联盟之间的关系也日趋复杂，所谓国际竞争在一定条件下正在演变成为区域经济制度之间的竞争。上述变化都将影响着中国大宗商品市场发展的特征和方式。

《中国大宗商品市场年鉴（2015~2016）》编委会试图从复杂的信息类型和信息内容中，整理出能够反映符合时代特征和时代规律的资料。但这些努力并没有得到很好的落实，一方面，在大数据时代，获得合理及有效数据的渠道依然有限，另一方面，即使是所谓的权威性的数据来源，也似乎缺乏合理的信息采集方式与合理的信息构成方式。此外，由于年鉴的信息在一定程度上依赖于公共信息的质量、效率及有效性，但不同的政府信息平台、行业协会信息平台以及相关所谓权威性的市场性的信息平台，都缺乏信息类型的一致性、信息内容的一致性、信息形式的一致性、信息标识的一致性、信息编辑形式的一致性，

因此，在编辑及使用相关信息时，也缺乏足够的合理性。这些都影响了本年鉴在编辑过程中的工作效率。

本期年鉴在目录类型上也做了适度的调整，有些重大的信息类型没有编入本期的年鉴，如大宗商品市场的违约，年鉴编委会曾将大宗商品市场违约作为重点题目，但在最终截稿前放弃了相关内容。主要原因包括许多违约具有隐蔽性和数据的不易采集性，如支付违约，目前很难在银行公开的信息公示中找到有意义的资料，不仅如此，与大宗商品交易相关的银行违约、基金违约、信托违约、租赁违约、投资担保违约，均在相关的行业协会以及社会上的研究报告中难以获得有价值的信息。此外，在合约违约中，鉴于大宗商品市场现货的复杂性，合约本身的合理性及有效性也无法在表面的资料中整理出有价值的信息及数据。大宗商品的违约在2014年度和2015年度主要通过一些焦点性的事件表现出来的，其中包括泛亚有色金属交易所的巨额违约事件、青岛港有色金属银行质押的焦点事件，这些都反映出中国大宗商品市场违约的严重程度，但值得指出的是，未披露的大宗商品违约事件的广泛性及严重性远远超过上述两件违约事件。在中国，不同级别的法院判例中，虽然收集了一些关于大宗商品交易违约的司法判

例，但从这些判例的形式和内容也难以整理出有效和有规律的资料，因此，本期年鉴也没有采纳已形成判例的大宗商品违约事项。

本期年鉴的商品金融尽管还维持着相同的题目，但其内容和质量都难以令人满意，主要原因在于本期年鉴编委会许多成员是兼职性质，从时间、专业性等方面无法保证对信息的有效整理。事实上，无论是中国大宗商品市场还是国际大宗商品市场，其剧烈的变革都引起了不同类型金融业务和金融产品的深刻改变，以及国际性的市场准入冲突，也同样给所谓金融市场的运作模式、业务类型和产品类型产生巨大变革。但这些变化和影响均未反映到本期年鉴商品金融的单元组中。鉴于金融业务对大宗商品的影响，编委会将与其他年鉴机构合作，计划于2017年上半年，专门推出与商品金融相关的专题报告。需要指出的是，中国不同类型的金融机构在大宗商品金融市场变革中，正在进行着艰难的转型，有数据表明，中国银行业不良资产率已超过2%。事实上，中国大宗商品市场的优化依赖于中国金融机构从事大宗商品业务的有效性及合理性，取决于中国金融机构的业务及产品的优化。

目前，中国正在经历着供给侧改革，正在影响大宗商品市场的诸多业务领域的变革，但在影响大宗商品流通的核心业务方面，还普遍缺乏合理性及有效性的专业服务供给和金融供给。中国的大宗商品市场还缺乏合理而有效的保险产品供给、合理而有效的金融供给、合理而有效的法律服务供给、合理而有效的估值及评级供给、合理而有效的质量检验供给、合理而

有效的仓储服务供给等。尽管信息化和大数据造就了许多消费品的电子商务平台，但在大宗商品的电子商务领域，尚未取得决定性进展。

在某种意义上，中国大宗商品市场正在经历着去库存时代。以粮食为例，玉米的库存在2015年底，可能已达到2.8亿吨，不仅玉米的大规模储存影响了有效的市场流通，也造成了库存玉米质量的逐年下降，玉米不仅未能有效地服务于国民经济及产业的良性发展，还造成了储存成本、交易成本以及金融成本的上升，此外，还造成了相关资源的无效消耗，包括仓储设施、运输工具、人力成本、种植领域、服务业及金融业的无效消耗，但由于时间问题，本期年鉴未能对库存的相关资料进行有效整理，本期编辑部计划于近期，专门推出大宗商品在库存方面的专题报告。

在大宗商品领域，在2014～2015年，中国仍未出现合理而有效的现货指数。在互联网+及大数据时代，出现这样的情况似乎不可思议，但事实是目前中国所有的行业协会、学术研究机构和企业所推出的大宗商品指数几乎全部是信息类指数或广告式指数，无法进行有效的市场应用，中国大宗商品的现货指数无法有效地揭示相对应的市场规律和市场趋势。造成这种情况，一方面由于中国缺乏制定有效指数的机构和人才，另一方面，大多数研究者似乎还未能有效理解大宗商品现货指数的结构要素、内容要素和关系要素。本期年鉴很遗憾未能保留数据与指数单元，因为现有的大宗商品数据体系与指数体系既不能反映大宗商品市场的有效需求，也不能反映大宗商品市场的特征及规律。需要指出

的是，本期年鉴编委会已了解相关的课题组正在研究粮食类相关价格指数、仓储指数等，也许能够开启中国大宗商品现货有效指数的应用时代。

在大宗商品领域，标准化时代正在到来。其明显的标志为：中国正在出现第一批大宗商品市场相关的专业机构和运营商，包括第一批大宗商品的保险业务体系、第一批大宗商品法律服务业务体系、第一批大宗商品标准化质量检验体系、第一批大宗商品价值估值业务体系、第一批大宗商品市场的评级业务体系、第一批大宗商品市场的投资及资产管理业务体系、第一批大宗商品市场的银行业务及产品业务体系。这些机构的产生以及相关业务的开展，都将丰富大宗商品标准化及规范化的内容。